Fotografie und Revolution
München 1918/19

Rudolf Herz · Dirk Halfbrodt

FOTOGRAFIE UND REVOLUTION
MÜNCHEN 1918/19

NiSHEN
MÜNCHNER STADTMUSEUM

EDITORISCHE NOTIZ

Die in diesem Buch wiedergegebenen Fotografien unterscheiden sich stark in ihrem Überlieferungszustand und in ihrer Bildqualität. Wenn es möglich war, wurden die Abbildungen nach Originalfotografien reproduziert. Von einer Reihe von Aufnahmen, vor allem Heinrich Hoffmanns, wurden als Druckvorlagen neue Abzüge von alten Glasplattennegativen hergestellt. Soweit es sich bei den abgebildeten Fotografien nicht um ausgewiesene Fotopostkarten der Größe ca. 9 x 14 cm handelt, sind es Kontaktkopien von 13 x 18 cm großen Glasplatten. Dies gilt insbesondere für die Abzüge der Pressefotografen. Bei den Aufnahmen der Firma Rehse & Co handelt es sich um Kontaktabzüge von 18 x 24 cm großen Glasplatten, die leicht beschnitten wurden; bei Aufnahmen von Amateuren um Formate von 4,5 x 6 cm bis 6 x 9 cm.

RAT UND UNTERSTÜTZUNG GEWÄHRTEN:

Paul Böhm, München; Joseph Breitenbach, New York; Hans Buchner, Pfarrkirchen; Bodo von Dewitz, Köln; Freya Eisner, München; Rosa Frölich, Frankfurt / M.; Ruth Gassner-Hirsch, München; Richard Grübling, Frankfurt / M.; Reinhard Heydenreuther, München; Richard Hiepe, München; Detlef Hilmer, München; Gerhard Jäckel, Stuttgart; Gerd W. Jungblut, Marburg; L. Kautz, Diedorf; Wolfgang Kehr, München ; Fridhelm Klein, München; Eberhard Kolb, Köln; Walter Kröpelin, München; Ferdl Miedaner, München; Herbert Molderings, Köln; Ludwig Morenz, München; Robert Mudigl, München; Egon Neuhaus, München; Karl Pöll, Gröbenzell; E. Rückert-Herold, Frauenreuth; Froben Schulz, Süssen; Arthur S. Sepp, Germering; Heribert Sturm, München; Bryan van Sweringen, Waldleiningen; Hansjörg Viesel, Berlin.

VERZEICHNIS DER ABKÜRZUNGEN

Abb.	Abbildung
Abt.	Abteilung
Anm.	Anmerkung
BBB	Bayerischer Bauernbund
BVP	Bayerische Volkspartei
DDP	Deutsche Demokratische Partei
Gruko	Gruppenkommando
HStAM	Bayerisches Hauptstaatsarchiv München
KPD	Kommunistische Partei Deutschlands
Pol. Dir.	Polizeidirektion München
RAR	Revolutionärer Arbeiterrat
SPD	Sozialdemokratische Partei Deutschlands
StAM	Staatsarchiv München
StA Mü 1	Staatsanwaltschaft München 1
USPD	Unabhängige Sozialdemokratische Partei Deutschlands

Herausgegeben aus Anlaß der Ausstellung
MÜNCHEN 1918/19 · DIE REVOLUTION IM SPIEGEL DER FOTOGRAFIE
im Fotomuseum im Münchner Stadtmuseum, 4. 11. 1988 – 12. 3. 1989

© 1988 Verlag Dirk Nishen, Am Tempelhofer Berg 6, 1000 Berlin 61
und Münchner Stadtmuseum.
© für die Abbildungen bei den Leihgebern.
Printed in Germany. Alle Rechte vorbehalten.
Gestaltung: Dirk Halfbrodt.
Gesetzt aus der Times New Roman von ComPress Fotosatz, Berlin.
Die Lithos fertigte O.R.T. Kirchner + Graser, Berlin.
Gedruckt von H. Heenemann, Berlin.
Die Bindearbeiten führte Lüderitz & Bauer, Berlin, durch
Allen Beteiligten dankt der Verlag.

ISBN 3 88940 027 2

INHALT

Teil IV · Revolutionsretrospektiven

Teil V

Anhang

Vorwort

Das Geschehen vom Sturz der Monarchie bis zur Niederwerfung der Räterepublik war mehrfach Gegenstand von Publikationen und Ausstellungen. Fotografien bildeten dabei das unverzichtbare Mittel der Veranschaulichung von Historie und gewannen den Charakter von Geschichtsdokumenten – freilich ohne daß ihr Quellenwert überprüft oder sie nach ihrer eigenen historischen Relevanz befragt wurden. Dies ist durchaus symptomatisch für den sorglosen Umgang mit zeitgeschichtlichen Fotografien. Bedenklich muß dieser Bildgebrauch angesichts der Tatsache erscheinen, daß Fotografien zunehmend auf die Konstitution von Geschichtsbildern einwirken und das kollektive Gedächtnis prägen – also nicht nur unser Verhältnis zur Gegenwart, sondern auch zur Vergangenheit bestimmen. Angesichts der heutigen Bilderfluten und ihrer nur flüchtigen Rezeption zeichnet sich die Tendenz ab, daß historische Fotografien zum Surrogat für die Einsicht in geschichtliche Zusammenhänge werden.

Aus Sicht der mediengesättigten Gegenwart erscheinen die Jahre 1918/19 erst als eine frühe Phase der Expansion der Massenmedien, wenngleich aufmerksame Zeitgenossen bereits damals einen überhandnehmenden Einsatz von Fotografie und Film festzustellen glaubten und darin deutliche Anzeichen kultureller Fehlentwicklungen sahen. So bemerkte Ricarda Huch 1919 anläßlich einer Betrachtung von Fotografien der Ermordungsstelle von Kurt Eisner: »Besonders widerlich an unserer Zeit und als ein deutliches Zeichen der Entartung unserer Zivilisation erscheint es mir, daß nichts geschehen kann, ohne daß sofort photographiert und kinematographiert würde. Es ist der äußerste Grad schamlosen Bewußtmachens: Die Menschheit lebt vor dem Spiegel...« (Ricarda Huch, 1964, S. 135). Gegenüber derartigen kulturkritischen Vorbehalten insistierten die zeitgenössischen Illustrierten auf dem aufklärerischen Potential der Fotografie und ihrer erkenntnisträchtigten Weltsicht. Im Herbst 1919 hieß es in der ›Berliner Illustrirten Zeitung‹ (Nr. 50): »Man soll nicht von der ›gedankenlosen Bildergier‹ unseres Zeitalters reden. Sie bezeichnet eine Wandlung der Denkungsart, weg von der abstrakten Spekulation, hin zur ›Naturwissenschaftlichkeit‹ einer konkreten Betrachtung. Die Illustrationsphotographie ist das zeitgeschichtliche Mikroskop des Weltbürgers. Der Photograph wandert für Euch um die Welt, um sie Euch nahe zu bringen. Er steht am Kraterrand des Vulkanausbruches, saust im Boot durch die Stromschnellen des Niagara, klettert auf dem Turmspitzkopf des Wolkenkratzers, fliegt im Flugzeug über den Himalaya, läßt sich im Schützengraben verschütten, steht im Schußwechsel zwischen Spartakus und Regierungstruppen. Und all dies nur, damit ihr überall dabei sein könnt, wo Ihr nicht dabei wart, damit Ihr alle Perspektiven und Erscheinungsformen dieser Welt, von außen und von innen, sehen lernt. Und indem Ihr seht, werdet Ihr wissend.«

Solcher naiver Medienoptimismus erscheint heute obsolet und nach den historischen Erfahrungen ohne Grundlage. Auch die Fotografien von 1918/19 haben in ihrer bisherigen Verwendung kaum zur Erhellung der Revolutionsgeschichte beigetragen, im Gegenteil eher der Verdunkelung dieser Epoche Vorschub geleistet. Sie reicht bis in die Gegenwart hinein und offenbarte sich beispielsweise erneut im Streit um die Errichtung eines Denkmals für Kurt Eisner. Ganz zu schweigen von der Verkennung der Bedeutung der Rätebewegung, die zum »hauchdünnen Traditionsfaden einer deutschen Republik« (Jürgen Habermas) gehört. Republikanische Traditionen gelten offenbar nicht viel in einem Land, das monarchische Erbschaften in nostalgischen Rückblicken zu zelebrieren liebt.

Vor diesem Hintergrund waren für das Ausstellungsvorhaben anläßlich des siebzigsten Jahrestages der Novemberrevolution zwei Überlegungen entscheidend: zum einen wollen wir, an die »ungeliebte Revolution« erinnernd, Aufklärung über die Revolutionsereignisse vermitteln sowie auf ihre emanzipatorischen Gehalte und die unverändert aktuellen Problemlagen verweisen, andererseits fotografie- und mediengeschichtliche Fragen stellen und Interesse für das Thema »Fotografien als Geschichtsquellen« wecken: Wo und wie können Fotografien unsere Kenntnisse über die Revolution von 1918/19 überhaupt ergänzen und vertiefen? Was hat es mit der Wirklichkeitserfassung der Fotografien auf sich, wer waren ihre Produzenten, in wessen Auftrag handelten sie, welchen publizistischen und ökonomischen Intentionen folgten sie? Und nicht zuletzt: Welche Funktionen hatte die fotografische Bildpublizistik in den Auseinandersetzungen dieser Zeit politischer und sozialer Umbrüche und wie bzw. inwieweit prägten die Aufnahmen das Geschichtsbild dieser Revolution?

Im Sinne dieser Fragen versucht die Untersuchung der Münchener »Revolutionsfotografie« auch Aspekte des bislang nicht bearbeiteten Themas »Fotografie und Revolution« zu erhellen und Aufschlüsse zu bieten über die Pressefotografie am Beginn der Weimarer Republik, über die Sozialgeschichte der deutschen Fotografie und die Vorgeschichte der NS-Bildpublizistik. Unter vergleichbaren Fragestellungen nimmt das Forschungsvorhaben der ›Neuen Gesellschaft für Bildene Kunst‹ in Berlin auch die Berliner »Revolutionsfotografie« 1918/19 in Angriff und legt ihre Resultate in einer eigenen Publikation vor.

Um eine übersichtliche Abfolge der verschiedenen Themen zu erreichen, wurde für die vorliegende Publikation eine Gliederung nach ereignisgeschichtlichen, fotohistorischen und biografischen Aspekten gewählt. Am Anfang von Teil I steht eine Skizze zur politischen Geschichte der Münchener Revolution. Ihr schließt sich ein Kapitel über die fotografische Medienöffentlichkeit während des Weltkrieges und der Revolutionszeit an. In gesonderten Exkursen werden die Geschichte der Illustrierten und der Fotopostkarte kurz umrissen. Zum Abschluß des ersten Teils gibt ein Kapitel Auskunft über die dokumentarische Praxis, die wirtschaftliche Lage und die politische Parteinahme der Münchener Berufsfotografen während des Ersten Weltkrieges und nach dem Sturz der Monarchie. Ein erster Abschnitt gilt Heinrich Hoffmann und seinen Berufskollegen, ein zweiter Germaine Krull.

In Teil II und Teil III des Buches werden in chronologischer Folge bzw. thematisch gegliederten Bildkapiteln die Aufnahmen der Ereigniskomplexe von der Novemberrevolution bis zum Sieg der gegenrevolutionären Militärherrschaft, die Porträts republikanischer Politiker und der gegenrevolutionären Militärführer sowie die Polizeiaufnahmen von Räterepublikanern vorgestellt. Ausführlich wird jeweils erörtert, welche Ereignisse und welche Personen abgebildet sind, worin deren Bedeutung bestand und wie die Art und Weise der fotografischen Darstellung die abgebildete Wirklichkeit interpretiert. Zur Sprache kommen auch die Bedingungen, unter denen die Aufnahmen entstanden, die Bildbedürfnisse des Publikums und die aktuelle publizistische Verwendung. Teil IV behandelt den retrospektiven Gebrauch der Dokumentarfotografien aus den Münchener Revolutionsmonaten und beginnt mit der aktuellen Bildrezeption durch die gegenrevolutionäre Propaganda nach dem Sturz der Räteherrschaft. Das zweite Kapitel untersucht die Ende 1919 von Heinrich Hoffmann herausgegebene Revolutionsbroschüre ›Ein Jahr bayrische Revolution im Bilde‹, im dritten Teil werden vor allem die Revolutionsrückblicke in nationalsozialistischen Presseorganen bis nach 1933 analysiert. Der fünfte und letzte Teil des Bandes entwirft eine Skizze zur Biografie Heinrich Hoffmanns, des wichtigsten Bildberichterstatters von 1918/19. Seine Fotografenkarriere von der Kaiserzeit bis zum Ende des Faschismus wird als besonderer Fall der Parteinahme eines bürgerlichen Berufsfotografen nachgezeichnet.

Die Darstellung der Münchener »Revolutionsfotografie« basiert auf einer breit angelegten Erschließung der zum Teil noch unpublizierten Quellen. Ausstellung und Katalog präsentieren die bislang umfangreichste Zusammenstellung des historischen Bildmaterials. Bei den Recherchen konnten wir uns nicht nur auf das Entgegenkommen von Archiven, Bildsammlungen und Bibliotheken, sondern auch auf die Hilfsbereitschaft von zahlreichen Privatpersonen, von Sammlern sowie Nachkommen und Erben von Fotografen stützen. Sie halfen mit Auskünften, gewährten uns Einblick in ihre Sammlungen und stellten Leihgaben zur Verfügung. Wir möchten uns bei allen für ihre wohlwollende Unterstützung bedanken. Besonderer Dank gilt Heinrich Hoffmann jun. für seine Aufgeschlossenheit gegenüber unserem Anliegen. Ohne Winfried Rankes Lektoratstätigkeit wäre das Vorhaben nicht zu bewältigen gewesen. Mit Diethart Kerbs standen wir im Gedankenaustausch. Timm Starl hat das Manuskript nach seinem Abschluß nochmals kritisch durchgesehen und Ergänzungen angeregt. Die Möglichkeit der Ausstellungsrealisation verdanken wir dem Einsatz von Jürgen Kolbe und Alfred Lottmann. Hans Döring und Wolfgang Pulfer sorgten für die oft nur unter schwierigen Bedingungen durchführbaren Reproduktionsarbeiten, Sonja Broschinski für Abzüge von alten Negativen. Angela Balg übernahm die Texterfassung, Ulrich Walczuch die Fahnenkorrektur, Horst Moser gab gestalterische Ratschläge. Das Ausstellungssekretariat führte Petra Thiele, Carla Duday-Braun betreute die Ausstellungsgestaltung, für Technik und Aufbau der Ausstellung waren Alfred Haas, Gerhard Hillenbrand, Reimund Schorer und Emil Baumann verantwortlich. Ihnen allen sind wir zu großem Dank verpflichtet.

EINLEITUNG

REVOLUTIONSMYTHEN UND REVOLUTIONSFORSCHUNG

München war neben Berlin einer der Brennpunkte der deutschen Revolution. Erfolgte am 7. November 1918 in der bayerischen Landeshauptstadt noch vor Berlin die Proklamation der Republik, so erreichten im Frühjahr 1919 die Auseinandersetzungen um die gesellschaftliche Neuordnung Deutschlands in München einen dramatischen Höhepunkt. Die Errichtung der Räterepublik war ein verzweifelter Versuch, die »steckengebliebene Revolution« (Reinhard Rürup)[1] weiterzuführen – ein aussichtsloses Unterfangen, nachdem die Entscheidungen über die Staats- und Gesellschaftsordnung Deutschlands Anfang 1919 in der Reichshauptstadt gefallen waren. Die blutige Niederwerfung der Räteherrschaft durch Freikorpsverbände und Reichswehrtruppen am 1. Mai 1919 bekräftigte das Scheitern der revolutionären Bewegung im Deutschen Reich.

Der Verlauf der deutschen Revolution hatte fatale Folgen. Denn damals wurde nicht nur die Spaltung der deutschen Arbeiterbewegung festgeschrieben, sondern auch die Grundlage für eine wesentliche Strukturschwäche der Weimarer Republik gelegt – für den Widerspruch zwischen demokratischem Verfassungsanspruch und der ungebrochenen Dominanz traditioneller Machteliten und antirepublikanischer Kräfte. Nur vor diesem Hintergrund sind Aufstieg und Machtübernahme der Nationalsozialisten zu erklären. In München zerstörte die Errichtung der gegenrevolutionären Militärherrschaft besonders nachhaltig die politischen Neuansätze der Revolution und leitete Bayerns Entwicklung zur »reaktionären Ordnungszelle« des Deutschen Reiches ein.

Verdrängung und Legendenbildung waren lange Zeit bestimmend für das geschichtliche Verständnis und Verhältnis zur Revolution von 1918/19. Wie schnell das Revolutionsgeschehen aus dem Bewußtsein der Zeitgenossen verbannt wurde, zeigt Ernst Tollers Bemerkung aus dem Jahr 1920: »Die Geschichtsschreiber des Tages bezweifeln es zwar, aber es gilt immerhin noch als ein historisches Faktum, daß Kurt Eisner in prähistorischen sozusagen legendären Zeiten bayrischer Ministerpräsident war.«[2] Über den revolutionären Ursprung des ›Freistaats Bayern‹ besteht bis heute in der Öffentlichkeit weitgehend Unklarheit, wie sich auch abschätzige Meinungsklischees über Kurt Eisner, den ersten bayerischen Ministerpräsidenten, hartnäckig halten. Zur Bedeutung dieses Verdrängungsprozesses schrieb 1971 Georg Kalmer: »Heute kann wohl kein Zweifel mehr darüber bestehen, daß mit der Verdrängung der Revolution von 1918/19 aus dem historischen Bewußtsein der Nation auch ein Stück demokratischer Tradition der deutschen Geschichte verschüttet worden ist.«[3]

Die Münchener Ereignisse vom Sturz der Monarchie bis zum Ende der Räteherrschaft wurden in zahlreichen Legenden »bis zur Unkenntlichkeit verzerrt und verdunkelt«.[4] Ausgangspunkt der Legendenbildung war die gegenrevolutionäre Propaganda nach der Niederwerfung der Räterepublik, die sich in einer vielfältigen Broschürenliteratur niederschlug.[5] Von linker Seite stand ihr wenig gegenüber und hatte keinen nennenswerten Einfluß auf die herrschende Meinung.[6] Die Vorstellung einer chaotischen Räteherrschaft überschattete allmählich das Gesamtbild der bayerischen Revolutionsmonate, die zu einem einzigen Akt politischer Verwirrung zusammengezogen wurden. Verbunden wurden diese Revolutionsdarstellungen mit der Dolchstoßlegende – der irrigen Behauptung, die Novemberrevolution sei schuld daran, daß Deutschland den Krieg verloren habe.[7] Diese Deutungen kulminierten in den Geschichtsklitterungen der NS-Zeit.[8] Eberhard Kolb hat die langlebige Legende skizziert: »Das Geschehen vom Sturz der Dynastie Wittelsbach bis zum Ende der Räterepublik wurde dargestellt als ein ebenso grotesker wie blutiger Revolutionskarneval, inszeniert von landfremden Agitatoren, Schwabinger Bohemetypen, zügelloser Soldateska, die vereint vermocht hätten, dem konservativen, nach Ruhe und Ordnung verlangenden Bayernvolk für eine kurze Zeitspanne ihre Terrorherrschaft aufzuzwingen und das Land auf die Bahn einer Bolschewisierung zu führen.«[9]

Nach dem Zweiten Weltkrieg begann eine allmähliche Revision dieses Geschichtsbildes – im Zuge einer allgemeinen Neubewertung der deutschen Revolution von 1918/19 durch die Geschichtswissenschaft.[10] Deren Fragestellungen und Urteile waren in deutlicher Abhängigkeit vom politischen Zeitgeschehen einem Wandel unterworfen, an dem sichtbar wird, daß sich gerade Revolutionsforschung in einem besonderen »Spannungsverhältnis von Vergangenheitsdeutung und Gegenwartserfahrung bewegt«.[11] Sie kann nicht unpolitisch sein, denn »je enger die Beziehungen zwischen Vergangenheit und Gegenwart sind, je mehr die historischen Vorgänge mit noch immer aktuellen Problemstellungen verbunden sind, desto deutlicher enthalten die Aussagen über Vergangenes immer auch Aussagen über Gegenwärtiges.«[12]

Unter dem Eindruck des Kalten Krieges lebte in den Fünfziger Jahren die tradierte Deutung fort, daß es 1918/19 im Deutschen Reich um einen Abwehrkampf gegen den »Bolschewismus« gegangen sei und sich die zwangsläufige Alternative reduzierte »auf die Wahl zwischen einem konkreten Entweder-Oder: die soziale Revolution im Bund mit den auf eine proletarische Diktatur hindrängenden Kräften oder die parlamentarische Republik im Bund mit konservativen Elementen wie dem alten Offizierskorps.«[13] Galten unter den etablierten Historikern nach 1918 die Mehrheitssozialisten noch als »Novemberverbrecher« und »Umstürzler«, so rechnete es ihnen die westdeutsche Geschichtsforschung als Verdienst an, durch das Bündnis mit den alten antidemokratischen Kräften eine Revolution nach »bolschewistischem Muster« verhindert zu haben.[14]

Ende der Fünfziger Jahre erfuhr die Geschichtsschreibung durch die Erforschung der Rätebewegung – dem wichtigsten Träger des Revolutionsgeschehens – eine gründliche und heute allgemein anerkannte Korrektur. Zentrales Thema der neueren Revolutionsforschung wurde die Frage nach den Möglichkeiten einer »demokratischen Fundierung der Republik«. Ausgehend von den Studien Arthur Rosenbergs schufen die Untersuchungen Walter Tormins, Eberhard Kolbs und Peter von Oertzens die Grundlagen für eine Neubewertung der inneren Zusammenhänge des Revolutionsgeschehens, der damaligen Machtverhältnisse und Handlungsspielräume.[15] Die neuere Revolutionsforschung verwarf die bisherige apodiktische Alternative, da nach ihren Untersuchungen die Voraussetzungen für einen »bolschewistischen Umsturz« fehlten. Sie befreite die Arbeiter- und Soldatenräte von negativen Klischeevorstellungen und machte in ihr ein demokratisches Potential zur Beseitigung obrigkeitsstaatlicher Traditionen aus. Das Revolutionsgeschehen selbst versteht sie als ein »Ringen einer sozialdemokratisch-bürgerlichen ›Ordnungskoalition‹ mit einer von den Arbeiter- und Soldatenräten repräsentierten revolutionären Massenbewegung um Wesen und Verlauf der Revolution«.[16] An die Stelle eines allein auf den Staatsumsturz gerichteten Blickes, wie er im Begriff ›Novemberrevolution‹ zum Ausdruck kommt, trat ein Verständnis, das die Revolution als einen prozeßhaften Ereignisablauf begreift: »Die erste und wichtigere Phase dieses Prozesses erstreckte sich vom Staatsumsturz im November bis zur Niederschlagung der Januarunruhen in Berlin und zur Wahl der Nationalver-

sammlung am 19. Januar 1919. Ihr folgte dann in einer zweiten, durch Verlauf und Ergebnis der ersten bestimmten Phase der unorganisierte und scheiternde Versuch einer proletarisch-antiparlamentarischen Revolution im Frühjahr 1919. Erst mit der Niederlage dieser Bewegung war die Revolution als Ganzes abgeschlossen.«[17] Den die zweite Revolutionsphase charakterisierenden Radikalisierungsprozeß interpretiert die neuere Geschichtsforschung als Reaktion auf die für die Räte enttäuschende Politik des ›Rats der Volksbeauftragten‹ und dessen Verzicht auf eine entschlossene Reformpolitik.

Die wissenschaftliche Beschäftigung mit der bayerischen Revolution begann schleppend und die Fragestellungen der deutschen Revolutionsforschung wurden verspätet übernommen.[18] Bezeichnenderweise stammen die ersten größeren Gesamtdarstellungen über die bayerische Revolution von Historikern aus der DDR bzw. den USA. 1957 erschien Hans Beyers Untersuchung »Von der Novemberrevolution zur Räterepublik in München«, zehn Jahre später Allan Mitchells materialreiche Studie »Revolution in Bayern 1918/19. Die Regierung Eisner und die Räterepublik«.[19] So unterschiedlich ihre Ansatzpunkte und Fragestellungen sind, so verschieden fallen ihre Gewichtungen aus.[20] Während Beyer von einem marxistisch-leninistischen Standpunkt aus die Zweite Räterepublik – »die Diktatur des Proletariats unter Führung der Kommunisten« – als Resultat einer proletarischen Massenbewegung und als Ziel der Revolution interpretiert, sieht Mitchell in der Räterepublik »nur eine häßliche Nachwirkung der deutschen Revolution«.[21] Die Novemberrevolution versteht er als »Putsch« und nicht als Ergebnis einer Massenbewegung.

Zahlreiche Arbeiten zu Einzelproblemen der Revolutionsforschung wurden seit den späten Sechziger Jahren aus dem

Joseph Breitenbach: Abbruch des Denkmals für die »Toten der Revolution« im Ostfriedhof, Ende Juni 1933.

Einweihung des Denkmals für die »Toten der Revolution« (zugleich Grabdenkmal Kurt Eisners) im Ostfriedhof, 1. Mai 1922, Postkarte.

Kreis der Schüler des Münchener Historikers Karl Bosl vorgelegt. Sie machten vor allem deutlich, daß die Revolution von 1918/19 kein abrupter Einbruch in die vermeintlich intakte bayerische Geschichte war, sondern daß dem Sturz der Monarchie ein in den Kriegsjahren stark beschleunigter Autoritätsverlust der Herrschaftsträger, verbunden mit einer breiten Oppositionsbewegung, vorausging.[22] Repräsentativ für das Forschungsinteresse ist ein Sammelband, der sich auf die Vorgeschichte der Revolution und Einzelaspekte des Revolutionsgeschehens konzentrierte und unter anderem die eingeleitete Korrektur des bisherigen Eisner-Bildes untermauerte.[23] Ausgeklammert blieben die Rätebewegung, die bei Beyer und Mitchell sichtbar gewordenen Probleme der revolutionären Massenbewegungen und die Räteherrschaft vom April 1919. Zur gleichen Zeit fand die Räterepublik im Zusammenhang mit der Diskussion der Außerparlamentarischen Opposition über Rätemodelle größeres Interesse, was sich in Neuauflagen von Erinnerungsschriften räterepublikanischer Akteure und in verschiedenen Bild- und Textdokumentationen niederschlug.[24] In der Folge erschienen weitere Einzelstudien und wurden neuerdings die Ministerratsprotokolle der Regierung Eisner ediert.[25] Auch wenn daher die Revolutionszeit zu der am intensivst erforschten Epoche der neueren bayerischen Geschichte gehört, sind wichtige Teilbereiche noch ungenügend behandelt und steht eine kritische Gesamtdarstellung aus, die ein klar konturiertes Bild des Revolutionsprozesses entwirft.[26]

Ein Desiderat der Forschung ist neben einer Kultur- und Sozialgeschichte der Revolution die Untersuchung der »politischen Öffentlichkeit« der Revolutionsmonate, die nach der Proklamation der Republik neue Bedeutung bekam und verstärkt Einfluß auf politische Willensbildung und Entscheidungsprozesse nahm.[27] Dabei sind zum Begriff Öffentlichkeit neben massenmedialen Artikulationsformen (z. B. die Presse und die Bild- und Filmpropaganda) auch informelle Kommunikationsformen (z. B. Versammlungsagitation und Straßenpropaganda) zu rechnen. Fragestellungen nach der Funktion von Öffentlichkeit könnten darüber Aufschluß geben, welchen Einfluß die zeitgenössische Publizistik bzw. die aktionistischen Unternehmungen der revolutionären Linken auf die politischen Wirkungszusammenhänge hatten und welche Wechselbeziehungen bestanden. Sicherlich ist der schnelle Popularitätsverlust der Regierung Eisner ohne Berücksichtigung der negativen Haltung der bayerischen Tagespresse nicht zu erklären und auch die im Bürgertum und weiten Teilen der Sozialdemokraten verbreitete Furcht vor einer drohenden Bolschewisierung Deutschlands nur im Zusammenhang mit der tendenziösen Berichterstattung der Presse zu verstehen.

Es kennzeichnet die historische Situation, daß die Gewichte der publizistischen Einflußnahme 1918/19 ungleich verteilt waren. Rätebewegung und linkssozialistische Gruppierungen verfügten nur über eine verschwindend geringe Medienöffentlichkeit. Während die Rätebewegung als Massenbewegung eigene informelle Kommunikationsstrukturen hervor-brachte, versuchten linkssozialistische Gruppen auch mit aktionistischen Artikulationsformen Einfluß auf die öffentliche Meinung zu nehmen, was unter anderem zur Besetzung von Druckereien und Zeitungsredaktionen der politischen Gegner führte.[28] Die Beseitigung der bürgerlichen Pressemacht hatten auch Sozialisierungspläne der radikalen Linken, wie sie etwa Ret Marut in München vorlegte, zum Ziel.[29] Die »bürgerlich-mehrheitssozialistische Ordnungskoalition« besaß neben der Tagespresse zahlreiche Publikationsorgane und gründete verschiedene Organisationen zur Intensivierung ihrer Öffentlichkeitsarbeit.[30] Dabei zeigt sich vor allem im Bereich der Plakatpropaganda »ein vielfältiges und verhängnisvolles Zusammenspiel der Revolutionsregierung mit den Gegnern der Republik, wie es von anderen politischen Bereichen wohlbekannt ist.«[31] Der Gegensatz von relativ machtloser revolutionärer Präsenzöffentlichkeit und dominierender revolutionsfeindlicher Publizistik charakterisiert einmal mehr die deutsche Revolution, die »wunderlichste aller Revolutionen« (Arthur Rosenberg).

DIE MÜNCHENER »REVOLUTIONSFOTOGRAFIE«

Die widerstrebenden Kräfte der Revolutionszeit spiegeln sich exemplarisch in Produktion und Gebrauch der Münchener »Revolutionsfotografie« – eine unter historischen und mediengeschichtlichen Aspekten noch weitgehend unerschlossene Quelle. Hervorstechendes Merkmal der zeitgeschichtlichen Dokumentarfotografie dieser Epoche ist, daß revolutionäre Gruppierungen das fotografische Medium nur peripher nutzten und bürgerlichen Berufs- und Amateurfotografen das Feld überließen. Fast ausschließlich aus ihrer Perspektive entstand das historische Bild. Wichtigster Chronist der Münchener Ereignisse vom Revolutionsausbruch bis zum Sieg der Gegenrevolution war der Pressefotograf Heinrich Hoffmann, alsbald Mitglied der NSDAP und späterer »Leibfotograf« Hitlers. Symptomatisch für die Einstellung der revolutionären Linken zur fotografischen Bildpublizistik ist das dokumentarische Desinteresse der jungen Kunstfotografin Germaine Krull. Die Porträtistin des ersten bayerischen Ministerpräsidenten Kurt Eisner und später weithin bekannte Vertreterin des »Neuen Sehens« stand im politischen Kampf auf Seite der revolutionären Linken und ging nach dem Sieg der Gegenrevolution in den Untergrund.

Auch der publizistische Bildgebrauch der Aufnahmen lag zum Großteil in gegenrevolutionärer Hand. Während in den Revolutionsmonaten Fotografien als Propagandamedium relativ geringe Bedeutung hatten, dienten sie seit der Niederwerfung der Räteherrschaft jedoch verstärkt dazu, das vergangene Geschehen aus dezidiert gegenrevolutionärer Sicht darzustellen. Massenpropagandistisch eingesetzt wurden sie dann in den Revolutionsretrospektiven, insbesondere der nationalsozialistischen Illustriertenpresse gegen Ende der Zwanziger Jahre und später in der Buchpublizistik der NS-Zeit.

Eine Untersuchung der Münchener »Revolutionsfotografie« ist überfällig, denn ihre zunehmende Verwendung in neueren Geschichtsdarstellungen, die ihnen neben einer illustrativen Funktion auch explizit die Rolle beweiskräftiger Dokumente zumessen, entspricht nicht quellenkritischen Anforderungen. Die Erläuterung der Darstellungsinhalte ist vielfach unpräzis und fehlerhaft, schließt sich an gegenrevolutionäre Interpretationsschablonen an und verzichtet weitgehend auf Urheber- und Herkunftsangaben sowie die Überprüfung der Authentizität der Fotografien. So präsentiert beispielsweise die Publikation ›Revolution und Räteherrschaft in München‹ Eugen Leviné mit einer Porträtaufnahme ohne Vermerk auf ihre erkennungsdienstliche Herkunft oder gibt die Beerdigung von Weltkriegssoldaten als Bestattung von Revolutionsopfern im Mai 1919 aus.[32] Das Deckblatt der Publikation ›Sechzig Jahre Räterepublik‹ deutet den Einzug von Frontsoldaten im Dezember 1918 als Truppenparade der ›Roten Armee‹ und in der ›Fotogeschichte der deutschen Sozialdemokratie‹ wird eine von gegenrevolutionären Soldaten gestellte Szene als authentische Fotografie einer Gefangennahme von »Spartakisten« ausgewiesen.[33] Grundsätzlich, und dies ist noch entscheidender, liegen diesem Bildgebrauch offenbar keine Überlegungen über den Quellenwert und die besonderen Eigenheiten bzw. implizierten Sichtweisen des verwendeten Bildmaterials und die damit verbundenen Folgen für die Interpretation von Geschichte zugrunde. Unausgesprochen vorausgesetzt wird, daß die verwendeten Aufnahmen typische Bilder des Zeitgeschehens darstellen. Dabei wird die Bebilderung vielfach geprägt durch Ereignisaufnahmen, die zwar als Inbegriff ungestellter Wirklichkeit gelten, tatsächlich jedoch eine »inszenierte Wirklichkeit«, d. h. ritualisierte Formen des öffentlichen Lebens wiedergeben, die auf öffentliche Werbewirksamkeit ausgerichtet waren.[34]

Die Gründe für einen derartigen Umgang mit Fotografie sind leicht auszumachen. Die Geschichtswissenschaft hat über die besondere Bedeutung historischer Fotografien, ihre Eigenheiten sowie die Möglichkeiten und Grenzen ihres Quellenwertes nur wenig Überlegungen angestellt und kein quellenkritisches Instrumentarium entwickelt, spielen doch bildliche Quellen, insbesondere Fotografien für sie im allgemeinen keine große Rolle. Dies ist im Zusammenhang damit zu sehen, »daß die Gleichsetzung der ›politischen Geschichte‹ mit der ›Geschichte‹ überhaupt und die Trennung dieser ›eigentlichen‹ Geschichte von der Kunstgeschichte die Bilder nur als ›kunstgeschichtliche‹ und nicht als ›geschichtliche‹ Quellen werten ließ.«[35] Auch in neueren grundlegenden Darstellungen zur geschichtswissenschaftlichen Methodik dominieren »weitgehende Unsicherheit und geringe Systematik in der Erfassung der Fotografie als historische Quelle«, wie Gunter Waibl 1986 in einer Bestandsaufnahme konstatierte.[36]

Bei der Integration historischer Fotografien in populäre Geschichtswerke – in letzter Zeit zumeist im Zusammenhang mit der Zuwendung zu sozial- und alltagsgeschichtlichen Darstellungen – spielen quellenkritische Reflexionen keine Rolle und werden Fotografien zumeist als Abklatsch historischer Wirklichkeit verstanden. Explizit wird diese Auffassung in der Publikation ›Ein deutsches Bilderbuch 1870 - 1918. Die Gesellschaft einer Epoche in alten Photographien‹ formuliert. Ihre Autoren berufen sich auf die besondere Eignung von Fotografien als Instrument einer ›optischen Sozialgeschichte‹: »Tatsächlich vermittelt das Medium Photographie in ›unnachahmlicher Treue‹ Szenen aus der deutschen Vergangenheit. Was im Geschichtsbuch oft abstrakt bleibt, wird hier konkret: wir erleben Menschen in ganz bestimmten Situationen.«[37] Solchen Mutmaßungen kommen historische Fotografien tatsächlich sehr entgegen. Sie vergegenwärtigen vergangenes Geschehen scheinbar unmittelbar und authentisch und erlauben es dem Betrachter, sich in die Vergangenheit zurückzuversetzen und historische Atmosphäre mit einer Intensität nachzuerleben, wie es herkömmliche Bildmedien nicht vermitteln können. Die Autoren verstehen Fotografien »im romantischen Sinne« und suggerieren, »historische Überlieferung könne unmittelbar die reale Geschichte gleichsam erzählen.«[38] Damit ignorieren sie jedoch die Differenz zwischen realer Geschichte, ihrer Überlieferung und Geschichte als erkenntnisorientiertem Erfassen und Darstellen vergangenen Geschehens, wie sie für das kritische Selbstverständnis der Geschichtswissenschaft Voraussetzung ist.[39] Das fotografische Bild wird zur eigentlichen historischen Realität, die sich gleichsam selbsttätig abgebildet hat – als ob allein wertneutrale Technik das Zustandekommen von Fotografien ausmache und sich eine Erörterung ihrer medialen Vermittlung von Wirklichkeit erübrige.

Darin spiegelt sich der ungebrochene Glaube an die Beweiskraft von Fotografien, was einmal mehr das Mißverhältnis zwischen allgemeinem Umgang mit Fotografie und defizitärer Reflexion über das Medium belegt. Den kritischen Punkt bildet die durch den herrschenden Fotografiegebrauch untermauerte Dominanz des empirischen Verständnisses der historisch-gesellschaftlichen Wirklichkeit. Werden Wesen und Erscheinung gegenständlicher Wirklichkeit in eins gesetzt, dann wird der menschliche Erkenntnisprozeß, die Einheit von sinnlichem Wahrnehmen und abstraktem Denken, auf eine einfache empirische Vorgehensweise verkürzt und erschöpft sich das Verständnis von Wirklichkeit in der Aufzeichnung ihrer äußeren Erscheinungen. Dabei überspielen offenkundig der sinnliche Reiz und die suggestiven Erlebnismomente die erkenntnismäßigen Grenzen fotografischer Anschaulichkeit. So werden Fotografien zu kulturindustriellen Surrogaten historischer Erkenntnis, und treten Unterhaltung und emotionale Einstimmung der Leser an die Stelle des Einblicks in Gesetze des gesellschaftlichen Zusammenhangs.

Es gibt keinen direkten Weg zur Geschichte. Den Gehalt historischer Aufnahmen dem aktuellen Erkenntnisinteresse wieder zugänglich zu machen, ist Sache eines diskursiv-interpretatorischen Arbeits- und Erkenntnisprozesses, der die zerstörten Bedeutungszusammenhänge der fotografischen Wirklichkeitsfragmente wiederherstellt. Die Erschließung der Bedeutung historischer Aufnahmen basiert zwar auf der ›vitalen Daseinserfahrung‹ (Erwin Panofsky), verlangt darüber hinaus die auf nicht-fotografische Quellen gestützte Kenntnis des historisch-sozialen Bezugssystems sowie Kenntnisse der ikonografischen Traditionen und der spezifischen Eigenheiten des fotografischen Mediums.

Die Untersuchung der Münchener »Revolutionsfotografie« von 1918 / 19 versucht die historischen Aufnahmen unter verschiedenen Aspekten zu erschließen: als Dokument der politischen Geschichte und der Geschichte anderer Lebensbereiche, wie auch als Quelle der damaligen fotografischen Wahrnehmungsweise und der publizistischen Darstellung von Zeitgeschichte – worauf im vorliegenden Zusammenhang besonderer Wert gelegt wird.[40] Im einzelnen richten sich die Fragen auf Darstellungsinhalte und Formen der fotografischen Interpretation von Wirklichkeit, zum anderen auf die Fotografen, ihre Arbeitsbedingungen, die Art und Weise ihrer Bildherstellung, ihre Motivselektionen, ihre politisch-publizistischen Wirkungsabsichten und ökonomischen Interessen sowie ihr berufliches Selbstverständnis. Und schließlich auf die Verbreitungsformen und Adressaten der Fotografien und ihren zeitgenössischen und retrospektiven Gebrauch in der Publizistik. Dabei wird nach dem Einfluß zeitgeschichtlicher Dokumentarfotografie auf die Vermittlung von Gegenwartspolitik und Historie gefragt, also danach, wer auf welche Weise und zu welchem Zweck mit fotografierter Politik wiederum Politik machte, und auch danach, welche Folgen diese Form politischer Öffentlichkeit hatte und wie sie auf das allgemeine Bewußtsein von Politik und Geschichte verändernd einwirkte.

ÜBERLIEFERUNG UND QUELLENKRITIK
DER »REVOLUTIONSFOTOGRAFIE«

Grundlage der hier nur kurz skizzierten Fragestellungen und Forschungsinteressen war neben der Klärung methodisch-theoretischer Fragen eine möglichst vollständige Erfassung und stringente quellenkritische Erschließung des historischen Bildmaterials. Der zeitliche Rahmen der fotografischen Bildproduktion ist abgesteckt durch den Ausbruch der Novemberrevolution und die gegenrevolutionäre Militärherrschaft im Sommer 1919. In Hinsicht auf Ikonografie, Ästhetik, Gebrauch und Verbreitung stellen die Aufnahmen von 1918 / 19 ein divergentes Quellenmaterial dar. Unter dem Begriff der Münchener »Revolutionsfotografie« werden alle Formen fotografischer Dokumentation von Berufsfotografen und Amateuren zusammengefaßt, die Geschehen, Orte und Personen der Zeitgeschichte festhalten – wie Ereignisfotografien, Porträtaufnahmen und Sachfotografien. Damit kommt ein offener Begriff des Dokumentarischen, der sich von einer eng definierten intentionalen Bestimmung absetzt, zur Anwendung.[41] Der größte Teil der Fotografien wurde nicht als Dokument historischer Überlieferung hergestellt, sondern für den aktuellen Gebrauch.

Das reichhaltigste und verläßlichste Quellenmaterial bilden die fotografischen Originalabzüge: zeitgenössische Presseaufnahmen, Aufnahmen für private, polizeiliche, gerichtsmedizinische und juristische Verwendungszwecke und von Hand abgezogene Fotopostkarten, die den größten Bestand ausmachen.[42] Eine weitere, durch unterschiedliche Selektionen bestimmte Gruppe stellen Abbildungen in Illustrierten, Zeitungen, Bildbänden und Geschichtsbüchern dar.[43] Die Originalnegative sind großenteils verschollen, in einigen Fällen auch die Originalabzüge von Fotografien, die heute allein noch durch Abbildungen in Illustrierten und anderen Publikationen nachweisbar sind. Von vielen Aufnahmen ist nur noch ein einziger Abzug vorhanden.

Das überlieferte bzw. zutage geförderte Bildmaterial deckt sich in seiner Gesamtheit sicherlich nicht mit der damaligen Bildproduktion. Manches ist unwiederbringlich verloren. Von den Berufsfotografen wurden Aufnahmenegative, die keine spätere Verwendung versprachen, seinerzeit nicht archiviert, die Glasplatten nach einiger Zeit abgewaschen und verkauft. Auch unangemessene Archivierungsmethoden der Fotografen – zumal bei den leicht zerbrechlichen Plattennegativen – sind für Überlieferungsdefizite verantwortlich. Manche Aufnahmen von Amateurfotografen sind wahrscheinlich zum Teil noch in privatem Besitz oder gingen während des Zweiten Weltkriegs durch die Vernichtung militärgeschichtlicher Archive verloren.[44] Mancher Verlust ist auch auf bewußte Zerstörung zurückzuführen, denn von Räterepublikanern wurde Bildmaterial beseitigt, damit es Polizei- und Militärbehörden nicht zur Fahndung und Identifizierung benutzen konnten.

Die Erschließung des fotografischen Quellenmaterials war mit einigem Aufwand verbunden, da die Orginalaufnahmen über zahlreiche öffentliche Archive bzw. Sammlungen im In- und Ausland verstreut sind.[45] Diese herauszufinden verlangte oft die Klärung der Sammlungsgeschichte. Die Erfahrung zeigte aber auch, daß es nicht ausreichte, sich allein an die Bestände der mehr oder weniger öffentlichen Überlieferungsinstitutionen zu halten. Eine wichtige Fundgrube waren die Nachlässe damaliger Berufs- und Amateurfotografen sowie die Bestände von Händlern und Sammlern historischer Bildpostkarten. In ihrem Besitz fanden sich oftmals Fotopostkarten, die in öffentlichen Archiven nicht überliefert sind. Die Herkunft der im Handel einzeln angebotenen Fotopostkarten ist nicht genau bestimmbar. Zumeist stammen sie aus privaten Sammelalben unbekannter Zeitgenossen, die von Händlern erworben und aufgelöst wurden. Manche Funde erschlossen sich durch Aufrufe in der Münchener Tagespresse, dank der Anregungen noch lebender Zeitgenossen, oder aufgrund beiläufiger Angaben in damaligen Publikationen. Private Nachlässe mußten zum Teil durch umfangreiche Recherchen ermittelt werden, wie zum Beispiel der des Amateurfotografen und Offiziers Karl All-

mendinger. Seine Aufnahmen vom Vormarsch eines württembergischen Freikorps auf München wurden 1919 ein einziges Mal veröffentlicht und mußten als verschollen gelten. Durch die Ermittlung des Truppenstandorts von Allmendingers Regiment war es möglich, seinen Geburtsort festzustellen, anhand der dortigen Meldeunterlagen seinen Lebenslauf zu rekonstruieren und schließlich Nachkommen ausfindig zu machen, die, ohne davon zu wissen, die Aufnahmen von 1918 / 19 besaßen.

Die umfangreichsten Bildbestände befinden sich in staatlichen und kommunalen Archiven, deren fotografische Sammlungstätigkeit überwiegend unsystematisch erfolgte und erst seit Mitte der Dreißiger Jahre mit größerem Nachdruck betrieben wurde.[46] Unter archivgeschichtlichen Aspekten ist vor allem die ehemalige ›Sammlung Rehse‹ wichtig.[47] An ihrem Schicksal erweist sich, daß »Sammlungsgeschichte... ein unlösbarer Teil der politischen Geschichte«[48] ist. Die später ›Archiv für Zeitgeschichte und Publizistik‹ genannte Sammlung wurde 1929 von der NSDAP erworben und blieb auch nach der Gründung des ›Hauptarchivs der NSDAP‹ ein wichtiges parteioffiziöses Archiv. Nach der Kapitulation des Deutschen Reiches beschlagnahmte die amerikanische Besatzungsmacht die Archivbestände und transportierte sie in die USA. 1963 wurde ein Teil der Sammlung an die Bundesrepublik Deutschland zurückgegeben und dem ›Bundesarchiv‹ in Koblenz zugewiesen, das wiederum Teilbestände der Plakat- und Fotosammlung dem ›Bayerischen Hauptstaatsarchiv‹ (Abteilung V, Nachlässe und Sammlungen, Bildersammlung) überließ. Die Aufspaltung der Fotosammlung erfolgte willkürlich.[49]

Das Archiv des ehemaligen Sachfotografen, der wie viele private Sammler und öffentliche Institutionen nach Ausbruch des Ersten Weltkriegs mit seiner Sammeltätigkeit begann, umfaßte neben Fotografien auch Plakate, Flugblätter, Bücher, Zeitschriften, Presseausschnitte, handschriftliche Urkunden und »all das, was er im Alltagsleben der bayerischen Hauptstadt ... auflas.«[50] Grundstock von Rehses Fotosammlung zur Münchener Nachkriegszeit 1918 / 19 bilden die Aufnahmen seiner eigenen Firma, der fotografischen Anstalt ›Rehse & Co‹ aus dem Mai 1919. Hinzu kamen zahlreiche aktuelle Fotopostkarten von ›Photobericht Hoffmann‹ und Aufnahmen anderer Fotografen. Viele Fotografien – vor allem von Amateuren – erhielt die Sammlung, als nach 1933 die nationalsozialistische Presse an ihre Leser appellierte, dem Archiv Fotografien aus der Revolutionszeit zur Verfügung zu stellen.[51]

Die gegenwärtig größte Sammlung an Revolutionsaufnahmen besitzt das ›Stadtarchiv München‹. Die Bestände der Bildersammlung ›Revolution 1918 / 19‹ bestehen aus Aufnahmen, die zur Illustration der Stadtchronik dienten, aus Fotopostkarten verschiedener Provenienz, aus Fotobeilagen von Aktenbeständen der kommunalen Verwaltung, privaten Nachlässen und Abzügen aus dem ›Zeitgeschichtlichen Bildarchiv Heinrich Hoffmann‹.

Unter den kommerziellen Bild- und Pressearchiven, die im allgemeinen nur eine geschäftliche Bildverwertung betreiben, ist das ›Zeitgeschichtliche Bildarchiv Heinrich Hoffmann‹ hervorzuheben.[52] Das nach dem Zweiten Weltkrieg von Heinrich Hoffmann jun. gegründete Archiv enthält den Restbestand der nach 1945 zerteilten Negativsammlung der ehemaligen Firma ›Photobericht Hoffmann‹ – später ›Presseillustrationen Hoffmann‹. Ein Großteil der Negativsammlung gelangte nach der Beschlagnahme durch die amerikanische Armee in die ›National Archives‹, Washington D. C., und bildet dort die ›Hoffmann Collection‹.[53] Viele der für die Untersuchung relevanten Aufnahmen blieben jedoch im Besitz Heinrich Hoffmanns, da er und sein Sohn, die während der Nürnberger Kriegsverbrecherprozesse mit der Klassifizierung und Ordnung der beschlagnahmten Fotografien beauftragt waren, ein Großteil der Negative aus amerikanischem Gewahrsam schmuggelten.[54] Das Negativmaterial hatte Hoffmann ursprünglich nicht systematisch archiviert, was wahrscheinlich auch Verluste an Originalnegativen erklärt. Der Bedeutung des historischen Bildmaterials wurde erst unter parteipropagandistischen Zielsetzungen Rechnung getragen und eine systematische Archivierung 1935 begonnen.[55] In diesem Zusammenhang entstand ein geschäftsinternes Album mit Abzügen aus dem Zeitraum vom November 1918 bis zum August 1919, das heute in Washington liegt.

Im Verlauf der Quellensicherung stellte sich heraus, daß die Recherchen nach relevantem Bildmaterial aus der Revolutionszeit auch auf die Aktenbestände der staatlichen Archive, speziell auf die des ›Staatsarchivs München‹, auszudehnen waren. Die Ermittlungsakten der Polizeidirektion München gegen Räterepublikaner und die Strafprozeßakten der Staatsanwaltschaft München enthalten in mehreren Fällen erkennungsdienstliche Porträtaufnahmen, gerichtsmedizinische Fotografien und zu Fahndungszwecken beschlagnahmte Privataufnahmen. Bei der Erschließung dieses Bildmaterials ist der Benutzer auf eigenes Sichten der Akten angewiesen, da deren Bildbeilagen in den Repertorien nicht genau benannt werden. Deshalb wurden die entsprechenden Aktenbestände im ›Staatsarchiv München‹ vollständig durchgesehen.

Die Archivierungsformen der Fotografien in den Sammlungen sind den Bedürfnissen der historischen Forschung mehrheitlich nicht angemessen. In einigen Fällen ist die Konservierung der Originalabzüge unsachgemäß. Teilweise wurden die Fotografien auf Kartons aufgeklebt, so daß rückseitige Angaben über den Bildautor, die Herkunft der Aufnahme etc. nicht mehr ersichtlich sind. Zum Teil wurden Fotografien auch beschnitten. Das fällt umso schwerer ins Gewicht, als der Erhaltungszustand vieler Fotografien nicht besonders gut ist. Teile der ehemaligen ›Sammlung Rehse‹, wie auch Hoffmanns Geschäftsalbum weisen kriegsbedingte Wasserschäden auf. Zudem ist die Bildschicht mancher Fotopostkarten aufgrund chemischer Veränderungen, die durch zu kurze Fixage bzw. Wässerung bei der Herstellung verursacht wurden, fleckig und restaurierungsbedürftig. Oft zeigt sich eine Versilberung der Bildschicht, wovon auch Negative betroffen sind. Unter quellenkritischen Gesichtspunk-

ten bezeugt die Ordnung der Bestände eine einseitige Erfassung und geht über Darstellungsinhalte nicht hinaus; andere Zugriffsmöglichkeiten, wie zum Beispiel unter dem Urheberaspekt, gibt es nicht. Bildverzeichnisse fehlen. Porträts und Ereignisfotografien werden getrennt, Porträts alphabetisch und ereignisgeschichtliche Aufnahmen chronologisch abgelegt. Innerhalb dieser Ordnungen muß der Benutzer mit unvollständigen, irreführenden und falschen Benennungen der dargestellten Personen und Ereignisse rechnen. Auch darf es ihn nicht überraschen, wenn die Beschriftungen oft eine gegenrevolutionäre oder faschistische Sprache sprechen und später nicht ergänzt und korrigiert wurden: Räterepublikaner werden pauschal als »Spartakisten« bzw. Freikorps- und Reichswehrsoldaten als »Befreier« apostrophiert.[56] Präjudizierte Werturteile drücken sich auch aus, wenn dem Benutzer unter dem Stichwort »Revolution« Bilder gegenrevolutionärer Soldaten und der von ihnen verursachten Zerstörungen an Münchener Bauten (die sogenannten »Revolutionsschäden«) vorgelegt werden. Oft wird der Fotograf in den Beschriftungen nicht genannt. Kommerzielle Bildarchive verunklären sogar absichtlich die Urheberschaft. Grundsätzlich finden sich keine Angaben zur Herkunft, zum Entstehungs- und Gebrauchszusammenhang und zum Archivierungszeitpunkt.

Bei den Recherchen zeigte sich immer wieder, daß fotografiegeschichtliche Forschungsinteressen von der bisherigen Archivierungspraxis nur wenig Unterstützung erwarten können.[57] Es besteht ein offenkundiger Zusammenhang zwischen dem schlechten Überlieferungszustand und dem Fehlen einer fotografischen Quellenkunde. Daraus resultierten Schwierigkeiten bei der quellenkritischen Erschließung und Interpretation des Bildmaterials bzw. war eine sorgfältige quellenkritische Prüfung geboten. Die auftretenden Probleme der fotografischen Quellenbestimmung und -interpretation wurden je nach Fragestellung gelöst. Wenig brauchbar war die strikte Befolgung eines methodischen Regelkanons. Es erwies sich als nötig, interdisziplinäre Forschungsstrategien zu entwickeln und die historische Literatur verschiedener Wissenschaftszweige, veröffentlichtes und nichtveröffentlichtes Quellenmaterial, mündliche Berichte und bestimmte Informationskompendien heranzuziehen, den Rahmen der Fragestellung auf allgemeine Merkmale, Bedingungen und Voraussetzungen der fotografischen Bildproduktion auszuweiten, übergreifende Vergleiche anzustellen und hypothetische Kontexte zu entwerfen und diese auf ihre Plausibilität zu überprüfen.

Die quellenkritische Überprüfung der Fotografien – das betrifft vor allem ihre Authentizität, den Produzenten und den Darstellungsgegenstand in zeitlicher, topografischer, personeller und ereignisgeschichtlicher Hinsicht – bereitete im allgemeinen wenig Probleme, da Stempelaufdrucke der Fotografen, einkopierte Signaturen und Inschriften und bildimmanente Informationen (Hausnummern, Geschäftsschilder, Spruchbänder, Plakate etc.), Bild- und Schriftvergleiche, Befragungen von Zeitgenossen oder Nachkommen der Fotografen und Erkundungen vor Ort weiterhelfen.[58] Dabei stellte sich heraus, daß die rückseitigen Originalbeschriftungen von Pressebildabzügen die präzisesten Informationen enthalten. Hilfreich war oft der Rückgriff auf die Berichterstattung der zeitgenössischen Tagespresse, auf Denkschriften oder Tagebücher und Memoiren. Speziell für Lokalisierungen bei Architektur- und Tatortaufnahmen waren Adreßbücher, alte Stadtpläne und architekturgeschichtliche Darstellungen eine Quelle. Für die Ermittlung der Personenidentität gaben personenbezogene Nachschlagewerke, Bildniskataloge, Abgeordnetenhandbücher oder auch Archivalien wie Polizei- und Gerichtsakten wichtige Hinweise.

Die Rekonstruktion der Herstellung der Fotografien, ihres privaten Gebrauchs und ihrer publizistischen Verwertung erforderte umfangreiche Recherchen auch nach unbekannten Schriftquellen, ist doch insgesamt wenig fachspezifische Literatur vorhanden und befindet sich die Erforschung der damaligen Dokumentar- und Pressefotografie in Deutschland noch in den Anfängen.[59] Relativ günstig ist die Quellenlage zur technischen Seite der fotografischen Praxis. Über Kameras, Aufnahmematerial und sonstige Hilfs- und Arbeitsmittel der Fotografen geben praktisch orientierte Handbücher für Pressefotografen und die übrige fotografische Fachliteratur Auskunft.[60] Die Erkundung der organisatorischen und ökonomischen Grundlagen der Bildproduktion (Auftrags- und Marktbedingungen) war schwierig, da schriftliche Belege, wie Verträge, Geschäftsunterlagen etc. nur selten überliefert sind.

Das gilt auch für die subjektiven Faktoren der Bildproduktion, die Darstellungsinteressen und Interpretationsabsichten der Fotografen. Die anhand des Bildmaterials nur schwer durchführbare Rekonstruktion der interpretatorischen Intentionen des Fotografen stützte sich auf prägnante, ideologisch eindeutig besetzte Bildmotive bzw. eigene Bildbeschriftungen des Fotografen. Die wenigen biografischen Schriftquellen über Berufspraxis, politische Einstellung und private Ambitionen der Fotografen sind mit Vorsicht zu gebrauchen – wie beispielsweise Hoffmanns Schriften, in denen er an mehreren Stellen seine Dokumentationsabsichten darlegt. Hoffmann stellt sich dort als ein allein der Geschichte verpflichteter Chronist dar und übergeht seine mehrfach belegbaren parteilichen Dokumentationsabsichten im Sinn der gegenrevolutionären Publizistik.[61]

Neuland war die Erschließung der publizistischen Bildverwendung (Fotopostkarte und Illustrierte). Die Fotopostkarte wurde von den Zeitgenossen offensichtlich als ein triviales, subkulturelles Zeitdokument angesehen.[62] In der damaligen fotografischen Fachliteratur spielt sie nur in technischer Hinsicht ein Rolle.[63] Hinweise auf Herstellung, Vertrieb, Auflagenhöhe und Adressaten der Postkarten boten zeitgenössische Zeitungsberichte, Werbeinserate wie auch die Häufigkeit bestimmter überlieferter Motive. Wesentlich spärlicher sind die Informationen über die Bedingungen der Bildverwendung in den Illustrierten, über das Verhältnis der Fotografen zu den Illustrierten, die Rolle der Bildagenturen, die redaktionelle Praxis und die publizistischen Strategien der Redaktionen. Allgemeine Auskünfte über das Pressege-

schäft geben die damaligen Handbücher der Pressefotografen, ansonsten besteht die Möglichkeit, aus publiziertem Material, Bildkombinationen und Betextungen Rückschlüsse zu ziehen.

ZUR MEDIENSPEZIFIK DER DOKUMENTARISCHEN FOTOGRAFIE

Eine quellenkritische Erörterung der medienspefizischen Eigenheiten der dokumentarischen Fotografie bei der Vermittlung von Wirklichkeit hat neben dem Produktions- auch den Rezeptionsbereich zu berücksichtigen, da für die fotografische Konstitution von Wirklichkeit nicht nur der Abbildungsprozeß, sondern vor allem nachgeordnete Bereiche der Bildbetextung und -präsentation entscheidend sind. Fotografien sind punktuelle Quellen, fixieren dauerhaft den Ausschnitt eines geschichtlichen Moments und bilden eine sekundäre, selbständige Realität, die beliebig zu vervielfältigen ist. Wesentlich für den fotografischen Realitätsbezug ist der fragmentarische Charakter der Fotografie, mit dem sie Erscheinungen der sichtbaren Wirklichkeit festhält. Der Prozeß der Bildherstellung beruht auf der technischen Reproduktion, deren abbildgenaue Qualitäten die Fotografie dazu prädestiniert, Tatsachenfeststellungen zu treffen. Dank ihrer technischen Herkunft erscheinen Fotografien im Vergleich zu manuell gefertigten Bildmedien als »wirklich« und nicht als Aussagen und Urteile. Auf ihnen ist Wichtiges und Unwichtiges nebeneinander abgebildet. Das unbeabsichtigt abgebildete Detail gilt gerade als Beleg einer absoluten Wahrheitstreue, die ohne das unmittelbare Zutun des Menschen zustande kommt. Die der Fotografie entgegengebrachte Wertschätzung als authentisches Beweismittel beruht auf ihrer unmittelbaren Zeugenschaft. Daraus bezieht der Mythos der fotografischen Authentizität seine Kraft.

Und doch bedarf der fotografische Abbildungsprozeß, die Umsetzung der abzubildenden Wirklichkeit in die Wirklichkeit der Abbildung zugleich der subjektiven Entscheidung des Fotografen. Gehandhabt wird das Medium von Menschen, deren Interesse darauf gerichtet ist, mit der Anfertigung von Fotografien bestimmte Zwecke zu verfolgen. Ihr absichtsvoller Zugriff auf Wirkliches bestimmt die fotografische Darstellungsweise. Damit fließt in Fotografien auch das Verhältnis des Fotografen zur abgebildeten Wirklichkeit mit ein. Seiner Entscheidungsfreiheit unterliegt nicht nur die Motivwahl, sondern auch die gestalterische Interpretation anhand bestimmter Codes: durch die Wahl des Ausschnittes, des Standpunktes, der Einstellgrößen, des Zeitpunktes der Aufnahme, der Belichtungszeit etc. Bei Ereignisaufnahmen sind der gestalterischen Einflußnahme des Fotografen aufgrund der Produktionsumstände indessen deutliche Grenzen gesetzt.

Die dokumentarische Fotografie orientiert sich durchaus am fotografischen Resultat und seinen Wirkungen, auch wenn die Fotografen für sich beanspruchen, nur der abgebildeten Wirklichkeit verpflichtet zu sein, wertfrei auf die Wirklichkeit zu blicken und nicht zu interpretieren. Ihr berufliches Selbstverständnis bezieht sich auf die oft beschworene Positivität der Fotografie, die zeige, »wie es ist«.[64] Bei den inhaltlichen und ästhetischen Entscheidungen orientiert sich der Fotograf – soweit es sich nicht um einen Amateurfotografen handelt – an den Wünschen der Auftraggeber bzw. den Erfordernisses des Illustrationsmarktes, verbindet er doch mit seiner Bildproduktion in erster Linie ein ökonomisches Interesse. Deshalb sind Fotografien auch als Indikator der redaktionellen Bedürfnisse bzw. der Publikumswünsche und als Ausdruck zeittypischer Wahrnehmungsformen und Verarbeitungsmuster zu interpretieren, nicht jedoch als unmittelbarer Ausdruck der Individualität des Fotografen. Dieser tritt gewissermaßen als »Vollzugsorgan des Zeitgeistes« auf. Der Berufsfotograf liefert mit seinem Bildmaterial die Möglichkeit zu Beweisführungen und doch verzichtet er mit der Veräußerung seiner Aufnahmen auf die Beweisführung in einem bestimmten Sinne. Seine »Parteilichkeit« ist vorrangig die eines Bilderwarenproduzenten, der auf dem Markt möglichst viele Abnehmer für sein Angebot sucht. Es ist keineswegs ausgemachte Sache, daß der Fotograf darüber hinaus eigene publizistische Interessen in Form einer dezidierten politischen Parteinahme verfolgt und auf eine entsprechende Verwendung seiner Aufnahmen besonderen Wert legt.[65]

Die Produktion von Dokumentarfotografien ist nicht auf eine autonome ästhetische Wahrnehmung hin konzipiert, sondern auf eine sprachlich zugerichtete Vermittlung.[66] Im kommunikativen Gebrauch macht das fotografische Bild immer nur den einen Teil der Botschaft aus, deren unverzichtbarer Bestandteil die sprachliche Deutung ist. Werden Fotografien auch mit bestimmten Absichten konzipiert und steuern sie durch ihre Gestaltung interpretatorische Tendenzen, sind sie für sich allein genommen mehrdeutig und stellen kein selbständiges Informationssystem dar. Fotografien zeigen von ihren Kontexten isolierte Einzelheiten, die über ihre oberflächliche sinnlich-sichtbare Bedeutung hinaus keinen Sinnzusammenhang offenbaren. Aus diesen Gründen bedarf die defizitäre fotografische Semantik syntaktischer Ergänzungen. Dies geschieht im rezeptiven Bereich durch den Kontext, die Bildpräsentation, die Bildkombination oder die Bild-Beschriftung. Erst dadurch erfahren Fotografien ihre inhaltliche Bestimmung, werden zu Bildnachrichten, zu Belegen für eine benannte Sache bzw. einen Sachverhalt und bekommen ihre »dokumentierende« Funktion.

Damit treffen zwei Zeichensysteme mit verschiedenem Wirklichkeitsbezug zusammen.[67] Fotografien sind gestaltähnliche Zeichen, die sich formal gegenüber der Wirklichkeit verselbständigen, die sie inhaltlich ausdrücken. Ihr zwingender Bezug auf Wirkliches, das außerhalb der Abbildungswirklichkeit gegeben ist, unterscheidet das fotografische Abbildungssystem von anderen Zeichensystemen. Ein sprachliches Zeichen bezeichnet immer eine Klasse z. B. von Gegenständen, jede Fotografie bildet dagegen immer etwas Singu-

läres ab. Erst dessen Identifikation als Bestandteil einer Klasse von Dingen mit gleichen Merkmalen macht es zum Träger einer allgemeinen sprachlichen Bedeutung.

Die Verbindung von Fotografie und Text schwankt in der Intensität, formal und inhaltlich. Fotografien können durchlaufende Textdarstellungen bloß begleiten oder argumentativ unterstützen, können belehren oder unterhalten. Die Bildunterschriften können den Bildgegenstand spezifizieren, Name, Ort, Zeitpunkt und Umstände benennen oder verallgemeinern und typisieren oder auch noch umfassender in Beschlag nehmen: wertend kommentieren und mit allgemeinen Konnotationen verbinden. Unter dem Eindruck der fotografischen Authentizität dominiert die Vorstellung, daß Bild und Text eine inhaltliche Identität bilden, und die textlichen Deutungen erscheinen als fotografie-immanente Informationen. Für sich genommen bestätigt die fotografische Authentizität nur die vergangene Tatsächlichkeit des abgebildeten Gegenstandes. Sie gibt keine Antwort auf die Frage, ob sie eine typische Ansicht oder einen wesentlichen Moment eines Ereignisses zeigt. Diese Aussage trifft erst die Beschriftung, indem sie die Einzelansicht als repräsentativ für einen übergreifenden Sachverhalt ausweist. Vergleichbares gilt auch für den symbolischen Bereich. Ist das Abgebildete nicht schon selbst in der außerfotografischen Wirklichkeit Symbol, erlangt eine Fotografie erst durch den deutenden Kontext symbolische Bedeutung, indem sie »über die Eins-zu-eins-Relation zwischen Abgebildetem und Bezeichnetem hinaus zum Ausdruck für etwas Allgemeines wird.«[68] Sie steht für etwas, was sie selbst nicht abbildet. Zum anderen wird allein durch die Tatsache der publizistischen Verbreitung in hohem Maße symbolische Bedeutung hergestellt. Denn was veröffentlicht wird, gilt als bedeutungsvoll. Umgekehrt heißt dies, daß alles, was keine Öffentlichkeit erfährt, bedeutungslos erscheint.

TEIL I

MÜNCHEN 1918 / 19. SKIZZE ZUR POLITISCHEN GESCHICHTE

DER ERSTE WELTKRIEG

Der Krieg sollte nur wenige Wochen dauern – das war das Versprechen der kriegführenden Regierungen Europas beim Ausbruch des Ersten Weltkriegs im August 1914. Aus Monaten wurden Jahre, ohne daß ein Ende des Krieges abzusehen war. Massenhafter Tod und unvorstellbares Elend ließen die anfängliche Kriegsbegeisterung im Deutschen Reich bald schwinden. Besonders gravierend wirkte sich auf die Volksstimmung die mangelhafte Lebensmittelversorgung der Städte aus und offenbarte die Unfähigkeit der Regierung, die kriegsbedingten Probleme zu lösen. Dies beschleunigte ihren Autoritätsverlust und verstärkte die Erosion der politischen und sozialen Ordnung. Erste Anzeichen einer allgemeinen Kriegsmüdigkeit machten sich im Deutschen Reich Anfang 1916 bemerkbar und zeigten sich im Lauf des Jahres auch in Bayern. In München kam es zu ersten Hungerdemonstrationen von Frauen.[1] Durch den Krieg verschärften sich die Spannungen im Gesellschaftsgefüge – zwischen den Klassen, zwischen Stadt und Land und dem Norden und Süden des Deutschen Reiches. Nachdem sich die politischen und wirtschaftlichen Entscheidungen nach Berlin verlagert hatten, wurde die bayerische Eigenstaatlichkeit stark eingeschränkt, und vielfach entstand der Eindruck, Bayern würde von der zentral gelenkten Kriegswirtschaft benachteiligt.[2] Deshalb ging im Königreich Bayern der Umschwung der Volksstimmung mit einer Neubelebung der traditionellen antipreußischen Haltung und dem Wachsen partikularistischer Strömungen einher. König Ludwig III. schien zu einem ohnmächtigen Instrument des verhaßten Preußen geworden zu sein und büßte selbst beim konservativen Bürgertum und bei den Bauern an Ansehen ein.

Innerhalb der Arbeiterschaft konnte die Burgfriedensstimmung von 1914 nur so lange Bestand haben, wie militärische Erfolge auf ein baldiges Kriegsende hoffen ließen und so einen psychologischen Ausgleich für materielle Entbehrungen boten.[3] Da der Krieg kein Ende fand, die Reallöhne sanken und die Versorgungslage sich weiter verschlechterte, war die Grundlage geschaffen für das Entstehen der oppositionellen Massenbewegungen, die das politische Geschehen am Ende des Krieges entscheidend bestimmen sollten.

»Während die organisierten und disziplinierten Massen vor 1914 von ihren Führern mobilisiert und in ihren Aktionen gelenkt wurden, war es das Kennzeichen dieser neuen Massenbewegungen, daß sie spontan und initiativ waren und den Führern ihren Willen aufzuzwingen suchten, statt sich weiterhin auf bloße politische Gefolgschaft zu beschränken. Sie durchbrachen den durch Partei und Gewerkschaft abgesteckten politischen und organisatorischen Rahmen, ja sie entstanden gerade als Ausdruck der Kritik oder Negation der traditionellen Form einer institutionalisierten sozialistischen Massenbewegung...«[4]

Unruhe und Unzufriedenheit mit dem politischen System erfaßten neben der Bauernschaft, die gegen die Zwangsablieferung von Lebensmitteln rebellierte, auch den unteren Mittelstand, vor allem Handwerker, Gewerbetreibende und Angestellte. Sie hatten stark an der Last des Krieges zu tragen und waren von fortschreitender Verarmung und sozialer Deklassierung betroffen, was ihr gesellschaftliches Selbstwertgefühl minderte.[5] Staatsloyalität wandelte sich zur Staatsverneinung und ließ Teile des Mittelstands zur »passiven Hilfstruppe« der Revolution werden. »Da diese Opposition gegen den monarchischen Staat sich jedoch in reiner Negation erschöpfte und nur dem Ressentiment, nicht ei-

König Ludwig III. verläßt nach einem Besuch die Krupp-Werke in Freimann, August 1918.

Sozialdemokratische Fraktion des bayerischen Landtages 1912/16. Postkarte, um 1912.

nem klaren politischen Programm entsprang, blieb der Mittelstand auch im neuen Staat eine unzufriedene Schicht; der überwiegende Teil der Mittelstandsangehörigen schwenkte daher bald nach dem Staatsumsturz und Kriegsende wieder ins Lager der konservativ-antirevolutionären Kräfte zurück...«[6]

So reifte in den letzten Kriegsjahren ein sozial heterogenes, fast alle Schichten umfassendes Protestpotential heran. Dennoch »blieb die Massenbewegung gegen Ende des Krieges im wesentlichen eine proletarische Bewegung mit nur sehr vereinzelter Unterstützung bei den Bauern und dem Mittelstand« und »wurden die konkreten Aktionen des Protestes gegen die Innen- und Außenpolitik des Regimes...fast ausschließlich von der Arbeiterschaft getragen«[7]. Ihren vorrevolutionären Höhepunkt fanden die Aktivitäten in der Streikbewegung vom Januar 1918 – einer Friedensbewegung, an der sich in ganz Deutschland über eine Million Arbeiter beteiligten. Die Streiks entstanden gegen den Willen der Gewerkschaften und der etablierten sozialdemokratischen Führer, die sich wegen ihrer Zusammenarbeit mit dem Regime zunehmender Kritik ausgesetzt sahen. Zugleich begann eine Phase verschärfter Konflikte zwischen den konkurrierenden Arbeiterparteien SPD und USPD. Die USPD hatte sich seit 1915 in mehreren Schritten von der SPD abgespalten und im März 1917 als eigene Partei konstituiert. Sie bekämpfte die Kriegspolitik der Sozialdemokraten, die im Namen der »Verteidigung des Vaterlandes« mit dem herrschenden Regime

einen »Burgfrieden« geschlossen und staatstragenden Charakter angenommen hatten.[8] Locker verbunden mit der USPD war der von Rosa Luxemburg und Karl Liebknecht geführte ›Spartakusbund‹. Ungeachtet der Flügelbildung der Arbeiterparteien entstand an der Basis der Wille nach der »Einheit der Arbeiterbewegung« – ein Handlungsmotiv, das in den Revolutionsmonaten mehrfach sichtbar werden sollte.

Dem Januarstreik 1918 schlossen sich auch in München die Belegschaften von Fabriken an und forderten sofortige Friedensverhandlungen ohne annexionistische Ziele; der Staatsumsturz gehörte noch nicht zu ihrem Programm. Die Streikinitiative lag bei Kurt Eisner und der lokalen USPD-Gruppe.[9] Erst nach der Inhaftierung der Wortführer des Streiks – neben Eisner Felix Fechenbach, Ernst Toller und Fritz Schröder – gelang es den Behörden in Zusammenarbeit mit der SPD und den Gewerkschaften den Streik zu beenden. Unter den Münchener Industriearbeitern wuchs der Einfluß der Unabhängigen, auch wenn ihnen öffentliche Auftritte untersagt waren.

Eisner, politischer Journalist und langjähriger Redakteur verschiedener sozialdemokratischer Zeitungen, war die herausragende Figur der Münchener Kriegsoppositionellen; seit Dezember 1916 veranstaltete er öffentliche Diskussionsabende, bei denen aktuelle politische Fragen erörtert wurden.[10] Vor dem Krieg befand sich Eisner in weitgehender Übereinstimmung mit dem reformistischen Kurs der bayerischen SPD unter Georg von Vollmar. 1914 hatte er noch die Kriegskredite befürwortet, da er an einen Überfall des zaristischen Rußland auf Deutschland glaubte, gewann nach dem Studium der deutschen und alliierten Aktenveröffentlichungen zum Kriegsausbruch jedoch die Überzeugung, daß das Deutsche Reich eine entscheidende Mitschuld am Kriege trage.[11] Als er diese Erkenntnis öffentlich aussprach, kam es zum Bruch mit der SPD.

Photo-Atelier Elvira: König Ludwig III. und Königin Marie Theresia, Postkarte.

DIE DEUTSCHE REVOLUTION
DER RAT DER VOLKSBEAUFTRAGTEN

Im Deutschen Reich hatte seit dem Jahresende 1916 nicht mehr die Berliner Reichsregierung die Macht inne, sondern die neu gegründete ›Oberste Heeresleitung‹ unter Generalfeldmarschall Hindenburg und General Ludendorff. Die Militärs setzten auf »Siegfrieden«, herrschten mit Belagerungszustand, Zensur und Schutzhaft und wiesen alle Versuche, die Reichsregierung zu parlamentarisieren, zurück. Als nach der gescheiterten deutschen Offensive vom Sommer 1918 die militärische Niederlage Deutschlands bevorstand, vollzog die ›Oberste Heeresleitung‹ einen plötzlichen Schwenk und forderte am 29. September 1918 die Bildung einer parlamentarischen, auch von der SPD mitgetragenen Reichsregierung als Voraussetzung für Waffenstillstandsgespräche.[12] Das Waffenstillstandsangebot der neuen Regierung unter Prinz Max von Baden an den amerikanischen Präsidenten Wilson vom 4. Oktober bedeutete das Eingeständnis der deutschen Niederlage und kam für die Öffentlichkeit vollkommen unerwartet. Nicht bekannt wurde, daß hinter dem Regierungsgesuch die ›Oberste Heeresleitung‹ stand. Damit waren die reaktionären, mit ihrer Kriegspolitik gescheiterten Militärs aus der Verantwortung entlassen. Zugleich wurden die Voraussetzungen für die Dolchstoßlegende gelegt, die die Entstehung der Weimarer Republik mit dem Makel republikanischen Kapitulantentums verband.

Die »Oktoberreform« war zu spät erfolgt. Die allgemeine Ungeduld wuchs, nachdem Wilson am 23. Oktober 1918 in seiner Antwortnote die Abdankung des Kaisers als Voraussetzung für Friedensverhandlungen gefordert hatte. Doch Wilhelm II. dachte nicht an Rücktritt. Als er am 28. Oktober die Gesetze zur Einführung der parlamentarischen Monarchie unterzeichnete, meuterten in Wilhelmshaven bereits Mannschaften gegen die Marineleitung, die zur »Ehrenrettung« der kaiserlichen Marine einen letzten Flottenvorstoß unternehmen wollte. Dies bedeutete eine Kampfansage an die friedenswillige Reichsregierung und offenbarte deren Machtlosigkeit gegenüber den Militärs.[13] Am 3. November folgte der Aufstand der Kieler Matrosen: der Auftakt zur deutschen Revolution. Getragen von der Spontaneität der kriegsmüden Massen griff die Bewegung auf die norddeutschen Küstenstädte über, breitete sich in kürzester Zeit über

das Reich aus und erfaßte das gesamte Heimatheer. Im Deutschen Reich konstituierten sich überall Arbeiter- und Soldatenräte und übernahmen die Kontrolle über die alten Gewalten, die widerstandslos kapitulierten.

Die Parteiführung der Mehrheitssozialisten wurde vom Siegeszug der Novemberrevolution überrascht.[14] Bis zuletzt versuchte sie, einen Umsturz zu verhindern. Mit der Parlamentarisierung der kaiserlichen Regierung und dem Eintritt der SPD ins Kabinett war für sie schon das Wünschenswerte erreicht – hatte sie sich doch im Lauf der Jahre zur evolutionären Partei entwickelt, auch wenn sie sich noch auf die revolutionäre marxistische Theorie berief. Eine Revolution erschien den SPD-Führern unnötig, angesichts der prekären Situation nach der Kriegsniederlage auf jeden Fall gefährlich. Erst unter dem Druck der Arbeiter und Soldaten war die Parteiführung zur Ausrufung der Republik bereit. Die Proklamation am 9. November in Berlin zeigte dann aber auch schon die Spaltung der Arbeiterbewegung. Philipp Scheidemann von der SPD rief die »Deutsche Republik« aus, Karl Liebknecht vom ›Spartakusbund‹ die »Sozialistische Republik«.

Friedrich Ebert, Mitglied des Rats der Volksbeauftragten.
Die neue Regierung.

Die Woche, Jg. 1918, Nr. 46, 16. November 1918.

Aus dem Tauziehen um die Bildung der Revolutionsregierung ging am 10. November der ›Rat der Volksbeauftragten‹ hervor, bestehend aus einer Koalition von Mehrheitssozialisten (Friedrich Ebert, Philipp Scheidemann und Otto Landsberg) und Unabhängigen Sozialisten (Hugo Haase, Wilhelm Dittmann und Emil Barth), der sein Mandat von den Berliner Arbeiter- und Soldatenräten erhielt.[15] Die Arbeiter- und Soldatenräte – die wichtigsten Träger der revolutionären Massenbewegung – waren zumeist Sympathisanten oder Mitglieder der sozialdemokratischen Parteien, handelten aber ohne Anweisungen »von oben«. »In ihrer ganz überwiegenden Mehrzahl verstanden sich die Mitglieder der Räte nicht als Kontrahenten der sozialdemokratischen Koalitionsregierungen aus SPD und USPD im Reich und in den Ländern, sondern im Gegenteil: als die lokalen und regionalen Sachverwalter dieser Regierungskoalition im Kampf um die Durchsetzung sozialistischer Politik und beim Abbau des obrigkeitsstaatlichen Herrschaftapparates.«[16]

Abgesehen vom ›Spartakusbund‹ und dem linken Flügel der USPD stimmten die politischen Kräfte im November 1918 in ihrem Votum für die Nationalversammlung überein. Innerhalb der Revolutionsregierung war jedoch vor allem der Zeitpunkt der Wahl zur Nationalversammlung umstritten. Die dort vertretenen USPD-Politiker, die dem rechten Parteiflügel angehörten, plädierten für einen späteren Wahl-

termin, um alte, vom Wandel an der Staatsspitze unberührt gebliebene Machtstrukturen zu zerschlagen und die »Errungenschaften der Revolution« zu sichern, wie es Rudolf Breitscheid im November 1918 formulierte: »Solange die infamen Abhängigkeitsverhältnisse bestehen, die die kapitalistische Produktion schafft, solange hilft die formale papierne Demokratie dem Proletariat einen Pappenstiel. Die Grundlagen dieser Abhängigkeit müssen mit Hilfe der uns durch die Revolution in die Hand gegebenen Mittel beseitigt werden. Dann erst können wir darangehen, die Demokratie nach ihrer formalen Seite auszubilden. Dann wird die aus wirklichen, freien Volkswahlen hervorgegangene Nationalversammlung gewählt werden, um auf diesem Boden, den zu verändern ihr schwer sein dürfte, weiter zu bauen.«[17]

Der ›Spartakusbund‹ forderte das Rätesystems als Verfassungsgrundlage für eine sozialistische Republik. Innerhalb der Rätebewegung besaß der ›Spartakusbund‹, der am 31. Dezember 1918 in der neugegründeten KPD aufging, allerdings keinen Rückhalt: nur zehn seiner Mitglieder waren unter den über 500 Delegierten des ersten Rätekongresses, der Mitte Dezember in Berlin zusammentrat und sich endgültig für die Nationalversammlung entschied. Die neue Partei stellte kein einheitliches Gebilde dar. Auf ihrem Gründungsparteitag stimmte die von revolutionärer Ungeduld und stark utopischen Zügen geprägte Mehrheit der KPD für den Boykott der Nationalversammlungswahlen – im Widerspruch zu Lenins Taktik und gegen den Willen der Parteiführer Rosa Luxemburg und Karl Liebknecht, die eine deutsche Räterepublik forderten, sich darüber aber im Klaren waren, daß dafür im Moment die machtpolitischen Voraussetzungen fehlten.[18] Putschistische Aktionen und Versammlungs- und Straßenagitation der Kommunisten lösten heftige Reaktionen bei Bürgerlichen und Mehrheitssozialisten aus, die das geringe Kräftepotential der KPD maßlos überschätzten und die Partei zu einer bolschewistischen Bedrohung erklärten.[19] »Weder die Entstehungsgeschichte der KPD noch ihre Entwicklung während der ersten Jahre der Weimarer Republik erlauben es, sie als Kopie der russischen Staatspartei anzusehen. Aber schon ihr Name erleichterte es ihren Gegnern, sie mit ihr zu identifizieren und durch den Hinweis auf ihre bloße Existenz die Furcht vor dem Bolschewismus noch zu steigern, eine Furcht, die bald ›dazu herhalten (sollte), die wirtschaftliche und politische Restauration zu forcieren.‹«[20]

Für die SPD besaß die Einberufung der Nationalversammlung eindeutige Priorität und rangierte noch vor der Realisierung traditioneller Programmpunkte der Arbeiterbewegung. Sie setzte auf Kontinuität und nicht auf Umbruch. Daher vertagte die von Ebert geführte Revolutionsregierung alle grundlegenden Veränderungen der traditionellen Wirtschafts- und Sozialstruktur und arbeitete bei der Bewältigung akuter Nachkriegsprobleme eng mit Vertretern des alten Systems zusammen, an deren Loyalität sie glaubte. Einer solchen Politik standen die Räte im Wege, auch wenn sie sich zum größten Teil nur als zeitlich befristete Übergangslösung bis zur Verwirklichung des parlamentarischen Sy-

Das Präsidium der Reichskonferenz der ›Arbeiter- und Soldatenräte‹ (Seeger, Leinert, Gomolka), ›Die Woche‹, Jg. 1918, Nr. 52.

stems begriffen und in wichtigen Zielvorstellungen – in der Beseitigung von Militarismus und der Demokratisierung von Verwaltung, Heer und Wirtschaft – mit der SPD übereinstimmten. [21]

Ende Dezember 1918 brach die Regierungskoalition auseinander, vor allem deshalb, weil die USPD-Volksbeauftragten die Annäherung der Mehrheitssozialisten an die alte Generalität nicht mittragen wollten und in ihnen bereits Gefangene der Gegenrevolution sahen. Tatsächlich hatte Ebert mit General Groener von der ›Obersten Heeresleitung‹ einen Geheimpakt geschlossen, um gegen die sozialistische Opposition auch mit militärischer Gewalt vorgehen zu können. Während die SPD sich weiter nach rechts orientierte und in wachsende Abhängigkeit von kaiserlichen Militärs und der Bürokratie geriet, wuchs die Opposition von links und radikalisierten sich breite Kreise der Arbeiterschaft.

Anfang Januar 1919 entstand aus einer Massendemonstration von Berliner Arbeitern ein bewaffneter, plan- und führerloser Aufstand gegen die Reichsregierung mit dem Ziel, die Revolution fortzuführen. Die Erhebung ist als »Spartakusaufstand« in die Geschichte eingegangen, obwohl die KPD-Führung sie nicht begonnen und nicht geleitet hatte und auch nur halbherzig unterstützte. Im Auftrag des neuen, für das Militär zuständigen mehrheitssozialistischen Volks-

beauftragten Gustav Noske schlugen Regierungstruppen und republikfeindliche Freikorps den Aufstand mit großer Brutalität nieder. Erste Opfer dieser »Ordnungspolitik« wurden Rosa Luxemburg und Karl Liebknecht, die von Freikorpssoldaten ermordet wurden. [22]

Nach den Januarereignissen – der »Marneschlacht der deutschen Revolution« (Rudolf Hilferding) – waren die Gräben zwischen den Arbeiterparteien nicht mehr überwindbar und erreichte der Radikalisierungsprozeß einen ersten Höhepunkt. Die neue Massenbewegung des Frühjahrs 1919 plädierte für die Institutionalisierung der Räte, sah in ihnen proletarische Klassenkampforgane und forderte eine weitreichende Sozialisierungsmaßnahmen. Sie entstand aus Enttäuschung über den Reformverzicht der Regierung und war gegen die Weimarer Nationalversammlung gerichtet, von deren bürgerlicher Mehrheit keine radikalen Eingriffe in die Sozialordnung mehr zu erwarten war. Die Massenbewegung ging quer durch die Parteienbasis, erfaßte große Teile der Arbeiterschaft und führte im Frühjahr 1919 vielerorts zu Streikaktionen, Unruhen und bewaffneten Auseinandersetzungen und zur Errichtung von kurzlebigen Räterepubliken. »Alle diese Bewegungen wurden... von der Reichsregierung militärisch niedergeschlagen – wiederum durch Truppen, die zwar gegen die sozialistische Revolution, aber nicht für die parlamentarische Demokratie kämpften.« [23]

DER STURZ DES HAUSES WITTELSBACH DIE REGIERUNG EISNER

Während die Anfang November 1918 überall im Reich ausbrechenden Erhebungen nicht geplant waren, arbeiteten in Bayern Kurt Eisner und eine kleine Gruppe oppositioneller Sozialisten zielstrebig auf diese Entwicklung hin. Mitte Oktober war Eisner als USPD-Kandidat für die durch den Rücktritt Georg von Vollmars notwendig gewordene Reichstagsnachwahl aus der Haft entlassen worden und warb im Wahlkampf gegen den Führer der Mehrheitssozialisten Erhard Auer bereits für die Revolution. [24] Zur gleichen Zeit leitete die bayerische Regierung eine Verfassungsreform ein, ohne jedoch die Situation entschärfen zu können. Hatte im Reich die Ungewißheit, ob die USA den Waffenstillstand der kaiserlichen Regierung annehmen oder eine tiefergreifende Demokratisierung fordern würden, entscheidend zum Anwachsen der Umsturzstimmung beigetragen, steigerte sich in Bayern die Unruhe noch, da man nach dem Zusammenbruch der Donaumonarchie der Einmarsch italienischer Truppen fürchtete.

Eisner hatte die allgemeine Friedenssehnsucht und Aktionsbereitschaft richtig eingeschätzt, als er am 7. November 1918 im Anschluß an die Friedenskundgebung der beiden sozialistischen Parteien die revolutionäre Aktion wagte und zusammen mit Demonstranten und Soldaten und unterstützt

Proklamation.
Volksgenossen!

Um nach jahrelanger Vernichtung aufzubauen, hat das Volk die Macht der Zivil- und Militärbehörden gestürzt und die Regierung selbst in die Hand genommen. Die Bayerische Republik wird hierdurch proklamiert. Die oberste Behörde ist der von der Bevölkerung gewählte Arbeiter-, Soldaten- und Bauernrat, der provisorisch eingesetzt ist, bis eine endgültige Volksvertretung geschaffen werden wird. Er hat gesetzgeberische Gewalt.

Die ganze Garnison hat sich der Republikanischen Regierung zur Verfügung gestellt. Generalkommando und Polizeidirektion stehen unter unserem Befehl. Die Dynastie Wittelsbach ist abgesetzt.

Hoch die Republik!
Der Arbeiter- und Soldatenrat.
Kurt Eisner.

Proklamation der bayerischen Republik, Plakat.

vom Führer des linken Flügels des ›Bayerischen Bauernbundes‹ Ludwig Gandorfer die Dynastie Wittelsbach stürzte. Der schnelle und unblutige Sieg der Revolution war nur deshalb möglich, weil fast alle Bevölkerungschichten kein Vertrauen mehr in die alten Herrschaftsträger hatten und das Regime dem Umsturz nichts entgegensetzen konnte, da es durch den militärischen Bankrott gelähmt war und über keine Machtmittel mehr verfügte.[25] Der Umsturz besaß zweifelsohne Züge eines Staatsstreiches, wurde jedoch zur »Initialzündung der bayerischen Revolution«, die sich in kürzester Zeit zur revolutionären Massenaktion ausweitete und überall zur Bildung von lokalen Arbeiter-, Bauern- und Soldatenräten führte.[26]

Noch in der gleichen Nacht des 7. November eröffnete Eisner im Landtagsgebäude die konstituierende Sitzung des zuvor gebildeten ›Arbeiter-, Bauern- und Soldatenrates‹ und wurde zu dessen erstem Vorsitzenden gewählt. Der »Aufruf an die Bevölkerung Münchens« erklärte Bayern zum ›Freistaat‹ und kündigte sofortige Friedensanstrengungen und die Wahl einer konstituierenden Nationalversammlung an.[27] Die Mehrheitssozialisten verhielten sich einstweilen abwartend. Erhard Auer beriet mit den königlichen Ministern über Möglichkeiten, den Umsturz niederzuschlagen. Erst als

klar wurde, daß keine Erfolgsaussichten für einen solchen Versuch bestanden, fiel die Entscheidung für die Zusammenarbeit mit Eisner.[28] Damit akzeptierte die SPD-Führung die Revolution. Für die SPD gab es keine Alternative, wollte sie nicht den Anschluß verpassen und die Gefolgschaft der Parteibasis verlieren. Auch für Eisner nicht, der – abgesehen von praktischen Gründen – auf die Einheit der sozialistischen Bewegung drängte, wie sie schon der erwähnte Aufruf verhieß: »Der Bruderkrieg der Sozialisten ist für Bayern beendet. Auf der revolutionären Grundlage, die jetzt gegeben ist, werden die Arbeitermassen zur Einheit geführt.«

Am Nachmittag des 8. November trat der aus Mitgliedern des ›Arbeiter-, Soldaten- und Bauernrates‹ der Landtagsfraktionen der SPD und des Bauernbundes sowie einigen Mitgliedern der liberalen Landtagsfraktion gebildete ›Provisorische Nationalrat‹ zusammen und wählte die Revolutionsregierung. Sie übernahm den gesamten alten Staatsapparat von den unteren Behörden bis zur Minsterialbürokratie, den sie auch später nicht entmachtete: »Die Amtsübernahme durch das Revolutionskabinett hatte viel gemeinsam mit einem Regierungswechsel. Die alten Minister wiesen die neuen in ihre Ressorts ein...«[29]

Als Ministerpräsident und Außenminister stand Eisner an der Spitze einer sozialistischen Koalitionsregierung, in der die Mehrheitssozialisten deutlich mehr Gewicht und Durchsetzungskraft besaßen. Sie konnten auf langjährige parlamentarische Erfahrung zurückblicken und verfügten über einen eingespielten Parteiapparat. Im Kabinett hatte Eisner nur den Minister für soziale Fürsorge Hans Unterleitner und den parteilosen Finanzminster Edgar Jaffé auf seiner Seite. Sein persönlicher Gegenspieler Erhard Auer vom rechten Flügel der SPD leitete das Innenministerium, Johannes Hoffmann das Ministerium für Unterricht und Kultus, Johannes Timm das Justizministerium, Albert Roßhaupter übernahm das Ministerium für Militärische Angelegenheiten, während der parteilose Heinrich von Frauendorfer dem Verkehrsministerium vorstand.

Die Regierung sah sich mit zwei dringlichen Aufgaben kon-

Legitimation
№ 456

Inhaber dieses
Herr Ernst Toller
ist Mitglied der revolutionären Regierung Bayerns
Vollzugsrat d. A. B. B.
›Landes - Arbeiterrat‹
München, 14. Dezember 1918.

Ausweis Ernst Tollers als Mitglied des Landesarbeiterrates, Dezember 1918.

Robert Sennecke: Ministerpräsident Kurt Eisner während der Fahrt zur Reichskanzlei anläßlich der Reichskonferenz der bundesdeutschen Regierungen in Berlin, 22. November 1918.

frontiert: sie hatte die unmittelbaren wirtschaftlichen und sozialen Folgen des militärischen Zusammenbruchs zu bewältigen und die »Errungenschaften der Revolution« zu sichern. Eisners am 15. November 1918 verkündetes Regierungsprogramm war das einer sozialen Reformregierung, das jede Klassenkampfterminologie vermied, Eingriffe in die Wirtschafts- und Gesellschaftsordnung mit dem Hinweis auf die katastrophalen wirtschaftlichen Verhältnisse auf unbestimmte Zeit verschob und allein die Sozialisierung der Energiewirtschaft und die Neuverteilung des Großgrundbesitzes erwog.[30] Zu den praktischen Resultaten von Eisners hunderttägiger Regierung gehörte neben der Aufhebung der geistlichen Schulaufsicht, gegen die sich die katholische Kirche heftig wehrte, die Verwirklichung einiger alter Forderungen der Sozialistischen Internationale: die Einführung des Achtstundentags und des Frauenwahlrechts.

Verhielt sich die SPD-Führung reserviert gegenüber grundlegenden Reformen, suchte die USPD vorsichtig nach Strukturveränderungen. Für eine sozialistische Politik, die die überkommen Privilegien der Klassengesellschaft abbauen und staatliche und gesellschaftliche Strukturen überwinden wollte, gab es in der Koalition keine gemeinsame Basis. Eisner bejahte den Sozialismus als »ethische Notwendigkeit« –

sah jedoch keine Möglichkeit, ihn unter den gegebenen Umständen zu realisieren.[31] Geleitet von Kants Moralphilosophie und einem aufklärerischen Optimismus, vertraute er auf die gewaltlose Erneuerung von Staat und Gesellschaft und maß einer »geistigen Revolution« und damit der Erziehung und politischer Bildungsarbeit große Bedeutung bei.

Der an alle Volksschichten gerichtete Appell des Regierungsprogramms, sich an der »Arbeit der Gemeinschaft« zu beteiligen, folgte Eisners Konzeption einer »produktiven Demokratie«, die er unter dem Eindruck der revolutionären Massenmobilisierung entwickelt hatte: »Der ›volksrevolutionäre‹ Anstrich der Massenbewegung erweckte in ihm die Erwartung, das Bürgertum sei nunmehr bereit, gemeinsam mit der Arbeiterschaft, den sich gegen den Militarismus auflehnenden Soldaten und dem progressiven Teil der Bauernschaft seine versäumte Revolution (von 1848, d. Verf.) nachzuholen. Er hoffte, die Konservativen und bürgerlich-liberalen Schichten könnten aufgrund der Erfahrungen im Kriege ihre alten politischen Fixierungen abbauen.«[32] »Mit der ›produktiven Demokratie‹ beabsichtigte Eisner ein völlig neues System zu schaffen, das den Interessen aller aufbauwilligen Volksschichten entsprechen sollte, nicht nur denen einer privilegierten Minderheit. Den so lange zurückge-

Otto von Kursell: Plakat der ›Vereinigung zur Bekämpfung des Bolschewismus‹, Anfang 1919.

kurz, das gesamte öffentliche, politische und soziale Leben soll in seiner ganzen Öffentlichkeit erörtert und kritisiert werden. Bisher leistete einen Teil dieser Arbeit die Presse. Die Arbeiterräte sollen eine Art lebendige Presse sein.«[34]

Die Räte waren nach dem Vorbild der russischen Revolution in Kasernen, Gemeinden und Betrieben entstanden, um eine Machtkontrolle auszuüben und im Bereich der Verwaltung praktische Aufgaben zu übernehmen. Bis ins Frühjahr 1919 verfolgten sie reformistische Zielsetzungen – »im Sinne der Öffnung der gewählten kommunalen Selbstverwaltungsorgane für die breite Masse der Nicht-Bürger, d. h. der unteren sozialen Schichten.«[35] Die Arbeiterräte bestanden aus Lohnarbeitern, Angestellten, Kleingewerbetreibenden und Angehörigen geistiger Berufe, die Bauernräte aus Landarbeitern und selbständigen Landwirten. Die örtlichen Arbeiterräte bildeten den ›Landesarbeiterrat‹, der einen ›Vollzugsausschuß‹ besaß und im ›Provisorischen Nationalrat‹, vertreten war. Entsprechendes galt für den ›Landesbauernrat‹ bzw. den ›Landessoldatenrat‹.

Die Frage nach der künftigen Funktion und verfassungsmäßigen Verankerung die Räte wurde zum umstrittensten Punkt im Kabinett. Eisners Rätekonzeption stieß bei Bürgerlichen und Mehrheitssozialisten gleichermaßen auf Ablehnung. Die SPD-Politiker mißtrauten den Räten, auch wenn diese zumeist der eigenen Partei angehörten, da sie

drängten Ansprüchen der bisher von der Teilhabe an der Gewalt im Staate ausgeschalteten Schichten sollte in vollem Umfang Rechnung getragen werden. Dazu schien ihm weder das parlamentarische System in seiner bisherigen Form, noch das Rätesystem nach bolschewistischem Muster geeignet, sondern allein eine Kombination von Räten und Parlament.«[33]

Ein berufsständisch gegliedertes ›Nebenparlament‹ sollte zum Parlament treten, um eine Demokratisierung der Gesellschaft von unten nach oben zu ermöglichen und die Entfremdung der Volksvertreter von den Wählern zu verhindern. In einer Sitzung des ›Münchener Arbeiterrates‹ erklärte Eisner Anfang Dezember seine Überlegungen über Rolle und Aufgaben der Räte als Organisationsform politischer Öffentlichkeit: »Wenn wir verhindern wollen, daß auch die neue Demokratie sich in einem leeren, unfruchtbaren Parlamentarismus verliert, müssen die Berufsparlamente, die Räte, daneben lebendig bleiben. Die Nationalversammlung oder der Landtag muß souverän sein, aber die Arbeiter bilden ihr eigenes Parlament, sie verhandeln ihre eigenen Angelegenheiten ... Aber die Arbeiterräte sollen noch mehr sein. Sie sollen Aufsichtsorgane des gesamten öffentlichen Lebens des Bezirks, in dem sie eingesetzt sind, sein. Sie sollen das öffentliche Leben kontrollieren ..., nicht als Exekutivorgane, aber als Kontrollorgane, als kritische Organe,

Hermann Keimel: Wahlplakat der ›Bayerischen Volkspartei‹, Farblithografie, Anfang 1919

Bürger!

Wollt Ihr Euch willenlos von Bolschewiken um Euere Existenz bringen lassen?

Rafft Euch auf, schließt Euch zusammen, setzt der Geschlossenheit der Bolschewiki die **Geschlossenheit des Bürgertums entgegen.**

Wir stehen auf dem Boden der Republik, wir wollen keinen Terror, weder von rechts noch von links!

Wenn aber die Bolschewikiherrschaft kommen sollte, so müsst Ihr organisiert sein — Ihr müsst dem Streik den Bürgerstreik entgegensetzen. Dazu habt Ihr das Recht!

Bürger, schließt Euch zum Bürgerrat zusammen! Spartakus arbeitet sicher und ohne daß Ihr es merkt.

Schon sind die neuen Minister bestimmt! Schon gehen die Namen Landauer, Levien von Mund zu Mund.

Wacht auf! Wenn der Ruf an Euch ergeht, so kommt! Es gilt um Eure Existenz! Ihr braucht nur zu wollen, so muss es Euch gelingen.

Auf zur Schaffung eines Bürgerrats.

Aufruf zur Schaffung eines Bürgerrates, Anfang 1919, Flugblatt.

Erhard Auer, Aufnahme vor 1918.

ihren Führungs- und Machtanspruch einschränkten und eine Zusammenarbeit mit den bürgerlichen Parteien, den alten Verwaltungsspitzen und Militärs behinderten.[36] Auch sahen sich viele Gewerkschafter, die sich als alleinige Vertreter der Belange der Arbeiterschaft betrachteten, von den Räten übergangen. Mit Auer stand ein überzeugter Rätegegner an der Spitze des für Rätefragen zuständigen Innenministeriums, dessen restriktive Rätepolitik »den Räten den Zugang zur Machtausübung auf allen Stufen der öffentlichen Dienste zu versperren« suchte.[37]

Eisner blieb mit seiner Rätekonzeption im Kabinett unterlegen. In den Räte-Richtlinien vom 26. November bzw. 17. Dezember 1918 wurden die Räte zwar pro forma als die »revolutionäre Grundlage des neuen Regierungssystems« bis zur endgültigen Regelung durch die Nationalversammlung definiert, praktisch wurde ihnen jedoch nicht einmal das Kontrollrecht über den lokalen Behördenapparat zugestanden.[38] Die Richtlinien leiteten eine Trendwende in der Rätebewegung ein, denn nun übernahmen lokale Behörden die Aufsicht über die Räteorgane und gewann die traditionelle Oberschicht in den Volksräten an Einfluß. Hierdurch kam Eisners klassenübergreifendes Rätemodell ungewollt den Rätegegnern zugute und bewirkte eine »Neutralisierung der Reformkräfte der sozialdemokratischen Rätebewegung«.[39] Auer wollte mit frühest möglichen Wahlen zur Nationalversammlung den Räten ein schnelles Ende setzen. »Eisner da-

gegen bemühte sich um eine möglichst lange Verzögerung allgemeiner Wahlen, zum einen aus prinzipiellen Gründen, die aus seiner Konzeption einer ›Neuen Demokratie‹ herrührten, zum anderen aus aktuellen Gründen, da er den bisherigen revolutionären Prozeß zunehmend pessimistisch beurteilte und beim politischen Bürgertum eine wachsende reaktionäre Verhärtung diagnostizierte.«[40] Die Frage des Wahltermins führte Ende November zu einer ernsten Kabinettskrise. Am 5. Dezember beugte sich Eisner dem massiven Druck von SPD, bürgerlichen Parteien und der Presse und stimmte dem Wahltermin am 12. Januar 1919 zu.

Da die Revolution alle bürgerlichen Freiheitsrechte garantierte und auf jede Form »revolutionären Terrors« verzichtete, hatten sich die alten, vom Umsturz nur kurzzeitig irritierten Kräfte schnell und unbehindert formieren können. Seit der zweiten Novemberwoche begann die Neugründung von Parteien, die zumeist Umbenennungen alter Organisationen waren; beispielsweise gab sich das um Nicht-Katholiken erweiterte Zentrum den Namen ›Bayerische Volkspartei‹. Manche Gruppen im Bürgertum und im Offizierskorps waren auch zum Einsatz militärischer Mittel bereit, um die ihnen entglittene Macht wiederzuerlangen. Verschiedentlich bestanden Pläne, noch vor der Konstituierung der Nationalversammlung einen Staatsstreich zu organisieren und Eisner zu stürzen.[41] Unterhalb der parteioffiziellen Ebene wurden erste Kontakte mit den mehrheitssozialistischen Parteifüh-

Erkennungsdienst der Polizeidirektion München: Ernst Toller, 6. Juni 1919.

rern aufgenommen, um angeblich regierungstreue Ordnungskräfte zu mobilisieren. Ende Dezember stand der Name des Innenministers und seines Kabinettskollegen Timm unter Aufrufen zur Gründung einer ›Bürgerwehr‹, deren Aufbau der spätere völkische Aktivist Rudolf Buttmann in die Hände genommen hatte. Die Initiative löste scharfe Proteste der Soldatenräte aus, und erst auf Eisners Intervention hin zogen die Minister ihre Unterschriften zurück.[42]
Die bürgerlichen Parteien besaßen nicht nur in der staatlichen Administration einen starken Rückhalt, sondern auch in der Presse, über die sie auf dem Land fast völlig, in den Städten zum größten Teil verfügten.[43] Nach der Aufhebung der Pressezensur unterlag ihre Berichterstattung keinen Einschränkungen von Seiten der Regierung. Eisner wandte sich grundsätzlich gegen Eingriffe in die Pressefreiheit, obwohl die bürgerliche Presse nach seinen Worten im vergangenen Krieg »mehr Schuld an der Katastrophe Deutschlands (hatte, d.Verf.) als irgendeine andere Institution.« Am 15. November erklärte er: »Wir beabsichtigen nicht, die Presse unmittelbar oder mittelbar geheim zu beeinflussen. Wir werden kein Regierungsblatt haben. Was wir der Öffentlichkeit

mitzuteilen haben, wird mit deutlicher Kennzeichnung der Herkunft veröffentlicht werden. Aber auch auf diesem Gebiete haben wir die Zuversicht, daß sich eine innere Reinigung und Erneuerung des Pressewesens vollziehen wird und damit die Presse ihrem heiligen Berufe wiedergegeben wird, dem sie sich so schmählich entfremdet hat.«[44]
Zunächst wurde Eisners Politik in der Presse positiv beurteilt. Dann entwickelte sich seit Ende November eine extrem feindselige Haltung gegenüber Eisner. Um Fremdenhaß und antisemitische Ressentiments zu wecken, verbreiteten konservative Blätter Falschmeldungen und deklarierten Eisner zum Galizier namens »Kosmanowski«.[45] »Nachdrücklicher noch als die bürgerliche Presse betrieb das sozialdemokratische Zentralorgan die Herabwürdigung Kurt Eisners.«[46] Man unterstellte ihm, er wolle eine Räteherrschaft nach russischem Vorbild errichten – obwohl er die Methoden der Bolschewisten mehrfach öffentlich verurteilt hatte.[47] Eisner selbst verzichtete auf Gegendarstellungen und verfolgte keine aktive Pressepolitik. Im Unterschied zur SPD besaßen die Unabhängigen in München erst mit der seit dem 20. Dezember 1918 erscheinenden ›Neuen Zeitung‹ ein eigenes Parteiorgan.
Die Aversionen des konservativen Bürgertums gegen Eisner entsprangen zum Großteil seiner Außenpolitik – einem Schwerpunkt seiner Regierungstätigkeit. Bereits in der Proklamation des ›Arbeiter- und Soldatenrates‹ an die Münchener Bevölkerung vom 8. November formulierte Eisner Bayerns neue Sonderrolle: »Bayern will Deutschland für den Völkerbund rüsten. Die demokratische und soziale Republik Bayern hat die moralische Kraft, für Deutschland einen Frieden zu erwirken, der es vor dem Schlimmsten bewahrt.«[48] Auswärtige Politik war nach wie vor Sache der Reichsregierung, Eisner strebte auch nicht nach einem bayerischen Separatfrieden, zweifelte indes an der Eignung des Auswärtigen Amtes für Friedensverhandlungen und hielt die Berufsdiplomaten aus der Kaiserzeit für kompromittiert.[49] Mit einem aufrichtigen Bekenntnis der deutschen Kriegsschuld wollte er die bei den westlichen Demokratien vermutete Versöhnungsbereitschaft fördern und die Waffen-

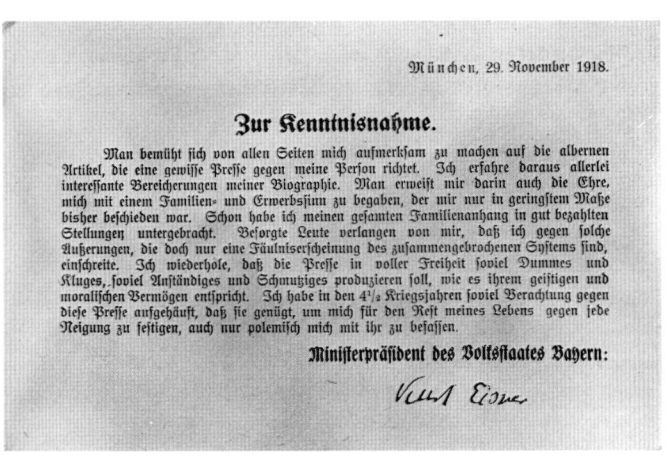

Stellungnahme Eisners zur Presse, Postkarte, 29. November 1918.

stillstandsbedingungen mildern und wandte sich über die provisorische bayerische Gesandtschaft in Bern direkt an die Alliierten. Die Veröffentlichung entsprechender Aktenunterlagen sollte das Gefühl gegenseitigen Vertrauens bei den Verhandlungen herstellen. Darüber kam es zum Zerwürfnis mit dem ›Auswärtigen Amt‹ und zum zeitweiligen Abbruch der Beziehungen zwischen Berlin und München.

Im Konflikt mit der Reichsregierung stand Eisner überdies wegen der innerstaatlichen Neuordnung des Deutschen Reiches. Er lehnte jeglichen Unitarismus ab und unterstrich die Notwendigkeit eines föderativen Zusammenschlusses der Einzelstaaten. In diesem Sinne definierte das ›Staatsgrundgesetz‹ vom 4. Januar 1919 Bayern als »Mitglied der Vereinigten Staaten Deutschlands«. Eisner ging es um eine Abwehr des preußischen Einflusses, von dem er eine Gefährdung der ihm vorschwebenden lebendigen Demokratie befürchtete. Mit seiner antipreußischen Einstellung gewann Eisner gewisse Sympathien in partikularistischen Kreisen Bayerns, obgleich sein Föderalismus keinem Provinzialismus Vorschub leisten wollte.

Das Eingeständnis der deutschen Kriegsschuld brachte ihm freilich das Odium des Vaterlandsverräters und eines gewissenlosen Internationalisten ein. Als er auf der ›Internationalen Arbeiter- und Sozialistenkonferenz‹ in Bern Anfang Februar 1919 das Kriegsschuldbekenntnis wiederholte und sich dafür aussprach, daß die deutsche Jugend freiwillig beim Wiederaufbau Frankreichs mithelfen sollte, erweckten sinnentstellende Berichte der bayerischen Tagespresse den Eindruck, Eisner hätte sich dafür ausgesprochen, deutsche Kriegsgefangene als Zwangsarbeiter einzusetzen. [50]

In den ersten Wochen nach der Revolution war die Stellung der Regierung Eisner noch relativ gefestigt, denn nicht nur die sozialdemokratische Arbeiterschaft, sondern auch Bauern und bürgerliche Mittelschichten stimmten mehrheitlich mit der Friedenspolitik, dem Ausgangsziel der Revolution, überein und befürworteten den Sturz der Monarchie. »Eisner mochte nach der unblutigen und fast widerstandslos durchgeführten Revolution, die er selbst als eine ›moralische‹ betrachtete, glauben, daß er mit einer Politik der Verständigung und der Versöhnung auch weiterhin die Unterstützung der Bevölkerung finden würde.« [51] Bald zeigte sich jedoch, daß er das revolutionäre Potential der Räte überschätzt hatte, und daß große Teile des Bürgertums zu keinem tiefgreifenden politischen Neubeginn bereit waren und gegen seine Politik Widerstand entwickelten. Auch in der Arbeiterschaft machten sich die Folgen eines allgemeinen, wenn auch aus verschiedenen Motiven gespeisten Stimmungsumschwungs bemerkbar.

Die Bekanntgabe des Wahltermins und der Erlaß der Räte-Richtlinien bedeuteten eine entscheidende politische Weichenstellung. Die angestrebte Versöhnung zwischen den sozialistischen Bruderparteien war gescheitert, die Kluft zwischen USPD und SPD wuchs und führte – nicht zuletzt angesichts des Wahlkampfes – zum Zerfall des Regierungsbündnisses. [52] Die Räteanhänger sahen sich in die Defensive gedrängt, zumal vielfältige Aktivitäten der Gegenrevolution

Gustav Landauer, Aufnahme vor 1918.

ihre Furcht vor dem frühen Wahltermin bestärkten. Die Verkündung des Wahltermins gab auch den letzten Anstoß für die Gründung der Spartakusgruppe am 11. Dezember 1918 in München. Nun wuchs die Opposition von links gegen Eisner, dessen Zustimmung zur Wahl der Nationalversammlung man als Verrat an der Revolution wertete.

Die entschlossenen Verfechter des Rätegedankens und die radikale Linke sammelten sich in München im ›Revolutionären Arbeiterrat‹ (RAR). [53] Ihn vertraten 50 Mitglieder, die sämtlich keine sozialdemokratischen Partei- oder Gewerkschaftsfunktionäre waren, im 400 Personen starken ›Münchener Arbeiterrat‹. Auch politisierende Schriftsteller und Intellektuelle wie Erich Mühsam, Gustav Landauer und Ernst Toller gehörten ihm an. Auf Mühsams Initiative ging die Gründung der anarchistischen ›Vereinigung revolutionärer Internationalisten Bayerns‹ zurück, die erstmals am 30. November 1918 mit einem Flugblatt an die Öffentlichkeit trat. Mühsams Agitation galt verstärkt dem sogenannten fünften

Stand, dem großstädtischen Lumpenproletariat. Er verlangte – in der Tradition des klassischen Anarchismus – die umgehende Einlösung von Sozialutopien und lehnte eine sozialistische, auf eine Massenbasis ausgerichtete Politik ab.

Ein Großteil der revolutionären Internationalisten schloß sich dem ›Spartakusbund‹ bzw. der Anfang 1919 gebildeten Ortsgruppe der KPD an. Der Kurs der von Hans Kain und Max Levien geführten Münchener Kommunisten war daher – wie auch in anderen deutschen Großstädten – stark von anarchistischen Vorstellungen beeinflußt.[54] Ungeachtet der vielfältigen Zusammenarbeit bestanden zwischen beiden Gruppen Meinungsdifferenzen. Mühsam befürchtete von den Kommunisten »die Unterordnung des proletarischen Revolutionswillens unter die Parteiinteressen« und widersprach der Forderung des Spartakusbundes nach einer einheitlichen, zentralisierten Räterepublik für ganz Deutschland.[55]

Die Münchener Ortsgruppe der KPD blieb zahlenmäßig und organisatorisch schwach und war auch in den Räteorganisationen kaum vertreten. Manche ihrer Aktionen bzw. der ›Vereinigung revolutionärer Internationalisten‹ sorgten freilich für Schlagzeilen. Zum Beispiel besetzten Demonstranten am 6. Dezember die Redaktionsräume von Münchener Tageszeitungen, um gegen deren rätefeindliche Berichterstattung zu protestieren. Erich Mühsam erklärte den ›Bayerischen Kurier‹ für vergesellschaftet, was in der Presse als Vorzeichen der angeblich drohenden »Spartakistenherrschaft« gewertet wurde. Doch waren zu diesem Zeitpunkt weder die Wahlen zum Landtag noch dessen Zusammentritt ernsthaft gefährdet.

Während sich in München der ›Revolutionäre Arbeiterrat‹ und die USPD unter dem Eindruck von Auers Rätepolitik radikalisierten, gab es auch bei den Räten in der Provinz ähnliche Entwicklungen: »Daß diese beiden Radikalisierungstendenzen im Dezember 1918 nicht zur Deckung gelangten, sondern sogar in Widerspruch zueinander gerieten, zählt ... zu den entscheidenden Widersprüchen der Revolution in Bayern. Obwohl sich die sozialdemokratische Rätebewegung der Provinz durch Auers Rätepolitik angegriffen sah und sie deshalb Auer auch scharf kritisierte..., stand sie in der Frage der Nationalversammlung in Solidarität zu Auer und gegen Eisner, der seit Ende November wegen der politischen Trendwende zugunsten des bürgerlichen Lagers gerade auch in der Provinz für einen späten Wahltermin votierte und die Stellung der Räte stärken wollte.«[56] Als Gründe für diese »folgenreiche Überschneidung der politischen Fronten innerhalb des revolutionären Lagers« ist ein »virulentes Mißtrauen der Provinz gegenüber der Hauptstadt München« anzusehen.[57] Es ist vorrevolutionären Ursprungs, wurde verstärkt durch die defizitäre Informations- und Pressepolitik der Regierung Eisner und verdichtete sich »zur Angst vor einer Münchener Diktatur. Diese Angst richtete sich nun – paradoxerweise – gegen die USPD und gegen Eisner... Anlaß dazu boten die deutliche Zuspitzung des politischen Klimas auch in München, das Auftreten linkssozialistischer bzw. anarchistischer Gruppen und die sich radikali-

Heinrich Hoffmann: Ernst Niekisch, Vorsitzender des ›Zentralrats der Bayerischen Republik‹, Aufnahme Frühjahr 1919.

sierenden politischen Kampfformen des revolutionären Lagers.«[58]

Zu Jahresbeginn 1919 wurden die heftigen politischen Auseinandersetzungen im Reich auch in München spürbar, machte sich Bürgerkriegsstimmung breit und standen sich die politischen Antagonisten zunehmend unversöhnlicher gegenüber. Bestärkt durch die Berliner Genossen lehnten sich die bayerischen SPD-Führer an die alten Mächte an. Während Noskes Militärpolitik das Reich zu überziehen begann, suchte Eisner Bayern von Berliner Einflüssen abzuschirmen, vermied Kraftproben und verhinderte militärische Konfrontationen. Verschärfend auf die Lage wirkten sich die sozialen Folgen der Kriegswirtschaft aus. Nach wie vor herrschte in München Lebensmittelknappheit, und die Arbeitslosenrate wuchs durch die Entlassung der Rüstungsarbeiter und die Kriegsheimkehrer. Auf einer Arbeitslosendemonstration am 7. Januar 1919 kam es zu einem blutigen Zusammenstoß zwischen Demonstranten und der ›Republikanischen Schutztruppe‹. Aus Furcht vor weiteren Zwischenfällen inhaftierte die Regierung führende Vertreter des ›Revolutionären Arbeiterrates‹, ließ sie jedoch unter dem massiven Druck einer spontanen Protestdemonstration wieder frei. Der Presse boten diese Ereignisse weitere Angriffspunkte in der letzten Wahlkampfphase vor den Landtagswahlen und den Wahlen zur Deutschen Nationalversammlung.

Im Wahlkampf konnte sich Eisner, bislang ohne greifbare

*Heinrich Hoffmann: Kurt Eisner in Begleitung seiner Frau und Minister Hans Unterleitner auf dem Weg zum Landtag in der Prannerstraße,
Anfang 1919.*

politische Erfolge, nur darauf berufen, die Partei der Novemberrevolution zu vertreten. Während die USPD erst langsam ihren Parteiapparat aufbaute, lagen die organisatorischen und propagandistischen Vorteile bei den etablierten Parteien. Das Ergebnis der Landtagswahlen fiel für die Linke enttäuschend, für Eisner vernichtend aus. Die USPD erhielt nur 3 der 180 Sitze, die SPD 61, der ›Bayerische Bauernbund‹ 16. Stärkste Partei wurde die ›Bayerische Volkspartei‹ mit 66 Sitzen und besaß zusammen mit den kleineren bürgerlichen Parteien, der ›Deutschen Demokratischen Partei‹ und ›Bayerischen Mittelpartei‹, die Mehrheit im Landtag. [59]
Der Wahlausgang machte Eisners Stellung unhaltbar, sein Kabinett blieb aufgrund Artikel 17 des ›Staatsgrundgesetzes‹ noch im Amt. Die Mehrheitssozialisten waren an einer Zusammenarbeit mit der USPD nicht mehr interessiert und planten die Bildung einer Koalition mit den Bürgerlichen. [60]
Die Räte wollten ihrer weiteren Entmachtung nicht tatenlos zuzusehen, wie sie sich in der Aufstellung eines ›Volksheimatschutzes‹ anbahnte, und beschlossen einstimmig, »ihre Aufgabe erst dann als vorläufig erledigt zu betrachten, wenn Garantien der Regierung gegeben worden seien, daß der Einbau der Räte in den Volksstaat in der von ihr geforderten Form erfolge.«[61] Kurt Eisner, zum Rücktritt entschlossen, suchte der Rätebewegung einen neuen Impuls zu geben und

ließ sich zum Vorsitzenden des ›Zentralrates‹, der obersten Körperschaft der bayerischen Räte, wählen. Zum Abschluß des Rätekongresses, der darauf das Landtagsgebäude räumte, sprach Eisner: »Die Mehrheit, die Bürgerlichen, sollen nun bürgerliche Politik betreiben. Wir werden sehen, ob sie regierungsfähig sind. Inzwischen sollen die Räte ihr Werk tun, die neue Demokratie aufzubauen... Ich sehne mich danach, daß die Sozialisten ohne Unterschied der Richtung wieder Opposition werden.«[62]

DER ZENTRALRAT. DIE REGIERUNG HOFFMANN

Am Vormittag des 21. Februar trat der Landtag zu seiner konstituierenden Sitzung zusammen. Auf dem Weg dorthin, mit seiner Rücktrittserklärung in der Tasche, wurde Kurt Eisner von dem monarchistisch gesinnten Graf Arco auf offener Straße erschossen. Der Mord war die Tat eines Einzelgängers – heraufbeschworen durch eine Verleumdungskampagne der Presse. Das Attentat wurde in der Arbeiterschaft als Signal der drohenden Konterrevolution verstanden, zumal zwei Tage zuvor Matrosen einen Putschversuch unter-

Heinrich Hoffmann: Eine Sitzung des Vollzugsausschusses der ›Arbeiter- und Soldatenräte‹ in der Kammer der Reichsräte (von links nach rechts): Reuter, Hermann Eisenhut, Joseph Feinhals, Ernst Niekisch, Georg Kandlbinder, Heinrich Süß, Carl Kröpelin, Steinmetz.

nommen hatten, und rief große Erregung unter Soldaten und Arbeitern hervor. Aus Rache für Eisner verübte ein Mitglied des ›Revolutionären Arbeiterrates‹ im Landtag einen Anschlag auf Erhard Auer und verletzte ihn schwer. Die Abgeordneten flohen, niemand sprach mehr von einer Koalition aus Mehrheitssozialisten und Bürgerlichen. [63]

Die Nachricht von Eisners Ermordung weckte neue revolutionäre Massenaktivitäten, vergleichbar denen im November 1918, und beschleunigte den Radikalisierungsprozeß, der in der Proklamation der bayerischen Räterepublik kulminierte. Verglichen mit der sonstigen Entwicklung im Deutschen Reich fiel die Radikalisierung besonders heftig aus. »Denn nach der Wahlniederlage Eisners mußte ein Versuch, mit Hilfe der Räte eine fortschrittlichere und freiheitlichere Form der Demokratie zu schaffen, – nach dem Urteil Walter Tormins ›der einzige ernsthafte Versuch in dieser Richtung‹ während der deutschen Revolution – als gescheitert erscheinen.« [64] Ende Februar trat die Entfremdung zwischen SPD-Führung und Parteibasis erneut zutage. Viele mehrheitssozialistisch orientierte Arbeiter gingen in das Lager von USPD und KPD über und forderten die Fortsetzung der Revolution. Der linke Flügel der politisch inhomogenen USPD orientierte sich betont klassenkämpferisch und sah in der KPD eine »Bruderorganisation«. Neue Impulse erhielt auch die proletarische Rätebewegung in der Provinz, die an De-

mokratisierungsvorstellungen vom November 1918 anknüpfte, doch entstand zugleich eine Gegenbewegung zum revolutionären Zentralismus der Landeshauptstadt, was später die Isolierung des räterepublikanischen München verursachte. [65]

Münchens politische Öffentlichkeit war weit vielfältiger und widersprüchlicher als die der Provinzstädte. In der Arbeiterschaft der Landeshauptstadt bestand größere Bereitschaft, Meinungen kundzutun und politischen Druck auszuüben. Im Vergleich zu anderen deutschen Großstädten war ihr Anteil an der Gesamtbevölkerung jedoch geringer. Mehrheitlich waren die Arbeiter in Klein- und Mittelbetrieben beschäftigt, da sich erst im Krieg Großbetriebe der Rüstungsindustrie in der Stadt angesiedelt hatten. In der Garnisonsstadt München lebten zudem viele unzufriedene, noch nicht demobilisierte Soldaten. Die Arbeitslosen bildeten ein Heer von Enttäuschten, das die Radikalisierung vorantrieb.

Nach dem Mord an Eisner fiel die Macht den Räten zu. Sie bildeten am gleichen Tag zusammen mit Vertretern der SPD, USPD und KPD einen Aktionsausschuß und wählten den ›Zentralrat der bayerischen Republik‹ der unter dem Vorsitz von Ernst Niekisch vom linken Flügel der SPD die Regierungsgeschäfte übernahm und die Wiederannäherung von USPD und SPD anstrebte. [66] Zu seinen Mitgliedern gehörten: Karl Gandorfer und Johann Wutzelhofer vom Bau-

Adalbert Werner: Martin Segitz, Staatskommissar für Demobilisierung, Postkarte (Photobericht Hoffmann), Ende 1918.

Heinrich Hoffmann: Johannes Hoffmann, bayerischer Ministerpräsident, Postkarte Frühjahr 1919.

ernbund, Johannes Hoffmann (SPD), Josef Simon (USPD), Fritz Sauber (USPD, 1. Vorsitzender des Arbeiter- und Soldatenrates), Goldschmidt, Carl Kröpelin (Mitglied des Vollzugsausschusses der Arbeiter- und Soldatenräte), Hermann Eisenhut, Max Levien (KPD und Mitglied des Revolutionären Arbeiterrates) und August Hagemeister (USPD und Mitglied des Revolutionären Arbeiterrates).

Die Entscheidung, welchen Weg Bayern einschlagen sollte, lag nun beim ›Kongreß der Arbeiter-, Soldaten- und Bauernräte‹, der am 25. Februar in München zusammentrat und bis zum 8. März in Permanenz tagte.[67] Mit 234 zu 70 Stimmen lehnte der Kongreß den Antrag Mühsams auf Ausrufung der Räterepublik ab und übertrug seine Macht auf den Landtag, erklärte ihn aber für vertagt und forderte die Verankerung legislativer Rechte der Räte in der künftigen bayerischen Verfassung. Zugleich wurde ein Interims-Ministerium unter Führung des SPD-Politikers Martin Segitz eingesetzt. Anfang März einigten sich Mehrheitssozialisten und Unabhängige auf die Bildung einer sozialistischen Minderheitsregierung, die ihre Anerkennung durch den Landtag abzuwarten hatte, der am 17. und 18. März zusammentrat. Johan-

nes Hoffmann übernahm neben dem Ministerpräsidentenamt das Ministerium für Unterricht und Kultus.[68] Die SPD stellte ferner die Minister für Justiz (Fritz Endres), Inneres (Martin Segitz) und Militärische Angelegenheiten (Ernst Schneppenhorst), die USPD die Minister für Soziale Fürsorge (Hans Unterleitner) und Handel und Gewerbe (Josef Simon), der ›Bayerische Bauernbund‹ Martin Steiner für das Landwirtschaftsministerium, während das Finanz- und Verkehrsministerium von unabhängigen Bürgerlichen (Paul von Merkel, Heinrich von Frauendorfer) geleitet wurden.

Nachdem die USPD auf weitere Ministerämter verzichten mußte, stieß die Koalitionsregierung von Anfang an auf Ablehnung bei der revolutionären Arbeiterschaft und gewann kein Vertrauen, da sie sich gegen Zugeständnisse in der Rätefrage sperrte und von ihr »keine ernsthafte Sozialisierungspolitik« zu erwarten war.[69] Unter der großstädtischen Arbeiterschaft wurde die Idee der sozialistischen Räterepublik enorm populär und erschien als Allheilmittel gegen die unerträglich scheinenden wirtschaftlichen und politischen Schwierigkeiten. Daher schlug die Nachricht von der Ausrufung der ungarischen Räterepublik am 21. März »wie eine

Polizeilicher Erkennungsdienst Wien: Max Levien, Oktober 1919.

Bombe ein« (Mühsam) und bestärkte die Räteanhänger in ihrer Forderung. Die Lage spitzte sich zu, als am 3. April bekannt wurde, daß entgegen bestehender Absprachen der Landtag in den nächsten Tagen zusammentreten sollte. Eine Deputation des Augsburger ›Arbeiter- und Soldatenrates‹ forderte die sofortige Ausrufung der Räterepublik. Am folgenden Tag setzten sich auf der Zentralratssitzung auch die mehrheitssozialistischen Minister Schneppenhorst und Segitz für die Räterepublik ein, verlangten aber die Verschiebung um zwei Tage, um die Zustimmung der Provinz einholen zu können.[70] Vollkommen überraschend für die Sitzungsteilnehmer kam die Weigerung der Kommunisten, die Proklamation der Räterepublik zu unterstützen, obwohl sie diese bisher lautstark propagiert hatten. Ihr Kurswechsel ging auf Eugen Leviné zurück, der Anfang März 1919 im Auftrag der Berliner Zentrale nach München gekommen war, um die Ortsgruppe zu reorganisieren und die Redaktion der ›Münchner Roten Fahne‹ zu übernehmen.[71] Ihm folgten in den nächsten Wochen weitere Parteimitglieder: Willi Budich, Paul Frölich und Karl Retzlaw. Leviné, seit dem Kriegsende in Berlin und im Rheinland als Agitator des ›Spartakusbundes‹ tätig und »einer der engsten Kampfgefährten Karl Liebknechts und Rosa Luxemburgs« (Hans Beyer), suchte den aktionistischen Elan der Münchener Kommunisten zu dämpfen, die die kommunistische Parole »Alle Macht den Räten!« mit der Forderung nach der sofor-

tigen Ausrufung der Räterepublik gleichsetzten. Er wollte die Partei einheitlich organisieren und mit dem Aufbau von Parteizellen ihren politischen Einfluß langfristig verstärken. Leviné weigerte sich, mit den mehrheitssozialistischen Parteiführern zusammenzuarbeiten, die bisher als die schärfsten Gegner der Kommunisten aufgetreten waren. Auf der Sitzung des ›Zentralrates‹ trug Leviné seine Einwände gegen die Errichtung einer Räterepublik vor: die Proklamation sei entweder eine bewußte Provokation, um die Idee der Räterepublik zu diskreditieren, oder der Versuch bankrotter SPD-Führer, den Anschluß an die Massen zu gewinnen; die Massen seien nicht aufgeklärt, es gäbe keinen eigenständigen bayerischen Weg der Revolution und die Kommunisten beanspruchten die Führung.[72] Für die Provokationsthese gibt es keine Belege, vieles spricht jedoch dafür, daß die sozialdemokratische Parteiführung opportunistisch taktierte und ein doppeltes Spiel spielte, um ihre Machtstellung zu behalten und den Kontakt zur Arbeiterschaft und weiten Kreisen ihrer Mitgliedschaft nicht zu verlieren. Wie sich bei verschiedenen Abstimmungen Anfang April zeigte, war die Partei in der Frage der Räterepublik gespalten.[73]

DIE ERSTE RÄTEREPUBLIK

In der Nacht vom 6. auf den 7. April erfolgte im Wittelsbacher Palais mit der Zustimmung von Vertretern der SPD, USPD, der Gewerkschaften und des ›Revolutionären Arbeiterrates‹ die Proklamation der ›Baierischen Räterepublik‹.[74] Die Mehrheitssozialisten waren nur mehr durch weniger prominente Funktionäre vertreten. Die Regierung Hoffmann hatte sich – wahrscheinlich unter dem Einfluß der Berliner Parteileitung – im letzten Moment gegen die Proklamation entschieden, wich nach Nürnberg, später nach Bamberg aus und erklärte, sie sei unverändert die einzige Inhaberin der höchsten Gewalt. Durch den Rückzug der SPD-Führung und den Boykott der Kommunisten, die der Räterepublik die revolutionäre Legitimation absprachen und sie deshalb »Scheinräterepublik« nannten, fielen den Mitgliedern des ›Revolutionären Arbeiterrates‹ und den Unabhängigen eine Schlüsselrolle zu. In der Räteregierung selbst, dem ›Rat der Volksbeauftragten‹, saßen keine Mehrheitssozialisten, wohl aber im ›Revolutionären Zentralrat‹.[75] Führende Funktionen hatten die Schriftsteller Ernst Toller, Gustav Landauer und Erich Mühsam inne, die ihre geringe politische Erfahrung nicht als Mangel betrachteten, da sie die herrschenden Konventionen der Politik ablehnten.[76] Ihr politisches Handeln war der Versuch, mit der Utopie einer humanen Gesellschaft Ernst zu machen. Im Vertrauen auf die »Ideale einer befreiten Menschheit« hofften sie, daß nach der Beseitigung der repressiven Obrigkeit die selbstverantwortliche Tätigkeit der Massen die gesellschaftlichen Prozesse regeln werde.[77]

Oberster Repräsentant der Räterepublik war Ernst Toller,

der dem linken Flügel der USPD zugehörte und seit März 1919 Vorsitzender der Münchener Unabhängigen war. Das Amt des ›Volksbeauftragten für Finanzen‹ übernahm Silvio Gesell, für ›Volkswohlfahrt‹ zuständig war August Hagemeister. ›Volksbeauftragter für Volksaufklärung‹ in der Räteregierung wurde Gustav Landauer. Der erklärte Anarchist und Antimarxist war ein konsequenter Verfechter des Rätegedankens. Die rigorose Beseitigung des Delegationsparlamentarismus sollte den friedlichen Neuaufbau einer freien anti-autoritären Gesellschaft ermöglichen. Landauer wollte ähnlich wie Eisner eine geistige Revolutionierung der Massen einleiten. Die Räterepublikaner verwarfen jede Zusammenarbeit mit der Reichsregierung, da »diese unter der Flagge einer sozialistischen Republik das imperialistisch-kapitalistische Geschäft des in Schmach zusammengebrochenen deutschen Kaisertums« fortsetze, und dachten als Basis der Außenpolitik an ein Bündnis mit Ungarn und Rußland. Die Proklamation sah Arbeiter und Bauern darin einig, daß »von nun an jegliche Ausbeutung und Unterdrückung ein Ende haben muß. Die Diktatur des Proletariats, die nun zur Tatsache geworden ist, bezweckt die Verwirklichung eines wahrhaft sozialistischen Gemeinwesens, in dem jeder arbeitende Mensch sich am öffentlichen Leben beteiligen soll, einer gerechten sozialistisch-kommunistischen Wirtschaft.«[78]
Verkündet wurden Umgestaltungsprogramme für Staat und

Erich Mühsam im Wittelsbacher Palais, April 1919.

An das Volk in Baiern!

Die Entscheidung ist gefallen. Baiern ist Räterepublik. Das werktätige Volk ist Herr seines Geschickes. Die revolutionäre Arbeiterschaft und Bauernschaft Baierns, darunter auch all unsre Brüder, die Soldaten sind, durch keine Parteigegensätze mehr getrennt, sind sich einig, daß von nun an jegliche Ausbeutung und Unterdrückung ein Ende haben muß. Die Diktatur des Proletariats, die nun zur Tatsache geworden ist, bezweckt die Verwirklichung eines wahrhaft sozialistischen Gemeinwesens, in dem jeder arbeitende Mensch sich am öffentlichen Leben beteiligen soll, einer gerechten sozialistisch-kommunistischen Wirtschaft.

Der Landtag, das unfruchtbare Gebilde des überwundenen bürgerlich-kapitalistischen Zeitalters, ist aufgelöst, das von ihm eingesetzte Ministerium zurückgetreten. Von den Räten des arbeitenden Volks bestellte, dem Volk verantwortliche Vertrauensmänner erhalten als Volksbeauftragte für bestimmte Arbeitsgebiete außerordentliche Vollmachten. Ihre Gehilfen werden bewährte Männer aus allen Richtungen des revolutionären Sozialismus und Kommunismus sein; die zahlreichen tüchtigen Kräfte des Beamtentums, zumal die unteren und mittleren Beamten, werden zur tatkräftigen Mitarbeit im neuen Baiern aufgefordert. Das System der Bureaukratie aber wird unverzüglich ausgetilgt.

Die Presse wird sozialisiert.

Zum Schutze der bairischen Räterepublik gegen reaktionäre Versuche von außen und von innen wird sofort eine rote Armee gebildet. Ein Revolutionsgericht wird jeden Anschlag gegen die Räterepublik sofort rücksichtslos ahnden.

Die bairische Räterepublik folgt dem Beispiel der russischen und ungarischen Völker. Sie nimmt sofort die brüderliche Verbindung mit diesen Völkern auf. Dagegen lehnt sie jedes Zusammenarbeiten mit der verächtlichen Regierung Ebert=Scheidemann=Noske=Erzberger ab, weil diese unter der Flagge einer sozialistischen Republik das imperialistisch=kapitalistisch=militaristische Geschäft des in Schmach zusammengebrochenen deutschen Kaiserreichs fortsetzt.

Sie ruft alle deutschen Brudervölker auf, den gleichen Weg zu gehen. Allen Proletariern, wo immer sie für Freiheit und Gerechtigkeit, wo immer sie für den revolutionären Sozialismus kämpfen, in Württemberg und im Ruhrgebiet, in der ganzen Welt, entbietet die bairische Räterepublik ihre Grüße.

Zum Zeichen der freudigen Hoffnung auf eine glückliche Zukunft für die ganze Menschheit wird hiemit der 7. April zum Nationalfeiertag erklärt. Zum Zeichen des beginnenden Abschieds vom fluchwürdigen Zeitalter des Kapitalismus ruht am Montag, den 7. April 1919, in ganz Baiern die Arbeit, soweit sie nicht für das Leben des werktätigen Volkes notwendig ist, worüber gleichzeitig nähere Bestimmungen ergehen. —

Es lebe das freie Baiern! Es lebe die Räterepublik! Es lebe die Weltrevolution!

Der revolutionäre Zentralrat Baierns:

Niefisch, Gustav Landauer, Erich Mühsam, Gandorfer (Bauernrat), Dr. Franz Lipp, Albert Schmid.

Für den revolutionären Soldatenrat:

Kohlschmid, Johann Wimmer, Max Mehrer.

Proklamation der Ersten Räterepublik durch den ›Revolutionären Zentralrat Baierns‹ und den ›Revolutionären Soldatenrat‹, 7. April 1919, Flugblatt.

Gesellschaft mit weitreichenden Perspektiven.[79] Die bürgerliche Presse wurde unter Zensur gestellt. Aber Vorhaben, wie die Entwaffnung des Bürgertums und die Aufstellung einer ›Roten Armee‹ kamen kaum voran. Die Räterepublikaner hatten weder klare Konzeptionen für den Aufbau einer Rätemacht, noch verfügten sie über die notwendigen Macht- und Propagandamittel. Auch konnten sie sich selbst in München nur auf eine schwache Massenbasis stützen, da die Arbeiterschaft in ihrer Haltung gespalten blieb. In vielen Fällen erwies sich die personelle Besetzung der Räteregierung als Hindernis für die Bewältigung der unmittelbar anstehenden Probleme, und bisweilen nahmen die Amtshandlungen groteske Züge an.

Nachdem am 7. und 8. April auch in Südbayern und in vielen anderen Städten des Landes die Proklamation der Räterepublik verkündet wurde, schien die Hoffnung, daß die Massen nur auf das revolutionäre Signal gewartet hätten, bestätigt. Doch die anfängliche Resonanz war trügerisch. Die lokalen Räterepubliken besaßen keinen Rückhalt und wurden schon in den folgenden Tagen wieder gestürzt.[80] Bei den Bauern stieß die Räterepublik auf Widerstand oder erbitterte Feindschaft. Obgleich es in Bayern eine breite Schicht ver-

Eugen Leviné, Aufnahme vor 1914.

zustellen, da die bayerische Regierung die Aufstellung solcher Verbände untersagt hatte. Mit Rücksicht auf Widerstände in der eigenen Partei und auf die Antipathien großer Bevölkerungskreise gegen den preußischen Militarismus wies Hoffmann auch jetzt noch die von der Reichsregierung angebotenen Truppen zurück.

DIE ZWEITE RÄTEREPUBLIK

Die Räteherrschaft schien beendet, als in der Nacht zum Palmsonntag, dem 13. April, die sozialdemokratisch geführte ›Republikanische Schutztruppe‹ das Wittelsbacher Palais besetzte und mehrere Mitglieder der Räteregierung verhaftete. Am nächsten Morgen gelang es jedoch spontan gebildeten Arbeiterwehren unter der Führung des Matrosen und Kommunisten Rudolf Egelhofer, den Putsch zurückzuschlagen. Große Teile der Arbeiterschaft solidarisierten sich nun mit der Räteherrschaft. Angesichts dieser Zustimmung sahen sich die Kommunisten unter Zugzwang und traten aktiv für die Räterepublik ein. Noch während der Kämpfe setzten die ›Betriebs- und Soldatenräte‹ den ›Revolutionären Zentralrat‹ ab und übertrugen einem ›Aktionsausschuß‹ mit fünfzehn Mitgliedern die gesetzgebende und vollziehende Gewalt. Das Gremium, bestehend aus Mehrheitssozialisten, Unabhängigen und Kommunisten, wählte einen fünfköpfi-

armter Kleinbauern gab, verstand es die Räteregierung nicht, eine Verbindung zwischen Bauern und Arbeiterschaft herzustellen. Die Bauernräte versagten den Vertretern des ›Zentralen Bauernrates‹ in der Räteregierung ihre Gefolgschaft und unterstützten die Landesregierung in Bamberg.

Die Außenpolitik der Räterepublik erwies sich als genauso illusionär wie die innenpolitische Machtabsicherung. Man hoffte vergeblich, daß der ›Reichskongreß der Arbeiter-, Soldaten- und Bauernräte‹ die deutsche Räterepublik in Berlin ausrufen würde. Zugleich wuchs Münchens politische Isolierung in Bayern. Die Landesregierung, aus der die USPD-Minister ausgeschieden waren, wollte zunächst aus eigener Kraft die Räteherrschaft stürzen und hatte nach ihrer Ankunft in Bamberg mit der Vorbereitung für ein militärisches Vorgehen gegen München begonnen.[81] Hinzu kam ein intensiver Propagandakrieg und die Organisation eines Lebensmittelboykotts. Am 10. April zog Schneppenhorst mit dem Freikorpsführer Oberst von Epp an der Spitze gegenrevolutionärer Truppenverbände in Ingolstadt ein. Epp hatte schon im Februar 1919 von Noske den amtlichen Auftrag bekommen, außerhalb Bayerns ein bayerisches Freikorps auf-

Aufruf zum Generalstreik durch den ›Vollzugsrat der Betriebs- und Soldatenräte Münchens‹, 14. April 1919, Flugblatt.

gen ›Vollzugsrat‹, dem unter dem Vorsitz von Eugen Leviné Wilhelm Duske und Emil Maenner von der USPD und Willi Budich und Max Levien von der KPD angehörten. [82]

Levinés Schritt widersprach der Lagebeurteilung der Berliner KPD-Parteizentrale, die seit den Januarereignissen vor politischen Abenteuern warnte, und hatte spätere parteiinterne Kontroversen zur Folge. [83] Die Proklamation der zweiten Räterepublik war ein aussichtsloses Unterfangen, denn Münchens Isolation in Gesamtbayern war noch weiter gestiegen und von außen war keine Unterstützung zu erwarten, da die Reichsregierung Herr der militärischen Lage war. Eine vage Hoffnung verband sich allenfalls mit Aufständen in Österreich. Leviné wollte ein revolutionäres Exempel statuieren, den »Massen Anschauungsunterricht geben, ihnen zeigen, wie eine Räterepublik aufgebaut wird«, und hoffte, auch eine niedergeschlagene Räterepublik würde weitere Emanzipationsversuche herausfordern. [84] Gegenüber ihrer Vorgängerin bemühte sich die kommunistische Räteregierung mit Hochdruck um die Verwirklichung der »Diktatur des Proletariats«. Ihr ging es nicht um die bloße Übernahme der Gewalt, sondern um die Zerschlagung des bestehenden Staatsapparates. [85] Vorrang besaß die Bildung eines eigenen Behördenapparates mit verschiedenen Kommissionen und die Schaffung einer ›Roten Armee‹ unter dem Oberbefehl von Rudolf Egelhofer. Zur Abwehr gegenrevolutionärer Putschvorhaben trat bis zum 23. April ein Generalstreik in Kraft. Das gesamte Bankwesen wurde unter der Leitung von Emil Maenner und Towia Axelrod nationalisiert, die

Gewerbe- und Industriebetriebe vorerst nicht sozialisiert, aber der Kontrolle der Betriebsräte unterstellt. Mit drakonischen Strafandrohungen wurde versucht, gegen Plünderer und »Revolutionsschmarotzer« vorzugehen. Die bürgerliche Presse wurde verboten. Während des Generalstreiks erschienen allein die kostenlos verteilten ›Mitteilungen des Vollzugsrates der Betriebs- und Soldatenräte‹.

Trotz großer Anstrengungen blieben auch die Herrschaftsorgane der zweiten Räteregierung weitgehend ineffizient – es fehlte an zuverlässigen Kräften und der Zeitdruck war groß. Für alle wichtigen Entscheidungen war die fast allabendlich tagende ›Betriebsräteversammlung‹ zuständig, die sich als wenig entschlußfreudig erwies. Die Kommunisten stellten eine Minderheit in den Räten und besaßen allein aufgrund der »Sympathiemehrheit« die politische Führung. Dabei zeigte sich, »daß die bei der Machtübernahme als ausreichende Basis für eine gemeinsame Aktion betrachtete Einigkeit in gewissen programmatischen Forderungen nur die tiefgreifende Verschiedenheit der grundsätzlichen Auffassungen verdeckte, die sich erst bei der praktischen Durchführung dieser Politik enthüllte.« Dadurch setzte »bei den die Räterepublik tragenden Kräften ein Prozeß innerer Zersetzung ein, durch den jede Herrschaftsausübung unmöglich wurde. Dieser Prozeß wurde durch das Heranrücken der Regierungstruppen nicht verursacht, sondern nur beschleunigt.« [86]

Unmittelbar nach dem Scheitern des »Palmsonntagsputsches« hatte die sozialdemokratische Landesregierung um

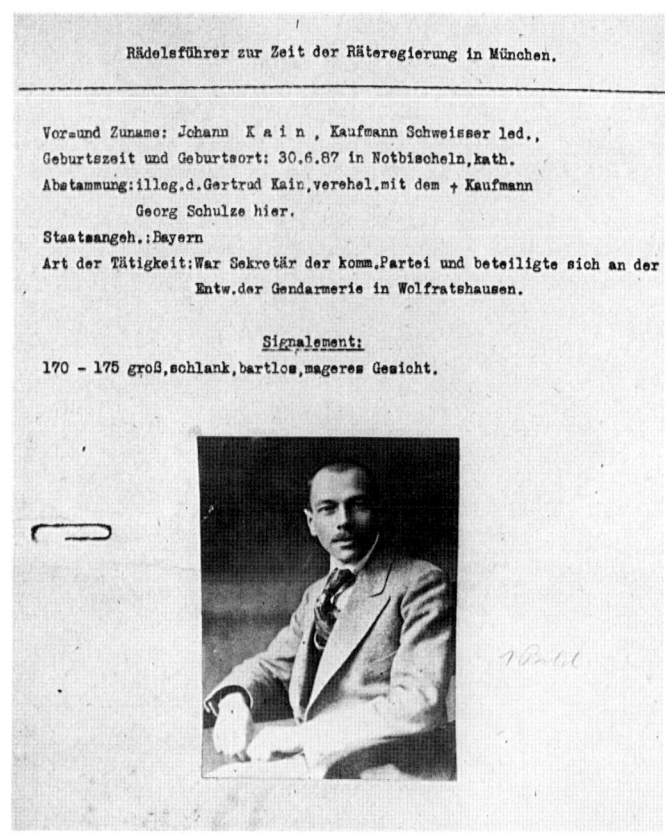

Polizeiliches Personalblatt von Hans Kain, Sekretär der Münchener Kommunistischen Partei.

Wera von Bartels: Plakat, Ende April 1919.

Die Regierung Hoffmann und das bayerische Landtagspräsidium in Bamberg, Sommer 1919.

militärische Hilfe in Berlin nachgesucht und betrieb nun selbst die Aufstellung von Freikorps. Der militärische Druck der Reichswehreinheiten und Freikorps unter dem Oberbefehl des preußischen Generalleutnants von Oven auf München nahm zu, und der Ring um die Stadt schloß sich immer enger.[87] Die verhängte Lebensmittelblockade führte zu wachsenden Versorgungsschwierigkeiten. Militärische Erfolge gegen die Regierungstruppen konnte die ›Rote Armee‹ nur bei Dachau erzielen, wo Toller und Gustav Klingelhöfer Abschnittkommandos leiteten.

Über das weitere Vorgehen gegenüber der Landesregierung entstand eine tiefgreifende Kontroverse zwischen Leviné und Toller.[88] Die Kommunisten hofften, ihr militärischer Widerstand würde auch außerhalb Bayerns anfeuernd wirken und bestanden auf dem bewaffneten Kampf. Die Unabhängigen drängten auf Verhandlungen und versuchten sich von den Kommunisten zu lösen. Vor den versammelten ›Betriebs- und Soldatenräten‹ kam es am 26. April zu turbulenten Redekämpfen zwischen beiden Parteien. Leviné beschuldigte Toller des Verrats, Toller warf Leviné vor, russische und nicht bayerische Politik zu betreiben. Die Unabhängigen erklärten ihren Austritt aus der politischen und militärischen Führung. Nach einer Abstimmungsniederlage trat am 27. April der ›Aktionsausschuß‹ mit Leviné zurück. Dem neu gebildeten ›Aktionsausschuß‹ gehörten keine Kommunisten mehr an.

Toller versuchte mit der Landesregierung Verhandlungen einzuleiten, die jedoch von der Gegenseite zurückgewiesen wurden.[89] Es gäbe keine Verhandlungen, sondern nur bedingungslose Unterwerfung und Auslieferung der politischen Führer. Mit ihrer Zustimmung zur Reichsexekution unter der Leitung von Reichswehrminister Noske hatte die Landesregierung keinen Einfluß mehr und jede Handlungsfreiheit verloren. Militärisch gesehen war ein Vorgehen der Regierungstruppen angesichts der angebotenen Kapitulationsverhandlungen nicht notwendig. Es sollte jedoch eine exemplarische Strafaktion des Reiches mit bedingungsloser Härte gegen die innenpolitische Opposition werden, denn »für Noske war die Anwendung von Gewalt nicht die ultima ratio, sondern das Mittel schlechthin, die Ordnung im Inneren herzustellen.«[90]

DER SIEG DER GEGENREVOLUTION

Am 1. Mai 1919 begann der Einmarsch der Regierungstruppen in München, die nur an wenigen Stellen auf bewaffneten Widerstand stießen. Die ›Rote Armee‹ hatte sich aufgelöst, und an die Arbeiter war die Aufforderung ergangen, die Waffen niederzulegen.[91] Nach dem Einmarsch der Truppen

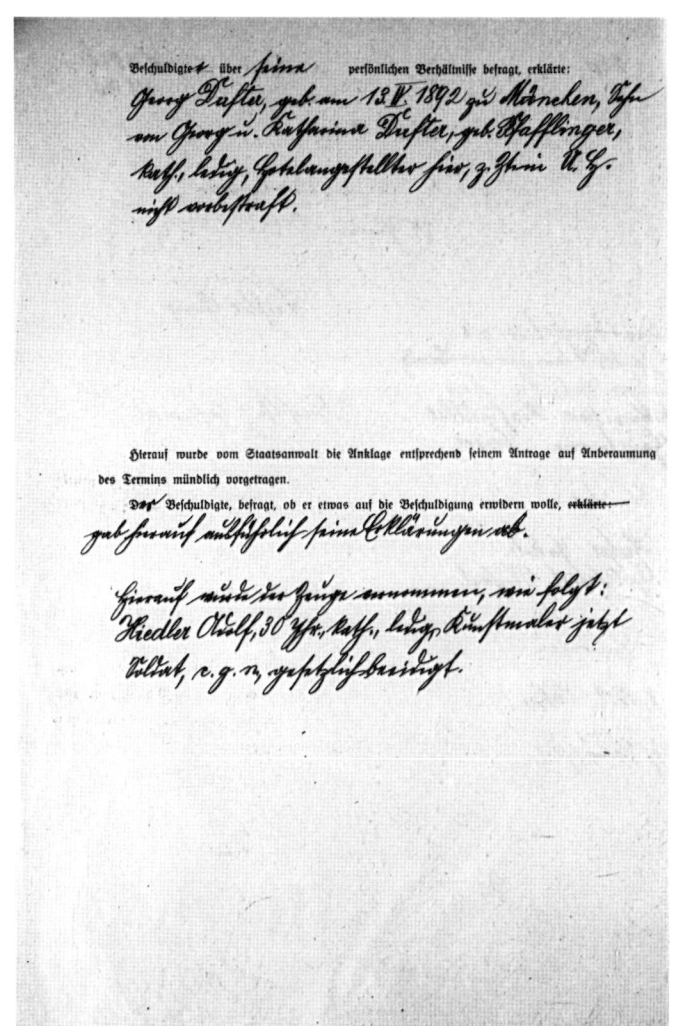
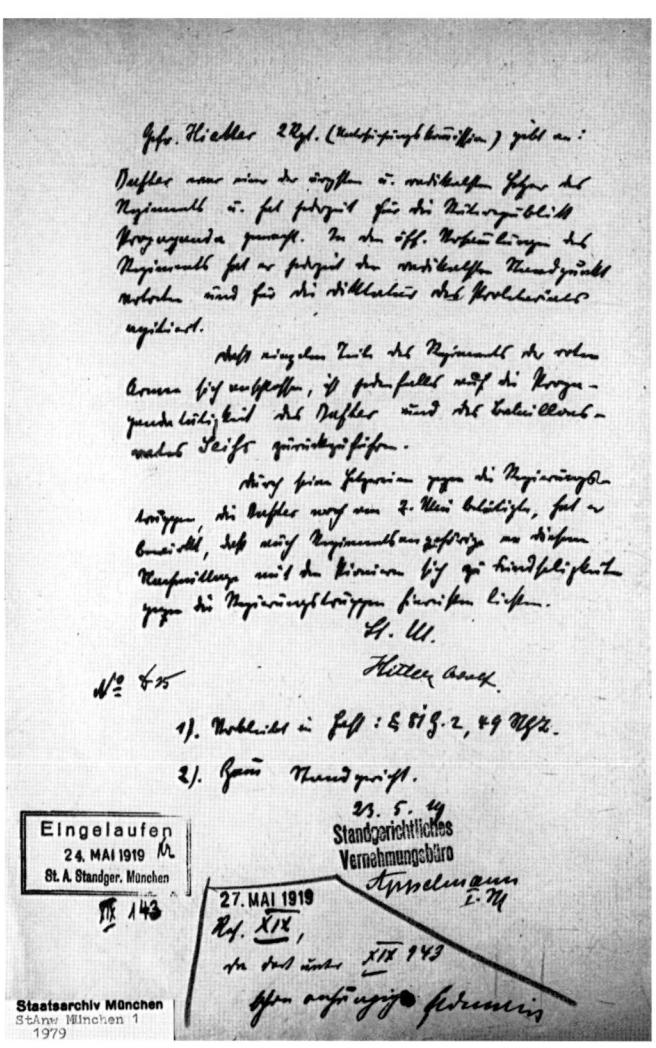

Protokollaussage Adolf Hitlers, 23. Mai 1919.

kam es zu massakerähnlichen Erschießungen von Angehörigen der ›Roten Armee‹, von Räteanhängern und unbeteiligten Zivilisten. Zusammen mit den Toten aus den kämpferischen Auseinandersetzungen gab es mit Sicherheit mehr als 600 Opfer.[92] Zu den Erschossenen und Erschlagenen gehörten u. a. Gustav Landauer, Rudolf Egelhofer und der Anarchist Josef Sontheimer. Die Soldaten befanden sich in einer regelrechten Pogromstimmung – geschürt von der Regierungspropaganda und entstellenden Berichten über den sogenannten »Geiselmord«: am 30. April hatten Rotarmisten zehn Personen, darunter zwei Regierungssoldaten und sieben Mitglieder der antisemitischen ›Thule-Gesellschaft‹, hingerichtet – zur Vergeltung der Erschießung von Rotarmisten durch Regierungssoldaten.[93]

In Bayern etablierte sich eine Militärdiktatur, die mit dem Kriegsrecht herrschte und alles daran setzte, die Rätebewegung zu liquidieren. Ihre Mittel waren Schutzhaft, Ausweisungen, nachrichtendienstliche Überwachungen und Organisations-, Versammlungs- und Publikationsverbote. Die aktiven Räterepublikaner wurden vor Standgerichte und Volksgerichte gestellt.[94] An die viertausend Strafverfahren waren bei den Standgerichten anhängig. Die härtesten Strafen trafen die Kommunisten: Eugen Leviné wurde am 5. Juni wegen Hochverrats hingerichtet, nachdem die Landesregierung eine Begnadigung verweigert hatte; Mühsam erhielt fünfzehn Jahre, Toller fünf Jahre Festungshaft.

Begünstigt durch Fangprämien und Kopfgelder blühte ein intensives Spitzelwesen. Beispielhaft für die herrschende Denunziationswut sind die Anschuldigungen gegen den Soldatenrat Dufter, der Mitglied der USPD war und die Propagandaabteilung des ›2. Infanterieregiments‹ geleitet hatte: »Dufter war einer der ärgsten und radikalsten Hetzer des Regiments und hat jederzeit für die Räterepublik Propaganda gemacht. In den öff. Versammlungen des Regiments hat er jederzeit den radikalsten Standpunkt vertreten und für die Diktatur des Proletariats agitiert. Daß einzelne Teile des Regiments der roten Armee sich anschlossen, ist jedenfalls auf die Propagandatätigkeit des Dufter und des Bataillonsrates Seiß zurückzuführen. Durch seine Hetzereien gegen die Regimenttruppen, die Dufter noch am 7. Mai belästigte, hat er bewirkt, daß auch Regimentsangehörige an diesem Nachmittage mit den Pionieren sich zu Feindseligkeiten gegen die Regierungstruppen hinreißen ließen.«[95] Dies gab am 23. 5. 1919 im standrechtlichen Vernehmungsbüro der Ge-

Räterepublikaner in der Festungshaftanstalt Niederschönenfeld (von links nach rechts): Markus Reichert, Toni Waibel, August Hagemeister, Rudolf Hartig, Erich Mühsam, Paul Graßl, Wilhelm Olschewsky, Josef Renner, um 1920.

freite Adolf Hitler vom gleichen Regiment zu Protokoll, der zu einer militärischen Untersuchungskommission über die Revolutionsvorgänge gehörte und als Zeuge im Verfahren gegen Dufter auftrat.[96] Die Protokollaussage (hier erstmals publiziert) ist das frühest nachweisbare Dokument aus der »politischen Laufbahn« Adolf Hitlers. Es belegt seine Tätigkeit als »Spitzel« im Dienst der Reichswehr und bestätigt bisherige Vermutungen, die von Hitlers eigenen Angaben in ›Mein Kampf‹ ausgehen.[97]

Mit dem Einmarsch der Regierungstruppen war das letzte Revolutionszentrum in Deutschland beseitigt und Bayern an die politische Entwicklung des Reiches angepaßt. Dies bedeutete das Scheitern der proletarischen Massenbewegungen nach dem Ersten Weltkrieg und das Ende der rätedemokratischen Reformversuche. Die bayerische Landesregierung, in die Ende Mai 1919 Bürgerliche eintraten, sah sich einem wachsenden Druck von rechts ausgesetzt und wurde zum Spielball der bayerischen Befehlsstellen der Reichswehr.[98] Unter der Militärherrschaft konnten sich kaiserliche Offiziere und völkische Freikorpsführer als »Retter des Vaterlandes« etablieren und gewannen jene Kräfte wieder an Macht und Ansehen, die nach der Novemberrevolution an Einfluß verloren hatten. Diese reaktionären Machteliten bestimmten über Jahre hinaus in Bayern die Politik, bewirkten einen antirepublikanischen Rechtsruck und bereiteten den Boden für den Erfolg des Nationalsozialismus vor.

DIE FOTOGRAFISCHE MEDIENÖFFENTLICHKEIT 1918 / 19

DER ERSTE WELTKRIEG

Im Verlauf des Ersten Weltkriegs gewannen visuelle Massenmedien unter dem Vorzeichen nationaler Propaganda erstmals entscheidende Bedeutung für die Massenbeeinflussung. Gleich anderen Presseorganen forcierten die Illustrierten die allgemeine Kriegsbegeisterung, verkündeten später Durchhalteparolen und ließen die Bevölkerung über den für das Deutsche Reich ungünstigen Kriegsverlauf im Unklaren. Um die Suggestion der Teilhabe am »großen Ringen des Weltkriegs« zu vermitteln, nutzte man unbekümmert den Authentizitätsmythos der Fotografie. Eine direkte staatliche Lenkung der Bildpresse fehlte in den ersten Kriegsjahren. Die Bildberichterstattung lag bei selbständigen Kriegsfotografen, deren Aufnahmen der Zensur unterstanden, die über die Zwecke der militärischen Geheimhaltung hinausging und auf die politische Kontrolle der Presseleute abgestellt war.[99] Mit der Gründung des ›Bild- und Filmamtes‹ (›Bufa‹) im Januar 1917 signalisierte dann die deutsche Militärführung ein Umdenken. Ihr relatives Desinteresse an Film und Fotografie als Propagandainstrumenten wich einer aktiven

Wilhelm Hümmer: Königin Marie Theresia an der Nähmaschine im Nibelungensaal der Residenz, I. Weltkrieg.

›Berliner Illustrirte Zeitung‹, Jg. 1918, Nr. 46, S. 364 / 365, 17. November 1918.

und staatlich zentralisierten Nutzung, die sich erstmals auch auf wissenschaftliche Überlegungen stützte.[100] Die selbständigen Fotografen wurden von Fototrupps des ›Bild- und Filmamtes‹ abgelöst, das einen Großteil der Fotografen und Agenturen übernahm. Anstelle der Bilder vom beschaulichen Soldatenleben hinter den Linien, die zunehmend als unrealistisch empfunden wurden, fotografierten die Fototrupps nun auch dramatische Momentaufnahmen vom Kampfgeschehen, um in einer Situation, in der der Krieg zur aussichtslosen Material- und Menschenschlacht geworden war, Siegeszuversicht zu wecken.[101]

In den Illustrierten vergegenwärtigten zudem eindrucksvolle Bilddokumente vom »tapferen soldatischen Einsatz« der aristokratischen Heerführer und der sozialen Fürsorge der »hochwohlgeborenen Damen« die Volksverbundenheit der Monarchie, deren gesellschaftliche Absicherung unhaltbarer denn je geworden war. Die Relevanz, die man den Bildmedien für die monarchische Propaganda beimaß, offenbart die Mitschrift einer Sitzung im Berliner Kriegsministerium: »Presse muß mehr Aufklärung im Wort, vor allen Dingen aber auch im Bilde und Film, bringen über die in harter Pflichterfüllung geleistete Arbeitstätigkeit des Monarchen und der Mitglieder seines Hauses, über die Einfachheit ihrer Lebensweise, Leistungen vor dem Feind, Verluste pp.«[102] Zu der aus Legitimationsnot verstärkt demonstrierten Lebens-

nähe des Monarchen traten in den Illustrierten nun auch häufiger Bilder von der Lebens- und Arbeitswelt der proletarischen Bevölkerung, doch auch diese wurden im Sinne der Durchhaltepropaganda und der Siegesmeldungen von der Heimatfront präsentiert. In den letzten Kriegsjahren standen den propagandistischen Unternehmungen der ›Obersten Heeresleitung‹ zunehmend wirtschaftliche Schwierigkeiten entgegen. Auch mußten aufgrund von Papierknappheit, steigenden Papierpreisen – dem wichtigsten Ausgabeposten im Gesamtbudget – und des Rückganges im Anzeigengeschäft eine Reihe von Presseorganen ihr Erscheinen einstellen.

DAS DEUTSCHE REICH

Nach dem Sturz der Monarchie und der Proklamation der Republik wurde die Nutzung der Fotografie neuen publizistischen Bedürfnissen und Zielsetzungen angepasst. Mediengeschichtlich stellt die Nachkriegszeit 1918 / 19 die Frühphase einer historischen Epoche dar, in der der fotografischen Bildpublizistik neben Unterhaltungsfunktionen zunehmend wichtige Aufgaben in den innenpolitischen Auseinandersetzungen zukamen. In ihrer damaligen Ausdehnung ist die visuelle Massenkommunikation mit der forcierten Expansion der Massenmedien Ende der Zwanziger Jahre nur bedingt zu vergleichen. Zwar standen zur Verbreitung von Fotografien schon Illustrierte, Zeitschriften, Bildbände und Fotopostkarten zur Verfügung, doch kennzeichneten noch geringe Kommunikationsdichte und eine starke Dissoziierung die zeitgenössische fotografische Medienöffentlichkeit, zumal die Tageszeitungen noch keine Fotografien reproduzierten. [103]

Während der Revolutionsmonate besaßen die bürgerlichen Kräfte das Monopol in der fotografischen Bildberichterstattung und publizistischen Bildverbreitung. Die Revolution hatte Besitzstruktur und Einfluß der bürgerlichen Bildpresse nicht angetastet. Die auflagenstärksten und über das ganze deutsche Reich verbreiteten Illustrierten erschienen in den großen Verlagshäusern der Pressestadt Berlin – dem Zentrum der Illustriertenpresse. Zu den Massenblättern zählten ›Die Woche‹ (Scherl) und die ›Berliner Illustrirte‹ (Ullstein), sowie die fotografisch illustrierten Beilagen zur Tagespresse ›Der Welt-Spiegel‹ (Mosse) und ›Zeitbilder‹ (Ullstein). In Berlin waren die meisten Pressefotografen und Bildagenturen angesiedelt, die ihr Bildmaterial an die übri-

›Der Welt-Spiegel‹, Jg. 1919, Nr. 2/3, 19. Januar 1919.

›Daheim‹, Jg. 1919, Nr. 14, 4. Januar 1919, S. 3.

gen deutschen Illustrierten und Unterhaltungsmagazine lieferten.

Hatten die Illustrierten bis in die letzten Kriegstage die Monarchie unterstützt, so stellten sie sich nach dem Zusammenbruch des Kaiserreichs auf den Boden der Tatsachen und plädierten für die parlamentarische Staatsform. Verglichen mit der Vorkriegszeit waren sie während der Revolutionsmonate merklich politisiert und gaben der politischen Berichterstattung mehr Raum. Im Gegensatz zur Tagespresse verfolgten sie keine parteipolitische Richtung. Dem eigenen Verständnis nach waren sie überparteilich und vertraten liberale bis national-konservative Positionen. Die Bildberichterstattung der Illustrierten, die sich auf das Berliner Revolutionsgeschehen konzentrierte, war in den ersten Wochen nach dem Umsturz noch sachlich und zurückhaltend, das Bildangebot vielfältig und umfaßte neben den Porträts des ›Rats der Volksbeauftragten‹ und namhafter Vertreter der Arbeiter- und Soldatenräte auch eine ausführliche Darstellung der Novemberereignisse und neuer Formen politischer Öffentlichkeit. [104] Zum Jahresende wandelte sich die Zielrichtung, setzte eine entschieden rätefeindliche Kommentierung ein und fand der Propagandafeldzug gegen Rätebewegung, Linkssozialisten und Kommunismus, der über Deutschland hinwegging, seinen Niederschlag. Deutlich trat

Ententevölker, sorgt für die Aufhebung der Blockade!

Spartakusleute.
Phot. A. Grohs.

Wie es heute in Berlin aussieht: Der verwüstete Alexanderplatz mit den herabgerissenen Leitungsdrähten der Elektrischen.
Photothek.

Warnungstafeln in den Straßen.
Phot. Braemer.

Bergung von Opfern der Straßenkämpfe.
Phot. Wagner.

Ein Drahtverhau in der Kurfürstenstraße zum Schutz des Eden=Hotels, des Sitzes des Oberkommandos.
Phot. Braemer.

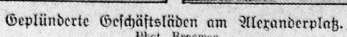

Geplünderte Geschäftsläden am Alexanderplatz.
Phot. Braemer.

›Zeitbilder‹, Jg. 1919, Nr. 9, 16. März 1919.

Sonst vernichtet der Bolschewismus uns und Euch!

Eine Barrikade der Spartakusleute in der
Prenzlauer Straße. Photothek.

Warnungstafeln in den Straßen.
Phot. Braemer.

Der Strausberger Platz nach den Straßenkämpfen.
Phot. Gircke.

In den Kampftagen: Regierungstruppen beim Vorgehen hinter einem Tank.
Phot. Willi Ruge.

Regierungstruppen mit schweren Minenwerfern auf dem Alexanderplatz.
Phot. Braemer.

Regierungstruppen beim Prüfen der Legitimationspapiere der Passanten an
einem Drahtverhau am Spittelmarkt. Photothek.

Ein feuerndes Geschütz vor dem Warenhaus Tietz auf dem Alexanderplatz.
Phot. Braemer.

›Zeitbilder‹, Jg. 1919, Nr. 9, 16. März 1919.

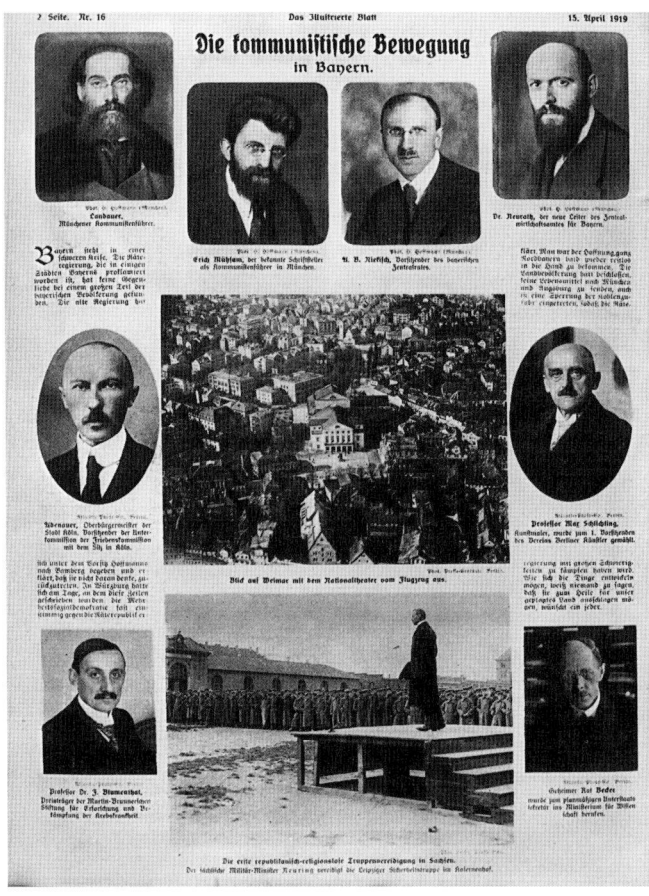

›Das Illustrierte Blatt‹, Jg. 1919, Nr. 16, 15. April 1919, S. 2.

dies in der Darstellung der militärischen Niederwerfung des sogenannten »Spartakusaufstandes« und der Berliner Märzunruhen zutage. Die Illustrierten trugen ihren Teil dazu bei, daß der abwertende Begriff »Spartakus« zum Synonym für alle revolutionären Kräfte wurde.

In Art und Umfang ihrer aktuellen Berichterstattung zur innenpolitischen Entwicklung unterschieden sich die Illustrierten, deren Bildberichte aufgrund der aufwendigen technischen Produktion mit ca. zwei Wochen Verspätung erschienen und oft von der aktuellen Entwicklung überholt wurden. Es gab mehrteilige Bilderfolgen oder nur in das Bilderangebot ›aus aller Welt‹ eingestreute Einzelaufnahmen. Die Textinformation beschränkte sich zumeist auf Bildunterschriften. Dagegen widmete die ›Berliner Illustrirte Zeitung‹ eine modern aufgemachte Sondernummer ausschließlich den Januarereignissen in Berlin, zu der zehn Pressefotografen Bildmaterial beisteuerten.[105]

Das übrige Revolutionsgeschehen im deutschen Reich wurde nur am Rande gestreift, einzig München erfuhr mehr Aufmerksamkeit – mit ähnlichen politischen Tendenzen wie in der Berichterstattung über Berlin. Nach Eisners Tod – dem ersten Mord an einem Staatsmann in der Republik – brachten die Illustrierten fortan kaum mehr Berichte aus der bayerischen Landeshauptstadt. Erst nach der Zerschlagung der Räterepublik zeigten sie unter propagandistischen Vorzeichen wieder Interesse und berichteten umfangreich über

den Sieg der gegenrevolutionären Militärs. Die Publizistik verfolgte dabei zwei Zielsetzungen: die niedergeworfene Räteherrschaft anzuprangern und die gegenrevolutionäre Militärherrschaft zu legitimieren. Dazu wurde die Sympathie heischende Präsentation der Regierungssoldaten mit der diskreditierenden Darstellung der Räteherrschaft als eines militanten Terrorregimes kontrastiert. Die inhaftierten Führer der Räterepublik wurden mit Polizeiaufnahmen vorgestellt, die Militärs als »Ordnungsstifter« verherrlicht und der ›weiße Terror‹ verschwiegen bzw. gebilligt.[106]

Beispielhaft für die schon früh einsetzende tendenziöse Berichterstattung über das Geschehen in München ist der Kommentar zu Eisners Ermordung in ›Daheim‹. Unter der abgebildeten Fotografie von Eisners Teilnahme am »Umzug des Arbeiterrates in München am 16. Februar« heißt es dort: »Wer Wind sät, hat noch immer Sturm geerntet, schrieben wir bei der Ermordung der beiden blutrünstigen Spartakistenführer Dr. Liebknecht und Rosa Luxemburg. Die Wahrheit dieses Wortes ist aufs Neue erwiesen worden durch die gräßlichen Taten, die in München geschehen sind. Als in den Sturmtagen des Anfang November auch in Bayern alles zusammenbrach, ließ sich ein aus Galizien stammender Literat Kosmanowski, der sich, seit er in Deutschland war, Kurt Eisner nannte, durch seine Freunde zum Präsidenten der Republik Bayern ausrufen... Er gehörte zu den radikalsten der unabhängigen Sozialdemokraten, und infolgedessen war Spartakus in ›seinem‹ Lande Trumpf. Auf die Arbeitermassen übte er einen geradezu suggestiven Einfluß aus, und als er letzthin zu einer großen Kundgebung aufrief, konnte er an der Spitze von vielen, vielen Tausenden durch die Straßen Münchens ziehen. Aber dies aufreizende Gebaren löste bei seinen Gegnern starke Erbitterung aus, und so ist es zu erklären, daß sich ein ... nervös überreizter junger Leutnant Graf Arco-Valley zu der verbrecherischen Tat hinreißen ließ, ihn auf offener Straße zu erschießen.«[107]

Von revolutionärer Seite stand der Übermacht der bürgerlichen Bildpublizistik, nach allem, was wir wissen, kaum etwas entgegen. Die auf gesellschaftlichen Wandel bedachten Gruppen nahmen in den Revolutionsmonaten nirgendwo mittels Fotografie Einfluß auf die politischen Auseinandersetzungen. In Berlin wie in München gab es keine Fotografie in der Hand der Revolutionäre, keine fotografische Dokumentation der eigenen Aktivitäten durch Amateure und auch keine Berufsfotografen, die für die revolutionäre Seite Partei ergriffen oder im revolutionären Auftrag Bilddokumentationen erstellten.[108] Die Gründe hierfür genauer zu bestimmen, fällt angesichts der mangelhaften Quellenlage schwer. Mitentscheidend waren sicherlich fehlende fotopublizistische Erfahrungen der sozialistischen Presse, geringe Geldmittel, der Mangel an Fachkräften in den eigenen Reihen und Organisationsprobleme nach Jahren politischer Verfolgung. Die Passivität erklärt sich wahrscheinlich aber auch aus der Vorliebe für die klassischen Printmedien und der Ablehnung der Praktiken der fotografischen Bildpublizistik, wie sie der Weltkrieg gezeigt hatte. Zudem hat die Favorisierung expressionistischer Bildnerei durch viele Intellek-

1. Seite. Nr. 21   Das Illustrierte Blatt   20. Mai 1919

München nach der Einnahme

Phot. H. Hoffmann, München.

Das Werdenfelser Freikorps.

Phot. Kester u. Co., München.

Das neue Direktionsgebäude der Löwenbrauerei, in dem sich die Spartakisten eingenistet hatten und um das schwer gekämpft wurde.

Phot. Kester u. Co., München.

Der Kiosk auf dem Karlsplatz, ebenfalls ein Stützpunkt der Spartakisten, der mit Artillerie beschossen werden mußte.

Phot. H. Hoffmann, München.

Bewaffnete Bürger und Arbeiter führen gefangene Rotgardisten ab.

Man konnte meinen, daß auch der Mai unter die Spartakisten gegangen sei, so heulte und tobte der Sturmwind an den beiden ersten Maitagen, als die Regierungstruppen in München einrückten, über die bayerische Hochebene und hielt terroristisch die nach Entwicklung drängende Natur nieder. Es war die richtige Stimmung zu dem Knattern der Gewehre und dem Donner der Geschütze, womit man dies Jahr den Mai in Bayerns Hauptstadt begrüßte. Und doch lag frohe Frühlingsstimmung auf vielen Gesichtern, als wieder der gleichmäßige Schritt wohldisziplinierter Truppen durch die Straßen Münchens schallte. War doch die Herrschaft jener Roten Armee zu Ende, die wohl die anderen in eisernen Fesseln hielt, für sich selbst aber die Freiheit von jeder Zucht in Anspruch nahm. Trotz der etwa 200 Geschützen, 1000 Maschinengewehren und vielen tausenden anderer Feuerwaffen, die die Spartakisten in Händen hatten, und obwohl sie als Verteidiger im Straßen- und Häuserkampf im Vorteil waren, brach ihr Widerstand gegenüber dem guten militärischen Geist der neu aufgestellten Freikorps rasch zusammen. Straße um Straße räumten die Spartakisten, über Dächer und Hofmauern fliehend, soweit sie nicht gefangen genommen wurden. Auch ihre „Festungen" im Stadtinnern, den Löwenbräukeller, den Hauptbahnhof und die Gebäude am Stachus, vor allem das Matthäserbräu, den Justizpalast und die Matthäuskirche in der Sonnenstraße, von deren Turm der letzte Schuß am Hauptkampftag fiel, mußten sie räumen, ohne daß die bereitstehende schwere Artillerie in Tätigkeit zu treten brauchte. Man hat es nicht nötig gehabt, zu den schärfsten Kampfmitteln zu greifen, um dem bayerischen Bürgerkrieg ein Ende zu machen. Und als nach der viertägigen Schlacht um München ein sonniger Maiensonntag anbrach, zeigte München viel weniger Spuren kriegerischer Verwüstung als manche rheinische Stadt nach einem feindlichen Fliegerangriff. Vor allem hat München als Kunststadt erfreulicherweise keinerlei Schaden gelitten.

A. B.

Phot. H. Hoffmann, München.

Zuschauer beobachten aus Deckung das Feuergefecht.

Phot. H. Hoffmann, München.

Das Schaufenster als Schlafstätte eines Regierungssoldaten.

›Das Illustrierte Blatt‹, Jg. 1919, Nr. 21, 20. Mai 1919, S. 4.

Bewaffnete Bürger und Arbeiter führen gefangene Rotgardisten ab.

Die Befreier Münchens: Die Spitze eines Freiwilligenkorps kommt vom Osten der Stadt über die Maximilianbrücke.

1. Auf dem Wege zur Truppenschau der Münchener Arbeiterwehr. (Phot. Hoffmann.) 2. Der in Brand geschossene Dachstuhl der Mathäser Brauerei. (Phot. Grießberger.) 3. Passanten schneiden sich von einem erschossenen Pferde Fleisch ab. (Phot. Grießberger.) 4. Der ausgebrannte Kiosk am Stachus. Im Hintergrunde der Turm der Mathäuskirche. (Phot. Hoffmann.)
Die Befreiung Münchens vom Spartakisten-Terror.

Die abgesperrte Isarbrücke: Paßkontrolle durch Regierungstruppen.
Die Befreiung Münchens vom Spartakisten-Terror.

›Die Woche‹, Jg. 1919, Nr. 20, 17. Mai 1919, S. 500 / 501.

tuelle in USPD und KPD, die sie für die adäquate Vermittlungform revolutionärer Politik hielten, eine Rolle gespielt.[109] So wurden beispielsweise in der linkssozialistischen ›Süddeutschen Freiheit‹ und den bürgerlichen Tageszeitungen, die während der Münchener Räteherrschaft unter Zensur gestellt waren, expressionistische Holzschnitte als revolutionäre Propaganda eingesetzt.

Für einen anderen Teil der Linken scheint ein Propagandaverständnis ausschlaggebend gewesen zu sein, wie es Rosa Luxemburg auf dem Gründungsparteitag der KPD im Dezember 1918 vertrat. Im Gegensatz zu Lenins Theorie baute Luxemburg auf die Spontaneität der Massen und erklärte die Zeit der Schulungen für beendet: »Die proletarischen Massen sozialistisch schulen, das heißt: ihnen Vorträge halten und Flugblätter und Broschüren verbreiten. Nein, die sozialistische Proletarierschule braucht das alles nicht. Sie werden geschult, indem sie zur Tat greifen . . . Im Anfang war die Tat; und die Tat muß sein, daß die Arbeiter- und Soldatenräte sich berufen fühlen und es lernen, die einzige öffentliche Gewalt im ganzen Reiche zu werden.«[110]

Die Gründung der ersten sozialistischen Illustrierten mit dem Ziel, eine Gegenöffentlichkeit zur bürgerlichen Medienmacht herzustellen, datiert aus der Zeit nach der Niederlage der deutschen Revolution. Am 1. Mai 1919 erschien die Erstausgabe der USPD-Illustrierten ›Freie Welt‹, die sich als »Kampfblatt des revolutionären Proletariats« verstand.[111] Verwendung fanden ausschließlich Aufnahmen von bürgerlichen Pressefotografen, da die Illustrierte über keine eigenen Fotografen verfügte. Im Gebrauch appellativer Ausdrucksmittel und Präsentationsformen nahm die ›Freie Welt‹ manche Errungenschaften der späten Zwanziger Jahre vorweg. Wegen des »allgemein aufreizenden Inhalts« wurde die Illustrierte im Sommer 1919 von Reichswehrminister Noske beschlagnahmt.[112]

MÜNCHEN

Verglichen mit Berlin und anderen deutschen Großstädten mutet Münchens fotografische Medienöffentlichkeit 1918 / 19 anachronistisch an.[113] Nachdem wegen der schlechten Wirtschaftslage die ›Münchner Illustrirte Zeitung‹ am 1. April 1918 ihr Erscheinen eingestellt hatte, erschien am Ort nur mehr die Halbmonatszeitschrift ›Das Bayerland‹, die gelegentlich Bildbeiträge über das aktuelle Geschehen brachte. Erst nach dem Sieg der Gegenrevolution erschienen einige fotografisch bebilderte Broschüren, die sich direkt auf die zurückliegenden Ereignisse bezogen und rege Aufnahme bei der Münchener Bevölkerung fanden. Sehr gefragt war das erste Juni-Heft des ›Bayerlands‹ über den »Sturz der Räteherrschaft« mit vielen Aufnahmen aus dem gegenrevolutionären München, das in drei Auflagen 96 000 Stück erreichte.[114] Wichtigste unter den Bildbroschüren ist die von Heinrich Hoffmann zum ersten Jahrestag der Novemberrevolution herausgebrachte Publikation ›Ein Jahr bayrische Revolution im Bilde‹, die den Anfang der Retrospektiven auf die Münchener Nachkriegszeit machte.[115]

Primäre Bedeutung als aktuelles Bildmedium hatten daher 1918/19 Fotopostkarten, die im begrenzten Raum einer Großstadt durchaus eine bestimmte Art politischer Öffentlichkeit herstellen konnten. Für den Zeitraum vom Ausbruch der Novemberrevolution bis zur gegenrevolutionären Militärherrschaft im Sommer 1919 sind über 800 verschiedene Motive auf Fotopostkarten nachweisbar. Aufs Ganze gesehen erscheint die Postkartenproduktion zufällig, eine kontinuierliche Dokumentation der Zeitgeschichte ist nicht zu erkennen. Fast ausnahmslos wurden die aktuellen Fotopostkarten von Hand abgezogen, womit ein weiteres Moment historischer Rückständigkeit der Münchener Medienöffentlichkeit genannt wäre, denn in Berliner Kleinverlagen waren schon seit langem Apparate in Betrieb, die im maschinellen ›Fotodruckverfahren‹ das Fotopapier belichteten und Massenauflagen nicht nur in wesentlich kürzerer Zeit, sondern auch billiger produzieren konnten. Mit technischen Druckverfahren (Buch- und Tiefdruck) wurden in München fast nur Porträtkarten von Kurt Eisner vervielfältigt.

Bei den aktuellen Fotopostkarten handelt es sich um ein Bildmedium, das sich thematisch und im Gebrauch von Privataufnahmen wie auch von den massenhaft reproduzierten Pressefotografien abgrenzt. Äußerlich ähneln die von Hand abgezogenen Aktualitätenkarten privaten Fotopostkarten. Sie erschienen nicht mit der Periodizität von Presseorganen, da ihre Produktion unmittelbar an schnell zu verwertende Tagesereignisse gekoppelt war und standen in keinem festgeschriebenen publizistischen Sinnzusammenhang. Die Karten, die in Schreibwarengeschäften und Kaufhäusern verkauft oder von fliegenden Händlern auf der Straße und bei Veranstaltungen an den Mann gebracht wurden, traten immer selbständig auf. Ansätze zu einem Medienverbund zeigten sich, wenn Zeitungsverkäufer, die von Lokal zu Lokal zogen, die Tageszeitungen zusammen mit neuesten Fotopostkarten anboten. Auf diese Weise lieferten die Aufnahmen dem Leser die Illustration zu seiner bildlosen Lektüre.

Mit den Fotopostkarten waren verschiedene Gebrauchsmöglichkeiten verbunden. Sie dienten als Kommunikationsmittel, Zeugnis persönlichen Bekenntnisses, zeitgeschichtliches Dokument und nur am Rande der politischen Meinungsbildung. Vielfach wurden sie als Wandschmuck genutzt. Verläßliche Hinweise auf ihren postalischen Gebrauch bieten allein die wenigen überlieferten Stücke, die rückseitig beschriftet sind und verschickt wurden. Bezüge zum dargestellten Geschehen werden häufig nur bruchstückhaft hergestellt. Selten wird eigenes Erlebnis oder detailliertes Wissen um die Vorgänge in der Stadt mobilisiert.

Typisch ist der Text auf der Rückseite eines Fotos von einem Gebäudeschaden am Stiglmaierplatz: »Lieber Freund, Deine schöne Karte erhalten. Endlich Friede! Aber was für einer, rein kapitalistisch. Brief schreib ich Dir in nächster Zeit. Bis dahin dein treuer Spezi, Jos. Pex.«[116] Hinter der kurzen Mitteilung verbarg sich vielleicht Vorsicht. Denn in diesen Monaten herrschte in Bayern das Kriegsrecht und eindeutig oppositionelle Stellungnahmen auf den einsehbaren Postkarten hätten Anlaß für Verdächtigungen geben können.

Einen stärkeren Bildbezug besitzt die Mitteilung der Kartenschreiberin Leni Gebhardt vom 8. Mai 1919 auf einer Postkarte mit der Ansicht der beschossenen Fassade des ›Kaufhauses Hermann Tietz‹: »Mein lieber Karl, Hier hast Du eines jener Bilder, wie man sie jetzt in München so häufig sieht. Wir haben hier schwere, aber auch große und interessante Tage erlebt. Denk nur, unsere Straße wurde beschossen. Eine Granate schlug in unserem Nachbarhaus 1. Stock ein und auch sonst noch 3 Treffer in unserer Nähe. Jetzt ist es wieder ruhig und man kann die ersten schönen Frühlingstage in Ruhe geniessen. Hoffentlich ist es Dir inzwischen gut gegangen und hat Dich der Osterhase auch so beschenkt wie mich. Sei herzl. gegrüsst von Deiner Schwester Leni.«[117]

Die autobiografische Literatur bürgerlicher Zeitgenossen bietet manche Belege dafür, daß Fotopostkarten als Zeitdokumente begehrte Sammelobjekte waren, die der Käufer

›Die freie Welt‹, 1. Jg., Heft 6, 4. Juni 1919.

Republikanische Soldaten, Ende November 1918, Postkarte.

mitunter in speziell gefertigten Alben aufbewahrte. In den Postkartenalben eingeordnet zwischen Privatbildern und Ansichtskarten aus aller Welt blieben die Aufnahmen selbst unberührt und wurden nur selten beschriftet oder kommentiert. Zu den Ausnahmen gehören jene stolzen Pfeile auf mancher Fotografie, mit denen der Sammler seine persönliche, fotografisch dokumentierte Gegenwart bei historischen Ereignissen markierte. Der lebensnahe Dokumentationswert blieb auf die Zeitgenossen beschränkt, mit deren Tod die Möglichkeit mündlicher Erklärungen endete. Auch wenn den Fotopostkarten der besondere Schein von Erfahrung und Zeugenschaft ihrer Benutzer anhaftet, zeigen sich doch gerade hier die Folgen des Prozesses, der so radikal Ungleichnamiges gleichnamig macht und die Besonderheit des Einzelnen vereinheitlicht. Dies hat Folgen: Erscheinungen der aktuellen Zeitgeschichte werden privatisiert, in die gleiche Form gebracht wie die Privataufnahme aus der familiären Lebenswelt.[118] Die eigene Lebensgeschichte erscheint nobilitiert, wenn das Porträt des Freikorpsführers Franz Ritter von Epp neben der Familienaufnahme im Privatalbum Platz gefunden hat.[119]

Die Fotopostkartenproduktion 1918/19 zeigt in quantitativer und qualitativer Hinsicht eine deutliche Zäsur. Während in den Revolutionsmonaten auffallend wenige Fotopostkarten hergestellt wurden, expandierte der Postkartenmarkt im Mai 1919 enorm. Dies ist vor dem Hintergrund des Wandels der Machtkonstellation und Veränderungen der Käuferschichten zu sehen. In ihrer übergroßen Mehrheit gehen die

Postkarten auf Heinrich Hoffmann zurück, dessen fotografische Tätigkeit von den Intentionen einer doppelten Verwertbarkeit bestimmt war. So weit zu sehen, bot er so gut wie alle seine Aufnahmen auf dem Postkartenmarkt an, im Pressegeschäft wahrscheinlich nur eine Auswahl. Dabei liefen in Hoffmanns zeitgeschichtlicher Bildberichterstattung Porträtfotografie und die Dokumentation der politischen Ereignisse parallel. Bei ihm lag die Vermittlung von Bildnissen der Exponenten des republikanischen Bayerns an die Öffentlichkeit. Soweit er sie nicht selbst porträtierte, übernahm er vorhandene Bildnisse in seinen Vertrieb. Das Porträtangebot umfaßte Mitglieder des Regierungskabinetts und Vertreter der Rätebewegung und Linksopposition. Während der Zweiten Räterepublik versiegte Hoffmanns Bildnisproduktion. Die Exekution der Räteherrschaft fand jedoch im Angebot seiner Pressebildagentur ihren Niederschlag: Hoffmann lichtete den Freikorpsführer Epp in herrischer Pose ab und vertrieb zugleich Polizeiaufnahmen von Ernst Toller und Eugen Leviné.

Hoffmanns Dokumentation des Revolutionsgeschehens konzentrierte sich auf jene ritualisierten Formen des Politischen, die auf öffentliche Wirksamkeit hin ausgerichtet wurden. Er war immer da zur Stelle, wo sich organisierte Herrschaftsgesten und Machtrituale des Staates zeigten oder oppositionelle Gruppen in spektakulärer Weise auftraten. Vorrangig wählte er die zuvor groß angekündigten Veranstaltungen aus und zeichnete sie in den Formen traditioneller Bildstandards auf. Politische Öffentlichkeit im engeren Sinne

Heinrich Hoffmann: Truppenschau der ›Roten Armee‹ am 22. April 1919 in der Ludwigstraße, Postkarte.

wurde kaum dokumentiert. Die politische Praxis der Räte nahm er nicht zur Kenntnis. Viele nach heutigem Verständnis für die Zeit spezifischen Ereignisse, wie sie Fotografen in Berlin aufzeichneten, blieben unbeachtet. Auch zeigte Hoffmann in ideologisch unsicherer Zeit kein Interesse, im Alltäglichen und scheinbar Bedeutungslosen prägnante Zeichen des politischen Machtwechsels aufzuspüren. Nach den noch umfangreich festgehaltenen Trauerfeierlichkeiten für Eisner am 26. Februar brach seine ereignisgeschichtliche Dokumentation ab. In größerem Umfang wurde Hoffmann aktiv, als während der Zweiten Räterepublik am 22. April 1919, am letzten Tag des Generalstreiks, die ›Rote Armee‹

Heinrich Hoffmann: Gustav Landauer und Erich Mühsam (links neben Landauer) als Teilnehmer der Rätedemonstration auf der Theresienwiese, 16. Februar 1919, Postkarte.

aufmarschierte und imposante Demonstrationen der Räterepublikaner stattfanden.

Was Hoffmann vom Geschehen der Revolutionsmonate nicht für dokumentationswürdig hielt, blieb mehr oder weniger bildlos. Seine bürgerlichen Kollegen verhielten sich passiv und von den Parteigängern der Novemberrevolution entwickelten weder Amateure noch Berufsfotografen nennenswerte Aktivitäten. Die einzige namentlich bekannte Ausnahme bildet der angestellte Fotograf Franz Xaver Hartl, der den Vorsitz der gewerkschaftlichen Vereinigung der Münchener Fotografengehilfen innehatte. Von ihm stammen Aufnahmen von der Massenkundgebung am 7. November 1918, der Rätedemonstration vom 16. Februar 1919 oder den Bestattungsfeierlichkeiten Eisners. Über die Dokumentationsabsichten des Mehrheitssozialisten Hartl, dessen Postkarten auf Meinungsbekundungen verzichteten, ist nichts genaues bekannt. Dies gilt auch für zwei oder drei anonyme Fotografen, die während der Räteherrschaft ein paar Fotopostkarten auf den Markt brachten.

Nach den Anzeigen der Fotowarenhändler in den sozialistischen Tageszeitungen Münchens zu schließen muß es auch Liebhaber-Fotografen im Lager der Linken gegeben haben. Von ihnen sind nur ein paar Aufnahmen überliefert. Hatte auch der Weltkrieg das Dokumentationsspektrum der Amateure verändert, so waren sie jedoch gewohnt, ihre Kamera bevorzugt auf den privaten Bereich zu fixieren. Politische Motive hatten für sie bis zum 1. Weltkrieg kaum eine Rolle gespielt.[120] Selbst als sich eine organisierte Amateurfotogra-

Heinrich Hoffmann: Württembergische Regierungstruppen am Karlsplatz, Blick auf das Karlstor, Anfang Mai 1919.

fie der Arbeiterbewegung Mitte der Zwanziger Jahre heraus- zubilden begann, waren deren Anfänge noch von ausgespro- chen privaten Wahrnehmungsweisen bestimmt.[121]

Im Medium der Fotopostkarte hätten sich 1918/1919 durch- aus revolutionäre Interessen artikulieren können. Ihre Her- stellung war dezentralisierbar und nicht an kapitalintensive Produktionsmittel gebunden. Die einzige massenhafte Bild- produktion der Linken konzentrierte sich auf den nach sei- ner Ermordung zum revolutionären Märtyreridol avancier- ten Ministerpräsidenten Eisner und hielt sich im herkömm- lichen Rahmen. Auch entstanden nur äußerst wenige als Er- innerungskarten vervielfältigte Gruppenaufnamen revolu- tionärer Arbeiter und Soldaten, obwohl Gruppenporträts zur Erinnerung an gemeinsame Tätigkeiten während des Weltkriegs unter proletarischen Soldaten große Verbreitung gefunden hatten.[122]

Die fehlende Kaufkraft der revolutionären Arbeiter und Sol- daten dürfte ein wichtiger Grund dafür gewesen sein, daß in den Revolutionsmonaten nur wenige Motive mit relativ ge- ringer Auflagenhöhe in den Handel kamen. Für sozial nie- dergestellte Klassen war die Nachkriegszeit mit besonderen Entbehrungen verbunden und machte es schwierig, Bildbe- dürfnisse zu befriedigen. So waren im Winter 1918/19 im Buchdruck vervielfältigte Porträtkarten Eisners für 5 bis 10 Pfennig erhältlich, doch die aktuellen Fotopostkarten und

Politikerporträts kosteten 20 bis 30 Pfennig.[123] Das war ver- gleichsweise viel. Zur selben Zeit betrug der Tagesverdienst eines ungelernten Arbeiters etwa 9 Mark, ein Arbeitsloser erhielt eine tägliche Unterstützung von 5 Mark.[124] Zum an- deren gab es wahrscheinlich während der Revolutionsmona- te auch nicht besonders viele Interessenten aus dem Bürger- tum. Denn was verband ein Publikum, das dem monarchi- schen Sytem zwar nicht nachtrauerte, aber in einer soziali- stischen Politik die Gefährdung der eigenen Existenzgrund- lage sah, mit dem Revolutionsgeschehen und seinen Prota- gonisten?

Die Lage auf dem Münchener Postkartenmarkt änderte sich grundlegend mit der Niederwerfung der Räterepublik und der Anwesenheit der Regierungstruppen in München. Über zwanzigtausend in der Stadt und den umliegenden Orten einquartierte Soldaten schufen neue Absatzmöglichkeiten und riefen viele Fotografen auf den Plan. Die Soldaten ver- langten massenhaft nach Fotopostkarten zur persönlichen Erinnerung oder um Eindrücke vom soldatischen Leben und ihrem Aufenthalt in München nach Hause zu übermit- teln. Sie besaßen in der wirtschaftlich prekären Zeit einen hohen Sold und erhielten außerdem von Wirtschaftsunter- nehmen und der Stadt München reichliche Zuwendun- gen.[125] Zudem dürften sich viele Käufer aus den bürger- lichen Schichten für die Karten mit den neuen Motiven gefunden haben – weitaus mehr jedenfalls als in den Revolutionsmonaten. Auf die veränderten Absatzbedingungen nach dem Einmarsch der Regierungstruppen reagierten die Fotografen sofort: an die zwanzig Berufsfotografen unterschiedlichster Herkunft wurden tätig, teils kleinere Atelierfotografen, teils stadtbekannte Fotografen wie Pettendorfer, Möller, Roser, Kester und Böhm. Außer Hoffmann und Böhm, deren Aufnahmen auch in der Presse erschienen, produzierten die Fotografen allein für das Postkartengeschäft.[126]

Jetzt wurden auch Amateure – wahrscheinlich meist aus dem bürgerlichen Lager – aktiv. Sie brachten frei von publizistischen Rücksichtnahmen und unbelastet von tradierten Inszenierungsformen mitunter aussagekräftigere Zeitdokumente hervor als die Berufsfotografen. Oft verfolgten sie von höher gelegenen Wohnungen aus ungewöhnliche Ereignisse, wie Szenen der Gewalt und Zerstörung – höchstwahrscheinlich allein zu privaten Zwecken. Daneben gab es viele Amateure unter den Soldaten, deren Aufmerksamkeit sich über den militärischen Aufmarsch und ihren Aufenthalt in München hinaus auch auf Akte ihrer eigenen Gewaltanwendung richtete.

Die ideologische Struktur der berufsfotografischen Bildproduktion nach der Niederwerfung der Räteherrschaft prägt eine affirmative Grundtendenz: es existieren kaum Aufnahmen, die das aktuelle Geschehen aus kritischer Perspektive darstellen; ausgespart sind grundsätzlich Motivbereiche, die

das Bild des »sauberen Sieges« der Gegenrevolution beeinträchtigt hätten. Indes bestanden auch staatliche Restriktionen: für Aufnahmen soldatischer Gewalttaten wurde ein Verbot verhängt, nachdem Gewaltszenen, die Amateurfotografen unter den gegenrevolutionären Offizieren aufgenommen hatten, in den Handel gelangt waren.

Hoffmanns Bildproduktion erfuhr nach dem Einmarsch der Regierungstruppen eine erhebliche thematische Ausweitung: ein paar Wochen gegenrevolutionärer Stadtgeschichte sind von ihm vielschichtiger aufgezeichnet worden als das Geschehen des vorausgegangenen Halbjahres seit dem Ausbruch der Novemberrevolution. Die Orientierung an Formen ritualisierter Politik blieb weiterhin sein primäres Dokumentationsprinzip. Beschränkte sich Hoffmann vor dem 1. Mai auf Ansichten, die er mühelos aufnehmen konnte, so scheute er danach kaum eine Anstrengung. Sein Interesse galt vorrangig den gegenrevolutionären Truppen in ihren verschiedenen Erscheinungsformen, besonders ihren Paraden und Umzügen, aber auch dem soldatischen Alltag. Hinzu kam eine umfangreiche Spurensicherung der Gewalttaten von Räterepublikanern, vor allem des »Geiselmordes« und der Zerstörungen in der Polizeidirektion. Ausgeblendet sind dagegen die Wirklichkeitsbereiche – wie bei seinen Münchener Berufskollegen –, die im Sommer 1919 von der herrschenden öffentlichen Meinung tabuisiert wurden.

An der übergroßen Mehrheit von Hoffmanns Aufnahmen lassen sich keine eindeutigen Interpretationsabsichten fest-

Michael Greßberger: Ausschlachten eines Artilleriepferdes der Regierungstruppen, Anfang Mai 1919, Postkarte.

Heinrich Hoffmann: Soldat des Freikorps ›Lettow-Vorbeck‹, Mitte Mai 1919, Postkarte.

machen. In einigen Fällen ist jedoch seine Intention sehr evident, auf die Bedürfnisse der bürgerlichen Publizistik einzugehen und ihre Ideologeme prägnant zu visualisieren. Dies hebt ihn von seinen Berufskollegen deutlich ab. Die Resultate von Hoffmanns eindeutig propagandistisch bestimmten Aufnahmeabsichten sind unterschiedlich: die suggestiv gestaltete Aufnahme vom Tatort des »Geiselmordes« im Luitpoldgymnasium wurde offenbar als zwingender Beweis für die verbrecherische Praxis räterepublikanischer Politik arrangiert. Vollkommen verfälscht wurde die vorgefundene Wirklichkeit in der Symbolinszenierung einer »revolutionären Barrikade«, die einen enormen militärischen Widerstand der Räterepublikaner zu suggerieren versucht. Besonders in diesem Fall selektierte Hoffmann in gesteigertem Maß Gegenstandswelt und ästhetische Mittel nach ihrer Brauchbarkeit für eindrucksvolle Bildschöpfungen. Sachdienliche Auskünfte über den abgebildeten Gegenstand werden damit bewußt vorenthalten. Er ist nur mehr Vorlage, ihm gegenüber soll sich die fotografische Abbildung verselbständigen. Dieser Prozeß stellt gewissermaßen die Umkehrung des Zweck-Mittel-Verhältnisses dar, wie es die Dokumentarfotografen für sich in Anspruch nehmen.

Zum anderen versuchte sich Hoffmann in mehreren Fällen an verherrlichenden Soldatendarstellungen. Eine vergleichbare Ästhetisierung der Garanten politischer Herrschaft findet sich in den vorherigen Monaten nicht. Auch wurden die gegenrevolutionären Soldaten mehrfach mit Handlungswei-

sen vorgestellt, die ganz offensichtlich auf Sympathiewerbung für die Militärherrschaft abzielten. Paradigmatisch ist eine Aufnahme mit Soldaten, die an proletarische Kinder Essen verteilen.

Im Unterschied zu Hoffmann beschränkten sich seine Berufskollegen auf wenige Motive, zumeist gegenrevolutionäre Soldaten und »Kampfschäden«, die in zahlreichen Varianten hergestellt wurden. Im Postkartenangebot der Fotografen zeichnen sich Spezialisierungen ab. Während sich Hans Möller und Heinrich Roser auf Truppenumzüge konzentrierten, produzierte Josef Paul Böhm hauptsächlich Postkartenan-

Geschützposten der Regierungstruppen in der Sonnenstraße, Anfang Mai 1919, Postkarte.

Heinrich Hoffmann: Mitglieder des Freikorps ›Werdenfels‹, Mitte Mai 1919, Postkarte.

sichten der Werdenfelser Freikorpssoldaten, gestellte Kampfszenen und Gefangennahmen. Georg Pettendorfer fotografierte offenbar in erster Linie Postengruppen. Aufnahmen solcher Motive wurden insbesondere von kleineren Ateliers, darunter das ›Atelier Prinzess‹, und dem Fotografen Eugen Schneider gefertigt. Vor allem diese Betriebe lieferten auch zahlreiche Aufnahmen beschossener Bauten.

Die gewählten Darstellungsformen sind durchweg traditionell und ohne große ästhetische Ansprüche, ganz auf den Gegenstand konzentriert. Die Inhalte des Bildangebots leiteten sich aus der Nachfrage der finanzkräftigen Käuferschichten ab. Besonderes Merkmal der fotografischen Produktions- und Verwertungsbedingungen bei Aufnahmen

Heinrich Hoffmann: Umzug der ›Bürgerwehr‹ in der Ludwigstraße vor dem Kriegsministerium, Mai 1919, Postkarte.

von Soldaten war der Umstand, daß zwischen Bildproduzent und Käufer ein relativ enger Kontakt bestand. In Einzelfällen entstanden die Fotopostkarten vermutlich gar nicht für den freien Markt, sondern im Auftrag von Soldaten und einzelnen Truppenteilen, die nach Dokumenten ihrer Anwesenheit in der Stadt verlangten.

Bei der Beschriftung der Karten ist der Versuch der Postkartenhersteller zu beobachten, sich in der Interpretation zurückzuhalten und nicht in die politischen Auseinandersetzungen einzugreifen. Die einkopierten Beschriftungen der Fotopostkarten fallen formal und inhaltlich verschieden aus. Entweder benennen sie den Bildgegenstand nur mit einem Wort oder erläutern ihn in Satzfragmenten. Dies wirkt meist sachlich und scheint sich auf die Nennung von Tatsächlichem zu beschränken, ist aber bisweilen problematisch, denn eine nicht explizit formulierte Interpretation ist keineswegs immer Resultat vermeintlicher Enthaltsamkeit. Zuweilen hatte sie bereits in sich selbst Momente unbewußter Verdrängung oder willentlich falscher Zuschreibung aufgenommen, die ihre knappe Sachaussage doch wieder beredt machte. Beispiele hierfür sind Postkartenansichten der in den ersten Maitagen durch Beschuß der Regierungstruppen beschädigten Münchener Bauten, auf denen zumeist außer der bloßen Örtlichkeit nichts vermerkt ist. Allein das Verschweigen der Tatumstände konnte den Betrachter zu falschen Schuldzuschreibungen veranlassen.

Unter Hoffmanns Postkartenbeschriftungen finden sich ein

Heinrich Hoffmann: Essensausgabe von Regierungssoldaten an Arbeiterkinder, Postkarte, Mai 1919.

paar Beispiele eindeutiger politischer Parteinahme, wie sie aus der Zeit vor der Niederwerfung der Räteherrschaft nicht bekannt sind, als sich seine Karten durchwegs in neutraler Form ans Publikum wandten. Jetzt griff Hoffmann erstmals zu appellativen Aufrufen. Ihr Zweck ist eindeutig: unter der Aufnahme verhafteter Rotarmisten heißt es zustimmend: »Hände hoch! Gefangene Spartakisten«; unter der Fotografie bewaffneter bürgerlicher Kampfverbände: »Ein histori-

scher Moment! Bürger heraus! Bewaffnete Bürgerwehr am 1. Mai 1919«. Auf der schon erwähnten Aufnahme der Essen spendenden Soldaten ist vermerkt: »Das hungrige München! Arme Kinder holen Essen von den Regierungssoldaten«. Damit wird die Menschenfreundlichkeit der gegenrevolutionären Armee unterstrichen und zugleich der Lebensmittelboykott gegen das räterepublikanische München verschwiegen.

EXKURS 1 · DIE FRÜHE PRESSEFOTOGRAFIE

Die fotografisch bebilderten Illustrierten entstanden Ende des 19. Jahrhunderts aus den bereits vor der Jahrhundertmitte mit Holzstichen illustrierten und massenhaft verbreiteten Unterhaltungsmagazinen.[1] Die geschäftliche Verwertung der wachsenden Bildbedürfnisse des Publikums trieb die Entwicklung dieser populären Druckerzeugnisse schnell voran. Anstelle des zeit- und arbeitsaufwendigen Wiedergabeverfahrens trat die Anfang der Achtziger Jahre von Georg Meisenbach entwickelte Autotypie. Sie erlaubt es, Halbtonbilder mittels eines optischen Rasters in schwarze und weiße, also druckende und nicht druckende Bestandteile aufzuspalten und hochdruckende Zinkklischees herzustellen, die zusammen mit dem Bleisatz im herkömmlichen Buchdruckverfahren vervielfältigt werden können.

Die Autotypie brachte den qualitativen Sprung zur industriellen Bildverbreitung. Innerhalb kurzer Zeit erreichten die von mächtigen Zeitungskonzernen etablierten Illustrierten ungeahnte Auflagenhöhen. 1914 überschritt die 1890 gegründete und anfangs noch grafisch illustrierte ›Berliner Illustrirte Zeitung‹ die Millionengrenze.[2] Die 1908 ins Leben gerufene ›Münchner Illustrirte Zeitung‹ besaß beim Weltkriegsausbruch eine Auflage von 50 000 Stück.[3] Der schnelle Aufstieg der Illustrierten wurde durch die Wirtschaftskrise der Nachkriegszeit nur vorübergehend unterbrochen. Sie gewannen als Teil der expandierenden Massenkommunikation der späten Zwanziger Jahre wachsenden Einfluß auf Identitätsbildung und gesellschaftliche Integration der Bevölkerung.

Durch die Entwicklung der Illustrierten entstand eine speziell für die Veröffentlichung konzipierte fotografische Bildproduktion und bildete sich der neue Berufsstand der Pressefotografen heraus. Diese betrachteten sich anfangs nur als Handwerker. In der Frühzeit waren Atelierfotografen und Amateure häufig noch die Bildlieferanten der Illustrierten. Auch die Pressefotografen der ersten Generation wirkten im Gegensatz zur späteren Spezialisierung in einem breiten Arbeitsfeld und betrieben die Verwertung ihrer Aufnahmen auf verschiedenen Ebenen, während die nach der Jahrhundertwende in Berlin gegründeten Bildagenturen sich schon auf die Bildpresse konzentrierten und tagtäglich ein umfangreiches Illustrationsangebot ins In- und Ausland verschickten. Ein öffentlicher Illustrationsmarkt entstand, auf dem Pressefotografen und Agenturen die Reproduktionsrechte ihrer Aufnahmen zum Verkauf anboten und Fotografien ausländischer Agenturen vermittelt wurden.[4] Fortschrittlichere Pressefotografen der Vorkriegszeit bedienten sich bald der mit der Einführung der Trockenplatte gegebenen Möglichkeiten der Momentaufnahme, um die erlebnishafte Anteilnahme des Publikums zu steigern.[5] Die Voraussetzungen für den neuen Aufnahmestil – die Verkürzung der Belichtungszeit auf Bruchteile von Sekunden und Kameratypen, mit denen aus freier Hand reaktionsschnell fotografiert werden konnte – waren in den Neunziger Jahren erfüllt. Der Pressefotograf agierte nicht mehr als Arrangeur, sondern als flexibler Beobachter bewegten Geschehens – und entsprechend höher wurde der Wahrheitsgehalt seiner Momentaufnahmen eingeschätzt.

Dank der neuen Momentfotografie wurde die Dokumentation öffentlicher Ereignisse und politischer Herrschaftsrituale erheblich ausgeweitet. Aber im Unterschied zu England oder den USA ging im Deutschen Reich die Erschließung der zeitgeschichtlichen Öffentlichkeit keineswegs so schnell vonstatten, wie es die technischen Möglichkeiten zugelassen hätten. In der Frühphase der Pressefotografie gab es viele Ungleichzeitigkeiten, traditionelle Überhänge und Rückschritte, bevor sich Ende der Zwanziger Jahre der moderne Bildjournalismus als Vermittlungsform zeitgenössischer Zerstreuungskultur und politischer Einflußnahme durchsetzte.

Grundlegend wandelte sich in den Illustrierten der Präsentationsstil der Aufnahmen. Anfangs wurden diese zumeist kleinformatig abgebildet, vereinzelt und beliebig in einen bildfremden Text eingestreut oder isoliert nebeneinander gestellt, wie es dem bunt gemischten Agenturangebot von Einzelaufnahmen entsprach. Erst allmählich entstanden Bildserien, die mit einem durchgehenden Text versehen wurden. Programmatische Leitlinie der Illustrierten wurde der Begriff des »Interessanten«, um den die zu allgemeinen Standards verfestigten Anforderungen des Illustrationsmarktes kreisten. Gemeinsames Merkmal der Bildwelten war eine Aktualität, die dem Leser besonders engen Kontakt zum Zeitgeschehen suggerierte. Auf unterhaltsame Weise zu zerstreuen, war schon Absicht der Vorkriegsillustrierten, doch unterschieden sie sich thematisch in vieler Hinsicht von den Massenblättern der Zwanziger Jahre. Von Anfang an brachten sie Berichte über Kultur, Mode, Sport, ferne Länder und die Sitten anderer Völker, aber es fehlten zunächst reißerische Berichte über Sensationen und Schicksalschläge sowie sozialkritische Reportagen. Noch dominierten die Sphären prächtiger und familiärer Präsentation der Mächtigen über die flüchtige Alltäglichkeit und noch schien das allgegenwärtige Herrscherhaus nicht nur die gottgewollte Spitze des Staates zu bilden, sondern auch den gesellschaftlichen Gesamtzusammenhang verbürgen zu können.

1   Hartwig Gebhardt: Illustrierte Zeitschriften in Deutschland am Ende des 19. Jahrhunderts. Zur Geschichte einer wenig erforschten Pressegattung, in: Buchhandelsgeschichte. Aufsätze, Rezensionen und Berichte zur Geschichte des Buchwesens, Jg. 1983, S. 41-65; Stiewe, 1933, S. 49 f.
2   Zur Berliner Illustrirten vgl.: Facsimile-Querschnitt durch die Berliner Illustrirte, hrsg. von Friedrich Luft, München/Bern/Wien 1965; Hundert Jahre Ullstein 1877-1977. Ein Bilderbuch mit Randbemerkungen von Christian Ferber, Frankfurt/M., Berlin 1977.
3   Marckwardt, 1982, S. 76.
4   Vgl. Kerbs, 1983, S. 32-73.
5   Zur Momentfotografie vgl. Timm Starl: Geschoß und Unfall. Bewegung und Moment in der Fotografie um 1900, in: Ins Innere des Bilderbergs, 1988, S. 9-22.

EXKURS 2 · ZUR GESCHICHTE DER AKTUELLEN FOTOPOSTKARTE

Die Münchener Fotopostkartenproduktion vom Sommer 1919 war ein Nachklang der ›Postkartenmanie‹, die im Ersten Weltkrieg ihren letzten Höhepunkt erreicht hatte. Seit Mitte der Neunziger Jahre des letzten Jahrhunderts dienten auch Fotopostkarten zur Verbreitung aktueller zeitgeschichtlicher Fotografien. Sie entstanden aus den traditionellen, auf Karton kaschierten Atelierfotografien, und waren in ihrem Gebrauch eng mit der Geschichte der grafischen Bildpostkarte verknüpft.[1] Deren Vorgängerin, die bildlose ›Correspondenzkarte‹, wurde 1870 aus dem Wunsch nach einer knappen Form der schriftlichen Mitteilung für den Postverkehr eingeführt. Illustrationen blieben private Zutaten, bis zwei Jahre später mit der Freigabe der Ansichtskartenherstellung eine vielfältige Bebilderung beginnen konnte, dank der die vor allem im Lichtdruck- und Chromolithographieverfahren hergestellten Bildpostkarten zu einem der populärsten Bildmedien der Jahrhundertwende wurden. 1899 sollen 88 Millionen Karten gefertigt worden sein.[2] Die fotografische Verwertbarkeit der Welt in all ihren Erscheinungen war Grundlage dieser Konsumartikelproduktion und bestimmte im Rahmen allgemeiner Konventionen die Vielfalt der Motive, die von Stadtansichten, Kunstreproduktionen, Scherzpostkarten bis zu Devotionalbildern und erotischen Darstellungen reichte. Ansichtskarten wurden so populär, »daß die Zentrumspartei 1906 im Reichstag die Einführung einer ›Ansichtskartensteuer‹ beantragte, um durch einen Steueraufschlag von zwei Pfennigen pro Postkarte einen Beitrag zur Sanierung der Staatsfinanzen zu erreichen.«[3]

Das Motivspektrum der aktuellen Fotopostkarten umfaßte vor allem herausragende Ereignisse, monarchische Rituale, wie überhaupt alle prunkvollen Zeremonien, Militärparaden, Gedächtnisfeiern und kirchliche Prozessionen und andererseits Naturkatastrophen und Unglücksfälle. Auch Porträts von Mitgliedern der Herrscherhäuser, berühmten Staatsmännern, Schauspielern und »Schönheiten« waren auf Postkarte erhältlich. Fotopostkarten dienten aber ebenso zur Vervielfältigung privater Motive und verdrängten bald das für Porträtbilder gebräuchliche Cabinet- und Visitformat. Kleinere Auflagen wurden von Atelierfotografen manuell, Massenauflagen bekannter Motive maschinell im ›Fotodruckverfahren‹ belichtet. Die Fertigung ging auf spezialisierte Verleger über, die mit Hilfe großer Vertriebsnetze ein Massenpublikum erreichten. Beispielsweise setzte die Berliner ›Neue Photographische Gesellschaft‹ ein Postkartenporträt von Bismarck 200 000, ein Gruppenbild der kaiserlichen Familie 100 000 mal ab.[4]

Bei aller Unscheinbarkeit und Belanglosigkeit einzelner Stücke und Serien waren die Fotopostkarten aufs Ganze gesehen ein die bestehende Herrschaft und geltende Normen affirmierendes Informationsmedium. Zur nationalen Propaganda dienten sie im Ersten Weltkrieg neben grafischen Postkarten. Sie berichteten vom Geschehen auf den Kriegsschauplätzen oder dienten als Erinnerungskarten der Solda-

ten. Den Kriegsbedingungen war die Fotopostkarte hervorragend angepaßt: »Vor dem Krieg waren Visit- und Kabinettbilder vorherrschend gewesen, diese auf steifem Karton aufgeklebten Bilder bewährten sich jedoch nicht. Die von den Kriegern mitgeführten steifen Kartonbilder wurden schnell brüchig und unansehnlich. Da trat die weiche schmiegsame Postkarte auf den Plan. Ihre Beliebtheit verdankte sie dem Umstande, daß sie in der Tasche getragen, sich den Körperformen anschmiegen konnte und dadurch vor Beschädigungen bewahrt blieb. . .«[5]

Die Erinnerungskarten stellten Berufsfotografen her, die mit in den Krieg gezogen waren und in der Etappe Laborarbeiten durchführten. Größere Auflagen von Aktualitätenkarten wurden zumeist von fotografischen Kriegsberichterstattern gefertigt und fanden Absatz bei den Soldaten und in der Heimat. Sie kündeten vom Triumph der Sieger, zeigten die schönen Seiten des Soldatenlebens wie auch Zerstörungen im »Feindesland«, nicht jedoch das massenhafte Sterben. In späteren Kriegsjahren erfaßten private Fotopostkarten allerdings auch Aspekte von Leid und Elend, während die zensierten, offiziellen grafischen Bildpostkarten weiterhin nichts von der grausamen Weltkriegswirklichkeit vermittelten.

In den Zwanziger Jahren schmolzen Motivspektrum und Auflagenhöhe der Karten stark zusammen. Politische Ereignisse und überkommene Zeremonien, etwa Umzüge der Traditionsvereine, lebten in den Fotopostkarten nur mehr rudimentär fort. Was früher an lokalem Geschehen auf Fotopostkarten veröffentlicht wurde, erschien nun in der Tagespresse. Lukrativ war noch der Kult um die Filmstars, einem der trivialen Topoi der ›Angestelltenkultur‹ Fotopostkarten mit Ereignisdarstellungen wie auch Porträtkarten wurden von der Parteipropaganda genutzt und erfuhren nach 1933 im nationalsozialistischen Medienverbund nochmals große Verbreitung.

1 Zur Bild- und Fotopostkarte vgl. Einleitung, Anm. 62.
2 Zahlenangaben in: Ein Krieg wird ausgestellt, 1976, S. 317.
3 Hoerner, 1987, S. 29.
4 Herz, 1985, S. 146.
5 Bruno Cordys, zit. nach: Das Photoalbum 1858 - 1918, 1975, S. 56.

Die Münchener Fotografenszene 1918 / 19

Heinrich Hoffmann und seine Berufskollegen

Der Erste Weltkrieg hatte in allen fotografischen Sparten einen bislang nicht bekannten Nachfrageboom ausgelöst und den Fotografenunternehmen beträchtliche Gewinne beschert. Sie waren weniger den Kriegslasten ausgesetzt als im allgemeinen der gewerbliche Mittelstand. Entgegen pessimistischer Erwartungen zu Kriegsbeginn entwickelte sich auch das Ateliergeschäft hervorragend, zumal sich während des Krieges die Aufträge auf wesentlich weniger Fotografen konzentrierten. In München wurde von den etwa zweihundert selbständigen Berufsfotografen ungefähr ein Drittel zum Militärdienst eingezogen.[127] Die Trennung der Soldaten von ihren Angehörigen in der Heimat führte zu einer, in späteren Jahren nicht mehr erreichten individuellen Bildkommunikation mittels Fotopostkarten.[128] Über die Verhältnisse während des Krieges wußte ein fotografisches Fachblatt nur Positives zu berichten: »Es wird sich nicht leugnen lassen, daß die Mitglieder des Photohandels, wie überhaupt die im Geschäftsleben stehenden Zeitgenossen hinsichtlich Umsatz und Verdienst während des Krieges sehr verwöhnt wurden. Die Fachphotographen waren zum Teil glänzend beschäftigt, bei den Amateuren, besonders bei denen im Felde, war die Photoliebhaberei zur rasenden Leidenschaft gesteigert, der Bedarf der Heeresstellen fiel bei manchem ganz gehörig ins Gewicht, und nicht zuletzt waren es die verschiedenen Preiserhöhungen, die – man kann es ruhig aussprechen – vielen Händlern bei ihren billiger eingekauften Vorräten ein hübsches, rundes Sümmchen abwarfen... Kurz, es war für viele eine goldene Zeit!«[129]

Trotz der Gewinne war jedoch der sich seit der Jahrhundertwende anbahnende Untergang des klassischen Fotoateliers nicht mehr aufzuhalten.[130] Die Expansion der Amateurfotografie während des Krieges beschleunigte sogar den Strukturwandel in der fotografischen Bildproduktion.[131] Seit Ende des 19. Jahrhunderts war die Amateurfotografie im schnellen Wachsen begriffen, was den Berufsfotografen erhebliche Umsatzverluste brachte. Durch technische Neuerungen, wie die fotografische Trockenplatte, den Rollfilm und handliche Kameras, die in Großserien gebaut wurden, war das Fotografieren noch vor der Jahrhundertwende wesentlich vereinfacht und verbilligt und damit breiteren Bevölkerungsschichten zugänglich gemacht worden. Die Amateure besorgten sich die Bedarfsartikel bei den Fotografen, die parallel zum Atelierbetrieb nun häufiger einen Fotohandel unterhielten und die Negative der Amateure weiterverarbeiteten.

Auf die abnehmende Nachfrage nach ateliermäßigen Porträts – Domäne der Berufsfotografen des 19. Jahrhunderts – reagierten die Münchener Fotografen unterschiedlich. Viele begannen außerhalb ihrer Ateliers nach neuen Verdienstmöglichkeiten Ausschau zu halten. Einige arbeiteten als lokale Bildberichterstatter für die Illustrierten und vertrieben ihre Aufnahmen als Fotopostkarten – so etwa Heinrich Roser oder Hans Möller, der langjährige Vorsitzende der Fotografeninnung.[132] Gute Pressekontakte besaß Josef Paul Böhm, der 1905 einen ›Bühnenpostkartenverlag‹ gegründet hatte.[133] Einzelne Fotografen verlegten sich stärker auf das Illustriertengeschäft, während andere sich auch in neuen Bereichen der Sachfotografie spezialisierten. Der Betrieb ›Rehse & Co‹ konzentrierte sich auf Feierlichkeiten und Architekturaufnahmen, während Georg Pettendorfer vorrangig Straßen- und Häuseransichten und gelegentlich Ereignisaufnahmen anfertigte.[134] Ansehnliche Gewinne im Porträtgeschäft erzielten wahrscheinlich nur wenige, wie die renommierten Ateliers von Franz Grainer oder Theodor Hilsdorf.[135] Ansonsten warben die fotografischen Ateliers mit Niedrigpreisen und Mengenrabatten um die Kundschaft, die ihnen nun auch von der expandierenden Automatenfotografie und den Warenhäusern streitig gemacht wurde. Die Kapazitäten der Ateliers waren nicht ausgelastet, der Konkurrenzkampf nahm an Schärfe zu und die Fotografen verdächtigten sich gegenseitig unlauterer Geschäftsmethoden und der betrügerischen Kundenfängerei. 1912 erfolgte gegen den Wunsch einer Minderheit von zumeist bekannteren Fotografen die Errichtung der ›Zwangsinnung für das Photographengewerbe in den Stadtbezirken München und Pasing‹.[136] Von der Innungsgründung erhoffte man sich eine Handhabe gegen preisdrückende Berufskollegen und insbesondere die Warenhäuser. Doch die Zwangsinnung erwies

*Goerz-Anschütz-Klappkamera ›Ango‹ – Spiegelreflex-Kamera
›Mentor‹.*

sich als ein untaugliches Instrument, den ruinösen Wettbewerb zu verhindern, der selbst Ausdruck des Niedergangs des Porträtateliers war.

In Fachkreisen wurde bereits im Frühjahr 1918, als man noch auf den deutschen Sieg hoffte, über Geschäftsstrategien für die Nachkriegszeit diskutiert. Vermehrter Reklameeinsatz außerhalb der Ateliers sollte neue Aufträge bringen, denn für diese Branche bedeutete das Ende des Krieges ungeachtet seines Ausgangs eine schmerzliche Gewinneinbuße.[137] Der Rückzug der deutschen Truppen nach dem Waffenstillstand mußte allein schon den immensen Absatz an Fotopostkarten zum Erliegen bringen.

Von der Kriegskonjunktur profitierten in den ersten Kriegsjahren auch die Pressefotografen. Sie bekamen Illustrationsaufträge für Broschüren, patriotische Bildbände und neu gegründete Kriegszeitschriften. Zudem wurden ihre Aufnahmen von halbstaatlichen Propagandainstituten ins neutrale und befreundete Ausland lanciert.[138] Allerdings waren von den maßgebenden Münchener Pressefotografen der Vorkriegszeit – abgesehen von Heinrich Hoffmann – Philipp Kester, Wilhelm Hümmer, Ernst Haymann und Josef Paul Böhm bereits schon Ende 1914 eingezogen worden.[139] Später führte die Gründung des ›Bufa‹ zu Einschränkungen auf dem freien Illustrationsmarkt. Für die in München ansässigen und auch im Pressegeschäft aktiven Fotografen bedeutete die im März 1918 erfolgte Einstellung der ›Münchner Illustrirten Zeitung‹ Absatzverluste. Nachdem der Waffenstillstand der fotografischen Kriegskonjunktur vollends ein Ende setzte, entstanden für die Berufsgruppe der Fotografen erhebliche Schwierigkeiten.

Die Revolution ermöglichte den zum Militärdienst eingezogenen Berufsfotografen die Rückkehr ins zivile Berufsleben. Mancher Münchener Fotograf kehrte freilich aus dem Krieg nicht heim. Der Aufenthalt einiger wichtiger Lokalfotografen in den Nachkriegsmonaten, wie Wilhelm Hümmer, Spiessl und Ernst Haymann, ist nicht bekannt. Manchen verschlug das Schicksal in andere Städte. Nicolai Aluf, einer der moderneren Münchener Pressefotografen, war noch während des

Krieges in die Schweiz übergesiedelt.[140] Ein anderer Protagonist der Münchener Fotografenszene, Philipp Kester, versuchte nach dem Ende seiner Militärzeit im Januar 1919 angesichts der allgemeinen Flaute offenbar vorerst gar nicht wieder Fuß zu fassen.[141] Seine wirtschaftlichen Schwierigkeiten beschrieb er in einem Brief an eine militärische Dienststelle: »Bis zum Kriegsausbruch als Journalist tätig und zugleich Inhaber eines photographischen Verlages für Zeitungsillustrationen, sah ich bei meiner Rückkehr nach Hause meine frühere Existenz völlig vernichtet. Mein Unternehmen hat während meiner Abwesenheit naturgemäß stillgelegen und ist im Lauf der Zeit völlig ertraglos geworden. Es dürfte Monate dauern, bis es mir (wenn je) gelingen wird, das Unternehmen, in dem mein ganzes Vermögen angelegt war, wieder so zu gestalten, daß es mir eine der früheren ähnliche Stellung bietet.«[142]

Dagegen gelang es Heinrich Hoffmann sofort nach seiner Entlassung aus dem Militärdienst abgerissene Geschäftskontakte wiederherzustellen. Mit 34 Jahren war er einer der jüngsten unter seinen Münchener Kollegen. Anfang November 1918 gab es für Hoffmann offenbar keine nennenswerten geschäftlichen Anlaufschwierigkeiten. Er erwies sich als ausgesprochen agil und anpassungsfähig und besaß das Knowhow für das Illustrationsgeschäft. Bei den bestehenden Absatzproblemen auf dem aktuellen Bildermarkt war es von Vorteil, daß ihm vorerst kein Kollege das Geschäft als Postkartenverleger und Münchener Bildlieferant der Illustriertenpresse streitig machte. In Berlin konkurrierten zur gleichen Zeit zahlreiche Pressefotografen, was ohne Zweifel den Mut zum Experiment und zur risikovollen Unternehmung stärkte und eine vielfältigere Dokumentation der zeitgeschichtlichen Abläufe zur Folge hatte als in München.[143] Erst nach der Niederwerfung der Räteherrschaft kamen die

Schnellkopierapparat für Fotopostkarten.

Berliner Fotografen Alfred Frankl, Willy Römer und Rudolf Sennecke kurzzeitig nach München.[144]

Hoffmanns fotografisches Unternehmen muß man sich recht bescheiden vorstellen. Große Kapitalmengen erforderte die Betriebsführung nicht. Die Ausgaben für Arbeitsleistungen waren vergleichsweise gering. Organisiert war die Bildproduktion nach einem arbeitsteiligen Verfahren. Hoffmann fotografierte meist allein, zog aber zur Weiterverarbeitung, insbesondere zur Herstellung größerer Postkartenauflagen, andere Hilfskräfte hinzu. Oft hatte die Familie mitzuarbeiten, bisweilen ging auch der der Familie Hoffmann verbundene Fotograf Oskar Laifle zur Hand.[145] Wahrscheinlich waren zeitweilig auch ein oder zwei Gehilfen beschäftigt.

Die Produktionsmittel der Firma ›Photobericht Hoffmann‹ bestanden neben der Kameraausrüstung aus einigen Laborgeräten und Apparaten zur Entwicklung und Vervielfältigung der Positive. Zum zeitgenössischen Rüstzeug eines Bildberichterstatters in der Nachkriegszeit gehörte weitgehend unverändert seit ca. 1910 eine Spreizen-Klappkamera (meist vom Typ ›Nettel‹) mit Schlitzverschluß und auswechselbaren Objektiven.[146] Spiegelreflexkameras, wie das ›Mentor‹-Modell, waren wegen einiger Handikaps weniger verbreitet. Wechselkassetten sorgten für einen zeitsparenden Austausch der Platten. Ihr Format betrug 13 x 18 cm oder 10 x 15 cm. Die gewöhnlichen Objektive von 18 cm Brennweite hatten eine Lichtstärke von 6,3 : 1, lichtstärkere von 21 cm Brennweite schon 4,5 : 1.[147] Ein Arbeiten in geschlossenen Räumen war mit ihnen ohne künstliche Lichtquellen nur beschränkt möglich. Das übliche Raumlicht (Gas- oder Elektrobeleuchtung) verlangte Belichtungszeiten bis zu zwei Minuten. Das auf offener Pfanne zu entzündende Magnesiumlicht war umständlich zu handhaben und bei Fotografen und dem Publikum wenig beliebt.[148] Zur weiteren Ausstattung gehörte ein Leiterstativ, das für Überblicksaufnahmen bei Umzügen und Massenversammlungen verwendet wurde.[149]

Aufgrund der damaligen Fototechnik waren die Fotografen – um zwei wichtige Merkmale der fotografischen Praxis zu nennen – im Gegensatz zu heute wenig mobil und besaßen nur einen sehr begrenzten Negativvorrat. Deshalb mußte der Fotograf mit seinem Negativmaterial haushälterisch umgehen und fertigte in der Regel von einem Einzelgeschehen nur wenige Aufnahmen. Serien wurden zumeist für Postkarteneditionen erstellt, etwa wenn bei einem Umzug mit einer größeren Teilnehmerschar ein lohnendes Geschäft winkte.

Mit Hilfe eines Schnellkopierautomaten, wie er als einfache Holzkastenkonstruktion mit eingebauter Lichtquelle seit 1900 in unterschiedlicher Bauweise angeboten wurde, konnten die fotografischen Negative im Kontaktkopierverfahren auf Bromsilber- oder Chlorsilberpapier im vorgefertigten Postkartenformat abgezogen werden. Mit diesem einfachen handwerklichen Vervielfältigungsverfahren war es möglich, in kürzester Zeit eine größere Anzahl von Abzügen herzustellen und wenige Stunden nach der Aufnahme zum Verkauf anzubieten. So war der Produzent in der Lage, besonde-

Heinrich Hoffmann, Aufnahme vor dem Ersten Weltkrieg.

ren Käuferinteressen entgegenzukommen, und konnte das Risiko nicht absetzbarer Karten vermeiden, wenn er mit kleinen Auflagen operierte. Möglich waren gleichermaßen Auflagen von 100 oder 1000 Stück, deren Herstellung jedoch mehrere Stunden in Anspruch nahm. Der flexiblen und aktuellen Produktion stand freilich der Nachteil gegenüber, daß mit diesem Verfahren keine größeren Auflagen zu erreichen waren, die ähnlich rentabel gewesen wären, wie im industriellen Schnellpressendruck hergestellte.

Wegen der geringen Lichtempfindlichkeit des Fotopapiers konnte ein routinierter Laborant oder Kopierer, der das notwendige Zeitgefühl besaß, größere Mengen von Fotopostkarten ohne Zeitschaltuhr in gleicher Qualität herstellen. Ausschnittvergrößerungen waren unüblich, zumal Vergrößerungsapparate für größere Plattenformate teuer waren. Auf den gebräuchlichen Glasnegativen im Format 13 x 18 cm legte man mittels Haftmarken den Bildausschnitt im Kartenformat von ungefähr 9 x 14 cm fest, so daß die Fotopapiere nur mehr mechanisch eingelegt werden mußten. Zur Beschriftung der Karten wurde ein mit Tusche beschriebenes

Philipp Kester, Aufnahme um 1910.

Zellophanhäutchen auf das Negativ geklebt und beim Belichtungsprozeß mit auf das Fotopapier belichtet. Manchmal wurde das Negativ auch direkt beschriftet. Nach der fotografischen Entwicklung, Fixage und Wässerung wurden die kartonstarken Abzüge zur Verkürzung der Trocknungszeit in einem Spiritusbad behandelt und anschließend auf Pappen ausgebreitet. Oft waren jedoch unter dem herrschenden Zeitdruck Fixage und Wässerung zu kurz bemessen, was dann später zu chemischen Veränderungen der Abzüge führte.

Als im Mai 1919 der Postkartenmarkt stark expandierte und die eigene Kapazität nicht ausreichte, ließ Hoffmann gegebenenfalls seine Negative auch in anderen Betrieben abziehen. Nachweislich besorgte dies in einigen Fällen Willy Walcher, Besitzer eines Porträtateliers und einer fotografischen Bedarfshandlung in der Neuhauserstraße.[150] Mit einiger Wahrscheinlichkeit führte auch Hoffmanns Vater, Robert Hoffmann, in seiner ›photographischen Druckerei‹, Schellingstraße 40, Vervielfältigungsarbeiten aus. Am Vertrieb der Fotopostkarten an die diversen Einzelhändler in der Stadt war möglicherweise Michael Bauer, Inhaber eines Verlages und einer Rahmen- und Bilderhandlung, beteiligt, während Hoffmann selbst die Pressebildabzüge ohne zwischenge-

schaltete Agentur an die Redaktionen der Illustrierten verschickte.

Bei der Motivwahl seiner Bildproduktion befand sich Hoffmann unter einem Anpassungszwang gegenüber der Publikumsnachfrage. Die verschiedenen Motivbereiche seiner Bildproduktion lassen sich im Nachhinein jedoch nicht mehr einer bestimmten Abnehmergruppe zuordnen. Im Illustrationsgeschäft standen Hoffmanns Abnehmer auf der Seite der Gegenrevolution. Demgegenüber bot der Postkartenmarkt kein so einheitliches Bild, da hier während der Revolutionsmonate in einem beschränkten Umfang auch proletarische Käufer, Anhänger und Sympathisanten der Revolution auftraten. Auf diese Abnehmer hat Hoffmann offensichtlich mehrfach spekuliert und war bereit, mit dem politisierten Proletariat zumindest auf der Straße in näheren Kontakt zu treten – was viele seiner Münchener Berufskollegen wahrscheinlich abgelehnt hätten.

Man geht wohl nicht fehl, wenn man vermutet, daß Hoffmann dem, was er während der Revolutionsmonate fotografierte, innerlich reserviert gegenüberstand, und daß er zudem über das politische Geschehen nicht sonderlich gut informiert war. Wahrscheinlich sah er sich zum ersten Mal dem Spannungsfeld divergenter politischer Interessen ausgesetzt und muß sich allmählich der ideologischen Funktion seines Berufes und der Wirkungsmöglichkeiten seiner Bilder waren bewußt geworden sein. In dieser Zeit verhielt er sich als ein politisch weitgehend indifferenter Bildberichterstatter. Trotz aller wahrscheinlichen ideologischen Vorbehalte setzte sich in Hoffmanns Berufspraxis auch in den Revolutionsmonaten das Primat der ökonomischen Verwertung durch. Darin entsprach er der Berufspraxis der Berliner Presse- und Postkartenfotografen. So brachte er noch wenige Tage vor dem zu erwartenden Einmarsch der Regierungstruppen Fotopostkarten der ›Roten Armee‹ auf den Markt, was beweist, daß er die sofortige geschäftliche Verwertung seiner Fotografien im Auge hatte.

Ruft man sich ins Gedächtnis, daß vor dem Krieg zahlreiche Atelierfotografen im Vertrieb von Fotopostkarten mit aktuellen Motiven aus dem Stadtgeschehen ein Zusatzgeschäft gefunden hatten, so könnte man vermuten, daß sie nun, nachdem das Kriegsgeschäft zum Erliegen gekommen war, in dieser Sparte nach neuen Verdienstmöglichkeiten Ausschau gehalten hätten. Aber während der Revolutionsmonate wurden diese Fotografen wie auch die bekannteren Stadtdokumentaristen fast ausnahmslos nicht tätig. Zu den Ausnahmen gehörten der Fotograf Michael Greßberger[151], der Eisners Bestattungsfeierlichkeiten fotografierte, oder Georg Pettendorfer. Er dokumentierte die Friedenskundgebung am 7. November 1918. Damit ließ es Pettendorfer, der sich ansonsten auf den Bildbedarf der »kleinen Leute« spezialisiert hatte, bewenden.

Die Zurückhaltung der Berufsfotografen scheint in einer unmittelbaren Beziehung zur fehlenden Nachfrage auf dem Postkartenmarkt zu stehen. Doch ist ihr Verhalten nicht allein ökonomisch zu erklären, denn mit Hoffmanns Bildproduktion sind immerhin zeitweilige Absatzmöglichkeiten be-

legt, die offensichtlich von keinem anderen Fotografen aus-
gelotet wurden. Sie waren zwar insgesamt nicht groß, es gab
jedoch auch durchaus lukrativ verwertbare Ereignisse, wie
die Bestattungsfeierlichkeiten für den ermordeten Ministerpräsidenten Eisner am 26. Februar 1919, die halb München
auf die Beine brachten. Auch an diesem Tag blieben Josef
Paul Böhm, Hans Möller, Friedrich Rehse, Heinrich Roser
oder auch Georg Pettendorfer untätig.[152] Das ist umso erstaunlicher, als Aufnahmen hoher Staatsfeierlichkeiten zum
festen Repertoire der genannten Fotografen gehörten. Es
scheint jedoch, als sei in dieser Situation ihr Privatinteresse
nicht nur an der merkantilen Verwertbarkeit ihrer Bilderware orientiert gewesen. Offenbar wurde die Mehrheit der
Münchener Berufsfotografen während der Revolutionsmonate in ihrem Geschäftssinn von politischen Aversionen
und dem Gefühl einer allgemeinen Unsicherheit beeinträchtigt, das unter den Bürgerlichen weit verbreitet war.

Man mag das Bildangebot der Münchener Berufsfotografen
aus der Zeit nach der Zerschlagung der Räterepublik als Ausdruck ihrer Parteinahme für die Gegenrevolution verstehen.

Franz Grainer, Aufnahme Anfang der Dreißiger Jahre.

Josef Paul Böhm: Selbstporträt 1927.

Gleichwohl mögen sie selbst in ihrer Bildproduktion keinerlei politische Momente gesehen haben. Genauer betrachtet,
liefern ihre berufliche Dienstbarkeit und Aufgeschlossenheit gegenüber den Bildwünschen der gegenrevolutionären
Käuferschicht für sich allein genommen noch kein zwingen-
des Indiz für den Interessenstandpunkt dieser Berufsgruppe
im politischen Kontext.

Dies gilt ebenfalls für Heinrich Hoffmann, auch wenn es ge-

rade in seinem Fall naheliegend scheint, daß der Wandel von
der politischen Zurückhaltung während der Revolutionsmonate zur Unterstützung der publizistischen Strategien der
Gegenrevolution nicht nur auf sein ökonomisches Interesse
zurückging. Da er im Sommer 1919 in die reaktionär-natio-
nalistische ›Einwohnerwehr‹ eintrat, ist jedoch anzunehmen,
daß sich die publizistische Tendenz seiner Bildproduktion in
Übereinstimmung mit dem politischen Standpunkt des
Bürgers Hoffmann befand. Allem Anschein nach hatte sich
Hoffmanns Selbstverständnis als Fotograf gewandelt und er
begann seine Berufspraxis in Verbindung mit seinen eigenen politischen Interessen zu sehen. Aber nach wie vor ging
es ihm in erster Linie ums Geschäft. Diese Maxime wird dadurch belegt, daß er im Mai 1919 ebenfalls an die linkssozialistische Illustrierte ›Freie Welt‹ seine Aufnahmen lieferte.[153]
Eindeutig greifbar wurde Hoffmanns publizistische Parteinahme erst, als er im November 1919 als Verleger und Herausgeber der rechtskonservativen und antisemitischen Bildbroschüre ›Ein Jahr bayrische Revolution im Bilde‹ hervor-
trat.

Ungeachtet verschiedener Tätigkeitsbereiche scheint es
unter den selbständigen Münchener Berufsfotografen eine
bestimmte gemeinsame politisch-ideologische Grundhal-
tung gegeben zu haben.[154] Die Biografien der bedeutende-
ren Münchener Fotografen sind bislang freilich kaum erschlossen und die bisher verfügbaren Quellen geben nur we-

Friedrich Rehse, Aufnahme Dreißiger Jahre.

nige Hinweise auf ihr politisches Bewußtsein und ihr berufliches Selbstverständnis. Das Bekannte deutet jedoch auf eine entschieden rechtskonservative und republikfeindliche Position hin: neben Hoffmann traten auch Friedrich Rehse und Franz Grainer in die ›Einwohnerwehr‹ ein. Josef Paul Böhm gehörte, wie auch sein Berufskollege Hermann Plappert, seit 1919 einem Stammtisch mit Franz Xaver Schwarz, Kassenführer und späterem Schatzmeister der NSDAP, und dem nationalistischen Freikorpsführer Epp an.[155] Eine ganze Reihe von Fotografen trat später der NSDAP bei. Heinrich Hoffmann schon im Jahr 1920, Hans Möller und Hermann Plappert 1931, Julius Einsiedel 1932 und Friedrich Rehse 1937.[156]

Eine Ausnahme scheint der Fotograf und Schriftsteller Philipp Kester zu sein. Er bezog beispielsweise 1919 in dem Zeitschriftenartikel ›Die Negerprobleme in Chicago‹ nicht nur gegen jede Form der Rassendiskriminierung Stellung, sondern offenbarte auch ein Denken, das sich sozialen Kategorien verpflichtet wußte.[157] Merkwürdig erscheint es daher, daß Kester erst nach dem Sieg der Gegenrevolution in München wieder fotografierte. Im Unterschied zu vielen Berufsfotografen trat Kester später auch nicht der NSDAP bei.

Jahrzehntelange Berufspraxis hatte die Fotografen oft in engen Kontakt mit den Spitzen von Staat und Gesellschaft gebracht, deren Repräsentanten sie nicht nur gefühlsmäßig verbunden waren. Als verdienende Teilhaber wurden sie zu Apologeten des Bestehenden. Das erklärt ihren festen Glauben an die Notwendigkeit eines autoritären Staatswesens, das nun, als es zusammengestürzt war, die Berufsfotografen als Mittler tradierter Wertevorstellungen in eine ideologi

sche Identitätskrise stürzte. Kritik am Militarismus und am Obrigkeitsstaat, die lange Zeit unternehmerische Selbständigkeit und gesellschaftliches Ansehen verbürgt hatten, fand bei dieser Gruppe nur geringe Resonanz.

Viele der selbständigen Berufsfotografen entwickelten kein bürgerlich-demokratisches Bewußtsein. In ihrem Denken waren die Enttäuschung über die nicht erreichten Kriegsziele und der Unmut über die allgemein schlechte Wirtschaftslage, die auch den Bildverkauf ins Stocken brachte, fest mit der Gründung der Republik verknüpft. In einem fotografischen Fachblatt wurde der Niedergang dramatisch beschworen: »Der alte Staat, die in Jahrhunderten gewordene Rechtsordnung sank schließlich in den Staub, und jetzt ste

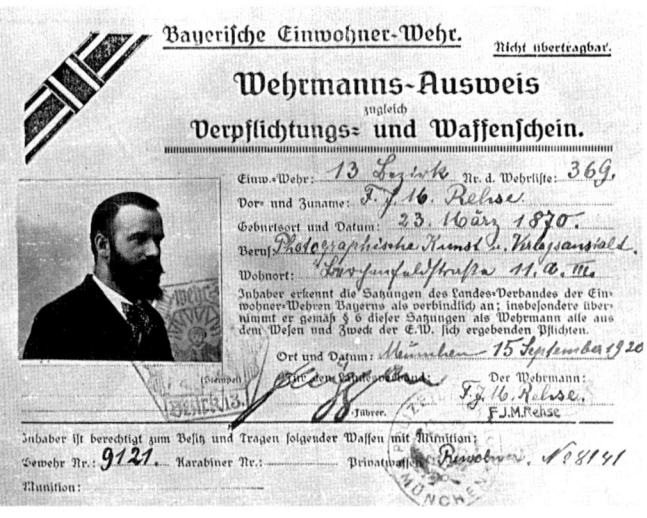

Einwohnerwehr-Ausweis Friedrich Rehses, 1920.

Gautag des ›Verbands der Lithographen, Steindrucker und verwandter Berufe, Mitgliedschaft München, Filiale III, Photographen‹ in München, Ende 1919 (in der unteren Reihe erster von links Franz Xaver Hartl, fünfter von links Oskar Dürr).

hen wir zwischen den Trümmern, die alles unter sich zu begraben scheinen. Das Unvermögen, dem Sturz irgendwo Halt zu gebieten, die Unergründlichkeit des allverschlingenden Abgrundes, der sich immer mehr vor uns auftut, das Gefühl, von allem, vor allen Dingen von uns selbst, verlassen zu sein, lähmt unsere Tatkraft.«[158]

Zudem steigerte die Räteherrschaft unter den bürgerlichen Berufsfotografen die Angst vor einer sozialen Revolution und forcierte bei ihnen, wie allgemein im Bürgertum, einen Rechtsrutsch. Gemeinsam war ihnen der Wunsch nach der Restauration des Herkömmlichen und der Ruf nach einem starken Staat, der ein freies Unternehmertum garantieren und Ansprüche der Arbeiterschaft im Zaum halten sollte. Sie bangten um die erreichte soziale Position und fürchteten, der Proletarisierung anheimzufallen. Die fotografische Fachpresse weckte gezielt Ängste vor einer Sozialisierung, obwohl diese für die Kleinbetriebe nirgendwo zur Forderung erhoben wurde. Kaltschnäuzige Unternehmerideologie, die der blühenden Kriegskonjunktur nachtrauerte, und Unverständnis gegenüber sozialistischen Emanzipationsversuchen kennzeichnet ihre Polemik gegen jene Kräfte, die auf die Umgestaltung von Staat und Gesellschaft drängten: »Industrie und Gewerbe können nicht in dem Sinn verstaatlicht werden oder in dem Sinn Gemeingut der Betriebsamen werden, daß alle gleich an den Früchten derselben beteiligt sind. Reichtümer einiger und Armut anderer ist die notwendige

Grundlage auch der gesittetsten Gesellschaft, denn diese Erscheinungen sind … einfach Ausdruck der Tatsache, daß es immer Stärkere und Schwächere, sittlich Hoch- und Niedrigstehende, Führer und Geführte, geistig Begabte und Unbegabte gegeben hat und geben wird.«[159]

In Wirklichkeit hatten die politischen Ereignisse nach dem Ausbruch der Novemberrevolution keine tiefgreifenden Auswirkungen auf die inneren Verhältnisse der fotografischen Handwerksbetriebe. Obwohl während des Krieges unter der Politik des verordneten Burgfriedens Lohnkämpfe unterbunden waren und die Arbeitsbedingungen katastrophale Züge angenommen hatten, kam es nicht zu nennenswerten sozialen Auseinandersetzungen. Mit der zu Ende gegangenen Kriegskonjunktur waren viele Fotografengehilfen arbeitslos geworden. Gleichzeitig nahm ihre gewerkschaftliche Organisation einen Aufschwung. Die Gehilfen aus den verschiedenen Sparten des fotografischen Gewerbes schlossen sich dem ›Deutschen Senefelder Bund‹ an, dessen fotografische Fachgruppe in München unter dem Vorsitz von Franz Xaver Hartl 170 Mitglieder zählte.[160]

Auch für das fotografische Gewerbe hatte der auf Regierungsbeschluß eingeführte Achtstundentag Geltung. Mit dieser Regelung hatten sich die Unternehmer abgefunden, zumal solche Konzessionen weitergehende Einbrüche in die eigene Interessenlage verhinderten. Die Lohnverhandlungen zwischen der Standesorganisation der selbständigen Be-

Heinrich Hoffmann: Joseph Breitenbach, 1914.

rufsfotografen, dem ›Süddeutschen Photographenverein‹ und dem ›Verband der Lithographen, Steindrucker und verwandter Berufe, Mitgliedschaft München, Filiale III (Photographen)‹ waren Ende April 1919 unbeeindruckt von der politisch zugespitzten Lage und ohne klassenkämpferische Akzente zum Abschluß gekommen.[161]

Ein paar Wochen zuvor, am 10. März 1919, hatte ein Gewerkschaftsvertreter vor der zahlreich erschienenen Münchener Gehilfenschaft referiert: »In einer Versammlung von Kollegen und Kolleginnen wurde einstimmig beschlossen, für die allgemeine Sonntagsruhe einzutreten. Wenn eingewendet wird, daß der Bauer nur Sonntags in die Stadt zum Photographieren kommt, so ist das jetzt anders. Denn jetzt macht auch der Landmann seine Einkäufe in der Stadt an Wochentagen, weil Sonntags alle Geschäfte geschlossen sind. Dann aber kommt er auch Wochentags zum Photographen. In den Gewerkschaften macht sich gegenwärtig das Bestreben geltend, auch den Samstag Nachmittag frei zu haben. In der größten Branche, bei den Metallarbeitern und den Bauarbeitern ist der freie Samstag Nachmittag bereits tariflich festgelegt, andere Berufe werden folgen. Die Photographen aber werden auf den Samstag Nachmittag verzichten müssen, denn für die Sonntagsruhe könne dieses Opfer schon gebracht werden. Das bessere Publikum kommt ohnedies Sonntags nicht zum Photographieren. Es bleibt also nur der Mittelstand und die Arbeiterschaft. Die Angehörigen des Mittelstandes können sich jeden Tag photographieren lassen; die Arbeiter werden in Versammlungen und in der

Presse aufzufordern sein, sich Samstag Nachmittags photographieren zu lassen, wenn nicht anders möglich.«[162]

Die vorgeschlagene Arbeitszeitregelung bedeutete eine bereitwillige Konzession an das unternehmerische Interesse. Dies war nicht nur Ausdruck der konfliktdämpfenden Strategie der Mehrheitssozialisten, denn die besondere Struktur und Organisationsform der Kleinbetriebe förderte ein übergreifendes Gemeinschaftsgefühl, von dem entgegengesetzte Interessen leicht überdeckt wurden. Die besondere soziale Zwischenstellung vieler selbständiger Berufsfotografen als handwerkliche Kleinstunternehmer kann den seltsamen Umstand erklären, daß Julius Einsiedel, Inhaber eines Ateliers und einer fotografischen Bedarfshandlung, als Vorsitzender der noch bestehenden Zwangsinnung im November 1918 im ›Münchener Arbeiterrat‹ Sitz und Stimme bekam. Einsiedel erklärte sich auch vor einer Versammlung von Fotografengehilfen im März 1919 als deren Interessenvertreter – offenbar ohne auf Widerstand zu stoßen.[163]

Die Gehilfen, die in der Mehrzahl der Parteilinie der Mehrheitssozialisten folgten, waren trotz der revolutionären Ereignisse nur in geringem Maße politisiert worden. Vielleicht ist es Ausdruck des allgemeinen Rechtsrucks nach der Niederwerfung der Räteherrschaft, daß die Münchener Gehilfen Anfang Oktober 1919 den Porträtisten der besseren Gesellschaft und langjährigen Vorsitzenden des ›Süddeutschen Photographenvereins‹ Franz Grainer für ein fotografiegeschichtliches Referat mit Beifall bedachten und an seiner Person keinen Anstoß nahmen.[164] Das Referat war sicher unverfänglich. Aber der erklärt rechtskonservative Grainer war immerhin Adjutant im vierten Bezirk der ›Münchener Einwohnerwehr‹, deren Kampf allen Gruppen galt, die nicht nationalistisch gesinnt waren. Zudem soll sich Grainer Anfang Mai 1919 aktiv am Kampf gegen die Soldaten der ›Roten Armee‹ beteiligt haben.[165]

GERMAINE KRULL

Zu den Parteigängern und Sympathisanten der revolutionären Linken 1918 / 19 in München gehörte die Porträtistin Kurt Eisners und später namhafte Kunstfotografin, Germaine Krull. Sie machte damals jedoch keinen Versuch, das fotografische Medium in den Dienst der revolutionären politischen Praxis zu stellen. Weder erschienen ihr die neuen politischen Verhältnisse für dokumentationswürdig, noch machte sie Aufbruchstimmung, revolutionären Elan und Gesellschaftsutopie zum Ausgangspunkt einer stilisierenden, auf Verbildlichung revolutionärer Symbole bedachten Kunstfotografie. Beide divergenten Bereiche ästhetischer Praxis in einer operationalisierten Kunst aufzuheben, wurde Programm der nachrevolutionären Avantgarde unter den Fotografen in Sowjet-Rußland.[166] Alexander Rodčenko wollte mit unbekannten Darstellungsformen die Wahrnehmungsgewohnheiten der Rezipienten erschüttern und ent-

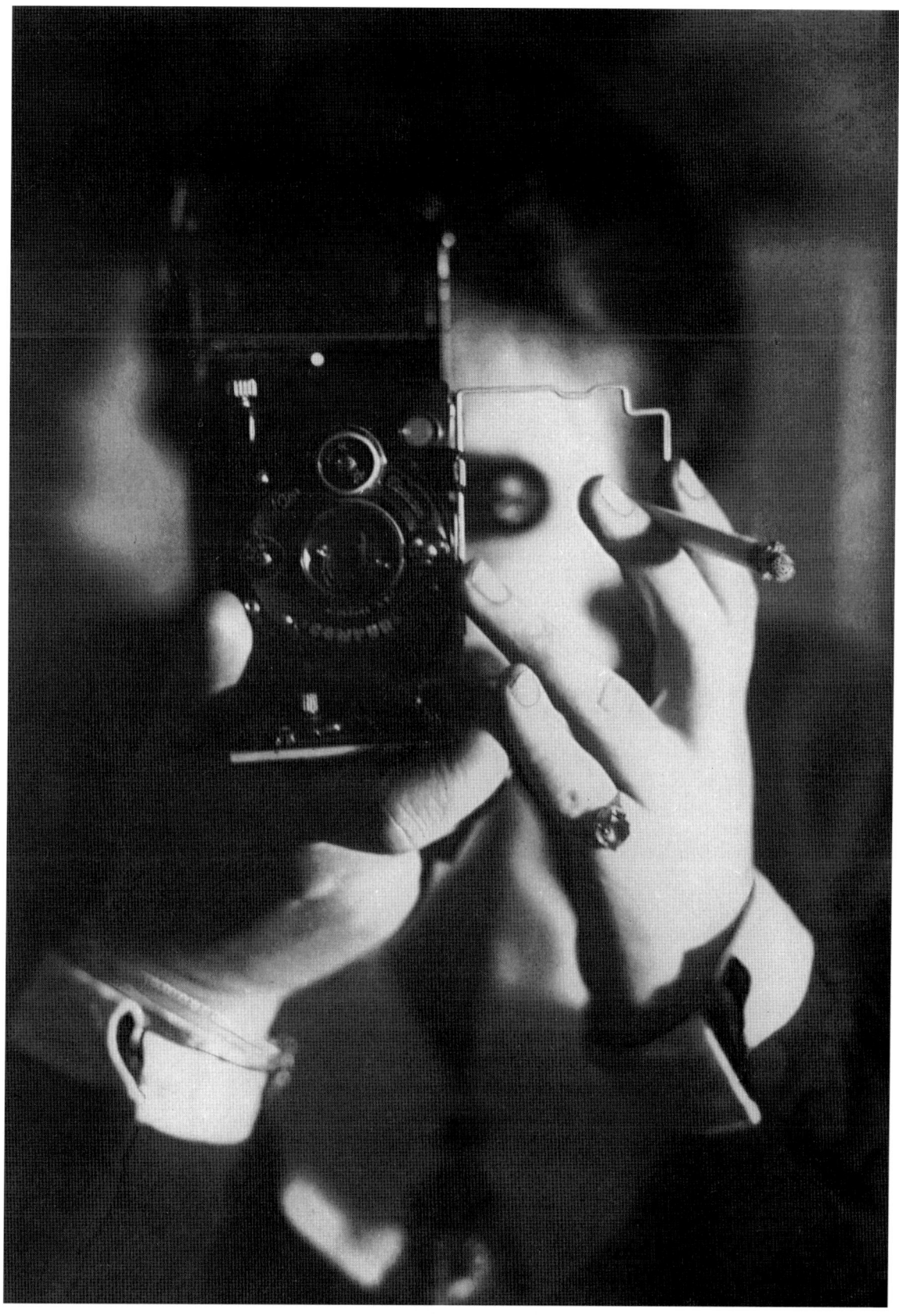

Germaine Krull: Selbstporträt, 1925.

Michael Obergassner: Felix Fechenbach, Aufnahme 1914.

wickelte eine kritische und reflektorische Vermittlungsweise von neuen Bildinhalten. In diesem Zusammenhang stehen Germaine Krulls spätere Fotografien, die sie Mitte der Zwanziger Jahre bekannt machten. Es sind journalistische Arbeiten und Industrieaufnahmen, die dem »Neuen Sehen« nahestehen. 1927 erschien ihr berühmtes Buch ›metal‹.
Bisherige Publikationen klammerten die frühe ästhetische Produktion Germaine Krulls aus und ignorierten ihre politischen Aktivitäten. Sie selbst läßt ihre autobiografischen Aufzeichnungen im Bonner Ausstellungskatalog von 1977 im Jahr 1924 in Paris beginnen, erwähnt spätere Stationen einschließlich ihrer Unterstützung für ›France Libre‹, nicht jedoch ihre Kontakte zur revolutionären Arbeiterbewegung oder ihre Ehe mit dem sozialistischen Filmregisseur Joris Ivens.[167] Germaine Krulls Leben und Tätigkeit im Nachkriegsmünchen zuverlässig darzustellen, ist nicht einfach, da die Unterlagen in Münchener Archiven (Spitzeldossiers, Protokolle von Polizeiverhören inhaftierter Räterepublikaner und Prozeßberichte) problematische Quellen sind und sie selbst bis zu ihrem Tode zu Auskünften nicht bereit war.[168] Wenn man die verschiedenen Fragmente und Aussa-

gen sorgsam zueinander in Beziehung setzt, läßt sich dennoch einiges rekonstruieren. Folgende Skizze zu Germaine Krulls Biografie steht nicht primär im Zeichen der Fotografie. Versucht wird vielmehr, die Verknüpfungen und Verstrickungen einer individuellen Existenz mit den Geschicken der verfolgten revolutionären Opposition nach der Niederwerfung der Räteherrschaft aufzuzeigen.
Die Ingenieurstochter Germaine Krull wurde am 29. November 1897 in Wilda, Kreis Posen in Ostpreußen, geboren. Ihre Kindheit verbrachte sie in Paris. 1912 ließen sich ihre Eltern in München nieder.[169] Im Herbst 1915 schrieb sich Germaine Krull an der ›Lehr- und Versuchanstalt für Photographie‹ in München ein und absolvierte ein umfangreiches Ausbildungsprogramm.[170] Das Institut stand Frauen erst seit 1905 offen und wurde zumeist von Töchtern aus höherem Hause besucht. Zur »Emanzipation« der Fotografinnen trug der Weltkrieg auf seine Weise bei, da sich – bedingt durch den Militärdienst der Männer – den Frauen neue Berufschancen eröffneten. Neben Germaine Krull unterzogen sich im Sommer 1917 weitere zwanzig Frauen, aber nur sechs Männer der Abschlußprüfung an der ›Lehr- und Versuchsanstalt‹.[171] Bald darauf eröffnete Germaine Krull ein eigenes Porträtatelier im Gartenhaus Hohenzollernstraße 5 in Schwabing. 1918 publizierte sie zusammen mit Wanda von Debschitz-Kunowsky, der Frau des Gründers der privaten Reformkunstschule Wilhelm von Debschitz, und dem damals berühmten ungarischen Kunstfotografen Josef Pécsi die Kunstdruckmappe ›Der Akt. Zwanzig photographische Aufnahmen weiblicher Körper nach der Natur‹.[172]
Die teure Aufmachung des Werkes läßt nicht auf Germaine Krulls Bekanntenkreis, geschweige denn auf ihre politischen Kontakte zu Münchener Kriegsgegnern schließen. Organisiert wurde die Kriegsopposition von der Münchener Jugendgruppe der SPD, deren antimilitaristischer Kurs im erklärten Widerspruch zur eigenen Partei stand. Die seit dem Winter 1916/17 regelmäßig veranstalteten und von Kurt Eisner geleiteten Diskussionsabende wurden zum Treffpunkt der politischen Oppositionellen.[173] Hier fanden sich Erich Mühsam, Ernst Toller, Georg Schrimpf und Oskar Maria Graf ein. Wie viele ihrer Altersgenossen war offenbar auch Germaine Krull durch den Krieg politisiert und mit so-

Annonce, ›Der Weg‹, Jg. 1919, Heft 3.

zialistischer Gesellschaftskritik konfrontiert worden. Ihr Jugendfreund Ernst Joske hatte sie in den Kreis um Eisner eingeführt, dem auch die führenden Mitglieder der Münchener Jugendsektion und späteren Mitarbeiter Eisners, der Handlungsgehilfe Felix Fechenbach und der Handelshochschüler Josef Breitenbach angehörten. In dieser oppositionellen Gruppe dürfen wir eine intensive Vermischung von privaten Bekanntschaften und Beziehungen, von politischer Gleichgesinntheit und kulturellen Interessen vermuten. Noch vor seiner Inhaftierung als Organisator des Januarstreiks 1918 porträtierte Germaine Krull Kurt Eisner ein erstes Mal, ein zweites Mal, nachdem er entlassen worden war – kurz vor dem Ausbruch der Novemberrevolution.

In den folgenden Revolutionsmonaten führte Germaine Krull weiterhin ihr Atelier. Eine Annonce in der Kunstzeitschrift ›Der Weg‹ verweist auf ein intellektuelles Publikum.[174] Fotografische Arbeiten aus dieser Zeit sind nicht bekannt – abgesehen von einem Leichenporträt des aufgebahrten Ministerpräsidenten Eisner. Auch über damalige politische Aktivitäten wissen wir nichts Näheres. Genauer informiert sind wir dagegen über die Zeit nach der Niederschlagung der Räteherrschaft. Anfang Mai 1919 versuchte Germaine Krull, den polizeilich gesuchten Repräsentanten der Zweiten Räterepublik Towia Axelrod und Willi Budich zur Flucht nach Österreich zu verhelfen.[175] Axelrod war beglaubigter Vertreter der Sowjetregierung und stellvertretender Volksbeauftragter für Finanzen; Budich gleichfalls Angehöriger des ›Vollzugsrates‹ und KPD-Mitglied. Das Unternehmen endete am 12. Mai 1919 bei Schwaz in Tirol mit der Festnahme der Flüchtlinge. Entgegen den geltenden Bestimmungen und trotz des heftigen Protestes der Festgenommenen, »nach Bayern bringe man sie nicht lebendig, weil sie dort sowieso gelyncht würden«, wurden sie über die Grenze nach Garmisch überstellt.[176]

Axelrod wurde im Juli 1919 vom Standgericht wegen Hochverrates zu 15 Jahren Zuchthaus verurteilt. Die Sowjetregierung reklamierte ihn als Diplomaten. Wenig später wurde er ausgetauscht. Bemerkenswert ist, mit welchen Papieren sich Axelrod in Tirol ausgewiesen hatte. Er gab sich als der Kaufmann Friedrich Pollock aus. Die Papiere hatte wahrscheinlich Germaine Krull beschafft, da sie zum Freundeskreis der beiden Fabrikantensöhne Fritz Pollock und Max Horkheimer gehörte, die damals in München studierten. Die Begründer des ›Institutes für Sozialforschung‹ in Frankfurt schwiegen sich später über ihre damaligen politischen Aktivitäten aus, ihre Mitgliedschaft in der KPD war mehrfach Gegenstand von Spekulationen.[177]

Für Germaine Krulls Parteimitgliedschaft gibt es keine unmittelbaren Belege. Sie selbst hat sie verneint. Die verfügbaren Archivalien sprechen aber eher dafür. In den Vernehmungsprotokollen führender Münchener Kommunisten erscheint sie öfter und wird in Agentenmeldungen genannt. Wer die Frau mit »Tituskopf« und »schwarzem Haar« war, angeblich Russin und Schauspielerin mit dem Spitznamen »Zottel«, die für den kommunistischen Aktionsausschuß geheime Kurierdienste zur Berliner Zentrale besorgen sollte,

Germaine Krull: Friedrich Pollock, Anfang der Zwanziger Jahre.

konnte die Polizei lange nicht in Erfahrung bringen.[178] Germaine Krull war in Garmisch unter ungeklärten Umständen freigekommen, die Polizei fahndete nach ihr und ihrer Mutter. Deren Bilderhandlung diente allem Anschein nach als Anlaufstelle für untergetauchte Mitglieder der KPD – auch für Karl Römer, der im Sommer 1919 vom Zentralkomitee der KPD nach München geschickt wurde.[179] Er sollte die Ortsgruppe wieder aufbauen, die sich nach der Niederwerfung der Räteherrschaft, der Flucht und Verhaftung führender Mitglieder und der Hinrichtung ihres Organisators Eugen Leviné im Zustand der Auflösung befand.[180] Die Verfolgung durch die Militär- und Zivilbehörden während des Belagerungszustandes hatte die Partei in die Illegalität gedrängt und gezwungen, zur konspirativen Tätigkeit überzugehen.

Reichswehr, Polizei und private Spitzelorganisationen hatten die sozialistischen und kommunistischen Gruppierungen in einem kaum vorstellbaren Maße infiltriert. Offenbar war es auch um die Disziplin und die politische Schulung der Parteimitglieder der KPD schlecht bestellt. Dies geht beispielsweise aus einem Brief hervor, den Römer von Hans Kain im August bekam. Kain war Gründungsmitglied der Spartakus-Ortsgruppe in München und als kommunistischer Parteisekretär mit den Münchener Verhältnissen gut vertraut. Er schrieb: »München ist furchtbar arm an wirklich revolutionären Ideen, das kommt daher, weil die einzige Tradition der

Diplomatenausweis von Towia Axelrod, August 1918.

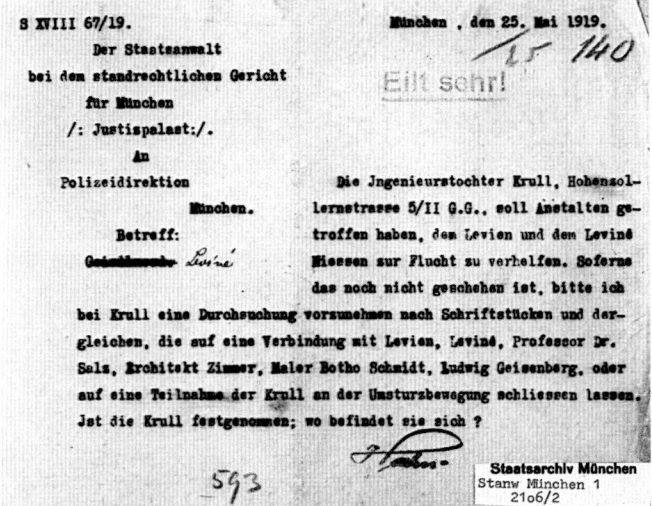

*Schreiben des Staatsanwalts beim Standgericht München,
25. Mai 1919.*

Münchener Proletarier das Fressen und Saufen war, deshalb hat sich bei ihnen das revolutionäre Problem auch nur im Maul konzentriert. Wo anders denken die Menschen, um zu leben, hier haben die Menschen immer nur gelebt, um zu verfaulen ... Vor allem möchte ich Ihnen sagen, gehen Sie nicht an Ihre Arbeit mit der Absicht schneller Erfolge, oder

gar eine Massenpartei schnell aus dem Boden zu stampfen oder um rasch losschlagen zu können. Ich kenne die Münchner Arbeiter, sie glauben, weil das Standrecht aufgehoben ist, gehts gleich wieder zum Sturm. Es fehlt ihnen allen Disziplin und Schule, die eine revolutionäre Partei notwendiger braucht als jede andere.«[181]

Mitentscheidend für den desolaten Zustand der Ortsgruppe war die auch in München herrschende Fraktionierung des deutschen Nachkriegskommunismus, die auf dem zweiten Parteitag der KPD im Oktober 1919 zur Abspaltung der Linkskommunisten führte.[182] Kopf des linkskommunistischen Flügels in der Münchener Ortsgruppe war der junge Berliner Student Samuel Levit. Er stand mit dem Parteisekretär Römer in heftigem Streit.[183] Samuel Levits Braut war Germaine Krull.[184] An seiner Seite wurde sie selbst in die eskalierenden parteiinternen Auseinandersetzungen verwickelt. Noch vor einer Klärung der Situation wurde Römer Anfang Oktober 1919 beim großen Schlag der Polizei gegen die Münchener Kommunisten verhaftet. Bald darauf auch Levit.[185] Bei seiner Festnahme in Germaine Krulls Wohnung wurde auch sie in Gewahrsam genommen. Schon Tage zuvor hatten Spitzel ihr Atelier als Unterschlupf des Vorsitzenden des kommunistischen Aktionsausschusses Siegmund Wiedenmann gemeldet.[186] In den folgenden Polizeiverhören belasteten sich die Inhaftierten gegenseitig.[187] Die Protokolle vermitteln den Eindruck von Genossenverrat und Denunziation, was ein Gradmesser für die innere Zerrüttung der Kommunistischen Partei in München sein mag. Politische Differenzen, persönliche Rivalitäten und bei Germaine Krull der Versuch, den Geliebten zu entlasten, können die Motive gewesen sein.[188]

Ende Februar 1920 wurde Germaine Krull wegen ihrer Fluchthilfe für Axelrod der Prozeß gemacht. Der ›Bayerische Kurier‹ schrieb: »Sie leugnete, gewußt zu haben, daß Axelrod steckbrieflich verfolgt worden ist, und sei des Glaubens gewesen, es habe sich um einen harmlosen Ausflug gehandelt. Da ihr Vorbringen nicht widerlegt werden konnte, mußte sie freigesprochen werden.«[189] Einen Monat nach dem Prozeß wurde Germaine Krull auf Beschluß des Staatskommissars, des berüchtigten Münchener Polizeipräsidenten Pöhner, aus Bayern ausgewiesen.[190]

Teil II
Die Fotografie der Revolutionsmonate

BILDNISSE REPUBLIKANISCHER POLITIKER

Nach dem Sturz des Hauses Wittelsbach übernahmen oppositionelle Politiker, die in der herrschenden Öffentlichkeit bis dato gar nicht oder nur am Rande vertreten waren, führende Positionen in der jungen Republik. An der Spitze des Freistaates Bayern stand Kurt Eisner – ein Sozialist und Jude, der nicht einmal aus Bayern, sondern aus Berlin stammte und im Zusammenhang mit dem Januarstreik 1918 erstmals größeren Bevölkerungskreisen in München bekannt geworden war. In der Presse hatte man ihn noch nicht zu Gesicht bekommen, und auch nach der Ausrufung des Freistaates Bayern zeigten die Münchener Publikationsorgane wenig Neigung, den neuen Ministerpräsidenten mit Porträts vorzustellen. Von der Tagespresse brachte 1918 allein die ›Neue freie Volkszeitung‹[1] Porträtdarstellungen (mit Hilfe des Holzschnittes, dem erprobten Mittel zur Wiedergabe von Porträts auf billigem Zeitungspapier), während ›Das Bayerland‹ bis Januar 1919 wartete und dann Eisners Gegenspieler, Innenminister Erhard Auer, der »sich großer Sympathien ob seiner einsichtigen und maßvollen Haltung« erfreute, bevorzugt vor dem »Führer der Radikalen« präsentierte.[2] Wollte man in den ersten Revolutionswochen Eisner oder seine Kabinettskollegen vor Augen haben, mußte man auf Postkarten oder überregionale Illustrierte zurückgreifen.[3]
Es kennzeichnet die Revolutionszeit, daß Porträts der führenden republikanischen Politiker weder von Seiten der Regierung noch der Münchener Presse zur symbolischen Repräsentanz der neuen politischen Ordnung herangezogen wurden. Allem Anschein nach korrelierte die reservierte Haltung der Presse mit einem geringenInteresse der Kabinettsmitglieder an ihrer fotografischen Publizität. Wie wenig Beachtung sie ihrer Selbstdarstellung schenkten, beleuchtet die Tatsache, daß die in den Revolutionsmonaten publizierten Porträts zum Teil bis zu zehn Jahre alt waren. In diesem Zusammenhang wird auch die Unbekümmertheit gegenüber Resten von monarchischer Herrschaftssymbolik verständlich: am 21. Februar 1919 trat das Parlament unter dem Bildnis König Maximilians II. zu seiner konstituierenden Sitzung zusammen, nachdem hier schon die Räte getagt hatten.[4]
Die geringe Porträtöffentlichkeit der Republikaner in der politischen Umbruchphase markiert einen deutlichen Bruch mit der traditionellen bildlichen Allgegenwart staatlicher Repräsentanz in der Monarchie. Öffentliche Porträts dienten seit langem als Instrument zur Sicherung der politischen Herrschaft und hatten in Abhängigkeit von der historischen Entwicklung der Öffentlichkeit einen Wandel in Form und Funktion erfahren. Das feudale Herrscherbildnis verlangte demütige Ehrfurcht, war nicht auf Einmaligkeit und psychische Eigenheiten, sondern imponierende Repräsentanz des Dargestellten ausgerichtet und besaß keine Porträtähnlichkeit im heutigen Sinne.[5] Mit der Krise der absolutistischen Monarchie ging der Zerfall der repräsentativen Öffentlichkeit einher und somit der des Herrscherporträts feudaler Provenienz, das nach einem Funktionswandel noch einmal

Ludwig III, Öl auf Leinwand, vor 1914.

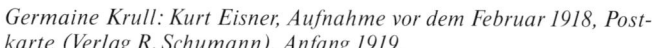

Germaine Krull: Kurt Eisner, Aufnahme vor dem Februar 1918, Postkarte (Verlag R. Schumann), Anfang 1919.

Germaine Krull: Kurt Eisner, Aufnahme vor dem Februar 1918, Postkarte (Photobericht Hoffmann), Ende 1918.

in der konstitutionellen Monarchie als brauchbares Instrument taugte.[6] Im späten 19. Jahrhundert begann aber auch die Entauratisierung und Individualisierung der Selbstdarstellung der monarchischen Würdenträger. Zwar bestanden weiterhin repräsentative Herrscherbildnisse, aber in den Illustrierten erschien der Monarch häufig nicht mehr als entrückter Herrscher, sondern als volkstümlicher Zeitgenosse und lebensnahes Vorbild.

Die fehlende »Menschlichkeit« des Herrscherporträts hatte die Kritik des Bürgertums geweckt, das auf Individualität und Innerlichkeit pochte. Daraus entstand ein Bildnistyp, dem Malerei und Fotografie in vielen Varianten bis in unser Jahrhundert hinein gern und häufig entsprachen.[7] Soweit zu sehen kennzeichnete zumeist nüchterne Sachlichkeit auch die Selbstentwürfe der parlamentarischen Volksvertreter in der konstitutionellen Monarchie, ohne daß sich dabei ein eigener Typus des Parlamentarierbildes herausschälte.[8] In schlichter Form, ohne politische Attribute präsentierten sich gleichfalls die Führer der Arbeiterbewegung.[9] Diese Porträts bildeten, nachdem mit dem Zusammenbruch des Obrigkeitsstaates das höfische Ritual zu Fall gebracht und prunkvolle Formen bürgerlicher Selbstdarstellung desavou-

iert waren, das neue Instrumentarium der Repräsentation des demokratischen Staats. Das Porträt des durch den Willen des Volkes legitimierten Staatsmannes gibt nur selten Hinweise auf seine gesellschaftliche Rolle, tritt er doch in der Regel als Privatperson in Erscheinung, schmucklos und ohne Attribute.[10] Er erscheint dabei in zweierlei Weise, einerseits als Individuum, zum anderen als Repräsentant eines Allgemeinen, das er personifiziert, und wird hierdurch zum Symbol. Die öffentliche Zurschaustellung mit Hilfe der massenhaften Porträtverbreitung symbolisiert die Vorrangstellung seiner Person und vergegenwärtigt Macht- und Geltungsansprüche des Staates.[11]

Da 1918/19 die neuen Machthaber einer werbenden Öffentlichkeitspolitik wenig Aufmerksamkeit schenkten, blieb die Vermittlung ihrer Porträts mehr oder weniger Sache des nach merkantilen Gesichtspunkten handelnden Pressefotografen Heinrich Hoffmann, der schon am 10. November 1918 in einem Schreiben an den ›Arbeiter- und Soldatenrat‹ den Republikanern seine Dienste offerierte: »Die Proklamation der Republik Bayern und die Neugestaltung des Ministeriums veranlaßt mich, an Sie die Anfrage zu richten, ob mir nicht Gelegenheit gegeben werden könnte, von dem Ge-

Germaine Krull: Kurt Eisner, Aufnahme vor Februar 1918.

FÜR FREIHEIT UND RECHT

KURT EISNER, Bayerischer Ministerpräsident

Germaine Krull: Kurt Eisner, Oktober / November 1918, Postkarte (Verlag Ludwig Welsch), Anfang 1919.

samtministerium sowie von Ihnen eine photographische Aufnahme zum Zweck der Publikation in der illustrierten Presse des In- und Auslandes herzustellen. Die Aufnahmen könnten an jedem von Ihnen zu bestimmenden Orte in Kürze angefertigt werden. Im Hinblick, daß die illustrierte Presse sich den Umwälzungen anpassen muß, und das Volk begreiflicherweise Weise die führenden Männer unserer Republik auch im Bilde kennen lernen will, wäre ich für freundliche Mitteilung dankbar, ob Sie über wenige Minuten Ihrer kostbaren Zeit für den obengenannten Zweck verfügen könnten.«[12]

Bei den Regierungsgremien stieß Hoffmann mit seinem Vermittlungsangebot offenbar auf keine Resonanz, konnte aber einzelne Kabinettsmitglieder für Porträtsitzungen gewinnen. Von einigen besaß er bereits Bildnisse oder übernahm Porträts anderer Fotografen für seinen Pressebild- und Postkartenvertrieb: die Kurt Eisners von Germaine Krull, Erhard Auers von der Fotografin Walburga Umenhof und Albert Roßhaupters von Adalbert Werner.[13] War auch der Ehrgeiz eines tüchtigen Pressefotografen darauf gerichtet, die Prominenz selbst zu fotografieren, besaß doch die eigene Urheberschaft fürs Pressegeschäft untergeordnete Be-

deutung. Auf den Pressebildern und Fotopostkarten vermerkte Hoffmann den Urheber des Porträts neben seiner Agentur, was er bei späteren Ausgaben unterließ. Ansonsten wird in der Bildbeschriftung neben dem Namen des Politikers nur kurz seine offizielle Funktion genannt.

Die Porträts der Regierungspolitiker in Hoffmanns Bildangebot - zumeist Brustbilder und Dreiviertelansichten – entsprachen herkömmlichen Vorstellungen, stellen gesetzte und souveräne Persönlichkeiten vor, förmlich und korrekt, so wie sich auch ihre bürgerlichen Kollegen präsentierten. Im Vergleich zu Eisners differenzierter fotografischer Selbstdarstellung muten die Porträts der altgedienten mehrheitssozialistischen Arbeiterführer wie routinierte Pflichtübungen an.

Von Kurt Eisner kennen wir vier Porträts, die alle von Germaine Krull stammen. Da zwischen beiden freundschaftliche Beziehungen bestanden, ist anzunehmen, daß den Aufnahmen nähere Absprachen vorausgingen und Eisner selbst Einfluß auf die Gestaltung nahm. Zu welchem Zweck die verschiedenen Porträts aufgenommen wurden, wissen wir nicht. Das erste zusammengehörige Bildnispaar muß bei einer Porträtsitzung vor dem 1. Februar 1918 in Eisners Domizil, einem besseren Gartenhaus in Großhadern, entstanden sein – jedenfalls bevor Eisner wegen seiner Streikaktivitäten inhaftiert wurde. Er trägt kurzes Haar und einen Spitzbart, erscheint das eine Mal mit strengem Blick dem Betrachter zugewandt, das andere Mal in Denkerpose nach innen gekehrt. Der stimmungsvolle Bildentwurf stellt das Porträt in die Tradition der Kunstfotografie. Diese internationale fotografische Bewegung um 1900 opponierte gegen die »geschmacklose Massenware« der kommerziellen Ateliers und pochte auf Individualität und Innerlichkeit; zu ihren Stilmitteln gehörten malerische Effekte und die Vorliebe für häusliche Atmosphäre.[14]

Die beiden anderen Porträts wurden Ende Oktober/Anfang November 1918 aufgenommen, nachdem Eisner am 14. Ok-

Thomas Th. Heine, ›Simplicissimus‹, 23. Jg., Nr. 46, 11. Februar 1919.

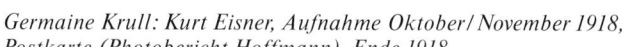

Germaine Krull: Kurt Eisner, Aufnahme Oktober/November 1918, Postkarte (Photobericht Hoffmann), Ende 1918.

Germaine Krull: Kurt Eisner, Aufnahme Oktober/November 1918, Postkarte mit Trauerrand (Photobericht Hoffmann), Februar 1919.

tober auf Entscheidung des Reichsgerichts aus der Haft entlassen worden war und zeigen ihn mit Vollbart und langen Haupthaaren, die er sich während der Inhaftierung aus Protest gegen die wilhelminische Kriegspolitik hatte wachsen lassen. [15] Die Bildnisse dieser Porträtsitzung entwerfen sehr konträre Persönlichkeitsbilder. Orientiert sich die Dreiviertelansicht an einer tradierten Würdeform und zeigt Eisner in einem Lehnstuhl sitzend, ist die andere Aufnahme, ein knapper Brustausschnitt, auf Intimität angelegt und konzentriert sich ganz auf den Gesichtsausdruck in der Tradition von Künstlerporträts. Aus dem düsteren Hintergrund tritt das Gesicht eines älteren Mannes mit grauem Vollbart und kahler Stirn hervor, der den Betrachter mit gutmütigem, fast melancholischem Blick anvisiert. Seine Körperlichkeit wird im impressionistisch arrangierten Licht- und Schattenspiel aufgehoben, Haare und Bart sind vom schräg einfallenden Oberlicht durchwoben.

Alle Eisner-Porträts kursierten 1918/19 in München und wurden von mehreren Verlegern in verschiedenster Form angeboten. Ein »offizielles« Bildnis gab es nicht. Die sozialistischen Verleger favorisierten kein bestimmtes Porträt und maßen keinem eine besondere politisch-programmatische

Bedeutung bei. In Form handabgezogener Fotopostkarten hatte zuerst Hoffmann zwei Porträts herausgebracht. Gedruckte Bildpostkarten wurden bezeichnenderweise vielfach erst nach Eisners Ermordung in Massenauflagen hergestellt. Der Verleger Ludwig Welsch vertrieb Eisners würdevolles Bildnis als Buchdruckkarte, ein weiterer, den Sozialisten nahestehender Verleger, Reinhard Schumann, vervielfältigte beide frühen Porträts im Lichtdruckverfahren und schließlich legte der linkssozialistische ›Hubertus-Verlag‹ das unkonventionelle Bildnis als Lichtdruck im Format 30 x 40 cm auf und ließ es von zahlreichen Vertriebsstellen, u.a. auch vom ›Photobericht Hoffmann‹ verbreiten. [16]

Als im November 1918 nacheinander die ersten Porträtkarten erschienen, kam es bei manchen Zeitgenossen zu Fehlurteilen über Eisners gegenwärtiges Aussehen. So notierte Josef Hofmiller am 17. November 1918 in sein Tagebuch: »Eine Postkarte mit dem Bilde von Eisner wird überall um 20 Pfennig feilgeboten und in Mengen verkauft. Er hat sich die Haare schneiden lassen, auch den Bart, Kreuzung zwischen Marx und Bethmann. Auch ich habe mir eine gekauft, um sie nach P. zu schicken, damit die Bauern sehen, wie der rote Regent ausschaut.« [17] Hofmiller täuschte sich, da er von

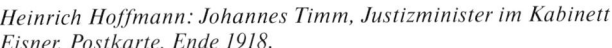

Heinrich Hoffmann: Johannes Timm, Justizminister im Kabinett Eisner, Postkarte, Ende 1918.

Heinrich Hoffmann: Edgar Jaffé, Finanzminister im Kabinett Eisner und Segitz, Postkarte, Ende 1918.

der Reihenfolge, in der die verschiedenen Porträts zum Verkauf kamen, auf ihren Entstehungszeitpunkt schloß. Wie ein Vergleich mit den überlieferten Ereignisaufnahmen dieser Zeit zeigt, trug Eisner bis zu seinem Tod den gleichen Vollbart. Auch andere Passagen zeitgenössischer Autoren belegen Einflüsse der Porträts auf ihre Vorstellungen von Eisner. Oft trat dabei die medial vermittelte Anschauung an die Stelle der eigenen Erfahrung, ohne daß man sich dies auch immer eingestand.

Größte Verbreitung, insbesondere in den Illustrierten, fand Eisners unkonventionelles, auch als »Prophetenbild« apostrophiertes Porträt, und wurde alsbald zu seinem Standardbildnis. Es diente Karikaturisten als Vorlage und stand wahrscheinlich häufig Pate, wenn sich Zeitgenossen abfällig über sein Aussehen äußerten.[18] Sie mochten in ihm einen Schriftsteller, Künstler oder Philosophen, »eine kurios zum internationalen Staatsmann verwandelte Schwabinger Gestalt«[19] (Karl Alexander von Müller) sehen, kaum aber den Typus des Parlamentariers oder Staatsmannes.[20] Dieses Porträt verstärkte bestehende Irritationen. Er selbst sah sich in diesem Porträt vermutlich treffend dargestellt, verstand er sich doch durchaus als politisch handelnder Künstler und Schriftsteller. In einer Rede am 3. Januar 1919 vor dem ›Provi-

sorischen Nationalrat‹ erläuterte er sein Kunst- und Politikverständnis: ». . . Regieren ist genauso eine Kunst, Politik treiben ist genauso eine Kunst wie Bildermalen oder Streichquartette komponieren. Der Gegenstand dieser politischen Kunst, der Stoff, an dem diese politische Kunst sich bewähren soll, ist die Gesellschaft, der Staat, die Menschen. Deshalb möchte ich glauben, daß ein wirklicher Staatsmann, eine wirkliche Regierung zu niemand ein stärkeres inneres Verhältnis haben sollte als zu den Künstlern, seinen Berufsgenossen. Ich bin mir darüber nicht im mindesten im Zweifel, ein deutscher Staatsmann, der im Verdacht steht, ein Gedicht machen zu können, ist hinreichend verdächtig, von Politik keine Ahnung zu haben.«[21]

Es ist auffallend, mit welch großer Aufmerksamkeit konser-

Abbildungen nächste Seite. Obere Reihe (von links nach rechts): Walburga Umenhof: Erhard Auer, Innenminister im Kabinett Eisner, Postkarte (Photobericht Hoffmann), Ende 1918. Heinrich Hoffmann: Johannes Hoffmann, Kultusminister im Kabinett Eisner, Postkarte, Ende 1918. Untere Reihe: Heinrich Hoffmann: Franz Schmitt, Präsident des Provisorischen Nationalrates, Postkarte, Ende 1918. Adalbert Werner: Albert Roßhaupter, Minister für militärische Angelegenheiten im Kabinett Eisner, Postkarte (Photobericht Hoffmann), Ende 1918.

E. Auer
Minister d. Innern

Phot. W. Umenhof

Verlag: Photo-Bericht
Hoffmann
München - Schellingstr. 50

Rosshaupter

KULTUSMINISTER HOFFMANN

FRANZ SCHMITT.

Rosshaupter
Minister für militär. Angelegenheiten

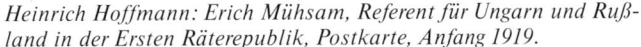

*Heinrich Hoffmann: Erich Mühsam, Referent für Ungarn und Ruß-
land in der Ersten Räterepublik, Postkarte, Anfang 1919.*

*Heinrich Hoffmann: Otto Neurath, Leiter des Zentral-Wirtschafts-
amtes, Aufnahme Anfang 1919.*

vative Zeitgenossen in ihren Aufzeichnungen immer wieder
auf das Erscheinungsbild des Ministerpräsidenten rekurrier-
ten. Sie projizierten ihre Empörung über die politische Entwicklung seit der Weltkriegsniederlage mit Vorliebe auf sein
unbürgerliches Aussehen und sahen darin ihre Verdikte bestätigt. Eisners Kennzeichnung als »sonderbarer Prophet in
seinem struppigen Aufzug«[22] wurde zur ideologisch besetzten Stereotype der zeitgenössischen Presse. Die Kritik an
seinem angeblich würdelosen Auftreten durchzieht wie ein
roter Faden damalige Erinnerungsschriften. Mit der negativen Kennzeichnung Eisners durch zeitgenössische Historiker – »der Vertreter des internationalen Judentums mit seinem ›internationalen Getue‹ war alles andere als ein
deutscher Staatsmann«, wie der Münchner Historiker Michael Doeberl 1920 schrieb[23] – ging in den illustrierten
Rückblicken eine abwertende visuelle Stereotypenbildung
einher. Dies geschah durch die fortwährend wiederholte Abbildung des »Prophetenbildes«. Es eignete sich am besten
als Material für die Assoziationen vom schmuddeligen Juden, Bohemien und politischen Dilettanten.[24]
Bis zu Eisners Ermordung konnte sich die Porträtproduk-
tion eines Bildberichterstatters problemlos an den Mitglie-

dern des amtierenden Kabinetts bzw. an den Abgeordneten
orientieren. Nachdem aber kollektive Rätegremien ohne klare Hierarchien bestimmend wurden und es dann keine Regierungsgewalt mehr gab, die widerspruchslos die volle Autorität für sich beanspruchen konnte, brachte dies wohl auch
für Hoffmanns Berufspraxis Schwierigkeiten mit sich. Nach
welchen Gesichtspunkten er nun seine Porträtfotografie aus-
richtete, wen er wann porträtierte bzw. wann er wessen Bilder
verbreitete, ist heute nicht mehr genau auszumachen. Hofmiller jedenfalls kaufte am 21. März 1919 Hoffmanns Fotopostkarten: »Heute die Ansichtskarten von Landauer und Mühsam gekauft, das Stück 30 Pfennig. Eisner war billiger. Es ist
wie bei den sibyllinischen Büchern.«[25]
Offenbar erleichterte Hoffmann die Bekanntheit von man-

*Abbildungen nächste Seite. Obere Reihe (von links nach rechts):
Heinrich Hoffmann: Eduard Schmid, Landtagsabgeordneter der
SPD, von 1919 bis 1924 1. Bürgermeister von München, Aufnahme
Ende 1918. Heinrich Hoffmann: Georg Heim, Landtagabgeordneter
der ›Bayerischen Volkspartei‹, Ende 1918. Untere Reihe: Heinrich
Hoffmann: Theodor Dirr, 2. Vorsitzender des ›Bayerischen Bauernbundes‹, Aufnahme Ende 1918. Heinrich Hoffmann: Karl Gandorfer, Führer des ›Bayerischen Bauernbundes‹, Aufnahme Ende
1918.*

Heinrich Hoffmann: Gustav Landauer auf dem Weg in den Landtag, April 1919.

chen politischen Exponenten, wie Gustav Landauer, Erich Mühsam, Ernst Niekisch und Otto Neurath die Auswahl, und kamen ihm anderseits bei der Kontaktaufnahme mit den Aktivisten der Rätebewegung, die in einzelnen Fällen der Literatenszene angehörten, seine Erfahrungen zugute, die er in der Vorkriegszeit im Schwabinger Künstlermilieu gesammelt hatte. Die Porträts der erwähnten Politiker verraten seine Fähigkeit, sich auf Personen verschiedenster Couleur einzulassen und sie überzeugend bei ihren Selbstentwürfen zu unterstützen. Diese Resultate solider Lichtbildnerei fallen durchweg zum Vorteil der Porträtierten aus. Seitens der Dargestellten Momente einer ästhetischen Opposition gegen eingefahrene Bildkonventionen zu vermuten, ist wohl kaum angängig. Sie taten ihrerseits alles, um sich als bedeutungsvolle Individuen zu präsentieren. Dabei sticht Landauers pathetische Selbststilisierung hervor, die dank intensiver Abstimmung mit dem Fotografen so beeindruckend ausfiel.[26] Streng en face, vor dunklem Hintergrund, besitzt Landauers Bildnis einen eindeutigen Verweis auf die Ikonografie der Christusdarstellungen, was denn auch Stefan Großmann zu der Bemerkung veranlaßte, daß es sich »ja nur durch den Kneifer und die Masche... vom Kollegen Christus unterscheidet.«[27]

Zum anderen paßte Hoffmann die neuen politischen Reprä-

sentanten auf der Straße für Schnappschüsse ab. Ihre Aufnahmen gehören in die Reihe der für die Illustriertenpresse der Vorkriegszeit und dann vor allem der Zwanziger Jahre typischen Parlamentarierbilder. Er fotografierte Fritz Schröder, Mitglied der USPD und des ›Landessoldatenrates‹ und Vizepräsident des ›Provisorischen Nationalrates‹, oder Albert Florath, gleichfalls USPD-Mitglied, Reichstagskandidat und Schauspieler von Beruf, der vor der Kamera nur grimassieren wollte, während Gustav Landauer auf der Straße nicht willens war, sich auf ihn einzulassen und demonstrativ die Mappe vors Gesicht hielt, wohl mehr zum Scherz als aus Medienscheu.

Zur gleichen Zeit muß Hoffmann sich auch um Gruppenbilder der Rätegremien bemüht haben, nachdem er bereits im November – wie aus dem eingangs zitierten Schreiben ersichtlich – vorstellig geworden war. Merkwürdigerweise zeigten sich jedoch die Münchener Räte nicht interessiert an einer gemeinsamen Selbstdarstellung, mit der sich im Winter 1918/19 vielerorts im Deutschen Reich die Räte den Fotografen stellten.[28] So existieren weder Gruppenaufnahmen vom ›Zentralrat‹, der nach Eisners Ermordung die Regierungsgewalt ausübte, noch von dem höchsten Organ der Ersten Räterepublik, dem ›Revolutionären Zentralrat‹. Allein die Mitglieder des ›Vollzugsausschusses der Arbeiter- und

Heinrich Hoffmann: Gustav Landauer, Volksbeauftragter für Volksaufklärung in der Ersten Räterepublik, Aufnahme Frühjahr 1919.

Heinrich Hoffmann: Mitglieder des ›Vollzugsrates der Arbeiter-und Soldatenräte‹ (von links nach rechts): Herrmann Eisenhut, Heinrich Süß, Georg Kandlbinder, Ernst Niekisch, Joseph Feinhals, Carl Kröpelin, Steinmetz, Reuter, Anfang 1919.

Soldatenräte‹ posierten für eine Gruppenaufnahme und präsentierten sich als angestrengt arbeitende Sitzungsteilnehmer. [29] Dieses Bildnis bietet neben dem Doppelporträt, das Hartl von Polizeipräsident Staimer und Stadtkommandant Dürr wohl noch 1918 aufnahm, einen der wenigen Hinweise auf den Arbeitsalltag der neuen politischen Repräsentanten. Veröffentlicht wurde die Aufnahme des Vollzugsausschusses im Frühjahr 1919 in keiner Illustrierten mehr, paßte doch der Anblick der biederen Sitzungsteilnehmer nicht zum inzwischen allenthalben negativ gezeichneten Klischee der Räte. [30] Als Exponenten der aktuellen Münchener Politik stellten die Aprilhefte der deutschen Illustrierten Mühsam, Landauer, Niekisch und Neurath mit Porträts vor und betitelten sie als »Die geistigen Führer der Münchner Kommunisten« [31], obgleich diese keine KPD-Mitglieder waren und zum Teil in Opposition zu ihr standen.

Die kommunistischen Politiker und Mitglieder der Zweiten Räteregierung waren – abgesehen von einer frühen Aufnahme Max Leviens – in der zweiten Aprilhälfte bildlich überhaupt nicht präsent. Auch sind von ihnen keine Porträts aus dieser Zeit bekannt. Falls sich Hoffmann im April um eine Porträtsitzung tatsächlich bemüht haben sollte, wird er mit seinen Wünschen wahrscheinlich auf wenig Gegenliebe ge-

stoßen sein. Denn die Mitglieder der Zweiten Räteregierung hatten – wenn wir die an Quellenmaterial insgesamt arme historische Sachlage richtig erfaßt haben – auch kein Interesse an einer Porträtpräsentation und verweigerten sich der bürgerlichen Öffentlichkeit. Diese Haltung entbehrte nicht einer gewissen realistischen Einschätzung, denn es hatte sich ja gezeigt, daß revolutionäre Politik von der zeitgenössischen Bildpublizistik keine Unterstützung erwarten konnte. Wozu also Presseaufnahmen, wenn damit ohnehin nur gegen das eigene Interesse agitiert wurde?

Gegen die fotografische Publizität sprach angesichts der in der zweiten Aprilhälfte politisch äußerst zugespitzten Situation freilich noch ein triftigerer Grund. Zumindest die führenden Köpfe der Räterepublik waren sich wohl darüber im Klaren, daß sie nach ihrer wahrscheinlich bevorstehenden Niederlage in den Untergrund gehen mußten und dann die Porträts gegen sie als kriminalistisches Fahndungsmittel eingesetzt werden konnten. Ihr Verhältnis zur Porträtfotografie konnte allenfalls subversiv sein – im Sinn einer Verschleierung der eigenen Identität –, was denn auch manche Räterepublikaner versuchten. Tatsächlich wurden die Räterepublikaner nach dem Sieg der Gegenrevolution von der instrumentellen Gewalt der Porträtfotografie eingeholt: nicht

Heinrich Hoffmann: Fritz Schröder, 2. Vorsitzender des ›Landes-soldatenrates‹ und Vizepräsident des ›Provisorischen National-rates‹, Anfang 1919.

Heinrich Hoffmann: Albert Florath, Schauspieler und USPD-Reichstagskandidat, Anfang 1919.

Heinrich Hoffmann: Albert Florath und Fritz Schröder, Anfang 1919.

nur durch Porträts, die zur Fahndung herangezogen wurden, sondern auch durch die publizistische Diffamierung mit neu angefertigten Polizeiaufnahmen.

Aus dieser Situation erwuchs ein Interessenswiderspruch zwischen dem erwerbsmäßig denkenden Pressefotografen und den von polizeilicher Verfolgung bedrohten Räterepu-blikanern. Dieser Widerspruch bildet wahrscheinlich den realistischen Kern einer ansonsten reichlich fiktiven Erzäh-lung, die Hoffmann 1954 in einer Illustrierten zum besten gab: »Ein Mann fehlte mir noch in meiner Bildersammlung aus jenen Tagen, der rote Stadtkommandant von München, Egelhofer. Alle anderen, wie Lindner, Mühsam, Landauer, Toller, Leviné, hatte ich schon photographiert. Ich suchte das Polizeipräsidium in der Ettstraße auf, wo Egelhofer residier-te. Tatsächlich konnte ich bis zu seinem Zimmer vordringen. Dort trat er mir in der Tür entgegen und sagte in seiner ur-münchnerischen Art: ›... So, jetzt photographierst mi‹, ... und fügte drohend hinzu: ›Aber wenn einer dös Bild sieht, wirst daschoss'n!‹ Man konnte ihm aufs Wort glauben. Egel-hofer setzte eine Brille auf und schärfte mir nach der Auf-nahme noch einmal ein, das Bild ja niemanden zu zeigen. Er selbst wollte einige Abzüge in Paßbildgröße haben... Weni-ge Wochen später, als die Räterepublik zusammenbrach, wurde Egelhofer in der Residenzstraße erschossen. Er trug einen Paß auf einen falschen Namen bei sich. Das Paßbild

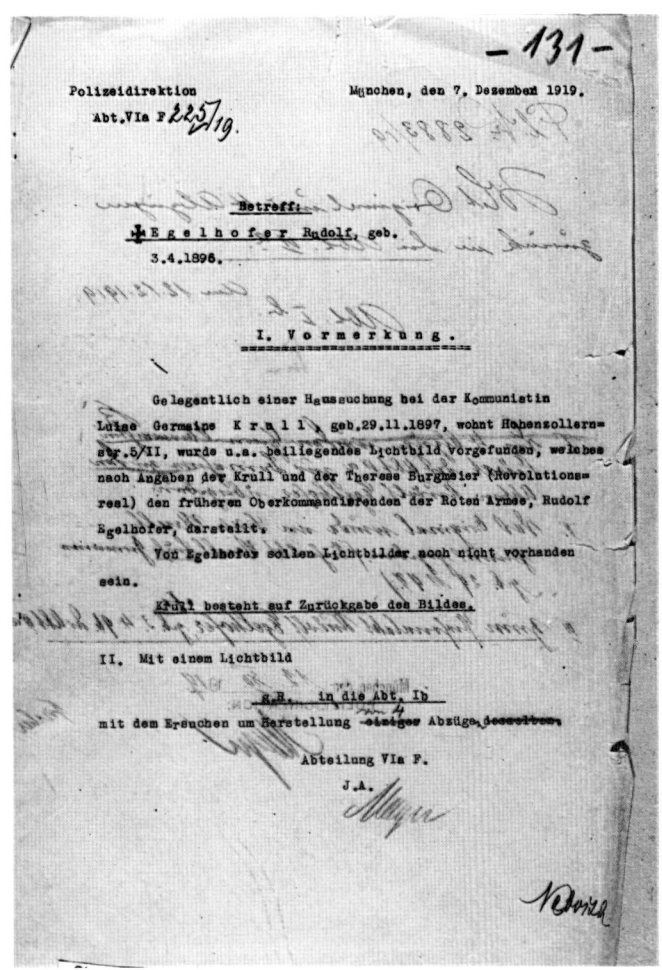

Schreiben der Polizeidirektion München vom 7. Dezember 1919.

Rudolf Egelhofer, während der Zweiten Räterepublik Stadtkommandant von München und Oberkommandierender der ›Roten Armee‹, Aufnahme Erster Weltkrieg.

war meine Aufnahme: Egelhofer mit Brille. Er hat sonst nie eine getragen.«[32]

Gegen die Schilderung der dramatischen Begegnung mit Rudolf Egelhofer sprechen die verfügbaren Quellen. Ihre ideologische Notwendigkeit erklärt sich aus Hoffmanns persönlicher Rechtfertigungsnot nach 1945. Bei den reklamierten Porträts von Lindner, Toller und Leviné handelt es sich

nachweislich um Polizeiaufnahmen. Auch ist in den einschlägigen Polizeiakten nichts von einem falschem Paßfoto Egelhofers vermerkt und ein solches Foto wurde später nirgendwo veröffentlicht.[33] Das einzig bekannte Porträt Egelhofers ist ein Soldatenbildnis, das offenbar erst im Dezember 1919 bei einer Hausdurchsuchung bei Germaine Krull von der Polizei gefunden wurde.[34]

FRIEDENSKUNDGEBUNG AM 7. NOVEMBER 1918.
REPUBLIKANISCHE SOLDATEN

Auch in München machte sich nach vier entbehrungsreichen und leidvollen Kriegsjahren die Friedenssehnsucht der Bevölkerung im Herbst 1918 auf zahlreichen Versammlungen und Demonstrationen immer stärker bemerkbar. Am Nachmittag des 7. November 1918 versammelten sich nach einem Aufruf der beiden sozialistischen Parteien Münchens auf der Theresienwiese annähernd 100 000 Menschen und forderten vor allem den Rücktritt des Kaisers, augenblicklichen Waffenstillstand und eine weitgehende Demokratisierung der Verfassung.[35] Der Historiker Karl Alexander von Müller schilderte den Auftakt der Kundgebung: ». . . am westlichen Wiesenhang, vom alten Schützenhaus bis zur Ruhmeshalle hinüber, standen . . . dunkle Menschenhaufen, wie einzelne Bienenschwärme, um rote Sowjetfahnen geschart . . . Näherkommend vernahm ich bald die gellenden Stimmen der Redner, die auf Tischen und Stühlen in jedem solchen Stoßtrupp schrien, und sah unter diesen, neben vielen Soldaten, die ungewohnten Uniformen von Matrosen – wie Sturmvögel der Revolution schienen sie damals über Nacht ganz Deutschland zu überfliegen. Inzwischen rückten pünktlich und nach der Schnur wie auf dem Kasernenhof, die ersten Züge der Mehrheitssozialisten auf die zugewiesenen Plätze heran. Aber ihr Aufmarsch wurde verwirrt. Die vordersten Abteilungen, die in die Nähe des Hanges kamen, wurden unaufhaltsam von den Eisnerschen Rednern angezogen. Man sah die Ordner vergeblich hin und her eilen; Erhard Auer, der versuchen wollte, die strömende Menge aufzuhalten, mußte den Versuch aufgeben; bald war der ganze Hang von ungeordnet wimmelnden Massen erfüllt.«[36]
Nach dem Willen des mehrheitssozialistischen Parteiführers Erhard Auer sollte die Veranstaltung »friedlich« enden. Ihr weiterer Verlauf zeigte jedoch, daß sich ein Teil der Versammelten mit bloßen Resolutionen nicht zufrieden geben wollte. Unter der Führung des Unabhängigen Sozialisten Kurt Eisner und des Bauernführers Ludwig Gandorfer zogen die zur revolutionären Tat entschlossenen Demonstranten zu den Kasernen, erstürmten sie, wobei viele Soldaten zu ihnen überliefen, und besetzten nach der Konstitution eines ›Arbeiter- und Soldatenrates‹ im Mathäserbräu die Regierungsgebäude, ohne auf nennenswerten Widerstand zu stoßen. Dies war der Auftakt zu einer Entwicklung, die noch in der

Postkarte, Lithografie, November 1918.

gleichen Nacht zum Sturz der Monarchie und zur Proklamation des ›Freien Volksstaates Bayern‹ führte.
Zwei Münchener Fotografen waren Augenzeugen der Demonstration und fotografierten die Versammlung auf dem Gelände unterhalb der Bavaria.[37] Sie blieben jedoch auf diese Ansicht der Ereignisse fixiert. Die namentlich bekannten Fotografen dieses Tages – Franz Xaver Hartl und Georg Pettendorfer – repräsentieren in politischer und berufssoziologischer Hinsicht sehr verschiedene Münchener Fotografenpersönlichkeiten. Hartl – angestellter Fotograf im ›Kaufhaus Hermann Tietz‹, Mitglied der mehrheitssozialistischen Partei und aktiver Gewerkschaftler – fotografierte das Geschehen vermutlich als Teilnehmer der Demonstration zur Erinnerung an Ereignisse der Parteigeschichte. Hingegen wird

Franz Xaver Hartl: Friedenskundgebung der sozialistischen Parteien Münchens am Nachmittag des 7. November 1918 auf der Theresienwiese,
Postkarte.

der in vielen Sparten tätige konservative »Stadtfotograf« Pettendorfer in der Kundgebung vorrangig Motive für sein Postkartengeschäft gesucht haben.

Differente Dokumentationsabsichten und ideologische Positionen schlugen sich jedoch nicht in unterschiedlichen Darstellungsformen nieder. Aus fast gleicher Kameraposition wählten beide Fotografen die distanzierte Totale zum Demonstrationsort und traten nur so nahe an das Geschehen heran, daß Ruhmeshalle und Bavaria möglichst unbeschnitten die Bildmitte einnahmen. Dadurch kommt auf den Aufnahmen das Denkmal in seiner architektonischen Signifikanz als Symbol monarchisch-bayerischer Kultur besonders zum Tragen, während die Menge der Demonstranten als eigentliches Abbildungsmotiv ihm untergeordnet wird.[38] Diese gestalterische Entscheidung, die das historische Geschehen fast auf die konventionelle Ästhetik fotografischer Ansichtskarten reduziert, neutralisiert das Politikum der Kundgebung. Obwohl die Fotografen sicherlich mit einem geschärften historischen Bewußtsein ihre Aufnahmen erstellten, ist auf ihnen die Atmosphäre der von kollektiver Aufbruchstimmung getragenen Kundgebung vollkommen unanschaulich geblieben. Was sich vielen Zeitgenossen als imposanter Eintritt der Massen in die Politik und als machtvolle Ankündigung der Volkssouveränität darbot, wurde in die fast idyllische Anschauungsform einer von bürgerlichen Spaziergängern besuchten Massenveranstaltung verwandelt. Außergewöhnliche Produktionsbedingungen – wie eingeschränkte Fotografiermöglichkeiten oder fototechnische Probleme – sind für die Verfahrensweise der Fotografen nicht verantwortlich zu machen, ausschlaggebend scheinen Wahrnehmungsgewohnheiten gewesen zu sein. Daß Hartl – durchaus im Einklang mit den Bildbedürnissen mehrheitssozialistischer Kulturverbände – angesichts eines solch bewegten Geschehens Rückhalt im Gebrauch traditioneller Bildformen suchte, läßt nicht nur ein auf Ordnung bedachtes Bewußtsein vermuten.[39] Möglicherweise glaubte Hartl dem Außergewöhnlichen des Ereignisses allein dadurch gerecht werden zu können, daß er in Anlehnung an die Pathosformeln des herkömmlichen Historienbildes die symbolische Kulisse der Ruhmeshalle alles überragend ins Bild setzte.[40] Ungewöhnlich wäre das nicht. Die Übernahme traditioneller ästhetischer Strukturen und Motive aus dem Bereich der darstellenden Kunst findet sich sehr häufig in der dokumentarischen Fotografie.[41] Eine weitere Erklärung für das Verfahren der Berufsfotografen bietet die Geschichte der fotografischen Darstellung von Massenveranstaltungen. Die Dokumentation bewegter Massenszenen war zwar kein fotografisches Neuland – man erinnere sich nur an die Fotografien bürgerlicher Jubelmassen zu Ausbruch des Ersten Weltkrieges –, dennoch waren die nun vehement in die Geschichte eintretenden proletarischen Massen für die Fotografen ein noch unerprobtes Motiv.[42]

Über den Postkartenmarkt hinaus hatten die Fotografien Hartls und Pettenkofers in den Revolutionsmonaten keine

Georg Pettendorfer: Friedenskundgebung der sozialistischen Parteien Münchens am Nachmittag des 7. November 1918 auf der Theresienwiese, Postkarte.

Öffentlichkeit. Die Karten richteten sich in neutraler Form – überwiegend fehlen jegliche Beschriftungen – als Dokumente der Novemberrevolution an eine breite Adressatengruppe. Allein in einer im Buchdruck hergestellten Ausgabe erhielt eine dieser Aufnahmen eine wertende Aussage. Mit der Beschriftung »Die Sonne, der wir längst geharrt, ist endlich aufgegangen« befriedigte sie das stolze Erinnerungsbedürfnis einer sozialistischen Käuferschicht. [43]

Erstmalig erlangten mit diesen Fotografien die revolutionären Kräfte Münchens als geschichtliches Agens und politischer Entscheidungsträger eine größere ikonische Öffentlichkeit. Daraus zu folgern, die Massen wären nunmehr zum Auftraggeber der Fotografen geworden – um einen Ausdruck Walter Benjamins zu paraphrasieren – oder auch, sie träten nun weiterhin massenhaft auf Fotografien in Erscheinung, ist freilich ein Irrtum. Eine Revolutionierung der Fotografie durch das revolutionäre Proletariat ist in München nicht zu beobachten. Die zahlreichen öffentlichen Versammlungen und Kundgebungen, die bis zur Niederwerfung der Räterepublik stattfanden, sind in der fotografischen Produktion nur in Ausnahmen präsent.

Auch eine retrospektive Visualisierung des entscheidenden Revolutionsgeschehens stieß auf geringes Interesse. Vollkommene Bildlosigkeit kennzeichnet in rechts- wie linksorientierten Presseorganen die entscheidenden politischen Aktivitäten in der Nacht des 7. November 1918 – so zum Beispiel die Konstitution des ›Arbeiter-und Soldatenrates‹ oder

den historischen Moment der Proklamation des ›Volksstaates Bayern‹. Was in spärlicher Form von republikanischer Seite Ende 1918 als Bild der bayerischen Novemberrevolution ausgegeben wurde, wiederholte zumeist die Darstellungsformen der Postkartenproduktion aus der Weltkriegszeit; oder es blieb dem herkömmlichen Schema der politischen Allegorie verhaftet[44], verzichtete aber auf die ansonsten üblichen Pathosformelnder Revolutionsikonografie.[45] Auch die Verleger grafischer Bildpostkarten, von denen sich während des Weltkrieges in München annähernd 60 am lukrativen Geschäft mit hurrapatriotischer Bilderware beteiligt hatten, behoben das Defizit nur mit wenigen aktuellen Darstellungen.[46] Überwiegend nehmen diese im biederhumoristischen Stil der Scherzpostkarte auf die Novemberereignisse Bezug.

Eine geradezu ängstliche Verdrängungsstrategie bestimmte beispielsweise die mehrheitssozialistische Publizistik, der Geburtsstunde der bayerischen Republik nachträglich Anschaulichkeit zu verleihen. Die ideologische und politische Zerstrittenheit der neuen Machthaber, von denen sich die rechten Mehrheitssozialisten sogar offen gegen die Revolution ausgesprochen hatten, mag dafür ausschlaggebend gewesen sein. Gewichtiger scheint jedoch ihr prinzipiell zurückhaltendes Verhältnis zu den Bildmedien und ihr weitgehender Verzicht auf eine repräsentative Darstellung republikanischer Staatlichkeit. Allenfalls in den satirischen Magazinen, die sich in den ersten Wochen nach der Revolution

›Rote Hand‹, Jg. 1919, Nr. 23 / 24, November 1919.

›Simplicissimus‹, 23. Jahrgang, Nr. 36, 3. Dezember 1918.

noch in Zurückhaltung gegenüber den neuen Machthabern übten, finden sich einige allgemeine Allegorien auf die Revolution. Sie deuteten den Sturz der Monarchie jedoch zumeist als Naturereignis. [47] Erst zum 1. Jahrestag der Novemberrevolution finden sich in den völkischen und nationalistischen Presseorganen rekonstruierende Zeichnungen zu den Begebenheiten der Revolutionsnacht, welche vielfach die nationalsozialistischen Propagandamythen antizipieren. [48] In ihnen verkommt der Sturz der Wittelsbacher Dynastie zu politischem Karneval und nächtlich verschwörerischem Spuk, inszeniert von einem lumpenproletarischen Mob unter der Führung verantwortungsloser und landfremder Intellektueller. [49]

Bereits wenige Tage nach den Ereignissen des 7. und 8. November waren weitere »Revolutionsdokumente« aus dem republikanischen München als Fotopostkarten im Handel. Mit ihnen trat nunmehr Heinrich Hoffmann als Fotograf und Verleger an die Öffentlichkeit. Im Gegensatz zu seiner Tätigkeit während der Kaiserzeit sah sich Hoffmann jetzt einem unvergleichlich heftiger ausgetragenem politischen Interessenstreit, schnell wechselnden Machtverhältnissen und neuen Formen des Politischen gegenüber. Auflehnung gegen die bestehende Herrschaft, Parteienauseinandersetzungen und das Auftreten der Arbeiterorganisationen waren in seiner bisherigen zeitgeschichtlichen Dokumentation überhaupt nicht präsent. Überdies war nach dem Zusammen-

bruch der Monarchie das Erscheinungsbild der politischen Wirklichkeit ästhetisch reizloser und unanschaulicher geworden. Der Weimarer Staat bescherte den Bildberichterstattern ohne Zweifel eine »ästhetische Konjunkturkrise« (Winfried Ranke). Deren Dilemma beschrieb der Fotograf und Fachautor Boedecker: »... das Deutschland der Nachkriegszeit (bietet, d.Verf.) rein äußerlich weniger Gelegenheit zu Aufnahmen, die früher das Interesse der Weltpresse wachgehalten haben. Denn die Zeit der Monarchenempfänge, Truppenschauen, Kaiserbesuche, Flottenschauen usw. mit allem

Postkarte (Farblithografie), Ende 1918.

Heinrich Hoffmann: Republikanische Soldaten vor dem Landtagsgebäude in der Prannerstraße, November 1918.

glänzenden Drum und Dran ist auch für die deutschen Illustrationsphotographen vorbei.«[50]

Das bislang so geruhsame Straßenbild der ehemaligen Residenzstadt München hatte sich in den ersten Revolutionstagen rapide verändert. Die neugierige Bevölkerung drängte sich zu Tausenden in der Altstadt und im Bahnhofsviertel, um dort die Schauplätze des Machtwechsels der Revolutionsnacht zu besichtigen, die Proklamationen und Ankündigungen der neuen Regierung zu lesen oder politischen Straßenrednern zu lauschen. Neben Arbeitern, die vorzeitig ihre Betriebe verließen, beherrschten vor allem Soldaten das Straßenbild. Bewaffnete Patrouillen durchstreiften die Stadt – teils auf mit roten Fahnen drapierten Lastkraftwagen. Besonderer Andrang herrschte in der Nähe des Landtagsgebäudes, das militärisch abgesperrt war und wie alle wichtigen öffentlichen Bauten, Banken und Kaufhäuser von Maschinengewehrposten gesichert wurde.[51]

Signifikante Bilder aus dem revolutionären München vermutete Hoffmann offenbar ausschließlich in unmittelbarer Nähe des Machtzentrums der nunmehr etablierten Regierungsgewalt des Kabinetts Eisner. Denn er postierte seine Kamera vor dem Landtagsgebäude, Sitz des ›Provisorischen Nationalrates‹ und Tagungsort der ›Arbeiter-, Bauern- und Soldatenräte‹, und dokumentierte die dortigen Schutztruppen der Republik. Trotz seiner Beschränkung auf wenige

Aufnahmen kann das von ihm eingefangene Bild der Soldatengruppen als durchaus repräsentativ für diejenigen Soldaten gelten, die in den Novembertagen als militärische Garanten des neuen Staatswesens und treibende Kräfte des Sturzes der Monarchie die Straßen Münchens bevölkerten – seien es nun Posten, ein Trupp Bewaffneter auf einem Lastkraftwagen oder eine zwanglose Versammlung um ein Automobil.[52] Als ehemaliger Kriegsberichterstatter war er mit soldatischen Sujets eng vertraut. Nun standen ihm jedoch andere Soldaten gegenüber. Die waren wenig darauf bedacht, sich in heldischer Positur oder in Formationen soldatischer Gruppenbilder wilhelminischer Observanz zu präsentieren, und stellten ihre Ablehnung von Disziplin und Uniformästhetik der kaiserlichen Armee recht selbstbewußt zur Schau. Bereits während der Massenversammlung auf der Theresienwiese wurde die Absage an die traditionelle Rangsymbolik und die hierarchische Struktur des Heeres von vielen Soldaten provokativ gezeigt, als sie ihre Kokarden abgelegt und Offizieren die Rangabzeichen abgerissen hatten.[53]

Allerdings genossen diese überwiegend mehrheitssozialistisch orientierten Soldaten, denen immerhin der Schutz der jungen Republik anvertraut war, wenig Vertrauen in der Öffentlichkeit. Ihre Aktivitäten standen alsbald im Schußfeld der verschiedensten politischen Gruppen. Aus einem noch

Heinrich Hoffmann: Schutzwache vor dem ›Arbeiter- und Soldatenrat‹ im Landtagsgebäude, November 1918, Postkarte.

in der Revolutionsnacht gebildeten Sicherheitsdienst ehemaliger Frontsoldaten ging die ›Republikanische Schutztruppe‹ hervor.[54] Obwohl sie mit bewußter Demokratisierung ihrer Rangstruktur zur »Aufrechterhaltung der öffentlichen Sicherheit und Ordnung« verstärkt ausgebaut wurde, schätzten selbst deren Befürworter ihre politische und militärische Zuverlässigkeit nicht hoch ein. In konservativen Kreisen galt sie als eine suspekte, linkslastige Truppe. Schon ihr Erscheinungsbild ließ bürgerliche Abgeordnete wie Ernst Müller-Meiningen an ihrer Sicherheitsgarantie zweifeln: »Die Soldateska, die den Landtag schützen sollte, machte einen schlechten Eindruck; obwohl sie bis zu den Zähnen bewaffnet war oder weil sie es war, beschlich einen bei diesem Soldatenmaterial das Gefühl, als wenn unser Schutz Wölfen anvertraut sei.«[55] Den auf die Verwirklichung des Rätesystems drängenden Gruppierungen erschien sie schon bald als eine putschistische und parteiische Schutztruppe des Bürgertums, da sie an zahlreichen gewaltsamen Aktionen gegen Demonstranten und Mitglieder des ›Spartakusbundes‹ beteiligt war.[56]

Bei seinem Streifzug durch das republikanische München war Hoffmann mit dem Kameramann Martin Kopp unterwegs, der für die ›Messter-Wochenschau‹ das Stadtgeschehen verfolgte.[57] Im Vergleich zu Kopps Filmstreifen ›Bilder von der Volkserhebung in Bayern‹ wird Hoffmanns Dokumentationsstil deutlicher. Obwohl beide die gleichen Schauplätze besuchten, schuf Kopp ein thematisch facettenreiches und anschaulicheres Dokument des nachrevolutionären Alltags,

was keinesfalls allein im filmischen Medium begründet ist. In seinem Film wechseln lebendige Massenszenen mit ungezwungenen Gruppenbildern von Soldaten und Bürgern ab, die selbstsicher und fröhlich vor der Kamera posieren und sich bisweilen dem Operateur geradezu aufdrängen.

Hoffmann scheint in seiner Dokumentation ein Defizit gespürt zu haben; denn für seinen Presse- und Postkartenvertrieb übernahm er aus Kopps Filmmaterial ein atmosphärisches Einzelbild, das vor dem Mathäserbräu – Schauplatz der nächtlichen Konstitution des ›Arbeiter- und Soldatenrates‹ und Zentrum der revolutionären Aktivitäten der Umsturznacht – eine Gruppe enthusiastischer Soldaten zeigt. Zwar sind die abgebildete Handlung und der Aufnahmezeitpunkt nicht genau bestimmbar, dennoch haben wir in der Fotografie ein aussagekräftiges Dokument der unruhigen Stimmung der ersten Revolutionstage in den Straßen Münchens zu sehen.[58] Wie seine anderen Aufnahmen deklarierte Hoffmann sie in der Postkartenausgabe mit der lapidaren Beschriftung »Revolution 1918« als typisches Bild des umstürzlerischen Geschehens. Bereits zwei Wochen nach Ausrufung der bayerischen Republik erschienen sie auch als Impressionen der Münchner Revolutionstage in der Berliner Illustrierten ›Die Woche‹.[59]

Bewegte Szenen aus dem nachrevolutionären Alltag und die neue politische Ästhetik der Straße mit ihren rotbeflaggten Häusern – selbst die Türme der Frauenkirche trugen die Fahne der Revolution – sind von Hoffmann auch später weitgehend ignoriert worden. Darin kommt eine durchaus

Heinrich Hoffmann: Republikanische Soldaten vor dem Landtagsgebäude, November 1918, Postkarte.

Heinrich Hoffmann: Republikanische Soldaten vor dem Landtagsgebäude, November 1918, Postkarte.

Martin Kopp: Revolutionäre Soldaten vor dem Mathäserbräu, Tagungsort des ›Arbeiter- und Soldatenrates‹ in der Revolutionsnacht, Einzelbild aus einem Dokumentarfilm, Mitte November 1918, Postkarte (Photobericht Hoffmann).

individuelle Eigenart des Dokumentaristen zum Ausdruck. Seine Zurückhaltung läßt sich nicht aus fehlenden Verwertungsmöglichkeiten erklären, denn die Illustrierten kauften und publizierten derartige Aufnahmen aus anderen deutschen Städten. Sinn für die zeittypische Symbolik des scheinbar Trivialen besaß Hoffmann offensichtlich nicht. So wird auch verständlich, warum er beispielsweise die Demontage der monarchischen Embleme oder die Entfernung der Hoflieferantentitel von den Geschäftsfassaden nicht dokumentierte. Damit zeichnet sich aber auch ein maßgebliches Charakteristikum der fotografischen Produktion der Revolutionsmonate ab, das ebenfalls in späteren Jahren in München bestimmend bleiben sollte. Eine Fotografie des politischen und sozialen Alltags wie sie aus anderen deutschen Großstädten der Revolutionszeit überliefert ist – man denke nur an die Aufnahmen von den Straßenfesten der Berliner Bevölkerung [60] oder von zwischen Barrikaden spielenden Kindern [61] – hat sich in München nur spurenhaft herausgebildet.

Heimkehr der Fronttruppen und soziale Unruhen

Erst im Dezember 1918 wartete Hoffmann wieder mit neuer Bilderware des aktuellen Zeitgeschehens auf. In mehreren Fotografien dokumentierte er verschiedene Verbände der heimkehrenden bayerischen Fronttruppen, die von Mitte November bis Januar 1919 als Überlebende einer geschlagenen Armee durch Münchens Straßen zu ihren Kasernen zogen.[62]

Durch die Rückkehr der Weltkriegssoldaten, die von allen politischen Kräften heftig umworben wurden, entstanden neue soziale und militärpolitische Konfliktstoffe. Sie bestimmten nicht nur den Diskurs über politische Tagesfragen, sondern führten auch zu tiefgreifenden Kontroversen zwischen Räteanhängern, Mehrheitssozialisten und den Vertretern der alten Ordnung. Nachdem die Militärführer kein Hehl aus ihrem gesellschaftlichen Machtanspruch und ihrer reaktionären Gesinnung gemacht hatten, entwickelte sich ein heftiger Meinungsstreit über die Struktur und die politische Stellung des republikanischen Heeres. Zudem wurden die Weltkriegsniederlage und die bitteren Erfahrungen der letzten Kriegsjahre, die als kollektives Trauma die gesellschaftliche Entwicklung der Weimarer Republik wesentlich prägen sollten, durch die heimkehrenden Soldaten schmerzlich in Erinnerung gerufen und für die politischen Auseinandersetzungen mobilisiert.

Schon die Überlegungen, wie man die Truppen begrüßen sollte, offenbarte den massiven Druck der Konservativen auf die Revolutionsregierung. Diese machte – teilweise gegen den Widerstand der Soldatenräte – erhebliche Konzessionen an die historischen Mythen des revolutionsfeindlichen Bürgertums und die Repräsentationsansprüche der Militärs. Mitunter wurde den Soldaten ein Empfang bereitet, dessen festliche Ästhetik dem Bedürfnis nach einer Verdrängung der Niederlage des deutschen Heeres und des Weltkriegselends entgegenkam.[63] Bereits am 20. November meldeten die Münchner Zeitungen, daß sich ein »Komitee zum Empfang der Truppen« aus Mitgliedern des ›Soldatenrates‹, Künstlern und Schriftstellern gebildet habe. Wenig später erging ein auch von Ministern der Regierung Eisner unterzeichneter öffentlicher Aufruf, die Soldaten im Stile einer Siegesfeier zu empfangen: »Unter den Klängen militärischer Märsche werden sie eingeholt werden. Die gesamte Bürger-

schaft, insbesondere die Anwohner der Straßen, durch die der Marsch sich bewegt, werden gebeten, durch herzliche Zurufe, Zuwerfen von Blumen und Sträußchen, festlichen Schmuck ihrer Häuser sich an dem Empfang zu beteiligen. Laßt Flaggen wehen in den alten bayerischen und Münchener Farben, die neben dem Wahrzeichen des neuen Volksstaates ihr Recht behaupten sollen«.[64] Der Magistrat übernahm dann die Ausschmückung wichtiger städtischer Gebäude und die Errichtung von »Ehrenpforten«, während von der Regierung zahlreiche Begrüßungsfeiern veranstaltet wurden, bei denen Vertreter des Bürgertums oftmals Repräsentationspflichten übernahmen.[65]

Konservativen Augen, gewöhnt an den Anblick pompöser militärischer Ritualästhetik, war die Staats- und Festsymbolik der Republik dennoch zu dürftig. So klagte die ›Münchener Zeitung‹ über die kahle Innenstadt: »Die Dürftigkeit der Nation ist freilich unverkennbar. Auch im Festkleid der Stadt. Die Künstler, soweit sie überhaupt herangezogen wurden, konnten nicht so sehr aus der Fülle der Phantasie schöpfen. Im Vergleich zu dem, was früher hier etwa zu Ehren von Potentaten geschaffen wurde, erscheint das zu Sehende bescheiden.«[66] Allein von Seiten der Soldatenräte wurde bei den Empfängen neben den bayerischen Landesfarben akzentuiert auch die revolutionäre Symbolik eingesetzt. So war zum Beispiel der Hauptbahnhof mit roten und weißblauen Fahnen dekoriert. Zur dortigen Begrüßungszeremonie gehörte es, daß die Sprecher der Soldatenräte die Soldaten als »Kameraden in der neuen und freien bayerischen Republik München« willkommen hießen und entschieden gegen den »Kadavergehorsam der monarchischen Armee« Stellung nahmen.[67]

Auch von einem Großteil der zurückkehrenden Soldaten wurden die Symbole der Revolution – rote Fahnen und schwarz-rot-goldene Kokarden als Demonstration ihrer republikanischen Einstellung und als Votum für die Demokratisierung des Heeres mitgeführt. Lange hielt das freilich nicht an. Die überwiegend konservativen Militärführer widersetzten sich den Reformbestrebungen und demonstrierten in aller Öffentlichkeit ihre Verachtung gegenüber der Republik. So zog bereits Ende November das von Oberst Epp geführte ›Infanterie-Leibregiment‹ in voller militärischer

Heinrich Hoffmann: Einzug des ›7. Bayerischen Feldartillerieregiments‹ in der Ludwigstraße, 22. Dezember 1918, Postkarte.

Disziplin mit der schwarz-weiß-roten Reichsflagge zu seinen Kasernen.[68] Das militärische Auftreten mit monarchistischen Symbolen wurde auch zum Streitpunkt zwischen der Landesregierung und den reaktionären Militärführern. Letztere bekundeten in offenen Machtdemonstrationen selbst mit Waffengewalt der revolutionären innenpolitischen Situation begegnen zu wollen.

Deutlich an konservativen Bildbedürfnissen orientiert, dokumentierte Hoffmann die heimkehrenden Truppen überwiegend in ihrer festlichen Erscheinung im Kontext einer geschmückten und belebten, topografisch markanten Straßenszenerie. Er entsprach damit dem in damaligen Handbüchern formulierten beruflichen Kanon der Pressefotografen, einen »Festzug oder die hauptsächlichsten Persönlichkeiten . . . deutlich, gewissermaßen im Rahmen«[69] lokal bedeutsamer und geschichtsträchtiger Architektur abzulichten. Hoffmann wartete mit seiner Kamera vor allem in der Nähe des Siegestores (nicht unweit seines Ateliers in der Schellingstraße), um dort den Einzug des ›7. Bayerischen Feldartillerieregiments‹, des ›2. Infanterieregiments‹ und des ›1. Schweren Reiterregiments‹ zu fotografieren.[70] Besonders in seinen Aufnahmen des ›7. Feldartillerieregiments‹ setzte er das Siegestor – Triumphbogen zweier glorreicher bayerischer Armeen – in attributive Beziehung zu den Soldaten. Wüßte man nicht um die Weltkriegsniederlage, könnten die Aufnahmen durchaus den Eindruck einer siegreichen Truppe vermitteln, die unter dem Jubel der Bevölkerung in München einmarschiert.

Keinerlei Aufmerksamkeit schenkte Hoffmann hingegen den Kolonnen verbrauchter Soldaten, die teilweise mit unverhohlener Mißachtung militärischer Disziplin durch die Stadt zogen. Was in der Bilderwelt seiner Postkarten mitunter wie ein Triumphzug aussieht, fiel in Wirklichkeit oft als Travestie der in den Materialschlachten des Krieges verblichenen militärischen Ritualästhetik aus. Viele Soldaten machten als ehemaliges Kanonenfutter des »Großen vaterländischen Krieges« keinen Hehl aus ihrer antimilitaristischen Gesinnung. Josef Hofmiller notierte in sein Tagebuch: »Eine Kraftwagenkolonne, die vom Felde zurückkam, nahm ihren Einzug, als ich gestern durch die Ludwigstraße ging. Die Wagen waren mit Tannenbäumchen und roten Fahnen geziert. Auf dem ersten Wagen ein Soldat, das Gesicht schwarz angeschmiert, auf dem Kopf einen alten Juxzylinder, Vatermörder an den Backen, und eine Ziehharmonika spielend. Die Wageninsassen grölten dazu, der Maßkrug kreiste, wie am Faschingsdienstag . . . Wir hatten uns die Heimkehr anders vorgestellt.«[71]

Das Medium Fotopostkarte griff durch diese Motivselektion in gewisser Weise parteiisch in die aktuellen Tagesfragen und Geschichtsdeutungen ein. Meinungsbildende Intentionen sind Hoffmann hier aber kaum zu unterstellen. Mit diesen Fotografien brachte er eher sein Dokumentationsprinzip zum Ausdruck, öffentliche Rituale in ihrer prächtigsten Anschaulichkeit festzuhalten. Auf Absatz dieser Fotopostkarten konnte er aber nur bei Käufern rechnen, denen die destruktiven Kriegsereignisse noch nicht die

Heinrich Hoffmann: Heimkehr der Fronttruppen. Einzug des ›2. Bayerischen Infanterieregiments‹ in der Ludwigstraße, im Hintergrund das Siegestor, 8. Dezember 1918.

Schaulust an militärischen Zeremonien ausgetrieben hatten. So gingen in das Selektions- und Gestaltungsverfahren des Fotografen die Wahrnehmungskonventionen und -bedürfnisse seiner Rezipienten mit ein. Hoffmann dokumentierte gewissermaßen nur das, von dem er glaubte, es könne einer an traditionellen Werten orientierten Käuferschicht als Erinnerungsbild bedeutungsvoll sein. Offenkundig vermutete Hoffmann bei den Soldaten und im konservativen Bürgertum eine starke Nachfrage, denn er fertigte von den Truppeneinzügen mehrere Fotopostkarten mit verschiedenen Motiven. Nach Maßgabe der Überlieferung erreichten sie jedoch nur eine geringe Auflagenzahl. Dies ist vielleicht ein Indiz dafür, daß die Narben des Krieges zu diesem Zeitpunkt auch beim Bürgertum noch nicht verheilt waren und nach der Bilderflut des Weltkrieges vorerst kein Bedarf für eine Neuauflage verharmlosender Soldatenbilder bestand. Größeres Interesse an Hoffmanns Aufnahmen zeigten hingegen die Illustrierten. In den reichsdeutschen Blättern wurde die Rückkehr des deutschen Heeres ausgiebig thematisiert. Unübersehbar ist die Tendenz ihrer Bildberichte, die Weltkriegsniederlage und das Ende der imperialistischen Großmachtträume zu kompensieren und die destruktive Wirklichkeit des Krieges mit seinen Millionen Toten zu verdrängen.[72] Ein Bruch mit den traditionellen Symbolsystemen und vertrauten Identifikationsmustern, der eine

trauernde Wiederkehr des Kriegsgeschehens im kollektiven Gedächtnis hätte ermöglichen können, ist in ihnen nicht zu beobachten. Versuche einer »Resymbolisierung der Wirklichkeit, um das Unvorstellbare wieder vorstellbar zu machen«[73] wurden nur ansatzweise gemacht, obwohl genügend Fotografien der Zerstörung und des Grauens aus der Kriegszeit vorhanden waren. Genutzt wurden sie später von der republikanischen Linken. Vor allem in der Illustrierten der Unabhängigen Sozialisten ›Freie Welt‹ wurde wiederholt die Er-

Heinrich Hoffmann: Einzug des ›7. Bayerischen Feldartillerieregiments‹ in der Ludwigstraße, 22. Dezember 1918, Postkarte.

38. HEFT
2. JAHRGANG

PREIS
60 PFENNIG

Das Antlitz des Krieges

›Freie Welt‹, 2. Jg., 1920, 38. Heft.

Alle Festlichkeit der Empfänge und Siegesdekorationen konnten jedoch nicht darüber hinwegtäuschen, daß die Alltagswirklichkeit der Kriegsheimkehrer mit schweren sozialen Problemen belastet war und einen erheblichen Konfliktstoff für die Republik darstellte. Durch die demobilisierten Soldaten, die nun auf den ohnehin schwachen Münchener Arbeitsmarkt drängten, entstand in kurzer Zeit ein Heer von Arbeitslosen, 1919 zeitweilig 40 000 Menschen. [77] Die Münchener Wirtschaft, erheblich getroffen durch den Ausfall der Rüstungsproduktion, sank unter den Stand des Weltkriegsniveaus. Hinzu kamen eine große Lebensmittelknappheit, Abbau der Löhne, eine sich verschärfende Wohnungsnot und ein sprunghaft angestiegener Geldwertschwund. Er machte es vor allem den unteren Klassen immer schwerer, die steigenden Preise für Lebensmittel und alltägliche Gebrauchsgegenstände zu zahlen. Diese wirtschaftlichen und sozialen Schwierigkeiten spiegelten sich Anfang Januar 1919 in der Zunahme von öffentlichen Demonstrationen verschiedener Interessengruppen und führten zu den ersten größeren Unruhen nach der Novemberrevolution. Hoffmann registrierte die Krisensituation und war mit seiner Kamera bei zwei Kundgebungen zugegen, in deren Verlauf die soziale Problematik in für München bislang unbekannten gewalttätigen Formen ausgetragen wurde.

Am 5. Januar 1919 zogen circa 2 000 Demonstranten – überwiegend Soldaten – nach einer vom ›Reichsbund der Kriegs-

innerung an den Krieg als imperialistischer Wahnsinn und großes Morden wachgerufen. [74] Einige der führenden bürgerlichen Illustrierten setzten sogar noch nach der Revolution ihre fotografisch bebilderten Kriegschroniken fort, in denen das Kriegsgeschehen und das deutsche Militär weiterhin im vertrauten Erscheinungsbild präsentiert wurden. [75] Ganz zu schweigen von den bald einsetzenden Versuchen nationalistischer Kräfte, in opulenten Illustrationswerken den Krieg wieder als »Stahlbad der deutschen Seele« zu feiern.

In den Münchener Bildmagazinen blieb eine kritische Auseinandersetzung mit den Kriegsursachen und -folgen ebenfalls aus. Bereits wenige Monate nach dem Ausbruch der Revolution etablierten sie die soldatischen Repräsentanten einer überwunden geglaubten Epoche wieder als gesellschaftliche Leitbilder. Die Fotografien von den heimkehrenden Truppen spielten dabei jedoch keine Rolle; sie blieben bis nach dem Zweiten Weltkrieg in den Archiven. [76] Daß die politische Rechte in den Zwanziger und Dreißiger Jahren an ihnen kein Interesse finden konnte, ist einleuchtend. Sie widersprachen der ideologischen Behauptung vom demütigschäbigen Empfang der Weltkriegssoldaten durch die »Novemberverbrecher«. Außerdem galten die überlebenden Soldaten bald nicht mehr viel, da ihnen das Heer der Toten als Garanten nationaler Identität den Rang abzulaufen begann.

JUGEND 1918 Nr. 48

Abgeschlossen am 18. November 1918

Den Heimkehrenden

Paul Rieth (München)

Vor einer Welt von Feinden und Gewalten
Habt ihr das unbesiegte Schwert gesenkt;
Nun kommt und helft das freie Reich gestalten,
Das die erneute Heimat euch geschenkt.

Paul Rieth, ›Jugend‹, Jg. 1918, Nr. 48, Rückseite.

Heinrich Hoffmann: Demonstration der Kriegsbeschädigten vor dem ›Ministerium für Soziale Fürsorge‹ am Promenadeplatz, 5. Januar 1919, Postkarte.

beschädigten und ehemaligen Kriegsteilnehmer‹ veranstalteten Kundgebung zum ›Ministerium für soziale Fürsorge‹ am Promenadeplatz. Dort protestierten sie gegen die Massenentlassung von Kriegsinvaliden und verlangten die Errichtung von staatlichen Werkstätten für blinde und verkrüppelte Soldaten.[78] Hoffmann setzte die auf Transparenten formulierten Forderungen und Parolen prägnant ins Bild und erhöhte durch diese Einbeziehung sprachlicher Zeichen den Informationswert seiner Aufnahmen.[79] Die Dramatik des Geschehens überlieferte er jedoch nicht. Sein Festhalten am Schema der Überblicksaufnahme ließ ihn immobil blei-

Heinrich Hoffmann: Demonstration der Kriegsbeschädigten am 5. Januar 1919, Postkarte.

ben und beschränkte seine Dokumentation auch inhaltlich. Während in seinen Aufnahmen die vor dem Ministerium versammelte und vom Fotografen frontal aufgenommene Menge eher friedfertig denn fordernd wirkt, war nach zeitgenössischen Presseberichten das dortige Geschehen von einer spannungsgeladenen und erregten Atmosphäre bestimmt. Sie entlud sich in schweren Auseinandersetzungen zwischen Vertretern des Ministeriums und den Demonstranten. Als dann noch Wahlflugblätter der ›Bayerischen Volkspartei‹ von den Türmen der Frauenkirche unter die Kundgebungsteilnehmer fielen, drangen einige von ihnen in die Frauenkirche ein und wurden gegenüber Kirchenbesuchern handgreiflich.

Gänzlich ausgespart hat der Dokumentarist den anklägerischen Charakter der Kundgebung. Sie erinnerte nicht nur an die soziale Misere der kriegsversehrten Soldaten – »nutzlos gewordenes Werkzeug«, wie ein Redner betonte -, sondern zugleich akzentuiert an das »menschenschlächterische Elend« des Weltkrieges. Mehrere Lazarettinsassen wurden im Demonstrationszug mitgeführt, einige Blinde und beinverletzte Krüppel gingen ihm als Zeugen für die destruktive Gewalt des Krieges voran. Ob Hoffmann diesen Aspekt der Nachkriegswirklichkeit bewußt übersehen hat, muß dahingestellt bleiben. Sonderlich gefragt waren diese Fotografien von Krüppeldemonstrationen in der Illustriertenpresse ohnehin nicht und ihre Absatzchancen auf dem Postkartenmarkt waren sicherlich gering.[80] Zwar tabuisierten die Illu-

Heinrich Hoffmann: Demonstration der Arbeitslosen auf der Theresienwiese, 7. Januar 1919, Postkarte.

strierten dieses Thema nicht gänzlich, jedoch wurden wie schon während des Weltkrieges bevorzugt beschönigende Bilder von arbeitsfähigen Invaliden veröffentlicht, deren Beschriftungen nicht selten Schönheit und Zweckmäßigkeit der Prothesen priesen.

Noch krasser traten die sozialen Spannungen in München zutage, als es nach einer Arbeitslosendemonstration am 7. Januar 1919 zu den bislang schwersten Zusammenstößen von Demonstranten mit den Organen der Staatsgewalt kam, wobei es einige Tote gab. Mehrere Tausend Arbeitslose protestierten auf dieser Kundgebung, die von der Theresienwiese aus zum ›Ministerium für soziale Fürsorge‹ führte, gegen die trostlose wirtschaftliche Lage der Erwerbslosen und die geringe finanzielle Unterstützung durch die Regierung.[81] Staatsraison und die Interessen der Arbeitslosen – unter ihnen viele Soldaten – prallten dann auch im Verlauf der De-

monstration heftig aufeinander, als Delegationen vor dem Ministerium die Forderungen der Kundgebungsteilnehmer vortrugen. Da die Antwort des Ministers Unterleitner auf sich warten ließ, stürmte ein Teil der Demonstranten das Gebäude und griff die zum Schutz des Ministeriums herbeigerufene ›Republikanische Schutztruppe‹ an, die beim Abzug der Demonstranten unter ungeklärten Umständen mit Maschinengewehren wahllos in die Menge schoß. Hoffmann nahm diese dramatischen Ereignisse nicht wahr. Mit einer distanzierten Überblicksaufnahme dokumentierte er den Aufbruch der Demonstranten von der Theresienwiese in die Stadt und bot sie als Dokument der Demonstration auf dem Postkartenmarkt an. Der Sensationswert der nachfolgenden Ereignisse sicherte auch einer Abbildung der friedlichen Ausgangssituation noch Käuferinteresse.

Nicht nur Kundgebungen und Protestdemonstrationen hatten Münchens Öffentlichkeit verändert. Überdeutlich prägte nun auch die Hektik der Wahlagitation und die »Flut der politischen Plakatpropaganda« das Straßenbild. Seit Mitte Dezember führten die Parteien für die Landtagswahlen am 12. Januar 1919 und die eine Woche später folgenden Wahlen zur Nationalversammlung einen heftigen und von scharfer Polemik gekennzeichneten Wahlkampf.[82] Er stand ganz im Zeichen einer massiven Kampagne der bürgerlichen »Parteien der Ordnung« gegen den Ministerpräsidenten Kurt Eisner und einer ressentimentgeladenen Auseinandersetzung

mit den Verfechtern des Rätesystems, die unter dem Schreckgespenst des Bolschewismus subsummiert wurden. Vor allem die klerikalkonservative ›Bayerische Volkspartei‹ führte ihren Wahlkampf unter dem Banner des Antibolschewismus. Die Parteiführung der Mehrheitssozialisten wandte sich mit Ordnungsparolen – »Sozialdemokratie bedeutet nicht unorganische Zerstörung, sondern wohlüberlegten, langsam schonenden Aufbau« – gegen die als Bolschewisten hingestellten Unabhängigen Sozialisten. Diese präsentierten sich den Wählern als treibende Kraft der Revolution, die den Krieg beendet habe.

Wahlflugblatt der USPD, Anfang 1919.

›Das Illustrierte Blatt‹, Jg. 1919, Nr. 3, 14. Januar 1919.

Mit den verschiedensten, zum Teil bislang unbekannten Agitationsformen und -mitteln versuchten die Parteien die Gunst der Wähler zu gewinnen. Die intensivste und einflußreichste Wahlagitation betrieben die bürgerlichen Parteien und die Mehrheitssozialisten. Die ›Bayerische Volkspartei‹ trat durch einen aggressiven und die Errungenschaften modernster Reklametechnik nutzenden Wahlkampfstil hervor.[83] Hingegen griffen die Unabhängigen Sozialisten, nicht untypisch für ihre Medienpolitik, in spärlichem Umfang allein auf traditionelle Formen der Eigenwerbung zurück. Die Anarchisten und die Kommunisten, die die Wahlen boykottierten, beteiligten sich nur am Rande an den propagandistischen Auseinandersetzungen. Ihre bescheidene antiparlamentarische Agitation wurde trotz der Aufhebung der Zensur auf Anordnung mehrheitssozialistischer Regierungsvertreter bald unterdrückt. Sie erlebten, wie Erich Mühsam berichtet, daß ihre »Plakate verboten« und »Flugzettelverteiler verhaftet wurden, während die Liga zur Bekämpfung des Bolschewismus ihre zu Pogromen aufreizende Propaganda ungestört betreiben konnte.«[84]

Die Ausweitung der politischen Öffentlichkeit und der massive Einsatz vielfältiger Propagandamittel war für die Zeitgenossen ungewohnt. Die Straßen, Plätze und Bierkeller Münchens wurden für mehrere Wochen zum Schauplatz des Parteienstreits, der selbst noch an den Wahltagen anhielt und einen Vorgeschmack auf die späteren Wahlschlachten der Weimarer Republik geben sollte. Wahlredner der Parteien tauchten im Straßenbild auf. Von Musikkapellen und Trommlern angeführte »Propagandisten« zogen auf Lastkraftwagen oder zu Pferde durch die Stadtviertel, oftmals begleitet von Flugzettelverteilern, Transparentträgern und »stimmgewaltigen Ausrufern«, die selbst in die Hinterhöfe die Schlagworte der Parteien trugen.[85]

Völlig neu war jedoch die Flut der Bild- und Textplakate, die im Winter 1918/1919 Häuserwände und Litfaßsäulen Münchens mit den politischen Parolen und Botschaften der Parteien überzogen, und auf denen sich der »Hauptkampf der Parteien ... in den grellsten Farben«[86] abspielte. Die Novemberrevolution wurde zur »Geburtsstunde« des parteipolitischen Werbeplakates, waren doch im Kaiserreich politische Ankündigungen auf Plakaten bis auf wenige Ausnahmen allein der staatlichen Obrigkeit vorbehalten geblieben.[87] Jetzt klebten die Plakate in aggressiver Buntheit nicht nuraufden Plakatierflächen neben verblichenen regierungsamtlichen Dekreten und Geschäftsreklamen, sondern hingen auch in den proletarischen Stadtvierteln aus den Fenstern heraus, wurden über die Straßen gespannt oder von »lebenden Plakatsäulen« durch die Stadt getragen. Als Blickfang beherrschten besonders die monströsen Anti-Spartakus-Plakate der ›Bayerischen Volkspartei‹ und die Bildplakate der ›Vereinigung zur Bekämpfung des Bolschewismus‹ das Straßenbild, die wesentliche Momente späterer antikommunistischer Greuelpropaganda vorwegnahmen.[88]

In der Presse fand diese ästhetische Veränderung der politischen Öffentlichkeit, die manchen Berichterstatter an den »Volksfestcharakter amerikanischer Wahlagitation«[89] erin-

Heinrich Hoffmann: Barmherzige Schwestern vor einem Wahllokal während der Wahl zur Nationalversammlung am 19. Januar 1919.

nerte, ein lebhaftes und überwiegend positives Echo.[90] Kulturkonservativen Chronisten war diese Öffentlichkeit jedoch ein rotes Tuch. So sah Josef Hofmiller darin einzig eine von den sozialistischen Parteien angezettelte und die republikanische Staatsform kennzeichnende Narretei: »Aber die vie-

Hermann Keimel: Wahlpropaganda-Postkarte der ›Bayerischen Volkspartei‹, Farblithografie, Anfang 1919.

Heinrich Hoffmann: Katholische Ordensleute vor einem Wahllokal während der Wahl zur Nationalversammlung am 19. Januar 1919.

len Plakate in allen möglichen Farben, sehr schreiend, erinnerten an diejenigen der karnevalistischen Unterhaltungen. Die Parteien rückten vielfach mit einer Art Musik an, Trommel, auch dünnem Blechorchester, Knaben trugen Plakate an Stangen, dann kamen Soldaten mit roten Fahnen, dann Reiter auf roten Sätteln . . . Die Residenz war über und über mit roten Wahlaufrufen verpflastert . . . Vom Landtag wehte lang und öd eine rote Fahne. Unten beim Hausmeister steckte ebenfalls ein langer roter Wimpel, der genauso aussah wie die rote Fahne des Kaminkehrers, durch die er mitteilt, daß er in diesem Haus den Rauchfang ausbrennt.«[91]

Trotz des reichen visuellen Angebots wurde diese neue Erscheinungsform des Politischen, die von Berliner Pressefotografen in zahlreichen Aspekten überliefert wurde, in München nicht festgehalten.[92] Obwohl die Illustrierten Aufnahmen vom Wahlkampf häufig reproduzierten, entschloß sich selbst Hoffmann – zu diesem Zeitpunkt ihr einziger süddeutscher Bilderlieferant – nicht zu einer Dokumentation.[93] Ausschlaggebend mag dafür seine Wahrnehmungsdisposition gewesen sein, in den Erscheinungsweisen nichtformierter politischer Öffentlichkeit nur triviale Bildvorwürfe zu sehen. Eine Erklärung für Hoffmanns Abstinenz bietet vielleicht auch sein Kalkül als lokaler Postkartenverleger, dem ein derartiges, parteiliche Interessen mobilisierendes Sujet

möglicherweise zu heikel war. Nicht einmal die Landtagswahl, bei der das zum Souverän erklärte Volk erstmalig zu den Wahlen gerufen wurde, erweckte das Interesse von Münchener Fotografen. Erst am 19. Januar – dem Tag der im ganzen Reichsgebiet abgehaltenen Wahlen zur Nationalversammlung – fand das Wahlgeschehen doch noch in Hoffmann seinen Chronisten, der offenkundig für die Illustrierten nach ausgefallener Bilderware mit Unterhaltungswert suchte.

Vor verschiedenen Wahllokalen richtete Hoffmann seine Kamera allein auf die zur Wahl schreitenden Mönche und Nonnen der Münchener Klöster. Vor allem hatten es ihm die ›Barmherzigen Schwestern‹ in ihrer pittoresken Tracht angetan, die nun wie alle Frauen das Wahlrecht besaßen. Hoffmanns Motivbeschränkung auf die Repräsentanten des bayerischen Katholizismus spiegelt möglicherweise auch sein Unverständnis für den eminenten historischen Stellenwert und die Symbolik der ersten Parlamentswahlen der Republik. Der ungewöhnliche Anblick der Ordensleute, die ihren staatsbürgerlichen Pflichten nachkommen, gewann freilich im nachhinein an Bedeutung. Denn nach den Wahlen hatte das massive Votum der katholischen Kirche für die ›Bayerische Volkspartei‹ starke und zum Teil hämische Kritik in der bürgerlich-liberalen und sozialistischen Tagespresse ausge-

2. Seite. Nr. 5   Das Illustrierte Blatt   28. Januar 1919

Bilder vom 19. Januar
Am Wahltag zur Nationalversammlung

Phot. Gebr. Haeckel (Berlin).
Musikalische Wahlagitation in Berlin.

Phot. R. Sennecke (Berlin).
Der Andrang am Wahllokal unter besonderer Beteiligung der Frauen.

Phot. W. Gircke, Berlin.
Das Plakat im Dienst der Politik.

Phot. Gebr. Haeckel (Berlin).
Die politische Jugend.

Der Frankfurter Merkur als Wahlagitator.

Phot. Beri Illustr.-Ges.
Ein Verwundeter wählt.

Der 19. Januar — Schicksalswende des „Deutschen Reiches und seines Volkes". Die Revolution kam über Deutschland, sie fegte alles Morsche und Brüchige hinweg. Es war gut so. Sie drohte aber gerade in der Entwicklung der letzten Zeit, besonders durch das Treiben der Spartakiden in Berlin in das Fahrwasser des russischen Bolschewismus zu treiben. Fanatische Führer wie Liebknecht und Rosa Luxemburg waren von vernünftiger, bessern wollender Kritik nach und nach in einen Zustand völliger Verneinung aller bestehenden Ordnung gekommen. Sie wollten die Welt aus sich, nach ihren ureigensten Ideen neu gestalten. Sie wurden zum Opfer ihrer utopistischen Träume, ihre übergroße Liebe gebar den Haß. Sie erlebten den Wahltag nicht mehr.

Im Großen und Ganzen verliefen die Wahlen im Lande ohne irgendwelche größere Störungen von außen. Buntbewegtes Leben herrschte allüberall. Von Papiernot war nichts mehr zu merken. Eine Fülle von Wahlaufrufen, Stimmzetteln ergoß sich plötzlich über jeden einzelnen. Wo man hinblickte schrien die Plakate einem entgegen: Tut Eure Pflicht — Wählt! Das erstemal traten auch die deutschen Frauen an die Wahlurnen. Eifrige Parteiarbeit hatte in den Tagen vor der Wahl die Frauen mit dem jeweiligen Programm vertraut gemacht und ihnen die Wichtigkeit am Aufbau des „Neuen Deutschen Reiches" tätig mitzuwirken, tief eingeprägt. Frisches, lebendiges Blut ist durch das neue Wahlrecht und die Beteiligung des Volkes an der Verwaltung des „Neuen Reiches" dem politischen Leben Deutschlands zugeführt. Wenn auch noch viel zu ertragen ist — denn noch immer ist der Friede nicht geschlossen.

Mönche vor dem Wahllokal in München.

Wahl-Automobile am Roßmarkt in Frankfurt a. M.

Photo-Bericht H. Hoffmann (München).
Nonnen bei der Wahl in München.

›Das Illustrierte Blatt‹, 7. Jg., 1919, Nr. 5, 28. Januar 1919.

— 106 —

Zug der Rätedemonstranten durch die Pfandhausstraße (heute Pacellistraße), rechts im Hintergrund der Wagen mit Kurt Eisner, 16. Februar 1919, Postkarte.

löst: »Wieder wurde aus allen Klöstern und Spitälern das ›Stimmvieh‹ geholt; man schleppte alte, gebrechliche Leute, Kranke usw. zur Wahlurne. Selbst Ordensleute, die nach der Ordensregel ihr ganzes Leben nicht mehr unter Menschen gehen dürfen, wurden zur höheren Ehre der Bayerischen Volkspartei von dem Gelübde auf eine kurze halbe Stunde entbunden. In langen Reihen standen zum Beispiel in Nymphenburg nach dem Gottesdienste die Ordensschwestern aus dem Englischen Institute vor dem Wahllokal.«[94] Hoffmann hatte das Illustrierteninteresse richtig eingeschätzt. Mehrere seiner Aufnahmen fungierten im Rahmen der Presseberichterstattung über die Wahlen im Deutschen Reich als signifikante Bilder aus dem katholischen Süden der Republik.[95]

Die bayerischen Landtagswahlen bescherten den bürgerlichen Parteien eine klare Mehrheit und Eisners USPD eine empfindliche Niederlage. Das Wahlergebnis stand freilich in einem offenkundigen Widerspruch zum politischen Leben in der Landeshauptstadt. Gegenüber dem Land besaß hier die rätedemokratische Bewegung einen weitaus stärkeren Rückhalt. Ausdruck fand dies in einer vom ›Revolutionären Arbeiterrat‹ und der Kommunistischen Partei initiierten Demonstration am 16. Februar 1919. Als Votum für die entschlossene Verwirklichung des Rätegedankens richtete sie sich gegen die rätefeindliche Politik der mehrheitssozialistischen Minister. Zugleich artikulierte sich während der Kundgebung Empörung über die Ermordung von Rosa Lu-

xemburg und Karl Liebknecht und den vom Reichswehrminister Noske befohlenen Einsatz konterrevolutionärer Truppenverbände gegen die revolutionäre Arbeiterschaft in Berlin.[96]

Annähernd 15 000 Räteanhänger waren einem Aufruf des ›Vollzugsausschusses des Münchener Arbeiterrates‹ gefolgt, dem sich auch die Gewerkschaften angeschlossen hatten, um »für die Selbstbestimmung des schaffenden Volkes in seinen ›Arbeiter-, Bauern- und Soldatenräten‹ zu demonstrieren.«[97] Mit circa hundert Bild- und Schrifttransparenten zogen sie von der Theresienwiese durch die Innenstadt. Am nachfolgenden Tag verkündete denn auch das offizielle Presseorgan der Unabhängigen Sozialisten, die ›Neue Zeitung‹: »Es war die gewaltigste sozialistische Kundgebung, die München je gesehen. An diesem Tage gab es keine verschiedenen Richtungen und Meinungen innerhalb des sozialistischen Proletariats im Waffenrock und Arbeiterkittel. Sie sind eins in dem Ziele, ihre revolutionären Machtorganisationen, die Räte, zu behaupten ... Die Demonstration der Münchener Arbeiterschaft am 16. Februar wird geschichtliche Bedeutung erlangen ... Diese machtvolle Kundgebung hat gezeigt, wie tief der Gedanke der Arbeiter-, Bauern- und Soldatenräte in der Seele der gesamten bayerischen Arbeiterschaft verankert ist: an diesem denkwürdigen Sonntag hat das arbeitende Volk ein Stück bayerischer Verfassung gemacht.«[98]

Prominentester Teilnehmer der Kundgebung war der unter

Unbekannter Amateurfotograf: Ministerpräsident Kurt Eisner (im Wagen sitzend) als Teilnehmer der Demonstration am 16. Februar 1919 in der Ludwigstraße, Postkarte.

starkem politischen Zugzwang stehende Ministerpräsident Eisner. Auf der Demonstration erschien er aber keineswegs als vielumjubelter Volkstribun und rätedemokratischer Vorreiter, wie ihn die ›Neue Zeitung‹ gerne gesehen haben wollte.[99] Die Demonstration war nicht nur gegen die zunehmend rätefeindlichen Tendenzen der Mehrheitssozialisten gerichtet. Einige Inschriften der mitgeführten Transparente polemisierten – ohne freilich seinen Namen zu nennen – gegen Eisners Politik, der einen schwankenden Standpunkt gegenüber der Machtkompetenz der Räte eingenommen hatte. In seinem »Rechenschaftsbericht« über die Revolutionsereignisse charakterisiert Erich Mühsam die widersprüchliche Situation: »Eisner dagegen ... sah, daß seine Autorität beim Proletariat erschüttert war und entschloß sich, um seiner revolutionären Tendenz die Spitze abzubrechen, sich selbst als Spitze dem Umzug voranzustellen. Damit wollte er zwei Vorteile auf einmal erzielen: erstens aus der Protestaktion gegen seine Regierung eine Vertrauenskundgebung für sich selbst zu machen, zweitens – angesichts der Treibereien seiner rechtssozialistischen Kabinettsgefährten gegen ihn – seine Popularität bei den Massen zu festigen, um für den Fall eines Sturzes ... Anschluß bei der radikalen Opposition zu finden. Eisners Absichten mißlangen in jeder Hinsicht. Als sich am 16. Februar die Massen zu einer Demonstration auf der Theresienwiese sammelten ... erschien er allerdings im offenen Auto. Die Ovationen, die er erwartete, blieben jedoch aus ... Eisner aber fuhr an der Spitze dieses gegen sei-

ne eigene Politik demonstrierenden Zuges und kam sich selbst dabei so deplaziert vor, daß er auf halbem Wege sein Auto schwenken ließ.«[100]

Die Brisanz dieser Kundgebung, die mancher bürgerliche Augenzeuge »als fürchterlichen bolschewistischen Aufzug«[101] empfand, mobilisierte mehrere Münchener Fotografen, die – gleichsam auf der Suche nach der »individuellen Physiognomie der Masse« – in kontaktfreudiger Nähe zu den Demonstranten fotografierten. Ihre zum großen Teil als Aktualitätenkarten veröffentlichten Aufnahmen reflektieren sicherlich die wachsende politische Bedeutung der linksoppositionellen Gruppierungen und ihrer Protagonisten; maßgeblichen Anstoß für das Dokumentationsinteresse scheint jedoch auch das politisch wie ästhetisch Spektakuläre ihres öffentlichen Auftretens und die umstrittene Anwesenheit des Ministerpräsidenten gegeben zu haben.

Große Verbreitung als typisch empfundene Bilder dieser Kundgebung fanden insbesondere mehrere Fotografien Franz Xaver Hartls, auf denen er Kurt Eisner in einem Automobil sitzend, zusammen mit seiner Frau und seinem Sekretär Felix Fechenbach, festhielt.[102] Möglicherweise versuchte Hartl in zwei seiner Aufnahmen den aktuellen Konfliktstoff der Ereignisse zu thematisieren. Der Bildausschnitt seiner Aufnahmen ist jedenfalls so gewählt, daß eine Schrifttafel mit der Räteparole »Die Reaktion marschiert! Hoch das Rätesystem!« gut erkennbar neben Eisner erscheint. Die Tafel wurde während der Demonstration in unmittelbarer

Franz Xaver Hartl: Kurt Eisner, dessen Frau und Sekretär Felix Fechenbach (halbverdeckt hinter der Fahne) während der Demonstration am 16. Februar 1919 in der Sendlingerstraße, Postkarte.

Nähe Eisners als Zeichen der Kritik an seiner Politik mitge-führt und von ihren Trägern dem Fotografen vermutlich in ironischer Absicht präsentiert. Doch ohne Kenntnis der historischen Situation werden die Differenzen zwischen Eisner und den Räteanhängern aus den Aufnahmen nicht ersichtlich. Gemäß herrschenden Interpretationsgewohnheiten muß der Betrachter derartiger Kundgebungsfotos auf die Interessenidentität und den politischen Konsens der unter einer Parole versammelten Demonstranten schließen. Die Aufnahmen vermitteln also eher die Vorstellung eines von der Sympathie der Menge getragenen Ministerpräsidenten,

der sich seiner politischen Gefolgschaft sicher zu sein und unter der Rätedevise die Demonstranten anzuführen schien. In diesem Sinne wurde Hartls Fotografie von der jüngeren historischen Forschung sogar als Beweismaterial instrumentalisiert, ein im übrigen seltener argumentativer Umgang mit Fotografien in der Geschichtsschreibung. Bei Hermann Schueler sollte sie die These von Eisners nun entschiedener Räteanhängerschaft stützen; als habe sich Eisner geradezu bekennerisch mit der Schrifttafel fotografieren lassen.[103]

Für konservative Zeitgenossen war Eisners verschwörerischer Pakt mit den »Bolschewisten« ausgemachte Sache.[104] Sein Auftritt bestätigte das nur. Gemessen am Bild feierlich geordneter monarchischer Selbstdarstellung war diese unrituelle Präsentation des bayerischen Ministerpräsidenten würdelos. So projizierte denn auch Josef Hofmiller seine Aversion gegen Eisner in eine der Fotografien und deutete sie als Beleg für den Zerfall staatlicher Autorität: »Eine Photographie gekauft: Eisner steht im Wagen, neben ihm eine junge Dame, wahrscheinlich seine Tochter. Er schaut finster auf die Volksmenge, die ihn nicht minder finster anstarrt. Kein Mensch grüßt. Alles steht, den Hut auf dem Kopf, und schaut, man kann nicht einmal sagen feindselig, sondern ohne jeden Ausdruck außer dem stupider Neugier. Hinter dem Auto trägt einer ein Plakat: ›Die Reaktion marschiert. Hoch das Rätesystem!‹ Vorn eine rote Fahne, ebenfalls mit Plakat ›Die Reaktion marschiert‹ Keine Stimmung, von Schwung gar nicht zu reden. Tristes, sinnloses Gedränge. Keine Ab-

Franz Xaver Hartl: Kurt Eisner auf der Demonstration am 16. Februar 1919, Postkarte.

Heinrich Hoffmann: Demonstration auf der Theresienwiese, im Hintergrund die St. Paulskirche, Postkarte.

Heinrich Hoffmann: Demonstrationszug der Räteanhänger auf der Theresienwiese, 16. Februar 1919.

Heinrich Hoffmann: Demonstranten am 16. Februar 1919 auf der Theresienwiese, Postkarte.

sperrungsmaßregeln. Der Wagen blieb offenbar im Gedränge stecken.«[105]

Hoffmann fotografierte nur während der Kundgebung auf der Theresienwiese, wo sich die Demonstrationsteilnehmer mit den Vertretern der ›Arbeiter- und Soldatenräte‹ und dem als Hauptredner vorgesehenen Ministerpräsidenten versammelt hatten. Seine Aktivitäten konzentrierten sich dort in erster Linie auf die Dokumentation der prägnanten Symbolik der Kundgebung und der zahllosen, von den Demonstranten mitgeführten Transparente, Bild- und Schriftplakate, auf denen sich die politischen Parolen der Rätebewegung provo-

kant artikulierten. In dieser Absicht hielt er auch die Demonstranten, die sich in langen Zügen zwischen der St. Paulskirche und der Bavaria aufgestellt hatten, fest. Die von der revolutionären Linken massiert verwendeten Formen visuell-plakativer Willensbekundung waren fester Bestandteil der politischen Erscheinungsform der deutschen Revolution und wurden von den damaligen Illustrierten häufig publiziert.[106]

Chronisten der Demonstration zeigten sich von den neuen Ausdrucksmöglichkeiten politischer Gegenöffentlichkeit sichtlich beeindruckt. So schwärmte Erich Mühsam mit einem Seitenhieb auf Eisner: »... und er konnte den Geist, der das Proletariat erfüllte, an den Aufschriften der Plakate erkennen, die der ›Revolutionäre Arbeiterrat‹ verteilte und um die sich die Männer und Frauen scharten ... Da las man: ›Gedenkt Karl Liebknechts und Rosa Luxemburgs!‹, ›Alle Macht den A-B und S. Räten!‹, ›Das souveräne Volk läßt sich von keinem Staatsanwalt seine Revolution verbieten!‹, ›Hoch Lenin und Trotzki!‹, ›Laßt Euch durch Schwätzer nicht vertreten, selbst herrscht das Volk in seinen Räten!‹, ›Die Arbeiter- und Soldatenräte tanzen nicht nach der Landtagsflöte!‹, ›Arbeiterblut ist genug geflossen – Entwaffnet die weißen Garden, Genossen!‹, ›Acht Tage noch so weiter leiern und Bluthund Noske schießt in Bayern!‹ ... Der ›Revolutionäre Arbeiterrat‹ als Organisator des Ganzen trug ein mächtiges revolutionäres Emblem vor sich her und wurde stürmisch begrüßt.«[107]

Das von Mühsam als Zeichen revolutionären Elans wahrge-

Demonstrationstransparent des ›Revolutionären Arbeiterrates‹ vom 16. Februar 1919, Postkarte.

Heinrich Hoffmann: Demonstration am 16. Februar 1919 auf der Theresienwiese. Mitglieder der Münchener Kommunistischen Partei mit den Bildtafeln der ermordeten Rosa Luxemburg und Karl Liebknecht.

nommene »Emblem« war freilich der Rückgriff auf eine althergebrachte Zukunfts-Allegorie der sozialistischen und syndikalistischen Bewegung. [108] Von unbekannter Hand wurde eine Aufnahme des Transparents als Postkarte veröffentlicht – ein zu diesem Zeitpunkt seltenes Beispiel für die fotografische Dokumentation revolutionärer Symbole der deutschen Arbeiterbewegung. Während der bürgerliche Fotograf Hoffmann auf einer seiner Demonstrationsfotografien gewissermaßen den Gebrauchswert des »revolutionären Emblems« darstellte, machte jener Kollege daraus ein »Museumsstück«.

Hoffmanns Abbildungsinteresse galt auch prominenten Teilnehmern der Kundgebung. Politische Antagonisten hielt er in einer überraschend unkonventionellen Gestaltungsweise fest. Paradigmatisch ist dafür sein Schnappschuß vom bayerischen Ministerpräsidenten. Im Unterschied zu Hartl und anderen Fotografen, die Eisner an sich und ihrer Kamera vorbeiziehen ließen, verfolgte ihn Hoffmann im Stil eines modernen Pressefotografen. Deutet seine Aufnahme auch die Aufdringlichkeit eines agilen Bildberichterstatters an, der eingekeilt in der Menge die Aufmerksamkeit des Ministerpräsidenten für einen Schnappschuß zu erregen wußte, so hat ihm in der Hektik des Abbildungsvorganges die damalige Fototechnik einen Streich gespielt. Auf der Aufnah-

me ist die Physiognomie Eisners nur verschwommen erkennbar, selbst eine Retusche konnte hier keine Abhilfe schaffen. Freilich war so magere Ausbeute mitunter ein Problem zeitgenössischer Pressefotografen, die sich mit unhandlichen Kameras herumschlagen mußten, bedingten doch deren lichtschwache Objektive und die relativ unempfindlichen Glasplatten noch lange Expositionszeiten.

Von Hoffmanns Suche nach weiteren bekannten Personen der Zeitgeschichte zeugt eine andere, während der Demonstration angefertigte Fotografie, die Gustav Landauer und Erich Mühsam inmitten einer kleinen Gruppe von Kundgebungsteilnehmern abbildet. Die Postkartenausgabe der Aufnahme ist eine Rarität, denn damit wurde zum einzigen Mal ein Anhänger des Rätesystems als homo politicus (»Arbeiterrat Landauer« der Inschrift nach) ausgewiesen. [109] Die Ungezwungenheit der Rätepolitiker und ihre heitere Zuwendung zum Fotografen verleihen der Aufnahme eine Unmittelbarkeit, wie sie erst in den Politikeraufnahmen von Pressefotografen der Zwanziger Jahre erreicht wurde. Dieser spontan zustandegekommenen Selbstdarstellung kann ein Gruppenporträt anderer Demonstrationsteilnehmer gegenübergestellt werden, das in traditioneller Weise nach vorheriger Absprache von einem unbekannten Amateurfotografen aufgenommen wurde. Abgebildet sind Mitglieder der Mün-

Heinrich Hoffmann: Ministerpräsident Kurt Eisner unter den Demonstranten auf der Theresienwiese, links im Hintergrund mit Pelzmütze Gustav Landauer, 16. Februar 1919, Postkarte.

Heinrich Hoffmann: Gustav Landauer und Erich Mühsam (links neben Landauer) als Teilnehmer der Rätedemonstration auf der Theresienwiese, 16. Februar 1919.

Unbekannter Amateurfotograf: Mitglieder der Münchener Kommunistischen Partei während der Demonstration auf der Theresienwiese am 16. Februar 1919 (vom Erkennungsdienst der Polizeidirektion München nach dem 1. Mai beschriftet).

chener Kommunistischen Partei, die sich vor seiner Kamera mit Transparenten und zwei überlebensgroßen, handgemalten Porträts von Rosa Luxemburg und Karl Liebknecht versammelten. Ihre Selbstdarstellung trägt unübersehbar bekennerisch-anklägerische Züge. Präzisiert wird sie durch die Botschaften der dem Fotografen entgegengestellten Bild- und Schrifttafeln, die vor allem den Mord an den Berliner KPD-Führern anprangern. Auch wenn der Inszenierungsstil der Amateuraufnahme nicht neu ist, haben wir in ihr dennoch den historisch neuen Typus eines vermehrt in den späten Zwanziger Jahren auftretenden Gruppenbildes zu sehen, der den Abgebildeten die unmißverständliche Darstellung ihrer politischen Gleichgesinntheit und Gruppensolidarität zusicherte. Vorläufer solcher Fotografien finden sich vereinzelt – man denke an die Gruppenporträts von Maidemonstranten – in dokumentarischen Aufnahmen der Arbeiterbewegung vor dem Ersten Weltkrieg.[110]

Was im Winter 1919 als privates Dokument einer offenen Selbstdarstellung oppositionell-solidarischer Gesinnung gedacht war, wurde nach dem Sieg der Gegenrevolution zum Mittel von Denunziation und medialer Kriminalisierung. Die Aufnahme geriet in die Hände der Polizei, die sie zur Identifizierung von prominenten Mitgliedern der Münchener Kommunistischen Partei benutzte und sie später Hoffmann für seinen Bilderatlas zur Verfügung stellte.[111] Ausdruck der totalen Inbesitznahme eines privaten Fotos durch die Organe des Staates und der radikalen Umkehrung seiner ursprünglichen Funktion ist, daß die unbeschriftete Originalaufnahme in den Archiven nicht vorhanden ist. In den polizeilichen Akten finden sich hingegen zahlreiche Abzüge der kriminalistisch zugerichteten Fotografie.[112]

EISNERS ERMORDUNG UND TRAUERFEIERLICHKEITEN

Am 21. Februar 1919 wurde der amtierende bayerische Ministerpräsident Kurt Eisner auf dem Wege zum Landtag, wo er seinen Rücktritt bekannt geben wollte, von dem zweiundzwanzigjährigen Grafen Arco-Valley ermordet.[113] Der Monarchist Arco rechtfertigte später seine Mordtat durch ein Bekenntnis, in dem sich Antisemitismus, Sozialistenhaß und Nationalismus mischen: »Eisner strebt nach der Anarchie, er ist Bolschewist, er ist Jude, er ist kein Deutscher, er fühlt nicht deutsch, er untergräbt jedes deutsche Gefühl, er ist ein Landesverräter. Das ganze Volk schreit nach Befreiung. Also! Mein Grund: ich hasse den Bolschewismus, ich liebe mein Bayernvolk, ich bin ein treuer Monarchist, ein guter Katholik. Über alles achte ich die Ehre Bayerns. Darum hoch die Monarchie, hoch Rupprecht!«[114]

Eisners Ermordung löste eine folgenschwere Entwicklung aus. Aufgebracht durch das Attentat erschoß Alois Lindner – Mitglied des ›Revolutionären Arbeiterrates‹ – im gerade zusammengetretenen Landtag den Abgeordneten Osel und ei-

Erkennungsdienst der Polizeidirektion München: Rekonstruktion des Attentats vom 21. Februar 1919 im Sitzungssaal des Bayerischen Landtags, an der rückwärtigen Wand Repräsentationsbildnis Maximilians II., 23. Februar 1919.

nen Offizier und verwundete den Führer der Mehrheitssozialisten Erhard Auer schwer.[115] Es ist bezeichnend für das
Mißtrauen der revolutionären Arbeiterschaft gegenüber den
mehrheitssozialistischen Parteiführern, daß Lindner offenbar Auer als Drahtzieher des Attentats auf Eisner vermutete.
Der Landtag flüchtete daraufhin aus München und noch am
Tage der Ermorderung Eisners konstituierte sich der ›Zentralrat der bayerischen Republik‹.[116] Er verhängte für mehrere Tage den Belagerungszustand und verbot die Presse, die,
zeitweilig unter Vorzensur stehend, erst nach Eisners Bestattung wieder erschien. Innerhalb der Münchener Arbeiterschaft kam es zu einem jähen Stimmungsumschwung:
»Kurt Eisner, wenige Tage noch zuvor bespöttelt und als politisch gescheitert betrachtet, war nun auf einmal der Märtyrer der Revolution, dessen Vermächtnis es zu erfüllen
galt«.[117] Die Gründe für die erstaunliche Sympathie und Popularität, die der tote Ministerpräsident trotz aller vorausgegangenen Auseinandersetzungen um seine Person und Politik genoß, sind vor allem darin zu sehen, daß seine Ermordung als ein reaktionäres Komplott aufgefaßt wurde. Erich
Mühsam deutete die Situation: »Somit charakterisierte sich
der Mord als ein gegen die proletarische Revolution selbst
gerichtetes Unternehmen, die eben Eisner durch seinen Tod
vor dem Untergang, dem er sie auszuliefern ... stand, rette-
te. Als Attentat auf die Revolution wurde die Bluttat denn

›Neue Zeitung‹, 1. Jg., 1919, Nr. 52, 22. Februar 1919.

Annonce, ›Neue Zeitung‹, 13. März 1919.

Annonce, ›Neue Zeitung‹, 13. März 1919.

auch vom Proletariat bewertet, und es war nur natürlich, daß
im Augenblick nach seiner Ermordung sich alle Sympathien
Eisner zuwandten. Er war mit seinem Tode zum Symbol der
bayerischen Revolution geworden, und der Drang nach Rache war am stärksten gerade bei den Kämpfern des Proletariats, die bisher Eisners Politik auf das Erbittertste bekämpft
hatten.«[118]
Der Tote genoß in diesen Tagen als Integrationsfigur des
Proletariats eine fast kultische Verehrung. In ihrer Massenentfaltung ist sie für die Münchener Nachkriegszeit bei-
spiellos geblieben. Sie manifestierte sich vor allem an der
Stelle seiner Ermordung in der Promenadestraße und kulminierte während der Trauerfeierlichkeiten, die halb München auf die Beine brachten. Diese Sympathiebekundung
war weitgehend vom spontanen Verhalten der Bevölkerung
bestimmt. Nur während der Bestattungsfeierlichkeiten wurde sie in die althergebrachte Form staatlich organisierter
Trauerritualität gelenkt.
In der dokumentarischen Fotografie dieser Tage, die auf
Hoffmann und einige zum Teil unbekannte Fotografen zurückgeht, hat sich die Anteilnahme der Massen eindrucks-
voll niedergeschlagen.[119] Bereits kurz nach der Ermordung
Eisners setzte ein wahrer Bildboom auf dem lokalen Fotopostkartenmarkt ein. Dagegen ignorierten die Bild-Magazi-

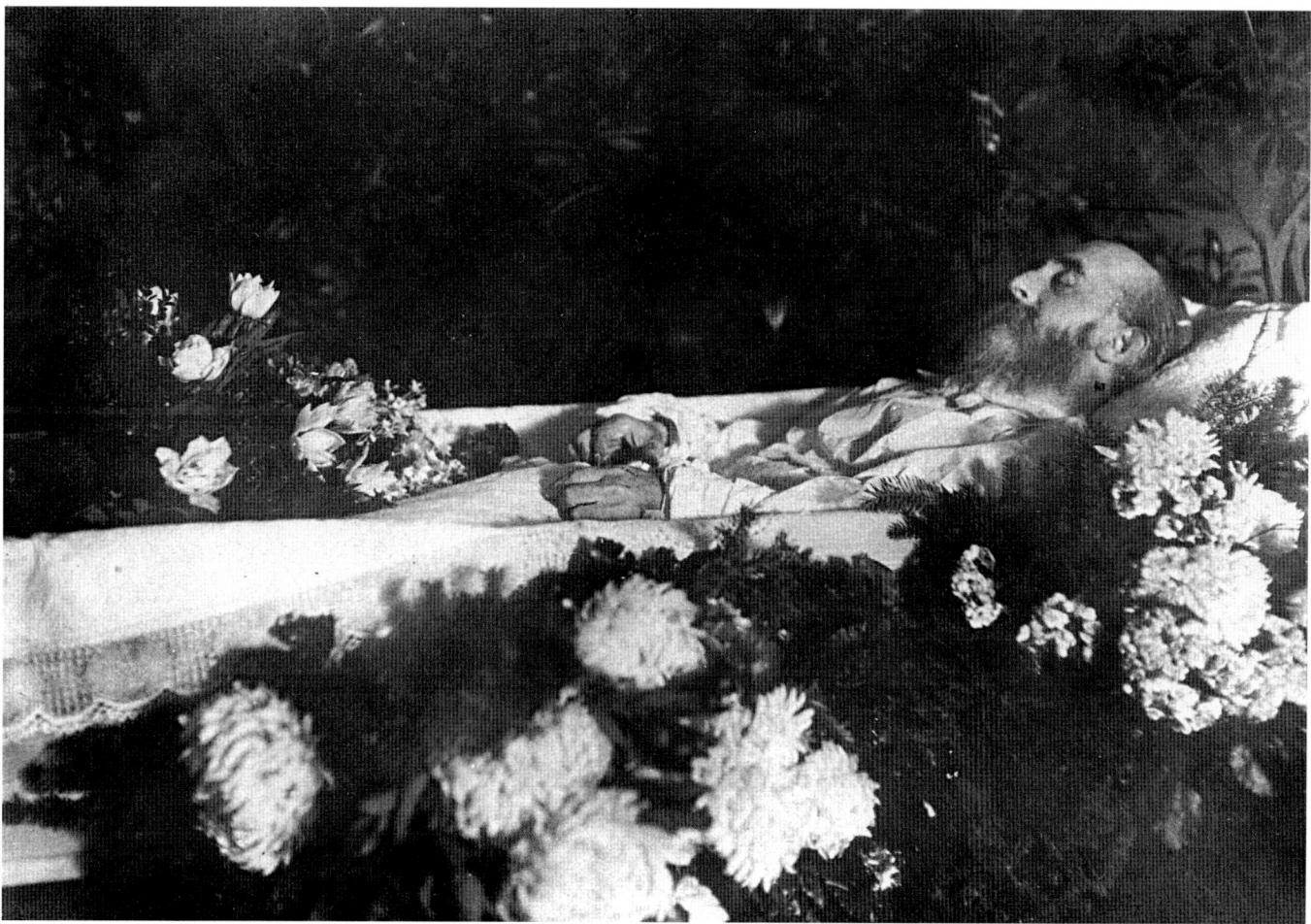

Germaine Krull: Kurt Eisner auf dem Totenbett, Februar 1919.

ne Münchens den Tod Eisners fast vollkommen. Die überregionalen Illustrierten berichteten zwar über die Mordtat Arcos, versuchten sie aber zu bagatellisieren. [120]

In München kursierten zahlreiche Porträts von Eisner, Fotopostkarten des Attentatsortes und eine Fülle von Fotografien der Trauerumzüge und Bestattungsfeierlichkeiten. Der Ausstoß dieser Bildermassen begann schon am Todestage Eisners; vor allem während der Beisetzungsfeierlichkeiten boten zahlreiche ambulante Händler mit großem Erfolg »Eisnerandenken«, Fotopostkarten und fotografische Kunstblätter an. [121] Eine mögliche Nutzung der Fotopostkarte für eine mediale Gegenöffentlichkeit wurde nun erstmalig in Ansätzen sichtbar; freilich nicht in einem erklärt politischem Sinne, obwohl jetzt auch sozialistische Verleger auf dieses Medium zurückgriffen und Eisner-Gedenkkarten produzierten. Der visuelle Kult um den Toten stilisierte Eisner in politischer Hinsicht allenfalls zur patriarchischen und prophetenhaften Inkarnation eines demokratisch-freiheitlichen Staatsgedankens. Anklägerische Züge gegen die Gewaltsamkeit seines Todes trug dieser Bildgebrauch nicht. [122]

Allemal paßte eine anklägerische Verwendung der Fotografien nicht zur Todesrhetorik der Eisner-Nekrologe in den sozialistischen Presseorganen, die überwiegend seine symbolische Unsterblichkeit als »Märtyrer der Revolution« und als Garant der »Auferstehung des Volkes« verkündeten. Die starke Betonung der ideellen Unsterblichkeit Eisners und seines Fortlebens im kollektiven Gedächtnis ließe vielleicht auch erklären, warum die Fotografie seines aufgebahrten und geschmückten Leichnams von Germaine Krull nicht öffentlich angeboten und nur für Vertraute der Familie Eisner vervielfältigt wurde. [123]

Vor allem verschiedene Porträts des Ermordeten erreichten einen hohen Verbreitungsgrad. Die ansonsten fast bildlosen sozialistischen und republikanischen Zeitungen und Zeitschriften Münchens druckten auf ihren Titelseiten Bildnisse Eisners ab – ausnahmslos Nachbildungen der Porträts Germaine Krulls in Holzschnitt- und Holzstichtechnik. Als Originaldrucke wurden sie teilweise auch auf dem Kunstmarkt angeboten. [124] Auf dem Postkartenmarkt wurden seine Porträts in zahlreichen Varianten – zum Teil mit Trauerrand oder Sinnsprüchen in einer allgemein gehaltenen Freiheitsrhetorik – verbreitet. Zugleich wurden sie auch als großformatige »Wandschmuck- und Kunstblätter« offeriert, um vor allem das Bildbedürfnis proletarischer Schichten zu befriedigen. Herstellung und Vertrieb der teils in Massenauflagen vervielfältigten Bildnisse lagen dabei in der Hand verschiedener Verleger. [125] Politische Differenzen waren in diesem Bildgebrauch zeitweilig aufgehoben. So berichtete Eugen

Heinrich Hoffmann: Menschenauflauf in der Promenadestraße (heute Kardinal-Faulhaber-Straße) an der Ermordungsstelle Kurt Eisners, links das Ministerium des Äußeren, 23. Februar 1919.

Leviné in einem Brief an seine Frau über Eisners Verehrung unter Münchener Kommunisten: »Meine Freunde hier sind die reinsten Kinder ... Es herrscht eine ungeheure Verwirrung. Die meisten Mitglieder tragen an ihrer Brust die Bilder von Karl Liebknecht und Kurt Eisner friedlich beieinander. Wenn man sie darauf aufmerksam macht, erklären sie: ›Auf unseren Eisner lassen wir nichts kommen. Er war ein aufrechter Revolutionär‹«.[126] Auch Ernst Müller-Meiningen registrierte diesen proletarischen Bildgebrauch: »Die Massen ... wurden wie von einem Taumel befangen ... Eisner war durch die unglückselige Kugel der große unsterbliche ›Befreier des Proletariats‹ In jeder Arbeiterwohnung befand sich damals sein Bild.«[127]

Weit verbreitet waren auch Fotografien des Tatortes in der Promenadestraße. Die Stelle, an der Eisner zusammengebrochen war, wurde zu einem provisorischen Denkmal ausgestaltet. Hier entstand eines der seltenen Beispiele proletarischer Denkmalsöffentlichkeit in der Weimarer Republik. Tausende von Münchnern besuchten die Mordstätte, die in der textlichen Überlieferung als Schauplatz einer ergreifenden Trauerbekundung des Proletariats oder aber als Wallfahrtsort eines lächerlichen Märtyrerkults der Massen eine bedeutsame Rolle spielte.[128] Schon am Todestag Eisners

wurden am Attentatsort ein Gedenk- und Totenmal errichtet, in dessen Zentrum ein überlebensgroßes, von einem Trauerkranz gerahmtes und auf einer Gewehrpyramide befestigtes Fotoporträt Eisners imaginäre Gegenwart symbolisierte.[129] Um diesen provisorischen »Epitaph« entwickelte

Heinrich Hoffmann: Menschenauflauf beim Max-Tor, Blick in die Prannerstraße, 23. Februar 1919.

Heinrich Hoffmann: Kurt Eisners Ermordungsstelle in der Promenadestraße, Ende Februar 1919.

Heinrich Hoffmann: Gedenkmal an Eisners Ermordungsstelle, Ende Februar 1919, Postkarte.

Gedenkmal an Eisners Ermordungsstelle, Ende Februar 1919, Postkarte.

sich ein von Soldaten bewachter gewissermaßen sakraler Bezirk. Darin niedergelegte Blumengebinde und Kränze verstärkten den Eindruck eines grabähnlichen Erinnerungsmales, das in dieser Form bis in die Apriltage bestand.[130] Versuche, diese flüchtige Denkmalsöffentlichkeit dauerhaft zu machen, scheiterten später jedoch an den politischen Machtverhältnissen in München.[131] In den frühen Zwanziger Jahren an anderer Stelle errichtete, bescheidene Eisner-Denkmäler wurden kurz nach Beginn der faschistischen Herrschaft zerstört.[132] 1919 war diese öffentliche Huldigung eines sozialistischen Politikers in ihrer symbolischen Form für deutsche Verhältnisse neu und unterschied sich erheblich von dem gewohnten rituellen Denkmalsgebrauch bürgerlicher Öffentlichkeit.

In seinem Roman ›Wir sind Gefangene‹ hat Oskar Maria Graf die Ereignisse in der Nähe des Attentatsortes emphatisch beschrieben: »Alle Menschen liefen mit verstörten Gesichtern stadteinwärts. Je weiter ich kam, desto aufgeregter wurde die dumpfe Hast. Vor dem Landtag ballte sich ein schwarzer Menschenknäuel, Soldaten und bewaffnete Zivilisten waren darunter. Ich stürmte weiter . . . an den Mordplatz. Da hatten sich Hunderte schweigend um die mit Sägespänen bedeckten Blutspuren Eisners zu einem Kreis ge-

staut. Fast niemand sagte ein lautes Wort, Frauen weinten leis und auch Männer. Etliche Soldaten traten in die Mitte und errichteten eine Gewehrpyramide . . . Viele legten Blumen auf dem Platz, immer mehr und mehr. Plötzlich fuhr vorne am Promenadeplatz ein vollbesetztes Lastauto mit dichten Fahnen und Maschinengewehren vorüber, und laut schrie es herunter ›Rache für Eisner!‹ Furchtbar wie ein Sturmsignal klang es und furchtbar, wie ein gellender, verzweifelter Aufschrei brach es aus den Hunderten: ›Rache! Rache für Eisner!‹«[133]

Als einziger Fotograf überlieferte Hoffmann den Auflauf der Münchener Bevölkerung in der Promenadestraße und an der abgesperrten Prannerstraße.[134] Offenbar lag ihm gerade in Hinblick auf die überregionale Presse als Abnehmer seiner Bilder an einer lokal signifikanten Darstellung – besonders deutlich bei einer Aufnahme des von Schaulustigen umringten Attentatsortes, die die Türme der Frauenkirche mit ins Bild rückt. Durch seine gestalterische Entscheidung kommt allerdings das geschmückte Erinnerungsmal kaum zur Geltung, so daß es Hoffmann auf seiner Postkartenausgabe mit einem Kreuz markieren mußte. In anderen, weitaus häufiger verbreiteten Fotografien wurde es zum dominanten Bildmotiv. Mit solchen Aufnahmen versuchten ne-

Gedenkmal an Eisners Ermordungsstelle, Ende Februar 1919, Postkarte.

ben Hoffmann verschiedene Fotografen, den Tatort als Schauplatz trauernder Verehrung zu überliefern und das am Totenmal angebrachte Porträt nochmals in einem allegorisch bedeutungsvollen Rahmen dem öffentlichen Bildermarkt zuzuführen.

Vor allem auf einigen, in hoher Auflage als Postkarten verbreiteten Aufnahmen Hoffmanns artikuliert sich die Betroffenheit über Eisners Tod in den Gestalten republikanischer Soldaten. Ihr trauernder Ernst gibt den Fotografien fast ein anklägerisches Moment; nicht auszuschließen ist ein inszenierender Eingriff des Fotografen, um ein repräsentatives Bild proletarischer Gefolgschaft zu bekommen. Selbst die ansonsten der Novemberrevolution und Eisner distanziert gegenüberstehende Ricarda Huch zeigte sich von dem Ausdrucksgehalt der Fotografien beeindruckt: »Auch die Eisnersche Todesstelle ... wurde sofort photographiert und auf Ansichtskarten verkauft, so daß man das Bild nebst bewachenden Soldaten sehen konnte, ohne sich einem Tellenschicksal auszusetzen. Der Anblick dieser jungen Soldaten mit ihren traurigen Gesichtern wendet mir plötzlich das Herz um: Für sie war der Ermordete vielleicht ein Heiliger gewesen, und sie betrachteten ihn ehrlich als einen väterlichen Beschützer und Helden. Was gilt demgegenüber, was er wirklich war? Und war nicht doch vielleicht ein Funken echter Liebe zu den Armen und Enterbten in ihm? Ja, es ließe sich denken, daß der Morgen für eine neue Schicht Menschen angebrochen wäre, die dankbar zu einem Kurt Eisner

aufblickten, der sein Leben für sie eingesetzt und sie erlöst habe.«[135]

An gleicher Stelle findet sich in ihren Aufzeichnungen eine von unverhohlener Antipathie getragene Beschreibung eines proletarischen Bild- und Märtyrerkults, der vielleicht auch gewalttätige Züge annahm, wenn Neugierige es an Ehrerbietung fehlen ließen: »Eine Hausgehilfin kam mit dem Glockenschlage sieben aus der Stadt zurück und berichtete, daß an der Stelle des Attentats Eisners Bild, von Kränzen umgeben, aufgestellt sei, daß es von Soldaten mit aufgepflanztem Bajonett bewacht werde, die jeden verprügelten, der nicht den Hut vor dem Bild lüftete; ferner, daß Leute Tücher in Eisners Blut tauchten und sie als Reliquie nach Hause trügen ... Wir haben bis in die Nacht hinein gelacht!«[136]

In ähnlicher Weise berichten auch andere bürgerliche Autoren. Ihre Entrüstung galt vor allem dem angeblichen Gebrauch des Totenmales als Mittel proletarischer Machtdemonstration. Dies bezeugt trotz aller kulturideologischen Kaschierungen, daß selbst schon eine bescheidene proletarische Bild- und Denkmalsöffentlichkeit als Bedrohung des bürgerlichen Öffentlichkeitmonopols empfunden wurde. Ein Indiz für tyrannischen Denkmalgebrauch sahen die haßerfüllten Kommentatoren besonders darin, daß hinter dem Mahnmal ein Zettel mit der Inschrift »Proletarier, Hut ab!« angebracht war. Die Aufforderung, dem durch sein Bildnis repräsentierten Toten Reverenz zu erweisen, wider-

Heinrich Hoffmann: Passanten vor dem Plakatanschlag »Bestattung von Kurt Eisner«. 25. Februar 1919, Postkarte.

sprach im übrigen keinesfalls dem bürgerlichen Verhaltenskodex und war normativer Bestandteil damaliger Todessitten. So hätte man aus jenem Appell auch die solidarische Sorge herauslesen können, daß eben die Proletarier auf die Allgemeinverbindlichkeit der Norm hingewiesen werden müßten. Spätere Publizisten konstruierten daraus eine geradezu diktatorische Kultfunktion des Totenmales und koppelten dies durchgehend mit Schilderungen gewalttätiger Eisner-Anhänger. Bereits der Begleittext in Hoffmanns Revolutionsatlas verknüpfte eine dort reproduzierte Fotografie der Gedenkstätte mit Zerstörungsphantasien: »Und wer vorübergeht, muß, wie zu des seligen Geßler Zeiten, das Haupt entblößen! Um vier Uhr stürmt man die Zeitungen. Man wirft die Blätter auf die Straße und zündet sie an. Ein mächtiges Totenfanal steigt zum Himmel. Rache für Eisner! Und für viele ist's wie im November: wie könnte man sich besser rächen als durch Plündern.«[137]

Die Rezeption dieser Aufnahmen brach nicht ab. In den sozialistischen und kommunistischen Presseorganen dienten sie als Belege für die schlichte Trauerarbeit des Proletariats.[138] Faschistische Publizisten hielten mit ihnen hingegen die Erinnerung an das Totenmal für Eisner als abschrekkendes Beispiel eines würdelosen, »proletenhaften« Totenkults um einen »Novemberverbrecher« wach. So hieß es 1929 im ›Illustrierten Beobachter‹: »An der Stelle, wo der Jude Eisner zu seinen Vätern abberufen wurde, stellte seine

Bekanntmachung über den Verlauf der Trauerfeierlichkeiten für Kurt Eisner 23. Februar 1919, Plakat.

Aufstellung des Trauerzuges für Kurt Eisner auf der Theresienwiese, 26. Februar 1919, Postkarte.

verführte Garde sein Bild auf und zwang die Vorübergehenden, verehrungsvoll den Hut zu ziehen.«[139]

Zeugten schon die Geschehnisse am Ort des Attentats von breiter Betroffenheit über Eisners Tod, so wurde sein Begräbnis am 26. Februar 1919 zu einer außergewöhnlichen Trauerbekundung der Bevölkerung. Annähernd hunderttausend Menschen nahmen an den Bestattungsfeierlichkeiten teil, wie sie in den Augen seiner Parteigänger als imposante Demonstration des Proletariats »wohl gewaltiger keinem Großen der Erde«[140] bereitet wurden. Auch die bürgerliche Presse zeigte sich unter der versöhnlichen Devise »De mortuis nil nisi bene« überwältigt: »In ihrer reichen Geschichte hat die bayerische Hauptstadt wohl viele prunkvolle Leichenzüge zu verzeichnen, aber keinen, der, was Massenentfaltung anlangt, denjenigen übertrifft, der am Vorfrühlingstage des 26. Februar halb München in Bewegung setzte.«[141]

Als massenhaftes Votum für die Politik des Sozialisten Kurt Eisner ist diese Demonstration kollektiver Trauer jedoch nicht so ohne weiteres zu werten. Massenintegrativ dürften sich auch hier traditionelle Todessitten und -vorstellungen ausgewirkt haben. Trotz aller klassenkämpferischen Akzente ihrer Leichenreden waren auch die Organisatoren auf eine weitgehende Entpolitisierung der Veranstaltung bedacht und untersagten jegliche politische Willensbekundung. Die Trauerveranstaltung verlief weitgehend in der herkömmlichen Form feierlicher Staatsbegräbnisse, enthielt aber auch Elemente einer symbolischen Repräsentanz der Volkssouve-

ränität. Verschiedene Abordnungen der arbeitenden Klassen – so die Penzberger Bergleute – und Vertreter der Gewerkschaften mit den Traditionsfahnen der Arbeiterbewegung marschierten im Trauerzug mit. Die Feierlichkeiten blieben jedoch eine vorwiegend bayerische Angelegenheit. Weder waren Vertreter der Reichsregierung bei der Totenfeier zugegen, noch hatte die mehrheitssozialistische Parteiführung einen namhaften Repräsentanten geschickt.

Der Beisetzungstag, dessen Verlauf eine »Bestattungskommission« auf verschiedenen Schriftplakaten bekanntgemacht hatte, wurde zum »Landestrauertag« bestimmt und eine Schließung aller Betriebe in Bayern angeordnet.[142] Am Morgen des 26. Februar setzte sich der Trauerzug von der Theresienwiese aus zum Ostfriedhof in Bewegung, nachdem an der Bavaria vom Arbeitersängerchor und dem Nationalopernchor unter »Begleitung sämtlicher Militärmusikkorps« der von Kurt Eisner verfaßte »Gesang der Völker« intoniert worden war. Angeführt wurde der Zug von einer Musikkapelle des ehemaligen ›Königlichen Leibinfanterie-Regiments‹ und dem Chor des Nationaltheaters. Danach folgten zahlreiche Künstler, Vertreter der Münchener Stadtgemeinde und »bekannte Persönlichkeiten aus den sozialdemokratischen Parteien«, schließlich verschiedene Kranzdeputationen, Abordnungen aller Münchener Regimenter, russische Kriegsgefangene, Vertreter der bayerischen Bergleute und zu guter Letzt eine riesige Menge nichtorganisierter Teilnehmer, darunter in regelmäßigen Abständen zwanzig Musikkapellen.

Heinrich Hoffmann: Delegation der russischen Kriegsgefangenen vor der Einsegnungshalle des Ostfriedhofes, 26. Februar 1919.

Der Trauerzug, den Tausende von Münchener Bürgern als Zuschauer verfolgten, führte unter dem Geläut der Kirchenglocken durch die feierlich geschmückte Stadt: »Das feurige Rot herrschte vor, wenn daneben auch das alte bayerische Weiß-Blau mit rotem Wimpel oder Trauerflor noch sein Recht behauptete. Das gleiche Farbenbild zeigte sich jedoch auch in der Beflaggung der Stadt. Nicht nur die öffentlichen Gebäude hatten rote und schwarze Trauerfahnen, wie selbst auf dem Wittelsbacher Palais eine gehißt war, auch Geschäfts- und Privathäuser hatten solchen Schmuck angelegt.«[143] Zum Abschluß des Trauermarsches versammelten sich die nichtorganisierten Kundgebungsteilnehmer auf dem Martinsplatz vor dem Ostfriedhof, um den Gedächtnisreden zahlreicher Redner zu lauschen, während die Deputationen im Areal des Ostfriedhofs für den Bestattungsritus Aufstellung nahmen.

Als einziges Ereignis der Revolutionsmonate erfuhren die Trauer- und Bestattungsfeierlichkeiten des ersten bayerischen Ministerpräsidenten eine nennenswerte Bildlichkeit auf dem Postkartenmarkt. Aus der intensiven Nachfrage nach einer aktuellen Vergegenwärtigung der Ereignisse schlug auch bereits das neue Medium Film Kapital. Schon am Tage nach der Bestattung Eisners wurden in einem Münchener Lichtspieltheater die »kinematographisch aufgenommenen Beisetzungsfeierlichkeiten« vorgeführt, die sich

dann über einen Monat lang auf dem Spielplan der Münchener Kinos behaupteten.[144] Diese ausführliche Visualisierung trug nicht allein der hohen Popularität des Toten Rechnung. Darin spiegelt sich wiederum ein Orientierungsmuster gegenüber dem Tod, das heute nicht mehr so selbstverständlich ist. Das Bedürfnis nach einer ikonischen Vergegenwärtigung eines prachtvollen Trauer- und Bestattungsrituals[145] – allemal das eines prominenten Staatsmannes – war noch fester Bestandteil sozio-kulturellen Verhaltens und sicheres Kalkül der Bilderindustrie.[146] Die Fotografien dieses Tages kamen denn auch traditionellen Anschauungsbedürfnissen nach einer ästhetischen Überhöhung des Todes entgegen. Dazu bedurfte es keiner besonderen Gestaltungsleistungen der Fotografen, die gewissermaßen nur ihren Wahrnehmungskonventionen folgten und tradierte Bildformeln benutzten. Teilweise fühlt man sich bei der Betrachtung der Fotografien sogar an die Erscheinungsformen monarchistischer Staatsbegräbnisse erinnert.

Fotopostkarten von großen Ereignissen der Zeitgeschichte wurden nicht nur als historische Dokumente gekauft, sondern fanden auch dann Absatz, wenn sich der Käufer auf den Aufnahmen selbst wiederfinden konnte. Damit war seine Teilnahme als Zeitgenosse dokumentarisch festgehalten und jederzeit mitteilbar. Für Fotografen lagen hier lukrative Erwerbsmöglichkeiten. Schon vor der Jahrhundertwende

Michael Greßberger: Kranzdeputation im Trauerzug für Kurt Eisner am Sendlingertorplatz an der Einmündung der Müllerstraße, im Vordergrund Mitglieder der Münchener Sozialistischen Parteien (u. a. Ernst Niekisch, Eduard Schmid und Franz Schmitt), 26. Februar 1919, Postkarte.

Michael Greßberger: Abordnung russischer Kriegsgefangener im Trauerzug für Kurt Eisner am Sendlingertorplatz, im Vordergrund der ›Soldatenrat des 1. Infanterieregiments‹, 26. Februar 1919, Postkarte.

Heinrich Hoffmann: Ankunft Gustav Landauers am Ostfriedhof, 26. Februar 1919, Postkarte.

riet Rudolf Dührkoop seinen Berufskollegen, sich diesem lohnenden Geschäft zuzuwenden: »Die Aufnahme von öffentlichen Aufzügen bei Turner-, Krieger-, Sänger-, und akademischen Festen, bei Trauerfeiern etc. bildet ein lohnendes Object in größeren Städten, wo bezügliche Anlässe häufiger vorkommen. Das Publikum kauft sehr gern Aufnahmen in freier Marschbewegung; ein Erinnerungsblatt, das ein Document der eigenen Theilnahme an bedeutenden Momenten bildet ist Manchem hocherwünscht. Auch werden solche Blätter ... von den Archiven der betreffenden Städte angekauft. Es genügt aber nicht, daß man eine kleinere Zahl von Aufnahmen macht, sondern man muß sich die Aufgabe stellen, möglichst den ganzen Zug aufzunehmen, denn jedes Negativ, auf welchem eine Anzahl Theilnehmer gut erkennbar sind, macht sich bezahlt ...«[147]

Entsprechend war auch die Produktionsstrategie Hoffmanns ausgerichtet, der die Feierlichkeiten im großen Rahmen geschäftlich auszuwerten verstand. Aus seinem prinzipiellen Interesse, möglichst viele Bilder zu verkaufen, ergaben sich eine Reihe gestalterischer und produktionstechnischer Überlegungen. Aufnahmen aus einer hohen Sicht schieden für ihn aus, da sich dann der Einzelne nicht mehr wiedererkennen konnte. Fotografierte Hoffmann dagegen aus geringer Distanz nur einen Teil der Menge, so war der Kreis der potentiellen Käufer entschieden eingeschränkt. Um diesem Dilemma zu entgehen, fixierte er aus leicht erhöhter Kameraposition an wenigen Standpunkten jeweils Ansichten verschiedener größerer Gruppen des Trauerzuges

und bediente sich zum anderen einer seriellen Bildproduktion. Der Schwerpunkt seiner Dokumentation lag denn auch primär auf der Erfassung der einzelnen Deputationen. Hoffmann bildete sie zumeist so ab, daß architektonische Elemente und die Zuschauermenge eine bildmäßige Rahmenfunktion einnahmen, die Mitglieder der Deputationen jedoch noch gut erkennbar blieben. Freilich reichte das nicht ganz aus. Eine optimale Abbildung war unter diesen Umständen erst dann gewährleistet, wenn die einzelnen Teilnehmer des Umzugs ihr Gesicht der Kamera zuwendeten. Und in der Tat hat es Hoffmann vermocht, die Aufmerksamkeit zahlreicher Trauergäste auf sich zu ziehen.

Hoffmanns Verwertungsinteresse als Postkartenverleger ging so weit, daß er mit dem Fotografen Greßberger zusammenarbeitete, der sich einen günstigen Standort am Sendlingertorplatz ausgesucht hatte. Die Vermutung liegt nahe, daß Hoffmann bei solchen umsatzkräftigen Ereignissen weitere Mitarbeiter beschäftigte. Diese sorgten sich um die Plattenentwicklung und den schnellen Abzug großer Mengen von Fotopostkarten, da die allermeisten Karten im unmittelbaren Anschluß an solche Veranstaltungen an den Mann zu bringen waren. An diesem Tag war Mobilität gefragt. Nachdem Hoffmann am Nockherberg verschiedene Gruppen aus dem Trauerzug abgelichtet hatte, brachte er seine Kamera auch vor dem Ostfriedhof in Position. Hier hielt er insbesondere die pittoreske Delegation der Penzberger Bergleute und die russischen Kriegsgefangenen, die ein überlebensgroßes Porträt Eisners mit sich trugen, fest. Daß er selbst in den russischen Soldaten mögliche Kundschaft sah, belegt eine dieser Aufnahmen, die als Fotopostkarte mit kyrillischer Beschriftung angeboten wurde.[148]

Ansonsten folgte Hoffmann seiner Neigung, relevante Ereignisse der Zeitgeschichte zu personalisieren. So fotografierte er den 2. Vorsitzenden des ›Soldatenrates‹ Fritz Schröder während seiner Trauerrede vor einer andächtig lauschenden Menge auf dem Martinsplatz. Auf seinen Fotopostkarten benannte er den Redner aber als Ernst Niekisch, der als Vorsitzender des ›Zentralrates‹ weitaus populärer war.[149] Hoffmanns Interesse an prominenten Zeitgenossen spiegelt sich auch darin, daß er die Witwe Eisners und den »Kommunist Landauer« (Postkartenbeschriftung) bei ihrer Ankunft am Ostfriedhof abpaßte. Weitere dieser beliebten Bilder von Leid und Trauer der Mächtigen waren ihm jedoch nicht möglich, da ihm – wie auch den Vertretern der bürgerlichen Presse – der Zutritt zu den Begräbnisfeierlichkeiten verwehrt blieb.

Dort wurde offensichtlich nur Franz Xaver Hartl als Fotograf zugelassen. Das erklärt sich vielleicht aus der Pressepolitik der Bestattungskommission, die dem Gewerkschafter und Mehrheitssozialisten Hartl aus politischen Gründen einen besonderen Status eingeräumt haben könnte. Die Beisetzungsfeier war indes auch nur einem kleinen Kreis von Verwandten und sozialistischen Politikern zugänglich, die, wie einige bürgerliche Zeitungen mokant vermerkten, »in Hofequipagen« zum Friedhof gebracht wurden, so »die amtierenden Minister und bekannte Führer, darunter Landauer, Levien, Toller und Mühsam.«[150] Im Mittelpunkt der Feier, auf der die Minister Unterleitner und Jaffé, der Berliner USPD-Abgeordnete Hugo Haase und als Vertreter der Münchener Kommunistischen Partei Max Levien Ansprachen hielten, stand eine Trauerrede Landauers, die vor allem den ethischen Sozialismus Eisners beschwor.[151] Im Anschluß daran fand das Leichenbegängnis statt; Matrosen trugen, gefolgt von Penzberger Knappen, den Sarg Eisners zur Einäscherungshalle.

Allen Beschwörungsformeln über den Ewigkeitscharakter des Gedenkens an Eisner zum Trotz fielen die Aufnahmen der Trauerfeierlichkeiten einer fast völligen medialen Ver-

Heinrich Hoffmann: Der 2. Vorsitzende des Landessoldatenrates Fritz Schröder als Trauerredner auf dem Martinsplatz vor dem Ostfriedhof, 26. Februar 1919, Postkarte.

Franz Xaver Hartl: Trauerfeierlichkeiten im Ostfriedhof, rechts im Vordergrund die Witwe Eisners, 26. Februar 1919, Postkarte.

drängung anheim und verschwanden alsbald in den Archiven als unliebsame Dokumente bayerischer Geschichte. Schon in der Berichterstattung der zeitgenössischen Illustrierten und den Revolutionsretrospektiven aus dem Jahre 1919 wurden die Feierlichkeiten fast ausnahmslos tabuisiert.[152] Zwar wurde in Hoffmanns ›Revolutionsatlas‹ noch eine Fotografie des Trauerumzugs abgebildet, bezeichnenderweise jedoch eine Aufnahme von den russischen Kriegsgefangenen.[153] Im Zusammenhang mit dem Begleittext, der ein chaotisches und von Plünderern beherrschtes München zeichnet, war das freilich nur noch als negative ideologische Botschaft und als weiterer Bildbeleg für die »Russifizierung der Münchener Verhältnisse« zu verstehen, die selbst vor dem Bezirk des Todes nicht haltmachte.

Symptomatisch für den Wandel des politischen Klimas in München unter der Herrschaft der Militärs war, daß nun – wahrscheinlich in der zweiten Jahreshälfte 1919 – auch Bildnisse von Eisners Mörder in mehreren Ausgaben auf dem Fotopostkartenmarkt vertrieben wurden. Sie müssen über einen längeren Zeitraum eine immense Verbreitung genossen haben.[154] Im Zuge einer auch auf medialer Ebene breitenwirksamen Restauration militärisch-nationaler Leitbilder waren mit den im ›Atelier Elvira‹ gefertigten Soldatenporträts Arcos sicherlich gute Umsätze zu erzielen, zumal der Anfang Januar 1920 abgehaltene Prozeß gegen Arco in der bürgerlichen Publizistik, die den Eisnermörder als idealistisch gesonnenen Attentäter zu stilisieren versuchte, starken und wohlwollenden Widerhall fand.[155] Vor allem völkische Medien feierten mit diesen, von Hoffmann auch an die überregionale Presse vermittelten Fotografien Arco als »Tyrannenmörder« und »Befreier Bayerns« auf ihren Titelseiten.[156] Bereits zum zweiten Jahrestag der Novemberrevolution ging er als Heroengestalt in den völkischen Mythos vom Weltkriegsende ein: »Das dunkelste Proletarierhirn durchzuckt die düstere Ahnung: Dieser Graf Arco ist ein Mann vom Scheitel bis zur Zehe, ist etwas anderes als die Lotterbuben, die uns Proletarier während der Revolution führten ... Tapferkeit, Todesverachtung und glühende Vaterlandsliebe sichern eben Bewunderung im germanischen Herzen ... Mit Schrecken werden sie gewahr, daß ihre Revolutionsgrößen von Schmutz und Dreck starren und daß neben der Reinheit Arcoscher Tat Großmannssucht, Phantasterei und Egoismus ihrer Volkstribunen unverhüllt aufmarschieren. Neben der kommunistisch-spartakistischen ... Welt gibt es glücklicherweise noch eine nationale deutsche Volkheit, die in Arco den Mann sieht, der Deutschland vom Bolschewistenvogt befreite ... Diesen Deutschen ist Arco der Ichmensch, der sein ganzes Ich jubelnd wegwirft für die Größe und das Glück seines Volkes ... Ihnen war Arco der letzte, der einzige Held, der übrig geblieben war von der tausendfachen Heldenschar, die in den Jahren 1914 bis zum jammervollen Novembertag von 1918 deutsche Tapferkeit, deutsche Treue unauslöschlich für ewige Zeiten mit goldenen Buchstaben in die Weltgeschichte eingeschrieben hatte«.[157]

Photo-Atelier Elvira: Graf Anton Arco-Valley, Porträt aus der Weltkriegszeit, Postkarte (Photobericht Hoffmann).

DIE ERSTE RÄTEREPUBLIK

Als nach Eisners Ermordung Rätegremien die politische Macht übernahmen, brach die Produktivität des Pressefotografen und Postkartenverlegers Hoffmann ab. Mehr als sechs Wochen lang zeigte sich Hoffmann fast vollkommen passiv gegenüber dem politischen Geschehen. Wie erklärt sich diese Abstinenz Hoffmanns, der nach Lage der Überlieferung seine Aktivitäten nicht auf andere Geschäftsbereiche verlagerte? Angesichts der schlechten Marktsituation scheinen ökonomische Überlegungen ausschlaggebend gewesen zu sein. Vermutlich hatte der Bildkult um Eisner den Postkartenmarkt gesättigt. Repräsentative oder spektakuläre Ereignisse, die massenhaften Bildbedürfnissen entgegenkamen, fehlten. Außerdem war die Illustrierten-Nachfrage nach aktuellen Bildern aus München gesunken. Als Paradigma der politischen Auseinandersetzungen und Unruhen im Nachkriegsdeutschland fungierten in den Illustrierten nun vornehmlich die Geschehnisse in der Reichshauptstadt Berlin.

Unwahrscheinlich ist eine politisch motivierte Verweigerung Hoffmanns, da er während der Zweiten Räterepublik aktiv wurde. Hoffmann mochte in den vorwiegend um das Rätemodell kreisenden Auseinandersetzungen, die sich in proletarischen Massenversammlungen und auf den Tagungen des Rätekongresses abspielten, wohl nur triviale Bildvorwürfe gesehen haben. Der Dokumentation der Zeitgeschichte widmete er sich jedoch wieder – und das ist vielleicht kein Zufall – als sich die Machtkonstellation nach dem Interregnum vom März 1919 klärte und er annehmen durfte, nun würde sich die deutsche Illustriertenpresse wieder für seine Bilder vom Abenteuer der Räteherrschaft interessieren.

Am 7. April 1919 wurde die von den Unabhängigen Sozialisten, den Anarchisten und Mitgliedern der SPD getragene Erste Räterepublik ausgerufen.[158] Sowohl die Räteregierung als auch das nach Bamberg geflohene Kabinett Hoffmann nahmen für sich die Regierungsgewalt in Anspruch und behaupteten, rechtmäßige Vertreter des Volkes zu sein. Da die Kommunisten sich weigerten, an der sogenannten »Scheinräterepublik« mitzuarbeiten, übernahmen Intellektuelle wie Gustav Landauer, Erich Mühsam und Ernst Toller entscheidende Schlüsselpositionen. Ihr im realpolitischen Sinne utopisches Politikverständnis – durchdrungen von humanistisch-anarchistischem Gedankengut und orientiert an einem ethischen Sozialismus – und ihr Scheitern bei der Lösung praktischer Probleme haben dazu beigetragen, daß die Erste Räterepublik als »Literatenrepublik« abgetan wurde.[159] Freilich fehlten den Aktivisten auch die Machtmittel und die notwendige Massenbasis für die Verwirklichung ihrer Konzeptionen, von denen vieles Papier und bloßer Appell blieb. Weder Pläne zur Umgestaltung der Bürokratie, zur Sozialisierung der Wirtschaft und Presse, zur Veränderung des Gerichtswesens und der Kulturpolitik noch zur Aufstellung einer proletarischen ›Roten Armee‹ konnten in die Praxis umgesetzt werden. An den bisherigen Kategorien von politischer Herrschaft wollten diese Rätepolitiker indes auch nicht gemessen werden. »Sie begriffen sich als bestimmte Negation der bürgerlichen Welt mit ihrer Ruhe und Ordnung, Macht und Politik.«[160] Ein Bericht von Ernst Niekisch über die Proklamation der Ersten Räterepublik kennzeichnet den humanistischen Anspruch ihrer Politik: »Man ging an die endgültige Formulierung des Textes der Proklamation … Hier entfaltete Landauer seine ganze Beredsamkeit. Ihm lag daran, die Gründung der Räterepublik als Anbruch einer Zeit allgemeinen Friedens und edler Menschlichkeit erscheinen zu lassen. Als jemand vom Klassenkampf redete, wandte sich Landauer mit höchster Erregung gegen ihn. ›Vier Jahre‹, so rief er mit seiner volltönenden Stimme, ›vier Jahre hindurch befand sich das deutsche Volk im Blutrausch. Sollen wir diesen Blutrausch fortsetzen? Kommt es nicht darauf an, wieder nüchtern, wieder menschlich zu werden?‹ Von ihm kam der seltsame Gedanke, daß die Ausrufung der Räterepublik durch Glockengeläut im ganzen Lande Bayern gefeiert werden sollte.«[161]

Während der Ersten Räterepublik ist Hoffmanns Tätigkeit nur mit einer Presseaufnahme belegbar.[162] Sie thematisiert den Machtwechsel, indem sie eine Gruppe Passanten zeigt, die ein Schriftplakat mit der Proklamation der Räteherrschaft betrachten. Das Motiv der um Plakate gescharten Bürger ist in Hoffmanns damaligem Oeuvre – wie auch dem zeitgenössischer Berliner Pressefotografen – mehrfach zu finden. Auch während der Zweiten Räterepublik versuchte er mit einer ähnlichen Fotografie, politische Öffentlichkeit zu fassen. Damit überlieferte Hoffmann außerdem eine zeit-

Dr Levien spricht für das Rätesystem
am Oberwiesenfeld 7.IV.19.

Max Levien als Redner während einer Kundgebung der Münchener Kommunistischen Partei auf dem Oberwiesenfeld, 7. April 1919, Postkarte.

typische Form der Regierungsmitteilungen. Denn nach der Ausrufung der Ersten Räterepublik schwoll die Anzahl der regierungsamtlichen Dekrete – ausschließlich Schriftplakate – beträchtlich an. [163] Wie viele bürgerliche Chronisten wertete Josef Hofmiller dies als Indiz einer allgemeinen politischen Konfusion nach dem Sturz der Monarchie: »Ganz München wird gegenwärtig mit Plakaten überklebt, so daß sich kein Mensch mehr auskennt. Der Kleister scheint haltbarer zu sein als die Regierungen und die Revolution, und so kommt es, daß noch Plakate von längst verflossenen Regierungen kleben, zu denen das Publikum hinläuft, weil es den Drang hat, etwas zu lesen; die Leute sehen nicht auf das Datum.« [164]

Etwa gleichzeitig mit Hoffmann dokumentierte das Zeitgeschehen auch ein unbekannter Fotograf, in dem wir einen Räte-Sympathisanten vermuten können und dessen Produktion auch noch aus der Zweiten Räterepublik nachweisbar ist. Während Hoffmann der medialen Erscheinungsform politischer Öffentlichkeit Interesse abgewann, bildete dieser Fotograf politischen Diskurs als charakteristisches Motiv der Zeitgeschichte ab. Seine Fotografie, deren Postkartenausgabe er mit der programmatischen Betextung »Dr. Levien spricht für das Rätesystem« versah, entstand während einer Kundgebung auf dem Oberwiesenfeld am 7.4.1919. [165] Auf ihr ist einer der wichtigsten Köpfe der Münchener Kommunistischen Partei zu erkennen, der als Hauptredner auf der Versammlung auftrat. In seiner Rede rechtfertigte er unter anderem die ablehnende Stellung der KPD gegenüber der

»Scheinräterepublik« und forderte die »wahre proletarische Räterepublik«. Die Rede Max Leviens, der als »der geborene Versammlungsredner« [166] eine große Popularität unter den Münchener Arbeitern genoß und der als einziger Parteikommunist auf dem Fotopostkartenmarkt mit einem Bildnis präsent war, ist im Wortlaut nicht überliefert. Ihr Tenor dürfte sich jedoch nicht von einem Artikel Eugen Levinés in der ›Münchner Roten Fahne‹ vom 9. April unterschieden haben, in dem die Politik der Räteregierung scharf angegriffen wurde: »Alles wie sonst. In den Betrieben schuften und fronen die Proletarier nach wie vor zugunsten des Kapitals. In den Aemtern sitzen nach wie vor die ... kgl. Wittelsbacher Beamten. An den Straßen die alten Hüter der kapitalistischen Wirtschaftsordnung mit dem Schutzmannssäbel. Kein bewaffneter Arbeiter zu erblicken. Keine roten Fahnen. Keine proletarische Besetzung in den Machtpositionen der Bourgeoisie. Noch liegen die Kapitale in den Safes der Banken. Noch klappern die Kuponscheren der Kriegsgewinnler und Dividendenjäger. Noch üben in den Gerichten die königlichen Landgerichtsräte Klassenjustiz. Alles wie sonst. Noch rattern die Rotationsmaschinen der kapitalistischen Presse und speien ihr Gift und ihre Galle, ihre Lügen und ihre Verdrehungen in die nach revolutionären Kampfworten begierige Menge. Alles wie sonst. Nur an den Straßen von Wind und Regen zerfetzte Plakate: ›Nationalfeiertag!‹ steht darauf! Nationalfeiertag! Nicht proletarischer Feiertag. Nicht internationaler Feiertag. Von der Nation sprechen sie, der einigen Nation der Arbeiter und Kapitalisten ... Sie sitzen zusam-

Heinrich Hoffmann: Litfaßsäule mit der Proklamation der Ersten Räteregierung, 7. April 1919.

men im Wittelsbacher Palais und dichten Dekrete ... Räterepublik ohne Räte. Proletarische Diktatur ohne Proletariat. Volksbeauftragte ohne Auftrag des arbeitenden Volkes. Ein Projekt der Roten Armee ohne Beihilfe des Proletariats, Sozialisierungsprojekte ohne wirkliches Eingreifen der Macht. Angebliche Siege ohne Kämpfe. Revolutionäre Phrasen ohne revolutionären Inhalt, revolutionäre Worte ohne revolutionäre Taten.«[167]

Das Motiv des revolutionären Agitators und Versammlungsredners erhielt in der fotografischen Produktion nur mit dieser Aufnahme Ikonizität. In der zeitgenössischen Pressezeichnung und bildenden Kunst wurde es hingegen häufig – etwa in der Gestalt des ekstatischen Straßenredners oder des intellektuellen Volksverführers – dargestellt und gewann eine nicht unerhebliche Bedeutung im Bildrepertoire der gegenrevolutionären Propaganda.[168] Als Beispiel eines parteilichen Fotografiegebrauchs blieb die Aufnahme von Levien während der Ersten Räterepublik jedoch singulär. Allerdings deuteten weitere als Fotopostkarten veröffentlichte Aufnahmen anonymer Fotografen an, daß die Räterepublikaner bei einer längeren Machtdauer mit einem stärkeren Interesse hätten rechnen können. Dieses wäre wohl weniger von den bürgerlichen Berufsfotografen aufgebracht worden, aber vielleicht von angestellten Fotografen, die wie Franz Xaver Hartl gelegentlich Ereignisse der Zeitgeschichte dokumen-

tierten und die in den neugewählten Räteorganisationen nun Sitz und Stimme bekommen sollten.[169]

Die bildpublizistischen Aktivitäten der revolutionären Intellektuellen konzentrierten sich auf den Abdruck expressionistischer Grafiken in der Tagespresse, was auf Ablehnung bei Teilen der Münchener Arbeiterschaft stieß und zum öffentlichen Streit führte. Er entzündete sich vor allem an den Holzschnitten, die kurz nach Beginn der Räteherrschaft in den unter Zensur gestellten bürgerlichen Tageszeitungen ›Bayerischer Kurier‹ und ›Münchner Neueste Nachrichten‹ abgedruckt wurden.[170] In den vielfach an die christliche Erlösungsikonografie anknüpfenden Grafiken sahen die »Kulturräte« eine revolutionäre Vermittlungsform ihrer politischen und kulturellen Programmatik für die Massen. Über die Reaktion der Arbeitschaft berichtet der damalige Zensor der ›Münchner Neuesten Nachrichten‹ Titus Tautz: »Viele Arbeiter beurteilten sie damals als eine Provokation des Proletariats. Eine Gruppe von ihnen erschien sogar vor Gustav Landauer mit der Forderung, mich als Schuldigen zu verhaften.«[171] Die Gleichsetzung von avantgardistischer Kunst und Revolution, der Anspruch auf eine Hebung des Proletengeschmacks durch eine Hochkunst und die Mißachtung des Bildgebrauchs der Arbeiterschaft kennzeichnen im weiten Maße die bildtheoretischen Entwürfe der revolutionären Intellektuellen.[172]

›Süddeutsche Freiheit‹, 1. Jg., Nr. 8, 6. Januar 1919, Holzschnitt von Alois Wach.

Besonders Künstler und Schriftsteller, die nach der Novemberrevolution politisch aktiv geworden waren und sich in der Räterepublik engagiert hatten, äußerten sich belehrend. Expressionistische Bildnerei war für sie nicht nur ein revolutionäres, die Kultur veränderndes Medium, sondern sollte als zukünftige Kunst der Massen auch eine Brücke zwischen den Künstlern und dem Proletariat schlagen: »Ehe die politische Revolution war, war die Revolution der Kunst ... Das ist es, was heute das werktätige Volk wissen muß, daß die jungen Künstler und die junge Kunst seine Bundesgenossen sind ... Aber die Kunst ist heute, wo ein neuer Kulturzustand geschaffen werden soll, ein unentbehrliches und wesentliches Mittel der äußeren und inneren Organisierung des Gesellschaftslebens ... Sie steht notwendig ... im Dienste der revolutionären Gesellschaftsideale ... Sie will dem werktätigen Volk zeigen, daß sie für es arbeitet und mit ihm eines Sinnes ist. Bald wird die Zeit da sein, wo jeder Volksgenosse fühlt: das ist meine Kunst und das ist die Kunst des Volkes. Habt ein wenig Geduld und ihr werdet diese Formen, die euch befremden, lieben ..., wenn sie die Formen eures Lebens geworden sind. Die neue Kunst jubelt der Weltrevolution zu.«[173]

Bei werbenden Rechtfertigungen ihrer Positionen blieb es aber nicht. Gustav Klingelhöfer, Herausgeber der sozialistischen Wochenschrift ›Süddeutsche Freiheit‹ auf deren Titelseiten wiederholt Zeichnungen und Holzschnitte expressionistischer Künstler abgedruckt wurden, forderte Verständnis für die neuen Kunstprodukte. »Sie fragen mich, ob es unbedingt nötig sei, daß das Titelblatt der Süddeutschen Freiheit ein expressionistisches Bild, ›das keiner versteht‹ zeigt. Ja, das ist notwendig. Denn aus dem selben revolutionären Geiste aus dem der Inhalt unserer Zeitung geboren wird, gehen diese Bilder hervor. Das Proletariat hatte bisher zu wenig Zeit sich um Dinge zu kümmern, die nicht unmittelbar mit seiner Existenzfrage zusammenhingen. Die Revolution hat hierfür Abhilfe geschaffen und nun ist das Proletariat verpflichtet, sich etwas mehr um Fragen zu kümmern, die es früher nicht interessierten. Das Proletariat soll sich mit der neuen Kunst befassen, denn auch sie ist Revolution ... wir wollen dem Volke auch im Bild den revolutionären Geist vor Augen führen und nicht nur durch das Wort. Und das Proletariat ist verpflichtet, sich wenigstens zu bemühen, die neue Kunst zu verstehen. Ebenso wie es von der Bourgeoisie verlangt, daß sie die Revolution versteht.«[174]

Nach dem Einmarsch der Regierungstruppen, von einigen Autoren als »Erhalter der Münchener Kultur« gefeiert, wurden die Auseinandersetzungen um die künstlerische Moderne vielfach mit der Antirätepropaganda gekoppelt. Verbunden wurde die Attacke gegen die avantgardistische Kunst auch mit einer übertriebenen Darstellung der politischen

Olaf Gulbransson: ›Simplicissimus‹, 24. Jg., Beiblatt Nr. 11, 10. Juni 1919.

Nächste Seite: ›Bayerischer Kurier‹, 63. Jg., Nr. 99, 9. April 1919, Holzschnitt von Alois Wach.

Erscheint unter Aufsicht des revolutionären Zentralrates.

Bayerischer Kurier
& Münchner Fremdenblatt
mit Handels-, Industrie- und Gewerbe-Zeitung.

Der Abonnementspreis beträgt bei freier Zustellung ins Haus oder bei Selbstabholung in unseren Filialen und bei der Post vierteljährlich ℳ 4.80, monatlich ℳ 1.60; bei Briefadresse zugestellt vierteljährlich ℳ 6.00, monatlich ℳ 1.70. Streitschwendungen nach Österreich-Ungarn: monatlich ℳ 2.60, nach den Ländern des Weltpostvereins: ℳ 3.20.

Redaktion: Hofstatt 8/I. Sprechstunde—6 Uhr nachmittags. Hauptgeschäftsstelle für Zeitungsbestellung u. Anzeigen-Annahme: Hofstatt

Insertionspreis: Die Kleinpetitzeile 50 Pfg., Annoncen aus einer Textzeile (5 spalt.) 1.25 ℳ. Auswärts Münchner Firmen und Kleine Anzeigen nach Tarif. Für den Verlag verantwortlich: Dr. Ludwig Müller. Für den Inseratenteil: A. Hornberger. Druck der Verlagsanstalt vorm. A. J. Manz, Buch- und Kunstdruckerei, A.-G., München-Regensburg. Telephon 2560—2565. Postscheckkonto: 569 München.

№ 99.   Kath.: Waltraud, Gundeker.   München, Mittwoch, 9. April 1919.   Prot.: Demetrius.   63. Jahrg.

Der Marsch beginnt...!

Der Marsch beginnt! Reißt auf das Tor!
Dahinter züngelt eine Straße in den Himmel!
Den Weg versperrt, wer zögert oder wägt!
Es ist nicht wahr, daß Eure Welt zugrunde
geht!

Sie lebt! Sie lebt! Ihr braucht sie nur
zu fassen!
Heraus aus Eurer kleinen Habenschaft, aus
Angst und Nacht,
Ihr Brüder einer Not! Legion seid Ihr!
Nun seid die Macht!
Zuviele Jahre sind schon sinnlos hingeblutet
und jede Stunde Eures Tags war Joch.
Seht doch und hört! Ein jeder ist so wund
und so zerschunden,
daß selbst die Zeit vor Scham zum Himmel
schreit.

Die Sehnsucht aber blieb und ist nun Werk
geworden
und stieg aus allem Blut und allem Morden
als Ruf, der ausgreift und nicht ruht,
bis aus dem letzten Herzen der Bruderfunke
sprüht...

Oskar Maria Graf.

Proletarier aller Länder vereinigt euch!

(Eingesandt von der Presse-Abt. des rev. Zentralrates.)

Der Schlußappell des kommunistischen Manifests ist der Schlachtruf der Internationale geworden.

Jetzt richten wir den Appell an das revolutionäre Volk des eigenen Landes.

Proletarier Bayerns vereinigt euch!

Die Einigung des Proletariats kann nach dem herrlichen Beispiel des russischen Volkes nur auf einer Grundlage geschehen, auf der der Räterepublik!

Baiern ist Räterepublik!

Ohne Rücksicht auf die Streitigkeiten ihrer Führer hat sich die werktätige Bevölkerung im Willen zusammengeschlossen, den Sozialismus, den Kommunismus zu verwirklichen.

Der Landtag ist fortgeschickt, das von ihm eingesetzte bürgerlich-sozialistische Ministerium existiert nicht mehr.

Ein provisorischer Rat von Volksbeauftragten und ein provisorischer revolutionärer Zentralrat haben die Geschäfte des Landes vorläufig besorgen. Da kein einziger der kompromittierten Führer der Kriegssozialisten mehr in diesen Körperschaften sitzt, ist die Gewähr dafür gegeben, daß ihr Wirken ohne Rücksicht auf kapitalistische und bourgeoise Interessen der Herbeiführung der gerechten sozialistisch-kommunistischen Wirtschaft und der Sicherung der Revolution dienen wird.

Die Diktatur des Proletariats ist Tatsache!

Eine Rote Armee wird sofort gebildet!

Die Verbindung mit Rußland und Ungarn wird sofort aufgenommen.

Eine Gemeinschaft zwischen dem sozialistischen Baiern und dem Kaiserdeutschland mit seinem republikanischen Aushängeschild kann nicht mehr sein!

Ein Revolutionsgericht wird jeden Versuch reaktionärer Machenschaften rücksichtslos ahnden.

Die Lügenfreiheit der Presse hört auf. Die Sozialisierung des Zeitungswesens sichert die wahre Meinungsfreiheit des revolutionären Volkes.

Die neue Gewalt wird so schnell wie möglich Neuwahlen der Betriebsräte auf revolutionärer Grundlage anordnen, auf der von unten herauf sich das Rätesystem aufbauen soll, das die Entscheidung über alle seine Angelegenheiten in die eigenen Hände des arbeitenden Volkes legt. Die Kapitalisten werden von der Mitbestimmung an den Geschicken des Landes ausgeschlossen.

Aus dem Rätesystem wird die sozialistische Gesellschaft herauswachsen, die keinen arbeitslosen Wohlstand und keine Armut bei Fleißigen mehr kennen wird. Im Bunde mit dem revolutionären

Holzschnitt.   Alois Wach.

Alle Nahrung für das werktätige Volk!

ten Rußland und Ungarn wird das neue Baiern die revolutionäre Internationale hochhalten und der Weltrevolution die Wege ebnen!

Proletarier! Haltet Frieden miteinander! Es gibt nur einen gemeinsamen Feind: die Reaktion, den Kapitalismus, die Ausbeutung und Bevorrechtung! Gegen diesen Feind müssen alle Kämpfer für Freiheit und Sozialismus zusammenstehen!

An die Arbeit! Jeder auf seinen Posten!

Es lebe das freie baierische Volk! Es lebe die Räterepublik!

Erich Mühsam.

Das deutsche Volksvermögen in der Kadaververwertung zu Paris.

(Eingesandt von der Presse-Abt. des rev. Zentralrates.)

Vom merkwürdigen Volk spricht in diesem Artikel Sylvio Gesell, der sich seit vielen Jahren mit der Abschaffung des Kapitalismus beschäftigt. Der Aufsatz ist entnommen der Broschüre: „Der Abbau des Staates nach Einführung der Volksherrschaft". Verlag des Freiland-Freigeld-Bundes, Berlin-Steglitz, Herbertstraße 22.

Das Vermögen im Deutschen Reich, euphemistisch als deutsches Volksvermögen bezeichnet, war vor dem Kriege mit 350—400—450 Milliarden Mark eingeschätzt worden. Diesen Schätzungen lagen die damaligen Warenpreise zugrunde. Zu den heutigen Preisen berechnet, wären reichlich 1000 Milliarden herauszubekommen. Da die heutigen Preise aus ungünstigen Gründen nicht erheblich von der jetzigen Höhe heruntergehen können, so wollen wir die 1000 Milliarden als Grundlage unserer Berechnungen nehmen. Von diesen 1000 Milliarden müssen wir nun folgende Abstriche machen, und zwar die folgenden:

1. Hypothek: Die Forderung der Entente, die zunächst noch unbestimmt, wahrscheinlich nicht unter 200 Milliarden einzuschätzen sein mag, und zwar Milliarden Mark von der jetzigen Güte, von denen 100 auf eine magere Gans, 2000 auf eine magere Kuh gehen. In die Vorkriegsmark umgerechnet, etwa 50 Milliarden. An Zinsen wären allein 10 Milliarden zu zahlen.

2. Hypothek: Unterstützungen an die Witwen und Waisen der Gefallenen, an die Kriegsverletzten und im Kriege Erkrankten und in der Erwerbskraft Geschwächten. Die Summe hiervon ist schwer zu schätzen. Rechnen wir 8 Millionen Unterstützungsberechtigte zu je 1000 Mark, so wären das 8 Milliarden im Jahr. Welchem Kapital diese Ausgabe entspricht, werden die Versicherungstechniker ausrechnen können, wenn sie einmal wissen, wie groß der jährliche Abgang der Unterstützungsberechtigten sein wird. Hier nehmen wir also die Kapitalisierung das Zwanzigfache der jährlichen Ausgaben, also 80 Milliarden für die 2. Hypothek, und zwar Mark von der jetzigen Güte, von der 2000 auf eine magere Kuh gehen.

Infolge der ungenügenden Unterstützung wird der jährliche Abgang größer als erwartet sein. Von den unterstützungsberechtigten Waisen wächst jährlich ein Jahrgang von der 14. Teil (7 Prozent) in das erwerbsfähige Alter hinein.

3. Hypothek: Die in Kriegsanleihen, in städtischen, staatlichen Anleihen in Darlehenskassenscheinen in Reichsbanknoten gemachten Schulden, zusammen etwa 150 Milliarden. Daß diese Kriegsanleihen als Privateigentum mindestens den gleichen Schutz verdienen wie alle anderen Vermögen, kann nicht einen Augenblick in Zweifel gezogen werden, haben doch viele die Anleihen gezeichnet, weil sie glaubten, damit dem Vaterland und dem Eigentum der Mitbürger zu dienen! Auch wird es Leute gegeben haben, die Teile ihres Vermögens, Grundbesitz, Aktien, dazu verkauften, um dem Aufruf „Zeichnet Kriegsanleihe" nachkommen zu können. Diese 3. Hypothek hätte demnach Anspruch als bevorrechtigte

Das deutsche Volksvermögen (Fortsetzung)

Forderung auf das deutsche „Volks"vermögen behandelt zu werden. Solange man also das übrige Vermögen anerkennt, wird man auch diese dritte Hypothek anerkennen müssen.

4. Hypothek: Die Entschädigung der Reeder für die verlorenen Schiffe, an die Hausbesitzer für den Russeneinfall, für die Fliegerbomben usw. an die Kolonialdeutschen für den Verlust des Eigentums, an die durch die Kriegsereignisse in irgendwelcher Form geschädigten Kaufleute und Gewerbetreibenden. Das alles zusammen mögen auch 50 Milliarden sein.

5. Hypothek: Die Millionen von Arbeitslosen, die entweder gänzlich ohne Verdienst sind oder aus dem Berufe herausgeworfen werden, und minderwertige Arbeit zu leisten haben — dadurch zu Kriegskrüppeln, zu wirtschaftlichen Krüppeln werden. Wäre es zuviel, wenn wir hierfür auch 50 Milliarden annehmen?

Fünf Hypotheken im Betrage von 500 Milliarden belasten also heute das deutsche Vermögen, und zwar gerade zu einer Zeit, wo die Industrie still liegt, wo alle Handelsbeziehungen unterbrochen wurden, die Kolonien geraubt, das Reich um große Teile verkleinert wurde, die Felder verunkrautet sind, die Handelsflotte versenkt und geraubt ist, wo man seit vier Jahren Raubbau getrieben, wo der Viehstand der Zahl nach um die Hälfte, dem Gewicht nach um zwei Drittel abgenommen hat, wo seit vier Jahren keine nützliche Arbeit getan, kein Haus repariert wurde, die Bahnen ausgeleiert sind und von unserem industriellen Arsenal 50 Prozent abgeschrieben werden müssen. Was bleibt da von diesem Vermögen noch übrig? Man vergesse nicht, daß das sogenannte Volksvermögen nichts anderes war als eine 1. Hypothek auf den Lohn, und daß durch die genannten fünf Hypotheken, zu denen noch die laufenden Staats- und Gemeindeausgaben kommen, diese 1. Hypothek an die 6. Stelle rückt.

Das Volksvermögen ist nichts anderes als die zu 4 Prozent kapitalisierte Rente. Es besteht also aus dem Arbeitern vom Lohne gemachten Abzuge. Holt man den Lohn auf den Arbeitsertrag, dann gibt es kein Volksvermögen mehr.

Da nun die Zinsen dieser fünf Hypotheken nicht auf den Arbeitslohn abgewälzt werden können, weil der Arbeiter sonst auswandern würde, so bleibt nichts anderes übrig, als das Geld dazu vom Volksvermögen zu erheben. Das Volksvermögen ist also zu 100 Prozent und darum der Staats- auf für eine lange Reihe von Jahren verschuldet an ausländische und bevorrechtigte Gläubiger. Es steht und also nicht mehr im Wege. Von dort her sind keine Widerstände mehr zu erwarten. Wir haben nur mehr Exkapitalisten, wie wir auch nur mehr Exfürsten haben. Wir haben keine anderen Gegner, wie das mangelnde Verständnis. Sobald die demnächst in Tätigkeit gesetzte Steuerpresse unseren Kapitalisten ihre finanzielle Lage zum Bewußtsein gebracht haben wird, werden wir wirklich ein einig Volk von Brüdern sein — einig in der allgemeinen Armut — wird damit die Grundlage für die Regierung geschaffen sein, die ihre Stärke im Volke hat und darum der Machtmittel des Staates nicht mehr bedarf. Dann werden wir den Abbau des Staates beginnen können.

Feierabend-Veranstaltung der A.-, B.- und S.-Räte.

Für die Arbeiterschaft Münchens findet am Donnerstag, den 10. (also morgen) im Neuen Theater eine Vorstellung von Tolstois „Die Macht der Finsternis" statt. Beginn 7 Uhr. Karten durchweg 1.50 ℳ.

Weiter wird am Donnerstag, den 17. d. M. im Odeon das „Magnificat" und die „Trauerode" von Joh. Seb. Bach mit erstklassiger Besetzung aufgeführt. Sitzplätze kosten 1.60 ℳ, Stehplätze 1.10 ℳ.

Die Sehnsucht nach guter, reiner Kunst und das Verständnis dafür beweisen die Arbeiter dadurch, daß die bisherigen Theaterveranstaltungen der „Feierabende" stets ausverkauft waren. Wir erwarten und hoffen auch diesmal wieder, daß die beiden hier angezeigten Aufführungen, die von den besten Schöpfungen der Literatur und Musik gehören, bis auf den letzten Platz von Arbeitern besetzt werden. Der Kartenverkauf findet statt in der Geschäftsstelle der „Feierabende", Wittelsbacherpalais, I. Stock, Briennerstraße, täglich von 9—12 und 3—6 Uhr.

Die Weltrevolution marschiert!

›Die deutsche Kunstblüte‹, ›Feurjo!‹, Jg. 1919, Nr. 9.

Bedeutung bildender Künstler und Literaten während der Rätezeit, um die räterepublikanische Politik durch das Feindbild des asozialen, ahnungslosen Außenseiters zu verteufeln. Tatsächlich war die Beteiligung von Künstlern an den Revolutionsereignissen gering. Ein großer Teil von ihnen verhielt sich eher distanziert gegenüber dem politischen Geschehen oder unterstützte offen die Gegenrevolution.[175]

Vor allem die Holzschnitte, die in der ›Süddeutschen Freiheit‹ und in bürgerlichen Tageszeitungen nach der »Pressesozialisierung« als Agitationsgrafik abgedruckt worden waren, wurden für den politischen Kampf verwendet. Auch die Schlagworte vom »Kulturbolschewismus« und von der »Entarteten Kunst« waren bereits ein Produkt der nachrevolutionären »Kulturkämpfe«.[176] Eine Mitte 1919 publizierte Doppelseite der Zeitschrift ›Feurjo!‹ kennzeichnet die Versuche der völkisch-konservativen Kulturpropagandisten, die künstlerische Moderne durch das Schreckbild des Bolschewismus zu disqualifizieren. Dort wurde ein expressionistischer Holzschnitt von Alois Wach einem Holzschnitt von Dürer gegenübergestellt, der für die Adressatengruppe der Doppelseite unverrückbare ästhetische Norm darstellte und dessen Urheber für viele konservative Kulturverbände als Symbolfigur einer ganzheitlichen, nicht entfremdeten Kultur galt. In dieser Kontrastierung spiegeln sich die ästhetischen und kulturpolitischen Vorstellungen der gegenrevolutionären Kräfte und ihre Identifizierung der Moderne mit

technischer Stümperei, Krankheit und kulturellem Zerfall. Damit kündigt sich auch die Praxis der nationalistischen, zu Ende der Weimarer Republik vor allem in München aktiven Kulturverbände an, politisches Kapital aus der Kulturideologie der apolitischen Schichten zu schlagen und »Heimatkunst« wie die Wiederbelebung der »altdeutschen Kunst« als Heilmittel gegen die gesellschaftlichen Widersprüche zu propagieren.[177]

Die Nationalsozialisten beriefen sich in ihrer Kulturpropaganda wiederholt auf die Räterepublik. So führte sie Hitler 1925 in ›Mein Kampf‹ als bedrohliches Exempel für den bolschewistischen Kulturzerfall an: »Der Bolschewismus der Kunst ist die einzig mögliche kulturelle Lebensform und geistige Äußerung des Bolschewismus überhaupt. Wem dies befremdlich vorkommt, der braucht nur die Kunst der glücklich bolschewisierten Staaten einer Betrachtung unterziehen und er wird mit Schrecken die krankhaften Auswüchse irrsinniger und verkommener Menschen, die wir unter den Sammelbegriffen des Kubismus und des Dadaismus seit der Jahrhundertwende kennenlernten, dort als offiziell staatlich anerkannte Kunst bewundern können. Selbst in der kurzen Periode der bayerischen Räterepublik war diese Erscheinung schon zutage getreten. Schon hier konnte man sehen, wie die gesamten offiziellen Plakate, Propagandazeichnungen in den Zeitungen usw. den Stempel nicht nur des politischen Verfalls, sondern auch den des kulturellen an sich trugen.«[178]

DIE ZWEITE RÄTEREPUBLIK

Nach dem Putsch der ›Republikanischen Schutztruppe‹ gegen die Räteherrschaft am 13. April 1919, an dessen Niederwerfung maßgeblich kommunistische Arbeiter beteiligt waren, kam es zur Abwahl des ›Revolutionären Zentralrates‹ durch die ›Betriebs- und Soldatenräte‹ und zur Proklamation der Zweiten Räterepublik.[179] Jetzt beteiligten sich auch die Führer der KPD, Max Levien, Eugen Leviné und Willi Budich, an der Regierung. Angesichts der bestehenden Macht-

verhältnisse waren sie sich über die unausweichliche Niederlage der Räteherrschaft im Klaren. Programmatisch hatte Leviné bereits während der Ersten Räterepublik erklärt: »Ihr ließet es zu, daß eine Handvoll verworrener Führer über Euer Geschick entscheiden durfte. Ich fürchte wir sind verloren, so oder so. Es gilt nur in Ehren unterzugehen ... Wir wollen aus der Schein-Räte-Republik eine richtige Räterepublik gestalten. Wir wollen den Massen Anschauungs-

Heinrich Hoffmann: Lastwagen mit Soldaten der ›Roten Armee‹, April 1919.

Truppenschau der ›Roten Armee‹ in der Ludwigstraße am Vormittag des 22. Aprils 1919, Blick von der Feldherrnhalle stadtauswärts auf das Siegestor, rechts im Vordergrund das ehemalige Bazargebäude, Postkarte.

unterricht geben, ihnen zeigen, wie eine Räte-Republik aufgebaut wird und was sie von ihr zu erwarten haben. . . Den blutigen Preis müssen wir doch zahlen. Viele von uns werden die Sonne nicht mehr lachen sehen, viele von uns durch unseren Tod die künftige Freiheit einleiten. Wir wollen wissen, wofür wir sterben.«[180]

Die neue Räteregierung versuchte in Grundzügen eine sozialistische Gesellschaftskonzeption zu verwirklichen. Bei der kurzen Dauer der Räterepublik hatten ihre Maßnahmen nur modellhaften Charakter. Besondere Anstrengungen wurden für die militärische Sicherung der Räteherrschaft unternommen, nachdem während der Ersten Räterepublik die Werbung für den Aufbau einer »proletarischen Roten Armee« und die Bewaffnung der Münchener Arbeiter nur halbherzig betrieben worden waren. Bereits zu Beginn des am 14. April 1919 ausgerufenen Generalstreiks wurden gleichzeitig mit der Entwaffnung des Bürgertums Gewehre und andere Waffen an die Münchener Arbeiter ausgegeben, die damit oft zum Schrecken der Bürger durch die Stadt marschierten. An die Stelle der aufgelösten Polizei trat die

Bekanntmachung über die Veranstaltungen am letzten Tag des Generalstreiks, 21. April 1919, Plakat, Aufnahme Heinrich Hoffmann.

Heinrich Hoffmann: Truppenschau der ›Roten Armee‹ vor dem Kriegsministerium in der Ludwigstraße am 22. April 1919.

aus Arbeitern und Soldaten bestehende ›Rote Garde‹.
Für die militärische Verteidigung Münchens gegen die Regierungstruppen wurde in kürzester Zeit die circa 10 000 Mann umfassende ›Rote Armee‹ geschaffen. [181] Ihre soziale Struktur war äußerst vielschichtig. Der überwiegende Teil der Rotarmisten bestand aus demobilisierten Soldaten; die meisten von ihnen kamen aus dem Industrieproletariat oder waren kleinbürgerlicher Herkunft, nicht wenige stammten aus dem Münchener Lumpenproletariat. Auch politisch war die Rote Armee überaus differenziert und ist keineswegs als »kommunistische Armee« zu bezeichen. Erich Wollenberg, KPD-Mitglied und Chef des Generalstabs der bayerischen ›Roten Armee‹ konstatierte: »Die bayerische Kommunistische Partei war organisatorisch noch zu schwach, als daß kommunistische Fraktionen in der Armee gebildet werden konnten. Aber der überwiegende Teil der Rotarmisten sympathisierte mit den Kommunisten und stand treu zur proletarischen Revolution ... Neben vielen Parteilosen waren ... Mitglieder sämtlicher Parteien vertreten. So haben außer Sozialdemokraten tapfer christliche Arbeiter mitgekämpft, und mancher Rotarmist ist mit dem Heiligenbildchen um den Hals für die proletarische Revolution in den Tod gegangen.« [182]
Schon am 15. April war die ›Rote Armee‹ in kämpferische

Auseinandersetzungen mit vor München stehenden regierungstreuen Truppenverbänden verwickelt, die durch die Propaganda der exilierten Regierung Hoffmann zu einem schonungslosen Vorgehen gegen die Räterepublik angetrieben wurden. [183] Paul Frölich, Mitglied der Zweiten Räteregierung, berichtet über die gegenrevolutionäre Propaganda: »Während in München selber die freudige Ruhe der

Heinrich Hoffmann: Truppenschau der ›Roten Armee‹ in der Ludwigstraße am 22. April 1919.

herrlichen Frühlingstage herrschte, war die bürgerliche Presse draußen gefüllt mit den unglaublichsten Greuelgeschichten über die Stadt des Proletariats … München stand in Flammen, eine wahnsinnige Menge plünderte Tag und Nacht in den Warenhäusern und in den Privatwohnungen … Die Bourgeoisie wurde in Massen füsiliert. Levien war mit zwei Millionen auf und davon, die Kommunisten verteilten die Lebensmittel untereinander und schwelgten die Nächte hindurch mit den Göttinnen des Bordells in wüsten Gelagen. Die Bevölkerung aber darbte, und wie Fliegen starben Greise und Kinder dahin. Wie Molken aber schoß das Gemüt des braven Bürgers zusammen, als er … die Schreckensnachricht erhielt: ›Die Kommunisierung der Frauen einschließlich der Ehefrauen, wurde zum Beschluß erhoben‹. Schade, die geilen Bourgeoisiedämchen erfuhren von dieser Tatsache nur aus den Flugblättern, die Hoffmanns Flieger über München abwarfen … In München lachte man über diese Lügen, aber auf die Bauern und Soldaten, die Tag für Tag in immer neuen Versionen damit gefüttert wurden, übten sie ihre Wirkung.«[184]

Nach der Verwirklichung der ersten »Diktatur des Proletariats auf deutschem Boden« zeigte Hoffmann wieder Aktivitäten als Bildberichterstatter und Postkartenverleger und überlieferte eine Reihe markanter Aufnahmen von der »Münchener Kommunistenherrschaft«. Gleichwohl fanden sie kaum Beachtung in der zeitgenössischen Illustrierten-

Flugblatt der Regierung Hoffmann, 16. April 1919.

Aufruf!

Bayern!   Landsleute!

In München rast der russische Terror,

entfesselt von landfremden Elementen. Diese Schmach Bayerns darf keinen Tag, keine Stunde weiter bestehen. Hiezu müssen alle Bayern helfen, ohne Unterschied der Partei, und zwar sofort.

Unsere braven Nachbarn, die Württemberger, sind treu-nachbarlich hilfsbereit an unsere Seite getreten und stehen bereits an der Front. Auch das Reich gewährt Unterstützung, wenn wir deren bedürfen sollten.

Ihr Männer der bayerischen Berge, des bayerischen Hochlandes, des bayerischen Waldes, erhebt Euch wie ein Mann, sammelt Euch mit Waffen und Ausrüstung in Euren Gemeinden und wählt Eure Führer. Diese melden telegraphisch Zahl, Standort und Namen der Führer nach Kempten, Rosenheim, Passau. Dort sammeln sich die Brigaden. Von dort erhaltet Ihr die Vormarschrichtung und Waffen, wo dies erforderlich.

Ein grüner Buschen am Hute und die weißblaue Binde am Arm sei Euer Erkennungszeichen. Die Bahn befördert Euch zu den Sammelpunkten.

München ruft um Hilfe!

Auf! Tretet alle an! Sofort!

Die Münchener Schmach muß verschwinden.   Das ist bayerische Ehrenpflicht.

Bamberg, den 16. April 1919.

Das Gesamtministerium:

gez.: Hoffmann, Ministerpräsident.   gez.: Schneppenhorst, Militär-minister.

Vollzugsausschuß des Landessoldatenrats:

gez.: Renner.

Heinrich Hoffmann: Bewaffnete Belegschaftsmitglieder der Fabrik Krauss während der Truppenschau am 22. April 1919 in der Ludwigstraße.

ROTE ARMEE

Die rote Armee der Räterepublik Baierns hat den Zweck, die Republik der revolutionären Arbeiter, Bauern und Soldaten gegen jede gegenrevolutionären Angriffe von außen und innen zu schützen und für Ordnung und Sicherheit Gewähr zu leisten. Die rote Armee ist eine freiwillige.

Aufnahmebedingungen:

Es können nur Angehörige aller arbeitenden Klassen aufgenommen werden, die auf dem Boden der Räterepublik stehen.
Vorbedingungen für die Aufnahme in die rote Armee:

1. Altersgrenze vollendetes 23. bis 45. Lebensjahr (Ausnahme möglich).
2. Körperliche Rüstigkeit.
3. Keine Strafen wegen ehrloser Handlungen (Strafe wegen politischer Vergehen ausgenommen).
4. Gründliche Ausbildung mit einer Waffe oder sonstigen militärischen Hilfsmitteln (Technische Truppen, Sanitätspersonal, mil. Handwerker usw.).
5. Zugehörigkeit zu einer sozialistischen oder freigewerkschaftlichen Organisation der klassenbewußten Arbeiterschaft. Bisherige Berufssoldaten, welche sich ohne Vorbehalt auf den Boden der Räterepublik stellen.
6. Erwerbslose, welche die oben gestellten Bedingungen erfüllen, werden in erster Linie eingestellt.
7. Als Stamm für die neue Armee werden die bestehenden Formationen übernommen.
8. Alle in die rote Armee Eintretenden werden durch Handschlag auf die Räterepublik verpflichtet.
9. Strengste Disziplin und unbedingter Gehorsam wird gefordert.

Jeder Angehörige der roten Armee erhält ein Diensttagegeld von M. 6.– nebst M. 1.– Treueprämie sowie Verpflegung, Unterkunft und Bekleidung. Verheiratete (Selbstverpfleger) erhalten M. 5.– Zulage für Verpflegung und Unterkunft sowie für München eine Teuerungszulage von M. 2.50 pro Tag.

Angeworben wird:

a) für München: Ortsansässige eines hiesigen Truppenteils beim Truppenteil;
b) in den übrigen Garnisonen: bei den dort bestehenden Truppenteilen.

Das Werbebüro im städtischen Wehramt (Winzerstraße) besteht aus einer Kommission, die sich aus Arbeiter-, Soldaten- und Bauernräten zusammensetzt. Der Vorsitzende dieser Kommission ist Kamerad und Genosse Wimmer vom Vollzugsausschuß des baierischen Landessoldatenrates.
Die Werbung beginnt Donnerstag, den 10. April 1 Uhr mittags. Militärpapiere sowie die aus obigen Bedingungen hervorgehenden Unterlagen sind mitzubringen.
Ueber Bewaffnung des Städte-Proletariats sowie der Bauern erfolgen sofort gesonderte Bestimmungen.

Zentralrat   Volksbeauftragter   Landessoldatenrat   Korpssoldatenrat
ges. Nieklisch.   ges. Reichart.   ges. Wimmer.   ges. Diehner.

Werbung für die ›Rote Armee‹, April 1919.

presse und auch ihre Verbreitung als Fotopostkarten, von denen nur wenige erhalten sind, blieb offensichtlich gering.[185] Deren Herstellung ist zumeist nur durch Reste von Beschriftungen für Kartenabzüge auf den Originalnegativen nachweisbar. Vermutlich war die Laufzeit der Fotopostkarten nur kurz, ist es doch unwahrscheinlich, daß Hoffmann sie auch noch nach dem politischen Machtwechsel im Mai 1919 angeboten hat. Die Bilddokumentation stand im Zeichen militärischer Machtdemonstrationen der ›Roten Armee‹ und der bewaffneten Arbeiter, die sich als zeittypische Gestalten nun auch physiognomisch eindringlich in der fotografischen Produktion bemerkbar machten.[186] Auch wenn diese Darstellungsweise auf die Vorstellung zurückgeht, Geschichte manifestiere sich besonders in militärischen Machtdemonatrationen, so erscheint sie doch der realen historischen Situation angemessen, denn die politische Öffentlichkeit der Zweiten Räterepublik trug betont kämpferische Züge. Zugleich reflektiert Hoffmanns Produktion ein Merkmal der Dokumentation proletarischer Öffentlichkeit durch bürgerliche Fotografen, das Richard Hiepe allgemein beobachtet hat: »Je beherrschender die Arbeiterklasse selbst ge-

Heinrich Hoffmann: Mitglieder der ›Roten Armee‹ während der Truppenschau am 22. April 1919 vor der Pfarrkirche St. Ludwig.

Heinrich Hoffmann: Rotarmisten vor dem Siegestor, 22. April 1919, Postkarte.

Heinrich Hoffmann: Bewaffnete Mitglieder der KPD-Sektion Neuhausen während der Truppenschau am 22. April 1919 in der Ludwigstraße.

Heinrich Hoffmann: Rotarmisten während der Truppenschau vor dem Siegestor, im offenen Fond des Kraftwagens der Oberkommandierende der ›Roten Armee‹ Rudolf Egelhofer.

schichtlich auftritt, Straßen, Plätze und historische Ereignisse bestimmt . . ., desto stärker zwingt sie dem herrschenden bürgerlichen Lichtbild ihre Abbildung auf.«[187]
Hoffmanns Ereignisdokumentation konzentrierte sich auf das Geschehen am 22. April 1919 – Höhepunkt räterepublikanischer Machtbekundung. An diesem »Sieg- und Festtag der jungen baierischen Räterepublik«[188] fanden zum Abschluß des neuntägigen Generalstreiks eine Truppenschau der ›Roten Armee‹, mehrere Massenversammlungen in den Bierkellern und Umzüge statt.[189] Das Wittelsbacher Palais – »Gehirn und Herz der Revolution« -, die Theresienwiese und die Ludwigstraße waren die hauptsächlichen Schauplätze der Veranstaltungen, in deren Mittelpunkt die Demonstration der Kampf- und Verteidigungsbereitschaft der Räterepublik stand.[190]
Der unbekannte Berichterstatter der ›Mitteilungen des Vollzugsausschusses der Betriebs- und Soldatenräte‹ notierte: »Scharen von Menschen durchfluteten in kleineren und größeren Zügen die Straßen. Aber es waren nur Arbeiter, Proletarier; nirgends war ein fein gekleideter Herr oder eine elegante Dame zu sehen. Es war, als ob die Bourgeoisie der Stadt München von der Erdfläche verschwunden war. Nur Arbeiter, Lohnsklaven, die sonst das ganze Jahr hindurch

von morgens früh bis abends spät in den dumpfen Fabriken und Werkstätten arbeiten und schuften, um für den Kapitalismus den Mehrwert aus sich herauszupressen, füllten nun an einem einfachen Werktage die Straßen. Aber sie waren alle im Zeichen der roten Fahne, im Zeichen des Kampfes da. Die Arbeiter waren bewaffnet. Mit roten Armbinden geschmückt, das Gewehr um die Schulter gehängt, marschierte das werktätige Volk Münchens hinaus vor das Kriegsministerium in der Ludwigstraße . . . Es war ein erhabenes, noch nie dagewesenes Bild, wie die Schar der bewaffneten Proletarier in Uniform in einer endlosen Kette sich durch die breite Ludwigstraße dahinwälzte. Nach flüchtiger Schätzung mochten es wohl 12 000 – 15 000 Bewaffnete gewesen sein. Wahrlich eine Zahl, die dazu angetan ist, der Bourgeoisie und ihren Helfeshelfern vor der bewaffneten Macht des Proletariats Respekt einzuflößen. Als die Scharen der bewaffneten Arbeiter und Soldaten durch die Straßen hindurch sich nach der Theresienwiese fortbewegten, sah man an den Häuserfronten entlang geschlossene Türen und herabgelassene Jalousien, hinter denen die Bourgeoisie lauerte in ohnmächtiger Furcht vor dieser Macht, deren sie niemals wieder Herrin werden wird.«[191]
Aus diesem Ereigniszusammenhang überlieferte Hoffmann

Aufstellung des Demonstrationszuges am Nachmittag des 22. April 1919 auf der Theresienwiese, Postkarte.

die vormittägliche Heerschau der ›Roten Armee‹ und die am Nachmittag folgende Demonstration der Räteanhänger in der Ludwigstraße, wo sich im Rahmen dieser Traditionsstätte der alten Ordnung nun der Machtanspruch des revolutionären Proletariats am deutlichsten Geltung verschaffte. Mit der Entscheidung folgte Hoffmann seiner beispielsweise schon bei der Dokumentation der heimkehrenden Fronttruppen offenbarten Vorliebe für architektonisch signifikante Schauplätze. Auch ein namenlos gebliebener Fotograf, der proletarische Bildbedürfnisse im Auge gehabt haben mag, verfuhr an diesem Tage ähnlich – Indiz einer klassenübergreifenden Bevorzugung derartiger Sujets.

Hoffmanns Bilder der bewaffneten Arbeiter und Soldaten, die sich vor dem Kriegsministerium zu einer Truppenschau versammelten oder in langen Marschkolonnen ihre militärische Stärke demonstrierten, vermitteln dem Betrachter ein gegensätzliches Bild. Einerseits kommen sie der Vorstellung einer enormen Truppenstärke der ›Roten Armee‹ entgegen, zum anderen stellen sie die Rotarmisten als recht verlorene Grüppchen dar. Hoffmann pejorative Darstellungsabsichten zu unterstellen, ist kaum möglich. Er setzte die massenhafte Teilnahme an der »Heerschau« in Überblicksaufnahmen derart ins Bild, daß diese fast wie eine Verherrlichung der bewaffneten Arbeitermacht wirken. Postkartenausgaben da-

Photounternehmen Aquila: Demonstrationszug vor der Staatsbibliothek und dem Kriegsministerium, 22. April 1919, Postkarte.

Fotounternehmen Aquila: Demonstrationszug vor der Staatsbibliothek und dem Kriegsministerium, 22. April 1919, Postkarte.

Heinrich Hoffmann: Demonstrationszug vor dem ehemaligen Bazargebäude, 22. April 1919.

Heinrich Hoffmann: Führende Mitglieder der Münchener Kommunistischen Partei (zweiter von links Eugen Leviné, dritter Willi Budich) als Teilnehmer der Demonstration am 22. April 1919 vor dem Bazargebäude in der Ludwigstraße, Ausschnitt.

Heinrich Hoffmann: Demonstrationszug am Nachmittag des 22. April 1919, Postkarte.

von mögen als Dokumente des eindrucksvollen Auftretens der ›Roten Armee‹ noch am gleichen Tag in der Hand manches Rotarmisten gewesen sein.

Mit herkömmlichen militärischen Zeremonien war die Truppenparade der ›Roten Armee‹ nicht zu vergleichen. Die Zurschaustellung traditioneller Ästhetik und Ritualität war den Rotarmisten und ihren Militärführern gleichgültig, wie die ›Mitteilungen des Vollzugsrates der Betriebs- und Soldatenräte‹ berichteten: »Die rote Armee des Proletariats gleicht aber der prunkvollen Armee des Kapitalismus nicht. Man sah keine prächtigen Uniformen und gepflegte schneidige Offiziere, es fehlte die Orchestermusik: ernst und still marschierten die Kolonnen im wuchtigen Schritt, in schmucklosen Arbeitskleidern, aber auf allen Gesichtern lag Mut, Entschlossenheit und Verantwortung.«[192] Von Egelhofer ist bekannt, daß er sich entschieden gegen die »Ludendorfferei und die Hindenburgerei«, das heißt gegen die Übernahme von Drillformen und Rangordnung der kaiserlichen Armee, gewandt hatte.[193] Als Oberkommandierender der ›Roten Armee‹ trug er dazu bei, daß die überkommenen Regeln militärischer Öffentlichkeit schon während der Truppenparade demonstrativ mißachtet und der proletarische Charakter der ›Roten Armee‹ zum Ausdruck gebracht wurden. Sein Auftreten an diesem Tag bezeugt eine während der Demonstration in der Ludwigstraße entstandene Fotografie Hoffmanns, die ihn in unmilitärischem Habit, mit einer schiefen Schlägermütze im offenen Fond eines Personenautos sitzend darstellt. Die zur Zeit der Räteherrschaft

als Postkarte veröffentlichte Aufnahme fand keinen Eingang in die parteikommunistische Presse, vermutlich weil sie dem späteren Wunschbild vom heldenhaften Militärführer Egelhofer nicht entsprach.[194]

Zudem hatte Hoffmann Egelhofer und seine Begleiter vor dem Siegesdenkmal des königlich-bayerischen Heeres abgebildet und bot damit konservativen Bildbetrachtern die Möglichkeit, die ehemalige Pracht der monarchischen Armee mit dem Erscheinungsbild des proletarischen Heeres zu vergleichen. Fast möchte man meinen, dieser Kontrastierung lägen weiterreichende Interpretationsabsichten zugrunde, da er mit einer anderen Aufnahme auch die »Münchener Arbeiterwehr« (so seine Postkartenbeschriftung) in eine wenig repräsentative Beziehung zum Siegestor setzte: die vom Betrachter wegziehenden, gesichtslosen Arbeiter wecken Assoziationen an Bilder geschlagener Soldaten.

Von einigen dieser Aufnahmen mit bewaffneten Arbeitern ist nicht eindeutig auszumachen, ob sie nicht auch von der Demonstration am Nachmittag stammen, an der neben Angehörige der ›Roten Armee‹ auch Zivilisten teilnahmen. Bei dieser Demonstration interessierte sich Hoffman wie auch ein unbekannter Postkartenfotograf für einzelne Teilnehmergruppen: bewaffnete Belegschaften von Betrieben und Mitglieder einzelner KPD-Sektionen, Postbeamtinnen und Eisenbahner. Als Kundgebungsteilnehmer wurden auf einigen Fotografien überdies die führenden Köpfe der Münchener KPD – darunter Eugen Leviné – festgehalten, deren durchaus bürgerlicher Habitus im Widerspruch zum karika-

Demonstrationszug mit führenden Mitgliedern der Münchener Kommunistischen Partei vor der Universität (in der vorderen Reihe: zweiter von links Eugen Leviné, dritter Willi Budich), 22. April 1919, Postkarte.

Heinrich Hoffmann: Demonstrationszug der Münchener Postbeamtinnen in der Ludwigstraße, 22. April 1919.

Appell von Rotarmisten vor dem Hauptbahnhof, April 1919.

turesken Revoluzzer-Bild der gegenrevolutionären Bildpublizistik steht.

Konservative Zeitgenossen konnten der zwanglosen Form proletarischer Öffentlichkeit wohl nur mit Verachtung begegnen; so wollte Josef Karl in ihr den Aufzug von pöbelhaften Kriminellen und Fanatikern sehen: »Die Parade, gemischt mit Soldaten aller Waffengattungen und Zivilisten bot einen mehr Grauen als Vertrauen erweckenden Anblick. Namentlich unter den Bewaffneten befanden sich vielfach Gestalten, die dem Äußeren nach eher Abruzzenräubern als Leuten glichen, die man als Beschützer der Republik und als Schutztruppen ansehen konnte... Durch lautes Schreien, Kreischen und Johlen taten sich im Zuge auch eine größere Anzahl fanatischer Weiber in meist recht phantastischem Aufputz hervor, die immer laut in das von einem Redner im Zug ausgebrachte Hoch auf die Räte-Republik und das gröhlende ›Nieder mit der Verräter-Regierung Hoffmann‹ einfielen.«[195]

Weitere prägnante Bilder bewaffneter Arbeiter suchte Hoffmann im Umkreis des Hauptbahnhofes, der als Schauplatz des Sieges über die dort verbarrikadierten Putschisten vom Palmsonntag zum symbolischen Ort revolutionärer Verteidigungsbereitschaft geworden war.[196] Als Stützpunkt für Operationen der ›Roten Armee‹ – hier wurden die Militärtransporte abgefertigt – war er besonders gesichert und vollstän-

dig abgesperrt. Neben einer eigens gebildeten ›Bahnhofswache‹ waren dort Soldaten der ›Roten Armee‹ stationiert,[197] die angeblich mit »über 100 Maschinengewehren ... in Bereitschaft standen.«[198] In der Arnulfstraße an der Bahnhofsnordseite dokumentierte Hoffmann verschiedene Gruppen bewaffneter Arbeiter, deren Aufnahmen wahrscheinlich für den Pressebildvertrieb konzipiert waren. Auch wenn das dialogische Einverständnis zwischen Fotograf und Fotografierten eher typisch für Hoffmanns Bilder ist, scheint er hier einen näheren Kontakt zu den Abgebildeten, die zwar ohne unwilliges Mißtrauen, aber distanziert reagierten, nicht gesucht zu haben. Die zurückhaltende Selbstdarstellung der Arbeiter verrät erstaunte Unsicherheit, nun zum Gegenstand dokumentarischen Interesses zu werden. Ihre Erscheinungsweise auf diesen Fotografien bietet ein Korrektiv der bildnerischen Mythen über die räterepublikanischen Arbeiter, die in den gegenrevolutionären Magazinen als waffenstarrende, clowneske Gestalten gekennzeichnet wurden.[199]

Das Bedürfnis der räterepublikanischen Soldaten, sich ihrer politischen Solidarität im Bilde erinnern zu können, spiegelt sich in einigen, überwiegend für den privaten Gebrauch bestimmten Gruppenfotografien, die ausschließlich von anonymen Fotografen stammen. Aus den Novembertagen steht ihnen nur wenig gegenüber. Eine dieser Aufnahmen, auf der Rotarmisten in fröhlicher Absage an alle konventio-

Rotarmisten vor dem Hauptbahnhof nach Ausrufung der Zweiten Räterepublik, Mitte April 1919, Postkarte.

nellen Formen soldatischer Gruppenporträts sich als Anhänger der »sozialistisch-kommunistischen Räterepublik« zu erkennen geben, war sogar als Dokument der »Waffenausgabe an die Arbeiterwehr« auf dem Postkartenmarkt erhältlich. Sozialtypische Posen sind auf den teils amateurhaften Aufnahmen nicht auszumachen. Eingeübte Standards und Zwänge der soldatischen Gruppenpräsentation wurden meistens vermieden. Auch dem herkömmlichen Schema soldatischer Kameradschaftsporträts sind die Fotografien nur spurenhaft verpflichtet und knüpfen vielmehr an die Tradition ziviler Gruppenbilder an, die zu festlichen Anlässen hergestellt wurden. Revolutionäre Parolen – wie wir sie von Gruppenporträts revolutionärer Soldaten vom November 1918 kennen – fehlen weitgehend. In ostentativer Negation strammer Drill- und Autoritätsformen gruppieren sich Soldaten und zivil gekleidete Personen zumeist als lockere Formation um ihr Maschinengewehr und sind wenig auf eine posenhafte Zurschaustellung kämpferischer Entschlossenheit bedacht, wie sie allein in einer Aufnahme von Rotarmisten aus dem Luitpoldgymnasium zum Ausdruck kommt.

Angesichts der drohenden Exekution der Räterepublik mag es verwundern, mit welcher Unbekümmertheit sich die Soldaten den Fotografen für Presseaufnahmen und private Bilder stellten. Einem Teil der Räterepublikaner muß es jedenfalls bewußt gewesen sein, daß diese Aufnahmen zu belastenden Indizien in der Hand des politischen Gegners hätten werden können. Folgt man einer Bemerkung Frölichs,

gab es bereits kurz nach Ausrufung der Zweiten Räterepublik Furcht vor einer gegenrevolutionären Verwendung von

›Feurjo!‹, Jg. 1919, Nr. 16.

Heinrich Hoffmann (?): Maschinengewehrstellung der Bahnhofswache im Hauptbahnhof während der Zweiten Räterepublik.

Heinrich Hoffmann: Bewaffnete Arbeiter in der Arnulfstraße am Hauptbahnhof während der Zweiten Räterepublik.

Fotografien: »Beim Sturm auf den Bahnhof sind Aufnahmen von Kämpfergruppen gemacht worden. Siegt die Gegenrevolution, sind die Leute geliefert. Die Platten und Bilder müssen beschlagnahmt, der Photograph entschädigt werden... Spitzel treiben sich umher und spitzen die Ohren.«[200] Auch Heinrich Hoffmann berichtete in seinen Memoiren von Mißtrauen gegenüber seiner fotografischen Dokumentationstätigkeit, was zu seiner zeitweiligen Verhaftung geführt haben soll: »München war im Aufruhr, und die Straßen waren voll von schreienden und gestikulierenden Menschen. Wieder einmal band ich meine rote Armbinde um und strich mit meiner Kamera durch die Straßen, um ein wenig vom aktuellen historischen Geschehen zu fotografieren. Die Arbeit ruhte völlig ... Ich fotografierte wie wild, überall und nirgendwo, und Platte um Platte verschwand in meinen Taschen. Ganz in meine Arbeit vertieft, hörte ich so nebenbei von einem der Organisatoren: ›Paß auf den Fotografen auf‹, aber die Bedeutung der Bemerkung wurde mir nicht klar. Plötzlich ergriffen mich rohe Hände, und ich fand mich wieder zwischen zwei Soldaten der ›Roten Armee‹, die Gewehre in den Händen trugen und an deren Gürteln Handgranaten hingen. Unter dem Applaus der Menge wurde ich abgeführt...«[201]

Hoffmann läßt offen, ob die Räterepublikaner sich über eine spätere Zweckentfremdung seiner Presseaufnahmen ängstigten oder in ihm auch einen Spitzel vermuteten. Jedenfalls war München zur Zeit der Räterepublik Aktionsfeld mehrerer gegenrevolutionärer Spitzelorganisationen, die – wie die völkische ›Thule-Gesellschaft‹ mit der Regierung Hoffmann zusammenarbeiteten und vor allem die Destruktion der militärischen Einrichtungen der ›Roten Armee‹ be-

Heinrich Hoffmann: Bewaffnete Arbeiter in der Arnulfstraße am Hauptbahnhof während der Zweiten Räterepublik.

Rotarmisten vor der Marsfeldkaserne während der Zweiten Räterepublik, Postkarte.

Mitglieder der ›Roten Armee‹ während der Zweiten Räterepublik, Postkarte.

Heinrich Hoffmann: Bekanntmachung der Aufhebung des Generalstreiks auf einer Anschlagtafel der ›Münchener Neuesten Nachrichten‹ am Sendlingertorplatz, im Hintergrund das Sendlinger Tor, 23. April 1919.

trieben.[202] Fotografische Indizien für ein späteres juristisches Vorgehen gegen Räterepublikaner scheinen sie jedoch nicht gesammelt zu haben.[203] In den einschlägigen Polizeiakten finden sich keine Belege, daß Presse- und Postkartenaufnahmen später für polizeiliche Ermittlungen gegen Räteanhänger herangezogen wurden, obgleich die Überwachungsorgane nach dem 1. Mai umfangreiche Recherchen anstellten, um auch weniger namhafte Anhänger der Räterepublik zu erfassen.[204] Das polizeiliche Interesse scheint sich auf Fotografien derjenigen Mitglieder der ›Roten Armee‹ beschränkt zu haben, die der Teilnahme am »Geiselmord« beschuldigt wurden.[205] Dabei gerieten eine Reihe von privaten Gruppenaufnahmen in den Besitz der Polizei und dienten zur Personenidentifizierung.[206]

In späteren Jahren setzten die Nationalsozialisten auf die inkriminierende Verwendbarkeit der Fotografien aus den

Revolutionsmonaten und verbanden ihre Veröffentlichung mit denunziatorischen Drohungen, was sich bis in die Zeit nach 1933 fortsetzte. 1938 formulierte der Zeitungswissenschaftler Kurt Wehlau: »Es gibt aus jenen Monaten ... auch eine ungeheuer große Anzahl von Bildern, von denen später die Dargestellten sicherlich gewünscht hätten, daß diese Aufnahmen niemals entstanden seien. Vielleicht haben diese Menschen zuerst an den Bildern eine Freude gehabt ... Dann kam oftmals der Verstand endlich wieder zu Worte – und betrübt stellte mancher fest, daß er sich in politischer Leidenschaft zu Dingen hergegeben hat, die er vor sich nicht verantworten kann – und die ihm ein ganzes Leben lang anhaften können, vor allem auch, weil die Bilder aus jenen Tagen noch heute klare Beweise für sein damaliges Mitgehen oder seine Schuld sind.«[207]

Abb. S. 151 oben: Im Luitpoldgymnasium stationierte Rotarmisten. (Markierungen zu Identifizierungszwecken durch die Polizei nach dem 1. Mai 1919), Postkarte.

Abb. S. 151 unten: Soldaten der ›Roten Armee‹, Michael Seidl (1), Josef Theiler (2), Ludwig Seehuber (6), Franz Grabmeier (7), Bartl Steiner (9), nach Mitte April 1919 (die Fotografie wurde zu Identifizierungszwecken von der Polizei nach dem 1. Mai 1919 beschriftet).

Teil III
Die Fotografie der Gegenrevolution

Aufmarsch der Regierungstruppen und Besetzung Münchens

Das politische Schicksal der Räterepublik war besiegelt, als die exilierte bayerische Landesregierung am 14. April 1919 das Reich um militärische Unterstützung im Kampf gegen die Münchener Räteherrschaft ersuchte. In kurzer Zeit wurden unter dem Oberbefehl des preußischen Generalleutnants von Oven Reichswehreinheiten sowie preußische, württembergische und bayerische Freikorps in einer Gesamtstärke von über 20 000 Mann nach München geführt.[1] Nachdem der Widerstand in einigen bayerischen Gemeinden schnell gebrochen war, schloß sich am Morgen des 1. Mai der Ring um die Stadt. Am gleichen Tag befahl Rudolf Egelhofer, Oberkommandierender der ›Roten Armee‹, in einem Tagesbefehl unter der Parole »Trotzki« die Waffen niederzulegen.[2] Zu einer bewaffneten Auseinandersetzung waren vermutlich nur ein- bis zweitausend Rotarmisten ernstlich entschlossen, von denen wiederum nur einige hundert an den Kämpfen teilnahmen.[3] Obwohl der Einmarsch erst für den Mittag des nächsten Tages geplant war, drangen bereits am 1. Mai mehrere kleine Freikorpseinheiten erfolgreich bis zur Stadtmitte vor, was als sicherer Beweis für das Fehlen einer planmäßig organisierten Gegenwehr der ›Roten Armee‹ gelten kann. Heinrich Hillmayr konstatiert: »In München muß am 1. Mai kein ›rotes Terrorregime‹ mehr beseitigt werden. Hier vernichten die mit haushoher Überlegenheit antretenden Streitkräfte der Regierung eine kleine Minderheit, die verzweifelt versucht, sich gegen die über sie hereinbrechende Flut zu stemmen.«[4]

Eine kampflose Übergabe Münchens an die aufmarschierten Truppen wäre möglich gewesen.[5] Die Bamberger Regierung und die vor der Stadt stehenden Truppenführer waren darüber unterrichtet, daß die ›Rote Armee‹ auseinandergelaufen war. Der neu gebildete ›Aktionsausschuß‹, das höchste politische Gremium der Räterepublik, bot mehrfach Verhandlungen an, die von der Gegenseite jedoch zurückgewiesen wurden.

Die militärische Besetzung der Stadt verlief uneinheitlich, da die Regierungstruppen viele Stadtviertel kampflos durchqueren konnten und nur an wenigen Stellen in militärische Auseinandersetzungen verwickelt wurden. Die meisten Truppenteile erlebten keine Feindberührung. Abgesehen von ein paar Artillerieposten am Hauptbahnhof und einem starken Widerstandszentrum am Karlsplatz beschränk-

Aufruf der Betriebs- und Soldatenräte zur waffenlosen Mai-Kundgebung, 1. Mai 1919, Plakat.

Kopp-Filmwerke: Tafel mit der Tagesparole der ›Roten Armee‹ vom 30. April 1919, Einzelbild aus einem Dokumentarfilm, Anfang Mai 1919.

29. April 1919. Regierungs-Truppen passieren die Stadt Freising.

J. Hofmann, phot.

J. Hoffmann: Regierungstruppen in Freising, 29. April 1919, Postkarte.

ten sich versprengte Rotarmisten darauf, die einziehenden Truppen besonders in Giesing und Haidhausen von Hausdächern und Fenstern aus mit Gewehrfeuern zu attackieren. Dagegen nahmen die Regierungtruppen im Kampf gegen den oft nur vermuteten Gegner ganze Gebäudekomplexe unter Beschuß und setzten hierbei auch bedenkenlos Kanonen und Minenwerfer ein. Als am 2. Mai das Gros der Truppen in die Stadt einzog, kam es in einigen Stadtteilen noch zu Einzelkämpfen. Gegen Abend war die Stadt in der Hand der Regierungtruppen. Verbliebene Widerstandsnester wurden in den folgenden Tagen ausgehoben.

Die gegenrevolutionäre Publizistik übertrieb den schwachen Widerstand und entwarf das Bild einer »Roten Festung«, die regelrecht erstürmt werden mußte.[6] Aus Scharmützeln entstanden wahre Schlachten und die Rotarmisten wurden als ein hinterhältiger, bis an die Zähne bewaffneter Gegner dargestellt, dem nur mit einem enormen Truppenaufgebot und äußerster Härte beizukommen gewesen wäre, womit der rigorose Waffeneinsatz und auch der »Weiße Terror« der folgenden Zeit gerechtfertigt wurden. In der Übersteigerung der militärischen Gegenwehr der Rotarmisten deckt sich die »rechte« Geschichtsschreibung mit der »linken«, für die die Kämpfe den Ursprung der Mythen vom entschlossenen Widerstand und dem Opfermut des Münchener Proletariats bilden. Die parteikommunistische Geschichtsschreibung unterschlug Rudolf Egelhofers Aufruf zur Feuereinstellung

und suggerierte einen Endkampf der ›Roten Armee‹ ohne Kapitulation.[7]

Die militärischen Ereignisse vom Aufmarsch der Truppen bis zu den Kämpfen in München sind, gemessen an den zahlreichen fotografischen Aufnahmen von kämpferischen Auseinandersetzungen in Berlin vom Winter und Frühjahr 1919, nur spärlich festgehalten worden.[8] Eine Dokumentation des Truppenvormarsches durch Berufsfotografen blieb vollkommen aus, obwohl in diesen Tagen die Berliner Pres-

Transport von Freikorpssoldaten nach München, 14. April 1919, Postkarte.

Unbekannter Amateurfotograf: Württembergische Freikorpssoldaten auf dem Weg nach München, April 1919, Postkarte.

Karl Allmendinger: Soldaten des ›1. Württembergischen Freiwilligen-Regiments‹ auf dem Marktplatz in Starnberg (?), Ende April 1919.

Karl Allmendinger: Soldaten des ›1. Württembergischen Freiwilligen-Regiments‹ beim Einkauf von Proviant in einem Dorf vor München, Ende April 1919.

sefotografen Alfred Frankl, Willy Römer und Rudolf Sennecke nach München unterwegs waren. So wurde der Truppenvormarsch außer von Postkartenfotografen, durch deren Wohnorte die Soldaten zogen, nur von Amateurfotografen unter den Offizieren festgehalten. Während ihre Privataufnahmen zumeist unveröffentlicht blieben, illustrierte der Oberleutnant Karl Allmendinger, Adjutant des ›1.württembergischen Freiwilligenregiments‹, seinen Erlebnisbericht vom Regimentsvormarsch im ›Bayerland‹ mit eigenen Fotografien. [9] In zahlreichen Rollfilmaufnahmen hielt er den Zug seiner Einheit von Tutzing am Starnbergersee bis zum Einmarsch in München fest. Dank der größtenteils erhaltenen Aufnahmeserie sind wir in diesem Fall genauer über den Fotografiegebrauch eines Offiziers informiert.

Allmendingers Fotografien vom Troß einer Freikorpstruppe sind ungewöhnlich und setzen sich in Motivwahl und Bild-

Abbildungen auf gegenüberliegender Seite: Karl Allmendinger: Angehörige des ›1. Württembergischen Freiwilligen-Regiments‹ auf dem Vormarsch von Tutzing nach München, letzte Apriltage oder 1. Mai 1919.

gestaltung von den Aufnahmen seiner Kollegen wie von der Offiziersfotografie des Weltkriegs ab. [10] Seine genrehaft erzählenden Impressionen vom Auftreten der Soldaten in ländlicher Umgebung und ihren Begegnungen mit der einheimischen Bevölkerung offenbaren das besondere Augenmerk des Fotografen, eines abgewiesenen Kunstakademieschülers [11], für alltägliche Situationen. Die Aufnahmen lassen sich nicht mit dem prächtigen, gemeinhin von Pressefotografen und Propaganda gelieferten Soldatenbild vereinbaren. Einzelne Fotografien geben sogar Szenen des gewalttätigen Vorgehens der Soldaten wieder.

Gleichgültigkeit gegenüber publizistischen Bedürfnissen kommt ebenfalls in den Aufnahmen ziviler Amateure zum Ausdruck, die den Durchzug der Truppen durch die stadtnahen Gemeinden und Außenviertel dokumentierten. Die tristen Vorstadtszenerien, wie sie verschiedene Fotografien festhalten, widersprechen der Vorstellung vom umjubelten Einzug heldenhafter Kämpfer. Die Amateure verfolgten das Geschehen von höher gelegenen Wohnungen aus. Nach den überlieferten Aufnahmen zu schließen, war diese Art der privaten Dokumentation lokaler Zeitgeschichte in München

Unbekannter Amateurfotograf: Einzug von Regierungssoldaten in Sendling (?), 1. oder 2. Mai 1919, Postkarte.

relativ verbreitet. Hingegen orientierten sich die Berufsfotografen in ihrer Motivwahl deutlich an Legitimationsbedürfnissen der Publizistik. So finden sich im Repertoire von Frankl, Römer und Hoffmann neben Aufnahmen, die die militärische Besetzung in den Vordergrund rücken, zahlreiche Topoi akklamatorischer Sanktionierung der militärischen Macht durch die Bevölkerung. Eine häufig veröffentlichte Presseaufnahme Hoffmanns zeigt vor der Kulisse des Maximilianeums eine Marschkolonne, die von weiße Tücher schwenkenden Bürgern umringt wird.

Höchstwahrscheinlich ist die Aufnahme auf den 1. Mai zu datieren und gibt den Einzug eines bayerischen Freikorps wieder.[12] Nach Zeitungsberichten standen beim anschließenden Zug dieser Truppe durch die Maximilianstraße die Zuschauer so dicht gedrängt am Straßenrand, daß Ordnungstrupps für eine Absperrung sorgen mußten.[13] Hoffmanns Aufnahme gehört zu den seltenen Belegen eines spontanen Jubels, mit dem Teile der Münchener Bevölkerung die gegenrevolutionären Soldaten empfingen. Später kamen Aufnahmen vom kampflosen Einzug umjubelter Truppenverbände auch in der Freikorpsliteratur zum Abdruck, obwohl sie sich nicht so leicht mit deren dramatischen Textschilderungen vom heroischen Kampf gegen das »rote München« in Übereinstimmung bringen lassen. Diesen Widerspruch nahm man offenbar in Kauf und überspielte ihn mit ungenauen und falschen Beschriftungen. Im damals vorherrschenden publizistischen Gebrauch hatten die Fotogra-

Heinrich Hoffmann: Einmarsch der Garde-Schützendivision (?) in der Ludwigstraße, 1. Mai 1919.

fien im wesentlichen symbolische Funktionen, die durch exakte Angaben eher beeinträchtigt worden wären. Präzise Vermerke über den Aufnahmezeitpunkt fehlten schon auf den Fotopostkarten. Dieser Umstand und die allgemein schlechte Quellenlage lassen es heute nicht mehr zu, Aufnahmen vom 1. oder 2. Mai eindeutig von solchen zu unterscheiden, die in den folgenden Tagen einmarschierende Verbände oder spätere Umzüge zeigen. Einem kritischen Bildgebrauch sind damit enge Grenzen gesetzt. Ähnliche Probleme ergeben sich für die Amateuraufnahmen, wenn wir sie als Belege für die kampflose Besetzung einzelner Stadt-

Heinrich Hoffmann: Einzug eines Regensburger Freikorps, Kompagnie Sengmüller der Abteilung Schaaf (?), in die Maximilianstraße, im Hintergrund das Maximilianeum, 1. Mai 1919, Postkarte.

Willy Römer: Frauen und Kinder begrüßen einmarschierende Soldaten, 3. Mai 1919.

Unbekannter Amateurfotograf: Blick durch die Schützenstraße auf den Karlsplatz, am Straßenende eine von Rotarmisten errichtete Barrikade aus Bierfässern und Fuhrwerken, 1. Mai 1919.

gebiete und als Korrektiv herrschender Legenden verstehen wollen.

Zu heftigen Gefechten kam es in den beiden ersten Maitagen am Karlsplatz. Allein hier kann von einem »Kampfplatz« gesprochen werden – ein Begriff, den nicht nur die Freikorpsliteratur in inflationärer Weise auf das Geschehen in der ganzen Stadt anwandte.[14] Am Nachmittag des 1. Mai waren eigenmächtig operierende Freikorps von der Residenz aus bis zum Lenbachplatz vorgedrungen, wo ihnen über den Karlsplatz hinweg das Feuer der Rotarmisten entgegenschlug. Josef Karl schildert den weiteren Verlauf der Ereignisse: »Mittlerweile hatten die Regierungstruppen bei der Anlage an der Deutschen Bank ein Geschütz in Stellung gebracht und eine Brandbombe in den Kiosk gesetzt, der bald lichterloh aufflammte und die Roten Gardisten zwang, ihren verzweifelten Widerstand aufzugeben und sich gegen die protestantische Kirche und das Kaufhaus Horn zurückzuziehen. Bald war der Karlsplatz zum wütendsten Kampfplatz geworden ... Gegen Abend bekamen die Regierungstruppen Verstärkungen von der Herzog-Wilhelmstraße und dem Sendlingertorplatz her. Die Rotgardisten wurden über den Karlsplatz in den Justizpalast und gegen die Elisenstra-

ße geworfen, von wo aus sie heftigen Widerstand leisteten. Das an der Deutschen Bank postiert gewesene Geschütz wurde infolgedessen bis zum Wittelsbacherbrunnen zurückgezogen und beschoß in den Nachmittagsstunden den Justizpalast, der an der gegen den Stachus gerichteten Seite

Unbekannter Amateurfotograf: Feuerwehr löscht den Dachstuhl des brennenden Mathäser-Bräus, 2. Mai 1919.

Das durch Minen in Brand geschossene Mathäserbräu, im Vordergrund links der Justizpalast, rechts der Hauptbahnhof, oben in der Mitte die Matthäuskirche am Karlsplatz, 2.Mai 1919, Fliegeraufnahme.

zwei Treffer im dritten Stock erhielt ... Viele Spartakisten flüchteten in den Mathäser.«[15] Am folgenden Tag waren die Auseinandersetzungen am Karlsplatz beendet. Provisorische Barrikaden, mit Bierfässern und Wägen errichtet, boten den Rotarmisten keinen Schutz gegen die mit Panzerautos anrückenden Streitkräfte. Als in den Vormittagsstunden des 2. Mai unter Fliegerbeobachtung schwere Minen in das Gebäude geworfen wurden und Feuer ausbrach, mußten sie den Mathäser räumen.[16]

Von diesen militärischen Auseinandersetzungen sind offenbar keine Aufnahmen gefertigt worden, obwohl Fotografen nachweislich am 1. Mai sogar während der Kämpfe am Karlsplatz gegenwärtig waren. Selbst Frankl, der bereits während des Weltkrieges und der Berliner Januarkämpfe dramatische Kampfbilder unter Gefahr für Leib und Leben aufgenommen hatte, dokumentierte keine kämpferischen Situationen – seien es verschanzte Soldaten, feuernde Panzerautos oder vorwärtsstürmende Kommandos.[17] Sicherlich gab es in München weniger dramatische Ereignisse als während der Straßenkämpfe in Berlin, aber auch Situationen, die den in Berlin fotografierten vergleichbar waren, wurden nicht festgehalten. Wie erklärt sich dieser Unterschied? Die

B. Fuchs: Ein von Rotarmisten beschossenes und auf der Theresienwiese abgestürztes Flugzeug der Regierungstruppen, 2. Mai 1919, Postkarte.

strategische Situation war in München wesentlich unübersichtlicher, und spektakuläre Ereignisse waren für die Fotografen – sieht man von denen am Karlsplatz ab – nur schwer im voraus zu bestimmen. Während in Berlin die Reaktionsweise der Noske-Truppen noch nicht abschätzbar war und die Fotografen dort unbefangener und möglicherweise auch

Heinrich Hoffmann: Zuschauer der Kämpfe am Karlsplatz in Deckung des Wittelsbacher Brunnens, 1. Mai 1919.

Alfred Frankl: Der brennende Stachuskiosk während der Kämpfe am Karlsplatz, 1. Mai 1919.

uneingeschränkter fotografieren konnten, gebot das inzwischen bekannte, brutale Vorgehen der Regierungssoldaten gegenüber Zivilisten Vorsicht.[18] Auch sollen während der Berliner Januarkämpfe ein Pressefotograf bei der Ausübung seines Berufes getötet und andere verletzt worden sein.[19] Überdies muß die traditionelle Pressefeindlichkeit der Militärs in Rechnung gestellt werden. Fotografierverbote – etwa um die Identifizierung von Soldaten zu verhindern – sind allerdings unwahrscheinlich. Schließlich wirkten wohl auch technische Schwierigkeiten einschränkend, zumal die meisten Münchener Fotografen mit derartigen Gefechtssituationen nicht vertraut waren.

Während der Kämpfe war auch Hoffmann am Karlsplatz und bezog in sicherer Distanz am Lenbachplatz mit seiner Kamera Stellung und fotografierte dort die »Zuschauer bei den Feuerkämpfen am Stachus in Deckung des Wittelsbacher Brunnens«.[20] Obwohl auch diese Aufnahme kein aktuelles Kampfgeschehen widergibt, besitzt sie besonderen Unterhaltungswert, da sie dem Betrachter das neugierige Beobachten des Publikums selbst vorführt. Der Austausch des Ereignisses gegen die Darstellung seiner Wahrnehmung mutet modern an. Da jedoch sensationelle Aufnahmen mit bekannteren Stadtmotiven offenbar mehr gefragt waren, gab Hoffmann bei der späteren Postkartenproduktion einer Fotografie mit dem schwelenden Stachuskiosk im Bildhintergrund den Vorzug. Sehr beliebt beim Publikum waren auch mehrere Postkarten vom brennenden Kiosk des ›Photo-

Heinrich Hoffmann: Der brennende Stachuskiosk während der Kämpfe am Karlsplatz, 1. Mai 1919, Postkarte.

unternehmen Aquila‹. Die Serie wurde von einem der oberen Stockwerke des ›Kaufhaus Horn‹ in größeren Zeitabständen, vom Nachmittag bis in die hereinbrechende Dämmerung hinein, aufgenommen.[21] Auf dem schon nächtlich dunklen Foto läßt der Feuerschein hinter den Häusersilhouetten eine in Aufruhr geratene und in Brand gesteckte Stadt vermuten. In den Revolutionsretrospektiven wurde das Bild des brennenden Kiosk zum Symbol einer von Kommunisten gebrandschatzten Stadt, war doch »Feuer über München« ein beliebtes Bildmotiv der konservativen Publizistik: »Flugfeuer ist über das Bayernland dahingegangen

Fotounternehmen Aquila: Der brennende Kiosk am Karlsplatz, 1. Mai 1919, Postkarte.

Fotounternehmen Aquila: Der brennende Kiosk am Karlsplatz, 1. Mai 1919, Postkarte.

mit versengender Glut. Flugfeuer aus russischen Steppen, Flugfeuer aus dem furchtbaren Brand des zertrümmerten Zarenreiches. In wilder Lohe, da und dort, züngelnd, gierig, gefräßig, vernichtend schlug es empor. Und Bayern bangte und zitterte um sein heimatliches Haus, tagelang, wochenlang.«[22]
Möglicherweise sahen die Fotografen auch deshalb keine Veranlassung, für Kampfaufnahmen ein besonderes Risiko einzugehen, da sie mehrheitlich mit traditionellen Bildbedürfnissen ihrer Kundschaft rechnen konnten. Und in der Tat wurden als »Bilddokumente der Kämpfe« hauptsächlich Fotopostkarten von Kampfspuren - Aufnahmen von beschossenen Gebäuden, Barrikaden und Drahtverhauen - produziert und abgesetzt. Als die militärischen Auseinandersetzungen beendet waren, erschien allem Anschein nach zwei Fotografen die Dokumentation jedoch nicht ausreichend. So griffen sie - zur nachträglichen Komplettierung ihres Bildangebots - zu szenischem Arrangement und Retusche. Um Kampfgeschehen zu suggerieren, entfernte Hoffmann aus der Fotografie eines am Unteren Anger patrouillierenden Geschützwagens störende Passanten. Die Beschriftung der Postkarte: »Ausheben eines Spartakistennestes durch Regierungstruppen mit Revolvergeschütz«

stellt die Dramatik der Szene her. Dafür bot die regennasse Straße mit den leeren Fensterhöhlen die stimmungsmäßige Voraussetzung, zumal die Passanten auf dem gegenüberliegenden Bürgersteig im Dunkel der Häuser verschwinden. Verstärkt wurde die Spannung zusätzlich durch den im Vergleich zum Format des Originalnegatives verengten Bildaus-

Josef Paul Böhm: Nachgestellte Szene eines Sturmangriffs von Freikorpssoldaten auf ein »Spartakistennest«, Anfang Mai 1919, Postkarte.

Heinrich Hoffmann: Patrouillierender Geschützwagen der Regierungstruppen am Unteren Anger, Anfang Mai 1919.

schnitt der Fotopostkarte. Die Tatsächlichkeit einer kämpferischen Aktion erscheint nach der Reproduktion der Aufnahme noch überzeugender, da mit der notwendigen Aufrasterung die Retuschespuren unsichtbar wurden, während auf der handabgezogenen Postkarte noch Reste der ausradierten Personen erkennbar sind.[23]

Josef Paul Böhm inszenierte in einer Parkanlage den »Angriff auf ein Spartakistennest« - so die Beschriftung von Aufnahmen aus einer Postkartenserie zu den Kämpfen und

Heinrich Hoffmann: Patrouillierender Geschützwagen der Regierungstruppen am Unteren Anger, Anfang Mai 1919 (retuschierte Aufnahme), Postkarte.

Taten der Freikorpssoldaten in München.[24] Seine Inszenierung knüpft an Sturmtruppdarstellungen aus dem Ersten Weltkrieg an. Die theatralische Stimmung, das verkrampfte Innehalten der Infanteristen und mancher lachende Gesichtsausdruck machen das Arrangement unglaubwürdig. Ein aufmerksamer Betrachter kann feststellen, daß bereits »erschossene« Soldaten für die folgende Aufnahme wieder zum Leben erweckt worden waren. Bei ihrem unterschiedlichen Vorgehen nahmen beide Fotografen gleichermaßen die Authentizität der fotografischen Abbildung als Wahrheitsgarantie in Anspruch, unterliefen mit ihren Fälschungen jedoch die Berufsethik der Pressefotografen. Hoffmann veränderte mit seinem manuellen Eingriff »nur« die abgebildete Wirklichkeit, damit sie besser zu der falschen Beschriftung paßte, griff aber in das Geschehen selbst nicht ein. Böhm hingegen arrangierte eine abzubildende Wirklichkeit nach seinem Dafürhalten.

In der zeitgenössischen Illustriertenpresse fanden diese Aufnahmen keine Verwendung. Ihre aktuelle Berichterstattung über Münchener Vorkommnisse ist von dem Bestreben gekennzeichnet, das Vorgehen der Regierungssoldaten - bei aller Betonung der notwendigen Härte - zu beschönigen und brachiale Gewalt, Terror und Tod weitgehend auszuklammern. Dem entspricht die metaphorische Umschreibung der Kampfhandlungen als »Säubern von Spartakistennestern«.

Bewaffnete gegenrevolutionäre Soldaten und Bürger hinter einer Barrikade in der Corneliusstraße am Gärtnerplatz, Anfang Mai 1919, Postkarte.

Straßenversperrung in der Durchfahrt des Alten Rathauses zum Tal, Anfang Mai 1919, Postkarte.

Heinrich Hoffmann: Barrikade der ›Roten Armee‹(?), Anfang Mai 1919.

Das militärische Geschehen bleibt auffallend abstrakt und die destruktiven Momente des Kampfes werden ignoriert, was in gleicher Weise für die zeitgenössische Grafik und die Pressezeichnung zutrifft.

In den Illustrierten wurden ausnahmslos Fotografien von Kampfspuren reproduziert, die vor allem in den Retrospektiven eine irrige Vorstellung von den »Münchener Sturmtagen« vermittelten. Eine explizite Beweisfunktion hatten später insbesondere Aufnahmen von Barrikaden und Drahtverhauen, obwohl diese beiden Verteidigungseinrichtungen nicht nur im militärtechnischen Sinne verschieden waren. Mehrheitlich bilden die Aufnahmen nämlich Sicherungsmaßnahmen der gegenrevolutionären Militärs ab, die erst nach der Besetzung vorgenommen, jedoch durch die Beschriftung der Fotografien als Kampfvorbereitungen der ›Roten Armee‹ ausgegeben wurden. Wie bereits erwähnt, waren von der ›Roten Armee‹ keine planmäßigen Vorkehrungen zum militärischen Kampf getroffen worden.[25] Erst im letzten Moment errichtete man provisorische Verbauungen aus Bierfässern und Mülltonnen, Kisten und Gerümpel, die jedoch keinen großen militärischen Wert besaßen. Eine solche notdürftige Versperrung der Schützenstraße zeigt eine Amateuraufnahme; auch Hoffmann überlieferte mit einer allerdings strittigen Aufnahme die Verbarrikadierung einer Straße.[26] Davon abzugrenzen sind die fotografierten Versperrungen, die bewaffnete Bürger am 1. und 2. Mai 1919 errichteten. Beispielhaft ist dafür die Postkartenansicht »Barrikade im Tal« mit der verrammelten Durchfahrt des Alten Rathauses am Marienplatz oder die Fotopostkarte einer Barrikadenidylle am Gärtnerplatz, auf der eine Gruppe bewaffneter Bürger und Soldaten mit weiß-blauen Armbinden posiert.[27]

Angesichts des faktischen Mangels an eindrucksvollen Barrikadenbauten der Räterepublikaner entwarf Hoffmann durch den gezielten Einsatz gestalterischer Mittel die Darstellung einer imposanten »roten« Barrikade.[28] Die hierbei gewählte Untersicht, die eindringliche Nähe der aufgerissenen Pflastersteine rufen den überzeugenden Eindruck eines heftig umkämpften Schauplatzes hervor. Doch gekämpft wurde an dieser Stelle niemals. Es handelt sich auch nicht, wie der Betrachter glauben muß, um eine Barrikade der Räterepublikaner, sondern um den Vorbau einer groß angelegten Straßensperre der Regierungstruppen in der Karlstraße, die die nahe am Maximiliansplatz untergebrachte Stadtkommandantur schützen sollte. Der Fotograf nahm einige Mühe auf sich, um für das Bild störende Details verschwinden zu lassen. So kroch er zwischen Stacheldrahtverhau und Pflastersteine. Erkennbar wird sein Vorgehen außer an der Aufnahme eines unbekannten Postkartenfotografen noch an seiner zweiten Ansicht der Versperrung – auf der Postkarte

Heinrich Hoffmann: Straßenversperrung der Regierungstruppen in der Karlstraße, Mai / Juni 1919.

Heinrich Hoffmann: Straßenversperrung der Regierungstruppen in der Karlstraße, Mai / Juni 1919, Postkarte.

beschriftet: »Drahtverhau i.d. Karlstraße«, die jedoch nie in einer Publikation veröffentlicht wurde.
Hoffmanns Aufnahmegestaltung fordert eine falsche Bildinterpretation heraus. Unabhängig von divergenten politi-

schen Positionen erfolgte sie seit Ende der Zwanziger Jahre, als es ein allgemeines publizistisches Bedürfnis nach eindrucksvollen Belegen für einen gewaltigen revolutionären Widerstand gab. [29] Die parteikommunistische Publizistik bemühte die Fotografie häufig als Beweismittel: »Die bewaffneten Arbeiter und Rotgardisten traten ihren letzten schweren Kampf auf den Barrikaden an.« [30] Diesem Wunschdenken kam die Aufnahme sehr gelegen. Sie vermittelt ausgesprochen geschickt eine allgemeine Vorstellung der Barrikade, die seit 1848 Auflehnung gegen bestehende Unterdrückung symbolisiert, mit der aktuellen, von der Fotografie verbürgten Wirklichkeit. Hoffmann gelang der Entwurf eines »authentischen Symbols« von hoher Prägnanz, was nachdrücklich seine gestalterischen Fähigkeiten belegt. Die Inszenierung einer revolutionären Barrikade steht jedoch nicht nur im Widerspruch zur vorgefundenen Wirklichkeit, sondern auch zur historischen Situation. Diese Verkehrung von gegenrevolutionärer in revolutionäre Gewalt folgt indessen der allenthalben beobachtbaren Verfahrensweise der herrschenden Publizistik.

Die Besetzung Münchens kostete über hundert Menschen-
leben. Weit mehr Opfer – über fünfhundert Anhänger der
Räterepublik oder unbeteiligte Bürger – forderte die an-
schließende Säuberungswelle, die unter dem verhängten
Standrecht und dem bis zum Oktober 1919 bestehenden
Kriegszustand über München hinwegrollte.[31] Willkürliche
Verhaftungen, Mißhandlungen und Erschießungen – wie die
der russischen Kriegsgefangenen, der Perlacher Arbeiter
oder der einundzwanzig katholischen Gesellen[32] –, Aburtei-
lung zahlreicher oppositioneller und räterepublikanischer
Politiker, Denunziationen und Hausdurchsuchungen kennzeichneten die Atmosphäre des »Weißen Terrors«, der auf
eine rigorose Vernichtung der Rätebewegung zielte.[33] Während die Spuren der revolutionären Gewalt zu publizistischen Zwecken akribisch registriert wurden, blieb der weiß-
gardistische und polizeiliche Terror fast bildlos.[34] Was an
fotografischen Dokumenten gegenrevolutionärer Gewalt
dennoch für die Öffentlichkeit produziert wurde, besaß vornehmlich beschwichtigenden Charakter und vermittelt keine Vorstellung von der Brutalität des »Weißen Terrors«. Bezeichnenderweise findet sich in Hoffmanns Bildangebot der
einzige Verweis auf physische Zerstörung in seinen Aufnahmen des »Brunnenbuberls« – einer bei der Münchener Bevölkerung beliebten, während der Kämpfe leicht beschädigten Brunnenplastik. Hoffmann versah ihre Postkartenausgaben zumeist mit der mitleiderweckenden Beschriftung:
»Unser schwerverwundetes Buberl«.[35]
Daß die Berufsfotografen über diese Ereignisse hinweg-
sahen, ist angesichts ihrer Sympathie für die Militärs einleuchtend. Überdies waren die Absatzchancen einer derartigen Bilderware im Zuge der gegenrevolutionären Regle-
mentierung der öffentlichen Meinung gering. Kurz nach Beginn der Militärherrschaft wurde in den Münchener Bildmagazinen ein Propagandafeldzug entfacht, der die Räterepublikaner zu Komplizen des Todes erklärte, den weißgardistischen Terror jedoch vollkommen tabuisierte und dessen
zaghafte anklägerische Visualisierung sofort unterdrückte.[36]
Ein Interesse an diesen Bildern war auch bei den überregionalen Illustrierten nach ihrer beschönigenden Berichterstattung über das rücksichtslose soldatische Vorgehen während
der Ereignisse vom Januar und März in Berlin nicht zu er-

warten. Davon abgesehen war es in den ersten Maitagen vermutlich risikoreich und sogar mit Lebensgefahr verbunden,
Gewaltszenen und die Opfer des soldatischen Tötungsge-
schäftes zu fotografieren, da die Militärs wohl keine Beweis-
aufnahme ihrer Gewalt von außenstehenden Dokumentaristen duldeten; explizite Belege für ein umfassendes Fotogra-
fierverbot gibt es allerdings nicht.

*Das bei den Kämpfen am Karlsplatz beschädigte ›Brunnenbuberl‹,
Anfang Mai 1919, Postkarte.*

Unbekannter Amateurfotograf: Regierungssoldaten und getötete Rotarmisten im Schlachthofviertel, Ecke Mai- / Waltherstraße, Anfang Mai 1919, Postkarte.

Die wenigen erhaltenen Fotografien getöteter Räterepublikaner stammen zumeist von zivilen und soldatischen Amateuren. Für eine anklägerische Öffentlichkeit wurden die Aufnahmen, die fast ausschließlich erst nach dem Zweiten Weltkrieg publiziert wurden, von den zivilen Amateuren nicht geschaffen. Als Belege außergewöhnlicher historischer Augenzeugenschaft waren sie allein für den privaten Bereich bestimmt. Über die dokumentarischen Intentionen dieser Amateure wissen wir jedoch nur wenig. Ob ein detektivisch Indizien sammelnder Dokumentarist des »Weißen Terrors« seine Kamera benutzt hat oder ein Liebhaberfotograf nach dem Motto »Auch ich bin dabei gewesen« seine private Augenzeugenschaft der Zeitläufe fürs Familienalbum belegen wollte, ist nicht zu entscheiden.[37]

Zwei bislang unpublizierte Aufnahmen ziviler Amateure deuten darauf hin, daß es während der Besetzung Münchens ratsam war, derartige Dokumente heimlich und aus sicherer Distanz zum Geschehen zu erstellen. Ihre aus der häuslichen Fensterperspektive aufgenommenen Fotografien, die gefallene oder standrechtlich erschossene Rotarmisten im Schlachthofviertel festhalten, vermitteln ein anschauliches Bild von der gewalttätigen Atmosphäre Münchens in den ersten Maitagen. In direkter Tatortnähe Opfer und Täter zu fotografieren, konnten sich offensichtlich nur die soldatischen Amateure erlauben. Die während des Vormarsches auf München in Starnberg entstandene Aufnahme eines unbekannten Fotografen – wahrscheinlich ein Freikorpsoffizier – zeigt sogar die deutliche Bereitschaft eines Soldaten, sich als Gewalttäter neben zwei Getöteten selbstsicher ins Bild zu setzen. Ungewöhnlich ist das nicht für die fotografische Dokumentation solcher Momente durch Soldaten, die in vielen Fällen auf unmißverständliche Belege ihrer Macht und Todesverfügung aus waren und dazu schon während des Weltkrieges eine unübersehbare Neigung bezeugt hatten.[38]

Weit drastischer sind die Opfer der gegenrevolutionären Säuberung in einer Amateuraufnahme dokumentiert, die der Überlieferung nach von einem Angehörigen eines getöteten Rotarmisten hergestellt worden ist.[39] Als Beispiel eines oppositionellen Fotografiegebrauchs blieb diese Aufnahme für die Zeit der Militärherrschaft jedoch singulär. Sie zeigt die durch Verletzungen entstellten, im Todeskampf erstarrten Leichen von Räterepublikanern, die in einem schäbigen Raum nebeneinandergeworfen sind. Allein diese laienhafte Aufnahme verweist auf das massenhafte Sterben, die soldatische Zerstörungslust und die achtlose Leichenbeseitigung der Getöteten[40], wie es unter anderen Oskar Maria Graf in seinem Roman ›Wir sind Gefangene‹ mit anklägerischem Impetus beschworen hat: »Auf dem schmutzigen Pflaster lagen die toten Arbeiter. Hingeschmissen, gerade, schief oder auf der Seite. Nur die Füße bildeten eine gerade Linie mit der Wand. Es roch gräßlich nach Blut und Leichen. Um mich herum flüsterten, weinten, klagten und wimmerten die Leute und beugten sich ab und zu nieder auf die Toten, an die man Paketadressen oder kleine Pappendeckel geheftet hatte. Darauf stand der Name oder eine Nummer . . . Ich versuchte zu zählen – bis zwanzig, bis vierzig, weiter bis siebzig, immer noch weiter, bis neunzig, bis hundert und immer noch weiter. Ich zählte nicht mehr . . . Die meisten Toten waren zerfetzt, der lag im blutigen Hemd da, dem hing aus einer bluti-

Soldat der Regierungstruppen und getötete Rotarmisten in Starnberg (?), Ende April 1919, Reproduktion aus: Rudolf Schricker: ›Rotmord über München‹, Berlin 1934.

Unbekannter Amateurfotograf: Getötete Rotarmisten in der Kapuzinerstraße, 1. Mai 1919, Postkarte.

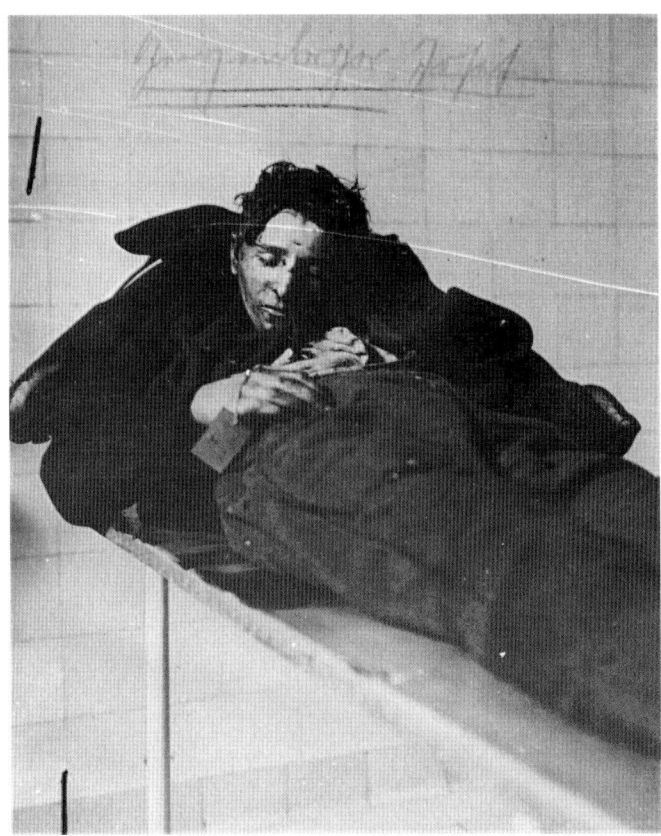

Gerichtsmedizinische Fotografie: Getöteter Rotarmist, Anfang Mai 1919.

gen Halswunde ein Stücke Schlagader, dem fehlte der Unterkiefer, diesem die Nase ... daneben einer mit halbem Kopf, mit ausgelaufenem Hirn, nur ein kleines Stück Wand vom Hirnschädel war noch zu sehen. Dem hatte man die Paketadresse an die Zehe gebunden, weil alles an ihm zerrissen war, alles nur Blut. Das Weinen und Jammern verstärkte sich. Furchtbar sind die Blicke der Suchenden, der Gehetzten.«[41]

Auch einige gerichtsmedizinische Fotografien getöteter Räteanhänger sind erhalten, die den »Todesanzeigen« der städtischen Krankenhäuser für die Münchener Standesämter beigeheftet wurden.[42] Nach Lage der Quellen zu urteilen, wurden sie ausschließlich zur Identifizierung anonymer Toter in den Kliniken angefertigt, »soweit es die Beschaffenheit der Toten zuließ«[43], wie es eine zeitgenössische Pressenotiz formulierte, denn viele der eingelieferten Sterbenden oder Toten waren bis zur Unkenntlichkeit verstümmelt. Die im Kampf Gefallenen und Anfang Mai standrechtlich Erschossenen wurden zur Identifizierung in Leichenschauhäusern oder Baracken ausgestellt und zumeist schnell beerdigt. Zu kriminalistischen Zwecken wurden diese Aufnahmen späterhin nicht genutzt, da Polizei und Justiz kein Interesse an der Aufklärung des soldatischen Terrors zeigten und weit mehr damit beschäftigt waren, den Mythos des »Roten Terrors« festzuschreiben.

Öffentlichkeit erhielt die gegenrevolutionäre Gewalt allein durch einige Fotografien vom Abtransport gefangener Räte-

republikaner. Überwiegend wurden sie von den Berufsfotografen Hoffmann und Römer erstellt. Als triumphale Botschaften soldatischer Ordnungsmacht und demütigender Präsentation der Besiegten wurden sie in vielen Illustrierten publiziert und auf dem Fotopostkartenmarkt vertrieben. Auch soldatische Amateure, die in mehreren Aufnahmen gefangene Räterepublikaner dokumentierten, suchten die Öffentlichkeit des Bildermarktes. Solche Motive boten sich den Fotografen häufig, da im Zug der rigorosen Verhaftungswelle von Anfang Mai bis Mitte Juni 1919 zahlreiche Gefangenentransporte durch München zogen und Verhaftungsaktionen in aller Öffentlichkeit zur Tagesordnung gehörten.[44] Der Abtransport der Gefangenen, der nicht selten in den Tod oder zu langjähriger Haft führte, war oftmals mit physischem und psychischem Terror verbunden.[45] Während sich die Kolonnen der Gefangenen durch die belebtesten Straßen bewegten, demonstrierten die soldatischen Sieger und ihre bürgerlichen Sympathisanten vielfach offen ihre Verachtung und Überlegenheit: »Überall zogen lange Reihen verhafteter, zerschundener, blutiggeschlagener Arbeiter mit hochgehaltenen Armen. Seitlich, hinten und vorne marschierten Soldaten, brüllten, wenn ein erlahmter Arm niedersinken wollte, stießen mit Gewehrkolben in die Rippen, schlugen mit Fäusten auf die Zitternden ein ... Ein Zug Verhafteter kam daher. Sofort lief alles darauf los, schrie und johlte, spuckte, schimpfte und drohte. Feine Damen verabreichten heldenmütige Ohrfeigen ... Bürgerwehrler versetzten hinterlistige Püffe und die Lebemänner lächelten beifällig. Niemand verwehrte es ihnen.«[46]

In den überlieferten Aufnahmen gefangener Räterepublikaner spiegelt sich ein unterschiedliches Verhältnis der Foto-

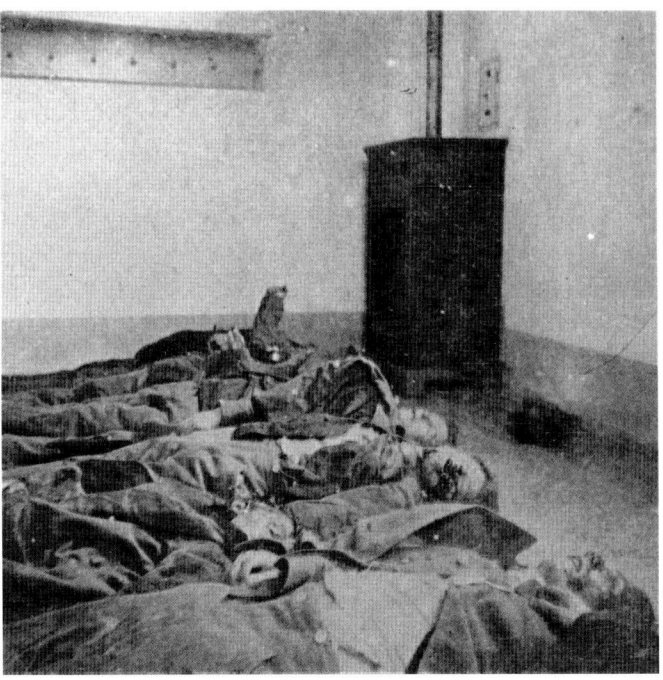

Unbekannter Amateurfotograf: Tote Räterepublikaner im Ostfriedhof, Anfang Mai 1919.

Heinrich Hoffmann: Gefangene Rotarmisten auf dem Max-Joseph-Platz, im Hintergrund der Königsbau der Residenz, Anfang Mai 1919.

grafen zur Gewalt. Die auf eine universelle Verwertung bedachten Berufsfotografen demonstrierten offen ihre Kum-
panei mit den Siegern und dokumentierten die Unterwer-
fungsgestik der Besiegten, klammerten jedoch die destruktiven Momente der gegenrevolutionären Herrschaftsdemon-
strationen aus. Ähnlich gingen die Fotoamateure unter den
Soldaten vor, die nach persönlichen Belegen ihrer Macht
suchten. Nur in Ausnahmefällen fertigten sie auch Dokumente brutaler Verfügungsgewalt über ihre Gegner. Hingegen versuchten die zivilen Amateure den nicht alltäglichen
Sensationswert sozialer Gewalt innerhalb ihres unmittelbaren Lebensraumes einzufangen.

Hoffmann überlieferte in mehreren Ansichten die Trans-
porte gefangener Räterepublikaner, die er auf dem Fotopostkartenmarkt als symbolische Zeugnisse des wiederhergestellten bürgerlichen Ordnungsgefüges und der Niederlage
der »Roten« für eine breit gefächerte Adressatengruppe anbot.[47] Sie richteten sich gleichermaßen an ein bürgerliches
und soldatisches Publikum, versuchten sich sogar durch entsprechende Beschriftungen bei proletarischen Abnehmer-
schichten als Beweisstücke einer kooperativen bürgerlich-
proletarischen Befreiungsaktion von der »Spartakistenherrschaft« anzubiedern.[48] Bagatellisierend vermitteln die Aufnahmen das Bild gewaltlos triumphierender Bürger und Soldaten, die wie polizeiliche Ordnungskräfte eine Handvoll
verbrecherischer Strolche abführen.

Mit der Ansicht eines Gefangenentrupps am Max-Josephs-
Platz, die als Postkarte mit der Inschrift »Hände hoch! Gefangene Spartakisten« vertrieben wurde, fertigte Hoffmann
ein prägnantes Bild der Unterwerfung, das aber auch im anklägerischen Sinne hätte genutzt werden können. Hoffmanns Beschriftung lenkt hier nachdrücklich das Interpretationsverhalten. Der appellative Tenor der Inschrift will dem
Betrachter vermitteln, er habe die authentische Momentaufnahme einer Verhaftung vor sich. Möglich scheint jedoch ei-

*Josef Paul Böhm: Von Freikorpssoldaten gestellte Szene des Ab-
transports »gefangener Spartakisten«, Mai 1919, Postkarte.*

Unbekannter Amateurfotograf: Gefangenentransport in der Kapuzinerstraße zum Schlachthof, Blick auf die Lindwurmstraße, 1. / 2. Mai 1919.

ne partielle Inszenierung der Aufnahme. Fast möchte man meinen, daß das Bild in komplizenhaftem Einvernehmen zwischen den Soldaten und Hoffmann in Szene gesetzt worden sei, indem ihm von den Soldaten ein Trupp Rotarmisten in der Pose der Erniedrigung vor der geschichtsträchtigen Architektur der Residenz zugetrieben wurde.

Die Bereitschaft der Soldaten, Szenen der Gefangennahme für den Fotografen nachzustellen, belegen Aufnahmen aus einer Postkartenserie von Joseph Paul Böhm. Dort posieren Freikorpssoldaten für Bilder der Verhaftung und des Abtransportes von »Spartakisten«. Trotz aller unglaubwürdigen Momente – einige der »Spartakisten« können sich kaum das Lachen verkneifen – waren diese trivialen Produkte ungeschickter soldatischer Selbstdarstellung als Dokumente vermutlich nicht nur in militärischen Kreisen beliebt. Noch in jüngeren Geschichtsdarstellungen erhielten sie den Rang authentischer Belege. [49]

Wiederum ausschließlich aus der Distanz ihrer häuslichen Fensterperspektive richteten die zivilen Amateure ihre Kameras auf Gefangenentransporte und Verhaftungsaktionen. Dank ihrer Unbekümmertheit gegenüber konventionalisierten Sehweisen fertigten sie vielfach atmosphärisch eindringlichere Dokumente als die Berufsfotografen. Vor allem die Sequenz eines anonymen Fensterfotografen, der die Gefan-

gennahme eines Unbekannten in der Rumfordstraße dokumentierte, verdeutlicht dies. Trotz mancher technischer Mängel erinnert sie mit ihren geradezu filmischen Strukturelementen an Pressefotografien von ähnlichen Situationen aus den fortgeschrittenen Zwanziger Jahren. [50] Das erste Bild der Sequenz zeigt eine leergefegte Straßenszenerie, die von einem mit Weißgardisten besetzten Auto beherrscht wird. Im zweiten Bild ist die Straße nunmehr mit Menschen gefüllt – in der Mitte vorwärtsstürmende bewaffnete Bürger und Soldaten, beobachtet von neugierigen Passanten. Eine weitere Aufnahme führt den Abtransport des Verhafteten vor Augen. Doch auch in diesem Fall ist die Dokumentationsabsicht des Fotografen nicht eindeutig bestimmbar. Eine oppositionelle Spurensicherung soldatischer Gewalt scheint unwahrscheinlich.

Eindeutiger faßbar sind die Darstellungsabsichten der soldatischen Amateurfotografen – fast ausschließlich Offiziere höherer Dienstgrade -[51], die auffallend oft den Triumph über ihre Gegner in Aufnahmen von Gefangenentransporten festhielten. [52] Für die meisten der fotografierenden Offiziere waren diese Bilder Bestandteil einer umfassenden Dokumentation ihres Feldzuges gegen die Münchener Räterepublikaner, die nicht allein auf die Fixierung der gewalttätigen Aspekte ihrer Tätigkeit beschränkt blieb und noch

Heinrich Hoffmann: Abtransport gefangener Räteanhänger durch bewaffnete Bürger, Anfang Mai 1919.

Heinrich Hoffmann: Abtransport gefangener Rotarmisten aus Kochel und Garmisch am 8. Mai 1919, Postkarte.

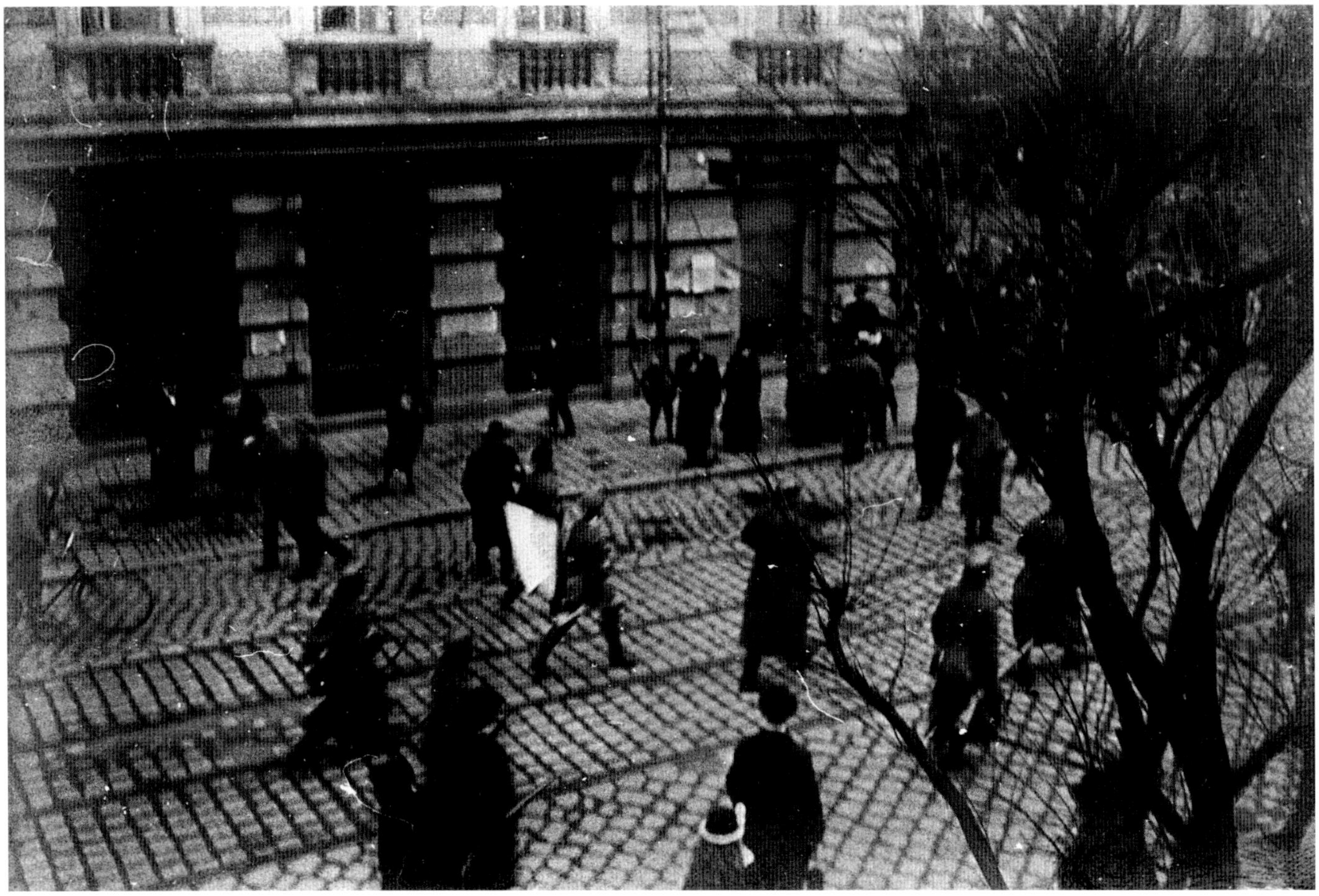

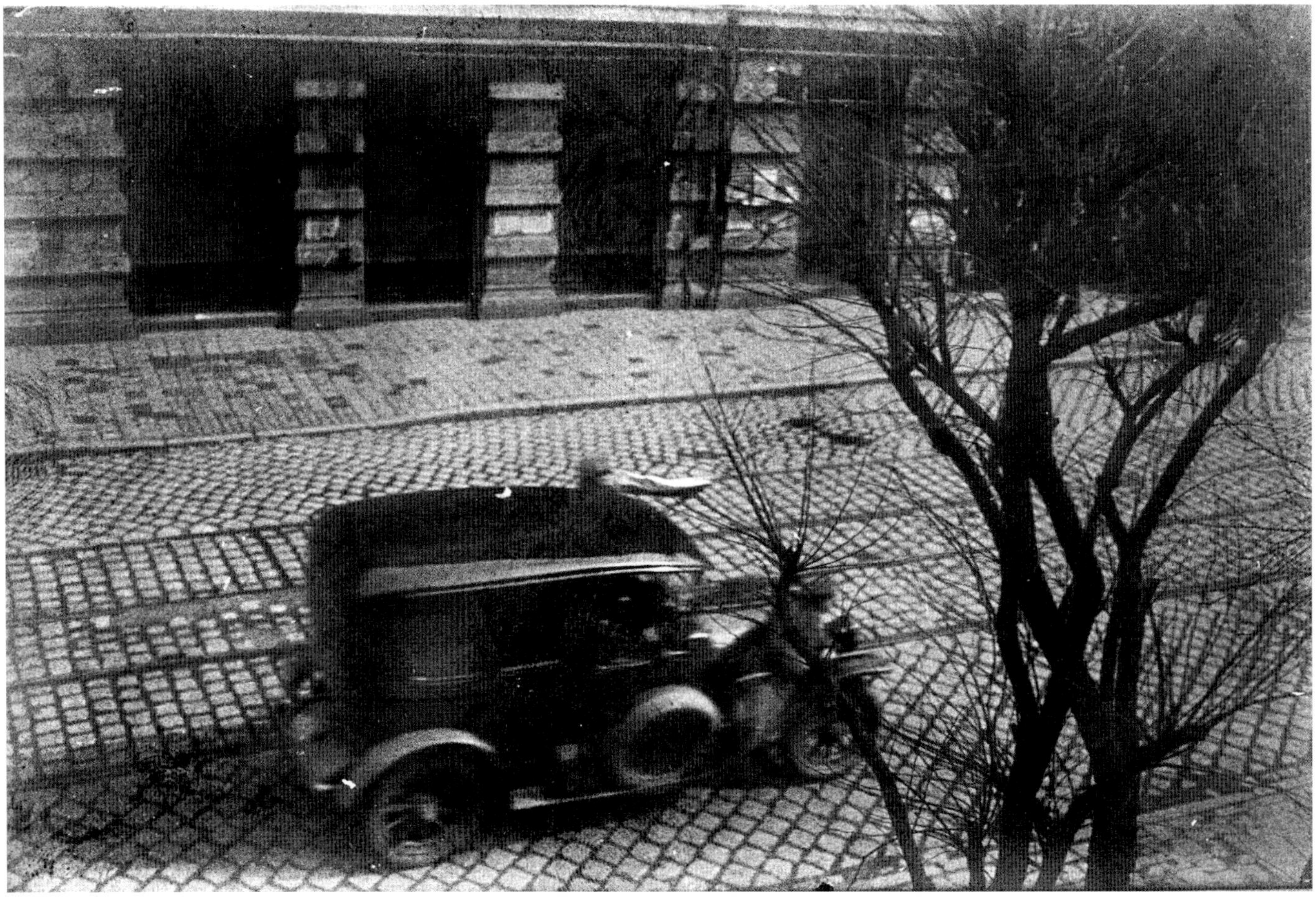

Unbekannter Amateurfotograf: Aufnahmen der Verhaftungsaktion eines Räterepublikaners durch gegenrevolutionäre Soldaten Anfang Mai 1919 in der Rumfordstraße.

deutlich in der Tradition des Weltkrieges steht. Ihre Fotografien waren wahrscheinlich nicht nur für den privaten Gebrauch bestimmt, sondern scheinen in einigen Fällen auch in Hinblick auf eine mögliche Veröffentlichung entstanden zu sein. Manche dieser Aufnahmen wurden bereits wenige Wochen nach dem Einmarsch der Militärs in illustrierten Magazinen, repräsentativen Regimentsgeschichten oder Erinnerungsschriften der an den Kämpfen beteiligten Freikorpsoffiziere reproduziert. In die Zirkulationssphäre des Münchener Postkartenmarktes gerieten sie jedoch nur in seltenen Fällen. Publiziert wurde auch das letzte Bild des verhafteten Gustav Landauer, das von dem bereits erwähnten Oberleutnant Karl Allmendinger stammt und den Gefangenen – von Soldaten eskortiert – während seines Transports nach Stadelheim zeigt. Auf die ihm bevorstehende brutale Mißhandlung und Ermordung weist noch nichts hin. Möglicherweise als Beleg weißgardistischer Gewaltlosigkeit gedacht, illustrierte die Aufnahme einen Bericht Allmendingers über den Vormarsch seiner Einheit auf München, der Landauers zu diesem Zeitpunkt in der Öffentlichkeit scharf kritisierte Ermordung aber verschwieg. [53]

Karl Allmendinger: Der gefangene Gustav Landauer, 2. Mai 1919, Reproduktion aus: ›Das Bayerland‹.

Von dem zurückhaltenden Fotografiegebrauch der soldatischen Amateurfotografen weicht eine Aufnahme des Freikorpsoffiziers Hermann Pfeiffer ab; in ihr ist das Bedürfnis der Soldaten nach einem Dokument ihrer Verfügungsgewalt über die Besiegten unverhüllt thematisiert. Seine Aufnahme eines geschundenen Münchener Arbeiters, der, eingekreist von seinen stolz posierenden Häschern, in der Haltung schutzloser Unterwerfung für den Akt des Fotografiertwerdens hergerichtet wurde, offenbart einen ungewöhnlichen Fotografiegebrauch. Denn der abgebildete Johann Lehner, in dem der Fotograf den polizeilich gesuchten Kommandanten des Luitpoldgymnasiums Fritz Seidel zu erkennen glaubte, wurde noch kurz vor seiner Ermordung unter Gewaltanwendung vor die Kamera getrieben. [54] Dessen physische Vernichtung antizipierte der Fotograf, der seine Kamera wie eine bedrohlich-zerstörerische Waffe einsetzte, in einer medialen Erschießungsszene. Das Verlangen des Weißgardisten nach einem Erinnerungsbild seiner Zerstörungsarbeit war mit dieser Aufnahme noch nicht befriedigt. Der Überlieferung nach wurde von Pfeiffer später auch die Tötung seines Opfers in einer – verschollenen – Aufnahme dokumentiert, während seine körperliche Mißhandlung ein anderer Soldat zu fotografieren versuchte. Allerdings mißlang dies, was der Offizier zynisch beklagte: »Leider ... sind die Aufnahmen, wie wir auf das Schwein eingedroschen haben, nichts geworden, das Gedränge war zu stark. Schade, es wär'ne hübsche Erinnerung gewesen.« [55] Symptomatisch für das aufblühende Geschäft mit den Erinnerungsbedürfnissen der Soldaten und der propagandistischen Ausbeutung der Geiselerschießungen im Luitpoldgymnasium ist die weitere Verwertung der Fotografie. Hermann Pfeiffer ließ von ihr unbeschriftete Postkartenabzüge herstellen. Danach fertigte das Unternehmen ›Atelier Prinzess‹ im Buchdruckverfahren eine Postkartenauflage mit der Beschriftung »Mörder der Geiseln im Luitpoldgymnasium«. [56] Die Anzeige des Fotografen Pfeiffer, der sich um ein lukratives Geschäft geprellt sah und auf Verletzung der

Schreiben des Staatsanwalts beim Standgericht München, 19. Mai 1919.

Hermann Pfeiffer: Der von württembergischen Regierungssoldaten gefangene Eisendreher Johann Lehner vor seiner Ermordung, 3. Mai 1919, Postkarte.

Nachgestellte Szene der Tötung von Räteanhängern durch Regierungssoldaten, Mai 1919, Postkarte.

Urheberrechte klagte, führte zu schleppenden polizeilichen Ermittlungen und schließlich zur Identifizierung des abgebildeten Arbeiters.[57] Das Schicksal Johann Lehners, dessen Mörder wie viele andere an Gewalttaten beteiligte Soldaten straffrei blieben, steht für das vieler Ermordeter im Mai 1919. Der achtzehnjährige, an den revolutionären Ereignissen unbeteiligte Eisendreher, wurde am 3. Mai in einem Bierlokal verhaftet. Auf den bloßen Verdacht hin, am »Geiselmord« beteiligt gewesen zu sein, wurde er zusammengeschlagen und kurz darauf im Schlachthof erschossen, wonach seine Leiche von Freikorpssoldaten ausgeraubt wurde.

Den militärischen Machthabern, deren Nachrichtenpolitik auf ein umfassendes Gewalt- und Todestabu zielte, waren diese Selbstdarstellungen des soldatischen Terrors unbequem, zumal die mörderischen Exzesse der Regierungssoldaten selbst in bürgerlichen Presseorganen auf zunehmende Kritik stießen. Ende Mai wurden Fotopostkarten mit Darstellungen gefangener Rotarmisten von den militärischen Zensurbehörden offiziell verboten. Bezeichnenderweise wurde dieses Publikationsverbot mit ästhetischen Argumenten nach der Devise »Nicht die Wirklichkeit ist häßlich, sondern ihr Abbild« begründet: »Die Stadtkommandantur gibt bekannt: Es hat sich gezeigt, daß von einzelnen Straßen-

händlern Lichtbilder-Postkarten mit Darstellungen der Gefangennahme von Spartakisten oder der Beförderung gefangener Spartakisten ... feilgehalten werden. Um die Weiterverbreitung dieser geschmacklosen Bilder unter der Bevölkerung möglichst hintanzuhalten, hat die Stadtkommandantur durch Kriegszustandsanordnung das Feilbieten und Verkaufen solcher Abbildungen verboten und die Sicherheitsorgane angewiesen, derartige Abbildungen zu beschlagnahmen.«[58]

Von dieser Beschlagnahme waren vermutlich auch einige gestellte Fotopostkarten eines unbekannten Fotografen betroffen, die nach einer Notiz in der ›Neuen Zeitung‹ aus dem Mai 1919 Kampfszenen zwischen »Spartakisten« und Regierungssoldaten darstellten.[59] Erhalten hat sich allein die Szene der Tötung zweier »Spartakisten«. Diese ungeschminkte Fotorekonstruktion der mörderischen Wirklichkeit, der man nach heutigen Interpretationsgewohnheiten anklägerische Intentionen zugrundelegen möchte, spekulierte sicherlich nicht unbegründet mit den Wahrnehmungsbedürfnissen vieler soldatischer Männer von 1919. Die Lust am Betrachten Sterbender und Toter durchzieht wie ein roter Faden die Erinnerungsliteratur und die zeitgenössischen Verlautbarungen weißgardistischer Offiziere.[60]

Spurensicherung räterepublikanischer Gewalt: Der »Geiselmord« und der Sturm auf die Polizeidirektion

Die zeitgenössischen Interpretationen der Revolutionsmonate wurden im wesentlichen durch die Darstellungen räterepublikanischer Gewalttaten geprägt. [61] Im Zuge der politischen Auseinandersetzungen um die staatliche Neuordnung Deutschlands kamen den restaurativen Kräften die gewalttätigen Übergriffe der Räterepublikaner sehr gelegen. Der »Geiselmord« sowie die Aktenvernichtung und Plünderung in der Münchener Polizeidirektion wurden zum Inbegriff räterepublikanischer Destruktivität und ermöglichten eine eingängige Pauschaldiffamierung der Räterepublikaner. Unter diesem Vorzeichen begann Anfang Mai eine umfangreiche fotografische Spurensicherung der »Hinterlassenschaften« der Räterepublikaner. Als Beweis für den terroristischen Charakter räterepublikanischer Politik standen vor allem Hoffmanns Tatortaufnahmen des »Geiselmords« – die Erschießung von zehn »Konterrevolutionären« durch Rotarmisten – im Mittelpunkt der Rückblicke auf die Revolutionsmonate. [62] Ende 1919 wurden sie erstmals in der bürgerlichen Bildpublizistik in großem Umfang propagandistisch genutzt.

Die politischen Hintergründe der Vorgänge, die Gerhard Schmolze »als erste Auseinandersetzung der revolutionären Arbeiterschaft mit dem jungen Faschismus« bewertet[63], blieben während der Propagandakampagne im Dunkeln. Unter den Ermordeten befanden sich sieben Mitglieder der völkischen ›Thule-Gesellschaft‹. Diese Organisation, zu der mehrere später prominente Nationalsozialisten wie Rudolf Heß und Hermann Esser gehörten, war ein Sammelbecken der antirepublikanischen und antisozialistischen Kräfte im Nachkriegsmünchen und propagierte einen aggressiven Antisemitismus und Nationalismus. Sie organisierte ein umfangreiches Spitzelwesen während der Zweiten Räterepublik und war an zahlreichen Sabotageakten gegen die ›Rote Armee‹ beteiligt. [64] Im Zusammenhang mit Ermittlungen gegen deren konspirative Tätigkeit veranlaßte die ›Kommission zur Bekämpfung der Gegenrevolution‹ die Verhaftung der Thulemitglieder und betrachtete sie unter dem Eindruck der herannahenden Regierungstruppen als Faustpfand. Nach kurzer Gefangenschaft wurden die Thulemitglieder sowie ein weiterer Gefangener am Nachmittag des 30. April 1919 im Hof des Luitpoldgymnasiums – Stützpunkt der radi-

kalen Gruppierungen der Räteregierung und Stationierungsort verschiedener Einheiten der ›Roten Armee‹ – hingerichtet. [65] Am Vormittag des gleichen Tages waren dort schon zwei preußische Regierungssoldaten erschossen worden. Die Hinrichtungen, die als Vergeltung für die Erschießungen mehrerer Rotarmisten durch die Regierungstruppen gedacht waren und von denen sich noch in der gleichen Nacht die ›Betriebs- und Soldatenräte‹ distanzierten, erfolgten ohne Einschaltung des ›Revolutionstribunals‹. Befehligt

Heinrich Hoffmann: Gefängnis der »Geiseln« im Luitpoldgymnasium, Anfang Mai 1919.

ERKLÄRUNG.

Die verſammelten Betriebsräte erklären, daß ſie für die beſtialiſchen Handlungen (Erſchießung von Geiſeln im Gymnaſium) in keiner Weiſe verantwortlich ſind. Die Betriebs- und Soldatenräte ſprechen einſtimmig ihren tiefſten Abſcheu über ſolche unmenſchliche Taten aus. Sie verſprechen, die in der Verſammlung am 30. April 1919 anweſenden Führer Toller, Maenner und Klingelhöfer, die nur im Auftrag des Proletariats gehandelt haben, in jeder Weiſe zu decken.

München, den 1. Mai 1919.

Die Betriebs- und Soldaten-Räte Münchens.

Erklärung der ›Betriebs- und Soldatenräte‹ zum »Geiselmord«, 1. Mai 1919, Plakat.

wurden sie von den Kommandanten des Luitpoldgymnasiums Fritz Seidel und Wilhelm Hausmann und dem Oberzugführer Johannes Schicklhofer. Bis heute ist die Verantwortung des Oberkommandierenden der ›Roten Armee‹ Rudolf Egelhofer umstritten. Eindeutige Beweise für seinen Erschießungsbefehl, den Hillmayr für »höchstwahrscheinlich« hält, fehlen.[66]

Bereits in den ersten Maitagen rückte der »Geiselmord« ins Zentrum der Antirätekampagne[67], deren Strategie sich exemplarisch in einem Artikel des ›Bayerischen Kurier‹ vom 3./4. Mai 1919 ankündigte: »Mit so verworfenem, so schändlichem, so vertiertem und viehischem Mord, mit so wahnsinniger Greueltat, bei der die letzte Erinnerung an Menschentum und Menschenwürde erstickt worden war, hat sich noch keine Revolution in einem Kulturland befleckt; die Schandtaten der französischen Revolution, die Greueltaten der Kommune, sie verblassen vor der blutigen Verworfenheit der dritten Münchener Revolution... Wer die Tore der sozialen Revolution öffnet, der öffnet die Tore zur Hölle; und heraus steigen alle Triebe und Instinkte der Nacht. Wahnsinnig ist es, diesem glühenden Feuerstrom die ›hölzernen Dämme‹ der Vernunftgründe entgegenzusetzen ... Hämmert es in eure Hirne, brennt es ein in eure Seelen und die eurer Kinder! Gedenket des 1. Mai!«[68]

Die Presse schreckte nicht vor Schauergeschichten über die Tötung der »Geiseln« zurück. Gerüchte von Verstümmelungen der »Geiseln« vor dem Erschießen, »über... nackte Erschießungen, über Hinrichtungen mit dem Maschinengewehr, über Zerschießen der Leichen im Liegen zu Brei«[69] kursierten in München und wurden amtlich bestätigt. Auch die kommandierenden Militärs nutzten diese Greuelberichte, um »die Regierungstruppen und Freikorps zu einem rücksichtsloseren Vorgehen anzustacheln«.[70] Sie trugen nicht wenig dazu bei, daß die weißgardistischen Soldaten in den ersten Maitagen ein »Blutbad« (Hillmayr) in München anrichteten. Tatsächlich waren die »Geiseln« – abgesehen von den Regierungssoldaten – vor ihrer Ermordung keinen

Mißhandlungen ausgesetzt und wurden ihre Leichen nicht nachträglich verstümmelt, wenngleich die aus kurzer Distanz abgefeuerten Gewehrsalven erhebliche Verletzungen hervorriefen.[71]

Auf eine retrospektive Visualisierung der in der Geiselmordliteratur sensationslüstern ausgemalten Verhaftungen, Verhöre und Erschießungen durch traditionelle bildnerische Medien wurde merkwürdigerweise verzichtet. Das Desinteresse der Münchener Karikaturisten, Presseillustratoren und Plakatkünstler ist umso erstaunlicher, als die revolutionäre Gewalt in der Bildpropaganda nach dem 1. Mai eine erhebliche Rolle spielte. Die rätefeindlichen Plakatkünstler und Pressezeichner verwerteten die historische Todesikonografie, um in erster Linie die führenden Vertreter des Rätegedankens als Mörder und Henker hinzustellen. Sonderlich erfindungsreich brauchten sie dabei nicht zu sein. Die Stereotypen der antisozialistischen Todesikonografie – die Leichenberge und Grabfelder der Revolution, die revolutionären Schlächter und Henker – waren in der deutschen Weltkriegs- und Nachkriegspropaganda ausgeformt worden.[72]

In den Maitagen vergegenwärtigten ausschließlich Hoffmanns Fotografien die Tatorte im Luitpoldgymnasium. Seine Aufnahmen des Hinrichtungsortes und des »Geiselgefängnisses« erreichten eine hohe Publizität auf dem Münchener Postkartenmarkt. Mit den gegenständlich belanglosen Fotografien bot Hoffmann die Projektionsflächen für

Paul Rieth ›Jugend‹, Jg. 1919, Nr. 20, 9. Mai 1919.

Heinrich Hoffmann: Erschießungsstelle der »Geiseln« im Hof des Luitpoldgymnasiums, Anfang Mai 1919, Postkarte.

die Geiselmordlegenden. Sie spekulierten entschieden mit der Phantasiearbeit und Vorinformation des Bildbetrachters und verlangten regelrecht danach, beschriftet zu werden. Hoffmanns Blitzlichtaufnahme des »Geiselgefängnisses« zeigt ohne besondere Kunstgriffe einen Kellerraum.[73] In den zeitgenössischen Schilderungen der sadistischen Folter-mentalität der »Geiselnehmer«, der qualvollen Verhöre und Todesängste der Inhaftierten wurde er zumeist als ein schmutziges Kellerloch beschrieben.[74] Erst im Kontext die-ser Berichte wird Hoffmanns Aufnahme, die wie eine belie-bige Sachfotografie erscheint, bedeutungsvoll.[75]

In seiner Aufnahme der Erschießungsstelle griff Hoffmann hingegen zu suggestiv-ästhetischen Mitteln, um die Bildwir-kung zu steigern und das Interpretationsverhalten zu steu-ern. Der Vergleich mit Rehses distanzierter, frontal gestalte-ter Aufnahme vom gleichen Ort macht deutlich, wie sehr er durch Bildausschnitt und Standortwahl seine Fotografie be-lebt hat. In starker Nahsicht und labiler Perspektive führt sie dem Betrachter den Tatort vor. Von ihm ist nichts weiter zu sehen als eine beschädigte Ziegelmauer, vor der ein Haufen durcheinandergeworfener Papiere, eine Militärmütze und Stroh liegen. Zweifelsohne hat Hoffmann diesen »Unrat-haufen« – so in vielen späteren Bildunterschriften bezeich-net[76] – als Auslöser projektiver Phantasiearbeit über die Ge-walt der Täter und den Tod der Geiseln bildbestimmend in Szene gesetzt. Zum einen konnte der Abfallhaufen an die Toten erinnern; ihre kläglichen und achtlos zusammenge-kehrten Reste, wie es Gerüchte und Presseberichte in den

Rehse & Co: Erschießungsstelle der »Geiseln« im Hof des Luitpold-gymnasiums, Anfang Mai 1919.

ersten Maitagen beschworen. Andererseits mochte er auf die Bestialität der Täter verweisen, die alles zu gestaltlosen Mas-sen zerstören – ein in der gegenrevolutionären Ikonografie nicht ungewöhnliches Motiv – oder Assoziationen an die häufig kolportierte Schmutzigkeit des Hinrichtungsortes und die disziplinlose Soldateska im Luitpoldgymnasium wecken.

Während die an den Erschießungen beteiligten Rotarmisten als monströse, lumpenproletarische Inkarnation »bolschewi-stischer Terrorpolitik« dargestellt wurden, avancierten die getöteten Thule-Mitglieder alsbald zu unpolitischen Märty-

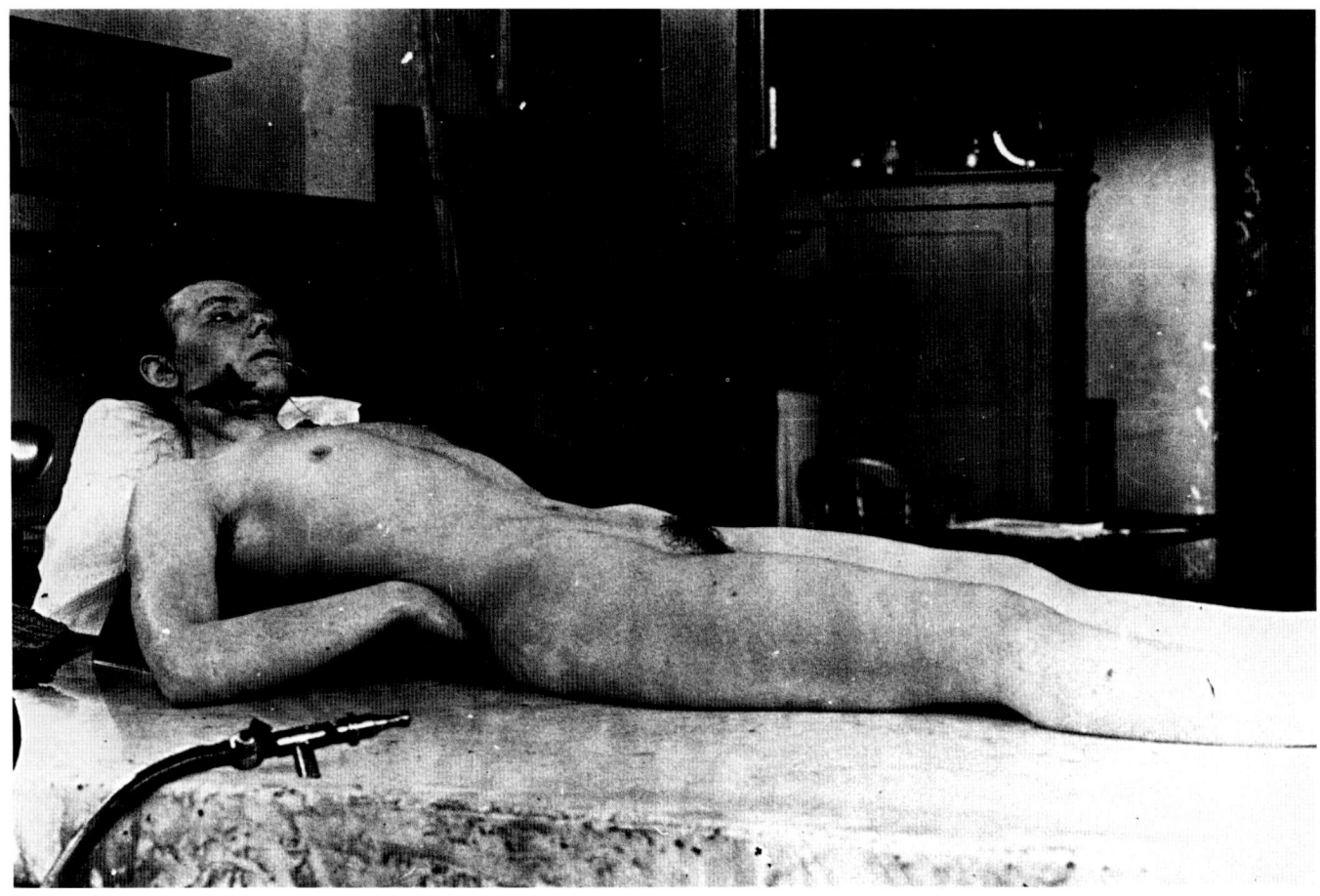

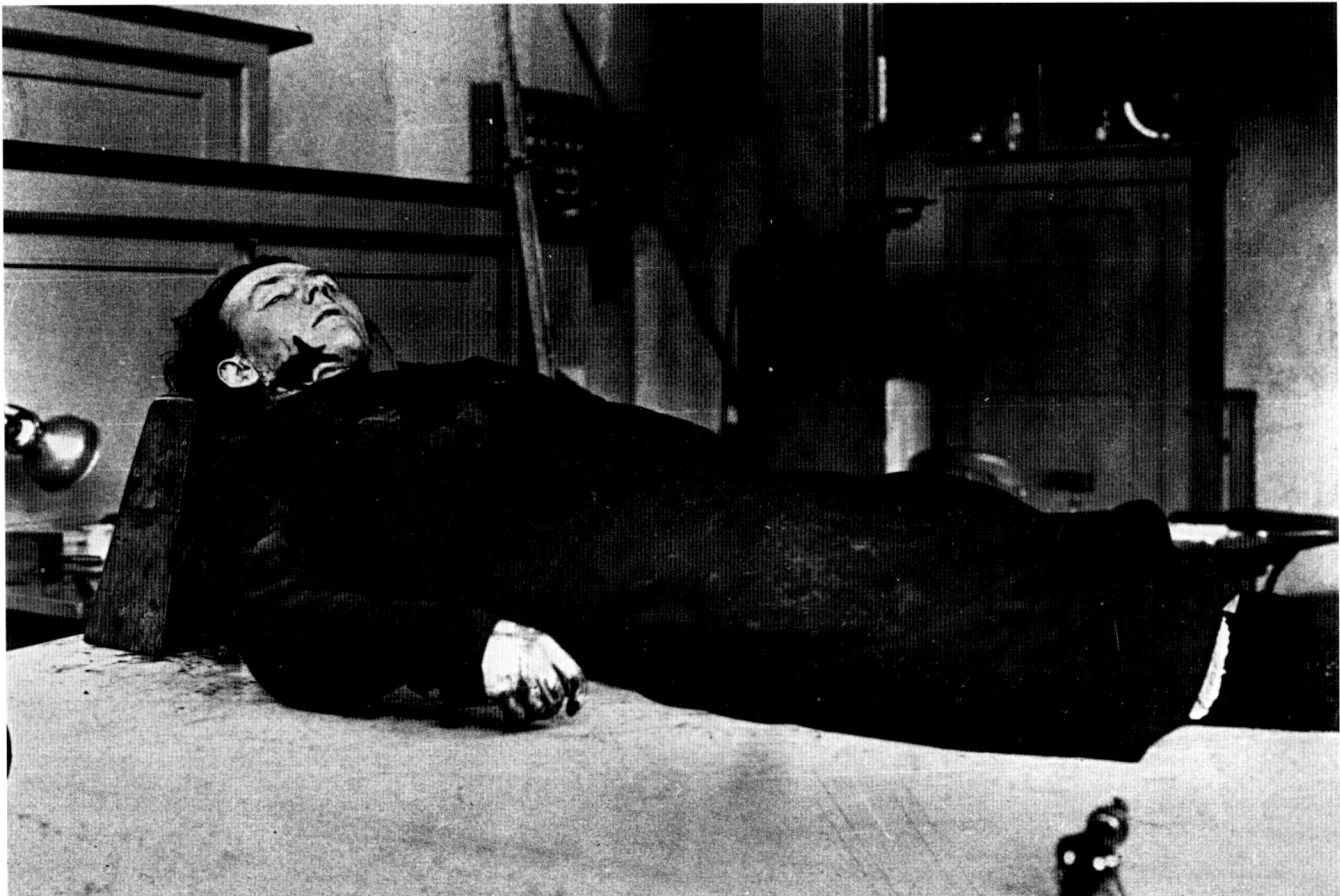

Leichnam von Gräfin Haila von Westarp, Gerichtsmedizinisches Institut, 3. Mai 1919.

rern. Auch die Militärs versuchten aus dem Tod der beiden Regierungssoldaten Kapital zu schlagen. Ihre Trauerfeierlichkeiten fanden als hochoffizieller Akt statt und wurden von Hoffmann in mehreren Aufnahmen dokumentiert, die er als Fotopostkarten und Pressebilder anbot. [77] Die Porträts der Toten wurden mit offenkundigem Erfolg auf dem Postkartenmarkt gehandelt, in den Schaufenstern der Münchener Geschäfte ausgestellt und selbst außerhalb Münchens an württembergische Truppenverbände verteilt. [78] Hohe Publizität erreichte vor allem das Porträt der jungen Gräfin Haila von Westarp, deren Schicksal in den zeitgenössischen Presseorganen sensationslüstern als »Sex and Crime Story« verkauft wurde: »Diese barbarischen Rohheiten, diese unerhörten Greuel und endlich der grausame Mord an den wehrlosen Gefangenen ist nicht weiter verwunderlich, wenn man den Geist kennt, der in der Roten Truppe des Luitpold-Gymnasiums herrschte ... Eine schmutzige Bordellatmosphäre herrschte. Selbst in den ›höheren‹ Kommandostellen tat die Vergewaltigung der Geliebten des Kameraden durch den anderen dem weiteren freundschaftlichen Verkehr keinen Abbruch. Der Alkohol floß in Strömen ... In den letzten Tagen des April ... war der sogenannte ›engere Ausschuß‹ der kommunistischen Regierung, der aus etwa zwanzig Mitgliedern, darunter Levien, Leviné-Niessen und Axelrod bestand und dem auch zehn Schwabinger ›Damen‹ angehörten, die sich durch die unmöglichsten Toiletten hervortaten, ... in das Luitpold-Gymnasium übergesiedelt. Täglich fanden Sektgelage statt, während welcher dann zur Erheiterung die eingelieferten Gefangenen vernommen wurden ... Unter Führung Seidels besuchten Levien und Leviné ... die Geiseln in ihrem Verließ – vielleicht als würdiger Abschluß einer der üblichen Orgien.« [79]

Größeren publizistischen Stellenwert erhielten die Porträts, die Fotografien des »Geiselkellers« und des Hinrichtungsortes dann nach Beginn der Geiselmordprozesse im September 1919. [80] Mehrere fotografisch illustrierte Darstellungen der Ereignisse im Luitpoldgymnasium und des Prozeßverlaufes wurden mit dezidiert antikommunistischer Zielrichtung und vielfach antisemitischen Untertönen auf den

Steiger: Gräfin Haila von Westarp, Aufnahmezeitpunkt unbekannt, Postkarte (Photobericht Hoffmann), Mai 1919.

Markt geworfen. [81] Welche propagandistische Bedeutung dem Geiselmord zugemessen wurde, zeigt, daß die Erstausgabe der neugegründeten ›Münchener Neuen Illustrierten‹ als reißerisch aufgemachte ›Special-Geisel-Nummer‹ herauskam. Der dortige Gebrauch der Fotografien, der teils den

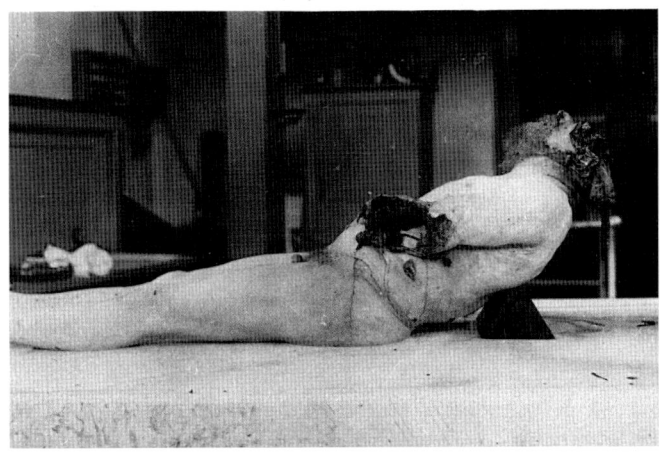

Leichnam von Ernst Berger, Gerichtsmedizinisches Institut, 3. Mai 1919.

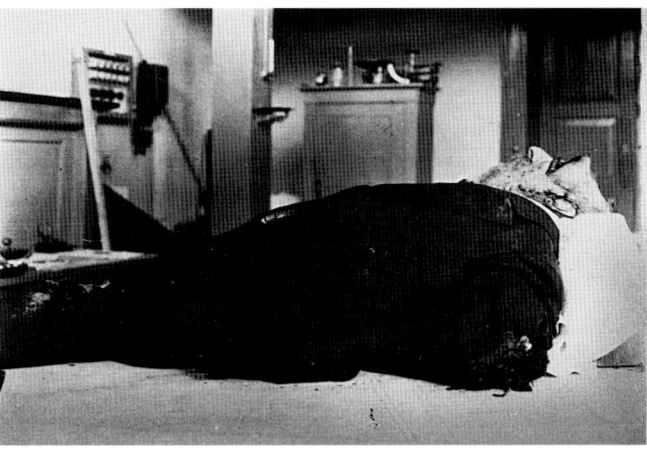

Leichnam von Ernst Berger, Gerichtsmedizinisches Institut, 3. Mai 1919.

Heinrich Hoffmann: Trauerzug für die erschossenen Husaren, Lenbachplatz.

Heinrich Hoffmann: Aufstellung des Trauerzuges für die als »Geiseln« erschossenen Soldaten des ›8. Husarenregiments‹, Anfang Mai 1919, Postkarte.

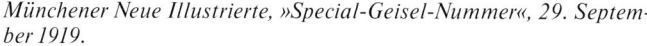

Münchener Neue Illustrierte, »Special-Geisel-Nummer«, 29. September 1919.

Heinrich Hoffmann: Das von Räterepublikanern am 29. April 1919 zerstörte Fundbüro in der Polizeidirektion, Anfang Mai 1919, Postkarte.

Bildgebrauch der fortgeschrittenen Zwanziger Jahre antizipiert, macht den Wandel der publizistischen Präsentationsformen deutlich. Durch anklägerische oder mitleidheischende Bildunterschriften wurden Hoffmanns Tatortfotografien verlebendigt und als handfeste Beweise einer verbrecherischen Politik vorgestellt, wobei Beschriftungen wie »Die Mordstelle unmittelbar nach der Tat« ihre dokumentarische Qualität aufzuwerten versuchten.

Während der innenpolitischen Stabilisierungsmaßnahmen der Weimarer Republik erlahmte das Interesse – bis auf sporadische Ausnahmen in der völkischen Presse – an einer tendenziösen Visualisierung der Ereignisse.[82] Gegen Ende der Zwanziger Jahre wurde die Erinnerung an den »Geiselmord« jedoch vor allem in den nationalsozialistischen Illustrierten wieder wachgerufen.[83] In diesen Reaktualisierungen der Münchener Rätezeit und Novemberrevolution standen fast immer die Fotografien des Geiselmordkomplexes im Mittelpunkt der visuellen Präsentation. Nun fungierten sie in zunehmendem Maße als allgemeine Beweisstücke für die Destruktivität des Weimarer Systems und des terroristischen Charakters »jüdisch-kommunistischer Politik«. Sogar die bislang unveröffentlichten gerichtsmedizinischen Lei-

chenfotografien der »Geiseln« wurden in das propagandistische Kalkül miteinbezogen.[84] Nachdem die Aufnahmen 1934 von der Pressestelle des Preußischen Staatsministeriums beim Landgericht München für »Aufklärungszwecke« angefordert worden waren[85], wurden sie periodisch in Tageszeitungen, Illustrierten oder Ausstellungen einem größeren Publikum zugänglich gemacht.[86] Sehr bald müssen sie in die ›Sammlung Rehse‹ gelangt sein. Spätestens Ende 1935 waren dort einige der Fotografien im »Roten Saal« der Sammlung ausgestellt, »darunter die der jungen Gräfin Westarp mit dem furchtbaren jüdischen Ritualhalsschnitt«, wie es ein Bericht des ›Völkischen Beobachters‹ behauptete.[87]

Als in den letzten Apriltagen 1919 die Niederlage der Räterepublik unmittelbar bevorstand, stürmten Giesinger Kommunisten die Polizeidirektion, verbrannten große Teile der Polizeiakten, plünderten Diensträume und verwüsteten Inventar und Archiv des Erkennungsdienstes.[88] Mit den Aufräumungsarbeiten wurde am 2. Mai begonnen. Es dauerte Wochen, bis die 800 000 zum Teil verbrannten Akten von Beamten auf verwendbare Schriftstücke hin sortiert waren. Die ›Münchener Post‹ berichtete über die angerichteten

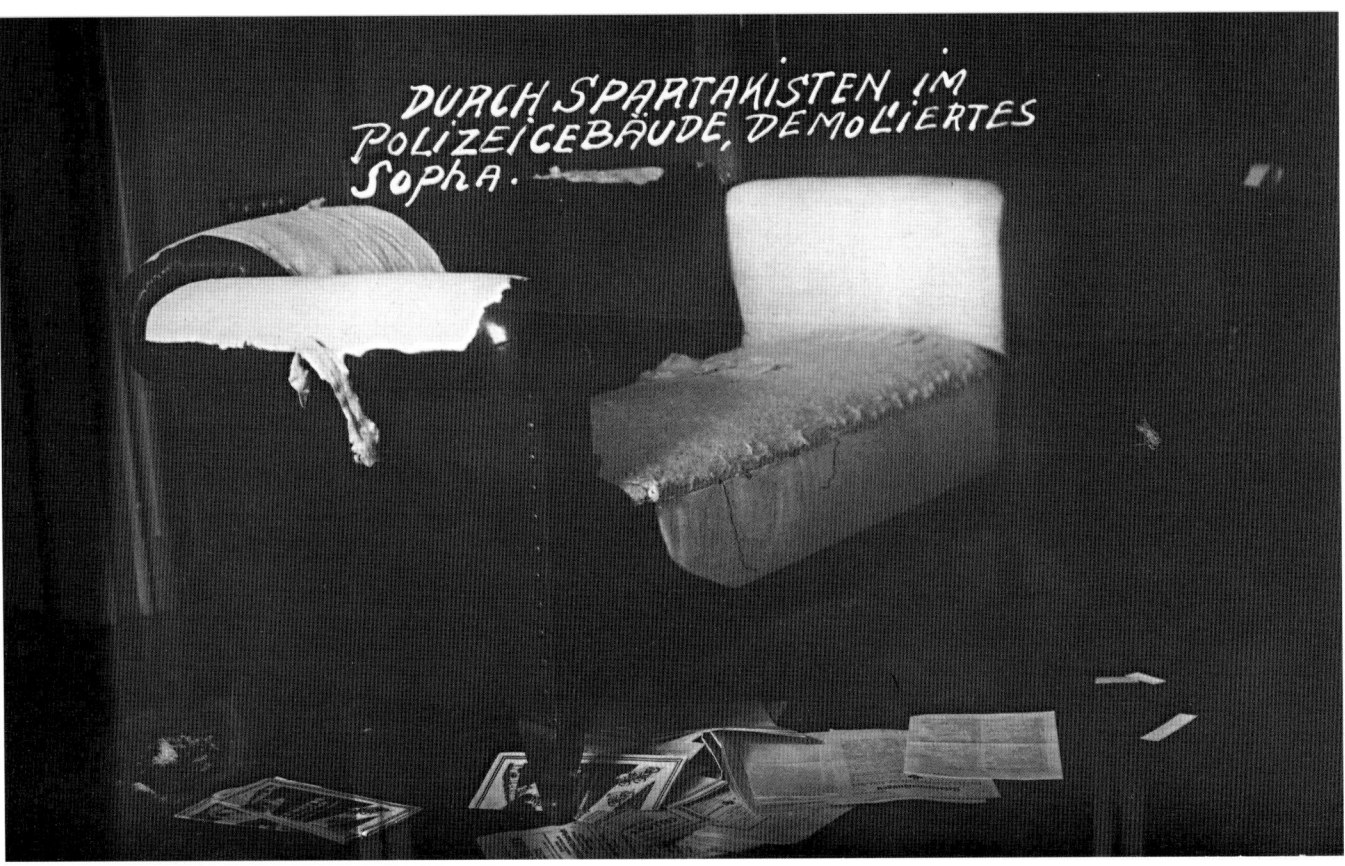

Heinrich Hoffmann: Demoliertes Sofa in der Polizeidirektion, Anfang Mai 1919, Postkarte.

Schäden: »Ein Rundgang durch die einzelnen Räumlichkeiten des Baues, der am 2. Mai möglich war, gab einen Überblick über die geradezu vandalische Art, in der in den letzten Tagen in dem Gebäude gehaust worden war ... Die schmählichen Verwüstungen waren, das sah man aus der ganzen Art des Vorgehens, von Leuten vorgenommen worden, die mit Gericht und Polizei in ihrem Privatleben schwer in Konflikt geraten waren ... In zahlreichen Räumen wurden die Behältnisse erbrochen und auch die dort untergebrachten privaten Eigentumsgegenstände der Beamten davongetragen oder vernichtet. Wüst gehaust wurde in der Zigeunernachrichtenstelle. Hier müssen die Leute stundenlang damit beschäftigt gewesen sein, die zahlreichen Aktenstücke durch die Fenster in den Hof hinabzuschleudern ... Auch die Steckbriefsammlung ist völlig vernichtet und in den roten Hof hinabgeworfen worden ... Im sogenannten kleinen Hof liegen stockwerkhoch die Akten der Registratur und die Einwohnerlisten. Auch im sogenannten Posthof liegen Aktenberge. Hier hat man zwei Fässer Benzin über die Papiermassen ausgeschüttet und das Ganze in Brand gesetzt.«[89]
Dem Sturm auf die Polizeidirektion lagen einerseits praktische Interessen der Beteiligten zugrunde, zum anderen ging es um einen symbolischen Akt politischer Subversion. Die Vernichtung der Polizeiakten erfolgte auf Beschluß der Kommunistischen Partei Münchens. Paul Frölich rechtfertigte 1920 das Unternehmen: »Sollte die Regierung Hoffmann wieder ans Ruder kommen, dann sollte ihr das Regieren gegen das Proletariat so viel als möglich erschwert wer-

den, sollte der Kapitalismus wieder die Herrschaft übernehmen, so sollte ihm eine klaffende Wunde bleiben ... Die Existenz des erschütterten Kapitalismus hängt zu einem guten Teile ab von dem bestempelten Bogen Papier ... Gewiß sind durch diese Maßregel auch wertvolle historische Materialien vernichtet worden, aber Krieg und Revolution kümmern sich nicht um die Bedürfnisse der Altertumsforscher. Sie stellen dem Geschichtsschreiber neue Aufgaben.«[90] Die gegenrevolutionäre Publizistik verneinte den politischen Charakter der Aktion und sah darin einen für die Räteherrschaft typischen Vandalismus. Ihrer Empörung hielt Karl Retzlaw, während der Zweiten Räterepublik zusammen mit Ferdinand Mairgünther ›Volkskommissar für das Polizeiwesen‹ und maßgeblich an der Aktenverbrennung beteiligt, entgegen: »Die gleichen ›Ordnungsbürger‹ die gegen die Zerstörungen von unersetzlichen Kunstwerken in Belgien und Frankreich kein Wort des Protestes gefunden hatten, tobten jetzt über verbranntes Polizeipapier.«[91]
Die Spuren der Zerstörung zogen mehrere Fotografen an. Während Friedrich Rehse die mit Akten übersäten Innenhöfe festhielt, dokumentierte Heinrich Hoffmann und der Kameramann Kopp auch die geplünderten und demolierten Innenräume im Polizeigebäude.[92] Ein Vergleich der Aufnahmen - von Kopps Film sind Einzelbilder überliefert - zeigt das unterschiedliche Vorgehen der Fotografen.[93] Hoffmann verzichtete auf ausgefallene Gestaltungsweisen und reißerische Inszenierungen, was sich wohl erübrigte, waren doch die Spuren vom Sturm auf die Polizeidirektion, diesem

Heinrich Hoffmann: »Zu den spartakistischen Verwüstungen im Münchner Polizeigebäude. Sammeln der noch lesbaren Akten!«, Anfang Mai 1919, Postkarte.

Heinrich Hoffmann: Beamte sortieren die am 29. April 1919 in den Innenhof der Polizeidirektion geworfenen Akten, Anfang Mai 1919, Postkarte.

Kopp-Filmwerke: Demoliertes Arbeitszimmer in der Polizeidirektion, Einzelbild aus einem Dokumentarfilm (gestellte Aufnahme?), Anfang Mai 1919.

symbolischen wie realen Ort staatlicher Verbrechensbe-kämpfung, an sich schon sensationell genug. An der Absicht der Fotografen, handfeste Belege für den Vandalismus der Räterepublikaner zu liefern, gibt es keinen Zweifel. Während die Innenaufnahmen pöbelhaftes Verhalten und Eigentums-mißachtung dokumentieren sollen, deutlich sichtbar an der bildfüllenden Präsentation eines aufgeschlitzten Ledersofa, zielen die Aufnahmen, auf denen sich eine emsige Beamten-schaft beim Sortieren zerstörter Akten dem Fotografen stellt, auf eine exemplarische Gegenüberstellung räterepu-blikanischer Obstruktionspolitik und gegenrevolutionärer Ordnungsstiftung. Ein Novum ist, daß Hoffman bei der Be-schriftung der Fotopostkarten explizit politisch Stellung nimmt. Durchgängig benennt er die Schadensurheber mit dem Ausdruck »Spartakist«, dem damaligen Schimpfwort

für Linkssozialisten und Kommunisten, und gibt den Post-karten eine dezidiert antikommunistische Richtung.

Die Illustrierten veröffentlichen mit Vorliebe die Aufnah-men der zerstörten Akten, um allgemeingültig zu belegen, »welche unliebsamen Begleiterscheinungen die allenthal-ben emporlodernden Unruhen im Gefolge haben«, wie es in ›Über Land und Meer‹ hieß.[94] Ihre Koppelung mit ande-ren Fotografien, beispielsweise im ›Bayerland‹ mit der Auf-nahme der Mordstelle der »Geiseln« oder in Hoffmanns Re-volutionsatlas mit Aufnahmen zerstörter Gebäude, sollte überdies die universelle Destruktivität der Räteherrschaft aufzeigen.[95] Chaos und Zerstörung erscheinen als zwangs-läufige Folgen revolutionärer Politik – ein häufiger Topos zeitgenössischer Plakatpropaganda und Karikaturen.

GEBÄUDESCHÄDEN

Bei der militärischen Besetzung Münchens entstanden durch Beschuß und Sprengwirkung zahlreiche Gebäude-schäden. Zumeist blieb es bei abgeschossenem Putz und Stuck und zersplitterten Glasscheiben, seltener wurden Au-ßenwände durchschossen oder brannten Häuser aus. Nach kritischer Durchsicht der überlieferten Berichte lassen sich die Zerstörungen überwiegend auf den Waffeneinsatz der Regierungstruppen zurückführen.[96] Neben dem gezielten Bombardement von Gebäuden, in denen sich Rotarmisten verschanzt hatten, gab es grundlose Beschießungen einzel-ner Häuser und Bauwerke durch die Artillerie der Regie-rungstruppen. So wurde beispielsweise der Turm der Mat-thäuskirche mit Granaten beschossen, obwohl Rotarmisten die Kirche nicht betreten hatten.[97] Der rigorose Waffenein-satz kommt in manchen Berichten von Offizieren, die die Besetzung einzelner Stadtviertel leiteten, zum Ausdruck: »Nur dadurch, daß überall, wo Dach- und Fensterschützen auftauchten, sofort rücksichtslos die Artillerie eingriff und

Heinrich Hoffmann: Der Karlsplatz mit Blick auf die Sonnenstraße nach den Kämpfen am 1. / 2. Mai 1919.

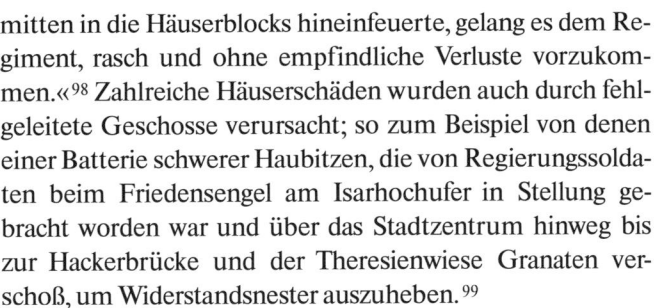

Maria Gruber: Bei den Kämpfen am Karlsplatz zerschossene Litfaß-säule, Anfang Mai 1919, Postkarte.

Eugen Schneider: Das Mathäserbräu nach dem Brand des Dach-stuhls, 2. Mai 1919, Postkarte.

mitten in die Häuserblocks hineinfeuerte, gelang es dem Regiment, rasch und ohne empfindliche Verluste vorzukommen.«[98] Zahlreiche Häuserschäden wurden auch durch fehlgeleitete Geschosse verursacht; so zum Beispiel von denen einer Batterie schwerer Haubitzen, die von Regierungssoldaten beim Friedensengel am Isarhochufer in Stellung gebracht worden war und über das Stadtzentrum hinweg bis zur Hackerbrücke und der Theresienwiese Granaten verschoß, um Widerstandsnester auszuheben.[99]

Die Zerstörungen riefen bei der Bevölkerung Betroffenheit und Schaulust hervor. Josef Karl schildert, wie sich Münchens Einwohner nach Beendigung der kämpferischen Handlungen aufmachten, die Schäden zu inspizieren: »Der Sonntag (4. Mai 1919, d. Verf.) brachte eine wahre Völkerwanderung von Neugierigen in das Zentrum der Stadt. Die Massen stauten sich in der Prielmayerstraße, am Stachus, in der Neuhauser- und Sonnenstraße und am Marienplatz. Die noch unsicheren Gegenden waren von Militärposten abgesperrt, so insbesondere die Gegend um den Löwenbräukeller, der Bahnhofplatz, einige Straßenzüge in den Kasernenvierteln usw. Eine unschöne Schaulust machte sich im Publikum bemerkbar. Die furchtbaren Zeichen eines mörderischen Kampfes stimmten die wenigsten ernst, man be-

staunte die teilweise schweren Schäden, ohne an das Blut derer zu denken, die auf beiden Seiten fielen. Auch das Wetter trug dazu bei, daß alles aus den Häusern, die die letzten Tage von vielen unfreiwillig gehütet werden mußten, herausging. Mitten durch die stadteinwärts strömenden Menschenmengen schoben sich Straßenpatrouillen, die vor allem darauf sahen, daß keine Ansammlungen stattfinden. Die Anschlagtafeln waren umlagert. Ein besonders gesuchtes Ziel war der ausgebrannte Kiosk am Stachus, das Gebäude der Mathäserbrauerei, und der hart mitgenommene Turm der Matthäuskirche.«[100]

Die Faszination, die die »Ruinen« auf sich zogen, erklärt die Flut von Fotopostkarten mit Gebäudeschäden, die neben den Soldatenaufnahmen den zahlenmäßig größten Motivbereich der aktuellen Postkarten darstellen. Gefertigt wurden die Zerstörungsbilder von mehr als zehn Fotografen – zumeist Atelierfotografen.[101] Miteinander konkurrierend boten sie vielfach die gleichen Motive als Postkarten an; zu den beschädigten »Sehenswürdigkeiten« gehörten der Stachuskiosk, das Mathäserbräu, der Turm der Matthäuskirche, desweiteren das Lagerhaus der Löwenbrauerei und die Maschinengewehrfabrik Sedlbauer in Giesing. Allein vom ausgebrannten Stachuskiosk sind über zwanzig verschiedene Auf-

Der ausgebrannte Stachuskiosk, Postkarte, Anfang Mai 1919.

Fotounternehmen Aquila: Während der Kämpfe am Karlsplatz zerschossene Schaufenster in der Bayerstraße Nr. 1, Anfang Mai 1919, Postkarte.

DER SCHAUPLATZ DER ERBITTERTEN
KÄMPFE AM STACHUS

DIE BEI DEN KÄMPFEN AM 1-2 Mai
DEMOLIERTEN GÖTHE LICHTSPIELE.

Warenhaus Tietz München
Bretterverschalung an den
zerstörten Schaufenstern

Alfred Frankl: Menschenansammlung auf dem Karlsplatz vor dem Justizpalast am 4. Mai 1919.

nahmen bekannt. Hoffmann, der vorrangig mit der Dokumentation der Regierungstruppen beschäftigt war, offerierte seine wenigen Zerstörungsaufnahmen auch im Pressegeschäft, während die umfangreichste Dokumentation der Gebäudeschäden von der fotografischen Anstalt ›Rehse & Co‹ stammt.

Vom Sujet her besitzen die Zerstörungsaufnahmen zwei Bezugspunkte. Zum einen sind es Tatortfotografien, wie sie zum Sensationsjournalismus gehören, der sein Augenmerk auf alles richtet, was mit Gewalt in die vermeintlich intakte Alltagswelt einbricht. Zum anderen sind es – mit Einschränkungen – die Ruinenfotografien des Ersten Weltkrieges, die von der erfolgreichen Zerstörungsarbeit im Feindesland

Abbildungen von Postkarten auf vorheriger Seite, von links nach rechts. Erste Reihe: Heinrich Hoffmann: Der ausgebrannte Stachuskiosk. Fotounternehmen Aquila: Der ausgebrannte Kiosk am Karlsplatz. Zweite Reihe: Heinrich Hoffmann: Durch Artilleriebeschuß der Regierungstruppen beschädigte Goethe-Lichtspiele. Verschalte Schaufenster des Kaufhauses Hermann Tietz. Dritte Reihe: Einschüsse am Hackerbräu. Durch Artilleriebeschuß der Regierungstruppen beschädigtes Gerstenlagerhaus der Löwenbrauerei. Vierte Reihe: Einschüsse an der Außenwand der Münchener Polizeidirektion. Der ausgebrannte Dachstuhl des Mathäserbräus, Anfang Mai 1919.

Zeugnis ablegten.[102] Weltkriegsassoziationen weckte im Frühjahr 1919 gerade die bürgerliche Schriftpresse. Sie zeichnete das Bild verheerender Verwüstungen und verband dies mit der Polemik gegen Räterepublikaner und Sozialisten. In der Schrift ›München auf dem Kopf‹ verstieg sich ihr Verfasser Oskar Estée zu folgender Beschreibung: »Die ehrwürdigsten Baudenkmäler (wurden, d.Verf.) zertrümmert, ungeheure Werte vernichtet und vieles von dem in Schutt geschossen, was bisher der Kommunisierung entgangen war.«[103]

Die Münchener Publizistik vermied im Sommer 1919 ein offenes Bekenntnis zum Einsatz der militärischen Mittel, um nicht den Eindruck des »sauberen Sieges« der Gegenrevolution zu gefährden. Die Urheber der Schäden wurden oft anonymisiert, zugleich aber die »Kampftage« als Höhepunkt der räterepublikanischen »Verbrecher- und Irrenhäusler-Herrschaft«[104] dargestellt. Mit dem Vorwurf des Hochverrats wurde den Räterepublikanern die generelle Verantwortung für jegliche Gewaltanwendung zugeschrieben. Es hätte ein propagandistisches Dilemma heraufbeschworen, wenn die Urheber beim Namen genannt worden wären, da die Regierungstruppen als »Retter« und »Befreier« gefeiert wurden. Daher konnte die bloße Nennung der Schadensurheber schon als anklägerische Kritik aufgefaßt werden. Wohl des-

Rehse & Co: Durch Minenbeschuß beschädigtes Haus Ecke Mai-/Waltherstraße, Anfang Mai 1919.

Eugen Schneider: Wohnhaus Ecke Mai- / Waltherstraße, Anfang Mai 1919, Postkarte.

Heinrich Hoffmann: Wohnhaus Ecke Mai- / Waltherstraße, Anfang Mai 1919, Postkarte.

halb vermieden die Postkartenhersteller auf ihren Karten entsprechende Hinweise. Ihre Beschriftungen vermerken zumeist nur das Gebäude und liefern Orts- und Zeitangabe. Bisweilen wird von »Volltreffer« gesprochen und die Art des Geschosses angegeben, das damit zum Täter stilisiert wird. In Einzelfällen tragen die Aufnahmen die irrige Bezeichnung: »Revolutionstage in München«. Seltsam doppeldeutig mutet die Postkarteninschrift an: »Die Befreiung Münchens: Volltreffer eines 7,5 Geschoßes in der Sonnenstraße«.

Um die Schäden ins Bild zu setzen, bedienten sich Presse- und Postkartenfotografen mehrheitlich keiner ausgefallenen gestalterischen Mittel und griffen auf eingeübte Bildformeln zurück. Ihre zumeist frontal und aus Distanz aufgenommenen Fotografien dramatisieren weder die Zerstörungen, noch übertreiben sie ihr Ausmaß, lassen manchmal sogar die bisweilen verschwindend kleinen Schäden nicht mehr klar zu Geltung kommen. Allein die Zerstörungsaufnahmen Hoffmanns zeigen differenziertere Bildgestaltungen. Von stadtbekannten Ansichten fertigte er zumeist sachlich-distanzierte Ansichten, griff in anderen Fällen jedoch zu dramatisierenden Darstellungsformen, die gesteigerte Bildwirkungen anstreben und im Einzelfall massive Schäden vermuten lassen. Der Vergleich seiner Aufnahme eines beschädigten Eckhauses in der Waltherstraße mit denen anderer Fotografen veranschaulicht dies. Außer von Hoffmann wur-

Heinrich Hoffmann: Ostfassade der Maschinengewehrfabrik Sedl-bauer, Anfang Mai 1919, Postkarte.

Heinrich Hoffmann: Artillerieschäden an der Maschinengewehr-fabrik Sedlbauer, Anfang Mai 1919, Postkarte.

de das Gebäude von Eugen Schneider und von ›Rehse & Co‹ aufgenommen. Rehses Art der fotografischen Schadenser-fassung, die ermessen läßt, in welcher Relation die Zerstö-rung zum ganzen Gebäude steht, wurde von den beiden an-deren nicht befolgt. Schneiders Postkarte knüpft an stan-dardisierte Erinnerungsbilder aus der Weltkriegszeit an und führt die beschädigte Hausecke als einen Ort der Zeitge-schichte vor, der das Interesse von Soldaten und Zivilisten gefunden hat. Bei Hoffmanns stark ausschnitthafter Ansicht entsteht dagegen der Eindruck, der Zusammenbruch einer schwer in Mitleidenschaft gezogenen Häuserruine stünde unmittelbar bevor. Die Bedrohlichkeit wird noch durch ein vorbeispringendes Kind unterstrichen, das dem Unglücksort zu entfliehen scheint.

Augenfälliger tritt Hoffmanns inszenierender Fotografie-gebrauch in seinen Aufnahmen von der Gewehrfabrik Sedl-bauer hervor, deren Einschüsse zahlreiche Fotografen an-lockten. In der Fabrik, einem während des Weltkrieges er-richteten modernen Betonbau, hatten sich Giesinger Rot-armisten am 2. Mai verschanzt und versucht, den von Osten anrückenden Truppen – unter ihnen das ›Bayerische Schüt-zenkorps‹ – Widerstand entgegenzusetzen. Nach intensivem

Artilleriebeschuß wurden sie vertrieben.[105] Ähnlich wie Rehse stellten die anderen Fotografen das über Eck aufge-nommene Gebäude aus größerer Entfernung dar. Hoff-mann präsentierte in einer Postkartenansicht jedoch aus-schließlich die wesentlich stärker in Mitleidenschaft gezoge-ne Ostfassade im verkanteten Hochformat. Die Verletzung traditioneller Gestaltungsregeln – die stürzenden Linien, die Rehse vermied, ist Indiz für seine Suche nach dramatisieren-den Momenten. Zugleich suggeriert der verkleinerte Bild-ausschnitt ein wesentlich größeres Zerstörungsausmaß. Das Prinzip des »pars pro toto« zeigt sich auch in Hoffmanns Fo-tografie einer abgesprengten Fiale der Giesinger Heilig-Kreuz-Kirche.

In einer weiteren Aufnahme gelang es Hoffmann, die gegen-ständliche Erscheinung für eine besondere Bildwirkung und -aussage zu nutzen, die nicht mehr zwingend an die Bedeu-tung der abgebildeten Gegenstände anknüpft, sondern dar-über hinausgehende Assoziationen und Stimmungen er-zeugt. Allerdings sind sie auch in diesem Falle semantisch noch nicht so festgelegt, daß eine ideologisch mehrdeutige Verwertung ausgeschlossen wäre. Die Postkartenausgabe seiner Aufnahme ist mit »Beschädigte Maschinengewehr-

Rehse & Co: Durch Granatenbeschuß der Regierungstruppen beschädigtes Eingangsportal eines Wohnhauses in der Sandstraße Nr. 26, Anfang Mai 1919.

Rehse & Co: Durch Granatenbeschuß der Regierungstruppen beschädigte Fassade eines Mietshauses in der Heßstraße Nr. 51, Anfang Mai 1919.

fabrik i. Giesing« betitelt. Davon ist auf der Ansicht nicht viel auszumachen. Der eng gewählte Bildausschnitt zeigt zwei demolierte Gebilde, die an einer Betonmauer neben einer beschädigten Fensteröffnung lehnen. Verstärkt durch den Schlagschatten entstand ein geheimnisvolles Rätselbild. Wie aus anderen Fassadenaufnahmen ersichtlich, handelt es sich bei den Metallgebilden um zuvor an der Ostfront angebrachte Regenrohre, die durch den Beschuß heruntergebrochen waren. Bemerkenswert ist die spätere Verwendung dieser 1919 nur als Postkarte verbreiteten Aufnahme, da die wahrscheinlich schon beabsichtigten destruktiven Assoziationsbezüge von der nationalsozialistischen Bildpublizistik nun voll zur Geltung gebracht wurden. So plazierte Schricker in seinem Buch ›Rotmord über München‹ die Zerstörungsansicht als »Die Blutstätte im Luitpold-Gymnasium« neben der Aufnahme der »Gedenktafel für die unschuldigen Opfer an der Mordstelle«. [106]

Während Hoffmanns dramatisierende Nahaufnahmen geschändete Objekte vorführen und sich dem Betrachter aufdrängen, geben Rehses Fotografien verlassene Tatorte zu erkennen und halten mit ihrem weiter gefaßten Bildausschnitt

die Möglichkeit offen, daß der Betrachter sich selbst vom Ausmaß und Gewalt der Zerstörung ein brauchbares Bild macht. Die dokumentarischen Intentionen des Fotografen Rehse lassen sich nicht mehr genau klären. Bei der Mehrheit seiner Zerstörungsaufnahmen lagen mit großer Wahrscheinlichkeit Aufträge von Hausbesitzern vor, die nach Belegen für Schadensersatzforderungen suchten. [107] Da dies eine prompte Schadensregistratur verlangte, war Rehse sehr früh vor Ort – früher als viele »Postkartenfotografen« – und bekam auch Zutritt zu bürgerlichen Privatwohnungen. Bei einer Reihe von Auftragsarbeiten hielt er die Schäden zugleich in Innen- und Außenaufnahmen fest, wodurch sich der jeweilige Schadensumfang ziemlich gut abschätzen läßt. Was sich an der Außenwand häufig nur unbedeutend ausnimmt, erscheint als beträchtliche Verwüstung des Innenraums und seiner Ausstattung. Bei diesen Innenaufnahmen nahm Friedrich Rehse auch Gegenlicht und starke Hell-Dunkel-Kontraste in Kauf.

Rehse strebte eine sachliche Bestandsaufnahme an und verfolgte keine typisierenden oder symbolisierenden Absichten. Die meisten Außenaufnahmen zeigen seine besondere Vor-

Rehse & Co: Durch Artilleriebeschuß der Regierungstruppen demolierter Wohnraum eines Mietshauses Ecke Dachauer/Massmannplatz, Anfang Mai 1919.

liebe, ein beschädigtes Gebäudeobjekt in einer Art Gesamt-übersicht als bauliche Einheit zu fassen. Die distanzierte Sichtweise bringt den Baukörper in seiner architektonischen Begrenzung zur Geltung und stellt eine anschauliche Beziehung zwischen dem Detail und dem Ganzen her. Dabei entsteht oft ein starker sinnlicher Kontrast zwischen der Zerstörung und der intakten Bausubstanz. Selbst wenn Rehse wesentlich kleinere Bildausschnitte wählte, entstanden keine suggestiven Nahaufnahmen. Bei den Schadensfeststellungen relativ unscheinbarer Zerstörungen – es handelt sich hierbei unter anderem um Auftragsarbeiten für Hausbesitzer aus dem Viertel an der Nymphenburgerstraße – orientierte sich der Fotograf an Formen traditioneller Bildkomposition. In der Aufnahme eines von einer Granate getroffenen Hauseingangs in der Sandstraße griff Rehse das Rahmenmotiv frontal auf und setzte nicht den Zerstörungsschaden, sondern das Eingangsportal in die Bildmitte.

Einige der Aufnahmen erfuhren durch die Veröffentlichung in Hoffmanns Revolutionsatlas eine semantische Aufwertung und wurden ideologisch besetzt. Dazu gehörte das Bild eines proletarischen Siedlerhäuschens mit zerschossenem Giebel, das in Hoffmanns Broschüre als Gefechtsstellung der ›Roten Armee‹ ausgegeben wurde.[108] Belegt ist dies allerdings nicht. Der Rückschluß, ein Einschuß müsse auf jeden Fall auch ein Widerstandsnest der Rotarmisten anzeigen, findet in den tatsächlichen Umständen bei der militärischen Besetzung dieses Stadtviertels keine Begründung, da es hier zu einem besonders rigorosen Waffeneinsatz des ›Freikorps Görlitz‹ gegen bloß vermutete rotarmistische Posten kam.[109] Mit der Publizierung der Aufnahme wurde im Bewußtsein der Öffentlichkeit jedoch ein Dokument der hinterhältigen Kampfweise der Rotarmisten etabliert, weil dem verbreiteten Vorurteil ein proletarischer Widerstand an solchem Ort plausibel erscheinen mußte. Für Hoffmanns publizistische Bildverwendung ist es bezeichnend, daß nur im Zusammenhang mit diesem Siedlerhäuschen der Waffeneinsatz der Regierungstruppen zumindest implizit eingestanden wurde. Die Zerstörung bürgerlichen Eigentums als Notwendigkeit darzustellen, die der Kampf gegen die Räterepublikaner angeblich forderte, fiel den Münchener Publizi-

Rehse und Co: Durch Artilleriebeschuß der Regierungstruppen zerstörte Werkstatt des Tierpräparators Johann Henseler im Gebäude des Mathäserbräus, Anfang Mai 1919.

Abb. gegenüberliegende Seite. Oben: Rehse & Co: Der ausgebrannte Dachstuhl des Mathäserbräus, Anfang Mai 1919. Unten: Rehse & Co: Artillerieschäden an einem Haus in der Lothstraße, in dessen Giebel sich angeblich eine Maschinengewehrstellung der Rotarmisten befand, Anfang Mai 1919.

Atelier Hilsdorf (Friedrich Müller): Zerstörte Werkstatt des Tierpräparators Johann Henseler im Gebäude des Mathäserbräus, Anfang Mai 1919.

sten schwer. So wurden selbst die bekannten Stellungen der Rotarmisten, wie die Löwenbrauerei, das Mathäserbräu, der Stachus-Kiosk oder die Giesinger Fabrik selten als solche ausgewiesen, obwohl sich in diesen Fällen der Waffeneinsatz leichter hätte legitimieren lassen.[110]

Hoffmann versuchte in seiner Broschüre durch die Anhäufung von Aufnahmen zerstörter Innenräume den im Text behaupteten gewaltigen Widerstand der Räterepublikaner zu belegen und damit zu demonstrieren, daß der von ihnen verantwortete Bürgerkrieg Tod und Zerstörung auch in die bürgerlichen Häuser trug. Für dieses Schreckbild wählte er unter Rehses Aufnahmen die markantesten aus. Besonders eine Innenraumansicht aus dem Mathäsergebäude bot vielfäl-

tiges Material für die Phantasiearbeit des Betrachters.[111] In dem abgebildeten Raum herrscht ein vollständiges Chaos: Mobiliar, Gerätschaften und Materialien sind beschädigt oder zerstört. Verstärkt wird der Eindruck durch das einfallende Gegenlicht, das die Gegenstände im Raum regelrecht zerfrißt. Einem Vanitasbild ähnlich verweisen verbrannte Papiere, tote Tierkörper und nicht mehr Identifizierbares auf Tod und Verwüstung. Tatsächlich fiel das Schreckensbild deswegen so beeindruckend aus, weil sich dort die Werkstatt eines Tierpräparators befand.[112]

Hoffmanns scheinbar so präzise Beschriftung »Brandgranateneinschlag, Henseler, Bayerstraße« erwähnt dies genausowenig wie die Tatsache, daß sich der Raum im Mathäsergebäude befand, dessen oberste Stockwerke nach dem Beschuß durch die Regierungstruppen die stärksten Brandschäden in München aufwiesen. Die ideologischen Konnotationen sind nicht zu übersehen. Die namentliche Nennung des vermeintlichen Wohnungsinhabers unterstreicht auf der Textebene nochmals den Charakter der verletzten Privatsphäre und die »spartakistischen« Mißachtung bürgerlichen Besitzstandes. Der ungewohnte Einblick in die private Innenwelt erscheint selbst wie ein Einbruch. Recht drastisch führte Hoffmann diese Botschaft in seiner Broschüre mit weiteren Wohnraumaufnahmen dem Leser vor Augen, unter anderem mit Rehses Ansichten aus der Werkswohnung des Pförtners der Fabrik Sedlbauer. Er typisierte in diesen Fällen, etwa mit der Beschriftung »Eine schwer beschädigte Küche«[113] – eine unter zahllosen, wie der Leser glauben sollte – und deutete an, daß Revolution und Bürgerkrieg auch den Hausstand der kleinen Leute nicht ausgespart habe. Die vermittelten Einbruchs- und Vernichtungsassoziationen sind in Zusammenhang mit der zeitgenössischen Polemik der bürgerlichen Publizistik gegen die Sozialisierungspläne der Räterepublikaner zu verstehen.[114] Eine wichtige Rolle spielte dabei auch die Vermenschlichung des bürgerlichen Privateigentums. Die in den Kämpfen beschädigten Bauten wurden zu »Häuserleichen« oder zu »Kriegsverletzten«, wie es die Formulierung »die Häuser aus kleinen und großen Wunden blutend« in Hoffmanns Broschüre ausdrückte.[115] In der Anstrengung der Publizisten, Gebäudeschäden zu vermenschlichen, offenbart sich die Kehrseite des herrschenden Todestabus.

REICHSWEHR UND FREIKORPSTRUPPEN

Der Einmarsch der Freikorps- und Reichswehrsoldaten verwandelte München im Mai 1919 für mehrere Wochen in ein Heerlager. Mehr als 20 000 Soldaten, überwiegend Angehörige nichtbayerischer Truppeneinheiten, waren in Münchener Kasernen und behelfsmäßigen Unterkünften stationiert.[116] Während die preußischen Regierungstruppen Anfang Juni abgezogen wurden, blieben bayerische Einheiten teilweise bis zur Aufhebung des Kriegszustandes in der Stadt. Eine eigentlich militärische Funktion – um etwa einen kommunistischen Aufstand zu verhindern, wie es die

Zweckpropaganda der militärischen Nachrichtendienste weismachen wollte – hatte die Besatzungsarmee nicht.[117] Mit ihrer allgegenwärtigen Präsenz demonstrierten die reaktionären Militärs ihre uneingeschränkte Macht und ihre Bereitschaft, jeglichen Widerstand schon im Keim zu ersticken.[118] Unter den neuen Herrschaftsverhältnissen entwarfen mehrere Fotografen – darunter viele Atelierfotografen – ein Bild der »Weißen Soldaten«, das den öffentlichen Geltungsanspruch der Militärs in zahllosen Aufnahmen multiplizierte.

Rehse & Co: Essensausgabe durch württembergische Freikorpssoldaten an Arbeiterkinder im Schlachthof, Anfang Mai 1919.

*Heinrich Hoffmann: Parade des ›Freikorps Görlitz‹ am Odeonsplatz, auf dem Pferd salutierend dessen Kommandant Oberstleutnant Faupel;
in der Mitte Generalleutnant von Friedeburg, Befehlshaber der »2. Gardedivision«, im Hintergrund das Odeon, 6. Mai 1919.*

In den Vordergrund rückten Botschaften von der Pracht militärischer Ritualität und der allgegenwärtigen Wachsamkeit der Besatzungssoldaten; weitaus am meisten verbreitet waren Fotografien von paradierenden und marschierenden Truppen und Geschützposten, die die Stadt überwachten. Vorwiegend suchten die Fotografen nach sympathisch wirkenden Darstellungen der Soldaten. Augenfällig ist das Bestreben der Pressefotografen, bereits wenige Monate nach dem vermeintlichen Zerfall des wilhelminischen Militarismus, die Soldaten der Gegenrevolution wieder zu gesellschaftlichen Leitbildern zu stilisieren und damit diejenigen als Garanten republikanischer Ordnung zu feiern, die in späteren Jahren nicht unwesentlich zu ihrer Abschaffung beitragen sollten. Vor allem Hoffmann zeichnete ein Bild der Sieger vom Mai 1919, das ihr brutales Auftreten vergessen machte. Im Unterschied zu seinen auf wenige Motive fixierten Berufskollegen brachte er es in einem vielfältigen Motivspektrum zum Ausdruck. [119]

Mehrheitlich wurden die Aufnahmen für die kurzfristige Öffentlichkeit des lokalen Postkartenmarktes produziert. Fotografen wie Hoffmann, Kester und Böhm hatten auch das Pressegeschäft im Auge, ausschließlich dafür arbeiteten die zugereisten Berliner Pressefotografen. Der Handel mit den Fotopostkarten der »Weißen Soldaten« muß sehr einträglich gewesen sein. Allein Hoffmann warf an die dreißig Postkarten dieses Sujets mit mehrfachen Beschriftungsva

rianten auf den Markt. Dieser offiziösen Bildwelt der soldatischen Aktivitäten steht ein umfangreicher Bestand von Fotopostkarten gegenüber, in denen der militärische Alltag und die Freizeitbeschäftigungen der Soldaten thematisiert wurden. Sie stammen vielfach von Atelierfotografen und dienten vorrangig individuellen Erinnerungsbedürfnissen. Herstellungsabsicht, Öffentlichkeitsform und Gebrauch der Aufnahmen sind allerdings nicht immer eindeutig zu klassifizieren, zumal viele von den Münchener Fotografen nicht beschriftet wurden.

Trotz aller propagandistischen Feier dieser Helden des Bürgertums fanden nur wenige, fast ausschließlich von Hoffmann stammende Aufnahmen Eingang in die zeitgenössischen Illustrierten. Die aktuelle Berichterstattung über das besetzte München legte großen Wert auf die vermenschlichende und privatisierende Darstellung der militärischen Macht. Beachtlichen geschäftlichen Erfolg verbuchte Hoffmann mit einigen Aufnahmen, die nach bewährten Rezepten der Bildpropaganda die humanen und karitativen Züge der Besatzungssoldaten herausstreichen. Favorisierte Belege für deren karitativen Einsatz waren seine Fotografien, auf denen die Sieger vom Mai 1919 als Essensspender und Ernährer der proletarischen Münchener Bevölkerung vorgestellt wurden. Diese Darstellung folgte dem ideologischen Tenor der rätefeindlichen Publizistik. Sie stilisierte die neuen Machthaber in München als kinderliebe Volksernährer, um

Heinrich Hoffmann: Parade des ›Freikorps Görlitz‹ am Odeonsplatz, links zu Pferde dessen Kommandant Oberstleutnant Faupel, 6. Mai 1919, Postkarte.

Heinrich Hoffmann: Parade des ›Freikorps Görlitz‹ am Odeonsplatz, auf dem Pferd salutierend dessen Kommandant Oberstleutnant Faupel; im Hintergrund die Feldherrnhalle und die Theatinerkirche, 6. Mai 1919, Postkarte.

Heinrich Hoffmann: Umzug des ›8. Husarenregiments‹ in der Türkenstraße (Ecke Gabelsbergerstraße), links im Hintergrund das Wittelsbacher Palais, Anfang Mai 1919.

Heinrich Hoffmann: Umzug einer Regierungstruppe am Karlsplatz, rechts im Hintergrund der Justizpalast, Anfang Mai 1919.

Heinrich Hoffmann: Umzug des ›8. Husarenregiments‹ in der Barerstraße, im Hintergrund die Alte Pinakothek, Anfang Mai 1919, Postkarte.

hingegen die Räterepublikaner als egoistische, den materiellen Bedürfnissen der Massen gegenüber gleichgültige Volksfeinde anzuprangern. In diesem Zusammenhang sind auch Greßbergers und Römers Fotografien eines erschossenen, von Passanten ausgeschlachteten Artilleriepferdes zu sehen.[120] Ihre drastischen, Assoziationen an Leichenfledderei erweckenden Aufnahmen wurden in zahlreichen Illustrierten abgedruckt, gehörte doch das Schreckbild des ausgehungerten München zum Standard gegenrevolutionärer Propagandabotschaften.

Seit den ersten Maitagen hielten die leitenden Militärs Märsche und Paraden in der Münchener Innenstadt ab. Wie schon zuvor in Berlin dienten diese Aufmärsche zur Demonstration der soldatischen Macht und der Schlagkräftigkeit der Truppenverbände. Nach Vorstellungen leitender Militärs sollte deren Drillästhetik allein schon einschüchternd wirken: »Ein fester Marsch, energische Kommandos, stramme Griffe, verbunden mit tadelloser, einheitlicher Bekleidung und Ausrüstung werden ihren Eindruck … auf feindselig gestimmte Massen nicht verfehlen und oft den Appell an die Waffen unnötig machen. Eine unordentliche Truppe ohne festes, geschlossenes Auftreten wird den Spartakisten nicht imponieren.«[121]

Nicht weniger bedeutsam war die Werbefunktion der Umzüge für die gesellschaftlichen Ordnungsvorstellungen der Militärs, ihre politisch-sozialen Führungsansprüche und historischen Mythen. Dies manifestierte sich vor allem in den zu-

meist musikalisch umrahmten Vorbeimärschen der Soldaten an den kommandierenden Offizieren.[122] Zumindest beim bürgerlichen Publikum, das in den Resten der kaiserlichen Armee einen politischen Stabilisierungsfaktor sah, verfehlten die Rituale nicht ihre Wirkung.[123] An einer zeremoniellen Re-Ästhetisierung des soldatischen Auftretens war den leitenden Offizieren sehr gelegen, was in einem Anfang Mai versandten Rundschreiben des Generalmajors von Möhl an die Kommandierenden der einzelnen bayerischen Truppenverbände zum Ausdruck kommt: »Jeder Freikorpsführer muß in seiner Truppe die Freude an der militärischen Ordnung wieder zu beleben verstehen. Wenn es gelingt, einen gesunden Wetteifer in dem Sinne zu erzeugen, daß ein Freikorps das andere durch flottes soldatisches Auftreten nach Außen zu übertreffen sucht, ist die Hauptvorbedingung geschaffen; auch kleine Mittel, Verleihung besonderer Abzeichen, Bildung einer Korpskapelle, Umzüge in der Stadt, Aufziehen von Wachen mit Musik können für den Anfang ausgezeichnet wirken. Auch der Bevölkerung muß auf diese Weise wieder die Freude am soldatischen Auftreten und die Achtung vor unserem Stand beigebracht werden.«[124] Solche Öffentlichkeitsarbeit war aus der Sicht der Militärs durchaus geboten, denn Teile der in der Stadt stationierten Freiwilligenverbände vermittelten ein desolates Erscheinungsbild, wie ein Geheimbericht der ›Nachrichtenabteilung des Gruppenkommando 4‹ meldete: »Sind auch die ekelhaften Gestalten der Soldaten der Roten Armee … vom Straßenbild

Alfred Frankl: Menschenansammlung auf dem Karlsplatz beim Umzug der Regierungstruppen, links der Justizpalast, im Hintergrund die ›Deutsche Bank‹, 4. Mai 1919.

verschwunden, so macht doch der freiwillige bayerische Soldat noch keineswegs einen militärischen Eindruck. Einen ganz üblen Eindruck machen die einzelnen freiwilligen Verbände, denen man Gebirglerkostüme gegeben hat.«[125] Hoffmanns Fotografien der Parademärsche und Umzüge reproduzierten äußerst geschickt die ideologischen Intentionen der Militärs und ihre Versuche, die ästhetische Pracht herkömmlicher Militärritualität wiederzuerrichten. Ein offizieller Auftrag an Hoffmann im Mai 1919 ist auszuschließen, wenngleich es in einzelnen Fällen konkrete Absprachen zwischen den Militärs und Fotografen gab. Über den Wert solcher fotografisch effektvoll in Szene gesetzten Sieges- und Machtrituale waren sich die Militärs aber offenkundig im Klaren, nachdem im Verlauf des Weltkrieges die propagandistische Bedeutung des fotografischen und filmischen Mediums ständig gewachsen war. So konnte die Münchener Bevölkerung vom 10. Mai an in den ›Kammerspielen‹ täglich viermal den Film ›Vorbeimarsch des Freikorps Faupel‹ vom 6. Mai besichtigen.[126] Besonders in diesem Motivbereich sind Hoffmanns Absichten unverkennbar, dem historisch Einmaligen den Status des Typischen zu verleihen und kollektiv vertraute Bildcodes in das fotografische Medium zu übertragen. Seine Gestaltung ist sichtlich beeinflußt vom heroischen Frontsoldatenbild aus den letzten Weltkriegsjah-

ren. Stringenter als in seiner Produktion vor dem 1. Mai nutzte er topografisch signifikante Architekturen als symbolträchtige Rahmenformen und versuchte mitunter durch einen tiefen Kamerastandpunkt das Erscheinungsbild der Soldaten zu monumentalisieren.

Einen Schwerpunkt von Hoffmanns Tätigkeit bildete die Dokumentation der vor ihren Offizieren paradierenden Soldaten. In verschiedenen Aufnahmen überlieferte er das Ritual der strikten Unterordnung der Soldaten unter ihre Führer. Hoffmann wählte dabei zumeist die Vorhut der auf ihre Kommandeure fixierten, im Stechschritt marschierenden, stahlhelmbewehrten Soldaten, die er vielfach als perfekte »Drillmaschinen« darzustellen wußte. Auch in seinen Fotografien der durch die Stadt marschierenden Truppenverbände wandte er dieses Verfahren an. Vor allem in seiner häufig reproduzierten, von ihm »Münchener Sturmtage« betitelten Aufnahme gelang ihm ein prägnantes Bild soldatischer Gefolgschaft und befehlsgewohnter Distanz zum Führer. Manche seiner Fotografien paradierender Soldaten wirken wie Versuche, die militärische Niederlage von 1918 und das Elend des Krieges als treibende Kraft der Revolution im Glanze herkömmlicher Paradeästhetik vergessen zu machen. Denn wie diese Fotografien die Soldaten zeigten, den Stahlhelm fest auf dem Kopf, die Reihen dicht geschlossen,

Alfred Frankl: Der Odeonsplatz am 4. Mai 1919 mit Blick auf Feldherrnhalle und Theatinerkirche.

von Frauen umjubelt, von Kindern bestaunt, waren sie nicht unbesiegt, kraftvoll, diszipliniert und im richtigen Verhältnis zu ihren Führern aus dem Weltkrieg zurückgekehrt?

So war es dann auch später für die nationalsozialistischen Publizisten ein Leichtes, einige dieser Fotografien als Belege für ihre Legende heranzuziehen, gerade in München habe der Geist des unbesiegten deutschen Frontsoldatentums seine Triumphe gefeiert.[127] Ebenso effektvoll setzte Hoffmann die aus der Weltkriegsproduktion bekannten festlichen und volksverbundenen Aspekte dieser Rituale ins Bild. In zahlreichen, zumeist als Postkarten veröffentlichten Aufnahmen, die mitunter an die todesferne Idylle wilhelminischer Paradefotografien erinnern, präsentierte er marschierende Musikkapellen oder pittoreske, wimpeltragende Reitertrupps.

Trotz aller offenkundigen Bemühungen, die positiven Momente des soldatischen Auftretens zu überliefern, gelangen Hoffmanns Münchener Berufskollegen mit ihren als Postkarten veröffentlichten Aufnahmen zumeist nur recht herkömmliche Dokumente.[128] Vielfach hielten sie nur die Erscheinungsweise derjenigen Truppenverbände fest, die zu einem späteren Zeitpunkt routinemäßig durch München geleitet wurden: bisweilen unbeachtet von der Bevölkerung, zumeist in weniger exaktem Gleichschritt als lockerer Ver-

band marschierend, oftmals mit der Bändigung ihrer Pferde beschäftigt oder recht unheldisch auf ihren Geschützen sitzend. Das verdeutlichen besonders die Aufnahmen von Hans Möller und Heinrich Roser, deren gelegentliche Versuche einer heroischen Stilisierung nicht selten die Grenzen des Komischen streifen. In den meisten Fällen dokumentierten die Fotografen die Marschkolonnen nach dem bewährten seriellen Prinzip der Postkartenherstellung; vor allem Hans Möller spezialisierte sich auf diese Art der Produktion. Mit großstädtischem Blick verfolgte der Berliner Pressefotograf Alfred Frankl das militärische Geschehen. Seine distanzierten Überblicksaufnahmen zielen nachdrücklich darauf ab, die Truppenumzüge innerhalb des architektonischen Ambientes traditionsreicher Plätze der Münchener Innenstadt festzuhalten. Auf einer am 4. Mai entstandenen Ansicht des Odeonsplatzes sieht man eine vom Publikum umringte Militärkolonne. In der Art, wie der Fotograf die Architektur ins Bild setzt, wird München zu einer imposanten Metropole aufgewertet. Stärker tritt dies noch bei Frankls Aufnahme eines Truppenumzugs auf dem Karlsplatz hervor. Die Vogelperspektive läßt die Menschen, ob Soldaten oder Passanten, zum miniaturisierten Inventar eines weitläufigen Platzes inmitten einer monumentalisierten Architekturkulisse zusammenschrumpfen. Das menschliche Han-

Heinrich Hoffmann: Umzug des ›Freikorps Werdenfels‹ in der Maximilianstraße, Anfang Mai 1919, Postkarte.

deln wird zum Gegenstand einer überaus distanzierten Betrachtung des Geschehens. So werden aber auch Deutungszusammenhänge möglich, die im engen Bildausschnitt nahsichtiger Aufnahmen nicht enthalten sind: Feldherrnhalle und Theatinerkirche, oder Justizpalast und Deutsche Bank, die von der Revolution nicht einmal erschütterten Herrschaftssymbole bilden einen nicht nur topografischen Bezugsrahmen für die zur Schau gestellte gegenrevolutionäre Militärmacht.

Über die implizite propagandistische Funktion ihrer Aufnahmen – seien es nun Pressebilder oder Fotopostkarten – bestanden bei den Fotografen sicherlich wenig Zweifel. Offenkundig ist ihr harmonisierendes Lavieren bei einem Thema, das in diesen Tagen das bayerische Nationalgefühl erheblich verletzte. Mehrheitlich folgten sie den propagandistischen Bemühungen der Münchener Presse, den hohen Anteil der preußischen Regierungstruppen an der Eroberung Münchens herunterzuspielen und die Rolle bayerischer Einheiten, deren größter Teil bei der kämpferischen Besetzung Münchens überhaupt nicht zum Einsatz gekommen war, überzubewerten.[129]

In erster Linie gerieten bayerische und süddeutsche Truppenverbände ins Bild. Wurden Aufnahmen preußischer Truppen als Postkarten veröffentlicht, zogen es die Fotografen vor, anstelle präziser Beschriftungen den allgemeinen Terminus »Regierungstruppen« einzusetzen. Für die Presse konzipierte Fotografien preußischer Einheiten – wie die um

fangreiche Dokumentation einer Parade der ›Marinebrigade Wilhelmshaven‹ auf der Theresienwiese durch Philipp Kester – wurden allem Anschein nach nur in Ausnahmefällen erstellt und erreichten keinerlei Publizität. Auch war offenbar nur einer Postkarte Hoffmanns explizit die Anwesenheit preußischer Truppen in München zu entnehmen. Man möchte meinen, Hoffmann habe sie als negative Botschaft konzipiert. Im Gegensatz zu den formierten und mitunter lachend am Betrachter vorbeimarschierenden Soldaten zeigt sie eine anonyme Formation, die an das Bild von der Front wegziehender Soldaten erinnert. Mit der unüblichen Beschriftung »Preußische Minenwerfer in München« wies sie

Heinrich Hoffmann: Marschkolonne preußischer Regierungssoldaten in der Ludwigstraße, Anfang Mai 1919, Postkarte.

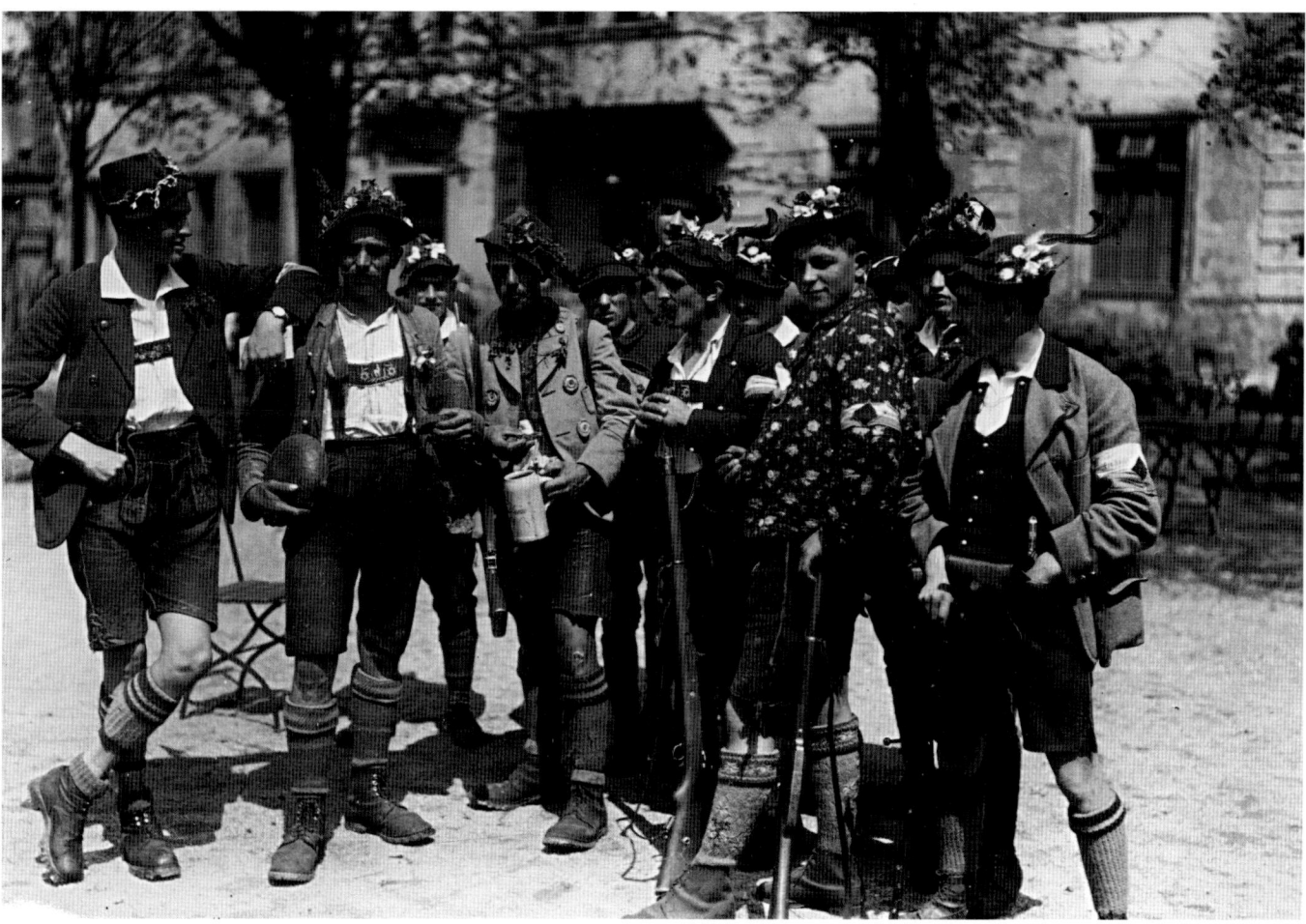

Josef Paul Böhm: Mitglieder des ›Freikorps Werdenfels‹, Mitte Mai 1919.

Hoffmann als eine besonders gefahr- und todbringende Geschütztruppe aus.

Den Ruhm bayerischer Soldaten als »Befreier Münchens« verkündeten vor allem die Fotografien des ›Freikorps Werdenfels‹, einer Freiwilligeneinheit von Bauern und Bürgern aus der Garmischer Gegend, deren angebliche Beteiligung an den Kämpfen höchst unwahrscheinlich ist.[130] Mehrere Tage wurden sie zur Demonstration des bayerischen Anteils an der Eroberung Münchens und der volkstümlichen Einstellung der militärischen Machthaber in der Öffentlichkeit präsentiert. In einer wahren Bildorgie hielten verschiedene Fotografen die Märsche der Werdenfelser fest. Die Fotografen waren sichtlich bemüht, den bodenständigen bayerischen Charakter der Truppe herauszustreichen. Sie bildeten insbesondere die in den vorderen Reihen marschierenden Männer in Trachtenanzügen ab, die von den Organisatoren der Märsche an die Spitze der überwiegend zivil gekleideten Truppen gestellt wurden. Auch die lockere und führerlose Präsentation der Werdenfelser muß im Sinne ihrer ideologischen Stilisierung als ein friedliebendes, demokratisches Volksheer, das aus eigener Initiative den artverwandten Münchnern zu Hilfe gekommen war, verstanden werden. Josef Paul Böhm hat diese Botschaft mehrfach in einer Postkarten-Serie variiert, die den Umzügen der Freikorpstruppe mitunter den Charakter eines Trachtenumzugs verleiht.[131]

Auf dem Münchener Postkartenmarkt fanden diese Fotografien – sowohl als symbolische Bilder der wiederhergestellten bayerischen Ordnung in der Landeshauptstadt wie als touristische Ansichten oberbayerischer Volkstypen nutzbar – offensichtlich einen großen Absatz.[132] Auch in der Berichterstattung der Illustriertenpresse über das militärisch befriedete München waren sie sehr beliebt.[133] Vornehmlich eine Fotografie Hoffmanns, die die erste Marschlinie der blumengeschmückten, geradewegs auf den Betrachter zumarschierenden Werdenfelser darstellt, propagierte dort die Ordnungsfunktionen vitaler bayerischer Volkskraft. Sie sollte für die Mythenbildung um die Bedeutung der Freikorps in den nachrevolutionären Kämpfen eine große publizistische Bedeutung bekommen. Früh nutzte sie auch die rechtskonservative Publizistik zur Illustration ihrer militanten Volkstumsideologie. Umrißhaft deutete sich das schon Juni 1919 in einem mit mehreren Fotografien der Werdenfelser bebilderten Bericht über die Kämpfe des ›Bayerischen Schützenkorps‹ an: »Da kam es heran, wetterharte Gestalten, sehnige Männer mit Lodenhüten mit Gemsbärten, den Stutzen über die Schulter, in Reihen zu vieren, ein weißblau Fähnlein voraus: die Werdenfelser. Das waren keine Soldaten; das war das gesunde Volk, das auszog in heiligem Zorn. Manch einer war darunter, der aus dem Weltkrieg wieder heimgekommen, zwei, drei bunte Bändlein im Knopfloch des Lo-

Unbekannter Amateurfotograf: Panzerwagen der Regierungstruppen am Marienplatz, Blick in die Weinstraße, Anfang Mai 1919.

denkittels zeugten davon oder auch ein armes zerschossenes Bein, das sich quälte, mit den anderen Marschschritt zu halten. Klare, sichere Augen schauten trutzig unter dem Hutrand hervor. Sie hatten schon gezeigt, daß sie sich um ihre Heimat, wenn's not war, auch mit der Faust wehrten, wenn Raubgesindel unter allerlei philosophischen Vorwänden und übelverstandenen Wirtschaftsideen ihnen Haus und Hof verschmutzen wollte ... Unwillkürlich mußte man an die Sendlinger Bauernschlacht denken bei diesem Anblick. So manches Auge, das hoffnungslos und verbittert in die Zukunft geschaut, blickte wieder froh beim Anblick solch gesunder Volkskraft, wie sie da vorüberzog ... es wäre gut für manchen, auch sogenannten ›Gebildeten‹, wenn er einige Zeit die kräftige Gebirgsluft im Werdenfelser Land atmen könnte. Da ginge viel trüber Dunst aus manchem dumpfen Schädel, der plötzlich den Politiker und Volksführer in sich entdeckt hat!«[134]

Die NS-Bildpublizistik sah in den Fotografien der Werdenfelser willkommene Belege für ihre rassistisch gefärbten Mythen über die Eroberung Münchens. Nach der »Machtergreifung« wurden die bayerischen Freikorpssoldaten gar zu militanten Antisemiten stilisiert, die als Vertreter des arisch-bayerischen Volkes 1919 aus den Bergen stiegen, um Mün-

chen von der »jüdisch-bolschewistischen Anarchie« zu befreien. [135] Auch die Fotografien der marschierenden Truppen, die während der Weimarer Republik in der vornehmlich von Feindbildern bestimmten faschistischen Rezeption weitgehend unberücksichtigt blieben, wurden wieder publiziert. Mehrfach illustrierten sie nun den nationalen Rettungsmythos der »Ersten Soldaten des Dritten Reichs«, wie ihn der Freikorpsmann Manfred von Killinger in Schrickers mit zahlreichen Soldatenfotografien bebildertem Buch verkündete: ». . . schien es nur eine Frage von Monaten zu sein, bevor diese Nation in Chaos vergehen würde. Da war es eine kleine Minderheit instinktsicherer, zäher Tatmenschen, von denen die Steuerung des deutschen Schicksals gepackt und herumgerissen wurde. Die Kämpfe der Freikorps gegen das tobende Untermenschentum waren das einzige Anzeichen, daß die deutsche Geschichte noch nicht erlöschen sollte.«[136]
Obwohl es schon seit der ersten Maiwoche faktisch nichts mehr zu bekämpfen gab, führten die militärischen Machthaber nach der Verhängung eines allgemeinen Verbots von Versammlungen unter freiem Himmel – dies galt selbst für die Fronleichnamsprozession – weitere umfangreiche Sicherungsmaßnahmen durch. Der spärlichen Überlieferung nach wurden zahlreiche Wachtrupps mit Maschinengeweh-

Heinrich Hoffmann: Waffenvisitation durch Regierungssoldaten auf der Ludwigsbrücke, im Hintergrund das Müllersche Volksbad, Anfang Mai 1919, Postkarte.

Heinrich Hoffmann: Straßenversperrung der Regierungstruppen an der Maximilianstraße, Mai / Juni 1919.

Heinrich Hoffmann: Geschützwagen in der Goethestraße, Anfang Mai 1919, Postkarte.

ren oder Artilleriegeschützen vornehmlich im Inneren der Stadt und an einigen strategisch günstigen Plätzen in den Vorstädten postiert oder patrouillierten mit Geschützwagen durch die Straßen Münchens.[137] Zusätzlich wurde noch im Juni 1919 das Stadtinnere durch Stacheldrahtverhaue und Barrikaden abgesperrt, um die militärischen Befehlsstellen und die Stadtkommandantur vor einem angeblichen kommunistischen Aufstand zu schützen. Die waffenstarrende Präsenz der Besatzungssoldaten bestimmte über mehrere Wochen das Münchener Straßenbild und spiegelt sich vor allem in zahlreichen Aufnahmen zumeist statuarischer, vor den Fotografen posierender Postengruppen. Dagegen zeich-

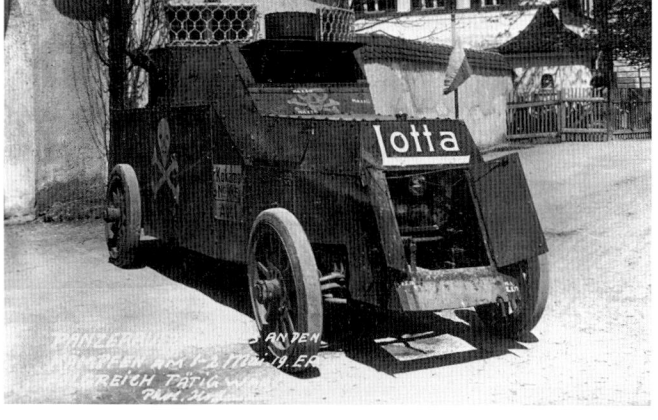

Heinrich Hoffmann: Panzerwagen der Regierungstruppen, Anfang Mai 1919, Postkarte.

neten Fotografen in Berlin ein wesentlich martialischeres und dynamischeres Bild der gegenrevolutionären Soldaten, deren kämpferisch hinter dem Maschinengewehr verschanzte Gestalten zum publizistischen Sinnbild der erbitterten militärischen Verteidigungsbereitschaft gegen die »Feinde der Republik« wurden.[138]

Allein Hoffmann legte wiederum eine komplexe und belebte, zum Teil deutlich an den Ideologemen der herrschenden Öffentlichkeit orientierte Dokumentation der Überwachung Münchens vor. Als einziger Fotograf hielt er die Aktivitäten der Wachtrupps fest, die in den ersten Maitagen bei Paßkontrollen und Waffenvisitationen eingesetzt wurden.[139] Selbst die unpopulären Überwachungsfunktionen der Soldaten an den Straßensperren – von anderen Fotografen geflissentlich übersehen – sparte Hoffmann nicht aus, verunklärte jedoch vielfach den Informationswert seiner Aufnahmen.[140] Mit der Aufnahme eines bemannten Geschützwagens, auf dessen Kühlerhaube ein Totenkopf als Zeichen des Todbringenden gemalt wurde[141], überlieferte Hoffmann auch das Imponiergehabe der gegenrevolutionären Soldateska. Mit der Beschriftung seiner als Postkarte veröffentlichten Aufnahme »Panzerauto, welches erfolgreich in die Kämpfe eingriff« entlastete er sie jedoch von ihren Tötungsfunktionen und betonte den sauberen Charakter technisch-manueller Zerstörungsarbeit.[142] Vergleichbares gilt für seine Fotografien von unbemannten »erfolgreichen Panzerautos«, die er mit ähnlichen Beschriftungen als siegreiche technische Helden der Kämpfe vorstellte.

Willy Römer: Der von Regierungstruppen abgesperrte Hauptbahnhof, 5. Mai 1919.

Heinrich Hoffmann: Patrouille der Regierungstruppen an der Reichenbachbrücke, Anfang Mai 1919.

Heinrich Hoffmann: Maschinengewehrposten eines Regensburger Freikorps, Anfang Mai 1919.

In anderen Fotografien griff Hoffmann bewährte Motive der Bildpropaganda auf, die während des Weltkrieges massenhaft in der Postkartenproduktion und Illustriertenpresse als beschwichtigende Botschaften verbreitet waren. Evident ist dies in seiner Aufnahme eines freundlich lächelnden, von Kindern umgebenen Maschinengewehrpostens, die er als Botschaft weißgardistischer Volksverbundenheit und Friedfertigkeit mehrfach variiert hat.

Auch die fotografische Anstalt ›Rehse & Co‹, über deren Verwertungsabsichten in diesem Fall freilich Unklarheit herrscht, war um eine typisierende Dokumentation der weißgardistischen Postengruppen bemüht. Trotz eines ausgeprägten Lokalkolorits und einer ersichtlich auf ein repräsentatives Erscheinungsbild bedachten Darstellungsform haben ihre konventionellen, beinahe durchgängig die Totale suchenden Fotografien keine nennenswerte Öffentlichkeit gefunden. Beispielhaft für die statische Gestaltung Rehses sind einige Aufnahmen der vor ihren schweren Geschützen posierenden und von schaulustigen Bürgern umringten Soldaten.[143] Möglicherweise wurden sie inszeniert, um die versöhnliche Botschaft von der Popularität der Besatzungssoldaten zu verbreiten. Mit anderen Aufnahmen setzte Rehse jedoch auch kriegerische Akzente. In einem weniger umfangreichen Bestand von zumeist in Giesing entstandenen

Rehse & Co: Wachposten der Regierungstruppen vor der Wartehalle der städtischen Straßenbahnen am Karlsplatz, dahinter das ›Hotel Königshof‹, Mai 1919.

Rehse & Co: Artillerieposten der Regierungstruppen am Marienplatz, Mai 1919.

Fotografien überlieferte er die Überwachungsarbeit verschiedenster Artillerieposten. Vielfach glückte ihm aber nur ein posenhaftes, bisweilen sehr pathetisch geratenes Arrangement, das Erinnerungen an kaiserzeitliche Manöverbilder erweckt.[144]

Die meisten Postenbilder der übrigen Münchener Fotografen lassen erkennen, daß sie für eine lokale Öffentlichkeit bestimmt und oftmals auf die individuellen Erinnerungsbedürfnisse der Soldaten zugeschnitten waren. Mehrheitlich zeugen die Fotopostkarten, von denen einige im direkten Auftrag der Soldaten entstanden sein können und offensichtlich nur geringe Auflagenhöhen erreichten, von Absprachen zwischen den Fotografen und den Abgebildeten. An einer aggressiv wirkenden Selbstdarstellung ihrer Tätigkeit zeigten die vielfach in zwangloser Formation um ihre Geschütze versammelten Soldaten wenig Interesse. Das Bedrohliche ihrer Waffen – zumeist bildparallel und ohne dramatisierende Kunstgriffe ins Bild gerückt – wurde nur selten betont. Militante Selbststilisierungen fanden ihren Ausdruck allein in einigen Fotografien von am rechten Isarhochufer postierten, kriegsmäßig ausgerüsteten Soldaten-

f. Zeitgeschichte
u. Publizistik
München

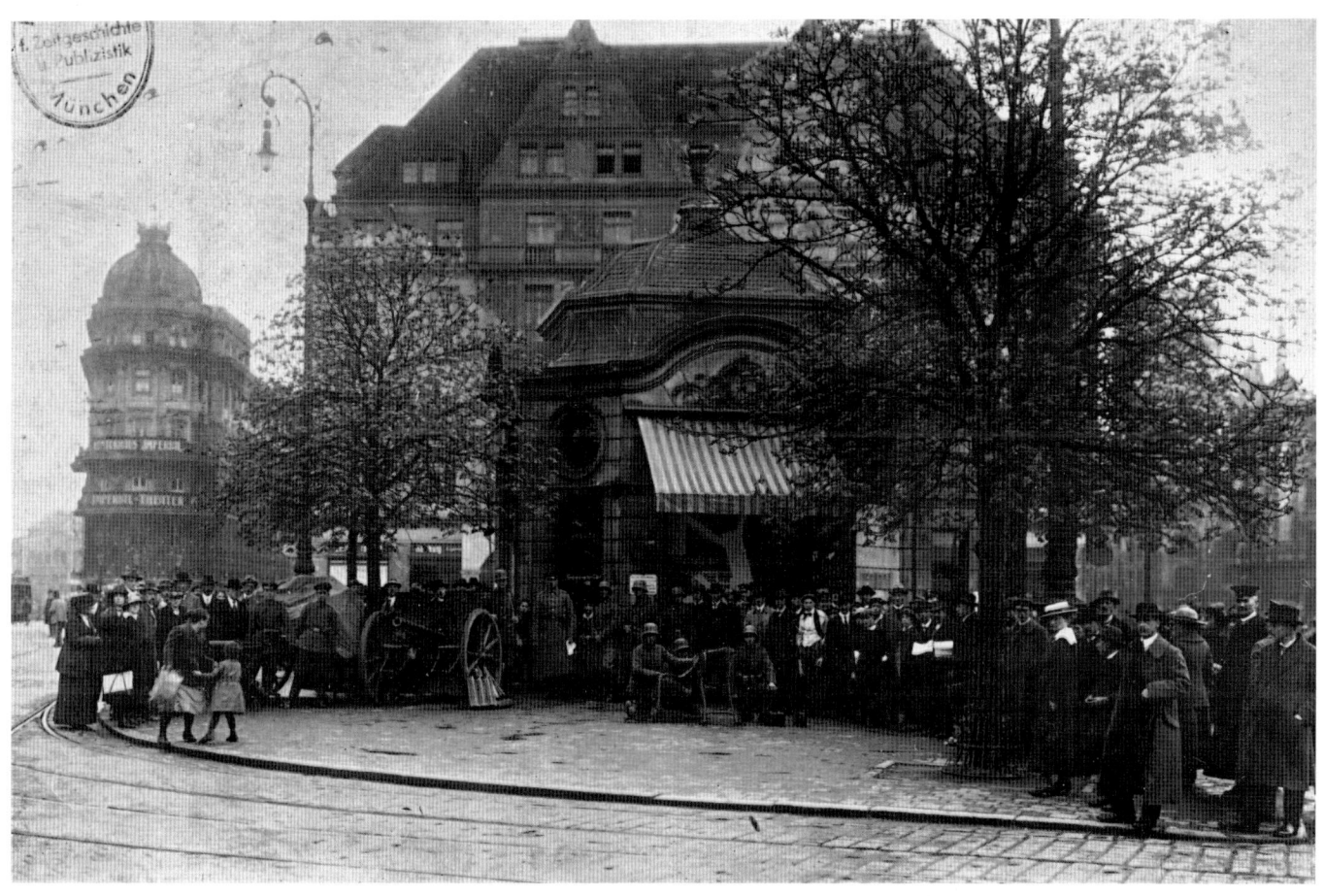

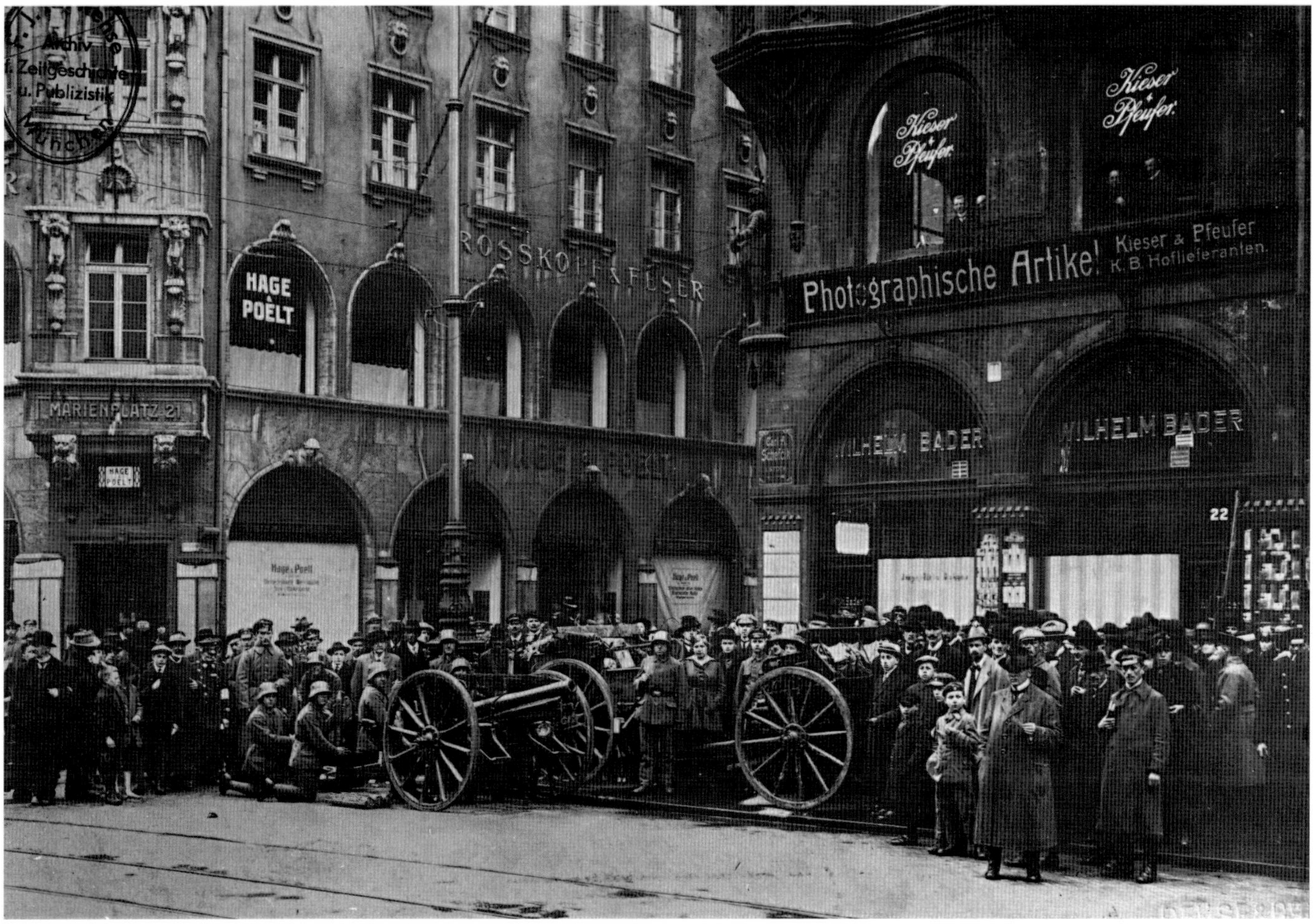
f. Zeitgeschichte
u. Publizistik
HAGE POELT
MARIENPLATZ 21
Kieser Pfeufer
Photographische Artikel
Kieser & Pfeufer
K. B. Hoflieferanten.
WILHELM BADER
WILHELM BADER
22

Georg Pettendorfer: Postengruppe von Soldaten des ›1. bayerischen Jägerbataillons‹, Mitte Mai 1919, Postkarte.

gruppen. Sie stellten sich dort in der Pose angestrengter Wachsamkeit den Fotografen und waren sichtbar bemüht, als Teilnehmer des Münchener Feldzuges gut erkennbar abgelichtet zu werden. Besonders beliebt war es bei den Wachtrupps, sich vor bekannten Kulturdenkmälern fotografieren zu lassen. Praktischerweise konnte man mit solch friedfertigen Dokumenten, die offensichtlich an das aus der Weltkriegsproduktion vertraute Bild der Soldaten als Kulturschützer anknüpften, auch die touristischen Aspekte des Aufenthaltes in München übermitteln.

Ästhetisch anspruchsvolle Dokumente ihres Arbeitsalltags lieferten die Fotografen den Soldaten jedoch nur in Ausnahmefällen. Dazu zählt insbesondere Pettendorfers Fotografie

Abb. auf gegenüberliegender Seite, von links nach rechts. Erste Reihe: Josef Paul Böhm: Maschinengewehrposten der Regierungstruppen am Obelisken auf dem Karolinenplatz, rechts im Hintergrund das Leuchtenberg-Palais, Anfang Mai 1919, Postkarte. Wachposten der Regierungstruppen am Karlsplatz, Blick in die Bayerstraße, Mitte Mai 1919, Postkarte. Zweite Reihe: Hans Möller: Artillerieposten der Regierungstruppen am rechten Isarhochufer (Hochstraße), im Hintergrund die Maria-Hilf-Kirche in der Au, Anfang Mai 1919, Postkarte. Hans Möller: Geschützposten der Regierungstruppen am Müllerschen Volksbad, Anfang Mai 1919. Dritte Reihe: Eugen Schneider: Geschützposten der Regierungstruppen, Mitte Mai 1919, Postkarte. Artillerieposten der Regierungstruppen in der Blumenstraße, links die Schrannenhalle, Anfang Mai 1919, Postkarte. Vierte Reihe: Soldaten der Regierungstruppen vor dem Löwenbräu am Stiglmaierplatz, Blick in die Dachauer- und Schleißheimerstraße, Anfang Mai 1919, Postkarte. Photo Ilse (Hans Sippel): Maschinengewehrposten vor dem Café Prinzess (Ecken Sonnen-/ Landwehrstraße), Anfang Mai 1919, Postkarte.

einer fast exotisch anmutenden, um ein Maschinengewehr versammelten Gruppe bayerischer ›Jäger‹, die sich durch ihren feiertäglichen Charakter von dem ansonsten trivialen Erscheinungsbild der Posten abhebt.[145] Wie so manche Aufnahme dieses Sujets erinnert sie an berufsständische, etwa aus Anlaß einer Jubiläumsfeier erstellte Gruppenaufnahmen. Pettendorfers Porträtinszenierung der herausgeputzten Soldatengruppe, deren festliches Erscheinungsbild er durch die artifizielle und fragile Ästhetik des Spiegelmotivs steigerte, verbannt Erinnerungen an das zerstörerische Auftreten der Soldaten.

Im privaten Bereich bekundeten die Reichswehr- und Freikorpssoldaten nur ein geringes Bedürfnis nach herkömmlichen Repräsentationsformen. Dies reflektieren vor allem ihre Gruppenporträts, mit denen die Münchener Atelierfotografen einen guten Umsatz gemacht haben. Sie bezeugen, daß die destruktiven Ereignisse des Weltkrieges selbst die Repräsentationsbedürfnisse und -formen der konservativen Regierungssoldaten verändert hatten.[146] Die weitaus meisten überlieferten Fotografien spiegeln unverkennbar die Auflösung der zwanghaft-formalisierten Muster soldatischer Eigen- und Gruppenpräsentation, was sich schon in der fotografischen Produktion während der letzten Kriegsjahre angekündigt hatte. Militante Versicherungen der Gruppensolidarität fehlen fast vollkommen und auch kriegerische Attribute waren überwiegend verpönt. Die Zeit der härmlosen Rekrutenpose vor der idyllischen Atelierkulisse war endgül-

Soldaten des ›Detachement Probstmayr‹, Mai 1919, Postkarte.

Heinrich Hoffmann: Mitglieder des ›Freikorps Werdenfels‹, Mitte Mai 1919.

Photo Blume-Nürnberg: Soldaten des ›19. Infanterieregiments‹ (›Freikorps Glaser‹) im Hof der Implerschule in Sendling, Mitte Mai 1919, Postkarte.

tig vorbei. Auch offizielle, starre militärische Ordnung symbolisierende Aufnahmen von Truppeneinheiten – wie sie zur Kaiserzeit bei Reservisten beliebt waren – sind die Ausnahme. Selten findet sich die strikte Sitz- und Stehordnung früherer Gruppenporträts. In lockeren Stellungen sind die Soldaten um ihre Führer geordnet, als malerische Beigabe eine Gewehrpyramide oder eine Schrifttafel, die nach altbewährtem Brauch den Zeitpunkt der Aufnahme und die Truppenzugehörigkeit benennt. Festlich steigernden Hintergrundkulissen oder schmückendem Beiwerk wurde keine sonderliche Aufmerksamkeit geschenkt; viele Gruppen stellten sich im Ambiente schäbiger Kasernenhöfe den Fotografen. Einzig eine Erlanger Freikorpstruppe ließ sich als zählbare und geordnete Einheit vor der Bavaria ablichten – gewissermaßen ein Gegenbild der wimmelnden Massen vom 7. November 1918.

Die Funktion der Gruppenporträts bestand primär darin, den lustigen und sorglosen Alltag in den Münchener Kasernen und Quartieren festzuhalten.[147] Auf vielen Aufnahmen ist denn auch eine Soldateska zu entdecken, die sich in höchst zwangloser Form von den Anstrengungen ihres Feldzuges erholt und sich den Fotografen zur Erinnerung an die feucht-fröhlichen Stunden des soldatischen Lebens oft biertrinkend, um Gulaschkanonen gruppiert, präsentierte. Die triviale Freizeit- und Alltagswelt hinter den heroischen Kulissen hatte aber nur eine flüchtige Öffentlichkeit auf dem Münchener Postkartenmarkt.[148] Wenn es opportun war,

wurden Aufnahmen in späteren Jahren veröffentlicht, wie etwa eine amateurhafte Gruppenaufnahme mit Hitlers Stellvertreter Rudolf Heß.[149]

Für die Presse konzipierte Aufnahmen des soldatischen Kasernenhofalltags und der unkriegerischen Tätigkeiten der Soldaten während ihres Lagerlebens wurden nur im geringen Maße erstellt, obwohls dieses Motivspektrum vor und während des Weltkrieges bei den Redakteuren der illustrierten Zeitschriften äußerst beliebt war und besondere Verdrängungsfunktionen zu übernehmen hatte. Dienten doch

Photo Blume-Nürnberg (?): 1. Zug der 5. Kompagnie des »19. Infanterieregiments« (›Freikorps Glaser‹), Mitte Mai 1919, Postkarte.

Heinrich Hoffmann: Schlafender Regierungssoldat im Schaufenster des Ring-Hotels am Sendlingertorplatz, Anfang Mai 1919, Postkarte.

solche Fotografien dazu, die Menschlichkeit, Fröhlichkeit und den Abwechslungsreichtum des militärischen Lebens zu vermitteln und – zumal in Kriegszeiten – Tod und Zerstörung vergessen zu machen.

Aus diesem Bildbestand beanspruchen allein die Aufnahmen Hoffmanns Interesse. Sympathieheischende Botschaften menschlichen Soldatentums glückten ihm mit zwei Aufnahmen aus dem provisorischen Lagerleben der Soldaten. Sie offenbaren Hoffmanns Geschick, Herrschaftsideologie mit hohem Unterhaltungswert zu gestalten. Besonders seine Aufnahme eines schlafenden Regierungssoldaten avancierte in der zeitgenössischen Illustriertenpresse zum häufig reproduzierten Beleg der entsagungsvollen Tätigkeit der Münchener »Befreier«. Die Bildinschrift der Fotopostkartenausgabe »Zu den Kämpfen in München. Bei der herrschenden Wohnungsnot wird von den Regierungstruppen jeder Platz aus-

genützt. Fenster eines Hotels, in welchem Regierungstruppen einquartiert sind« soll deutlich machen, daß es sich bei diesem ungewöhnlichen Schlafplatz des Soldaten nicht um eine freche Form der Okkupation handelt, sondern um eine opferbereite Rücksichtnahme auf die Wohnungsnot der Münchener Bevölkerung.[150] Solche humanisierenden Impressionen hatten allerdings im heroischen Geschichtsbild der nationalen Rechten zu Ende der Weimarer Republik keinen Platz mehr und entsprachen eher ihrem Feindbild. Nach 1933 erfuhr die Fotografie in den einschlägigen Publikationen zur deutschen Nachkriegsgeschichte einen radikalen Bedeutungswechsel. So wurde sie in Schrickers Bildband mit der Bildunterschrift »Die neue Aera der ›Freiheit‹ – Schaufenster als Schlafgemach« als Lagerstätte eines »Söldners der roten Horden« ausgewiesen.[151]

BÜRGERWEHR

Bei aller Zustimmung zum militärischen Feldzug gegen die Räteherrschaft beobachtete das Münchener Bürgertum die Anwesenheit der Truppen in der Stadt mit gemischten Gefühlen. Lokalpatrioten war die bloße Anwesenheit preußischer Truppen schon ein Dorn im Auge. Das Übergewicht der reichsdeutschen Truppen rief zudem die Tatsache der eigenen Lähmung und Untätigkeit im Kampf gegen die Räterepublik ins Bewußtsein. Selbst bei der endgültigen Beseitigung der Räteherrschaft hatte das Münchener Bürgertum nur geringen Anteil: »Die überwältigende Mehrheit der

Münchener Bürger hat sich in den Tagen des Kampfes jeweils am Morgen nicht deshalb erhoben, um den Regierungstruppen hilfreich zur Seite zu stehen, sondern, um als Zuschauer nichts von dem ganzen Geschehen zu verpassen. Das einzige, wozu man sich gedrängt fühlt, ist den Befreiern zuzuwinken oder sie mit Klatschen und Hochrufen anzufeuern.«[152] Erst unter dem Schutz der militärischen Macht beteiligten sich Mitglieder der ›Bürgerwehr‹ an der »Treibjagd auf verdächtige Zivilisten«. Oskar Maria Graf berichtet: »Jetzt waren auf einmal wieder die verkrochenen Bürger da

Heinrich Hoffmann: Zug bewaffneter Bürger durch die Hofgartenstraße vor dem Festsaalbau der Residenz, Anfang Mai 1919.

Alfred Frankl: Waffenablieferung in der Residenz (gestellte Aufnahme), Mai 1919.

und liefen emsig mit umgehängtem Gewehr und weißblauer Bürgerwehr-Armbinde hinter den Truppen her. Wahrhaft gierig suchten sie mit den Augen herum ... rannten einem Menschen nach, schlugen plärrend auf ihn ein, spuckten, stießen wie wildgeworden und schleppten den Halbtotgeprügelten zu den Soldaten.«[153]

Die zeitgenössischen Karikaturisten griffen die Passivität der Bürger auf und verspotteten sie in der Gestalt des politisch gleichgültigen Spießers.[154] Um dem Bürgertum eine Rolle bei der Befreiung Münchens zu sichern, entstand die Legende von der kämpferischen Erhebung der Bürgerschaft, deren realer Hintergrund ein paar unbedeutende Aktivitäten bewaffneter Bürger in der Innenstadt waren. Ihr kämpferisches Engagement scheint eine Aufnahme von Alfred Frankl zu belegen, die bis in die Gegenwart zum Standardrepertoire der illustrierten Retrospektiven gehört. Sie zeigt bewaffnete Bürger und Soldaten, wie sie vom Wappengang der Residenz aus einen unsichtbaren Gegner aufs Korn nehmen. Die Aufnahme ist jedoch gestellt. Die Betextung der als Postkarte veröffentlichten Aufnahme verallgemeinert die Einzelsituation und erwähnt gleich zwei Tage, an denen sich der festgehaltene Anblick geboten haben soll: »Münchener Bürgerwehr. In Erwartung der Rotgardisten als Verteidiger der Residenz ... 1. u. 2. Mai / 19«.[155] Den historischen Tatsachen entsprach das nicht, denn die »rote Besatzung« der Residenz

hatte in der Nacht zum 1. Mai das Gebäude kampflos geräumt. Die am folgenden Tag einrückenden Bürgertrupps hatte sich zu keinem Zeitpunkt zu verteidigen.[156]

Diese Fotografie gehört zu einer größeren Aufnahme-Serie von Frankl aus der Residenz.[157] Wahrscheinlich handelt es sich um eine Auftragsarbeit des ›Volkswehrbüros‹ bzw. der ›Residenzwache‹.[158] In den säuberlich arrangierten Fotografien versucht eine Gruppe älterer Männer soldatische Disziplin und Ordnungsliebe zu demonstrieren und stellt sich bei allerlei Aktivitäten vor – von der Tätigkeit in der Schreibstube bis zur Überwachung der Waffenabgabe und zuletzt in einem Gruppenbild von forscher Selbstgewißheit. Die Entscheidung, die Residenz als Ort bürgerlicher Selbstbehauptung zu wählen, ist symbolisch zu verstehen. Die Bürger sichern das monarchische Erbe, das durch die Räterepublikaner entehrt worden war, wie Ludwig Thoma in einer plastischen Schilderung zu verstehen gab: »In der Residenz aber, im alten Sitz der Tyrannei, feierte die Freiheit ihre schönsten Feste. Mit einem der Ironie nicht entbehrenden Feingefühle hatte sich der Kommunist gerade die Prunksäle, die alte Gewalthaber mit gleißender Pracht ausgestattet hatten, zu Stätten proletarischer Einfachheit erkoren. Auf dem Seidendamast der Sessel, auf denen einstmals duftige Reifröcke und bunte Escarpins gesessen waren, zerschnitt der kleine Spartakist seinen Leberkäs, auf die schweren, schöngewirk-

Alfred Frankl: Bürger und Soldaten verteidigen die Residenz gegen Rotarmisten (gestellte Aufnahme), Mai 1919.

Alfred Frankl: Mitglieder der Residenzwache bzw. der Volkswehrbüros (von links nach rechts): Friedrich Schörle (1), Georg Käsbohrer (2), Emil Marix (3), Franz Putz (5), Mai 1919.

ten Teppiche, über die früher zierlichste Atlasschuhe hinge-huscht waren, spuckte das natürliche Mädchen aus dem Le-hel ihre Bierschnecken, und in kindlich naivem Spiele zer-schnitt es mit der Nationalwaffe, dem im Griffe stehenden Messer, die schnöden Gemälde alter Zeiten, die Schlachten oder Hoffeste und ähnliche Kulturschandtaten darstellten. In die Schnitzerei der Wandverkleidung schlug der Volkssol-dat Nägel ein, um daran Gewehr und Tornister zu hängen und um die völlige Befreiung von alten Vorurteilen darzu-tun, pflanzten Jünglinge und Mädchen in die Ecken der Säle zahlreiche Kakteen.«[159]

Auf das Ende der räterepublikanischen Besetzung traditio-neller Herrschaftsorte spielten auch Hoffmanns Postkarten von Umzügen bewaffneter Bürgertrupps vor der Residenz und dem Kriegsministerium an. Die geschichtliche Bedeu-tung der Ereignisse unterstrich die appellative Beschriftung: »Ein historischer Moment! Bürger heraus! Bewaffnete Bür-ger am 1. Mai 1919«. Die Zeitangabe scheint zudem den Um-stand zu ironisieren, daß an diesem traditionsreichen

Kampf- und Feiertag der Arbeiterklasse die Öffentlichkeit dem restaurativen Bürgertum gehörte und nicht mehr der revolutionären Linken, die hier noch vor einer Woche de-monstrierte.[160] Die Aufnahme entstand jedoch höchstwahr-scheinlich erst in den folgenden Tagen; gesicherte Belege für solche Aufmärsche fehlen in der historischen Überlieferung. Die bewaffneten Angehörigen der ›Bürgerwehr‹ verschwan-den bald aus dem Münchener Straßenbild, da die allgemein verordnete und auf den 8. Mai 1919 befristete Waffenabgabe auch diese Gruppen betraf. Aus der ›Bürgerwehr‹ rekrutier-te sich jedoch schon die am 10. Mai 1919 gegründete bayeri-sche ›Einwohnerwehr‹, die sich unter dem Forstbeamten Georg Escherich zu einer aggressiven, republikfeindlichen Formation entwickelte und auch nicht vor Fememorden zu-rückschreckte.[161] Obwohl die Siegermächte des Weltkrieges auf die im Versailler Vertrag festgelegte Volksentwaffnung drängten, war die bayerische Regierung erst 1921 nach mas-sivem Druck aus Berlin zu ihrer Auflösung bereit.

REICHSWEHRGENERÄLE UND FREIKORPSFÜHRER

Die Befehlshaber der Reichswehr- und Freikorpstruppen hatten im Sommer 1919 nur eine geringe visuelle Medienöffentlichkeit. Ihre wenigen in der Illustriertenpresse publizierten Bildnisse – wie zum Beispiel die Porträts des bayerischen Generalmajors von Möhl oder die des preußischen Generalleutnants von Oven – wurden meist kleinformatig und schlecht plaziert und stammten zudem aus der Weltkriegszeit.[162] Ihre Gestalt und Physiognomie waren fast nur auf Fotopostkarten von Paraden und anderen militärischen Zeremonien auszumachen, bei denen sie ihre restaurative Einstellung durch traditionelle Uniformen und Rangabzeichen deutlich zum Ausdruck brachten.[163] Porträts der kommandierenden Militärs gab es auf dem lokalen Postkartenmarkt allem Anschein nach nicht. Diese weitgehende Anonymität markiert einen deutlichen Bruch mit publizistischen Traditionen. Denn bis zum Ende des Weltkrieges waren Bildnisse der Heerführer oder ausgezeichneter Offiziere in der illustrierten Massenpresse, in populären Geschichts-

Heinrich Hoffmann: Der Oberkommandierende der Regierungstruppen Generalleutnant von Oven im Gespräch mit General Deetjen und Oberstleutnant Herrgott während der Beisetzungsfeierlichkeiten für die erschossenen Husaren, Anfang Mai 1919.

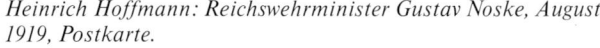

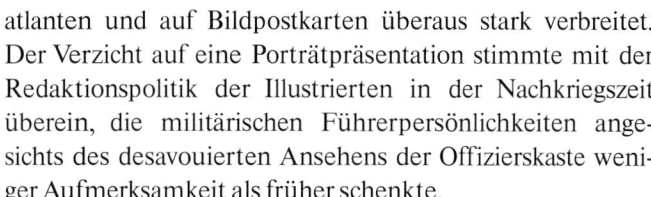

Heinrich Hoffmann: Reichswehrminister Gustav Noske, August 1919, Postkarte.

Heinrich Hoffmann: Oberst Franz Ritter von Epp, Mai 1919, Post-karte.

atlanten und auf Bildpostkarten überaus stark verbreitet. Der Verzicht auf eine Porträtpräsentation stimmte mit der Redaktionspolitik der Illustrierten in der Nachkriegszeit überein, die militärischen Führerpersönlichkeiten angesichts des desavouierten Ansehens der Offizierskaste weniger Aufmerksamkeit als früher schenkte.

Allein der bayerische Oberst Franz Ritter von Epp – Kommandeur des ›Bayerischen Schützenkorps‹ – war mit mehreren in der Illustriertenpresse und auf dem Postkartenmarkt veröffentlichten Porträts präsent. Seine vergleichsweise hohe Visualität ist das Resultat einer gezielten publizistischen Legendenbildung über die Funktion bayerischer Militärführer bei der Eroberung Münchens. Epp wurde zum wichtigsten Strategen der gegenrevolutionären Armee hochstilisiert, und der kommandierende Offizier der bayerischen Truppen, Generalmajor von Möhl, als Oberbefehlshaber der gegen München operierenden Truppen ausgegeben. In konservativen Presseorganen avancierte Epp alsbald zum »Befreier Münchens«, obwohl er mit seiner Einheit nur das Arbeiterviertel Giesing »erobert« hatte.[164] Ende Mai hieß es im klerikalen ›Bayerischen Kurier‹: ». . . unter den bayerischen Truppenführern ist ohne Zweifelder bekannteste und

populärste Oberst Epp . . . Seit den Tagen, da er fern den Seinen . . . zur Rettung Münchens herbeigeeilt ist, muß sein Name in den Herzen aller wurzeln, denen an der Aufrechterhaltung einer staatlichen Ordnung etwas gelegen ist.«[165] Tatsächlich war aber weder der Freikorpsführer Epp der »Retter« Münchens, noch hatte von Möhl bei der Einnahme Münchens viel zu befehlen.[166] In den Apriltagen wurde bereits in den Verlautbarungen der Regierung Hoffmann unterschlagen, daß die Befehlshaber der bayerischen Truppen im Gegensatz zu den preußischen Generälen keine entscheidenen Kompetenzen besaßen und daß die militärischen Operationen unter der Leitung des Reichswehrministers Noske standen.[167]

Als Repräsentant der Besatzungstruppen und Personifikation bayerischer Selbstbehauptung bot sich Epp, ehemaliger Kommandeur des ›Königlichen Infanterie-Leibregiments‹ förmlich an. Schon im Dezember 1918 war er zur Integrationsfigur des revolutionsfeindlichen Bürgertums geworden und in putschistische Pläne verwickelt. Im Unterschied zu anderen bayerischen Offizieren wußte sich Epp nach der Besetzung Münchens in der Öffentlichkeit in den Vordergrund zu spielen und wesentlich mediengerechter in Szene zu setzen.[168] Favorisiert wurde in den Illustrierten ein Porträt des Münchener Hoffotografen Dittmar, das Epp in der Pose des heroischen Frontsoldaten darstellte und in dem der zeitgenössische Illustriertenleser zugleich den modernen Typus des mannschaftsnahen Frontoffiziers erblicken mochte.[169] Auf dem Münchener Postkartenmarkt waren daneben weitere Bildnisse des Obersten erhältlich, die von seinem frühen Ruhm und seinem Bedürfnis zeugten, sich in mannigfacher Weise als soldatischer Führer der bürgerlichen Öffentlichkeit bekanntzumachen. So ist er auf den überlieferten Aufnahmen der Fotografen Böhm, Dittmar und Hoffmann als stolzer Herrenreiter hoch zu Roß, als stahlhelmbewehrter Frontsoldat, als befehlsgewohnter Offizier im Glanz seiner Orden oder in weniger martialischer Pose – gleichsam als Verkörperung bayerischer Soldatentradition – vor dem Armeemuseum zu sehen.

Ungefähr gleichzeitig mit den Bildnissen des bayerischen Obersten wurde von Hoffmann auch eine Porträtaufnahme des mehrheitssozialistischen Reichswehrministers Noske – zu diesem Zeitpunkt Epps militärischer Vorgesetzter – angeboten. Obwohl beide Porträtierten Symbolfiguren der Gegenrevolution waren, läßt sich kein größerer Gegensatz ihrer Selbstdarstellung denken. In ihr kommen die unterschiedlichen Repräsentationsbedürfnisse und ideologischen Widersprüche der gegenrevolutionären Kräfte zum Ausdruck. Während sich in Epps Bildnis das ungebrochene Selbstbewußtsein der Offiziere und ihr Anspruch auf den früheren gesellschaftlichen Rang herrisch in Szene setzt, fällt die Selbstdarstellung des republikanischen Staatsmannes schmucklos-zurückhaltend aus und verschleiert geradezu seine politische Rolle. Wirkt doch der zu diesem Zeitpunkt heiß umstrittene, bei den Sozialisten als »Bluthund der Revolution« verhaßte Reichswehrminister eher wie ein gemütlicher Ruheständler.

Für die soldatische und nationalistische Rechte war Hoffmanns Noske-Porträt sicherlich nur eine Bestätigung ihrer Vorurteile gegen den »führerlosen« Staat von Weimar und die würdelose Inkompetenz seiner Vertreter. Der republikanische Verzicht auf imposante Würdeformen wurde ein bevorzugtes Thema der konservativen Staatskritik. So gab denn auch im August 1919 ein Titelfoto der ›Berliner Illustrirten Zeitung‹, das Reichspräsident Ebert und Noske in Badehosen zeigte, den antirepublikanischen Kreisen hinreichend Gelegenheit, diese Darstellung als Ausdruck des »heruntergekommenen Staatswesens« zu brandmarken.[170] Vor allem in der Erinnerungsliteratur der »Weißen Soldaten« artikulierte sich die ästhetische Aversion gegen den Zivilisten Noske. Bezeichnenderweise begründete der Freikorpsführer Kapitän Ehrhardt sein Werturteil mit dessen Erscheinungsweise: »Nach unserer Rückkehr aus München wollte Noske der Truppe seinen Dank aussprechen. Aber der Truppe behagte dies durchaus nicht. Mehrfach wurde ich gebeten, diesen Appell nicht stattfinden zu lassen, da Offiziere und Mannschaften keinen Wert auf die Bekanntschaft und den Dank von Herrn Noske legten. Der Appell fand aber doch statt. Noske schritt die Front ab. Er selbst hatte ei-

Josef Paul Böhm: Oberst Franz Ritter von Epp, Kommandeur des ›Bayerischen Schützenkorps‹, Mai 1919, Postkarte.

ne nichts weniger als militärische Haltung. Mit einem Finger pflegte er an den Schlapphut zu greifen ... Neben Noske stand sein Stab, unter anderem auch General von Lüttwitz, der den Oberbefehl in Deutschland hatte. Er war eine besonders gut aussehende soldatische Figur und persiflierte durch seine Haltung den Reichswehrminister in losem Jackett und schlechtsitzenden Hosen ungezwungen und ungewollt.«[171]

Hoffmann dokumentierte den Repräsentationsstil republikanischer Politik in einigen Presseaufnahmen, die während Noskes Münchenaufenthalt anläßlich der Übernahme des bayerischen Heeres in die Reichswehr im August 1919 entstanden.[172] Paradigmatisch ist dafür eine Fotografie, die Hoffmann bei den Übergabefeierlichkeiten der bayerischen Truppenkontingente am 25. August 1919 im Hof der Marsfeldkaserne fertigte. Sie zeigt neben Noske Reichspräsident Ebert und führende Vertreter der bayerischen Regierung und des bayerischen Militärs. Gemessen an Hoffmanns gewohnter Visualisierung derartiger Ereignisse kam ein an der Sichtbarmachung hierarchischer Strukturen wenig interessiertes Gruppenbild von Zivilisten und Militärs zustande. Daß sich Hoffmann auf diese unfeierliche Ansicht des Staatsaktes beschränkte, bei dem Reichspräsident Ebert München erstmalig einen Besuch abstattete, ist seltsam genug. Denn für einen an militärischer Ritualität so interes-

Heinrich Hoffmann: Reichswehrminister Gustav Noske vor dem Hotel Continental, links neben ihm Karl Mayr, Leiter der Nachrichtenabteilung im Gruppenkommando 4, Ende August 1919.

sierten Fotografen hätte die Übergabezeremonie, während der unter anderem ausgewählte Truppenverbände an Ebert und Noske vorbeimarschierten, auch eindrucksvollere Motive hergegeben.

Für die bayerische Reaktion war der 25. August ein schwarzer Tag. Die Einverleibung des bayerischen Heeres in die Reichswehr bedeutete das Ende der Militärhoheit Bayerns und stieß in konservativen Kreisen auf heftigen Widerstand.[173] So wurde denn auch der symbolische Akt der Übergabe von einigen ranghohen Militärs boykottiert und fand ohne nennenswerte Öffentlichkeit statt.[174] Charakteristisch für die Opposition partikularistischer Kräfte unter den Konservativen ist eine Betrachtung des ›Bayerischen Kuriers‹: »Am Ludwigstag, dem stets feierlich begangenen Namenstag dreier bayerischer Könige, trägt man die Idee des bayerischen Heeres auch formell zu Grabe. An dem Tage, da sonst der oberste Kriegsherr der bayerischen Armee vor seine Truppen trat, übernimmt 1919 ein Herr aus Berlin das bayerische Kontingent der Reichswehr und nimmt als neuer oberster Kriegsherr die Parade ab . . . Tatenlos, apathisch, gelähmt, ja fast uninteressiert steht das Volk dabei und sieht dem Leichenbegräbnis seines Heeres zu, die nämlichen Leute, die 25 Jahre lang und mehr das Verschwinden des bayerischen Raupenhelms nicht verschmerzen konnten. Der Bayernstolz ist zu einer Legende geworden: Das hat die

Revolution zustande gebracht. Wir sind zu den Parias unter den deutschen Stämmen geworden, auf die man mit Verachtung oder Hohn . . . herabsieht . . . Finis Bavariae!«[175]

Mit einer neutralen Beschriftung vertrieb Hoffmann seine Fotografie der Übergabezeremonie auf dem Postkartenmarkt – wahrscheinlich ohne großen Erfolg. In seinem Bilderatlas kam ihr jedoch eine ideologisch gewendete Bedeutung zu. Dort schließt sie die Darstellung der Revolutionsereignisse als bürgerliches Wunschbild der wiederhergestellten »Ordnung« ab und suggeriert eine versöhnliche Einheit der Reichsregierung mit der bayerischen Regierung und den führenden Militärs Bayerns. Jene bestand freilich ebensowenig wie die parlamentarisch-demokratische Ordnung, wenn man die »tiefe Kluft zwischen dem parlamentarischen System und seiner bewaffneten Macht« in diesen Tagen in Bayern bedenkt. Auch die vorrangige Benennung der zivilen Politiker vor den Militärs verschleiert die reale historische Machtsituation, da zu diesem Zeitpunkt die Militärs trotz der Rückkehr der Regierung Hoffmann nach München die vollziehende Gewalt noch immer in ihren Händen hielten. An anderer Stelle seiner Broschüre propagierte Hoffmann indes den politischen Geltungsanspruch der bayerischen Militärs und druckte ein Respekt einflößendes Porträt Epps großformatig ab.[176]

Ungefähr ein Jahrzehnt später warf Hoffmann eine Postkartenserie mit führenden Persönlichkeiten der NSDAP auf den Markt.[177]Unter ihnen war auch ein neues Porträt des 1928 zur »nationalsozialistischen Bewegung« gestoßenen Ritters von Epp, das, wie schon Dittmars 1919 entstandenes Bildnis, die heroischen Frontsoldaten der Kriegsanleiheplakate der letzten Weltkriegsjahre nachahmte. Für die nationalsozialistische Darstellung der Nachkriegskämpfe und die Geschichtsschreibung der Freikorps sollte es von besonderer Wichtigkeit werden. Schon in den Aktualisierungen der Revolutionsmonate durch die NS-Illustriertenpresse nahm dieses Droh- und Triumphbild der völkischen und nationalistischen Gruppen einen bevorzugten Platz ein, um die Legende des Freikorpsführers Epp als des heroischen Bezwingers der Räterepublik fortzuschreiben.[178] Mit dem zunehmenden Erstarken der NSDAP und vollends nach dem Beginn der nationalsozialistischen Herrschaft wurde Epp mit dieser Fotografie und ihren nicht minder martialischen Abwandlungen zum alleinigen »Erlöser vom bolschewistischen Terror« und zum Idealtypus des gegenrevolutionären Soldaten stilisiert.[179] Dabei blieb es nicht. Die nationalsozialistische Bildgeschichte der Revolutionszeit koppelte das Porträt mit weiteren Bedeutungen: sei es nun unbesiegter Weltkriegssoldat, heldischer Freikorpsmann, nationalsoldatischer Führer, »erster Soldat des Dritten Reiches« oder auch vorbildlicher Stahlleib und Kampfmaschine.[180] Daß dieses Bildnis mit offensichtlichem Erfolg als Werbemittel in den Parteienkämpfen zu Ende der Weimarer Republik eingesetzt werden konnte[181], läßt ahnen, wovon der nationale deutsche Mann träumte. Auch so ein Stahlleib und Geschoß zu werden, jene »Utopie der Körpermaschine«, »der neue Mensch, gezeugt aus dem von Drill organisierten Kampf des alten Menschen gegen sich selbst . . . lediglich der Maschine verpflichtet, die ihn geboren hat.«[182] In der Tat haben Hoffmann und der posierende Epp – Sohn eines Malers und von seinen Biografen als soldatischer Künstler gefeiert – aus der ansonsten alltäglichen Gestalt eine Inkarnation faschistischer Körperästhetik gemacht. Selbst das Tuch der Uniform und die Gesichtshaut haben durch die Kunst des Fotografen die atmende Körperlichkeit verloren und metallischen Charakter angenommen.

Vielen Darstellungen vorangestellt, symbolisierte die Fotografie den Kampf und die Eigenschaften der soldatischen Männer, die München »säuberten«. Die Kostümierung des Obersten als Frontsoldat, das entschlossene Kampfgesicht, die angestrengte Haltung und die starre Panzerung des Körpers signalisierten, daß der Kampf um München ein Frontkampf war, mit äußerster Verbitterung geführt, der alle Kraft des Soldaten verlangte. Vor allem die von Kriegsanlei-

Heinrich Hoffmann: Reichspräsident Friedrich Ebert und Reichswehrminister Gustav Noske im Kreis bayerischer Militärführer und Politiker während der Übernahme des Bayerischen Heeres in die Reichswehr im Hof der Marsfeldkaserne, 25. August 1919.

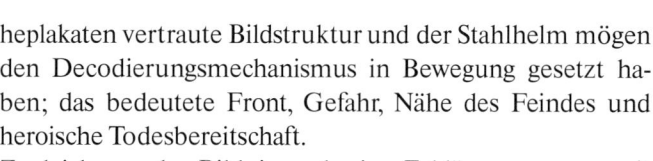

Heinrich Hoffmann: Generalmajor a. D. Franz Ritter von Epp, um 1928.

Josef Plank (Seppla): »Franz Ritter von Epp, der Befreier Münchens 1919 und 1933«, ›Die Brennessel‹, München, 3. Jg., 1933, Folge 12.

heplakaten vertraute Bildstruktur und der Stahlhelm mögen den Decodierungsmechanismus in Bewegung gesetzt haben; das bedeutete Front, Gefahr, Nähe des Feindes und heroische Todesbereitschaft.

Zugleich war das Bildnis auch eine Erklärung, was es mit dem deutschen Soldaten von 1918/19 auf sich hatte, der im letzten Kriegsjahr auch von den »Münchener Dolchstößlern« verraten wurde. Der war stahlhart, unbesiegt aus dem Weltkrieg zurückgekehrt, wie das 1939 der Reichsstatthalter von Bayern, General Ritter von Epp selbst verkündete: »Das ruhmreiche deutsche Heer des Weltkrieges hat in höchsten Ehren ... das Feld siegreich behauptet! Erst Umsturz und Zusammenbruch im Inneren gaben dem äußeren Feind den Weg in deutsches Land frei und überantworteten ein zur Selbstbehauptung nicht mehr bereites Volk dem hinterhältigen Angriff bolschewistischen Zerstörungswillens.«[183]

Daß dieser Kampf einen Führer verlangte, ließ sich als Botschaft in Hoffmanns Porträtinszenierung ebenfalls wieder-

finden. Die Fülle der Orden, die am Betrachter vorbeiblickenden Augen und der Gesichtsausdruck waren dem Betrachter des Bildes, der in den wilhelminischen Drillorganisationen erzogen war, als soldatische Führerphysiognomie vertraut. Das war nicht nur das Antlitz und der Blick des strengen, Gehorsam fordernden und den Horizont nach seinem Feind absuchenden Soldaten; das mußte auch der gedankenschwere und verantwortungsvolle Blick der Führergestalten sein – über das Alltäglich-Nahe hinweg, gerichtet auf ein noch Fernes: das Tausendjährige Reich. Prägnant formulierte dies Epps Biograf Walter Frank, offensichtlich durch Hoffmanns Porträt inspiriert: »In den Augen lag es, in den merkwürdigen Augen, die Franz Epp hatte: Diese Augen hatten Leid und Tod und Grauen gesehen, aber in ihnen stand auch ein anderes: der männliche Sieg über Leid und Tod und Grauen. In diesen Augen stand bereits die Antwort auf eine Frage, die den Kameraden das Schicksal erst Jahre später stellen sollte.«[184]

Steckbriefe und Polizeiaufnahmen von Räterepublikanern

Unmittelbar nach der Niederwerfung der Räteherrschaft begannen umfangreiche Ermittlungen gegen die wegen Hochverrats gesuchten Aktivisten der Räterepublik. Zur Fahndung nach den untergetauchten Führern verbreitete die Polizei fotografisch illustrierte Steckbriefe und Fahndungsblätter.[185] Sobald man ihrer habhaft geworden war, wurden die Festgenommenen erkennungsdienstlich behandelt. Dabei stellte die Münchener Polizei von exponierten Räterepublikanern auch spezielle Porträts her, die in der Bildpresse erschienen. Erst durch diese Polizeiaufnahmen erhielten Ernst Toller und Max Levien, dann auch Eugen Leviné und Towia Axelrod massenmediale Ikonizität.[186] Für Fahndungszwecke suchten die Polizeibehörden im Mai 1919 auch bei Hausdurchsuchungen nach Porträts der flüchtigen Räterepublikaner und stellten Nachforschungen in Fotografenateliers an. Ernst Toller, der sich nach dem Zusammenbruch der Räteherrschaft versteckt hielt, läßt in seinem autobiografischen Roman ›Eine Jugend in Deutschland‹ Rainer Maria Rilke berichten: »Vor zwei Tagen war die Polizei wieder da. Detektive haben beim Photographen eine Mappe gefunden, in der ihr Bild neben meinem lag. Dieser Zufall war der Anlaß zu neuer Verfolgung.«[187]

Tollers Porträt wurde beschlagnahmt, auf polizeiliche Fahndungsblätter gesetzt und von Mitte Mai an im In- und Ausland publiziert: ». . . mein Steckbrief hängt an allen Litfaßsäulen, mein Gesicht ist allzuvielen bekannt. Ich verkleide mich. Der Schauspieler Werin hilft mir. Ich ziehe einen Gehrock an, Haar und Augenbrauen werden weiß gepudert und geschminkt, einige Minuten später verläßt ein soignierter alter Herr, sichtlich Rückenmärker, mit leichtem Knickschritt das Haus . . . Ich lese in den Zeitungen, daß die Polizei nach mir fahndet, kaum eine Stadt, in der man mich nicht gesehen haben will. Eisenbahnzüge werden angehalten, Dörfer umzingelt . . . Mein Steckbrief ist selbst in den kleinsten Weilern Deutschlands plakatiert. Arbeiter und Arbeiterinnen versuchen mir zu helfen, sie zerstören mein Bild im Steckbrief. . .«[188] Über Wirkungen von Tollers Steckbrief berichtete ein Späher des ›Freikorps Oberland‹ am 30. Mai: »Auch wirkt Tollers Äußeres stark. Die Hälfte der Münchener Mädchen und Frauen sind von dem Bilde Tollers entzückt, wovon man sich leicht überzeugen konnte, als noch Leute vor

Steckbrief Max Leviens, 11. Juni 1919.

den Steckbriefen stehen blieben.«[189] In einem Dossier heißt es zu Max Leviens Steckbrief: »Kundschafter melden, daß fast allen Bildern des Steckbriefes gegen Levien die Köpfe ausgekratzt resp. abgerissen sind.«[190] Am 11. Juni folgte im ›Bayerischen Central-Polizei-Blatt‹ ein Sonderblatt mit weiteren Porträtaufnahmen Leviens, auf dessen Ergreifung inzwischen 30 000 Mark Belohnung ausgesetzt wurden. Von Eugen Leviné konnte die Polizei hingegen kein Porträt auftun und fahndete ausschließlich mit einer Personenbeschreibung nach ihm.

Gonderblatt.

№ 53. München, 15. Mai 1919.

Bayerisches Polizeiblatt.

Herausgegeben von der Polizeidirektion München.

3040.

10000 Mark Belohnung.

Wegen Hochverrats

nach § 81 Ziff. 2 des RStGB. ist Haftbefehl erlassen gegen den hier abgebildeten Studenten der Rechte und der Philosophie

Ernst Toller.

Er ist geboren am 1. Dezember 1893 in Samotschin in Posen, Reg.-Bez. Bromberg, Kreis Kolmar, Amtsger. Margonin, als Sohn der Kaufmannseheleute Max u. Iba Toller, geb. Kohn.

Toller ist von schmächtiger Statur und lungenkrank; er ist etwa 1,65–1,68 m groß, hat mageres, blasses Gesicht, trägt keinen Bart, hat große braune Augen, scharfen Blick, schließt beim Nachdenken die Augen, hat dunkle, beinahe schwarze wellige Haare, spricht schriftdeutsch.

Für seine Ergreifung und für Mitteilungen, die zu seiner Ergreifung führen, ist eine Belohnung von

zehntausend Mark

ausgesetzt. Wenden!

Steckbrief Ernst Tollers, 15. Mai 1919.

Die Flucht aus München gelang nicht vielen Räterepublikanern. Einer, der spurlos untertauchte, war Ret Marut. Towia Axelrod wurde schon im Mai mit den Papieren Fritz Pollocks in Tirol festgenommen und nach Bayern ausgewiesen.[191] Eugen Leviné wurde am 13. Mai verhaftet. Toller konnte sich längere Zeit verbergen, wurde am 4. Juni nach einer Denunziation im Atelier des Malers Hans Reichel aber entdeckt – mit rot gefärbten Haaren hinter einer Tapetentür versteckt, was zu weidlichem Hohn Anlaß gab und als Beweis dafür galt, daß feige Schwabinger Bohemiens die Drahtzieher der Revolution gewesen seien. Einige Oppositionelle versuchten, mit Hilfe gefälschter Pässe ihre Identität zu verwischen. Zu den Fluchtvorbereitungen wurde Albert Daudistel, der während der Räteherrschaft mit der Leitung des Kommissariats für politische Flüchtlinge und Revolutionäre betraut war, am 3. Mai verhört. Im Polizeiprotokoll heißt es: »Die Pässe sollten vor Eintreffen der Weißen Garde die Flucht ermöglichen. Die Vorbereitung zur Anfertigung der Pässe wurde teilweise dem Daudistel übertragen, der dann bei Photograph L. Reiser, Neuhauserstraße 28, die Anfertigung der Lichtbilder bestellte; hierzu hatte er bestimmten Auftrag, die Platten sofort zu vernichten, was Daudistel durch Zertreten besorgte.«[192]

Der Versuch, das staatliche Paßmonopol individuell zu unterlaufen, scheiterte durchweg. Ihm stand ein Polizeiapparat gegenüber, dessen Fahndungs- und Überwachungsinstru-

mente durch die Integration der Fotografie wesentlich verbessert worden waren. Angesichts der staatlichen Kontrollfunktion der Fotografie richtete sich der »Bildersturm« auf die Münchener Polizeidirektion in den letzten Apriltagen 1919 auch gegen die dortige Lichtbildsammlung und die fotografischen Apparate des Erkennungsdienstes. Was nach der Gründung der Abteilung im Jahre 1899 in jahrelanger Arbeit zusammengetragen worden war, fiel zum größten Teil der Vernichtung anheim. In polizeilichen Berichten ist der Verlust von 33 926 Aufnahmen verschiedener Herkunft, von der Tatortaufnahme bis zur Personenfotografie, vermerkt.[193] Die ›Münchener Post‹ schilderte die angerichteten Schäden: »Die ganze Methode, wie die schmachvolle Zerstörung vorgenommen wurde, läßt einen Schluß zu auf die Gesinnung und die Motive, die bestimmte verbrecherische Elemente bei ihrem Vorgehen hier geleitet haben, zu. Man war zum Teil systematisch zu Werke gegangen, um insbesondere dem Erkennungsdienst der Polizei die Möglichkeit von Fahndungen für die Zukunft zu nehmen ... In der Lichtbildersammlung sind die photographischen Platten aus den Schränken herausgeworfen und zertreten. Die teure Schwingkamera und der Bertillon-Apparat zur Aufnahme der Verbrecher sind zerstört, die wertvollen Objektive sind herausgenommen und davongetragen ... Die von Verbre-

Versteck Ernst Tollers im Atelier des Malers Hans Reichel, Mai 1919.

Das fotografische Atelier des Erkennungsdienstes der Polizeidirektion München, vor 1919.

chern aufgenommenen photographischen Platten sind herausgerissen und demoliert ... Die Fingerabdruck-Sammlung ist dagegen völlig erhalten.«[194]

Bis zur Einführung der Fotografie bestanden die kriminalistischen Probleme der Polizei vor allem darin, daß zur Fahndung und zur Identifizierung einer Person allein die sprachliche Beschreibung ihres »Signalements« zur Verfügung stand, der es jedoch an Eindeutigkeit fehlte. Zudem wuchsen die Fahndungsprobleme, da im Zuge der Industrialisierung in den Großstädten eine bis dahin unbekannte Anonymität entstand und auch die allgemeine Mobilität durch den Eisenbahnverkehr stieg. 1841 meldete das ›Münchner Morgenblatt‹: »Die Pariser Polizei läßt jetzt die Gesichter aller Verbrecher, die ihr in die Hände gerathen, daguerreotypieren und fügt diese Porträts den Acten bei.«[195] Dies waren anfängliche Versuche. Erst das nasse Kollodiumverfahren ermöglichte es, größere Mengen an Porträts zu vervielfältigen und damit auch erkennungsdienstliche Aufnahmen in größeren Stückzahlen zu verbreiten. Ab Mitte der Sechziger Jahre wurden umfangreiche Verbrecheralben angelegt und ein reger Austausch von Porträts zwischen den Polizeibehörden organisiert.[196]

Alphonse Bertillon, ›Chef du service d'identification de la préfecture de police‹ in Paris, führte in den Achtziger Jahren wissenschaftliche Methoden in die Kriminalistik ein und entwickelte das normierte Schema der erkennungsdienstlichen Porträtfotografie.[197] Dazu wurden Brustbilder in Pro-

Bertillons Apparat zur Aufnahme »signaletischer Porträts« mit einer Ernemann-Görlitz-Kamera.

Heinrich Hoffmann: Verwüstungen im fotografischen Atelier des Erkennungsdienstes der Polizeidirektion am 29. April 1919, Anfang Mai 1919.

fil-und en face-Ansicht nebeneinander auf eine fotografische Platte belichtet und zur schnellen Vergleichbarkeit so weit wie möglich vereinheitlicht: durch die konstante, aus dem Format der Visitkarten abgeleitete Bildgröße, den gleichen Abbildungsmaßstab von 1:7 und das von rechts vorne einfallende diffuse Licht. Bertillon entwarf zur Herstellung der erkennungsdienstlichen Aufnahmen eigens eine komplette Aufnahmeapparatur, die es dem Polizeifotografen erlaubt, von der Kamera aus den Stuhl des Delinquenten in verschiedene Richtungen zu drehen. Seit der Jahrhundertwende stand der Apparat in den erkennungsdienstlichen Abteilungen der Polizeibehörden der europäischen Großstädte.[198]

In der Polizeifotografie geriet die Porträtfotografie, das Medium der Verherrlichung des Individuums, zur bloßen Ansammlung seiner äußerlichen Besonderheiten. Nach polizeilichen Ansprüchen soll die erkennungsdienstliche Porträtfotografie allein der präzisen Aufzeichnung des Vorgeführten dienen, von Bertillon wie folgt formuliert: »Der gezwungene Klient, welcher vor das Objectiv geführt wird, darf seine Geschmacksrichtung und Wünsche bezüglich des Bildes nicht kundgeben und damit ist die größte Schwierigkeit behoben. Man hat nur einen bestimmten Zweck dabei vor Augen und dieser ist leicht zu lösen: ein möglichst ähnliches

Bild zu bekommen.«[199] Die Einmaligkeit des Erscheinungsbildes des Vorgeführten bildet zwar die Voraussetzung des erkennungsdienstlichen Verfahrens, doch geht es dabei nicht um Ausdrucksqualitäten seines Gesichtes. Da die Polizeifotografie das menschliche Gesicht nur als anatomisches Datenblatt begreift, spielt für sie die latente Gewaltandrohung, der der Porträtierte ausgesetzt ist, keine Rolle. Was im zivilen Porträt die Selbstdarstellung ausmacht – das Hervorheben und Hintanstellen bestimmter Momente nach dem Dafürhalten des Porträtierten – ist in der Polizeifotografie eliminiert. Sie behandelt alle äußerlichen Eigentümlichkeiten, wesentliche und zufällige in gleicher Weise. Die scheinbar bloße Registrierung hinterläßt freilich auch Spuren. Wer ein-

Aufnahmen des Erkennungsdienstes der Polizeidirektion München auf den folgenden Seiten. S. 241: Oben: Josef Weigand, 1. Juni 1919. Mitte: Siegmund Wiedenmann, Mitglied der KPD, Oktober 1919. Unten: Albert Daudistel, Volkskommissar für politisch Verfolgte und ausländische Revolutionäre in der Zweiten Räterepublik, 16. Juli 1919. S. 242 Oben: Johann Seffert, 4. Oktober 1919. Mitte: Fritz Seidel, Kommandant im Luitpoldgymnasium, 14. Juli 1919. Unten: Rappl, 25. Mai 1919. S. 243. Oben: Josef Schwab, Mitglied der KPD, Oktober 1919. Mitte: Hans Köberl, Polizeipräsident in der Zweiten Räterepublik, 7. Juli 1919. Unten: Ferdinand Mairgünther, Polizeipräsident in der Zweiten Räterepublik, 3. Juni 1919.

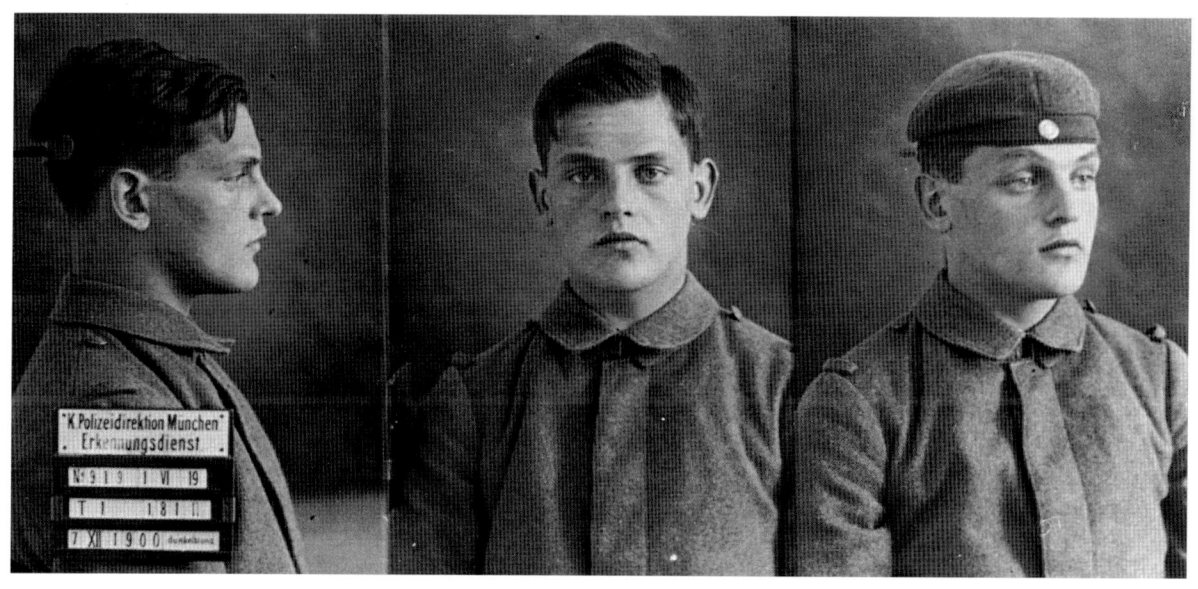

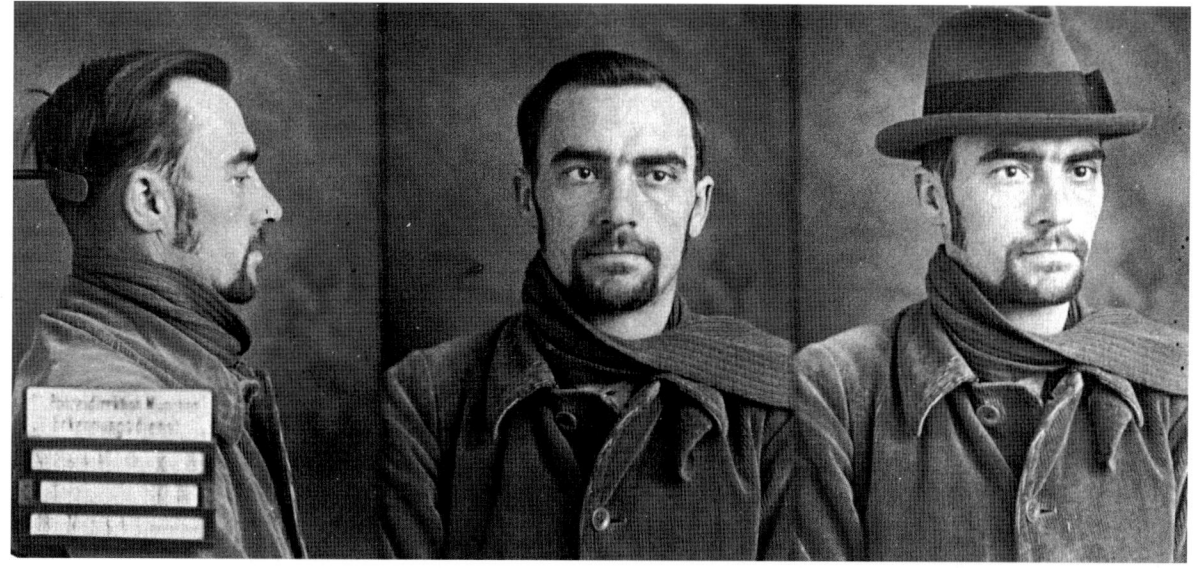

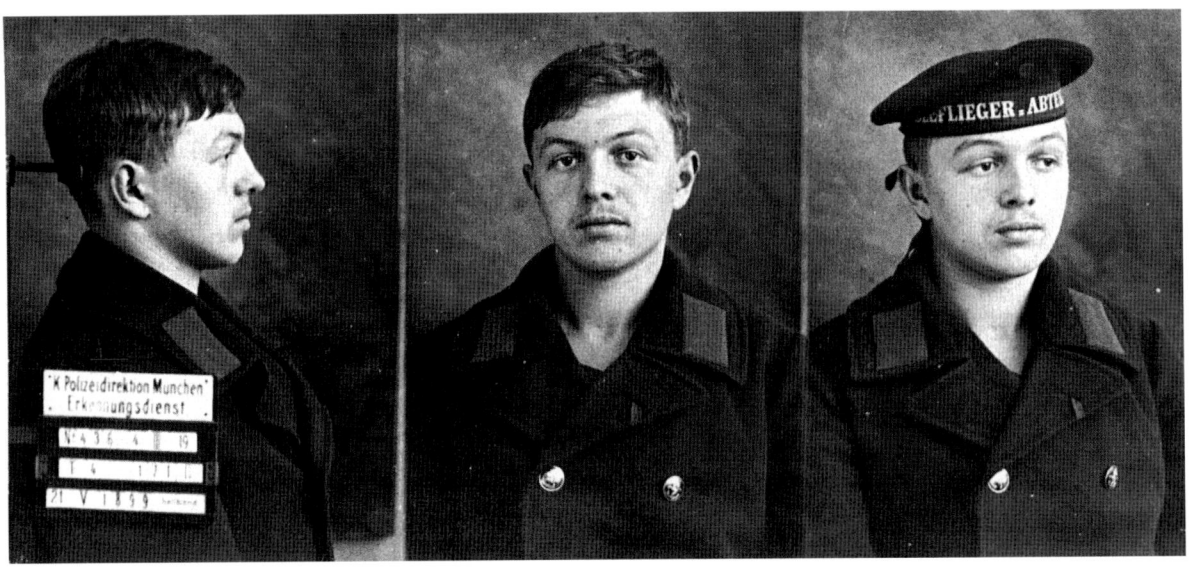

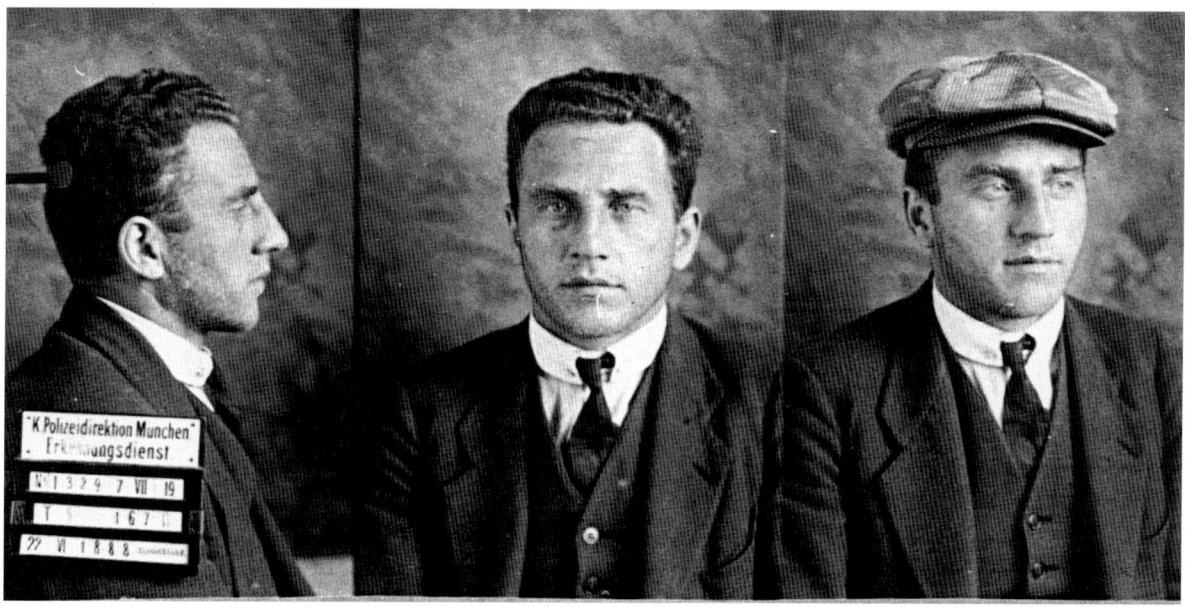

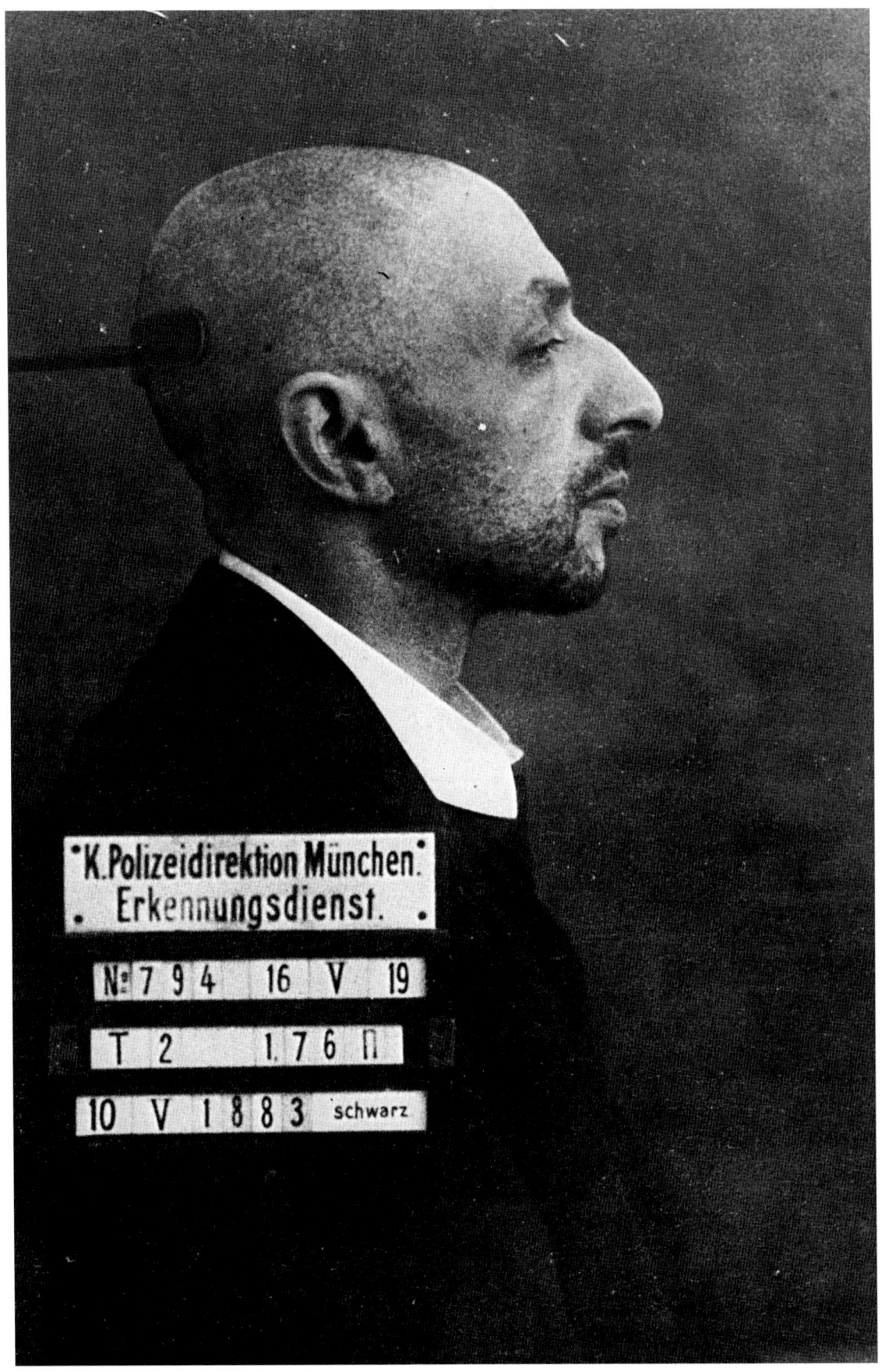

Erkennungsdienst der Polizeidirektion München: Eugen Leviné, 16. Mai 1919.

*Erkennungsdienst der Polizeidirektion München: Eugen Leviné,
16. Mai 1919.*

*Erkennungsdienst der Polizeidirektion München: Towia Axelrod,
Mitglied der KPD, in der Zweiten Räterepublik stellvertretender
›Volksbeauftragter für Finanzen‹, nach Mitte Mai 1919.*

mal fotografiert wurde, war durch sein eigenes Porträt ge-
branntmarkt.

Für Fahndungszwecke erwiesen sich Profil- und en face-
Aufnahmen als nur bedingt brauchbar, da sie keinen besonders lebensnahen Eindruck des Erscheinungsbildes der abgebildeten Person vermittelten. Deshalb wurde von vielen
Polizeibehörden eine Halbprofilaufnahme hinzugenommen
und damit die erkennungsdienstliche Dreierserie eingeführt. Um das alltägliche Erscheinungsbild und die soziale
Rolle des Abgebildeten deutlicher zu machen, schenkte man
nun auch seiner Kleidung größeres Augenmerk und ging
ebenfalls daran, ihn entsprechend einzukleiden.

Innerhalb kurzer Zeit hatte die erkennungsdienstliche Bildproduktion eine nicht mehr handhabbare Anhäufung von
Poträtfotografien ergeben.[200] Bertillon erhoffte eine sinn-
volle Organisation der Porträts dadurch zu erreichen, daß er
bestimmte unveränderliche Merkmale des menschlichen
Körpers zu anthropometrischen Messungen heranzog und
anhand der ermittelten Daten die Porträtaufnahmen ordne-
te und verfügbar machte. Jedoch erst die Einführung der
Daktyloskopie, des Fingerabdruckverfahrens, legte die
Grundlage der modernen rationalisierten Personenidentifizierung, da die unveränderlichen und einmaligen Papillar-
linien schnell und einfach zu klassifizieren sind. Nach 1900
verdrängte dieses Verfahren die umständlichen Messungen.
Die Kombination von Fingerabdruck, fotografischem Por-

trät und Signalementbeschreibung ergab ein kommunikab-
les Erfassungssystem.

Mit diesem kombinierten Verfahren wurden auch die Räterepublikaner nach dem Sieg der Gegenrevolution erkennungsdienstlich behandelt. Der Bildersturm im April hatte
dies nicht verhindert und so begann das polizeiliche Regi-
strieren, Fotografieren und Indiziensammeln von Neuem.
Gegen Jahresende 1919 umfaßte die Lichtbildsammlung
wieder mehr als 5000 Aufnahmen. Wie aus dem polizeilichen Jahresbericht 1919 hervorgeht, herrschte in der zweiten Jahreshälfte 1919 beim Münchener Erkennungsdienst
ein reger Betrieb.[201] Fotografiert wurde jedoch nur eine relativ kleine Zahl aller Festgenommenen – vermutlich, weil den
Behörden durch Massenverhaftungen, Internierungslager
und verstärkte Kontrolltätigkeiten große organisatorische
Schwierigkeiten erwachsen waren. Welche Räterepublikaner
dieser Behandlung unterzogen wurden, ist nicht mehr genau
auszumachen.[202] Zu den Fotografierten gehörten die politisch exponierten Aktivisten, die hohen Mandatsträger in
der räterepublikanischen Verwaltung – wie die Polizeipräsidenten Johann Dosch und Hans Köberl –, insbesondere alle
Personen, die mit dem »Geiselmord« in Verbindung standen, aber auch »einfache« Rotarmisten.

Wie es ihm beim Münchener Polizeifotografen erging, schildert Ernst Toller: »Man führt mich zum Photographen.
Trotz der Kette schlägt mir der Beamte den Achter ums

Erkennungsdienst der Polizeidirektion München: Towia Axelrod, nach Mitte Mai 1919.

Erkennungsdienst der Polizeidirektion München: Ernst Toller, 6. Juni 1919.

Erkennungsdienst der Polizeidirektion München: Eugen Leviné, 16. Mai 1919.

rechte Handgelenk. Ich muß mich auf den eigens dafür her-gerichteten Stuhl setzen – der Stuhl dreht sich in einer Achse –, auf den Sitz genagelt drei kantige Hölzer, an denen Nummern aufgehängt werden. Alle Männer benehmen sich pathetisch, betonen die Würde ihres Berufs. Die Situation kommt mir komisch vor. Ich sage zu dem Photographen: ›Machen Sie die Bilder recht gut. Ich brauche ein paar für mich.‹ Schroffe Antwort aus dem zehn Zentimeter hohen Kragen. ›Bis die fertig sind, fressen die Würmer an Ihnen‹, und der Photograph stupst mir eine schäbige Reisemütze auf den Kopf. Ich begreife nicht warum. Später, als mir Bilder in den Zeitungen in die Hände fielen, begriff ich es: man brauchte Verbrecher-Bilder, die abstoßen sollten.«[203]
Toller wurde nach dem bei der erkennungsdienstlichen Behandlung üblichen Schema fotografiert. Komplett ist diese Dreierserie, wie auch in vielen anderen Fällen, nicht erhalten. Zusätzlich wurde von ihm jedoch ein weiteres Porträt, eine Dreiviertel-Ansicht aufgenommen. Der Quellenlage nach geschah dies auch bei Leviné und Axelrod. Als Polizei-

Erkennungsdienst der Würzburger Polizei: Arnold Wadler, in der Ersten Räterepublik Kommissar für das Wohnungswesen, April 1919.

Erkennungsdienst der Würzburger Polizei: Arnold Wadler, in der Ersten Räterepublik Kommissar für das Wohnungswesen, April 1919.

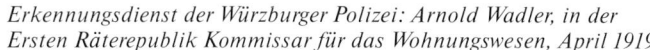

aufnahmen sind diese Porträts nicht zu erkennen. Sie täuschen private Atelieraufnahmen vor, verschleiern die Zwangssituation der Abgebildeten und sollten dies allem Anschein nach auch, denn eine solche scheinbar freie Selbstdarstellung wirkt in jedem Fall authentischer als eine offenkundige Polizeiaufnahme. Der vermittelte Eindruck ist für die Dargestellten jedoch ausgesprochen unvorteilhaft. Sie wirken wie miese Charaktertypen, bloßgestellt auf einem Stuhl vor heller Wand, und lassen in dunkle Machenschaften verwickelte Gestalten vermuten, die dem Betrachter etwas zu verbergen haben, vermeiden sie doch den Blickkontakt. Die Inszenierungen wurden nicht einheitlich vorgenommen. Im Gegensatz zu Leviné und Axelrod bekam Toller für dieses Porträt keine Kopfbedeckung aufgesetzt und wirkt vergleichsweise bieder. Der polizeilich arrangierte Leviné gibt das Bild einer zwielichtigen Gestalt mit Schiebermütze und unkorrekter Kleidung ab. Das Haupt ist kahl geschoren, das unrasierte Gesicht wirkt schmutzig. Der Hemdkragen ist viel zu weit, Levinés Hals kann ihn nicht füllen und ragt aus der Kleidung. Vielleicht verdeckt Leviné wie Toller mit seiner Rechten die Kette am Handgelenk.

Die Vorgeführten ließen die Prozedur, die sie zu einem gedemütigten Schauobjekt machte, anscheinend ohne Widerstand über sich ergehen. Der Blick ist starr und leer, gezeich-

net von Ohnmacht und Beklommenheit. So vollkommen die psychischen Regungen der Individuen auch unterdrückt wurden – die Spannung zwischen der administrativen Verfügung und dem verhaltenen Widerstand des Delinquenten, der unter latenter Gewaltandrohung sein äußeres Erscheinungsbild preisgeben muß, aber in seiner Verschlossenheit noch immer einen Teil seiner unveräußerlichen Einzigartigkeit bewahrt, macht die Ästhetik auch dieser Polizeiaufnahmen aus.

Zu welchem Verwendungszweck diese Porträts der politischen »Rädelsführer« aufgenommen wurden, ist nicht bekannt, wahrscheinlich waren sie für die aktuelle Bildpublizistik gedacht. Für die Vermittlung an die Illustriertenpresse sorgte jedenfalls Hoffmann.[204] Möglich ist auch, daß die Aufnahmen zudem als Anschauungsmaterial für illustrierte Typologien des politischen Verbrechers, wie sie seit dem späten 19. Jahrhundert verbreitet waren, dienen sollten, oder vielleicht für kriminalgeschichtliche Darstellungen. Angesichts der innerhalb der Leitung der Münchener Polizeibehörde verbreiteten völkischen Gesinnung wären zusätzlich auch antisemitische Zwecke denkbar.[205] Wenn die Porträtherstellung mit publizistischen Veröffentlichungsabsichten verbunden war, wäre dies historisch vermutlich neu. Politische Oppositionelle und Revolutionäre wurden seit länge-

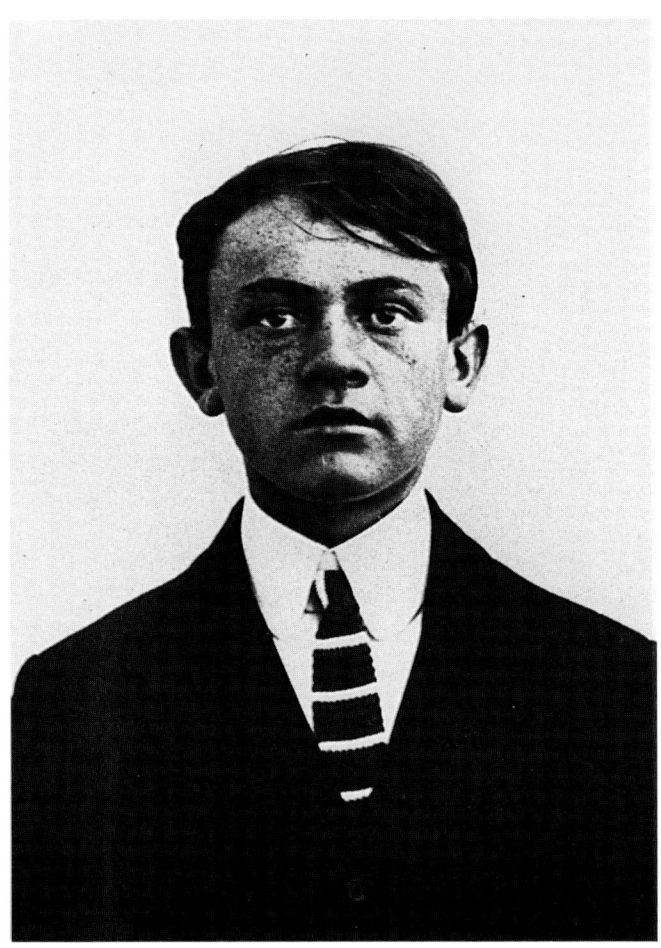

*Erkennungsdienst der Polizeidirektion München: Josef Merl,
Gründungsmitglied der ›Vereinigung Revolutionärer Internationalisten‹, Mai 1919.*

Polizeiliches Personendatenblatt von Josef Merl.

rem erkennungsdienstlich behandelt. Schon die Pariser
Kommunarden sollen von der Polizei fotografiert worden
sein.[206] Auch die Geheimpolizei des zaristischen Rußlands
führte in ihrer Verbrecherkartei Polizeiaufnahmen von Lenin, Trotzki und Stalin.[207] Offenbar waren damit jedoch nur
kriminalistische Zwecksetzungen verknüpft. Das gleiche
scheint auch für erkennungsdienstliche Aufnahmen von
Führern der Arbeiterbewegung in Deutschland zu gelten.[208]

TEIL IV
REVOLUTIONSRETROSPEKTIVEN

Die Propaganda der Gegenrevolution

Die Mythenbildung über das Münchener Revolutionsgeschehen war Resultat einer Kampagne gegen Räteidee und Kommunismus, die nach der Niederschlagung der Räteherrschaft von Völkischen, Konservativen, Liberalen und Mehrheitssozialisten mit großen Anstrengungen geführt wurde. Unter wachsendem Druck der Militärs wiederholten die Mehrheitssozialisten die Parolen der Reaktion, die später in Einzelfällen wortwörtlich von der nationalsozialistischen Publizistik übernommen und generell gegen die Linke gewendet wurden.[1] Neben regierungsamtlichen Stellen und der Presse wurden Privatverleger aktiv. Unter der Devise: die »Schilderungen über die Greueltaten der Rotgardisten usw. bilden ein vorzügliches Abwehrmittel gegen Spartakus und Bolschewismus«[2], boten sie zahlreiche »Aufklärungsschriften« an und nutzten die gegenrevolutionäre Konjunktur, da ein großes Informationsbedürfnis bei der Bevölkerung bestand, nicht zuletzt wegen des Verbots der bürgerlichen Presse während der Zweiten Räterepublik. Zur gleichen Zeit referierten Nationalisten und Völkische in den »antibolschewistischen« Lehrgängen der Reichswehr, unter ihnen der »Verbindungs-Mann« Adolf Hitler, der in einem Aufklärungskommando antisemitische Interpretationsschablonen über den »Wahnsinn der roten Blutdiktatur« verbreitete.[3]

Mit privaten Geldmitteln wurden im Frühjahr 1919 verschiedene Propagandainstitute ins Leben gerufen, wie der ›Heimatdienst Bayern‹.[4] Er unterhielt Nachrichtendienste, baute mit Billigung der Landesregierung Spitzelorganisationen auf und brachte ab Sommer 1919 die plakative Bildzeitschrift ›Feurjo‹ heraus, die in einer Auflage von 100 000 Stück kostenlos verteilt wurde.[5] Andere, schon nach der Novemberrevolution gegründete antisozialistische und völkische Bildzeitschriften wie ›Phosphor‹ oder ›Rote Hand‹ verbuchten gestiegene Absatzzahlen.[6] Ihre reißerischen Darstellungen und die Berichte der Broschüren und Zeitungen prägten und popularisierten damals die Topoi des Revolutionsmythos – die fotografische Bildpublizistik war daran erst in zweiter Linie beteiligt.

Die Propaganda zeichnete ein blutrünstiges Bild der Räteherrschaft, in der Willkür, Tod und Gewalt auf der Tagesordnung gestanden seien. Von der Praxis und Programmatik der Politik der Räte war nicht mehr viel zu erkennen. Im Vordergrund standen Verleumdung und Verächtlichmachung exponierter Räterepublikaner.[7] Um bei der Abwehr und Verfolgung dieser »Volksfeinde« auf eine breite Zustimmung setzen zu können, hielt man ihnen gemeingefährliche Veranlagungen, landfremde Herkunft und rassische Andersartigkeit vor. Bereits im April 1919 sah die rätefeindliche Publizistik führende Mitglieder der Räteorganisationen in der Rolle machtbesessener Despoten. Der Kreis der räterepublikanischen Aktivisten wurde auf wenige Personen reduziert – zumeist Axelrod, Landauer, Levien, Leviné, Mühsam, Toller und Wadler. Die fortwährende Nennung dieser Namen un-

O. Estée (Oskar Petersen): ›München auf dem Kopf. Die Geschichte einer Räterepublik in 40 Bildern‹, München 1919.

Paul Neu: »Wehr dich Bürger!«, ›Feurjo!‹, Jg. 1919, Nr. 16, Titelseite.

rungsgebäude ein … Nicht minder lebhaft schlossen sich geistige Münchner der Umwälzung an. Allen voran die Neu-Künstler, die unfreiwilligen Moritze des Kubismus, die in der Bewegung die langersehnte Befreiung von den eklen Geboten des Könnens sahen. Neben ihnen jauchzten die stammverwandten Dichter, die das Stottern in die Literatur eingeführt haben, dem Lichte entgegen. Ihren Kampf gegen die deutsche Sprache krönte nun der herrlichste Sieg.«[9] Größere Aufmerksamkeit schenkte die rätefeindliche Publizistik der angeblich naturbedingten Andersartigkeit und den pathologischen physischen und psychischen Dispositionen der Revolutionäre.[10] Der Appell an verbreitete Vorstellungen von Wahnsinnigen bildete seit dem Frühjahr 1919 den Grundtenor der Kampagne: »Nun aber springen die Outsider der menschlichen Gesellschaft aus ihrer Vereinsamung auf. Nun brechen die ewig Unzurechnungsfähigen aus der Gummizelle aus und betreiben ihr wirres und wildes Beglückungsgewerbe. Und schreien: Die Knechte sollen Herren werden. Schreien: Diktatur des Proletariats und Herrschaft der Arbeiter, Bauern und Soldaten. Schreien: Tod und Untergang der Bourgeoisie.«[11] Solche Sichtweisen erhielten ihre Legitimation durch die zeitgenössische Psychiatrie, die die politischen Aktivisten zu »minderwertigen Subjekten« erklärte. Zwischen Verhaftung und Standgerichtsverfahren wurden führende Räterepublikaner in psychiatrische Anstalten gebracht und auf ihren Geisteszustand hin untersucht.[12] Wenn die »Patienten« vor der Diagnose bereits gestorben

termauerte die Behauptung, eine kleine Verbrecherclique hätte ihr Unwesen getrieben. Damit wurden die Räteorganisationen unterschlagen und dem Münchener Proletariat kein Platz als politische Kraft eingeräumt. Als die wahren Gefolgsleute der »Rädelsführer« ließ man das Lumpenproletariat in Gestalt der »Geiselmörder« auftreten: »Leute mit diesen ›Führereigenschaften‹ Wirrköpfe, größenwahnsinnige Bohemeliteraten, schamlose Gesinnungsschieber, phrasengewaltige, von Ehrgeiz und Eitelkeit verzehrte grüne Jünglinge, verantwortungslose, fremdrassige Agenten, die nur das Chaos wollten, konnten nicht, wenn auch nur wochenweise, die Gewalt in Händen halten, ohne Schule zu machen. Ihre echten Jünger und Anhänger sind die Geiselmörder … Mit Hilfe dieser Mustersammlung von Verbrechern und Verbrechertypen sollte die kommunistische Herrlichkeit, das tausendjährige Reich des Glücks und der Wohlfahrt, aufgerichtet werden. Man sieht, der Streifzug Erich Mühsams durch die Alt-Münchener Verbrecherspelunken war nicht ohne Erfolg gewesen.«[8]
Radikaldemokratische Forderungen wurden als Hirngespinste von Schwabinger Literaten und Künstlern abgetan, die von den Bedürfnissen der Massen keine Ahnung und nur ihre eigenen Interessen verfolgt hätten. Ludwig Thoma charakterisierte die räterepublikanischen Führer: »Das geistige Galizien bemächtigte sich des Amtssiegels, das es bis dahin nur auf Zahlungsbefehl und Gerichtsvollzieher-Protokollen als leidender Teil erblickt hatte. Aus dem Schwabinger Viertel, wo es in der Umgebung des Siegestores die Mietzinse schuldig geblieben war, zog es triumphierend in die Regie-

Theo Scharf: »Soll es in den Kirchen so aussehen?«, ›Phosphor‹, 1. Jg., 1919, Nr. 8.

Erich Wilke: »Der Führer. Auf! Vorwärts! Kämpft nur einstweilen, ich komme vielleicht nach!«, ›Jugend‹, Jg. 1919, Nr. 20, 9. Mai 1919.

Erich Wilke: »Spartakisten-Häuptlinge. Der schönste Tod ist auf der Barrikade – wir aber müssen uns dem Proletariat erhalten.«, ›Jugend‹, Jg. 1919, Nr. 20.

waren, und zwar ausnahmslos unter gegenrevolutionärer Gewaltanwendung, wie Landauer, Sontheimer oder Egelhofer, griff man auf Presseberichte zurück. In einer Reihe von Vorträgen und Aufsätzen (»Psychopathen als revolutionärer Führer«) wurden Krankheitsbilder der »Rädelsführer« verbreitet. Ihre Namen waren nur unzulänglich verschlüsselt, Zeitgenossen konnten die Personen leicht identifizieren.

Auf der Jahresversammlung der bayerischen Psychiater Anfang August 1919 stellte Eugen Kahn beispielsweise Rudolf Egelhofer als ethisch defekten Psychopathen vor, als hysterische Persönlichkeit Ernst Toller, als fanatische Psychopathen Erich Mühsam und Kurt Eisner, als manisch-depressive Persönlichkeit Franz Lipp. Die Person Lipps, der von Toller wegen einer offenkundigen Geistesstörung zum Rücktritt vom Posten des Volksbeauftragten für Äußeres in der Ersten Räterepublik gezwungen worden war, wurde nun häufig erwähnt, um die allgemeine Unfähigkeit der Räterepublikaner zu belegen.[13] Emil Kraepelin, führender Vertreter der deutschen Psychiatrie, legte in seinen »Psychiatrischen Randbemerkungen zur Zeitgeschichte« die staatspolitische Notwendigkeit der psychiatrischen Unternehmungen dar.[14] Vom wissenschaftlichen Standpunkt aus gelte es, revolutionäre Bewegungen zu verhindern, da die biologischen Anlagen des Proletariats gegenüber der »Auslese der wertvollen und leistungsfähigen Bestandteile unseres Volkes« minderwertig

seien. Im Sinne des Sozialdarwinismus hielt Kraepelin jedem revolutionären Anspruch entgegen, daß er den biologischen Erbeigenschaften zuwiderlaufe. Revolution erscheint als Verbrechen gegen die »Gemeinschaft« – heraufbeschworen von Psychopathen und Verbrechern.

Hans-Dieter Heilmann wies 1976 eingehend auf die politische Funktion der psychiatrischen Praxis hin: »Akademische Überlegungen zur Psychologie und Psychopathologie der Revolution und der Revolutionäre sind zu jener Zeit nichts eigentlich neues; neu ist hingegen die staatliche Verwertung wissenschaftlicher Erkenntnisse über sozialrevolutionäre Bewegungen und die psychische Struktur der ›Massen‹ sowie des Individuums: weniger zur direkten Niederschlagung bestehende Herrschaftsverhältnisse gefährdender Bewegungen als vielmehr zur Entwertung des moralischen Inhaltes der Opposition und der Motivation des revoltierenden Individuums im Interesse der Aufrechterhaltung der Herrschaftsideologie und der Kollektividentität . . .«[15]

Eine nicht unwichtige Rolle in der gegenrevolutionären Propaganda spielten antisemitische Deutungen. Um die These von der jüdischen Fremdherrschaft zu belegen, wurden in den Darstellungen ortsansässige bayerische Mitglieder der Räteorganisationen ignoriert und an deren Stelle Juden und Nicht-Bayern in den Vordergrund gerückt.[16] Man ging dazu über, Herkunft, Staatsbürgerschaft und Religionszugehörig-

Otto von Kursell: Ernst Toller, Arnold Wadler, in: ›Auf gut deutsch‹, Jg. 1920, Heft 2 - 5.

Otto von Kursell: Kurt Eisner, Erich Mühsam, in: ›Auf gut deutsch‹, Jg. 1920, Heft 2 - 5.

keit umzuändern. Fälschlicherweise wurde Max Levien zum Juden erklärt; unterdrückt wurde, daß Levien und Eugen Leviné nicht russische, sondern deutsche Staatsbürger waren und im Ersten Weltkrieg auf deutscher Seite gekämpft hatten.[17] Der weit verbreitete »Gefühlsantisemitismus« der konservativen Rechten ist jedoch von dem militanten Antisemitismus der Völkischen und Alldeutschen abzugrenzen, der im Judentum schlechthin die Ursache für jede wirtschaftliche und politische Misere sah und die These von der jüdischen Weltverschwörung verfocht.[18] In München besaß der militante Antisemitismus sehr aktive Organisationen, die auch über eigene Publikationsorgane verfügten.[19] Den aggressivsten Antisemitismus propagierte damals Dietrich Eckarts Zeitschrift ›Auf gut deutsch‹ Eckarts praktische Forderungen fanden sich in seiner »Deutschen Judenordnung« niedergelegt: »Nr. 25 Juden, welche deutsche Mädchen verführen, werden mit Zuchthaus nicht unter drei Jahren ... bestraft ... Nr. 26 Jüdinnen, welche Unzucht gewerbsmäßig ausbeuten ... werden gehängt ... Nr. 31 Juden und Jüdinnen, welche des Landes verwiesen wurden und die Reichsgrenzen wieder überschreiten, werden gehängt.«[20]

Unter antisemitischem Kalkül, wie auch zum Zweck charakterlicher Diffamierung erhielten die Bildnisse der Räterepublikaner in der gegenrevolutionären Propaganda eine wichti-

ge Funktion. Insbesondere die wie private Porträts wirkenden Polizeiaufnahmen halfen das durch Textberichte vorgezeichnete negative Image der Räterepublikaner zu bestätigen und zu verfestigen. Im Kontext der publizistischen Porträtpräsentation beeinflußten die Polizeiaufnahmen auch die Wahrnehmung der weitgehend indifferenten Zivilporträts anderer Räterepublikaner. Mit ihrer Hilfe war es leicht möglich, eine genuine Andersartigkeit der Räterepublikaner zu suggerieren und sie somit aus dem Bereich der »seriösen« Politik auszugliedern. Dieses Verfahren bedeutet die Umkehrung der sympathiewerbenden Vermenschlichung der Staatspolitik, wie sie ansonsten mit der Veröffentlichung von Politikerporträts verbunden ist.

Erstmals wurden die Polizeiaufnahmen 1919 in den Juni-Heften der deutschen Illustrierten und Magazine veröffentlicht.[21] Auch das ›Bayerland‹-Heft über den »Sturz der Räteherrschaft« publizierte die Porträts[22] und wurde deshalb vom völkischen ›Münchener Beobachter‹ besonders angepriesen: »Wer sich die Köpfe der jüdischen Volksverhetzer einmal genau betrachten und sie auf ihre verblüffende Ähnlichkeit hin vergleichen will, kaufe diese Nummer.«[23] Seit dieser Zeit gehörten die Aufnahmen zum festen Repertoire der gegenrevolutionären und später der nationalsozialistischen Feindbildpropaganda. Durchorganisiert und vereinheitlicht war die aktuelle Bildvermittlung noch nicht. In Einzelfällen erschienen im Sommer 1919 auch noch eindeutig als erkennungsdienstliche Aufnahmen auszumachende Porträts von Toller und Leviné in den Illustrierten. Mit einer vollständigen erkennungsdienstlichen Dreierserie wurde Eugen Leviné in der ›Leipziger Illustrirten Zeitung‹ am 5. Juni 1919, dem Tag seiner Hinrichtung, vorgestellt. [24]

Im Unterschied zu den führenden Rätepolitikern wurden die »Geiselmörder« und die räterepublikanischen Polizeipräsidenten in der Bildpublizistik immer mit ihren mehr oder weniger offenkundigen erkennungsdienstlichen Aufnahmen – zumeist mit der en face-Ansicht – als Kriminelle präsentiert. [25] In gewisser Weise erscheinen auch in diesem Fall die Aufnahmen als ein Indikator ureigenster Persönlichkeitsmerkmale des Abgebildeten und nicht mehr als Ausdruck der den Fotografien zugrundeliegenden Aufnahmebedingungen. Auf den Polizeifotografien wirken die Proletarier manchmal brutal und naiv zugleich. Ihr harten Gesichtszüge erleichtern die Assoziation »Verbrecherphysiognomie«. Der vermittelte Eindruck von Rohlingen und Gewaltmenschen entspricht der Rollenbeschreibung in der gegenrevolutionären Propaganda, die die Proletarier als Handlanger und willenlose Instrumente intellektueller Arbeiterverführer hinstellte.

›Rote Hand‹, 1. Jg., 1919, Nr. 8.

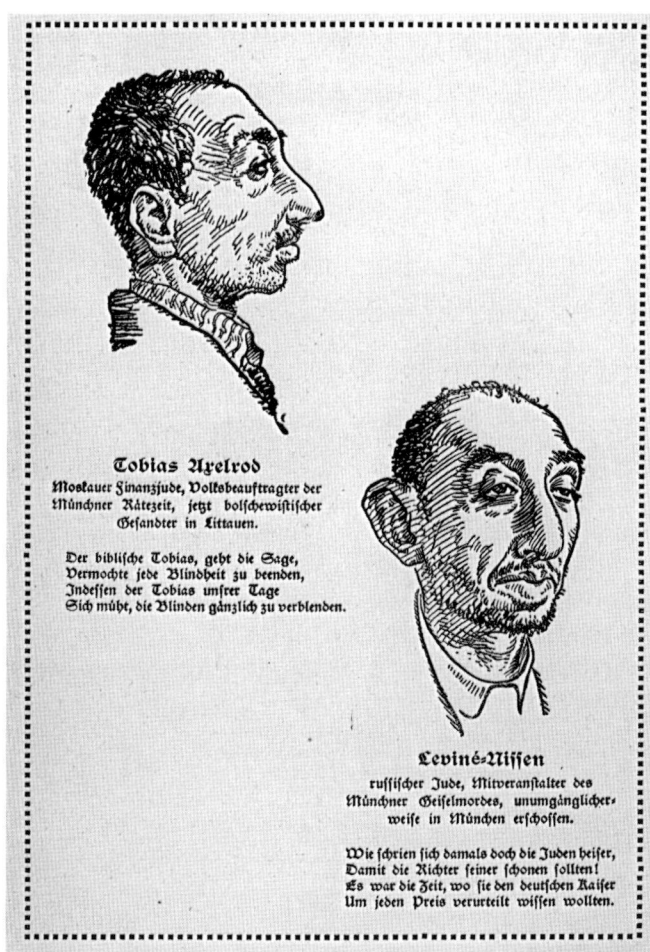

Otto von Kursell: Towia Axelrod, Eugen Leviné, in: ›Totengräber Rußlands‹, München 1921.

Zu einem Tableau zusammengestellt erschienen die Porträts der Rätepolitiker zum ersten Mal auf dem Titelblatt der ›Roten Hand‹ im Juni 1919. In diesem Fall handelte es sich noch um nachgezeichnete Fotografien verschiedener Herkunft. Die Bild-Text-Seite ordnet die Porträts nach dem später oft kopierten Muster steckbriefähnlicher Schautafeln. Diese wahrnehmungspsychologisch eindringliche Präsentationsform untermauerte die Behauptung von der Herrschaft einer kleinen Verbrecherclique, zu denen der Begleittext nun auch den Ministerpräsidenten Eisner hinzurechnete: »Die Führer der bayerischen Arbeiterschaft, des bayerischen Proletariats, die unschuldige Bürger morden ließen, die die Massen in den Bruderkrieg, auf die Schlachtbank dirigierten, nachdem sie zuvor ihr kostbares Leben in Sicherheit gebracht hatten – diese Führer muß das Volk dauernd dankbar im Gedächtnis behalten. Nie waren sie selbst Arbeiter gewesen, denn sie alle gehörten einem Volksstamm an, der physische Arbeit bekanntlich nicht schätzt ... Wahrlich, die Bildnisse dieser Männer gehörten als Andenken an eine große Zeit an die Wand jeder Arbeiterwohnung.«[26]

Direkt als Anschauungsmittel »rassentheoretischer Betrachtungen« in Beschlag genommen wurden die Polizeiaufnahmen von Dietrich Eckart im Oktoberheft 1919 seiner Zeit-

schrift ›Auf gut deutsch‹: »Man vergleiche nur einmal die
Gesichtszüge Seidels, des ›Geiselmörders‹, mit denen Tollers, namentlich aber Levinés (von Levien ließ sich leider
kein gutes Bild auftreiben), und man kann auf den ersten
Blick erkennen, daß Seidel selbst nur das verblödete Opfer
des jüdischen Triumvirats war. Hatte er doch gegen Levinés
unbarmherzige Teufelslarve beinahe noch einen kindlichen,
jedenfalls höchst einfältigen Zug um die Augen!«[27]

Auf die Abbildung einer Aufnahme von Levien verzichtete
Eckart offenbar deshalb, weil dessen vorhandene Soldatenporträts nicht dem antisemitischen Feindbild entsprachen.
Das Aussehen der Räterepublikaner auf den Porträts war
Eckart keineswegs gleichgültig, so als hätte es nur gegolten,
beliebige Aufnahmen mit dezidiert negativen Zuschreibungen zu füllen. Eckart wollte in dem individuellen Erscheinungsbild der Räterepublikaner etwas Allgemeines wiederfinden, auch wenn es noch so abstrus war, und dem Publikum mit der unbestechlichen Beweiskraft der Fotografie
vorführen. Ihr Verbrecherdasein mochten die Revolutionäre
noch verbergen können, nicht jedoch ihre rassische Zugehörigkeit. Eckart zeigte sich in seinem rassistisch orientierten
Bildgebrauch strenger als seine publizistischen Kollegen aus
der völkischen Bewegung wie Hoffmann oder später die
Bildredakteure des ›Illustrierten Beobachters‹. Seine Zeitschrift war auch Forum für den Zeichner Otto von Kursell,
Protagonist der antisemitischen Bildpropaganda in München, dessen Karikaturen der »Novemberverbrecher« die
Legende von der »Judenrevolution« verbreiteten.[28] Sie erschienen ebenfalls im ›Phosphor‹, später im ›Völkischen Beobachter‹ und im ›Stürmer‹. Kursell paßte die Porträts rigoros gehässigen antisemitischen Bildschablonen an. Als Karikaturen sollten sie indes nicht verstanden werden, wie aus einer Bildunterschrift an anderer Stelle zu entnehmen war:
»Genau nach einer der neuesten Aufnahmen«. Kursells
Zeichnungen waren in den Münchener satirischen Zeitschriften schon Verunglimpfungen der »Spartakisten-
Häuptlinge« vorausgegangen.[29] Ihre Darstellungen ähneln
dem Typus des Parlamentariers späterer Hetzkarikaturen der
Nationalsozialisten: intellektuelle Berufsrevolutionäre mit
unverkennbar »jüdischer« Physiognomie, fanatisch und be-
sessen, die die Massen aufwiegeln, in den Bürgerkrieg het-
zen, dann aber selbst fliehen.

Den »Idealvorstellungen« von der jüdischen Physiognomie
entsprach in besonderer Weise Levinés Polizeiaufnahme im
Halbprofil. Sie zeigt die für Juden typisch erachteten Gesichtszüge, eine gebogene Nase und wulstige Lippen. So
brauchten die Karikaturisten, vor allem Kursell, der in mehreren Varianten darauf zurückkam, die Gesichtszüge nur ver-

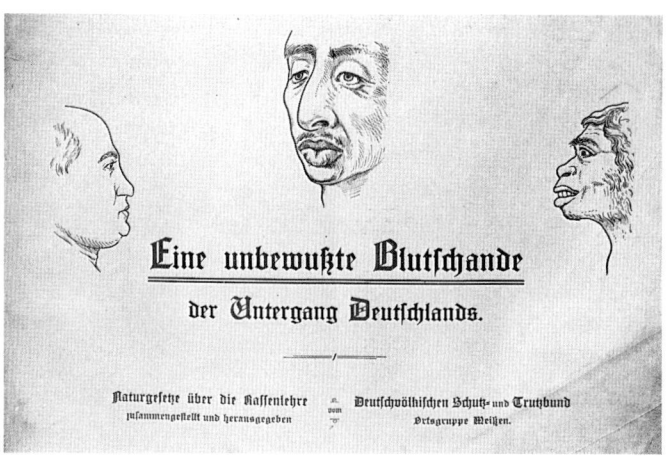

*Eine unbewußte Blutschande der Untergang Deutschlands. Natur-
gesetze über die Rassenlehre, zusammengestellt und herausgegeben
vom Deutschvölkischen Schutz- und Trutz-Bund, Ortsgruppe
Meißen, Großenhain o. J.(1921), Titelseite.*

*Erkennungsdienst der Polizeidirektion München: Eugen Leviné,
16. Mai 1919, ›Leipziger Illustrirte Zeitung‹, 152. Bd., 1919,
Nr. 3962, S. 593.*

stärken. Levinés Bildnis – ob als Fotografie oder Zeichnung
– geriet in der gegenrevolutionären Bildpublizistik zum
Symbol des jüdischen Revolutionärs der Münchener Räterepublik und fand schließlich auch in der antisemitischen
Pamphletliteratur als Prototypus der jüdischen Physiognomie Verwendung. So liegen Levinés Gesichtszüge einer
Zeichnung auf der Titelseite der 1921 erschienenen Schrift
›Eine unbewußte Blutschande der Untergang Deutschlands‹
zugrunde, die zum Rassenhaß aufrief: ». . . möchten diese
Blätter bei Dir, deutscher Leser, echt germanischen Zorn
und Tatwillen auslösen, nur dann ist es schließlich doch
noch zu erreichen, daß es überall, wo Deutsche wohnen, keine Rassenschande gibt.«[30]

HOFFMANNS REVOLUTIONSATLAS:
EIN JAHR BAYRISCHE REVOLUTION IM BILDE

Erstmals wurde das fotografische Material im Herbst 1919 mit Hoffmanns Bildbroschüre ›Ein Jahr bayrische Revolution im Bilde‹ in einen einheitlichen Sinnzusammenhang gestellt und der Revolutionsmythos anhand von Fotografien umfassend illustriert. Hoffmanns Entwurf lieferte die Anhaltspunkte für spätere Veröffentlichungen und stand am Anfang der Bildrezeption der Revolutionsereignisse durch die nationalistische Rechte. Nach dem großen Erfolg des Sonderheftes der Zeitschrift ›Das Bayerland‹ ging Hoffmann vom verlegerischen Standpunkt aus kein allzu großes Risiko ein, als er zum Jahrestag der Novemberrevolution seine Bildbroschüre auf dem Markt brachte. Die Erstauflage betrug 10 000 Stück und war schnell verkauft.[31] Das Heft kostete zuerst vier, später fünf Mark. Im Februar 1920 erschien in der gleichen Auflagenhöhe eine leichtveränderte Neuausgabe. Unter der nationalsozialistischen Herrschaft wurde 1937 eine weitere Auflage von 100 000 Stücken gedruckt.[32]

Die Broschüre enthält eine beachtliche Anzahl an Fotografien und reproduzierten Plakaten, wie sie später nie wieder veröffentlicht wurden: die »bayerische Revolution« als 32 Seiten starkes Kompendium im Quartformat, mit über 130 im Buchdruck vervielfältigten Abbildungen. In der Zusammenstellung von Fotografien, faksimilierten Dokumenten und einem durchlaufenden Text ist das Heft zwischen bebildertem Buch und zeitgenössischer Illustrierte einzuordnen. Seine Aufmachung gleicht den illustrierten Kriegschroniken, die während des Weltkrieges als broschierte Sondernummern der deutschen Illustrierten herausgegeben wurden. Hoffmann hatte das richtige Gespür für ein solches Unternehmen, das ganz neue Verwertungsmöglichkeiten des vorhandenen Bildmaterials bot. Er selbst besaß das umfangreichste Archiv mit Revolutionsaufnahmen, suchte aber im Oktober 1919 noch per Annonce nach weiteren Fotografien.[33] Die vorgelegte Publikation zeugt von seinem Geschick, neue Bildquellen zu erschließen, denn seine eigenen Aufnahmen machen in der Broschüre nur etwa die Hälfte der Illustrationen aus; ein Viertel der Porträts sind polizeilicher Herkunft. Wenn ihm Aufnahmen anderer Fotografen passender schienen, verzichtete er auf die eigenen. Die Urheber erwähnte er nicht – abgesehen vom ›Atelier Elvira‹ und ›Rehse & Co‹. Rehse stellte Hoffmann auch zahlreiche Plakate zur Verfügung.

Wann der Plan zu der Publikation reifte, ist nicht bekannt. Sicher aber lag er der Bildproduktion noch nicht zugrunde. Dem Textentwurf von Emil Herold gingen jedoch schon Illustrationsüberlegungen voraus, denn Herold berichtet, daß Hoffmann ihm anhand improvisierter Bildarrangements seine Vorstellungen erläutert habe.[34] Herold – ehemaliger Kriegsberichterstatter und damaliger Mitarbeiter der ›Münchener Zeitung‹ – schildert die Ereignisse vom November 1918 bis zum Sommer 1919 im Stil der Boulevardpresse und

Annonce, ›Münchener Neue Illustrierte‹, 1. Jg., Nr. 2, 11. Oktober 1919.

Annonce, ›Münchener Beobachter‹, 33. Jg., 1919, Nr. 58.

Blätter aus der Räterepublik

Motto: Hättet ihr Schwabing seinen Karneval gegeben,
ihr hättet euch die Räterepublik erspart!

Die Postbeamtinnen im Zuge, anläßlich des Generalstreikes

Plakat, infolge des Streikes von unkundiger
Hand gedruckt

Es war der Geist Neu-Schwabings, der die Räterepublik erschaffen und München, das biedere München zum Gespött und Entsetzen der halben Welt gemacht hat. Schwabing war voll bis zum Überlaufen. Verkannte Genies, unreife Burschen, Maler, die ihr mangelhaftes Können hinter der Bluffgeste des Pinselradikalismus verbargen, alles wartete auf die günstige Gelegenheit, die Geld und Berühmtheit bringen sollte. Schwabing saß voll von Schiebern. Von Schiebern des Geistes. Sie waren es, die den Arbeiter hineinhetzten in das tollste Abenteuer, das München je erlebt. Sie waren es, die den Arbeitern die Gewehre in die Hand gedrückt, die nächtlich Sturm geläutet, und die, als die „Weißen" kamen, sich die Haare färbten und versteckten, während der Arbeiter in dummer Ehrlichkeit sein Blut vergoß!

* * *

Und wenn aus all dem mitternächtigen Sturmgeläut, aus all dem Kanonen-donner und Handgranatengekrach, aus all dem Getacke der Maschinengewehre, dem Getute der Autos und dem Getue derer von der roten Binde nichts herauskommen sollte, eines wird bleiben. Eines steht fest. Steht fest, wie die Münchner Kasernenräte: die Dichter werden einen neuen schönen Vergleich haben! Zu dem: launisch wie der April, wetterwendisch wie ein Weib, schwank wie ein Rohr im Wind, wird ein neues Bild kommen: standhaft wie die Münchner Kasernenräte! Heute für die Regierung Hoffmann, morgen wie ein Mann hinter der Räterepublik, am Tag drauf wieder für die Regierung Hoffmann — wenigstens so lange es Tag war! — und abends, als die Roten Minenwerfer in die Debatte warfen, wieder mit Leib und Seele und am nächsten Morgen — die Räte hatten unterdessen die Tageslöhnung des Sol-

Der Oberkommandierende Eglhofer   Truppenschau

Heinrich Hoffmann: ›Ein Jahr bayrische Revolution im Bilde‹, München 1919, S. 13.

Momentbilder aus den Sturmtagen.

Barrikaden aus Mülltonnen und Bierfässern

Württemberger in München

Oben: Bei den Kämpfen in München abgeschossene Flieger   Mitte: Maschinen-   Oben: Die erste Einwohnerwehr, welche sich am 1. Mai bildete
Unten: Abgesperrte Isarbrücke   gewehr-Auto   Unten: Beerdigung der als Geiseln erschossenen 8 er-Husaren

Barrikaden in der Karlstraße

Flakgeschütz beim Säubern eines Spartakistennestes

Heinrich Hoffmann: ›Ein Jahr bayrische Revolution im Bilde‹, München 1919, S. 26.

wiederholt das eingefahrene Klischee der »Schwabinger Literatenrevolte«. An einer Aufhellung der politischen Abläufe und Zusammenhänge ist dem Autor nicht gelegen. Für gesellschaftliche und politische Neuerungen hat er nichts übrig und sieht in den Revolutionsereignissen nur das Treiben krimineller Elemente.

Die Erzählstruktur folgt dem Muster: »Verbrecher, Tatorte, Opfer, Ordnungsstifter«. Aus der Sicht eines dezidiert antisemitischen und intellektuellenfeindlichen Beobachters überhäuft er Eisner und die Räterepublikaner mit Spott und Hohn. Es kennzeichnet Herolds Text, daß er schon zu einem sehr frühen Zeitpunkt Novemberrevolution und Räterepublik zusammenzieht und als einen einzigen nationalen Makel begreift. Die fehlende Polemik gegenüber den Mehrheitssozialisten unterscheidet die politische Position des Heftes jedoch noch von der einer radikalen völkischen Ideologie. Der Text beschwört eine von Juden bedrohte Volksgemeinschaft, wie sie seit Kriegsende der ideologische Grundstock rechtskonservativer und völkischer Gruppierungen war: »Man darf es als Fundamentalsatz hinstellen: wäre Eisner, der Macher der Revolution, nicht Jude gewesen, die deutsche Revolution wäre einen anderen Weg gegangen ... Eisner, der Jude hatte sofort mit einer starken Gegnerschaft zu rechnen, vor allem auch in der Arbeiterschaft ... Nicht von den Arbeitern ist die dritte Revolution ausgegangen, sie ist eine rein akademische, eine Revolution frivoler Geister ... Schwabing saß voll von Schiebern, Schiebern des Geistes. Sie waren es, die den Arbeiter hineinhetzten in das tollste Abenteuer, das München je erlebt. Sie waren, ... die als die ›Weißen‹ kamen, sich die Haare färbten und versteckten, während der Arbeiter in dummer Ehrlichkeit sein Blut vergoß!«[35] Im Vorwort der zweiten Auflage, die unmittelbar nach dem Prozeß gegen Graf Arco erschien, wird Eisners Mörder als Tyrannenmörder gesehen – ».. die erdrückende Mehrheit des bayerischen Volkes (hat) die Tat des Grafen Arco als Befreiung aufgefaßt« – [36] und sympathieheischend mit einem neu hinzugenommenen Porträt vorgestellt. Es ist das größte der Broschüre.

Von der publizistischen Konzeption her nimmt die Bildbroschüre für sich in Anspruch, auf eine neue Art Geschichte zu vermitteln. Im Vorwort werden Prämissen über Bedeutung und Aufgaben der zeitgenössischen Dokumentarfotografie formuliert: »Es soll einmal der Versuch gemacht werden, historische Ereignisse durch die Photographie zu erzählen. Gerade bei der bayrischen Revolution ist das gut und erschöpfend möglich ... Die historische Erzählung an der Hand von ›Photographien‹ hat aber noch einen weiteren Vorteil. Die Photographie vertieft, macht lebendig, erklärt, läßt begreiflich finden ... das Wort soll nicht historische Entwicklung bringen – das ist hier Aufgabe des Bildes -, sondern es will versuchen, Stimmungen festzuhalten, zu illustrieren. Kurz, Wort und Bild haben hier die Rollen getauscht. Historische Entwicklung also durch Bild, Stimmungen, Zustände, Episoden, auch durch das Wort.«[37]

Dies mag ohne weitere Überlegungen niedergeschrieben worden sein. Der Lobpreis auf die Fotografie verrät freilich einiges von der Berufsauffassung eines selbstbewußten Fotografen, der sich als Historiker mit der Kamera in der Hand verstanden wissen will und keinen Zweifel an der Vermittlungsfähigkeit der Dokumentarfotografie zuläßt. Zugleich wiederholen sich darin häufig formulierte Ansprüche der zeitgenössischen Illustriertenideologie, wie sie etwa im November 1919 auch in der ›Berliner Illustrirten Zeitung‹ zu lesen waren.[38] Dieses Verständnis macht auch politisches Geschehen zum Gegenstand visuellen Erlebens. Vorausgesetzt ist, daß das durch Fotografien hergestellte Betrachten und Erleben an sich schon wesentliche Erfahrung verbürgt. Mit noch weiterreichendem Anspruch wird in Hoffmanns Broschüre behauptet, daß die fotografische Aufnahme das politische Geschehen »erklärt« und »begreiflich« finden läßt. Die zusammengetragenen Fakten (»ein Bilderatlas mit fast lückenlosem Material«) sollen bereits geschichtliche Einsicht gewähren. Dieser Beurteilung liegt eine Überschätzung der fotografischen Vermittlungsfähigkeit zugrunde. Wenn das Vorwort zugunsten der Unmittelbarkeit der Fotografie von ihren maßgeblichen schriftlichen Vermittlungsbedingungen absieht, wird die fotografische Authentizität selbst zum Wahrheitsgaranten des publizistischen Gesamtzusammenhanges gemacht.

Die visuelle Gestaltung der Broschüre hält jedoch nicht, was die Ankündigungen des Vorworts versprechen. Verglichen mit der Sondernummer der ›Berliner Illustrirten Zeitung‹ zu den Januarereignissen in der Reichshauptstadt wirkt Hoffmanns Broschüre hausbacken. Der Text dominiert, die Abbildungen begleiten ihn in lockerer Form, oft beziehungslos. Auch stellen die kurz gehaltenen Bildunterschriften – sie sind zumeist sachlich, mitunter auch zynisch und ausgesprochen parteiisch – keine intensive Verbindung zwischen den Fotografien und der Textdarstellung her. Das Verteilungsschema der Fotografien entspricht herkömmlichen Vorbildern; der weitgehend konstante Abbildungsmaßstab hält den Betrachter auf Distanz. Die Broschürengestaltung ist jedoch nicht einheitlich. Neben überwiegend traditionellen Tableaus finden sich moderner wirkende Arrangements, wie die »Blätter aus der Räterepublik« oder die »Momentbilder aus den Sturmtagen«.[39] In der Bildselektion folgte Hoffmann konservativen Wahrnehmungsgewohnheiten. Er verzichtete überraschenderweise auf seine suggestiv gestalteten Aufnahmen, etwa von beschädigten Bauten und vom Tatort im Luitpoldgymnasium, die er schon als Postkarten veröffentlicht hatte und bevorzugte die sachlichen Fotografien der Firma ›Rehse & Co‹.

Das Vorwort betont die besondere Wirksamkeit publizierter Porträts und mißt dem Aussehen der Porträtierten Erkenntniswert bei: »Das was man über einen Menschen gelesen und gehört, wirkt anders, wenn wir uns ihr Äußeres vorstellen können. Was ein Levien, ein Leviné, ein Axelrod, was Seidel und die Polizeipräsidenten getan haben, es wird deutlicher, wenn wir wissen, wie sie ausgesehen haben.«[40] Auf Seite 15 findet der Leser ein Tableau mit der Unterschrift »Charakterköpfe der Räterepublik« das zehn Porträts führender Räterepublikaner vorstellt. Die Form ironisiert eine

Charakterköpfe aus der Räterepublik

Dr. Arnold Wadler
deportiert in Belgien Arbeiter,
ist während der Räterepublik
Wohnungskommissar

Eugen Leviné, der Diktator:
„Wir haben unsere Gewehre nicht
zum Spatzenschießen"

Tobias Axelrod
russischer Diplomat und Vater der
finanziellen Maß- und Wegnahmen

Edelanarchist Erich Mühsam
Volksbeauftragter und Dichter

Max Levien
die Seele der Räterepublik

Ernst Toller
Dichter und Held

Gustav Landauer
Volksbeauftragter für Volksaufklärung

Niekisch
ehem. Lehrer und Vorsitzender
des Zentralrates

Dr. Neurath
Sozialisierungskommissar, dessen Ex-
perimente den letzten Anstoß zur Ausrufung der Räterepublik bildeten

Gandorfer
radikaler Bauernführer und
Schweizerreisender

Heinrich Hoffmann: ›Ein Jahr bayrische Revolution im Bilde‹, München 1919, S. 15.

traditionelle Heldentafel. Unter die beschnittenen Einzelporträts sind kurze Bildunterschriften gesetzt. Sie kontrastieren Vorbildung, Herkunft und frühere Tätigkeit der Politiker mit ihrer Funktion in der Rätezeit und erzeugen den Eindruck einer verkehrten Welt. Bei vier Porträts, den Aufnahmen von Wadler, Leviné, Axelrod und Toller, handelt es sich um Polizeiaufnahmen, deren Herkunft nicht angegeben ist. Zur Steuerung des Werturteils der Leser wurde auch Lavaters »Physiognomik« mit ins Spiel gebracht, ohne daß ein unmittelbarer Bezug zu den Porträts hergestellt wird.[41] Auf der dem Tableau vorausgehenden Seite beschreibt Herolds Text die Rückeroberung des Hauptbahnhofes durch die Räterepublikaner am 13. April 1919. Zum Schluß liest man: »München ist wieder Räterepublik. Am nächsten Morgen ist der Bahnhof wieder in weitem Kreise abgesperrt. Starr steht der Bürger vor den Gestalten, die keinen passieren lassen. Es ist eine Auslese, die da Posten steht. Aus den Gesichtern kann einer lesen, der nie Lavaters ›Physiognomische Fragmente‹ in der Hand gehabt. So deutlich steht's darauf geschrieben. ›Na, daß so was aa gibt!‹ sagt kopfschüttelnd ein Alter und wendet sich.«[42] Wie das Porträttableau angeblich beim Publikum gewirkt haben soll, wurde im Geleitwort zur dritten Auflage des Heftes beschrieben: »Die ›Prominenten-Seite‹ mit ihren ›Charakterköpfen‹ – Photographie und doch Karikatur, Satire und doch Wahrheit in der Unbestechlichkeit der Linse riß auch denen die Binde von den Augen, die sich durch diese Musterkollektion ›echt deutscher Gestalten‹ bisher hatte führen lassen ...«

Zur Stunde der Wahrheit des blutigen Gespenstes Räterepublik wird die Erschießung von Mitgliedern der ›Thule-Gesellschaft‹ durch Soldaten der ›Roten Armee‹ im Luitpold-Gymnasium – dargestellt als Mord an unschuldigen Antisemiten. Die reißerische, mit unwahren Einzelheiten ausgeschmückte Darstellung bildet den Mittelpunkt der Broschüre. Dem Schreiber ist jedes Mittel recht, um Abartigkeiten, perverse Lust und Mordgier der Räterepublikaner auszumalen. Auf den Seiten mit der Darstellung des »Geiselmordes« ergibt sich eine seltsame Differenz zwischen Herolds sensationslüsterner Textschilderung und Hoffmanns zurückhaltender Bebilderung. Darin kommt der mediengeschichtliche Unterschied zu späteren Verfahrensweisen der Bildpublizisten deutlich zum Ausdruck.

Den »Weißen Terror« tabuisiert Hoffmanns Broschüre, der einzige Hinweis – die nur kapp vermerkte Erschießung von einundzwanzig katholischen Gesellen durch Freikorpssoldaten – enthält sich jeder dramatischen Schilderung. Auch findet sich im ganzen Heft weder ein Hinweis auf die Ermordung von Gustav Landauer oder Rudolf Egelhofer, noch ein Vermerk zur Hinrichtung Eugen Levinés.

Die Diskreditierung der Revolutionäre von 1918 und der Räterepublikaner korreliert mit der Verherrlichung der Regierungstruppen und der reaktionären Militärführer. Im Rahmen dieser polaren Struktur wurde die Münchener Nachkriegsgeschichte festgeschrieben. Als memorative Dokumente in der Bildpublizistik verwendet, entstanden aus den Revolutionsaufnahmen Bildstereotypen, die zu Trägern gegenrevolutionärer Ideologeme wurden und sich dauerhaft in das Gedächtnis des Publikums eingraben sollten. Das Vorwort zu Hoffmanns Broschüre feiert die Erinnerungsleistung der Fotografie: »Uns, die wir die Schreckensmonate Münchens mit durchlebt haben, stehen die Bilder, die sich uns damals aufgedrängt haben, wie unauslöschlich im Gedächtnis. Aber schon heute nach einem Jahr ist viel davon verflogen ... die Erinnerung an diese Tage ... will man sich wachhalten. Für sich, für Kind und Kindeskind ... Nichts aber kann die Erinnerung an jenes Jahr mit all seinen Stimmungen und Ängsten besser festhalten als das Bild.«[43]

Aber wie auch die Wahl der Darstellungsmittel und ihre Wirkungsintensität ausfiel, das Muster der populären Retrospektiven und Geschichtsdarstellungen blieb gleich. Die als sinnliches Erlebnis vermittelte Politik ersetzt den Diskurs. Politische Urteile werden über das psychologische Instrumentarium von Sympathie und Antipathie, fester Bestandteil des propagandistischen Repertoires der revolutionsfeindlichen Darstellungen, hervorgerufen. So wird eine Solidarität des Publikums hergestellt, die sich nicht auf seine Interessenlage gründet, sondern auf die Abwehr von Bedrohungen, die vorgeblich allgemein die menschliche Existenz betreffen. Besonders nachhaltig stellen Schreckensnachrichten und massive Feindbilder eine kollektive Schicksalsgemeinschaft her. Auf das sinnliche Erschrecken verbleiben als Reaktionen nur Betroffenheit, Entrüstung und Abscheu, die gegen vernunftmäßige Kritik immun sind.

RÜCKBLICKE DER ZWANZIGER UND DREISSIGER JAHRE

Seit in den späten Zwanziger Jahren die visuellen Massenmedien wachsenden Einfluß auf die Konstitution politischer Öffentlichkeit nahmen, spielten auch die Dokumentaraufnahmen von 1918/19 eine wichtige Rolle bei der Popularisierung des Revolutionsmythos. Besonders in den parteipolitisch ausgerichteten Blättern wurden die innenpolitischen Auseinandersetzungen mit Schärfe ausgetragen. Während die sozialistischen und kommunistischen Bildpublizisten dem Geschehen nur eine relativ geringe Beachtung schenkten und auch die Liberalen und Konservativen nur zögernd darauf zurückkamen, nutzten die Nationalsozialisten das Bildmaterial intensiv als unangefochtene Belege zur Polemik gegen Arbeiterbewegung, Weimarer Republik und Judentum, was zu einer umfassenden Ausdeutung der Aufnahmen führte. In der faschistischen Publizistik, die stereotype Bild-Text-Formeln prägte, wurden die Fotografien durch neue Formen der Bildpräsentation der zeitgenössischen Wahrnehmung angepaßt und entwickelten ein beachtliches persuasives Potential.[44] Die Nationalsozialisten kämpften mit den historischen Aufnahmen nochmals den Kampf der »Befreier Münchens vom Bolschewismus« und stellten sich als deren Erben dar. Sie schrieben es auf ihre Fahnen, gegen das Vergessen des »Novemberverbrechens« anzugehen und behaupteten die »Schandtaten« mit Bilddokumenten zu beweisen. Reklametechnische Gesichtspunkte waren dabei bestimmend; den Mittelpunkt der nationalsozialistischen Geschichtsrezeption bildeten Greuelberichte. Als abschreckendes Kontrastprogramm zur nationalsozialistischen Selbstverherrlichung gehörte der Revolutionsrekurs auch zur staatsoffiziellen Propaganda des ›Dritten Reiches‹.

Für die nationalsozialistischen Publizisten war es sicher ein glücklicher Umstand, daß das Parteimitglied Hoffmann den größten Bestand an Revolutionsaufnahmen besaß. Eine ebenso wichtige Quelle war Rehses ›Archiv für Zeitgeschichte und Publizistik‹. Mit dem von Rehse gesammelten Dokumentationsmaterial wurden vielfach Bildpublikationen illustriert und nach 1933 auch Ausstellungen beschickt. Trotz dieser Besitzverhältnisse beanspruchten die Nationalsozialisten allem Anschein nach jedoch kein Monopol über die Revolutionsaufnahmen. Noch 1932 konnte die liberale ›Münchner Illustrierte Presse‹ Aufnahmen aus Rehses Ar-

chiv beziehen. Der damit illustrierte Bildbericht fand dann aber eine wütende Resonanz bei den Nationalsozialisten.

Daß die Linke nicht häufiger auf die Münchener Revolutionsereignisse zurückkam, lag daran, daß ihr Augenmerk zumeist der Reichshauptstadt Berlin galt – dem eigentlichen Revolutionszentrum in Deutschland. In den kommunistischen Illustrierten der Weimarer Republik gibt es nach dem gegenwärtigen Wissensstand nur zwei Bildberichte über die Münchener Revolutionsmonate. Sie erschienen 1929 anläßlich des zehnten Jahrestages der Ausrufung der Zweiten Räterepublik und erinnern allein an die Zeit der Räteherrschaft. Während ›Die Arbeiter-Illustrierte-Zeitung‹ nur auf

›Der Rote Stern‹, 8. Jg., 1929, Nr. 8.

>Der Rote Stern<, 8. Jg., 1929, Nr. 8.

einer Seite einen illustrierten Artikel von Alexander Abusch brachte, veröffentlichte >Der Rote Stern< einen mehrseitigen Bildbericht mit Dokumentaraufnahmen und Plakatreproduktionen. Die meisten Aufnahmen stammen von Hoffmann. Im Vergleich zur nationalsozialistischen Publizistik ist die Verwendung des Bildmaterials zurückhaltender und die diskursive Argumentation entsprechend wichtiger. Allerdings sind die Bildberichte in der >Arbeiter-Illustrierten-Zeitung< wie im >Roten Stern< nicht repräsentativ für den ansonst üblichen moderneren Bildgebrauch dieser Organe.

Weitgehend wurde auf suggestives Bildmaterial verzichtet und eine gleiche Abbildungsgröße gewählt. Den Bildbericht des >Roten Stern< beherrschen Demonstrations- und Kundgebungsfotos. [45] Im Textzusammenhang sollen sie die Massenbasis der Räterepublik verdeutlichen, während Aufnahmen von Rotarmisten die Notwendigkeit des bewaffneten Kampfes unterstreichen. Die Toten werden als unsterbliche Opfer beschworen, Rudolf Egelhofer und Eugen Leviné als »Helden der Weltrevolution« gefeiert und mit Porträts gewürdigt. Zugleich wird der »Weiße Terror« angeklagt. Levinés bekannter Ausspruch »Wir Kommunisten sind alle Tote auf Urlaub« bildet eine der Titelzeilen. Scharf bezieht der >Rote Stern< gegen das Abenteuer der »Scheinräterepublik« Stellung, verurteilt die Mehrheitssozialisten und hält den Führern der Unabhängigen Sozialisten Verrat und Kapitulation vor den »Noske-Truppen« vor. Gegen die innerparteilichen Kritiker verteidigt der Artikel das Fanal des aussichts-

losen Kampfes und zieht das Resümee: »Was hinterließ die Münchener Räteherrschaft? Die Erkenntnis von dem Verrat der Sozialdemokraten, die Erinnerung an lichte Gestalten der selbstlosen und mutigen Kämpfer, die Einsicht, daß nur der Kampf das Proletariat erlösen kann. Als die Bourgeoisie und ihre Helferin, die SPD, wieder >Ruhe und Ordnung< in München herstellten, da ertönten die feigen Stimmen der Opportunisten – ja selbst in den Reihen der KPD (der Renegat Paul Levi war damals noch führender Kommunist), die da meinten, man hätte den Kampf angesichts der Aussichtslosigkeit nicht aufnehmen sollen. Aber alle die in jenen Apriltagen als Kommunisten, als Schüler Lenins, in München kämpften, betrachten den Kampf – auch wenn die Schlacht einstweilen verloren ist – als Teil der Weltrevolution des Proletariats, deren endgültiger Sieg kommen muß.« [46]

Legitimationsprobleme bestimmten oft die historischen Rückblicke der Verlierer von 1919, oder führten wie im Fall der Mehrheitssozialisten zur halbherzigen Erinnerung an die »ungeliebte Revolution«. Für die Nationalsozialisten boten die Münchener Revolutionsereignisse hingegen eine ideale ideologische Konstellation, aus der sie prägnante Formeln für ihre antikommunistische und antisemitische Propaganda ableiten konnten, zumal während der Zweiten Räterepublik erstmals in Deutschland Kommunisten für längere Zeit an der Macht gewesen waren. Die als »Dolchstoß« gedeutete Revolution und die Räteherrschaft wurden zu Paradigmen für das schändliche Weimarer System (»Das Toll-

UNSTERBLICHE OPFER...

Zuchthaus Stadelheim

Eugen Leviné

Wir Kommunisten sind alle Tote auf Urlaub

Wir Kommunisten sind alle Tote auf Urlaub. Ich weiß nicht, ob Sie mir meinen Urlaubsschein noch verlängern werden, ob Sie eine Freiheitsstrafe aussprechen werden. Ich sehe auf jeden Fall Ihrem Spruch mit Gefaßtheit und innerer Heiterkeit entgegen. Ich weiß, was Sie auch für einen Spruch fällen werden, die Ereignisse sind nicht aufzuhalten. Der Staatsanwalt glaubt, die Führer hätten die Masse aufge-

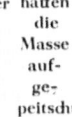

Weiße Bürgergarden verhafteten Rotgardisten

peitscht. Wie die Führer die Fehler nicht hintertreiben konnten, so wird auch das Verschwinden eines Führers die Bewegung unter keinen Umständen aufhalten. In diesem Raum werden über kurz oder lang andere Richter tagen und wird derjenige wegen Hochverrat bestraft werden, der sich gegen die Diktatur des Proletariats vergangen hat. Die Münchener Arbeiter und ich mit ihnen zusammen, wir haben alle versucht, mit bestem Wissen und Gewissen unsere Pflicht zu tun gegen das Proletariat und die internationale kommunistische Weltrevolution. Eugen Levinés letzte Rede vor dem Schwurgericht in München.

Abtransport entwaffneter Arbeiter

Die Räteregierung hatte die russischen Kriegsgefangenen aus den Gefangenenlagern befreit und zum Eintritt in die rote Armee aufgefordert. Ein Teil der Kriegsgefangenen folgte diesem Ruf. Am 1. Mai wurden auf dem Bahnhof Pasing 53 waffenlos aus München kommende Russen festgenommen, am anderen Morgen auf das Verlangen der württembergischen Sicherheitskompagnie Nr. 21 von einem Standgericht zum Tode verurteilt, obwohl sie beteuerten, an den Kämpfen nicht teilgenommen zu haben. In der Umgebung hatten überhaupt keine Kämpfe stattgefunden. Am 2. Mai um 8½ Uhr vormittags wurden die 53 Mann in einer Kiesgrube erschossen.

Am 5. Juni, nachmittags gegen 2 Uhr, wurde im Zuchthaus Stadelheim das Todesurteil vollstreckt. An der Mauer lehnte Leviné es ab, sich umzudrehen oder sich die Augen verbinden zu lassen. Er wollte dem Tod ins Auge sehen. Als das Kommando zum Feuern ertönte, riß er ein weißes Tuch empor und noch einmal, stark, triumphierend ertönte sein Ruf:

Es lebe die Weltrevolution!

Ins Herz getroffen stürzte er zusammen.

Links: Opfer der weißen Ordnungsbestie. Willkürlich festgenommene Münchener Arbeiterinnen und Arbeiter werden auf dem Münchener Schlachthof viehisch ermordet. Ebenso willkürlich war die bestialische Abschlachtung 21 Katholischer Gesellen, die man versehentlich für „Bolschewisten" ansah.

Die Kiesgrube bei Pasing, in der die russischen Kriegsgefangenen erschossen wurden

Russische Kriegsgefangene im Demonstrationszuge der Münchener Arbeiterschaft, anläßlich der Beisetzung des ermordeten Kurt Eisner

›Der Rote Stern‹, 8. Jg., 1929, Nr. 8.

haus, dem wir die Republik verdanken«) und bildeten den zentralen Teil einer militant nationalistischen und antisemitischen Feindbildpropaganda.[47] Alfred Rosenberg schrieb 1935 in seiner Broschüre »Der Bolschewismus als Aktion einer fremden Rasse«: »Wir alle haben die Räterepublik in München erlebt und wissen, daß auch diese von einer Handvoll verbrecherischer Juden inszeniert worden war mit dem Ziel, alle noch vorhandenen nationalen Widerstände in Deutschland zu brechen und eine Ausrottung des stets gehaßten deutschen Blutes planmäßig durchzuführen.«[48]

Die nationalsozialistische Revolutionslegende beschränkte sich auf ein paar eingängige antithetische Stereotypen und begreift Novemberrevolution und Räterepublik als Einheit eines politischen Chaos, in dem unter der Führung jüdischer Volksverhetzer Gewalt, Zerstörung und Mord an der Tagesordnung waren, die im »Geiselmord« kulminierten: »Das war der Höhepunkt der Roten Revolution: Mord an Kleinbürgern zu Ehren der jüdischen Hochfinanz«.[49] Auf der anderen Seite wurde der von einer Koalition aus Mehrheitssozialisten, Liberalen und Reaktionären geführte Feldzug gegen die Räteherrschaft umgedeutet zum heroischen Kampf von vaterländisch gesinnten Militärs gegen Marxisten und »Novemberverbrecher«, worunter gleichermaßen Liberale, Sozialisten und Kommunisten subsummiert wurden: »In Bayern versuchten Eisner und Genossen jüdische Kulturerrungenschaften einzuführen. Die Methode Moskaus hatte Erfolg: der aufgewiegelte Mob forderte die Macht und der Jude Levien rief die Münchener Räterepublik aus. Jetzt begann das Schreckensregiment der Eglhofer, Schicklhofer und Seidl. Im Hintergrunde hetzten die Juden Levien und Leviné weiter. Das friedliche München wurde zum Schauplatz bolschewistischer Terrorakte, deren Krönung die Ermordung der Geiseln im Luitpoldgymnasium war. Aber der Frontgeist deutscher Männer siegte doch. Die Freikorps rückten an und entsetzten München von seinen roten Barbaren. Und hier begann das deutsche Wunder: die Opfer des Weltkrieges waren nicht umsonst gewesen. Das Fronterlebnis konnte auch jüdisch-bolschewistischer Terror nicht ausrotten und vom Schreckensjahr 1919 an begann von München aus die deutsche nationalsozialistische Erneuerungsbewegung.«[50]

Die zentralen nationalsozialistischen Topoi sprechen einerseits antikapitalistische Hoffnungen breiter Bevölkerungskreise an und denunzieren zum anderen sozialistische Organisationen. Die Propaganda greift auf den militanten Antisemitismus zurück, der im späten 19. Jahrhundert seinen ersten Höhepunkt erreichte. Dieses wahnhafte Weltbild bot den von sozialer Deklassierung bedrohten kleinbürgerlichen Schichten einen universalen Schuldigen in personifizierter Form an. Die Juden sollten sowohl an den kapitalistischen Krisen als auch an einer bevorstehenden sozialistischen Umwälzung des Systems schuld sein. In der nationalsozialistischen Ideologie erscheint die arische Volksgemeinschaft vom internationalen jüdischen Finanzkapital und den mit ihm komplizenhaft verbundenen marxistischen Revolutionären bedroht. Nationale Konkurrenz- und Ausbeutungsver-

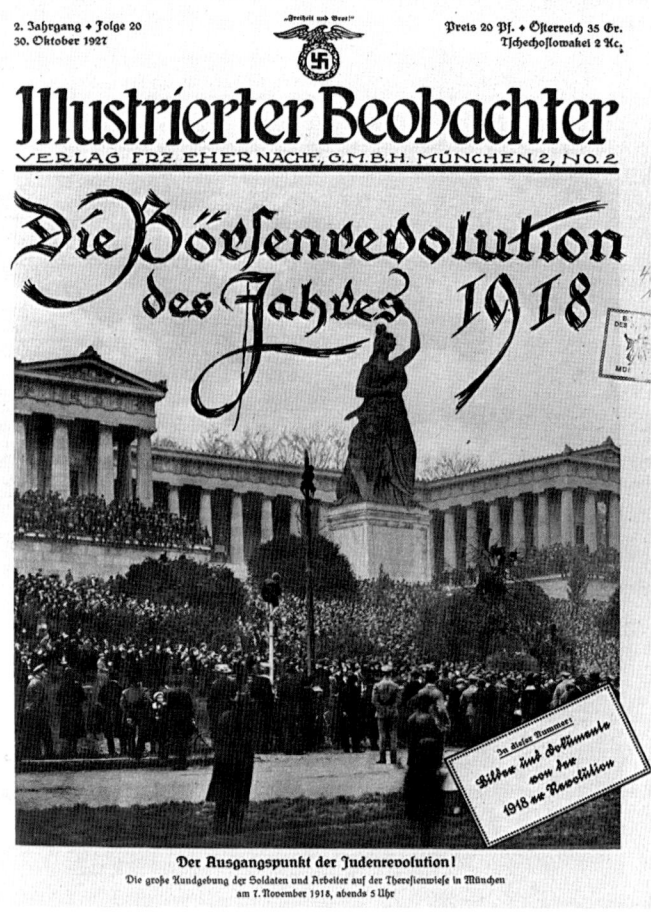

›Illustrierter Beobachter‹, 2. Jg., 1927, Folge 20.

hältnisse werden in eine rassische Auseinandersetzung des arbeitenden Volkes mit fremdartigen Schmarotzern umgedeutet.

Die Nationalsozialisten sahen in der radikalen Verkürzung auf wenige plakative Formeln die Voraussetzung für eine bislang nicht bekannte Eindringlichkeit bei der Vermittlung von Gegenwartspolitik und Historie. Die Favorisierung reklametechnischer Gesichtspunkte erklärt sich aus der faschistischen Ideologie selbst, einer »Verschmelzung von deutscher Lebensphilosophie und amerikanischer Reklametechnik«.[51]

Werbetechnische Anstrengungen zur Steigerung der Wirksamkeit politischer Massenbeeinflussung bestimmten insbesondere auch den Rückgriff der nationalsozialistischen Bildpublizistik auf die Aufnahmen von 1918/19. Vielfach ist im ›Illustrierten Beobachter‹ eine deutliche Orientierung an Hoffmanns Revolutionsatlas zu beobachten. Die vorhandenen Aufnahmen wurden radikal selektiert und verstärkt appellative Bildqualitäten beachtet. Durch die fortwährende Wiederholung des eng umgrenzten Basisrepertoires bekamen viele Fotografien Signalcharakter und avancierten zu emotional besetzten Symbolen, während räumliche und zeitliche Bezüge sich zunehmend verloren. Die Illustrierten favorisierten schautafelähnliche Gestaltungen von Doppelseiten, um eine Fülle von angeblichem Beweismaterial auszubreiten. Ihr suggestiver Charakter überdeckt die innere

›Illustrierter Beobachter‹, 2. Jg., 1927, Folge 20, S. 274/275.

Unstimmigkeit und Beliebigkeit in der Auswahl und Kombination. Anhäufungen zu großformatigen Arrangements, die Bildung von visuellen Analogien und die Koppelung zur gegenseitigen Interpretation und zur Intensivierung der Bildaussage kennzeichnen den Zugriff auf die historischen Aufnahmen. Für die Porträttableaus mit republikanischen Politikern wurde auch die Montagetechnik benutzt. Die Bildunterschriften beschränken sich nicht mehr auf bloß denotative Funktionen, sondern nehmen die Fotografien umfassend in Beschlag, interpretieren weitreichend, ironisieren, denunzieren und diffamieren. Deutlich ist der militant-suggestive Grundtenor der faschistischen Sprachrhetorik. Kurze Gleichungen werden aufgestellt und monoton wiederholt. Eigennamen historischer Akteure verkommen dabei zu abschreckenden Etiketten. Die Darstellungen fallen hochgradig emotionalisiert aus, um Vergangenes möglichst intensiv zu beleben: Geschichte dient als Reservoir für Greuelerzählungen, deren zeitloses Erschrecken das Gegenüber von Vergangenheit und Gegenwart aufhebt.

Mit dem Pathos akribischer Historiker behaupteten die nationalsozialistischen Publizisten, zur Aufklärung der historischen Wahrheit manches nicht beachtete Indizienmaterial zu besitzen und damit dem Leser die vergangenen »Schandtaten« zu beweisen: »Man kann den November-Betrug des Jahres 1918 unserm Volk nicht oft genug vor Augen führen. Dies in recht eindringlicher Weise zu tun, ist der Zweck der vorliegenden Ausgabe des ›Illustrierten Beobachters‹, in der eine ganze Reihe von bisher unveröffentlichten Bildern, vor allem von Dokumenten zum Abdruck gebracht werden, die den Geist und das Wesen der Revolution des Jahres 1918 eindringlicher zeigen als die dicksten Bücher.«[52]

Diese Absichtserklärung kann als Motto für die Bildretrospektiven der nationalsozialistischen Publizistik gelten. Sie findet sich in einem 1927 zum neunten Jahrestag der Republikgründung erschienen Heft des ›Illustrierten Beobachters‹ mit dem Titel: »Die Börsenrevolution des Jahres 1918«. Es war fast ganz den Münchener Ereignissen gewidmet und leitete die parteioffizielle Bildrezeption durch die NSDAP ein. In längeren Textberichten und anhand zahlreicher Fotografien und Schriftdokumente aus Rehses ›Archiv für Zeitgeschichte und Publizistik‹ wird das Revolutionsgeschehen als schändlichster Makel des Weimarer Systems gedeutet. Im aggressiven Ton macht das Blatt gegen das ganze »System« Front und stellt die wirtschaftliche Misere der Republik als Resultat der »Börsenrevolution« von 1918 dar. Die tatsächlichen Ereignisse von 1918/19 sieht die NSDAP verschwiegen: »Wir Nationalsozialisten begreifen, daß das ausschlaggebende parlamentarische Schieber-Gesindel aller Spiel-

›Illustrierter Beobachter‹, 3. Jg., 1928, Folge 9, S. 114 / 115.

arten ein verdammtes Interesse daran besitzt, alles, was mit der Revolution des Jahres 1918 zusammenhängt, möglichst zu vertuschen und andererseits alles rücksichtslos zu bekämpfen, was sich die Beseitigung der Folgen der 1918-Revolution zum Ziele gesetzt hat.«[53] Zweck der Novemberrevolution sei die Zerschlagung der militärisch-politischen Macht Deutschlands gewesen, um dem internationalen Judentum die ungehinderte Ausplünderung des deutschen Volkes zu ermöglichen: »Deshalb mußten die deutschen Arbeitermassen in die Hand von Führern kommen, deren Rassegenossen auf der anderen Seite die großen Nutznießer des Betruges werden sollten. So mußte und konnte die Revolution nicht die Befreiung des arbeitenden Volkes aus den Klauen des Kapitalismus bringen, sondern erst recht die Versklavung und Unterdrückung unter die vereinigten Ausbeuter und Sklavenhalter der Erde.«[54]

In Bildselektion und -präsentation wird das psychologische Kalkül deutlich. Die vorgeblichen Erkenntniswerte der Fotografien bleiben bloße Phrase. Aber der Verweis auf unveröffentlichte Aufnahmen, den man in der nationalsozialistischen Bildrezeption häufiger findet, läßt Besonderes vermuten und steigert den Beweiswert der Fotografien durch das Versprechen, von anderen unterdrücktes Dokumentationsmaterial zu veröffentlichen. In der Tat tauchen hier neben

den bekannten auch ein paar unpublizierte Aufnahmen auf, wie beispielsweise die von bewaffneten Räterepublikanern im Münchener Hauptbahnhof. Die Aufnahmen enthüllen jedoch nichts, können auch die Textbehauptungen nicht belegen, aber großformatig präsentiert, vermitteln sie einer kleinbürgerlichen, von der Proletarisierung bedrohten Leserschaft – die hier offenkundig angesprochen ist – angsterregende Schreckbilder: »In der heutigen Nummer bringt der ›I.B.‹ eine Anzahl von Bildern aus der Zeit, in der Gauner, Volksbetrüger, Lumpen unser gutes Volk zum Teil betörten und in Not und Elend jagten. Schaut sie euch an, die Typen aus der Periode der Mobilmachung der Verworfenheit. Wer den Aufmarsch der Eisner-Liebknecht-Levien-Garden usw. miterlebt hat, der weiß, daß darunter Gestalten waren von solcher Scheußlichkeit, als hätte das Chaos selbst sie ausgespien. Wir können nicht alle bringen, und die einzelnen Typen, die wir bringen, genügen schon vollauf.«[55]

Im Bildbericht über die »Börsenrevolution« wurden viele Aufnahmen nach dem Belieben der Publizisten mittels entsprechender Beschriftungen umgedeutet. Eine Aufnahme von Revolutionssoldaten aus den Novembertagen ist auf den Januar 1919 datiert und gilt als Beleg für die Irreführung der Massen: »Eisner wird bei seiner Rückkehr aus Genf, wo er die Kriegsgefangenen verriet, von den unwissenden Genos-

›Der Flammenwerfer‹, 2. Jg., 1932, Folge 10, S. 2 / 3.

sen stürmisch begrüßt.«[56] Bei anderen Aufnahmen, die angeblich »Revolutionstypen« darstellen, handelt es sich zumindest in einem Fall um einen Regierungssoldaten.[57] Auch wenn es noch so falsche Bildbeweise waren, ohne gegenteilige Information war der Leser der textlichen Deutung fast vollkommen ausgeliefert. Das fotografische Medium sahen die Nationalsozialisten bedingungslos auf ihrer Seite, wie der ›Illustrierte Beobachter‹ schon in seiner ersten Nummer zu verstehen gab: »Wer lügt? Die Photographie oder die Judenzeitungen?«[58]

Die Schreckensnachrichten über die »Novemberrevolution« wurden mit Eigenwerbung für die NSDAP verbunden: »Wer solche Verbrechen für die Zukunft vermeiden will, wählt am 20. Mai die Nationalsozialisten«. Dies stand unter dem doppelseitigen Tableau »Der rote Terror 1919« aus der Zeit des Reichstagswahlkampfes von 1928.[59] Den »bürgerlichen Herrschaften« hält das Tableau Vaterlandsverrat vor. Der geflohene bayerische Landtag wird forsch marschierenden Freikorpssoldaten gegenübergestellt, um deren wichtige Ordnungsfunktion zu unterstreichen. Der »Geiselmord«, dargestellt mit Tatortaufnahmen, Porträts der Opfer und verschiedener Räterepublikaner, beherrscht die Doppelseite. Um die Räterepublikaner nun auch auf der visuellen Ebene als Sexualverbrecher zu diffamieren, wurden Aufnahmen der geplünderten Diensträume in der Polizeidirektion mit ins Spiel gebracht, deren Betextung die obszöne Phantasie

des Betrachters zu wecken sucht: »Bekleidet mit katholischen Meßgewändern veranstalteten die roten Apostel Orgien und verschwanden dann unter Mitnahme aller Wertgegenstände, vor allem auch der Lederüberzüge der Einrichtung im Zimmer des Präsidenten. Doch heute ist dies alles vergessen.«[60]

Den Porträts der Räterepublikaner wurde in der nationalsozialistischen Feindbildpropaganda eine zentrale Stelle eingeräumt. Eine Bild-Text-Seite aus dem ›Illustrierten Beobachter‹ von 1928 belegt, welche Relevanz sie für den nationalsozialistischen Kampf gegen die Weimarer Republik hatten. Unter dem Signum »Karakterköpfe der Judenrevolution« wurden Politiker der deutschen Nachkriegszeit, die in München und Berlin vollkommen konträre Positionen vertreten hatten, in einer Porträtmontage gemeinsam vorgestellt: »Ein Gremium von jüdischen Hochstaplern, deklassierten bürgerlichen Zuhältern, korrupten Arbeiterverrätern und vertrottelten Intellektuellen machte damals in Geschichte, und in was für einer. Man sehe sie sich nur an, die durchgeistigten Charakterköpfe der Judenrevolution, denen auf der Stirne geschrieben steht, daß sie den Unterschied zwischen Zwangsjacke und Sing-Sing von Fall zu Fall zu schätzen wußten ... Jeder, aber auch jeder dieser November-Heroen hatte nicht zuletzt Dreck am Stecken. Aber der ›neue Staat‹ sah in ihnen nicht ein Kollegium von Gesinnungsakrobaten, sondern von messianischen Sendlingen, die eine gottge-

Illustrierter Beobachter, 7. Jg., 1932, Folge 31, S. 716 / 717.

wollte Neuordnung dem Tohuwabohu in Deutschland bescherte . . .«[61]

Die Präsentation der vom Bildhintergrund freigestellten Köpfe setzt darauf, den Eindruck einer Versammlung führerloser Wirrköpfe und kopflastiger Spukgestalten zu erzeugen. Diese Porträt-Montage wurde später vielfach nachgeahmt. Mit einem hydraähnlichen Gebilde aus Politikerköpfen machte 1936 die ›Süddeutsche Sonntagspost‹ die Rechnung auf: »8 Kommunisten und ihre Leistungen«.[62] Auch in Schrickers ›Rotmord über München‹ finden sich die Porträts auf einem Tableau: »Die Führer der Münchner ›Volkserhebung‹«.[63] Dabei ist aber nicht genau erfindlich, nach welchen sachthematischen Überlegungen die Porträts zusammengestellt wurden. Wahrscheinlich wurde – den ästhetischen Dispositionen des antisemitischen Kalküls entsprechend – dem Erscheinungsbild der Porträtierten ein wichtiger Stellenwert eingeräumt. Die Bedeutung der Personen trat damit zurück.

Gegen die »Lügen der Judenzeitungen« führten die Nationalsozialisten die Porträts der Politiker von 1918 / 19 häufig ins Feld. 1932 verwahrte sich der ›Illustrierte Beobachter‹ mit einer Gegendarstellung zum Bildbericht »Der Spuk der bayerischen Räterepublik« in der liberalen ›Münchner Illustrierten Presse‹[64] Er konstruierte einen Skandal daraus, daß die »führende nationale Illustrierte« kein Porträt des Juden Kurt Eisner abgebildet habe und stattdessen Rudolf Egelhofer wegen seiner »deutschen und christlichen Abstammung«

zum Haupträdelsführer erklärt habe. Der ›Illustrierte Beobachter‹ nahm dies zum vordergründigen Anlaß, Eisners bekanntes Porträt mit dem Hinweis »Eisner, wie er wirklich aussah« erneut zu veröffentlichen. Zusätzlich kamen zehn Porträts der »eigentlichen Führer« der Räterepublik, deren angeblich jüdische Abstammung betont wird, zum Abdruck. In dieser Geschichtsklitterung – Eisner war Wochen vor der Ausrufung der Räterepublik ermordet worden – geht es allein darum, wieder einmal die zu standardisierten Bildmythen und zu Schreckensgesichtern verkommenen »Judenbildnisse« dem Leser vor Augen zu führen. Im Kontrast wird an die »Heldentaten« der Freikorps erinnert und nationalsozialistische Traditionsbildung betrieben: »Die Retter von damals marschieren in überwältigender Mehrzahl in den braunen Batallionen, an ihrer Spitze mit dem Befreier Münchens General Epp.«

Die Aufnahmen von 1918 / 19 finden sich auch in Bildbänden zur deutschen Nachkriegsgeschichte, die seit den späten Zwanziger Jahren verlegt wurden und völkische oder nationalsozialistische Tendenzen verfolgten. Dabei wurde das Bildangebot der Agenturen vorrangig nach visuell-suggestiven Gesichtspunkten und nur untergeordnet nach dem historischen Inhalt selektiert. Die Intention der Arrangements zielt darauf, Stimmungsbilder vom »republikanischen Chaos« (›Das Gesicht der Demokratie‹) zu zeichnen. Franz Schauwecker entwarf in seinem Band ›So ist der Friede‹ das Schreckbild einer bedrohlich wirkenden Unordnung durch die inhaltlich willkürliche Kombination von zumeist dramatischen Aufnahmen. Das Resultat wirkt oft kurios. So wird auf einer Seite eine Ansicht des Potsdamer Platzes während des Verkehrsstreiks 1920 in Berlin mit einer Szene aus den Berliner Straßenkämpfen vom Winter 1918/19 und einer Tatortaufnahme aus dem Münchener Luitpoldgymnasium in Beziehung gesetzt.[65]

Auch nach der »Machtergreifung« besaßen die Retrospektiven einen festen Platz in der nationalsozialistischen Bildpublizistik, ihre Funktion änderte sich jedoch. Die innenpolitische Feindpropaganda verlor an Relevanz, nachdem die politische Opposition ausgeschaltet war – darunter auch die während der »Kampfzeit« verleumdeten Aktivisten von 1918/19. Felix Fechenbach wurde 1933 »auf der Flucht erschossen«, Erich Mühsam 1934 im KZ Oranienburg ermordet. Im Rahmen der antikommunistischen Strategie zielte die neue Stoßrichtung gegen die Sowjet-Union. Zugleich diente die Rezeption der Revolutionsdokumente zur Legitimation der faschistischen Herrschaft und der Legendenbildung um die historische Rolle der NSDAP. Wichtige Parteiführer und Propagandisten hatten damals mit ihrer politischen Tätigkeit begonnen oder waren als Soldaten an der

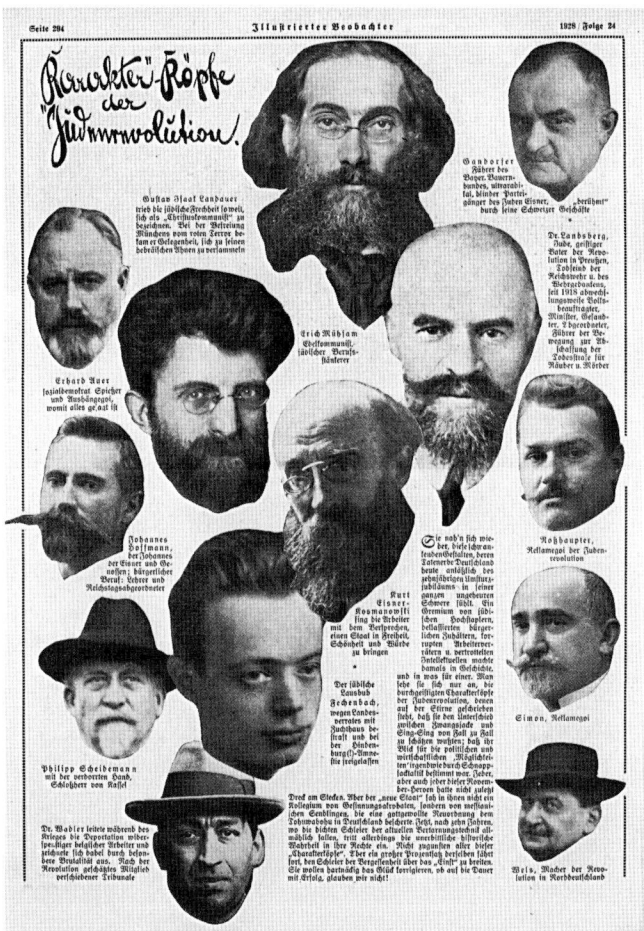

›Illustrierter Beobachter‹, 3. Jg., 1928, Folge 24, S. 294.

Söhne der Wüste (Eisner, Leviné, Levien)

Söhne der Berge (Das Freikorps Werdenfels)

»Söhne der Wüste (Eisner, Leviné, Levien) – Söhne der Berge (Das Freikorps Werdenfels)«, in: Walter Frank: ›Franz Ritter von Epp‹, Hamburg 1934, vor S. 81.

Niederwerfung der Räterepublik beteiligt.[66] Von München, dem ersten Schauplatz des »Novemberverbrechens« nahm die »Bewegung zur Rettung Deutschlands« ihren Weg.

Die nunmehr staatsoffizielle Deutung der Münchener Revolutionsereignisse fand über alle massenmedialen Multiplikatoren, vom Schulbuch bis zum Film Verbreitung. Mit der zunehmenden zeitlichen Entfernung vom Revolutionsgeschehen und dem wachsenden Verlust an Eigenerfahrung bei den Lesern wurde das historische Bildmaterial in großen Teilen vollkommen umgedeutet. Den radikalsten Versuch in dieser Richtung unternahm 1934 Rudolf Schricker in seinem Bildbuch ›Rotmord über München‹, das im losen Zusammenhang mit der Textschilderung in über 120 Aufnahmen eine Chronologie der Revolutionsereignisse nachzeichnet. Bei den Bildunterschriften handelt es sich nicht um irrtümliche Fehldeutungen oder überstrapazierte Interpretationen, sondern es sind schlichtweg Fälschungen – nachweislich in mehr als zwanzig Fällen.[67] Ein in einem Schaufenster schlafender Weißgardist wird zum kulturschändenden Rotarmisten, der Aufzug der Bürgerwehr zum Aufmarsch der ›Roten Armee‹ oder eine durch den Artilleriebeschuß der Regierungstruppen beschädigte Fabrikmauer zur »Blutstätte im Luitpold-Gymnasium«. Der Feindbildentwurf zeigt überdeutlich die nationalsozialistischen Intentionen: Systematisch werden Republikaner und Räteanhänger in Verbin-

H. Speidel: Schutzumschlag für Rudolf Schricker: ›Rotmord über München‹, Berlin 1934.

dung gebracht mit Aufnahmen von Schmutz, Abfall und Tod, um die Rezipienten der Wahrnehmung körperlicher Bedrohung auszusetzen.

Die Porträts der Räterepublikaner fanden nun auch Eingang in die Bildwerke der nationalsozialistischen Rassentheoretiker, die sie als »biologische Argumente« für den Kampf gegen die »Minderwertigen« benutzten. Die Verwendung der Aufnahmen macht die Bedeutung des politisierten menschlichen Gesichtes deutlich, das zum »ideologischen Kampfplatz« geworden war, wie schon der Bildtypus des »weltanschaulichen Porträts« in den frühen Dreißiger Jahren.[68] Die Wertzuschreibungen der rassistischen Konstrukte sollten dem politischen Meinungsstreit enthoben sein und bezogen sich in zweierlei Weise auf »Wissenschaft«: auf die exakt registrierende Fotografie und die »Rassenbiologie«. Indem man die undurchsichtigen Funktionsabläufe und die Widersprüche der bestehenden Gesellschaft auf eine rassische Auseinandersetzung mit dem Judentum verlagerte, war ein Feindbild von großer Anschaulichkeit gewonnen. Biologie wurde zur Weltanschauung, zum politischen Argument verkehrt. Die »Judenbilder« zeigen die andere Seite der »Ästhetisierung des politischen Lebens« im Faschismus. 1935 hieß es in dem Band ›Antisemitismus der Welt in Wort und Bild‹:

»Wer weiß, daß G e s i c h t s forschung die beste G e - s c h i c h t s forschung ist, muß zur Erkenntnis kommen, daß 1918 keine deutsche Revolution ausbrach, sondern bloß ein Aufstand des jüdisch-asiatischen Untermenschentums und seiner geistigen Söldlinge.«[69]

Unter dem rassistischen Kalkül wurde bei der Porträtpräsentation auch zur Kontrastierung nach dem Feind-Freund-Schema gegriffen. Sie findet sich beispielsweise in Epps Biografie von Walter Frank. Dort treten den folkloristischen Freikorpssoldaten (»Söhne der Berge«) die Gespensterköpfe der Revolutionäre (»Söhne der Wüste«) gegenüber.[70] Im rassistischen Revolutionsmythos verbündet sich das »gesunde Volkstum« mit den heroischen Frontsoldaten zum gemeinsamen Kampf gegen die »jüdisch-bolschewistische Unterwelt«: ».. . eine Führung . . . von Leuten, die nie Arbeiter und nie Soldaten gewesen sind: von jüdischen Intellektuellen, ausgespien vom Osten Europas oder von den Kaffees in Schwabing. Die Levien und Leviné tauchten auf, die Toller und Mühsam und Landauer. Verschieden in den Tönen und Akzenten ihrer Predigt. Aber im letzten eins: in der Sehnsucht nach der Anarchie, in der Liebe zum Nichts.«[71]

Die Erinnerungen an »Deutschlands schmachvollen Niedergang« münden in den demütigen Dank an den »Führer«, der mit seinen entschlossenen Taten das Versprechen eingelöst habe, Deutschland »wiederaufzurichten«. Diese triumphalen Rückblicke aus der Perspektive der Sieger dienten der Verherrlichung der »Bewegung« und der Parteigrößen. Dazu wurde in vielen Fällen die von Mord und Terror gezeichnete »Systemzeit« der aktuellen Gegenwart und der nationalsozialistischen »Leistungsbilanz« gegenübergesetzt. Dem Muster folgten insbesondere zeitgeschichtliche Ausstellungen, in denen moderne Vermittlungsmöglichkeiten des historischen Bildmaterials erprobt wurden. So wurden die Revolutionsereignisse in der Ausstellung »Der Bolschewismus. Große antibolschewistische Schau«, die 1936/37 im Deutschen Museum stattfand, aktualisiert. Sie zeigte auf circa 20 Schautafeln neben der Märtyrergeschichte der deutschen, ungarischen und italienischen Faschisten Greuelbilder aus Sowjetrußland und der deutschen Nachkriegszeit, wobei die Münchener Geiselerschießungen als einziges Beispiel für »marxistische Terrorakte« im Deutschen Reich präsentiert wurden. Der ›Völkische Beobachter‹ kommentierte: »Wenn wir heute, wieder reine Luft atmend, auf freier, sonniger Höhe schreiten können, so dürfen wir nicht vergessen, daß hinter uns gefährliche Moräste und dunkle Nacht liegt. So ist es immer von ernster Symbolik, wenn wir in der Geburtsstadt des Nationalsozialismus . . . die Opfer des Geiselmordes ehren und damit auf den grauenvollen Abgrund blicken, den wir einst durchschreiten mußten.«[72]

Exkurs 3 · Der moderne Bildjournalismus

Als Blütezeit der modernen Illustrierten in Deutschland gilt die Weimarer Republik. Von ihrer ökonomischen Lage waren die Illustrierten stark abhängig.[1] Währungsreform und ›Dawes-Plan‹ führten zum Wirtschaftsaufschwung und steigerten die Massenkaufkraft – die Voraussetzung für Neugründungen von Illustrierten. Erfolgreichste unter ihnen war die ›Münchener Illustrierte Presse‹, die im Dezember 1923 als Konkurrenzunternehmen zur führenden ›Berliner Illustrirten Zeitung‹ auf den Markt kam und bis 1929 ihre Auflagenhöhe auf 700 000 steigern konnte. Zur gleichen Zeit betrug die Auflage des Berliner Blattes 1,8 Millionen.[2] Mit den Absatzschwierigkeiten im Bereich der Konsumgüterindustrie von 1928 und dem Beginn der Weltwirtschaftskrise 1929 verkleinerte sich das Spektrum der Illustrierten und nahm der Konkurrenzkampf um höhere Auflagen und Inserenteneinnahmen an Schärfe zu, zumal inzwischen die Fotografie in die Tagespresse integriert war.

In dieser Situation suchten die Redaktionen nach Neuigkeiten im Bildangebot, nach innovatorischen Sehweisen und Präsentationsformen.[3] Paradigmatisch dafür ist die thematisch geschlossene Fotoreportage, in der psychologisch einfühlsam arrangierte Aufnahmen verschiedener Bildausschnitte abwechseln. Geschaffen wurde der neue Reportagestil nicht von den Profis aus der ersten Generation der Pressefotografen, sondern von gegenüber Konventionen unbekümmerten Außenseitern und Fotoamateuren, die stärker journalistisch und weniger handwerklich dachten und früh Vorteile und Möglichkeiten der neuen Fototechnik erkannten.[4] Die neue Präsentation der Bilder löste das starre Nebeneinander von Bild und Text auf und maß der visuellen Komponente größeres Gewicht bei. Zur Intensivierung der Bildaussage griff man zu großformatigen Arrangements, Bildhäufungen, Montagen und kontrapunktisch angelegten Lay-Outs.

Aufnahmen mit Sensationskitzel – spontan und ohne aufzufallen fotografiert und dem Leser möglichst direkt präsentiert – waren unerläßlich für die »human-interest«-Berichte. Diese journalistische Aufbereitungsweise betraf gleichermaßen aktuelles Zeitgeschehen, Politik, Kultur und Sport. Zum Bildangebot der illustrierten Massenpresse gehörten nun auch Reportagen über Armut und soziales Elend in den Großstädten, was den systemkonformen Rahmen der Blätter nicht sprengte und nur deren Integrationsfähigkeit bekräftigte. Die mit der neuen Bildkultur verknüpften gesellschaftspolitischen Funktionen beschrieb Winfried Ranke: »Die von Aristokratie und Großbourgeoisie getragenen, hieratischen Repräsentationsformen waren im Weltkrieg so gründlich desavouiert worden, daß sie den enttäuschten und vom wirtschaftlichen Strukturwandel verunsicherten Massen keine Möglichkeit der Identifikation mit Staat und gesellschaftlichem Ganzen boten. Jetzt mußte eine neue umfassende Alltäglichkeit propagiert werden, die – in Serien ungestellter Momentaufnahmen als authentisch ausgewiesen – vielen die Möglichkeit zur interesselosen Anteilnahme einräumte oder Traumperspektiven auf Abenteuer und Erfolg eröffnete, die einem mittelständischen Lebensstandard angemessen waren.«[5]

Linke Intellektuelle sahen in den bürgerlichen Unterhaltungsblättern »eines der mächtigsten Streikmittel gegen die Erkenntnis«[6], wie Siegfried Kracauer 1927 schrieb. Dem Kampf gegen ihre »Verdummung« galt 1925 die Gründung der ›Arbeiter-Illustrierten-Zeitung‹ (AIZ) durch Willi Münzenberg, Generalsekretär der ›Internationalen Arbeiterhilfe‹ und Mitglied des ›Zentralkomitees‹ der KPD.[7] Diese einzige Illustrierte mit proletarisch-revolutionärem Inhalt lag auf der Linie der Einheitsfrontpolitik der ›Internationalen Arbeiterhilfe‹ und suchte ein breites Publikum zu politisieren. Ihr aufklärerisch-aktivierender Anspruch knüpfte an proletarische Erfahrungszusammenhänge an, die von der bürgerlichen Massenpresse ausgespart oder ästhetisch verklärt wurden. Nach angemessenen Vermittlungsformen im Sinne proletarischer Parteilichkeit suchte auch John Heartfield mit seinen Montagen in der AIZ. Um von bestehenden Bildagenturen unabhängig zu sein und adäquates Bildmaterial zu bekommen, wurde 1926 die ›Arbeiterfotografen-Bewegung‹ ins Leben gerufen.

In der zweiten Hälfte der Zwanziger Jahre verfügten alle großen Parteien in Deutschland über eigene Illustrierte zur Massenpropaganda. Die Auflagenhöhe der AIZ stagnierte 1928 bei 450 000 Stück, während die der politischen Reaktion gehörenden Illustrierten auch noch in der Weltwirtschaftskrise ihre Auflagen steigerten.[8] Die 1926 gegründete Parteiillustrierte der NSDAP, der ›Illustrierte Beobachter‹, erreichte 1932 eine Auflage von mehr als 300 000 Stück. Das Blatt war auf dynamische Selbstdarstellung der wachsenden »Bewegung« und Popularisierung ihrer Führer abgestellt, daneben brachte sie nationale Themen und antisemitische Bildberichte, wie den ›Judenspiegel‹.[9]

Der Staatsapparat in nationalsozialistischer Hand lieferte die Voraussetzung für den Aufbau eines organisierten Medienverbundes, mit dem das Reichspropagandaministerium über ein Instrument zur Kontrolle der Bildmedien verfügte. Zur propagandistischen Führung der Presse wurde ein staatliches Presselenkungssystem eingerichtet und die Berufsverbände der Pressefotografen neu organisiert. Im ›Schriftleitergesetz‹ vom Oktober 1933 rückte die Bildberichterstattung gleichberechtigt neben die Wortberichterstattung, womit auch die Pressefotografen auf den nationalsozialistischen Staat zwangsverpflichtet wurden.[10] Um die Bevölkerung auf die Einheit von Volk, Staat und Führer einzuschwören, erprobte der Faschismus in einem bislang nicht bekannten Maße das integrative Potential der visuellen Massenkommunikation.[11] Gertrud Ulmer schrieb 1939: »Gleichzeitig mit der politischen Neugestaltung des deutschen Lebensraumes und Lebenswillens entsteht ein neuer menschlicher Typ überhaupt, der Typ des Menschen, der zu einer höchsten Anteilnahme am Leben zwangsläufig durch die technisch-industriellen Erfindungen genötigt wird; der betrachtsame Mensch ist durch den Sehenden abgelöst worden.«[12]

1   Vgl. Fotografien in deutschen Zeitschriften. Ausstellungskatalog, zusammengestellt von Ute Eskildsen, 1924-1933, Stuttgart 1982; Gidal, 1972; Werneburg, 1984, S. 27-44.
2   Zur Entwicklung von Wirtschaft und Presse 1918-1932 in Deutschland vgl. Marckwardt, 1982, S. 16-43; zur ökonomischen Entwicklung der Illustrierten vgl. Marckwardt, 1982, S. 44-83.
3   Vgl. Ranke, 1979, S. 54 f. und Marckwardt, 1982, S. 127.
4   Vgl. Bernd Lohse: Live-Photographie eine neumodische Erfindung? (=13. Veröffentlichung der Deutschen Gesellschaft für Photographie e. V.), Leverkusen 1969, S. 20.
5   Ranke, 1979, S. 55.
6   Siegfried Kracauer: Die Photographie, in: ders.: Das Ornament der Masse, Frankfurt / M. 1977, S. 34.
7   Vgl. Willi Münzenberg: Propaganda als Waffe. Ausgewählte Schriften 1910-1940. Hrsg. von Til Schulz, Frankfurt / M. 1977, S. 50 ff. Zur Arbeiter-Illustrierten-Zeitung vgl. Heinz Willmann: Geschichte der Arbeiter-Illustrierten Zeitung 1921-1938, Berlin 1974; Gabriele Ricke: Die Arbeiter-Illustrierte-Zeitung. Gegenmodell zur bürgerlichen Illustrierten, Hannover 1974.
8   Vgl. Marckwardt, 1982, S. 77.
9   Vgl. Marckwardt, 1982, S. 77. Zum Illustrierten Beobachter aus nationalsozialistischer Sicht siehe: Ulmer, 1939, S. 104 ff.; Kurt Wehlau: Das Lichtbild in der Werbung für Politik, Kultur und Wirtschaft, Würzburg-Aumühle 1939, S. 62 ff.
10 Vgl. Bernd Weise: Pressefotografie als Medium der Propaganda im Presselenkungssystem des Dritten Reiches, in: Die Gleichschaltung der Bilder, 1983, S. 141-155.
11 Zum Thema »Faschistische Öffentlichkeit« vgl. Ästhetik und Kommunikation, 7. Jg., 1976, H. 26; Eike Hennig: Faschistische Ästhetik und faschistische Öffentlichkeit, in: Die Dekoration der Gewalt. Kunst und Medien im Faschismus. Hrsg. Berthold Hinz / Hans-Ernst Mittig / Wolfgang Schäche / Angela Schönberger, Gießen 1979, S. 9-15.
12 Ulmer, 1939, S. 1.

TEIL V

Heinrich Hoffmann –
Eine Fotografenkarriere

Es gehört zum Usus fotografiegeschichtlicher Darstellungen, Fotografenpersönlichkeiten zu entwerfen und ihre Bildproduktion als Ausdruck schöpferischer Individualität zu feiern. Nach diesem Verfahren werden zunehmend auch die Vertreter des modernen Bildjournalismus der Weimarer Republik gewürdigt, deren retrospektive Selbstdarstellungen ein Bild vom kreativen und politisch unabhängigen Berichterstatter entwerfen.[1] Die untergeordnete Rolle des Pressefotografen im komplexen arbeitsteiligen Verwertungszusammenhang der Massenmedien läßt solche Einschätzungen freilich problematisch erscheinen. Im Unterschied zu seinen berühmten Berufskollegen hat Heinrich Hoffmann für sich den Status eines ›Autorenfotografen‹ nicht in Anspruch genommen. Er stellte sich nach 1945 als handwerklicher Berufsfotograf und Chronist der Zeitgeschichte dar und leugnete strikt eine politische Parteinahme. Es lohnt sich, Hoffmanns Laufbahn nachzuzeichnen und zu fragen, wie sich gesellschaftliche Voraussetzungen, berufsbedingte Zwangsläufigkeiten und individuelle Entscheidungen zueinander verhalten. Die Erörterung der Funktion seiner Bildproduktion für die NS-Propaganda bleibt einer späteren, die Problemstellungen »faschistischer Öffentlichkeit« miteinbeziehenden Darstellung vorbehalten.

Hoffmanns Berufspraxis erstreckt sich von der wilhelminischen Ära bis zur Niederlage des Nationalsozialismus. Vor dem Ersten Weltkrieg erscheint Hoffmann als ein typischer Vertreter der ersten Generation der Pressefotografen in Deutschland. Als jüngere Kollegen nach dem Kriege die Entwicklung des modernen Bildjournalismus vorantrieben, war er längst ein gestandener Mann im Pressegeschäft. Brachte die Errichtung der nationalsozialistischen Herrschaft für Protagonisten des Bildjournalismus oftmals eine erzwungene Anpassung, Berufsverbot oder Exil, so bedeutete sie für Hoffmann die äußerst lukrative Verknüpfung von eigener politischer Zielsetzung und kommerziellem Geschäftsinteresse.

Im Vergleich zu den meisten Münchener Fotografen seiner Generation ist über Heinrich Hoffmann relativ viel bekannt, doch handelt es sich meist um quellenkritisch sehr problematisches Material.[2] Über ihn verfaßte Biographien datieren aus der Zeit nach 1933, als er in das Licht der faschistischen

Heinrich Hoffmann, Aufnahme vor 1900.

Öffentlichkeit getreten war. Seine anekdotischen Selbstdarstellungen nach 1945 entstanden unter großem Legitimationsdruck und zeugen von unbekümmerter Distanzlosigkeit gegenüber seiner Funktion im Faschismus.

Heinrich Hoffmann wurde am 12. September 1885 in Fürth / Bayern als einziges Kind des Darmstädter Fotografen Robert Hoffmann geboren. Bereits im Elternhaus lernte er den Umgang mit Fotografie ausgiebig kennen. Der Vater betrieb mit seinem jüngeren Bruder Heinrich in Regensburg ein stattliches Atelier. Hier ging Heinrich Hoffmann nach der Volksschulausbildung bis zur Jahrhundertwende in die Lehre. 1901 verkaufte der Onkel das Regensburger Geschäft und zog wie sein Bruder nach München. Er gab seinen Beruf auf, wurde Rentier und saß als Schriftführer des ›Süddeutschen Photographenvereins‹ im Kuratorium der neu gegründeten ›Lehr- und Versuchsanstalt für Photographie‹.[3] Auch Robert Hoffmann hatte nach dem Umzug den Beruf gewechselt – durchaus nicht untypisch für die Reaktion manches Fotografen auf die krisenhafte Situation der gewerbsmäßigen Atelierfotografie – und betrieb im Haus seines Bruders Schellingstraße 13 eine Fisch- und Wildbrethandlung.

Der junge Hoffmann begab sich 1900 auf Wanderschaft und eignete sich in den wichtigsten Sparten die Praxis des damaligen Fotografiegebrauchs an. Möglicherweise lag es an den wenig rosigen Berufsaussichten, daß er sich im Jahre 1906, nach seiner Ankunft in München, von der Fotografentätigkeit abwenden wollte und eine künstlerische Ausbildung anstrebte. Der Vater lehnte dies jedoch ab. Fortan war der Sohn vermutlich als Fotografengeselle in dem damals berühmten ›Atelier Elvira‹ tätig. Nebenbei besuchte der Einundzwanzigjährige mit väterlichem Einverständnis die private Malschule von Heinrich Knirr und hörte an der Universität Vorlesungen über Anatomie und Kunstgeschichte. Im folgenden Jahr arbeitete Hoffmann in Londen bei E. O. Hoppé, einem der angesehensten Porträtisten der englischen Gesellschaft. Er porträtierte prominente Zeitgenossen, erntete Anerkennung und war 1908 auf der Jahresausstellung der ›Royal Photographic Society‹ vertreten. Als ihm durch Zufall eine sensationelle Aufnahme von einem Ballonunglück gelang, die vielfach publiziert wurde, reifte offenbar sein Entschluß, sich verstärkt der Pressefotografie zuzuwenden.

1909 kehrte Hoffmann nach München zurück, verlegte sich auf das Illustrationsgeschäft und eröffnete ein Porträtstudio in der Schellingstraße 33, das er während des Weltkriegs in die Schellingstrasse 50 verlegte. In München traf er auf eine veränderte Medienlandschaft, da im Jahr zuvor die ›Münchner Illustrirte Zeitung‹ gegründet worden war. Sie publizierte ab Herbst 1909 Aufnahmen von ihm. In kurzer Zeit gelang es ihm, einem umgänglichen Mann mit Welterfahrung, vielseitige geschäftliche und private Beziehungen anzuknüpfen. Auch konnte er es mit der Konkurrenz der Hoffotografen aufnehmen – zumal er nicht Dutzendware für eine Laufkundschaft produzierte, sondern einer soliden Porträtfotografie nachging. Als Zeichen für die Wertschätzung, die man seiner Porträtfotografie entgegenbrachte, sind die Bildnisse von Münchener »Maleraristokraten« zu verstehen, unter ihnen Stuck und Defregger.[4] Man darf vermuten, daß sein Atelier zu einer bekannten Adresse in Münchener Künstlerkreisen wurde, auch bei avantgardistischen Malern, Schauspielern und Musikern. Zu ihm kamen Roda Roda, Joachim Ringelnatz und Marcel Duchamp, der sich 1912 kurzzeitig in München aufhielt.[5] Hoffmann lichtete Zusammenkünfte der Schwabinger Boheme ab, darunter Schauspielergesellschaften oder Literatentreffs bei Max Halbe.[6]

Heinrich Hoffmann: Marcel Duchamp, 1912.

Auf den Titelblättern der ›Münchner Illustrirten Zeitung‹ konnte Hoffmann öfter Porträts bekannter Persönlichkeiten plazieren, wenngleich er zahlenmäßig von manchem Münchener Kollegen übertroffen wurde. Sein weiteres Bildangebot umfaßte ein breites thematisches Spektrum: lokales politisches Geschehen – häufig monarchische Repräsentationsakte –, gesellschaftliche Veranstaltungen, Neuigkeiten aus Wissenschaft, Technik und Mode, aber auch Aufnahmen von Skulpturen und Gemälden. Mit der Gründung der erstmals 1913 nachweisbaren und wahrscheinlich als Einmannbetrieb geführten Presseillustrationsfirma ›Photobericht Hoffmann‹ vollzog Hoffmann die formelle Trennung von Atelierbetrieb und Pressefotografie.[7] Seine Pressekontakte waren nicht auf die ortsansässige Illustrierte beschränkt. Er belieferte die Berliner Blätter und besaß Geschäftsbeziehungen zur Bildpresse in England und Schweden und über die ›Press Illustrating Co‹ in New York zu amerikanischen Illustrierten.

Gemessen am Umsatzvolumen der Bildagenturen und Pressefotografen in Berlin war der Bildvertrieb von Hoffmanns Agentur gering. Über die Situation der Münchener Pressefotografen vor dem Krieg berichtet er: »Um diese Zeit war München nicht das große Tätigkeitsfeld wie Berlin, die Stadt der Presse. In dieser Münchener geruhsamen Zeit waren die Ereignisse hauptsächlich lokaler Natur. Bei allen wichtigen

Ereignissen aber kamen die Berliner Illustrationsfotografen nach München und holten die Rosinen für die deutsche und ausländische Presse. Die Berliner hatten den Vorzug, daß sie den Nachtschnellzug benutzen konnten und so in der Frühe einen Vorsprung bei den Redaktionen hatten, gegenüber unseren Eilsendungen, die erst einige Stunden später auf den Redaktionstisch kamen.«[8]

Bei aller thematischen Vielfalt von Hoffmanns Fotografien, die die ›Münchner Illustrirte Zeitung‹ veröffentlichte, verraten die Aufnahmen keine größeren ästhetischen Anstrengungen oder Lust zu Experimenten. Auch finden sich so gut wie keine Themen, die sich des Arbeitsalltags und der Schattenseiten der wilhelminischen Gesellschaft annehmen. Hoffmanns persönlicher Ehrgeiz galt offenbar den Bildnissen berühmter Zeitgenossen. Die Vorliebe für Prominentenporträts gibt vielleicht auch einen Hinweis auf Hoffmanns gesellschaftliche Ordnungsvorstellungen. Schon während seiner Ausbildungszeit überwog offenkundig die Suche nach einer Berufspraxis, deren sozialer Bezugspunkt die »bessere Gesellschaft« war. Lehr- und Wanderjahre dienten nicht nur der handwerklichen Vervollkommung, sondern auch dazu, angemessene Umgangsformen mit arrivierten Persönlichkeiten einzuüben. Dies war vorerst nur eine berufsbedingte Notwendigkeit. Doch verband sich damit wahrscheinlich Hoffmanns ideologische Orientierung an den Eliten von Staat und Gesellschaft und sein persönliches Streben nach gesellschaftlicher Anerkennung. Sein Interesse an Porträts ergab sich wahrscheinlich auch aus einem Geschichtsbild, das – wie Winfried Ranke wohl begründet vermutete – von der Vorstellung »Männer machen Geschichte« geprägt wurde.[9]

Die Geschäfte gediehen offenbar gut und boten die Grundlage für die Gründung einer Familie und ihren späteren Unterhalt. Über Hoffmanns Ansehen unter seinen Berufskollegen ist wenig bekannt. Auf der Skala des sozialen Prestiges rangierte er allem Anschein nach nicht in der Spitzengruppe der Fotografen. Zudem wurden Fotografen, die auch auf der

Heinrich Hoffmann: »Enrico Caruso in München«, ›Münchner Illustrirte Zeitung‹, 3. Jg., 1910, Nr. 42, 16. Oktober 1910.

Heinrich Hoffmann: Abschiedsfeier des Lehrerkollegiums der Akademie der bildenden Künste in München anläßlich des Scheidens des Direktors Prof. Ferdinand von Miller und des Sekretärs Prof. Eugen von Stieler, Frühjahr 1919.

Straße Aktualitäten nachjagten, von den renommierten Atelierfotografen von oben herab betrachtet.[10] Gegenüber solchem Dünkel hatte Hoffmann Flexibilität vorzuweisen, die ihm den Aufstieg als Fotograf auch in einer Zeit möglich machte, als die fotografische Berufspraxis einem krisenhaften Wandel unterworfen war. Am Vorabend des Ersten Weltkrieges konnte der inzwischen fast Dreißigjährige auf eine erfolgreiche Laufbahn zurückblicken. Geschäftstüchtigkeit bewies Hoffmann auch während des Krieges. Am 2. August 1914 fotografierte er die allgemeine Mobilmachung auf dem Odeonsplatz in München. Auf einer dieser Aufnahmen wurde 1931 Adolf Hitler identifiziert. Die nationalsozialistische Publizistik nutzte die Entdeckung als schlagkräftiges Dokument für die frühe nationalistische Gesinnung des »Führers« und sah in Hoffmanns Dokumentation auch die schicksalshaft gefügte Stellung des »Führerfotografen« bestätigt.[11]

Im Spätherbst 1914 wurde Hoffmann mit anderen Pressefotografen zur fotografischen Berichterstattung auf dem westlichen Kriegsschauplatz zugelassen. Im ersten Kriegsjahrgang publizierte die ›Münchner Illustrirte Zeitung‹ öfter Hoffmanns Etappenaufnahmen, die dem Betrachter das be-

Heinrich Hoffmann: Adolf Hitler unter jubelnden Bürgern auf dem Odeonsplatz am Tag der Kriegserklärung am 2. August 1914.

ruhigende Bild eines idyllischen Soldatenlebens vermitteln.[12] Dieser Aufenthalt war im Sommer 1915 zu Ende, und Hoffman begann in München im Sinn der Heimatfrontpropaganda sporadisch städtische Einrichtungen und Rüstungsbetriebe oder auch den Alltag der Kriegsgefangenen im Lager Puchheim bei München zu fotografieren.[13] An der fotografischen Kriegskonjunktur partizipierte Hoffmann recht lange. Erst im August 1917 wurde er als ungedienter Landsturmmann zur ›Fliegerersatzabteilung‹ eingezogen.[14] Nach der Versetzung zur ›Bayerischen Flieger Abteilung A 298‹ nahm er seit September des gleichen Jahres am Frankreichfeldzug teil, wurde im Frühjahr 1918 wegen »Magen- und Herzbeschwerden« ins Lazarett eingeliefert und später nach Schleißheim bei München verlegt, wo er ab Mai 1918 Dienst tat. Für die nationalsozialistischen Biografieversionen eines imposanten Helden, der »in vorderster Front« am »ungeheuren Ringen des Weltkriegs« als »Fliegerfotograf« teilnahm, gibt es keine Bestätigungen.[15] Nach Hoffmanns späteren Angaben mußte er »im Laboratorium Luftaufnahmen entwickeln und auswerten. Keine sehr kriegerische, aber eine sehr notwendige Arbeit.«[16]

Kurz nach dem Ausbruch der Revolution Anfang 1918 wurde Hoffmann aus dem Militärdienst entlassen und ging wieder seinem Beruf nach. Die Ereignisse von Revolution und Gegenrevolution bedeuteten eine deutliche Zäsur in seiner Biografie und Berufspraxis. Obwohl Hoffmann auf die neue Situation nicht vorbereitet war, kam er als Fotograf relativ gut zurecht. Er demonstrierte Offenheit und Anpassungsfähigkeit und legte ein größeres Interesse am politischen Zeitgeschehen als je zuvor an den Tag. Seine maßgeblich ökonomische Verwertungsperspektive unterscheidet ihn indessen

Heinrich Hoffmann: Verwundete bayerische Soldaten in Chambley, Frankreich, 1915, Postkarte.

Heinrich Hoffmann: Die Angeklagten im Hitlerprozess (von links nach rechts: Pernet, Weber, Frick, Kriebel, Ludendorff, Hitler, Brückner, Röhm, Wagner), Frühjahr 1924.

von einem ehrgeizigen Chronisten, der auf ein langwieriges Sammeln von zeitgeschichtlichen Dokumenten bedacht ist, um das gesellschaftliche und politische Geschehen möglichst vielschichtig aufzuzeichnen. Mit der Herausgabe der Broschüre ›Ein Jahr bayrische Revolution im Bilde‹ emanzipierte er sich vom Status eines bloßen Bildlieferanten. Die Entscheidung für den Autor Emil Herold, dessen Text sicherlich mit Hoffmanns Zustimmung eine rechtskonservative und antisemitische Revolutionsdeutung bot, deuten auf seine politische Position hin.

Mit einer politisch unzweifelhaften Parteinahme trat vier Jahre später Hoffmanns zweite »historiografische« Bildpublikation ›Deutschlands Erwachen in Bild und Wort‹ auf.[17] Die Broschüre erschien im Februar 1924 vor der Eröffnung des Prozesses gegen Hitler und seine Anhänger wegen des Putschversuches vom November 1923. Ihre Funktion als rechtfertigende Werbeschrift für die verbotene NSDAP ist nicht zu übersehen, auch wenn sie sich nicht parteioffiziell gibt und damit das Verbot der nationalsozialistischen Parteipresse unterlaufen konnte. Der von Marc Sesselmann verfaßte Text entwirft eine Geschichte der völkischen Gruppen in Bayern bis zum Novemberputsch und predigt Nationalsozialismus, Judenhaß und Antimarxismus. Stärker als in der Revolutionsbroschüre verleiht die fotografische Illustration

der Textdarstellung Nachdruck. Ein ganzseitiges Porträt Adolf Hitlers bekräftigt dessen Führungsanspruch innerhalb der zerstrittenen völkischen Bewegung. Als Herausgeber dieser illustrierten Apologie der völkischen Bewegung mußte Hoffmann mit politischen Angriffen rechnen, wie er sie bislang nicht erfahren hatte. Dazu war er offenbar aus politischer Überzeugung bereit, denn er verlegte im Frühjahr 1924 auch die illustrierte Wahlkampfbroschüre ›Wen soll ich wählen? Ein Ratgeber für Unbelehrbare‹, die für die Völkischen Propaganda machte.[18]

Hoffmanns Zuwendung zur völkischen Bewegung erfolgte im Zuge des politischen Rechtsrutsches des Bürgertums im gegenrevolutionären Nachkriegsmünchen. Seine früheste Zugehörigkeit zu einer politischen Organisation ist mit dem Eintritt in die ›Einwohnerwehr‹ wahrscheinlich auf den Sommer 1919 zu datieren.[19] Im April 1920 trat er bereits der NSDAP bei und blieb der Partei seitdem treu.[20] Nach ihrem Verbot im November 1923 saß er als zweiter Kassierer im Vorstand der als Interimsorganisation gegründeten ›Großdeutschen Volksgemeinschaft‹[21] Als im Februar 1925 das Verbot der NSDAP aufgehoben wurde, trat er am 24. März 1925 mit der Mitgliedsnummer 59 der reorganisierten Partei wieder bei.[22] Seit 1928 war er als Vertreter der NSDAP Mitglied des Oberbayerischen Kreistages und gehörte seit De-

HITLER SPRICHT!

Heinrich Hoffmann: Adolf Hitler spricht im Circus Krone, vor November 1923.

zember 1929 dem Münchener Stadtrat an. Im Oktober 1933 legte er »wegen zu starker geschäftlicher Verpflichtungen« sein Stadtratsmandat nieder.[23]

Mitentscheidend für Hoffmanns frühe Beziehungen zur NSDAP – eine unter zahlreichen völkischen Splittergruppen der frühen Zwanziger Jahre – war wahrscheinlich seine Bekanntschaft mit Dietrich Eckart. Hoffmann lernte ihn 1919 kennen.[24] Eckart, früher zur Berliner Boheme gehörig, zählte damals zu den militantesten antisemitischen Publizisten in München.[25] Er war maßgeblicher Förderer Adolf Hitlers und erster Hauptschriftleiter des ›Völkischen Beobachters‹, nachdem das Blatt in den Besitz der NSDAP übergegangen war. Hoffmann übernahm im Frühjahr 1920 den Alleinvertrieb von Eckarts Publikation ›48 Charakterköpfe führender ›deutscher‹ Staatsmänner bzw. Revolutionshelden‹, das als Sammelheft seiner judenfeindlichen Hetzschrift ›Auf gut deutsch‹ erschien.[26] Hoffmanns Lebenswelt wurde in diesen Jahren auch stark vom ultrakonservativen und völkischen Umfeld des ›Münchener Buchgewerbehauses M. Müller & Sohn‹ geprägt.[27] Wie sich seine privaten Bekanntschaften zu seinen politischen Vorstellungen und Interessen verhielten, wissen wir im einzelnen nicht. Es waren jedoch durchaus politische Interessen, die Hoffmann mit der NSDAP verbanden, nicht nur private Bekanntschaften oder der berufsbe-

dingte Kontakt eines Pressefotografen. Unter seinen späteren Äußerungen über die Motive für seinen Parteieintritt ist eine Bemerkung aus dem Jahre 1955 aufschlußreich. Hoffmann betont darin, daß ihm 1920 allein das Programm der NSDAP zur Lösung der politischen Probleme in Deutschland geeignet schien.[28]

Eva Braun im Büro des ›Photohaus-Hoffmann-München‹, Aufnahme Anfang der Dreißiger Jahre.

ADOLF HITLER
Wenn an der Front die Besten fielen, dann könnte man
zu Hause wenigstens das Ungeziefer vertilgen, die ver-
räterischen Burschen aus dem Versteck holen und an den
höchsten Galgen hängen.

ADOLF HITLER
Der gesunde Mensch mit festem Charakter ist für die Volksgemeinschaft wertvoller als ein geistreicher Schwächling.

Heinrich Hoffmann: Hitler als Redner, aus der Postkartenserie »Adolf Hitler spricht« (N.S. Photo-Propaganda Hoffmann).

An anderen Stellen behauptete Hoffmann dagegen mehr-fach, daß er sich nur deshalb in die Partei habe aufnehmen lassen, weil er dadurch die Zulassung als Pressefotograf bei Parteiveranstaltungen bekommen habe.[29] Ausschlaggebend sei der Hinweis des Besitzers der New Yorker Agentur Key-stone Bert Garai gewesen, daß Fotografien von dieser Par-tei, die sich spektakulärer politischer Werbemittel bediene, für die internationale Presse von großem Interesse sein wür-den.[30] Nach Hoffmanns Darstellungen ließen ihn auch be-rufsbedingte Gründe näheren Kontakt zu Adolf Hitler su-chen. Er soll 1922 aus New York eine finanziell sehr lukrative Offerte für ein Porträt von Hitler bekommen haben, der Fo-tografen bisher abgewiesen hatte.[31] Hoffmann hat nach eige-nen Angaben mehrfach vergeblich versucht, Hitler zu foto-grafieren. Selbst Dietrich Eckart hätte aber bei Hitler nichts ausrichten können, ihn aber 1922 mit Hitler bekannt ge-macht. Jedenfalls porträtierte der Parteigenosse Hoffmann den Vorsitzenden der NSDAP erst, nachdem dessen fotogra-fische Anonymität von dritter Seite durchbrochen worden war. Am 2. September 1923 war es dem Berliner Pressefoto-grafen Georg Pahl auf dem »Deutschen Tag« in Nürnberg gelungen, Hitler während einer Parade zu fotografieren und mit den Platten vor SA-Männern zu fliehen.[32] Als der »Füh-rer« nach dem Novemberputsch in die Schlagzeilen der Weltpresse rückte, konnte Hoffmann die ersten Hitler-Por-träts liefern.

Zwischen ihm und Hitler entwickelte sich eine lebenslange Freundschaft, die Hoffmanns exponierte Stellung begrün-dete und ihm zahlreiche Privilegien einbrachte. Er durfte sich in Hitlers Umgebung frei bewegen und unbehindert fo-tografieren. Hitler konnte sich auf einen verschwiegenen und ihm vollkommen ergebenen Fotografen verlassen, der seine anfängliche Zurückhaltung gegenüber der Fotografie respektierte, dann aber immer zur Stelle war, um dem »Füh-rer« zur vorteilhaften Selbstdarstellung zu verhelfen. An-knüpfungspunkte zwischen Hitler und Hoffmann ergaben sich auch aus gemeinsamen Kunstinteressen. Zudem war Hitler seinem Fotografen nicht zuletzt dadurch verbunden, daß er 1930 in dessen Betrieb seine spätere Geliebte Eva Braun kennenlernte.

Der Quellenlage nach zu schließen wurde bis zum Hitler-putsch das fotografische Medium weder zur offiziellen poli-tischen Propaganda der NSDAP noch zur Dokumentation der Parteigeschichte herangezogen. Was Hoffmann seit 1921 vom Parteigeschehen für das Presse- und Postkartenge-schäft fotografierte, war allein seinen unternehmerischen

›Illustrierter Beobachter‹, Jg. 1926, Folge 1.

Intentionen überlassen.[33] 1926 erschien in seinem Verlag der zweite Teil von ›Deutschlands Erwachen in Bild und Wort‹.[34] Die Bildbroschüre knüpft beim Hitler-Prozeß an und stellt eine wieder erstarkte, im ganzen Reich präsente NSDAP vor. Inzwischen hatten die Nationalsozialisten begonnen, sich der fotografischen Bildpropaganda zuzuwenden – vermutlich nicht zuletzt aufgrund von Hoffmanns Aktivitäten. Auch weiterhin war dessen Initiative oftmals ausschlaggebend. Auf ihn ging 1926 die Gründung der Parteiillustrierten ›Illustrierter Beobachter‹ zurück, für dessen erste Ausgabe er presserechtlich verantwortlich zeichnete und die Bildredaktion besorgte. Danach übernahm der Parteiverlag das Blatt. Hoffmann steuerte »Führerporträts« und Aufnahmen von Hitlers Auftritten und nationalsozialistischen Veranstaltungen bei. Hitlers Porträtfotografien dienten aber nicht nur publizistischen Zwecken, sondern diesem auch als Mittel der Ausdrucksschulung.

Nach den Ereignissen von 1918 / 19 hatte sich das politische Spektrum von Hoffmanns zeitgeschichtlicher Bilddokumentation stark verengt und konzentrierte sich zunehmend auf die nationalistische Rechte. Ende der Zwanziger Jahre verabschiedete er sich dann endgültig als aktueller Bildberichterstatter von der pluralistischen Öffentlichkeit der Weimarer Republik. Offen bleibt die Frage, ob der Rückzug von ihm selbst ausging oder ob die Abnehmer im Illustrationsgeschäft mit dem nationalsozialistischen »Parteifotografen«,

wie ihn 1929 der ›Völkische Beobachter‹ nannte, nur ungern zusammenarbeiteten und die Geschäftsbeziehungen auf ein Minimum reduzierten.

Größere Einkünfte bezog Hoffmann in dieser Zeit wahrscheinlich aus anderen Tätigkeiten. Seit dem Weltkriegsende war er parallel zur fotografischen Berichterstattung zahlreichen anderen beruflichen Beschäftigungen nachgegangen. Auffallend ist daran, mit welcher Energie er in verschiedenen Sparten sein Glück versuchte. Schon im Sommer 1919 zog er einen überregionalen Versandhandel für Fotoabzüge unter dem Firmennamen ›Bayerische Photo-Werke‹ auf.[35] Als während der Inflationszeit ein Boom in der deutschen Filmindustrie einsetzte und das Auslandsgeschäft winkte, folgte ein kurzzeitiger Ausflug in die Spielfilmproduktion. Zuerst war Hoffmann Standfotograf der Filmgesellschaft ›Weiß-Blau‹, die über seinem Betrieb in der Schellingstraße 50 ihre Studios hatte. Nach ihrem Konkurs gründete er zusammen mit Atto Reti Marsani und dem Münchener Filmer Martin Kopp die Filmgesellschaft ›Hokomar‹.[36] 1923 führte Hoffmann zeitweilig einen Kunsthandel in der Schellingstraße 51. 1924 eröffnete er einen Laden für Radio- und Fotogeräte in der Barerstraße 74. Sonderlich gewinnbringend verliefen die verschiedenen unternehmerischen Aktivitäten allem Anschein nach nicht, jedenfalls führten sie zu keiner dauerhaften Betriebserweiterung. Ein vermögender Mann wurde Hoffmann erst durch die Erbschaft seines 1928 verstorbenen Onkels, die es ihm möglich machte, 1929 in

Heinrich Hoffmann: Selbstporträt, Aufnahme Zwanziger Jahre.

Hitler mit den Söhnen eines alten Parteigenossen

72

Wer die Zukunft hat, der hat die Jugend!

73

Heinrich Hoffmann: ›Hitler, wie ihn keiner kennt‹, 1932, S. 72 / 73.

der Amalienstraße 25 über dem berühmten ›Cafe Stefanie‹ das moderne ›Fotohaus Hoffmann‹ zu eröffnen.[37] In dem Geschäft für fotografische Bedarfsartikel wurden auch Fotoarbeiten ausgeführt, Porträts aufgenommen und aktuelle Fotopostkarten, darunter Aufnahmen vom Parteigeschehen der NSDAP und ihrer Führer, verkauft.[38] Beschäftigt waren mehrere Angestellte. Der neue Firmensitz machte die Räume in der Schellingstraße 50 überflüssig. 1925 hatte sich auf Hoffmanns Vermittlung die Reichsleitung der wiederzugelassenen NSDAP in den dort leerstehenden Filmstudios eingerichtet und nahm bald das ganze Gebäude in Beschlag.[39]

Im größeren Stil trat Hoffmann erstmals im Krisenjahr 1932 als Herausgeber nationalsozialistischer Bildbände auf. Gegenüber den bisherigen Broschüren sind diese Bildbände moderner aufgemacht: »Hitler, wie ihn keiner kennt« und »Mit Hitler über Deutschland«.[40] Zur Demonstration der Stärke der »Bewegung« finden sich darin Leporellos mit imposanten Panoramabildern von Massenveranstaltungen der NSDAP. Diese Aufnahmen galten als Spezialität Hoffmanns, der sich auch bald der Leica bediente. Die NSDAP hatte in Hoffmann einen vielseitigen Berichterstatter. Ihre betonte Re-Ästhetisierung des Politischen enthob den Fotografen der Darstellungsproblematik abstrakter Politik. Erprobte Schemata waren vorgegeben, um Führerprinzip und Gefolgschaftstreue wirkungsvoll zu popularisieren. Hoff-

mann teilte mit vielen Konservativen und Völkischen die Faszination für Rituale. Allerdings erweist sich die Selbstdarstellung der Nationalsozialisten als uneinheitlich. Hoffmanns erwähnter Bildband »Hitler, wie ihn keiner kennt« führt auch die Privatsphäre des Parteipolitikers vor, besser gesagt das, was man dafür halten sollte. Bei aller Dominanz von Herrschaftsgesten und Machtritualen sind die nationalsozialistischen Bilderwelten vielseitig und zielgruppenorientiert und tagespolitischen Erwägungen unterworfen.

Für Hoffmann blieben die aus der Verbindung mit der Partei erwachsenen wirtschaftlichen Vorteile bis 1933 offenbar eher gering, obwohl er die Partei fotografisch erschlossen hatte und Porträtist und Freund ihres autoritär waltenden Vorsitzenden war. Dennoch scheint Hoffmann voll auf die politische Zukunft der »Bewegung« gesetzt zu haben. Von ihr erwartete er sicherlich nicht nur die Expansion eines nationalistischen Deutschlands und die Wahrung seiner Unternehmerrechte, sondern auch im unmittelbarsten Eigeninteresse ein Aufblühen seines Betriebes. Wie stark seine Bindungen an die NSDAP und die auf ihre Politik gesetzten Hoffnungen gewesen sein müssen, wird daran sichtbar, daß er ihr auch dann nicht den Rücken kehrte, als die Partei 1928 auf dem Tiefpunkt angelangt war. Ein Scharfmacher und kämpferischer Parteigenosse war Hoffmann nicht, als Vertreter der NSDAP im Stadtrat und Kreistag blieb er immer

Undatierter Illustriertenbericht, ehemalige ›Sammlung Rehse‹.

ein Hinterbänkler. An internen Machtkämpfen war er genausowenig beteiligt wie an ideologischen Auseinandersetzungen; nach einem Aufstieg in der Parteihierarchie suchte er ebenfalls nicht. Dennoch war für ihn die »Bewegung« d e r Bezugsrahmen für Leben und Beruf.

Nachdem zu Beginn der Dreißiger Jahre Hoffmanns Aktivitäten immer stärker von der Dokumentation der Parteiereignisse beansprucht wurden, begann für die »fotografische Parteigeschichtsschreibung« auch eine gründlichere Archivierung des Bildmaterials. Anstoß dazu gab die erwähnte Entdeckung Hitlers auf einer Aufnahme von 1914. Noch vor der Machtergreifung kaufte Hoffmann das Berliner Illustrationsbüro Weinrother auf, um auch in der Reichshauptstadt präsent zu sein, und eröffnete zuerst in der Friedrichstraße 214, 1934 dann in der Kochstraße 10 einen zweiten Firmensitz. Die Errichtung des nationalsozialistischen Staates wurde zum Beginn einer gigantischen Expansion von Hoffmanns Unternehmen und ließ ihn ein Millionenvermögen anhäufen. Unter den gewandelten politischen Bedingungen und dank des guten persönlichen Kontaktes zu Hitler kam sein Unternehmergeist zur vollen Entfaltung. Die Firma ›Heinrich Hoffmann – Verlag nationalsozialistischer Bilder‹ wurde in zahlreichen Produktionssparten aktiv und entwickelte sich zu einer regelrechten Bilderfabrik mit 150 Angestellten, 170 Arbeitern und zehn ausländischen Niederlassungen.[41] Lagen die Umsätze 1933 noch bei 680 000 Mark, so erreichten sie im Jahre 1943 über 15 Millionen. Bis 1943

betrug der Gesamtumsatz laut Steuerakten 58 Millionen Mark. Am 1. Januar dieses Jahres besaß Hoffmann ein Vermögen von 5,8 Millionen Mark.

Vom Gesamtumsatz des Unternehmens sollen nur zehn Prozent auf das Pressegeschäft entfallen sein.[42] Nach der 1933 begonnenen »Säuberung« des Agenturwesens rangierte Hoffmanns Bildagentur jetzt ›Presseillustrationen Heinrich Hoffmann‹ als größte private Pressebildagentur neben halbstaatlichen Agenturen. Ein offizielles Monopol auf Hitler-Bildnisse besaß Hoffmann allem Anschein nach nicht. De facto ließ sich Hitler aber allein von ihm porträtieren.

Geschäftsladen von Heinrich Hoffmann in Düsseldorf, 1938.

Heinrich Hoffmann: ›Ein Volk ehrt seinen Führer‹, 1939.

Auf Grund der Beziehungen zu Hitler ergaben sich neben zahllosen Möglichkeiten für Aufnahmen, die anderen Fotografen vorenthalten waren, enorme verlegerische Vorteile. Hoffmann bediente sich des parteioffiziell klingenden, aber nicht amtlichen Titels »Reichsbildberichterstatter der NSDAP«.[43] Seine Firma beschäftigte zahlreiche Fotografen und hatte an vielen Orten Pressefotografen unter Vertrag. Im täglichen Versandgeschäft wurden über 160 Zeitungs- und Zeitschriftenredaktionen beliefert.[44]

Ein wesentliches Produktionsprinzip bestand darin, das vorhandene Bildmaterial möglichst vielseitig zu verwerten. Die Aufnahmen erschienen nicht nur in der Parteipresse und der gleichgeschalteten Tages- und Illustriertenpresse, sondern auch als Postkarten, in Zigaretten-Sammelalben, Broschüren, Bildbänden, Stereoskopwerken und in kleinformatigen Buchreproduktionen der Winterhilfswerkpropaganda, die Millionenauflagen erreichten. Zum Angebot der Firma gehörten auch Wandschmuckblätter von Parteigrößen in verschiedenen Ausführungen und Preisklassen, Kunstdrucke und Bronzebüsten.[45] Bis 1945 gab Hoffmann über 60 verschiedene nationalsozialistische Bildbände heraus, die meisten im ›Zeitgeschichte-Verlag‹ in Berlin. Bis 1938 erschienen alljährlich die Bildbände der Reichsparteitage; Auflagenhöhen bis in die Hunderttausende erreichten Hitler-Bildbände. Andere Bücher dokumentierten nationale Feiertage, Gebietseingliederungen ins Deutsche Reich und ab 1939 die deutschen Feldzüge. Über die ideologische

Dienstbarkeit und die propagandistischen Intentionen von Hoffmanns Produktionen gibt es keinen Zweifel. Sie dienten der Verherrlichung der nationalsozialistischen Herrschaft und der Rechtfertigung von Militarismus und Imperialismus.

Nach dem Aufbau seines Imperiums begann sich Hoffmann Mitte der Dreißiger Jahre von seiner aktiven Tätigkeit als Pressefotograf zurückzuziehen.[46] Ende 1937 wurde der inzwischen volljährige Sohn Eigentümer und Geschäftsführer der Presseagentur und des Bildarchives. Der Senior fotografierte fast nur mehr in Hitlers privater Umgebung, verlegte sich verstärkt auf den Kunsthandel und betrieb den Aufbau einer eigenen Kunstsammlung. Er war Mitglied der ›Verwertungskommission für entartete Kunst‹ und besaß großen Einfluß auf die Bildauswahl der Ausstellungen im neu errichteten ›Haus der Deutschen Kunst‹ in München. Für die dortige Tätigkeit erhielt er 1938 den Titel eines Professors verliehen.[47] Zum großen Geschäft wurde der Verkauf von Reproduktionen alter Meister, die zum Teil auch in Hoffmanns Kunstzeitschrift ›Kunst dem Volke‹ erschienen. Die seit 1939 in Wien verlegte Kunstzeitschrift wurde Hoffmanns privates Hobby. Sie setzt sich durch den relativ geringen Anteil an Parteipropaganda und Reproduktionen offiziöser »Nazi-Kunst« deutlich von anderen Kunstzeitschriften wie ›Die Kunst im Dritten Reich‹ ab.

Der enge Kontakt zu Hitler gab Hoffmann die Sicherheit, sich gegenüber dem Parteiapparat zu behaupten und eine

Hoffmann vor der Spruchkammer München III, 3. Februar 1947.

hatte: Der heimgekehrte Frontsoldat des Weltkriegs hält die Revolutionsereignisse mit dem Ziel fest, sein erstes völkisches Agitationsheft herauszugeben: »Es war der erste Anfang in der großen Aufgabe, für die die Vorsehung Hoffmann ausersehen hatte: einer der bedeutendsten Wegbereiter für den Führer und seine Idee zu werden.«[51] Über die Begeisterung für Hitler vergißt Hoffmann alle seine Berufsinteressen, wird zum opferbereiten Anhänger und zum »ersten Propagandisten der Bewegung«.[52]

1945 beschlagnahmte die amerikanische Besatzungsmacht Hoffmanns umfangreichen Besitz und sein während des Krieges von Berlin nach Bayern ausgelagertes Bildarchiv. Hoffmann wurde inhaftiert und mußte sich im Januar 1947 vor der Spruchkammer München III verantworten. Er wurde als ausgesprochener Günstling und Propagandist Hitlers angesehen, als Hauptschuldiger eingestuft und zum Höchstmaß der zulässigen Sühnemaßnahmen verurteilt: zehn Jahre Arbeitslager und Berufsverbot sowie Einzug seines Vermögens bis auf 3000 Mark zum Unterhalt seiner Familie.[53] Hoffmann prozessierte dagegen in mehreren Verfahren bis 1956 und erreichte eine Zurückstufung. Nach längerem Leiden starb er im Alter von 72 Jahren am 16. Dezember 1957 in München, wo er zuletzt lebte.

Seit seiner ersten Vernehmung durch amerikanische Stellen bestritt Hoffmann immer wieder in biografischen Niederschriften und Illustriertenveröffentlichungen, durch seine Tätigkeit der nationalsozialistischen Gewaltherrschaft eine »außerordentliche propagandistische Unterstützung« gewährt zu haben. Stereotyp beanspruchte er die Rolle eines unpolitischen Chronisten, der sich der Objektivität verpflichtet sah. Er sei kein Propagandist gewesen, denn Propaganda sei »die Anpreisung von Dingen unter subjektiven Gesichtspunkten«.[54] Bei seinen Bildern handle es sich aber nicht um »eigene Schöpfungen«. Bildfälschungen habe er nicht begangen. Hoffmann wies jede publizistische Verantwortung zurück. Seine Bilder gäben nur »Tatsachen« wieder, die Texte unter den Bildern seien nicht von ihm: »Was ich zu erzählen habe, ist die Geschichte, die ich erlebte, und nicht meine eigene. Der Photograph bildet ab, er hält fest, sonst nichts. Und er verschwindet auch hier symbolisch unter dem schwarzen Tuch, das ihn verhüllt.«[55]

Zu seiner Entlastung strich Hoffmann mit besonderem Nachdruck seine Tätigkeit als Pressefotograf während der Münchener Revolutionsmonate 1918/1919 heraus und reklamierte für sich auch die Urheberschaft an Kurt Eisners bekanntem Porträt.[56] Um seine Chronistenpflicht zu belegen, entwickelte er die Legende vom autorisierten Fotografen der Räterepublik. ›Ob rot, ob braun – ich war immer dabei‹, so hieß der Titel des dritten Teils seiner 1954 in der ›Münchner Illustrierten‹ veröffentlichten Memoiren.[57] Hoffmann wird dort als Fotograf der »Roten« vorgestellt, um – dem Zeitenwandel gemäß – der Fotograf der »Braunen« werden zu müssen.

Eingliederung seines Unternehmens in den Parteiverlag zu verhindern. Hoffmann blieb Privatperson und selbständiger Unternehmer. Er genoß innerhalb des durchorganisierten Staatsapparates einen ungewöhnlichen Freiraum und pflegte einen luxuriösen Lebensstil.[48] Als gewitzter Erzähler geschätzt, gehörte der Kampfgenosse der ersten Stunde bis in die letzten Kriegsjahre zum engsten Kreis um Hitler und erfreute sich dessen ungebrochener Freundschaft.

Als »Führerfotograf« wurde Heinrich Hoffmann, »der für uns alle den Führer sieht«, zum Gegenstand der nationalsozialistischen Propaganda. Emil Herold schrieb 1937 :». . . er war mit seinen Bildern ein wohl stummer, aber einer der größten und eindringlichsten Redner, die je für den Führer sprachen. Seine Bilder haben den Führer in die Herzensnähe des Volkes gebracht.«[49] Hoffmann selbst sah sich als allseits verehrter Vermittler: »Tausende von Bildern habe ich inzwischen von dem Führer gemacht, und ich glaube, daß mir Millionen Deutsche dafür dankbar sind, daß ich ihnen Hitler auch zeigte, wie ihn keiner kennt.«[50] Hoffmanns Biografie wurde rigoros zurechtgebogen. Nationalsozialistische Publizisten und Medienfachleute stilisierten ihn zum strengen antibolschewistischen Kämpfer, der mit dem Presse – und Postkartenfotografen von einst nicht mehr viel gemein

ANHANG

ANMERKUNGEN

EINLEITUNG

1   Reinhard Rürup: Probleme der Revolution in Deutschland 1918 / 19, Wiesbaden 1968.

2   Zit. nach: Wolfgang Frühwald: Kunst als Tat und Leben. Über den Anteil deutscher Schriftsteller an der Revolution in München 1918 / 19, in: Sprache und Bekenntnis, Sonderband des Literaturwissenschaftlichen Jahrbuches, Berlin 1971, S. 366.

3   Vgl. Georg Kalmer: Die »Massen« in der Revolution 1918 / 19. Die Unterschichten als Problem der bayerischen Revolutionsforschung, in: Zeitschrift für bayerische Landesgeschichte, Bd. 34, 1971, S. 319.

4   Eberhard Kolb, in: Revolution und Räterepublik in München 1918 / 1919 in Augenzeugenberichten. Herausgegeben von Gerhard Schmolze. Mit einem Vorwort von Eberhard Kolb, München 1978, S. 10.

5   Vgl.: Hugo Hubert Breuer: Das blutige Fiasko der Räterepublik, München o. J. (1919); Max Gerstl: Die Münchener Räterepublik, München 1919; Josef Karl: Die Schreckensherrschaft in München und Spartakus im bayerischen Oberland, München 1919; Die Münchener Räterepublik und ihre Führer. Hrsg. von der Reichszentrale für Heimatdienst-Landesstelle Bayern, München o. J. (1919); Der Kommunismus in München. Escherich-Hefte Nr. 1 - 8, München 1921. Eine ausführliche Bibliografie der gegenrevolutionären Literatur findet sich bei Rudolf Kanzler: Bayerns Kampf gegen den Bolschewismus. Geschichte der bayerischen Einwohnerwehren, München 1931.

6   Die Münchener Tragödie. Entstehung, Verlauf und Zusammenbruch der Räte-Republik München, Berlin 1919; Paul Werner: Die Bayrische Räterepublik. Tatsachen und Kritik, Leipzig 1920 (fotomechanischer Nachdruck, Frankfurt / M. 1971); Rosa Leviné: Aus der Münchener Rätezeit, Berlin 1925; Paul Werner: Eugen Leviné, Berlin 1922; Erich Mühsam: Von Eisner bis Leviné. Die Entstehung der bayerischen Räterepublik. Persönlicher Rechenschaftsbericht über die Revolutionsereignisse in München vom 7. November 1918 bis zum 13. April 1919, Berlin-Britz 1929 (fotomechanischer Nachdruck, Berlin o. J.); Erich Wollenberg: Als Rotarmist vor München. Reportage aus der Münchener Räterepublik, Berlin 1929 (fotomechanischer Nachdruck, Frankfurt / M. 1972).

7   Diese Meinung vertrat auch ein Großteil der Münchener Fachhistoriker in der Weimarer Republik, unter ihnen Karl Alexander von Müller, Erich Marcks und Max Buchner. Vgl. Christoph Weisz: Die Revolution von 1918 im historischen und politischen Denken Münchener Historiker der Weimarer Zeit (Konrad Beyerle, Max Buchner, Michael Doeberl, Erich Marcks, Karl Alexander von Müller, Hermann Oncken), in: Karl Bosl (Hrsg.): Bayern im Umbruch. Die Revolution von 1918, ihre Voraussetzungen, ihr Verlauf und ihre Folgen, München / Wien 1969, S. 535 - 578.

8   Vgl. beispielsweise: Albert Reich: Vom 9. November 1918 bis zum 9. November 1923. Die Entstehung der deutschen Freiheitsbewegung. Text von Oskar Robert Achenbach, München 1933; Rudolf Schricker: Rotmord über München, Berlin 1934; Friedrich Wilhelm Heinz: Politische Attentate in Deutschland, in: Curt Hotzel (Hrsg.): Deutscher Aufstand, Stuttgart 1934, S. 190 ff.

9   Revolution und Räterepublik in München, 1978, S. 9.

10   Zu Fragestellungen und Entwicklung der Revolutionsforschung vgl.: Heinz Hürten: Die Novemberrevolution – Fragen an die Forschung, in: Geschichte in Wissenschaft und Unterricht, 30. Jg., 1979, S. 158 - 174; Reinhard Rürup: Demokratische Revolution und »dritter Weg«. Die deutsche Revolution von 1918 / 19 in der neueren wissenschaftlichen Diskussion, in: Geschichte und Gesellschaft, 9. Jg., 1983, S. 278 - 301; Eberhard Kolb: Arbeiter- und Soldatenräte in der deutschen Revolution 1918 / 19, in: Die Deutschen und die Revolution. Hrsg. von Michael Salewski, Göttingen / Zürich 1984, S. 301 - 319. Zur Kritik an der neueren Revolutionsforschung vgl.: Eckhard Jesse / Henning Köhler: Die deutsche Revolution 1918 / 19 im Wandel der historischen Forschung. Forschungsüberblick und Kritik an der herrschenden Lehre, in: Aus Politik und Zeitgeschichte, Jg. 1978, H. 45, S. 3 - 23.

11   Kolb, 1984, S. 302.

12   Rürup, 1983, S. 279.

13   Karl Dietrich Erdmann: Die Geschichte der Weimarer Republik als Problem der Wissenschaft, in: Vierteljahrshefte für Zeitgeschichte, 3. Jg., 1955, 1. H., S. 7.

14   »Eine kritische Diskussion unterblieb – nicht zuletzt deshalb, weil die kommunistische Revolutionsforschung wegen ihrer eindeutigen politischen Bindungen nicht als Diskussionspartner akzeptiert wurde. Die Korrektur der nationalsozialistischen Theorien erschien von vornherein plausibel, und schließlich befand sich die neue Auffassung auch im Einklang mit der allgemeinen politischen Entwicklung der Bundesrepublik als einer antikommunistisch interpretierten pluralistischen Demokratie.« (Rürup, 1968, S. 7) Zur Revolutionsforschung in der DDR vgl.: Lutz Winckler: Die Novemberrevolution in der Geschichtsschreibung der DDR, in: Geschichte in Wissenschaft und Unterricht, 21. Jg., 1970, S. 216 - 234; Rüdiger Schütz: Proletarischer Klassenkampf und bürgerliche Revolution. Zur Beurteilung der deutschen Novemberrevolution in der marxistisch-leninistischen Geschichtswissenschaft, in: Saeculum, Bd. 30, Jg. 1979, S. 22 - 44.

15   Arthur Rosenberg: Geschichte der Deutschen Republik, Karlsbad 1935 (Erstausgabe); Walter Tormin: Zwischen Rätediktatur und sozialer Demokratie. Die Geschichte der Rätebewegung in der deutschen Revolution 1918 / 19, Düsseldorf 1954; Eberhard Kolb: Die Arbeiterräte in der deutschen Innenpolitik 1918 - 1919, Düsseldorf 1962; Peter von Oertzen: Betriebsräte in der Novemberrevolution. Eine politikwissenschaftliche Untersuchung über Ideengehalt und Struktur der betrieblichen und wirtschaftlichen Arbeiterräte in der deutschen Revolution 1918 / 19, Düsseldorf 1963.

16   Rürup, 1968, S. 19.

17   Rürup, 1968, S. 19. Zum Revolutionsbegriff vgl. Eberhard Kolb: Rätewirklichkeit und Räteideologie in der deutschen Revolution von 1918 / 19, in: Eberhard Kolb (Hrsg.): Vom Kaiserreich zur Weimarer Republik, Köln 1972, S. 165 - 184.

18   Frühe Einzeluntersuchungen zur Münchener Revolution: Helmut Neubauer: München und Moskau 1918 / 19. Zur Geschichte der Rätebewegung in Bayern, (=Jahrbücher für die Geschichte Osteuropas, Beiheft 4), München 1958; Karl Herbert Speckner: Die Ordnungszelle Bayern. Studien zur Politik des bayerischen Bürgertums, insbesondere der Bayerischen Volkspartei, von der Revolution bis zum Ende des Kabinetts Dr. von Kahr, Phil.-Diss. Erlangen 1956.

19   Hans Beyer: Von der Novemberrevolution zur Räterepublik in München. Mit einem Vorwort von Ernst Engelberg (=Schriftenreihe des Instituts für deutsche Geschichte an der Karl-Marx-Universität Leipzig, Bd. 2), Berlin 1957. Eine erweiterte Neufassung: Hans Beyer: Die Revolution in Bayern 1918 / 19, Berlin 1982. Die amerikanische Buchausgabe von Mitchells Band trägt den Titel: Revolution in Bavaria 1918 / 19. The Eisner Regime and the Sovjet Republic, Princeton 1965. Vgl. auch eine weitere amerikanische Dissertation: John Raatjes: The Role of Communism during the Munich Revolutionary Period, November 1918 - May 1919, Diss. University of Illinois 1958.

20   Vgl. dazu Kalmer, 1971, S. 338 ff.

21   Mitchell, 1967, S. 240.

22   Vgl. Willy Albrecht: Landtag und Regierung in Bayern am Vorabend der Revolution von 1918, Berlin 1968; Karl-Ludwig Ay: Die Entstehung einer Revolution. Die Volksstimmung in Bayern während des Ersten Weltkrieges, Berlin 1968. Aus dem gleichen Arbeitszusammenhang ging auch hervor: Peter Kritzer: Die bayerische Sozialdemokratie und die bayerische Politik in den Jahren 1918 bis 1923, München 1969

23   Karl Bosl (Hrsg.): Bayern im Umbruch. Die Revolution von 1918, ihre Voraussetzungen, ihr Verlauf und ihre Folgen, München / Wien, 1969; vgl. dazu Eberhard Kolb: Geschichte und Vorgeschichte der Revolution von 1918 / 19 in Bayern, in: Neue Politische Literatur, 1971, S. 383 - 394. Zum Eisner-Bild vgl. Falk Wiesemann: Kurt Eisner. Studie zu einer politischen Biographie, in: Bosl, 1969, S. 387 - 426; Franz Schade: Kurt Eisner und die bayerische Sozialdemokratie, Hannover 1961. Vgl. auch Freya Eisner: Kurt Eisner: Die Politik des libertären Sozialismus, Frankfurt / M. 1979.

24   Revolution und Räterepublik in Augenzeugenberichten. Herausgegeben von Gerhard Schmolze. Mit einem Vorwort von Eberhard Kolb, Düsseldorf 1969; Die Münchner Räterepublik. Zeugnisse und Kommentar. Hrsg. von Tankred Dorst. Mit einem Kommentar versehen von Helmut Neubauer, Frankfurt/M. 1966; Revolution und Räteherrschaft in München. Aus der Stadtchronik 1918 / 19. Zusammengestellt und bearbeitet von Ludwig Morenz (=Neue Schriftenreihe des Stadtarchivs München, Bd. Nr. 29), München / Wien 1968. Karl-Ludwig Ay: Appelle einer Revolution. Dokumente aus Bayern zum Jahr 1918 / 19, München 1968.

25   Die Regierung Eisner 1918 / 19. Ministerratsprotokolle und Dokumente. Eingeleitet und bearbeitet von Franz J. Bauer, unter Verwendung der Vorarbeiten von Dieter Albrecht (=Quellen zur Geschichte des Parlamentarismus und der politischen Parteien: Reihe 1, Bd. 10), Düsseldorf 1987. Zu den verschiede-

nen Themenbereichen der Revolutionsforschung vgl. vor allem folgende Arbeiten: Kluge, Ulrich: Die Militär- und Rätepolitik der bayerischen Regierungen Eisner und Hoffmann 1918/19, in: Militärgeschichtliche Mitteilungen, 13. Jg., 1973, H. 1, S. 7-58. – Hillmayr, Heinrich: Roter und Weißer Terror in Bayern nach 1918. Ursachen, Erscheinungsformen und Folgen der Gewalttätigkeiten im Verlauf der revolutionären Ereignisse nach dem Ende des Ersten Weltkrieges, München 1974. – Müller-Aenis, Martin: Sozialdemokratie und Rätebewegung in der Provinz. Schwaben und Mittelfranken in der bayerischen Revolution 1918-1919, München 1986. – Angress, Werner T.: Juden im politischen Leben der Revolutionszeit, in: Werner E. Mosse (Hrsg.): Deutsches Judentum in Krieg und Revolution 1916-1923. – Hüttl, Ludwig: Die Stellungnahme der katholischen Kirche und Publizistik zur Revolution in Bayern, in: Zeitschrift für bayerische Landesgeschichte, Bd. 34, 1971, S. 652 ff.- Helmut Kreuzer: Die Boheme. Beiträge zu ihrer Beschreibung; Stuttgart 1968; William Ludwig Bischoff: Artists, Intellectuals and Revolution. Munich 1918/19, Cambridge/Mass., Diss. Harvard University 1970; Frühwald, 1971; Ulrich Linse: Gustav Landauer und die Revolutionszeit 1918/19. Die politischen Reden, Schriften, Erlasse und Briefe Landauers aus der November-Revolution 1918/19, Berlin 1974; Literaten an der Wand. Die Münchener Räterepublik und die Schriftsteller, Ausstellungskatalog, Berlin 1976; Kurt Kreiler: Die Schriftstellerrepublik. Zum Verhältnis von Literatur und Politik in der Münchener Räterepublik, Berlin 1978; Hans-Jörg Viesel (Hrsg.): Literaten an der Wand. Die Münchener Räterepublik und die Schriftsteller, Frankfurt/M. 1980. – Hans Fenske: Konservativismus und Rechtsradikalismus in Bayern nach 1918, Bad Homburg v. d. H. / Berlin / Zürich 1969; Horst Nusser: Konservative Wehrverbände in Bayern, Preussen und Österreich 1918-1933, München 1973; Bruno Thoss: Der Ludendorff-Kreis 1919-1923. München als Zentrum der mitteleuropäischen Gegenrevolution zwischen Revolution und Hitler-Putsch (=Neue Schriftenreihe des Stadtarchivs München, H. 78), 1978.

26 Unbefriedigend ist die ressentimentgeladene Darstellung von Albert Schwarz: Die Zeit 1918 bis 1933. Erster Teil: Der Sturz der Monarchie. Revolution und Rätezeit, in: Handbuch der Bayerischen Geschichte. Vierter Band. Das Neue Bayern 1800-1970. Herausgegeben von Max Spindler. Erster Teilband, München 1979, S. 387.

27 Hinweise zur Publizistik finden sich in: Kurt Koszyk: Zwischen Kaiserreich und Diktatur. Die sozialdemokratische Presse von 1914 bis 1933, Heidelberg 1958, S. 112 ff.; ders.: Deutsche Presse 1914-1945. Geschichte der deutschen Presse, Teil III (=Abhandlung und Materialien zur Publizistik, Bd. 7), 1972, S. 26-59. Speziell für München und Bayern vgl. Ay, 1968,S. 10 f. Armin Richter: Der Ziegelbrenner. Das individualanarchistische Kampforgan des frühen B. Traven, Bonn 1977, S. 94 ff.

28 Vgl. Kolb, 1962, S. 312 ff.

29 Angesichts des Verhaltens der Presse im Weltkrieg und der durch die Revolution nicht angetasteten Besitzstruktur der von mächtigen Kapitalinteressen abhängigen Zeitungen wurde eine radikale Reform bzw. Sozialisierung des Pressewesens zunehmend zur Forderung sozialistischer Organisationen und Publizisten. Die Vorstellung über Sozialisierungsmaßnahmen reichten von der »redaktionellen und geschäftlichen Mitbestimmung

bis zur Enteignung der Verleger und zur Vergesellschaftung der Zeitungsbetriebe«. Exemplarisch hierfür sind die Aktivitäten in München. Hauptexponent war hier der Schriftsteller Ret Marut, der aktiv die Pressepolitik des Revolutionären Zentralrats unterstützte und der Münchener Pressesozialisierungskommission einen ausführlichen Sozialisierungsplan für die Presse vorlegte. Vgl. Armin Richter: Ret Marut und die Sozialisierung der Presse. Daten und Materialien zum revolutionären Pressekampf vor und während der Münchener Räterepublik, in: Publizistik. Vierteljahreshefte für Kommunikationsforschung, Jg. 1971, H. 3, S. 279 ff.

30 Vgl. Klaus W.Wippermann: Politische Propaganda und staatsbürgerliche Bildung. Die Reichszentrale für Heimatdienst in der Weimarer Republik, Köln 1976.

31 Rainer Schoch: Das politische Plakat der Weimarer Republik, in: Politische Plakate der Weimarer Republik 1918-1933, Ausstellungskatalog, Darmstadt 1980, S. 10.

32 Revolution und Räteherrschaft in München. Aus der Stadtchronik 1918/1919. Zusammengestellt und bearbeitet von Ludwig Morenz, München / Wien 1968, S. 71, S. 102.

33 Sechzig Jahre Münchner Räterepublik. Illustrierte Geschichte. Augenzeugenberichte. Dokumente. Hrsg. DKP Bezirksvorstand Südbayern, München 1979; Wolfgang Ruppert: Fotogeschichte der deutschen Sozialdemokratie. Hrsg. von Willy Brandt, Berlin 1988, S. 136.

34 Vgl. Martin Loiperdinger: Probleme des Quellenwertes von Bildmedien für die Geschichtsschreibung. Überarbeitete Fassung eines Vortrags auf der 18. Jahrestagung des Studienkreises für Rundfunk und Geschichte, Fachgruppe Archive und Dokumentation, am 24. September 1987 im Hessischen Rundfunk, Frankfurt/M. (unveröffentlichtes Manuskript). Zum Wirklichkeitsbegriff vgl. Andreas Haus: Fotografie und Wirklichkeit, in: Fotogeschichte. Beiträge zur Geschichte und Ästhetik der Fotografie, Jg. 2, 1982, H. 5, S. 5-11.

35 Erich Keyser: Das Bild als Geschichtsquelle, Hamburg 1935 (=Historische Bildkunde, Bd. 2), S. 8.

36 Vgl. Gunter Waibl: Fotografie und Geschichte (I-III), in: Fotogeschichte, Jg. 6, 1986, H. 21, S. 3-12, H. 22, S. 3-10, Jg. 7, 1987, H. 23, S. 3-12, hier 1986, H. 21, S. 8. Vgl. auch das Themenheft »Fotografie und Geschichte« der Zeitschrift Fotogeschichte, Jg. 5, 1985, H. 15; insbesondere dort Detlef Hoffmann: Fotografie als historisches Dokument, S. 21-28. Zum Problem der fotografischen Quellenkunde vgl. Wolfgang Brückner: Fotodokumentation als kultur- und sozialgeschichtliche Quelle, in: Das Photoalbum 1858-1918. Eine Dokumentation zur Kultur- und Sozialgeschichte. Ausstellungskatalog, München 1975, S. 11-31. Spärliche Hinweise zum Thema Fotografien als Geschichtsquellen in folgenden Handbüchern der Geschichtswissenschaft: Ernst Opgenoorth: Einführung in das Studium der neueren Geschichte, Frankfurt/ M., 1974, S. 79; Boris Schneider: Einführung in die Neuere Geschichte, Stuttgart 1974, S. 45-51; Egon Boshof / Kurt Düwell / Hans Kloft: Grundlagen des Studiums der Geschichte, Köln / Wien 1973, S. 259-263. Vgl. auch: Rainer Wohlfeil: Das Bild als Geschichtsquelle, in: Historische Zeitschrift, Bd. 243, 1986, S. 91-100.
Mehr Aufmerksamkeit in der historischen Fachliteratur hat der Film gefunden: Vgl. Fritz Terveen: Der Film als historisches Dokument. Grenzen und Möglichkeiten, in: Vierteljahreshefte für Zeitgeschichte, 3. Jg., 1955, S. 57-66; Wilhelm Treue: Das Filmdo

kument als Geschichtsquelle, in: Historische Zeitschrift, Bd. 186, 1958, S. 308-327; Günter Moltmann: Film- und Tondokumente als Quellen zeitgeschichtlicher Forschung, in: Zeitgeschichte im Film- und Tondokument. 17 historische, pädagogische und sozialwissenschaftliche Beiträge. Herausgegeben von Günter Moltmann und Karl Friedrich Reimers, Göttingen/Zürich/Frankfurt/M. 1970, S. 17-23.

37 Herrmann Glaser und Walther Pützstück: Ein deutsches Bilderbuch 1870-1918. Die Gesellschaft einer Epoche in alten Photographien, München 1982, Vorwort.

38 Jürgen Steen: Fotografiegeschichte als Kunstgeschichte, Fotografie als »optische Sozialgeschichte« und die Industrielle Revolution, in: Fotogeschichte, 1982, Jg. 2, H. 5, S. 14 f.

39 Aufgezeigt beispielsweise bei Edward Hallet Carr: Was ist Geschichte?, Stuttgart 1963, S. 7-31.

40 Bisherige Forschungsarbeiten zur Dokumentarfotografie der Münchener Nachkriegszeit: Rudolf Herz: Heinrich Hoffmann und die Revolution – zur Genese faschistischer Fotografie, in: München 1919, 1979, S. 123-196; zur Rezeptionsgeschichte der Revolutionsaufnahmen: Dirk Halfbrodt: Materialien zur Rezeptionsgeschichte der Münchener Revolution und Räterepublik, in: München 1919, 1979, S. 197-262. Vgl. auch: Winfried Ranke: Bildberichterstattung in den Zwanziger Jahren – Heinrich Hoffmann und die Chronistenpflicht, in: Die Zwanziger Jahre in München, Ausstellungskatalog, München 1979, S. 53-73.

41 Zum Begriff der Dokumentarfotografie vgl.: Winfried Ranke: Zur sozialdokumentarischen Fotografie um 1900, in: Ulrich Keller/ Herbert Molderings / Winfried Ranke: Beiträge zur Geschichte und Ästhetik der Fotografie, Gießen / Lahn 1977, S. 5-36.

42 Die aus aktuellem Anlaß hergestellte Fotopostkarte ist in der Regel ein Kontaktabzug vom Glasnegativ auf kartonstarkem Bromsilberpapier im Format von circa 9 x 14 cm. Auf der Rückseite befindet sich eine Lineatur für die Markierung des Anschriften-und Nachrichtenfeldes. Mehrheitlich trägt die Bildseite einkopierte Beschriftungen, die den Darstellungsgegenstand und den Fotografen benennen. Oft finden sich Abdrucke von Gummi und Prägestempeln mit dem Namen und der Adressenangabe des Fotografen oder des Verlegers; selten sind vorgedruckte Beschriftungen auf der Rückseite. Vgl. Paul Hanneke: Das Arbeiten mit Gaslicht- und Bromsilberpapieren, einschließlich des Postkartendrucks, sowie einer kurzen Anleitung zur Herstellung vergrösserter Bilder (=Enzyklopädie der Photographie, H. 89), Halle (Saale) 1918. Für Pressebilder war ein papierstarker Kontaktabzug vom Glasnegativ üblich, dessen Größe 13 x 18 cm (Bildgröße ungefähr 12 x 17 cm) beträgt. Die Bildseite ist unbeschriftet, während auf der Rückseite vielfach die Adresse des Fotografen aufgestempelt und ein maschinengeschriebener Zettel mit einer kurzen Bildlegende und dem Aufnahmezeitpunkt aufgeklebt ist. Auf manchen in Pressebildarchiven überlieferten Aufnahmen ist rückseitig vermerkt, zu welchem Zeitpunkt und in welchen Publikationsorganen sie veröffentlicht wurden. Vgl. Paul Knoll: Die Photographie im Dienste der Presse (=Enzyklopädie der Photographie, H. 82), Halle a. S. 1913, S. 5 f.; Ludwig Boedecker: Pressephotographie und Bildberichterstattung. Ein Handbuch für Pressephotographen, Bunzlau 1926, S. 48 ff. Amateuraufnahmen wurden oft auf Rollfilmen (Bildgröße 4,5 x 6, 6 x 6, 6 x 9 cm) erstellt, von denen Kontaktkopien oder Ver

größerungen im Postkartenformat oder größer gefertigt wurden. Vgl.: Ein Krieg wird ausgestellt. Die Weltkriegssammlung des Historischen Museums (1914-1918), Ausstellungskatalog, Frankfurt / M. 1976, S. 386 ff. und die dort angegebene Literatur. Bei Sachaufnahmen wurden zumeist Kontaktabzüge von 18 x 24 cm großen Glasplattennegativen, wie sie in schweren Stativkameras verwendet wurden, gefertigt. Die Porträtaufnahmen des polizeilichen Erkennungsdienstes wurden ebenfalls als Kontaktabzüge von einem Negativ hergestellt, auf dem meist drei nebeneinander belichtete Einzelbilder (Profil-, en face- und Halbprofilaufnahme) aufgenommen wurden. Die Größe der Abzüge der kompletten Dreier-Serie, die oft nur zerschnitten überliefert ist, beträgt 17 x 8,5 cm. Fotografien des Erkennungsdienstes der Polizeidirektion München sind mit einem in der Profilaufnahme eingeblendeten Sichtvermerk versehen, der die Aufnahmenummer, das Geburtsdatum des Abgebildeten, seine Körpergröße und seine Haarfarbe enthält.

43 Reproduktionen von Fotografien aus den Münchener Revolutionsmonaten finden sich 1918 / 19 in folgenden Illustrierten, Bildmagazinen und illustrierten Zeitungsbeilagen: Das Bayerland (München); Das Illustrierte Blatt (Frankfurt); Daheim (Leipzig / Bielefeld); Die Gartenlaube (Berlin); Über Land und Meer (Stuttgart); Reclams Universum (Leipzig); Velhagen und Klasings Monatshefte (Berlin / Bielefeld / Leipzig); Freie Welt (Berlin); Illustrierte Weltschau. Kunstbeilage des Bamberger Tagblattes (Bamberg); Der Weltspiegel. Illustr. Halbwochenschrift des Berliner Tagblattes (Berlin); Westermanns Monatshefte (Braunschweig); Die Woche (Berlin); Zeitbilder. Beilage zur Vossischen Zeitung (Berlin); Berliner Illustrirte Zeitung (Berlin); Leipziger Illustrirte Zeitung (Leipzig).

44 So wurden die Fotosammlungen der ehemaligen Weltkriegsbücherei in Stuttgart und des ehemaligen Heeresarchivs (Berlin), die Fotografien der Freikorps- und Reichswehrtruppen enthielten, während des Zweiten Weltkriegs zerstört.

45 Außer den im Text genannten Archiven in München bewahren auch die Abt. IV des Bayerischen Hauptstaatsarchivs und die Grafische Sammlung des Münchener Stadtmuseums Fotografien von 1918 / 1919 auf. Im Fotomuseum im Stadtmuseum München befindet sich die einzige bekannte größere Bildüberlieferung von einem Parteigänger der Revolution: die Postkartensammlung von Joseph Breitenbach, Kurier in der Regierung Eisner und späterer Kunstfotograf. Weiteres Bildmaterial findet sich in den thematisch spezialisierten Archiven: Archiv für soziale Demokratie (Bonn); Arbetarrörelsens Arkiv (Stockholm); International Instituut voor sociale Geschiedenis (Amsterdam).

46 Im Gegensatz dazu setzte das Interesse an der Archivierung schriftlicher und anderer bildlicher Dokumente aus der Revolutionszeit sehr früh ein. Vgl. den Aufruf der Bayerischen Staatsbibliothek im Bayerischen Kurier vom 4.1.1919.

47 Umfangreiches Material zur Person Rehses und zur Geschichte des Archivs für Zeitgeschichte und Publizistik findet sich in der Library of Congress, Washington D. C., Manuscript Division, Folder 784. Vgl. auch: Zehn Jahre deutscher Geschichte in Schriften und Bildern 1914-1924. Gesammelt und katalogisiert von J. M. Rehse. Einleitung von Oskar Doering, München o. J. (1925); Fritz Müller-Hartmann: Die Sammlung Rehse. Dokumente der Zeitgeschichte. Hrsg. von Adolf Dresler, Bd. 1, 1938; Edi Steiner: Friedrich Josef Maria Rehse. Ein Leben im Dienste der Zeitgeschichte, München 1940; Ernst von Salomon: Der Fragebogen, Hamburg 1951, S. 340 ff.; Hans Boom: Die ›Sammlung Rehse‹, in: Der Archivar, Jg. 1969, Nr. 22, Sp. 57 - 60.

48 Detlef Hoffmann: Die Weltkriegssammlung des Historischen Museums Frankfurt, in: Ein Krieg wird ausgestellt, 1976, S. 74.

49 Vgl. Boom, 1969, Sp. 57 f. Daneben erhielt das Bayerische Hauptstaatsarchiv das Gros der thematisch geordneten Zeitungs-und Zeitschriftenausschnittsammlung. Sie enthält zahlreiche Bildberichte von Illustrierten und Zeitungen über die Münchener Nachkriegszeit.

50 Boom, 1969, Sp. 57. Vgl. Müller-Hartmann, 1938, S. 7. Zur Sammeltätigkeit während des Weltkrieges vgl. Hoffmann, 1976, S. 63 - 74; Mitteilungen des Verbandes deutscher Kriegssammlungen, Jg. 1 - 3, 1919 - 1921; Briefkasten für Kriegs- und Revolutionssammlungen, Jg. 1, 1919.

51 Vgl. den Bericht: »Die Dokumente der Sammlung Rehse in der Antibolschewistischen Schau« des Völkischen Beobachters (Münchener Ausgabe) vom 9.1.1937.

52 Außer im Zeitgeschichtlichen Bildarchiv Heinrich Hoffmann (München) werden nennenswerte Bildbestände zu den Münchener Ereignissen von 1918 / 19 im Ullstein Bildarchiv (Berlin), im Bildarchiv Preußischer Kulturbesitz (Berlin), im Bildarchiv des Süddeutschen Verlages (München) und im Kester-Archiv, Stadtmuseum München aufbewahrt.

53 Vgl. Philip E. Mancha: Heinrich Hoffmann: Photographer of the Third Reich, in: Prologue. The Journal of the National Archives, Jg. 1973, S. 39 f.

54 Freundliche Mitteilung von Heinrich Hoffmann jun.

55 Freundliche Mitteilung von Heinrich Hoffmann jun. Die Negative waren ursprünglich in verschiedenen Serien aufgeteilt und numeriert. Die Numerierung ergibt keine Anhaltspunkte für die Erschließung der Produktionsumstände, wie beispielsweise zur genauen Datierung.

56 In Ansätzen wurde nur der Bildbestand des Bundesarchivs in Koblenz mit neuen, der aktuellen historischen Forschung angemessenen Legenden versehen.

57 Allerdings scheint sich in der Konservierungs- und Verzeichnispraxis der öffentlichen Archive ein Wandel anzubahnen. Neben detaillierten Anweisungen für eine sachgemäße Aufbewahrung von Fotografien wird in der archivkundlichen Fachliteratur inzwischen auch die Berücksichtigung quellenkritischer Aspekte bei der Kennzeichnung von fotografischen Sammlungsgegenständen gefordert. Hervorzuheben ist hier die Untersuchung von Horst Romeyk: Bildliche Darstellungen. Archivarische Erschließung und quellenkritische Bewertung (=Veröffentlichungen der staatlichen Archive des Landes Nordrhein-Westfalen, Reihe E: Beiträge zur Archivpraxis, H. 1), Düsseldorf 1975. Nach Romeyk soll eine »Bestandsbeschreibung ... dem Benutzer alle erforderlichen Hintergrundinformationen liefern, die zu einer objektiven Einschätzung des Dokumentationswertes erforderlich sind. Zu nennen sind der Fotograf als Hersteller im engeren Sinne, der Auftraggeber als Hersteller im weiteren Sinne, der Copyrightinhaber, Zeitpunkt des Erwerbs bzw. der Übernahme in das Archiv, Entstehungszweck der Bilddokumente bzw. ihre besondere Verwendung, zeitliche und regionale Erstreckung, Hinweise auf die Literatur, Zeitpunkt und verantwortlicher Leiter der Verzeichnung ...« (S. 12). Zur Archivierungspraxis vgl. auch Frank Heidtmann: Fotografien und Bibliotheken, in: Ins Innere des Bilderbergs. Fotografien aus den Bibliotheken der Hochschule der Künste und der Technischen Universität Berlin, Göttingen 1988, S. 143 - 153.

58 Zum Problem der Authentizität vgl. auch: Helmut Regel: Die Authentizität dokumentarischer Filmaufnahmen. Methoden einer kritischen Prüfung, in: Möglichkeiten des Dokumentarfilms, Oberhausen 1979, S. 165 - 176.

59 Literatur zu Pressefotografie und Illustriertenpresse: Willy Stiewe: Das Bild als Nachricht. Nachrichtenwert und Technik des Bildes. Ein Beitrag zur Zeitungskunde (=Zeitung und Zeit, Bd. V), Berlin 1933; Willy Stiewe: Das Pressephoto als publizistisches Mittel (=Wesen und Wirken der Publizistik. Bd. 2), Leipzig 1936. Gertrud Ulmer: Das Lichtbild in der Münchner Presse, Würzburg-Aumühle 1939; Tim Nahum Gidal: Bildbericht und Presse. Ein Beitrag zur Geschichte und Organisation der illustrierten Zeitungen, Tübingen 1956; Tim Nahum Gidal: Deutschland – Beginn des modernen Photojournalismus, Luzern / Frankfurt / M. 1972; Josef Kasper: Belichtung und Wahrheit. Bildreportage von der Gartenlaube bis zum Stern, Frankfurt / New York 1979; Wilhelm Marckwardt: Die Illustrierten der Weimarer Zeit. Publizistische Funktion, ökonomische Entwicklung und inhaltliche Tendenzen (unter Einschluß einer Bibliographie dieses Pressetypus 1918 - 1933), München 1982; Die Gleichschaltung der Bilder. Zur Geschichte der Pressefotografie 1930 - 36. Herausgegeben von Diethart Kerbs, Walter Uka und Brigitte Walz-Richter, Berlin 1983; Brigitte Werneburg: Foto-Journalismus in der Weimarer Republik, in: Fotogeschichte, Jg. 4, 1984, H. 13, S. 27 - 40.

60 Vgl. Knoll, 1913; Fritz Schmidt: Kompendium der praktischen Photographie, Leipzig 1916 (13. Auflage); Victor Pöschl: Einführung in die Lichtbildkunst, Stuttgart 1922; Boedecker, 1926; Carl Dietze: Presse-Illustrations-Photographie, Leipzig 1933, 8. Auflage.

61 Vgl. Teil V, Anm. 2.

62 Das triviale Alltagsmedium Bildpostkarte ist nur unzureichend erforscht. Die aktuelle Fotopostkarte als Medium publizistisch genutzer Öffentlichkeit wurde bislang gar nicht beachtet. Zur allgemeinen Einführung vgl.: H. Pätzke / K. Werner: Postkarten und Künstlerkarten. Eine kulturgeschichtliche Dokumentation, Berlin o. J. (dort findet sich eine umfangreiche Bibliografie); Fotografien auf Postkarten. Aus der Sammlung Robert Lebeck, Essen 1977; Gerhard Kaufmann: Die Bildpostkarte in Deutschland. Auch ein Spiegel ... der Kulturgeschichte. Ausstellungskatalog, Hamburg-Altona 1965; Robert Lebeck: Chronik des 20. Jahrhunderts. Eine Darstellung in Postkarten. Mit einem Vorwort von Jürgen Kesting, Dortmund 1983; Ludwig Hoerner: Zur Geschichte der fotografischen Ansichtspostkarte, in: Fotogeschichte, Jg. 7, 1987, H. 26, S. 29 - 44. Die meisten der zahlreichen vor der Jahrhundertwende gegründeten Zeitschriften für Bildpostkartensammler stellten ihr Erscheinen nach dem Nachlassen der Sammelleidenschaft ein. Dazu gehören: Zentralblatt für Ansichtskartensammler, 1896 ff.; Internationale Postkarten-Zeitung, 1898 ff.; Das Blaue Blatt, 1899 ff.; Die Künstlerkarte, 1899 ff.; Die Postkarte, 1905 ff.

63 Vgl. Paul Hanneke: Die Herstellung von photographischen Postkartenbildern nebst Anleitung zur Präparation lichtempfindlicher Postkarten nach einfachen Verfahren, Berlin 1905; Paul Hanneke, 1918; Arthur Lassaly: Bild und Film im Dienste der Technik. Erster Teil: Be-

triebsphotographie (=Enzyklopädie der Photographie, H. 90), Halle (Saale) 1919.

64 Bezeichnenderweise finden sich auch in den damaligen Handbüchern der Pressefotografen nur wenige Hinweise auf gestalterische Interpretationsmöglichkeiten. Dort wird hingegen die berufsspezifisch ideologische Forderung nach einer authentischen, von subjektiven Zutaten freien Widergabe der Wirklichkeit erhoben. Vgl. zum Beispiel das Postulat von Paul Knoll (1913, S. 5): »Der Pressephotograph soll die Geschehnisse in ihren natürlichen Verhältnissen, ohne jede eigene Beimischung festhalten.«

65 Den Begriff des Dokumentarfotografen, wie er sich aus der von Winfried Ranke gegebenen Definition der Dokumentarfotografie ergibt (Ranke, 1977, S. 5 f.), auf diese Fotografen anzuwenden, erscheint nicht unproblematisch. Denn jener wird erst durch die inhaltliche Bestimmtheit der Dokumentationsabsicht und der angestrebten Bildverwendung. Besser zutreffen würde er auf moderne Fotojournalisten.

66 Zum fotografischen Bildgebrauch in der Publizistik: Stiewe, 1933; Stiewe, 1936; vgl. Paul Heimann: Zur Dynamik der Bild-Wort-Beziehungen in den optisch-akustischen Massenmedien, in: Bild und Begriff, hrsg. von Robert Heiss u. a., München 1963, S. 71 ff.; Wolfgang Preisendanz: Verordnete Wahrnehmung. Zum Verhältnis von Photo und Begleittext, in: Sprache im technischen Zeitalter, Jg. 1971, H. 37, S. 1 - 8; Rosalinde Sartorti: Pressefotografie und Industrialisierung in der Sowjetunion. Die Pravda 1925 - 1933, Wiesbaden 1981, S. 36 ff.

67 Vgl. Sartorti, 1981, S. 49 ff.

68 Sartorti, 1981, S. 53.

TEIL I

1 Vgl. Willy Albrecht: Das Ende des monarchisch-konstitutionellen Regierungssystems in Bayern. König, Regierung und Landtag im Ersten Weltkrieg, in: Bosl, 1969, S. 277 ff.; Ay, 1968, S. 156 ff.

2 Vgl. Albrecht, 1968, S. 251 f.

3 Vgl. Ay, 1968 S. 123 ff.

4 Gerald D. Feldman / Eberhard Kolb / Reinhard Rürup: Die Massenbewegungen der Arbeiterschaft in Deutschland am Ende des Ersten Weltkrieges (1917 - 1920), in: Politische Vierteljahresschrift Jg. 13, 1972, S. 85.

5 Vgl. Ay, 1968 S. 99.

6 Eberhard Kolb: Geschichte und Vorgeschichte der Revolution von 1918/19 in Bayern, in: Neue Politische Literatur, Jg. 16, 1971, S. 383 - 394.

7 Feldman / Kolb / Rürup, 1972, S. 89, S. 92.

8 Vgl. Susanne Miller: Burgfrieden und Klassenkampf. Die deutsche Sozialdemokratie im Ersten Weltkrieg, Düsseldorf 1974.

9 Vgl. Schade, 1961, S. 45 f.; Eisner, 1979, S. 72 ff.

10 Vgl. Eisner, 1979, S. 67 f.

11 Vgl. Schade, 1961, S. 33 ff.

12 Vgl. Rosenberg, 1978, S. 202 ff.

13 Vgl. Wolfgang Sauer: Das Scheitern der parlamentarischen Monarchie, in: Kolb, 1972, S. 77 - 99.

14 Vgl. Susanne Miller: Die Bürde der Macht. Die deutsche Sozialdemokratie 1918 - 1920, Düsseldorf 1978, S. 74 ff.; Heinrich August Winkler: Von der Revolution zur Stabilisierung. Arbeiter und Arbeiterbewegung in der Weimarer Republik 1918 bis 1924, Berlin / Bonn 1984, S. 34 ff.

15 Vgl. Miller, 1978, S. 91 ff.

16 Kolb, 1984, S. 310 f.; vgl. auch Feldman / Kolb / Rürup, 1972, S. 94ff.

17 Zit. nach Eberhard Kolb: 1918 / 19. Die stekkengebliebene Revolution, in: Wendepunkte deutscher Geschichte 1983 - 1945. Hrsg. v. Carola Stern und Heinrich August Winkler, Frankfurt / M. 1979, S. 87.

18 Vgl. Miller, 1978, S. 218 f.; Marie-Luise Goldbach: Karl Radek und die deutsch-sowjetischen Beziehungen 1918 - 1923, Bonn-Bad Godesberg, 1973, S. 24 ff.

19 Vgl. Rürup, 1983, S. 288.

20 Miller, 1978, S. 224.

21 Zum Verhältnis der SPD zu den Räten vgl. Miller, 1978, S. 121 ff. und S. 133 ff.

22 Vgl. Miller, 1978, S. 225 ff.

23 Rürup, 1968, S. 46.

24 Vgl. Schade, 1961, S. 51 ff.; Kritzer, 1969, S. 10 ff.; Eisner, 1979, S. 81 ff.

25 Vgl. Albrecht, 1969, S. 292 f.; zu den Umsturzereignissen vgl.: Die Regierung Eisner, 1987, S. XIII ff.

26 Vgl. Müller-Aenis, 1986, S. 58 ff.

27 Abgedruckt in: Die Regierung Eisner, 1987, S. 409 f.

28 Zur Regierungsbildung vgl.: Die Regierung Eisner, 1987, XX ff. Wie Franz J. Bauer zeigt, ging der Anstoß zur Regierungsbildung entgegen bisherigen Annahmen von der SPD aus.

29 Wiesemann, 1969, S. 408; vgl. auch Georg Kalmer: Beamtenschaft und Revolution. Eine sozialgeschichtliche Studie über Voraussetzungen und Wirklichkeit des Problems, in: Bosl, 1969, S. 201 ff.

30 Abgedruckt in: Die Regierung Eisner, 1987, S. 420 ff.

31 Vgl. Reinhard Kühnl: Die Regierung Eisner in Bayern 1918 / 19, in: Geschichte in Wissenschaft und Unterricht, 15. Jg., 1964, H. 15, S. 398 f.; Eisner, 1979, S. 85 ff.; die später verfassten »Richtlinien für eine künftige sozialistische Politik« sahen als erste Phase eine »Verstaatlichung unter demokratischer Kontrolle« der dafür »reifen« Betriebe vor (vgl. Eisner, 1979, S. 92 f.).

32 Müller-Aenis, 1986, S. 213.

33 Wiesemann, 1969, S. 416. Zu Eisners Räterkonzeption vgl. Schade, 1961, S. 74 ff.; Müller-Aenis, 1986, S. 213 ff.

34 Zit. nach: Deutscher Geschichtskalender. Hrsg. Friedrich Purlitz. Der Europäische Krieg in aktenmäßiger Darstellung. Ergänzungsband: Die deutsche Revolution. Erster Band, Leipzig o. J. (1919), S. 278 f.

35 Müller-Aenis, 1986, S. 343.

36 Vgl. Kritzer, 1969, S. 51 ff.

37 Mitchell, 1967, S. 225; zu Auers Rätepolitik vgl. Müller-Aenis, 1986, S. 225 ff.

38 Die Räterichtlinien sind abgedruckt in: Die Regierung Eisner, 1987, S. 424 ff. und S. 436 ff.

39 Müller-Aenis, 1986, S. 347.

40 Müller-Aenis, 1986, S. 254.

41 Vgl. Hillmayr, 1974, S. 28 ff.

42 Vgl. Eisner, 1979, S. 146 ff.

43 Vgl. Kühnl, 1964, S. 406.

44 Die Regierung Eisner, 1987, S. 421; vgl. auch Eisner, 1979, S. 93; zur Presse während des Weltkriegs vgl. Heinz-Dietrich Fischer (Hrsg.): Pressekonzentration und Zensurpraxis im Ersten Weltkrieg, Berlin 1973; Emil Julius Gumbel: Vier Jahre Lüge, Berlin 1919; Kurt Mühsam: Wie wir belogen wurden! Die amtliche Irreführung des deutschen Volkes, München 1918.

45 Vgl. Kühnl, 1964, S. 406; Eisner, 1979, S. 96 ff.

46 Eisner, 1979, S. 124.

47 Vgl. Wiesemann, 1969, S. 418.

48 Die Regierung Eisner, 1987, S. 410.

49 Vgl. Schade 1961, S. 69 ff.; Wiesemann, 1969, S. 408 ff.

50 Vgl. Wiesemann, 1969, S. 411.

51 Wiesemann, 1969, S. 408.

52 Vgl. Wiesemann, 1969, S. 417.

53 Mühsam, 1929, S. 12 ff.; zum Anarchismus in den Münchener Revolutionsmonaten vgl. auch Ulrich Linse: Die Anarchisten und die Münchner Novemberrevolution, in: Bosl, 1969, S. 37 ff.

54 Vgl. Neubauer, 1958, S. 26; Beyer, 1982, S. 62 ff.; zu Leviens Biografie vgl. Hillmayr, 1974, S. 49.

55 Mühsam, 1929, S. 16.

56 Müller-Aenis, 1986, S. 349 f.

57 Müller-Aenis, 1986, S. 350.

58 Müller-Aenis, 1986, S. 351.

59 Zur Interpretation der Wahlergebnisse vgl. Kalmer, 1971, S. 329 ff.

60 Vgl. Kritzer, 1969, S. 82 ff.

61 Zit. nach Kolb, 1962, S. 333.

62 Zit. nach Schade, 1961, S. 87.

63 Vgl. Mitchell, 1967, S. 238ff. Die Attentate im bayerischen Landtag. Der Prozeß gegen Alois Lindner und Genossen vor dem Volksgericht München, München 1919.

64 Kalmer 1971, S. 351; vgl. Kolb, 1962, S. 406.

65 Zur Beziehung Münchens zu seinem Umland vgl. Heinrich Hillmayr: München und die Revolution von 1918 / 19. Ein Beitrag zur Strukturanalyse von München am Ende des Ersten Weltkrieges und seiner Funktion bei Entstehung und Ablauf der Revolution, in: Bosl, S. 473 ff.; Müller-Aenis, 1986, S. 314 ff.

66 Vgl. Neubauer, 1958, S. 38 f.; Mitchell, 1967, S. 238 ff.; Beyer, 1982, S. 47 ff.

67 Vgl. Neubauer, 1958, S. 39 ff., Kritzer, 1969, S. 92 ff.

68 Vgl. Mitchell, 1967, S. 253 ff.

69 Kalmer, 1971, S. 351; vgl. Kritzer, 1969, S. 102 ff.

70 Zur Entstehung der Räterepublik vgl.: Kritzer, 1969, S. 111 f.; Beyer, 1982, S. 67 ff.

71 Vgl. Beyer, 1982, S. 63 ff.; zur Biografie Eugen Levinés vgl. Eugen Leviné: Ahasver, Skizzen, Rede vor Gericht und anderes, Berlin 1925 (2. Auflage); Leviné, 1925; Rosa Meyer-Leviné: Leben und Tod eines Revolutionärs. Erinnerungen, München 1972.

72 Levinés Erklärung ist abgedruckt in: Leviné, 1925, S. 14 f.; zur Taktik der Münchener Kommunisten vgl. Neubauer, 1958, S. 52 f.

73 Vgl. Kritzer (1969, S. 117), der im Verhalten der SPD-Führung ein »fast verzweifelt zu nennendes Taktieren« sieht; siehe auch Winkler 1984, S. 186 f. Am 5. April sprach sich der in München tagende südbayerische Gautag für die Räterepublik aus, wenn sich auch USPD und KPD beteiligen würden, während die am folgenden Tag in Nürnberg stattfindende Landeskonferenz die Räterepublik ablehnte. Bei einer Urabstimmung des Sozialdemokratischen Vereins in München am 11. April stimmte etwa die Hälfte der Mitglieder für die Räterepublik (vgl. Kalmer, 1971, S. 327 ff.).

74 Zu Ersten Räterepublik vgl. Ernst Niekisch: Gewagtes Leben. Begegnungen und Begebnisse, Köln / Berlin, 1958, S. 66 f.; Beyer, 1982, S. 67 ff.; Werner, 1920 (2. Auflage), S. 19 ff.; Neubauer, 1958, S. 50 ff.; Mitchell, 1967, S. 267 ff.

75 Dem Rat der ›Volksbeauftragten‹ gehörten mit folgenden Zuständigkeitsbereichen an: Äußeres: Franz Lipp (USPD); Inneres: Fritz Soldmann (USPD); Volksaufklärung: Gustav Landauer (RAR); Volkswohlfahrt: August Hagemeister (USPD); Militärwesen: Wilhelm Reichart (KPD, später ausgeschlossen); Finanzen: Silvio Gesell (RAR); Justiz: Konrad Kübler (Bauernbund); Verkehr: Gustav Paulukum (USPD); Land- und Forstwirtschaft: Martin Steiner (Bauernbund); Ernährungswesen: Johann Wutzelhofer (Bauernbund); Wohnungsangelegenheiten: Arnold Wadler (USPD); Vorstand des Zentralwirt-

schaftsamtes: Otto Neurath (SPD). Angaben nach Beyer, 1982, S. 88.

76 Zur Biografie Tollers vgl.: Der Fall Toller. Kommentar und Materialien. Hrsg. von Wolfgang Frühwald und John M. Spalek, München 1979; Wolfgang Rothe: Ernst Toller in Selbstzeugnissen und Bilddokumenten, Reinbek bei Hamburg 1983. Zur Biografie Landauers vgl.: Linse, 1969, S. 57 ff.; Linse, 1974.

77 Vgl. Frühwald, 1971, S. 361 ff.; Viesel, 1980, S. 13 ff.

78 Zit. nach: Neubauer, 1958, S. 50.

79 Vgl. Neubauer, 1958, S. 59 ff.

80 Vgl. Beyer, 1957, S. 88.

81 Vgl. Beyer, 1957, S. 86 ff.

82 Vgl. Werner, 1920; Beyer, 1982, S. 98 f.

83 Die Kontroverse wurde zwischen Paul Frölich und Paul Levi 1919 / 20 in der ›Internationale‹, dem theoretischen Organ der KPD, geführt. Die Hintergründe für die ablehnende Haltung der KPD zur Ersten Räterepublik bzw. für die Übernahme der Macht am 13. April sind bislang nicht befriedigend geklärt. Rosenberg (1980, S. 70) schrieb: »Wenn die bayerische Räterepublik am 7. April eine Sinnlosigkeit war, dann wurde sie acht Tage später nichts Besseres... Levine unterlag ähnlichen Hemmungen wie Rosa Luxemburg im Januar. Ein falsch verstandenes revolutionäres Ehrgefühl schien es vorzuschreiben, daß man die ›Masse‹ nicht im Stich lassen dürfe, obwohl eine solche Taktik die Marxisten zwingt, ihre bessere Einsicht, ja ihre Existenz, den Launen eines Abenteurers preiszugeben, der eine Anzahl radikaler Arbeiter um sich schart.« Kolb (1962, S. 347 ff.) widerspricht der Darstellung, die KPD hätte sich aus Treue zum Proletariat für den »Opfergang« entschlossen.

84 Vgl. Revolution und Räterepublik in München, 1978, S. 18.

85 Zu den politischen, wirtschaftlichen und propagandistischen Maßnahmen vgl.: Werner, 1920 (2. Auflage), S. 32 ff.; Neubauer, 1958, S. 64 ff.; Kolb, 1962, S. 349 ff.; Beyer, 1982, S. 99 ff. Den Kommissionen gehörten an: der Militärkommision Rudolf Egelhofer, Johann Wiedenmann, Leo Reichert, Wilhelm Reichart; der Wirtschaftskommission: Emil Maenner, Mai, Towia Axelrod; der Verkehrskommission: Anton Bauer, Schreiber; der Kommission zur Bekämpfung der Gegenrevolution: Ferdinand Mairgünther, Max Strobel; dem Propagandaausschuß: Max Levien, Mortens, Paul Frölich

86 Kolb, 1962, S. 352.

87 Zu den Maßnahmen der Landesregierung gegen die Räterepublik vgl. Hillmayr, 1974, S. 78 ff.; zum militärischen Vorgehen vgl. Karl Deuringer: Die Niederwerfung der Räteherrschaft in Bayern 1919 (=Darstellungen aus den Nachkriegskämpfen deutscher Truppen und Freikorps. Hrsg. von der Forschungsstelle für Kriegs- und Heeresgeschichte, Bd. IV), Berlin 1939; Hagen Schulze: Freikorps und Republik, Boppard 1969, S. 96 ff.

88 Vgl. Werner, 1920, S. 49 ff.; Neubauer, 1958, S. 89 ff.

89 Vgl. Hillmayr, 1974, S. 72 ff. und S. 117 f.

90 Miller, 1978, S. 270.

91 Vgl. Hillmayr, 1974, S. 116 f.

92 Vgl. Hillmayr, 1974, S. 131 ff.

93 Vgl. Hillmayr, 1974, S. 100 ff.; zur Thule-Gesellschaft vgl.: Rudolf von Sebottendorff: Bevor Hitler kam. Urkundliches aus der Frühzeit der nationalsozialistischen Bewegung, München 1934 (2. Auflage); Reginald H. Phelps: »Before Hitler came«: Thule Society and Germanen Orden, in: Journal of Modern History, Bd, 35, 1963, S. 245 -261; Hillmayr, 1974, S. 32 ff. und S. 87 ff.

94 Zu den Gerichtsverfahren und zum Strafvoll-

zug vgl.: Emil Julius Gumbel: Zwei Jahre Mord, Berlin 1921, S. 31 ff.; Erich Mühsam: Das Standrecht in Bayern, Berlin 1923; Heinrich und Elisabeth Hannover: Politische Justiz, 1918 - 1933, Frankfurt / M. 1966, S. 63 ff. Zum Standrecht: Franz J. Bauer / Eduard Schmidt: Die bayerischen Volksgerichte 1918 - 1924. Das Problem ihrer Vereinbarkeit mit der Weimarer Reichsverfassung, in: Zeitschrift für bayerische Landesgeschichte, Bd. 48, 1985, S. 449 ff.

95 StAM, StA Mü 1, Nr. 1979 Georg Dufter. Vgl. Teil II, Anm. 201.

96 Das Gericht sprach Georg Dufter von der Anklage der Beihilfe zum Verbrechen des Hochverrats frei. Georg Dufter war im November 1918 zum Kasernenrat der 1. Kompanie des 2. Infanterieregiments / Ersatzbataillon und später zum Bataillonsrat gewählt worden.

97 »Wenige Tage nach der Befreiung Münchens wurde ich zur Untersuchungskommission über die Revolutionsvorgänge beim 2. Infanterieregiment kommandiert. Dies war meine erste mehr oder weniger rein politische aktive Tätigkeit.« (Adolf Hitler: Mein Kampf, München 1938 (330. - 334. Aufl.), S. 227). Vgl. Ernst Deuerlein: Hitlers Eintritt in die Politik und die Reichswehr, in: Vierteljahreshefte für Zeitgeschichte, 7. Jg., 1959, H. 7, S. 177 ff.; Werner Maser: Der Sturm auf die Republik. Frühgeschichte der NSDSAP, Frankfurt / M. / Berlin / Wien 1981, S. 132 ff. Hitler ließ sich auch am 15.4.1919 bei den Wahlen der Kasernenräte bei der 2. Demobilisierungskompanie als Kandidat aufstellen, wurde aber nicht gewählt. Vgl. HStAM, Abt. IV, Gruko 4, Bund 67, Akt 4, Verschiedenes, Kasernenräte.

98 Vgl. Horst Nusser: Militärischer Druck auf die Landesregierung Johannes Hoffmann vom Mai 1919 bis zum Kapp-Putsch, in: Zeitschrift für bayerische Landesgeschichte, Bd. 33, 1970, S. 818 ff.

99 Vgl. Heinz-Dietrich Fischer (Hrsg.): Pressekonzentration und Zensurpraxis im Ersten Weltkrieg, Berlin 1973. Darin abgedruckt: Das Zensurbuch für die deutsche Presse. Hrsg. von der Oberzensurstelle des Kriegspresseamtes, Berlin 1917.

100 Vgl. Der Film im Dienste der nationalen und wirtschaftlichen Werbearbeit. Hrsg. Deutsche Lichtbildgesellschaft, Berlin 1917; Inge Stahlberg: Die Deutsche Illustrierte Presse im Weltkrieg 1914 - 1918. Untersuchungen über ihre Mittel, Methoden und Wirkungen, Phil.-Diss. Heidelberg 1945; Hermann Wanderscheck: Weltkrieg und Propaganda, Berlin 1936 (dort umfangreiche Bibliografie). Die ausführlichste Darstellung zur Film- und Fotografiepropaganda bietet Hans Barkhausen: Filmpropaganda für Deutschland im Ersten und Zweiten Weltkrieg, Hildesheim / Zürich / New York 1982, S. 153 ff.

101 Vgl. Boedecker, 1926, S. 2 ff.

102 Zit. nach: Rosenberg, 1979, S. 229.

103 Vgl. Otto Groth: Die Zeitung. Ein System der Zeitungskunde, Bd. 1, Mannheim 1928, S. 1025.

104 Vgl. Ulrich Panitz: Das Pressefoto als historisches Dokument, dargestellt am Beispiel der fotografischen Berichterstattung über die Berliner Revolutionsereignisse (November 1918 bis April 1919) in der zeitgenössischen illustrierten Presse. Wissenschaftliche Hausarbeit am Fachbereich 11 der Hochschule der Künste Berlin, Sommersemester 1983, S. 120 ff.

105 Berliner Illustrirte Zeitung. Berliner Sturmtage, Sondernummer.

106 Vgl. zum Beispiel: Das Illustrierte Blatt, 7. Jg., 1919, Nr. 21; Berliner Illustrirte Zeitung, Jg. 1919, Nr. 20; Die Woche, Jg. 1919, Nr. 20; Illustrierte Familien-Zeitung, Jg. 1919, Nr. 20.

107 Daheim, 55. Jg., 1919, Nr. 23.

108 Vgl. auch Diethart Kerbs: Die Epoche der Bildagenturen. Zur Geschichte der Pressefotografie in Berlin von 1900 bis 1933, in: Die Gleichschaltung der Bilder, 1983, S. 35 ff.; Die Novemberrevolution Berlin 1918 / 19 in zeitgenössischen Foto-Postkarten (=Edition Photothek IV. Hrsg. von Diethart Kerbs), Berlin 1983, S. 30 f.

109 Vgl. Richard Hamann / Jost Hermand: Expressionismus (=Epochen deutscher Kultur von 1870 bis zur Gegenwart, Bd. 5), Frankfurt / M. 1977, S. 162 ff.

110 Zitiert nach: Joachim Büthe / Thomas Kuchenbuch / Günther Liehr u. a.: Der Arbeiter-Fotograf. Dokumente und Beiträge zur Arbeiterfotografie 1926 - 1932, Köln 1977, S. 11.

111 Die Freie Welt der unabhängigen Sozialdemokraten Deutschlands. H. 1; von H. 2, 1. Jg., 1919 bis H. 27, 1. Jg., 1919: Die Freie Welt. Illustrierte Wochenschrift der Unabhängigen Sozialdemokratie Deutschlands, ab H. 28, 1. Jg., 1919: Freie Welt. Illustrierte Wochenschrift der USPD.

112 Vgl. Freie Welt, 1. Jg., 1919, H. 9.

113 Vgl.: Ulmer, 1939, S. 117 ff. Klaus Piepenstock: Die Münchener Tagespresse 1918 - 1933. Ein Beitrag zur Physiognomie einer Stadt und zur Presse und öffentlichen Meinung der Weimarer Republik, München 1955, S. 205 ff.

114 Vgl. HStAM, Abt. IV, Gruko 4, Bund 29, Akt 5 und Bund 47, Akt 8.

115 Heinrich Hoffmann: Ein Jahr bayrische Revolution im Bilde. München 1919.

116 Die Karte liegt in: HStAM, Abt. V, Bildersammlung.

117 Die Karte befindet sich in Privatbesitz.

118 Vgl. Jürgen Steen: Fotoalbum und Lebensgeschichte, in: Fotogeschichte, Jg. 3, 1983, H. 10, S. 55 - 71.

119 Zur Nobilitierungsfunktion von Porträtfotografien in Fotoalben vgl. Timm Starl: Die Physiognomie des Bürgers. Zur Ästhetik des Atelierporträts 1860 - 1890, in: Camera Austria, Nr. 21, 1986, S. 51.

120 Timm Starl: Das Bildmedium der privaten Welt. Zur Entstehung und Funktion der Knipserfotografie, in: Geschichte der Fotografie in Österreich, Ausstellungskatalog, Bd. 1, Bad Ischl 1983, S. 301.

121 Vgl. Büthe u. a., 1977, S. 89 f.

122 Vgl.: Ein Krieg wird ausgestellt, 1976, S. 387.

123 Vgl. Josef Hofmiller: Revolutionstagebuch (=Josef Hofmiller Schriften. Hrsg. von Hulda Hofmiller, Bd. 2), Leipzig 1938, S. 65 bzw. S. 175 und die Preisangaben in den Anzeigen zu den Eisner-Nachrufkarten, beispielsweise in der Münchener Post und der Neuen Zeitung Ende Februar / Anfang März 1919.

124 Vgl. Teil II, Anm. 81.

125 Vgl. Hillmayr, 1974, S. 158 f.

126 Hersteller von Fotopostkarten, die nach dem Einmarsch der Regierungstruppen in München tätig waren: Atelier Alfons, Atelier Prinzess, Benetreu Photo-Atelier, Josef Paul Böhm, Carl Bodensteiner, Foto-Atelier Krennleitner, B. Fuchs, Michael Greßberger, Maria Gruber, Heinrich Hoffmann, Hans Möller, Georg Pettendorfer, Stettmayr Nachf., Photo Ilse (Hans Sippel), Photounternehmen Aquila, Heinrich Roser, Eugen Schneider, Steininger (vorm. Atelier Düll), Willy Walcher, Josef Wohlmuth.

127 Vgl. Stadtarchiv München, Akten des Gewerbeamtes München Nr. 3894.

128 Zur privaten Fotografie im Weltkrieg siehe auch: Ein Krieg wird ausgestellt, 1976, S. 383 - 392.

129 Gregorius: Was der Photohändler jetzt tun soll, in: Die Photographische Industrie. Fachblatt für Fabrikation und Handel aller photographischen Bedarfsartikel, Jg. 1919, H. 12.

130 Zur wirtschaftlichen Entwicklung nach dem Ausbruch des Weltkrieges bzw. nach dem Weltkriegsende und ihrer Einschätzung durch die fotografische Industrie, den Handel und das Gewerbe vgl. die Berichte und Kommentare in den Kriegs- und Nachkriegsnummern der Zeitschriften: Die Photographische Industrie; Zeitschrift für Reproduktionstechnik; Der Photograph.

131 Untersuchungen über den Niedergang der fotografischen Ateliers liegen bislang nicht vor. Hinweise finden sich in: Das Photoalbum 1858-1918, München 1975; Ellen Maas: Die goldenen Jahre der Photoalben. Spiegel und Fundgrube von gestern, Köln 1977; Gisèle Freund: Photographie und Gesellschaft, Reinbek bei Hamburg 1979, S. 65-78; Ulrich Keller: Die Deutsche Porträtfotografie von 1918 bis 1933, in: Keller / Molderings / Ranke, 1977, S. 37 66; Rudolf Herz: Ökonomische Krise und ästhetische Reform der Atelierfotografie, in: Hof-Atelier Elvira 1887-1928. Ästheten, Emanzen, Aristokraten, Ausstellungskatalog, München 1985, S. 145 152.

132 Hans Möller, geb. 17.9.1876 in Gelnhausen bei Bamberg, seit 1896 in München ansässig, Todesdatum unbekannt. Heinrich Roser, geb. 24.3.1877 in Oberschneiding bei Straubing, seit 1897 in München, gest. 5.1.1952 in München.

133 Josef Paul Böhm, geb. 19.3.1881 in München, gest. 25.1.1953 in München, Sohn des ungarischen Kunstmalers Paul Böhm. Böhm war ein renommierter Münchener Porträtfotograf.

134 Friedrich Rehse, geb. 23.2.1870 in Münster in Westfalen, gest. 14.1.1952 in München. Georg Pettendorfer, geb. 31.10.1858 in Türkheim, seit 1894 in München ansässig, gest. 27.9.1945 in Kirchseeon, Lk. Ebersberg.

135 Franz Grainer, geb. 28.9.1871 in Bad Reichenhall, gest. 17.2.1948, Sohn des Bad Reichenhaller Hoffotografen Franz Grainer, seit 1900 in München ansässig. Theodor Hilsdorf, geb. 18.6.1868 in Bingen am Rhein, gest. 31.10.1944 in Neumarkt.

136 Stadtarchiv München, Akten des Gewerbeamtes München, Nr. 3894. Vgl. Heinz Gebhardt: Königlich bayerische Photographie 1838-1918, München 1978, S. 282-286. Die im September 1917 beschlossene Auflösung der Zwangsinnung wurde erst am 3.1.1919 auf Regierungsentscheid vollzogen.

137 Vgl. Wurm-Reithmayr: Betrachtungen über die Photographie nach dem Kriege, in: Der Photograph, 28. Jg., 1918, Nr. 48, S. 189-191.

138 Vgl. Boedecker, 1926, S. 3.

139 Wilhelm Hümmer, geb. 10.2.1872 in München, gest. 19.4.1954 in München. Ernst Haymann, geb. 26.4.1873, gest. 12.5.1947 in München.

140 Nicolai Aluf, geb. 7.9.1884 in Polotzk / Rußland, seit 1911 in München, arbeitete zeitweilig mit Philipp Kester zusammen.

141 Philipp (auch Filip) Kester, geb. 9.3.1873 in Kirchenlaibach bei Bayreuth, gest. 5.2.1958 in München, seit 1911 in München gemeldet, zugezogen aus Berlin, vorheriger Aufenthalt New York. Unter Kesters Vorsitz schlossen sich 1908 die hauptberuflich tätigen Pressefotografen zum Verband Deutscher Illustrationsphotographen e. V. zusammen (vgl. Stiewe, 1936, S. 4).

142 HStAM, Abt. IV, OP 10 996.

143 Berliner Fotografen bzw. Verleger, von denen Presseaufnahmen oder Fotopostkarten bekannt sind: Erich Benninghoven, Wilhelm Braemer, Alfred Frankl, Franz Gerlach, Walter Gircke, Alfred Grohs, Georg Haeckel, Otto Haeckel, C. Hünich, Berliner Illustrations-Gesellschaft, Paul Lamm (Photo-Union), H. Noack, Gerhard Riebicke, Willy Römer (Photothek), Willi Ruge, Rudolf Sennecke,

Paul Wagner. Freundlicher Hinweis von Diethart Kerbs. Vgl. auch Kerbs, 1983, S. 35 ff.; Die Novemberrevolution Berlin 1918/19, 1983, S. 30 f.

144 Römers Aufnahmen sind ohne Namensnennung abgedruckt in: Leipziger Illustrirte Zeitung, 152. Bd., 1919, Nr. 3959; Berliner Illustrirte Zeitung, Jg. 1919, Nr. 20. Das Archiv Willy Römer befindet sich im Besitz von Diethart Kerbs, Berlin. Senneckes Aufnahmen finden sich gleichfalls in der erwähnten Nummer der Berliner Illustrirten Zeitung oder auch in der Illustrierten Familienzeitung (Jg. 1919, Nr. 20). Weitere Aufnahmen von Sennecke, wie auch der Verbleib seines Archives, sind nicht bekannt. Frankls Aufnahmen vom Mai 1919 wurden offenbar in keiner zeitgenössischen Illustrierten veröffentlicht. Überlieferte Aufnahmen befinden sich im Ullstein Bildarchiv, Berlin, der Grafischen Sammlung des Stadtmuseums München, im Bayerischen Hauptstaatsarchiv, München, Abt. V, Bildersammlung, und im Besitz von A. Kaesborer-Picklmair, München.

145 Oskar Laifle, geb. 22.11.1868, gest. 24.9.1933 in München. Bei Oskar Laifles Vater war Heinrich Hoffmanns Onkel in Regensburg von 1877-1879 in die Lehre gegangen und hatte bei ihm als Gehilfe gearbeitet (vgl. G. H. Emmerich: Lexikon für Photographie und Reproduktionstechnik, Wien / Leipzig 1910, S. 292).

146 Vgl. Knoll, 1913, S. 39 ff.; Boedecker, 1926, S. 12 ff.

147 Die Brennweite von 21 cm entspricht bei dem Plattenformat von 13 x 18 cm ungefähr der Normalbrennweite von 50 mm heutiger Kleinbildkameras.

148 Vgl. Knoll, 1913, S. 17 ff.

149 Vgl. Knoll, 1913, S. 41 f. Die Abbildung eines Leiterstativs findet sich auf Tafel XII.

150 Die Vervielfältigung durch Willy Walcher ist durch Aufdrucke auf der Rückseite verschiedener Fotopostkarten Hoffmanns (u. a. Aufnahme von Straßensperren und des Vorbeimarsches des Bayerischen Schützenkorps am 20.5.1919) belegt.

151 Michael Greßberger, geb. 4.4.1868 in Achdorf / Lk. Landshut, seit 1888 in München gemeldet, gest. 18.4.1942 in München. Nach seinem Zuzug nach München war Greßberger zuerst Hutmacher, Tagelöhner und Linierer.

152 Zum Zeitpunkt von Eisners Beerdigung waren die namentlich genannten Fotografen in München - bzw. dorthin zurückgekehrt, wenn sie in Militärdiensten gestanden waren, wie Kester oder Böhm (vgl. den von Böhm 1939 verfaßten Lebenslauf, der sich im Besitz von Paul Böhm, München, befindet). Böhm war in diesen Wochen durchaus im Pressegeschäft aktiv - offenbar jedoch mit älteren Aufnahmen von Münchener Architekten und Künstlern, unter ihnen Theodor Fischer, Hugo von Habermann und Albert von Keller (vgl. Das Illustrierte Blatt, 7. Jg., 1919, Nr. 15).

153 Vgl. Freie Welt, 1. Jg., 1919, Nr. 7, S. 2.

154 Zur gesellschaftspolitischen Orientierung der Fotografen in Deutschland vgl. auch: Rolf Sachsse: Die Arbeit des Fotografen. Marginalien zum beruflichen Selbstverständnis deutscher Fotografen 1920-1950, in: Fotogeschichte, Jg. 2, 1982, H. 4, S. 55-63. Allgemein zur Orientierung des gewerblichen Mittelstandes vgl. Heinrich August Winkler: Mittelstand, Demokratie und Nationalsozialismus. Die politische Entwicklung von Handwerk und Kleinhandel in der Weimarer Republik, Köln 1972, S. 65 ff.

155 Auskunft Paul Böhm, München. Böhm gab 1939, als er die deutsche Staatsbürgerschaft beantragte, Epp als Gewährsmann für seine »national einwandfreie Gesinnung« an.

156 Die Feststellungen über die Parteimitglied-

schaft der genannten Fotografen basieren auf Personalunterlagen im Berlin Document Center, Berlin.

157 Welt-Echo, Jg. 1919, Nr. 32.

158 Zeitschrift für Reproduktionstechnik, 21. Jg., 1919, H. 1, namentlich nicht gekennzeichneter Vorspann »Tagesfragen«.

159 Zeitschrift für Reproduktionstechnik, 20. Jg., 1918, H. 12, namentlich nicht gekennzeichneter Vorspann »Tagesfragen«.

160 Zur Zahlenangabe vgl. Wilhelm Hänlein: Die Gehilfenbewegung im Senefelder Bund, in: Der Photograph, 29. Jg., 1919, Nr. 51, S. 202 f. Franz Xaver Hartl, geb. am 1.3.1882 in Freising, gest. am 28.4.1950 in München. Laut polizeilichem Meldebogen war Hartl seit 1900 in München ansässig, wo er 1913 das Heimat- und Bürgerrecht verliehen bekam. Zeitweilig war Hartl als Saisonfotograf in Meran tätig, bevor er 1908 im Kaufhaus Hermann Tietz am Hauptbahnhof in München Atelier- und Sachfotograf wurde. Neben dieser Tätigkeit fotografierte Hartl noch Ereignisse und Persönlichkeiten der Zeitgeschichte in eigener Regie und ließ die Aufnahmen bisweilen als Fotopostkarten - nachweislich bis 1928 - vertreiben. Nach der kriegsbedingten Schließung des Kaufhauses Hermann Tietz im Jahr 1943 übernahm er die Münchener Niederlassung der Firma Photomaton. Seit 1946 bis zu seinem Tode war Hartl wieder bei Hermann Tietz als Fotograf hauseigener Sujets tätig (freundliche Mitteilung von Frau Charlotte Dürr, geb. Hartl, München).

161 Für die sechstägige Arbeitswoche mit 48 Stunden erhielt ein Gehilfe im ersten Jahr einen Mindestlohn von 45 Mark, im dritten Jahr 63 Mark; Spezialarbeiter, wie Retuscheure und Kopierer 90 Mark. Weiterhin wurde ein arbeitsfreier Sonntag, eine zweiwöchige Kündigungsfrist und ein einwöchiger Jahresurlaub vereinbart (vgl. Der Photograph, 29. Jg., 1919, Nr. 41, S. 163). Damit standen die Münchener Gehilfen offenbar noch besser da als ihre Kollegen in Leipzig und Berlin, deren Durchschnittslohn mit 45 Mark angegeben wurde (vgl. Der Photograph, 29. Jg., 1919, Nr. 27, S. 107 und Nr. 51, S. 203).

162 Das Sitzungsprotokoll ist abgedruckt in: Der Photograph, 29. Jg., 1919, Nr. 25, S. 99.

163 Vgl. Der Photograph, 28. Jg., 1919, Nr. 47, S. 187. Zur betrieblichen Struktur der fotografischen Unternehmen verschiedenster Produktionsbereiche fehlen genauere Zahlenangaben. Es sei jedoch auf folgende Zahlenangaben verwiesen, die nach einer Betriebszählung von 1925 für das »Photographische Gewerbe« genannt wurden: Unter den 232 Betrieben waren 138 Alleinbetriebe, 84 mit 1-5 Personen, 5 mit 6-10 Personen und 5 mit 11-50 Personen (Die Quellen des Münchener Wirtschaftslebens. Im Auftrage des Stadtrates München herausgegeben vom Statistischen Amt der Stadt München, München 1930, S. 207).

164 Vgl. Der Photograph, 29. Jg., 1919, Nr. 82, S. 328.

165 Deuringer (1939, S. 128) erwähnt Grainers Kampftätigkeit am 1. Mai 1919. Zu Grainers politischer Tätigkeit vgl.: HStAM, Abt. IV, Gruko 4, Bund 33, Akt 6.

166 Vgl. Rosalinde Sartorti / Henning Rogge: Sowjetische Fotografie 1928-1932, München 1975; Hubertus Gassner: Rodčenko Fotografien. Mit einem Vorwort von Aleksandr Lavrentjev, München 1982.

167 Germaine Krull: Einstellungen. Autobiographische Erinnerungen einer Fotografin aus der Zeit zwischen den Kriegen, in: Germaine Krull. Fotografie 1922-1966. Hrsg. Rheinisches Landesmuseum Bonn, Köln 1977, S. 117-190.

168 Die Darstellung zu Germaine Krulls Biogra-

169 Die Eltern trennten sich 1915. Der Vater starb bald, die Mutter betrieb zeitweilig ein Lichtspieltheater und wurde im Antiquitätenhandel tätig, nach dem Krieg auch im Immobiliengeschäft (vgl. die Gewerbeliste von Albertine Krull im Stadtarchiv München).

170 Vgl. Jahrbuch der Lehr- und Versuchsanstalt für Photographie, Chemigraphie, Lichtdruck und Gravüre zu München, 1915-1916, München 1916, S. 32.

171 Vgl. Jahrbuch der Lehr- und Versuchsanstalt, 1916-1918, 1918, S. 52.

172 Vgl. die Annonce für das im Einhorn-Verlag in Dachau verlegte Werk, in: Der Bücherwurm. Eine Monatszeitschrift, Jg. 1919, H. 1. Die frühesten bekannten Aktfotografien von Germaine Krull finden sich in der Mappe: G. Krull: Dämmerstunden. 6 Aufnahmen weiblicher Akte, o.O., o.J., aufbewahrt im Fotomuseum im Stadtmuseum München.

173 Vgl. Eisner, 1979, S. 67 ff.; Hermann Schueler: Auf der Flucht erschossen. Felix Fechenbach 1894-1933, Köln 1981, S. 38 ff.

174 Der Weg, Jg. 1919, H. 3, S. 11.

175 Vgl. Lenin in München. Dokumentation und Bericht von Friedrich Hitzer, München 1977, S. 437 ff.

176 StAM, StA Mü 1, Nr. 1939, Towia Axelrod. Abschrift eines Schreibens des Mauracher Postenleiters Josef Trocker an die Bezirkshauptmannschaft in Schwaz vom 16.5.1919.

177 Vgl. Martin Jay: Dialektische Phantasie. Die Geschichte der Frankfurter Schule und des Instituts für Sozialforschung 1923-1950, Frankfurt/M. 1976, S. 32. Vgl. StAM, StA Mü 1, Nr. 2296, Anton Aschauer. Abschrift der Erhebungen der Abt. IV a. F. der Polizeidirektion vom 8.10.1919; HStAM, Abt. IV, Gruko 4, Bund 38, Akt 17, Polizeilicher Nachrichtendienst Nr. 96, Tgb. Nr. 1202 vom 8.10.1919.

178 Vgl. StAM, StA Mü 1, Nr. 2296, Anton Aschauer. Abschrift der Erhebungen der Abt. VI a. F. der Polizeidirektion vom 8.10.1919; HStAM, Abt. IV, Gruko 4, Bund 38, Akt 17, Polizeilicher Nachrichtendienst Nr. 96, Tgb. Nr. 1202 vom 8.10.1919.

179 Vgl. die Erklärung des festgenommenen Münchener Kommunisten Georg Gutleben am 11.10.1920 vor der Polizei, in: StAM, StA Mü 1, Nr. 7302, Georg Gutleben. Gutleben führte, als Albertine Krull untergetaucht war, deren Geschäft.

180 Vgl. HStAM, Abt. IV, Gruko 4, Bund 57, Akt 1, Bericht Nr. 111 des Nachrichtendienstes TANK vom 14.11.1919. Nachrichtendienstliche Informationen zur Münchener KP siehe: HStAM, Abt. IV, Gruko 4, Abt 37, Akt 17, Bund 38, Akt 1-28; Bund 42, Akt 2; Bund 43, Akt 3; Bund 57, Akt 1, Bund 59, Akt 4. Vgl. auch den Artikel: »Die bayerische Spitzelorganisation«, in: Die Rote Fahne vom 3.6.1920.

181 Vgl. StAM, StA Mü 1, Nr. 2296, Anton Aschauer, polizeiliche Abschrift des auf den 1.8.1919 datierten Briefs von Kain.

182 Hans Manfred Bock: Syndikalismus und Linkskommunismus 1918-1923 (=Marburger Abhandlungen zur Politischen Wissenschaft. Hrsg. von Wolfgang Abendroth), Meisenheim am Glan 1969, S. 139-152. Vgl. auch Wladimir Iljitsch Lenin: Die Kinderkrankheit des ›Radikalismus‹ im Kommunismus, 2. berichtigte Auflage, Berlin 1926.

183 Vgl. HStAM, Abt. IV, Gruko 4, Bund 38, Akt

17, Polizeilicher Nachrichtendienst Nr. 96, Tgb. Nr. 1202 vom 8.10.1919. Polizeiliche Abschriften von Dokumenten der parteiinternen Auseinandersetzungen in: StAM, StA Mü 1, Nr. 2870 b/1-3, Karl Römer.

184 Vgl. StAM, StA Mü 1, Nr. 2296, Karl Römer. Abschrift des Vernehmungsprotokolls von Samuel Levit vom 19.11.1919. Levits Angabe: »Meine Braut Krull« entspricht einem nachträglichen Eintrag im polizeilichen Meldebogen (Stadtarchiv München), der am 27.4.1918 angelegt wurde.

185 Vgl. HStAM, Abt. IV, Gruko 4, Bund 38, Akt 17, Polizeilicher Nachrichtendienst Nr. 96, Tgb. Nr. 1435 vom 29.10.1919; StAM, StA Mü 1, Nr. 2439 b.

186 Polizeiliches Schreiben vom 14.11.1919 betr. Samuel Levit. Vgl. StAM, StA Mü 1, Nr. 3038/1, Siegmund Wiedenmann. Dort Auszug aus dem Polizeilichen Nachrichtendienst P. N. D. vom 28.10.1919.

187 Vgl. StAM, StA Mü 1, Nr. 2296, Karl Römer. Abschrift des Vernehmungsprotokolls von Samuel Levit vom 19.11.1919, ein zweites Vernehmungsprotokoll vom 7.1.1920. StAM, StA Mü 1, Nr. 2870 b/2, Karl Römer. Schriftliche Erklärung Germaine Krulls zu Lasten Römers, die sie dann aber bei der Verhandlung widerrief. Vgl. Bericht vom Prozeß gegen Römer in der Neuen Zeitung vom 29.1. und 30.1.1920. Römer wurde wegen der Aufforderung zum Hochverrat zu 3 Jahren Zuchthaus verurteilt. Die gegen Levit erhobene Anklage des Hochverrates wurde fallen gelassen. Wegen des Führens solcher Papiere wurde er zu 1 Jahr und 3 Monaten verurteilt (vgl. Revolution und Räteherrschaft in München, 1968, S. 129).

188 Eine endgültige Beurteilung der Vorgänge ist auch deshalb nicht möglich, weil Germaine Krulls wie auch Samuel Levits Prozeßakten heute nicht mehr auffindbar sind.

189 Bayerischer Kurier vom 26.2.1920. Demnach ist die von Gumbel (1921, S. 32) angegebene Strafe von 5 Monaten Festungshaft falsch.

190 Vgl. Eintrag im polizeilichen Meldebogen im Stadtarchiv München.

TEIL II

1 Neue freie Volkszeitung, Nr. 312, 19.11.1918.
2 Das Bayerland, 30. Jg., 1919, Nr. 8, S. 144.
3 Vgl.: Die Gartenlaube, Jg. 1918, Nr. 50; Daheim, 55. Jg., 1918/19, Nr. 8; Über Land und Meer, 61. Jg., Bd. 121, 1919, Nr. 12; Reclams Universum, Jg. 1918, H. 8; Leipziger Illustrirte Zeitung, 151. Bd., 1918, Nr. 3936. Abweichend von der Praxis der anderen deutschen Illustrierten, die Eisners Porträt allenfalls einen untergeordneten Platz einräumten, erschien sein Bildnis in der Woche (Jg. 1918, Nr. 47) als ganzseitiger Abdruck auf der Titelseite. Das Illustrierte Blatt stellte Eisner 1918 nicht vor, hingegen seinen Gegenspieler Auer (6. Jg., 1918, Nr. 48) und publizierte wie auch die Berliner Illustrirte Zeitung (Jg. 1919, Nr. 9) erst nach seiner Ermordung eine Aufnahme (7. Jg., 1919, Nr. 10).
4 Auch in Eisners Arbeitszimmer hing noch im Dezember 1918 das Porträt Ludwigs III. Vgl. Lujo Brentano: Mein Leben im Kampf um die soziale Entwicklung Deutschlands, Jena 1931, S. 362.
5 Vgl. Jürgen Habermas: Strukturwandel der Öffentlichkeit. Untersuchungen zu einer Kategorie der bürgerlichen Gesellschaft, Neuwied und Berlin 1962, S. 20.

6 Vgl. Rainer Schoch: Das Herrscherbild in der Malerei des 19. Jahrhunderts, München 1975; Erich Schleier: Herrscherbild und Staatsporträt, in: Bilder vom Menschen in der Kunst des Abendlandes, Berlin 1980, S. 197-237; Winfried Ranke: Joseph Albert – Hofphotograph der Bayerischen Könige, München 1977, S. 69 ff.; Ursula Peters: Aufklärung, Volksbildung oder Herrschaftsstrategie? Die Prominenz im Sammelfoto, in: Fotogeschichte, Jg. 3, 1983, H. 9, S. 21-40. Starl, 1986, S. 50-55.

7 Vgl. Klaus Honnef: Porträts im Zeichen des Bürgertums. Etappen einer Entwicklung – betrachtet in einem bestimmten Licht, in: Lichtbildnisse. Das Porträt in der Fotografie. Hrsg. von Klaus Honnef in Zusammenarbeit mit Jan Thorn Prikker, Köln 1982, S. 62-93; Peters, 1979, S. 28 ff.

8 Abbildungen der Daguerreotypien von Abgeordneten zur Nationalversammlung in der Frankfurter Paulskirche finden sich bei Eberhard Mayer-Wegelin: Frühe Fotografien in Frankfurt am Main 1839-1870, München 1982.

9 Vgl. die Porträtreproduktionen in den Standardwerken zur Geschichte der Arbeiterbewegung und Ruppert, 1988.

10 Vgl. Gabriele Honnef-Harling: Das Herrscherporträt, in: Lichtbildnisse, 1982, S. 388-395.

11 Vgl. Satorti, 1981, S. 150 ff.

12 HStAM, Abt. II, Arbeiter- und Soldatenrat 23, Abschrift von Hoffmanns Schreiben.

13 Viele der 1918/19 als Pressefotografie oder Fotopostkarten veröffentlichten Porträts von mehrheitssozialistischen Ministern und Politikern sind älteren Ursprungs und gehen auf die Zeit vor dem Ersten Weltkrieg zurück. Es handelt sich um die Porträts von Endres, Schneppenhorst, Segitz, Schmidt, Timm, Simon und Müller, wie auch die der bürgerlichen Politiker Osel und Quidde. Abbildungen in: Amtliches Handbuch der Kammer der Abgeordneten des Bayerischen Landtags, herausgegeben vom Bureau der Kammer der Abgeordneten, München 1912. Porträts der sozialdemokratischen Abgeordneten finden sich auch auf der Sammelpostkarte »Sozialdemokratische Fraktion des bayerischen Landtages 1912/16«.

14 Zur Kunstfotografie um 1900 vgl. Fritz Kempe: Photographie zwischen Daguerreotypie und Kunstphotographie, Hamburg 1977; Enno Kaufhold: Bilder des Übergangs. Zur Mediengeschichte von Fotografie und Malerei in Deutschland um 1900, Marburg 1986.

15 Freundliche Mitteilung von Freya Eisner. Der Schriftsteller Karl Martens notierte: »Einmal hatte ihn mir Erich Mühsam im Café gezeigt. Da hatte ich den Ausdruck seines diabolischen Gesichtes abstoßend, verbissen und tückisch gefunden. Nun, da er sich den Bart lang wachsen ließ, verschwand die Gemeinheit der Züge: der ganze Mann bekam etwas Patriarchenhaftes.« (Kurt Martens: Schonungslose Lebenschronik. Zweiter Teil, 1901-1923, Wien 1924, S. 173).

16 Vgl. die Annonce in der Neuen Zeitung, Nr. 68, 13.3.1919.

17 Hofmiller, 1938, S. 65.

18 Auch die zeitgenössischen Karikaturisten nahmen fast ausschließlich Fotografien als Vorlage für ihre Politiker-Zeichnungen. Grete Gulbransson, die Frau des »Simplicissimus-Zeichners« Olaf Gulbransson, berichtet in einem zeitgenössischen Interview über die Schwierigkeiten ihres Mannes: » ... seit dem Umsturz ganz neue bisher unbekannte Leute auf die politische Schaubühne gestellt hat, muß mein Mann Persönlichkeiten karikieren, die er gar nicht kennt. Er zeichnet dann meistens nach Photographien. Das ist ein wenig

langweilig!« (Interview mit Egon Dietrich-
stein, 1919, abgedruckt in einer unbekannten
Wiener Tageszeitung, zit. nach: Olaf Gulbransson, Werke und Dokumente, hrsg. vom
Archiv für Bildende Kunst am Germanischen
Nationalmuseum Nürnberg, München 1980,
S. 80). Der Bezug auf fotografische Porträts
läßt sich in den meisten Karikaturen deutlich
erkennen. Siehe die Eisner-Karikaturen im
Simplicissimus: »Kurt Eisner I.« von O. Gulbransson (23. Jg., Nr. 36, 3.12.1918); »Trotzki
und Eisner« von O. Gulbransson (23. Jg.,
Nr. 38, 17.12.1918); »Der Mehrheitspräsident«
von Th. Th. Heine (23. Jg., Nr. 46, 11.2.1919).

19 Zit. nach: Revolution und Räterepublik in
München, 1978, S. 176 f.

20 Vgl. hierzu die Schilderung des im Münchener Hauptbahnhof beschäftigten Bahnbeam-
ten Siegert (Max Siegert: Aus Münchens
schwerster Zeit. Erinnerungen aus dem Münchener Hauptbahnhof während der Revolution und Rätezeit, München 1928, S. 23 f.).

21 Zit. nach: Kurt Eisner. Sozialismus als Aktion. Ausgewählte Aufsätze und Reden, hrsg.
von Freya Eisner, Frankfurt / M. 1975, S. 113 /
114; vgl. auch: Frühwald, 1971, S. 371 ff.

22 Müller-Meiningen, 1923, S. 27.

23 Doeberl, 1920, S. 31. Vgl. dazu: Weisz, 1969,
S. 535 - 578; Eisner, 1979, S. 205 - 213.

24 So charakterisierte der Freikorpsoffizier
Friedrich Wilhelm Heinz Eisner 1934 wie
folgt: »Als am 7. November 1918 dieser unge-
waschene Ostjude mit langen verfilzten Haaren sich an die Spitze von Deserteuren, ver-
krachten Genies, politischen Beutemachern
und befreiten Zuchthäuslern stellte ... Ohne
Kragen und einen Schmutzstreifen um den
hageren Hals, so nahm Kurt Eisner am 8. November 1918 vom Bayerischen Innenministerium Besitz, um fortan die Rolle eines bayerischen Ministerpräsidenten zu spielen.«
(Heinz, in: Curt Hotzel (Hrsg.): Deutscher
Aufstand, Stuttgart 1934, S. 192 f.). Bis zur
Gegenwart zeigt sich die Publizistik bei ihrem Verdikt über Eisners Person und Politik
deutlich inspiriert von seinem fotografisch
dokumentierten Habitus und funktionalisier-
te die Aufnahmen in diesem Sinn. Die Münchener Boulevardzeitung TZ notierte am
7. November 1978: »Eisner ... galt im übrigen
als Spinner, als jüdischer Kaffeehaus-Literat.
Mit seinem langen wilden Vollbart, seinen
ungepflegten Haaren sah er wie eine Revo-
luzzer-Karikatur aus.«

25 Hofmiller, 1938, S. 175.

26 Landauer fand offensichtlich Gefallen an seinem Porträt. Er sandte eine Postkartenausgabe am 7. April 1919 mit einer kurzen Mitteilung an seinen Bekannten Fritz Mauthner:
»Ich danke Dir lieber Freund. Die Bayerische
Räterepublik hat mir das Vergnügen gemacht, meinen heutigen Geburtstag zum Nationalfeiertag zu machen. Ich bin nun Beauf-
tragter für Volksaufklärung, Unterricht, Wissenschaft, Künste und noch einiges. Läßt
man mir ein paar Wochen Zeit, so hoffe ich
etwas zu leisten; aber leicht möglich, daß es
nur ein paar Tage sind, und dann war es ein
Traum ...« Zit. nach: Gustav Landauer. Sein
Lebensgang in Briefen. Unter Mitwirkung
von Ina Britschgi-Schimmer herausgegeben
von Martin Buber, 2 Bde., Frankfurt / M.
1929, Nr. 585, S. 413 f.

27 Brief an Auguste Hauschner vom 13.4.1919,
in: Briefe an Auguste Hauschner. Herausgegeben von Martin Beradt und Lotte Bloch-
Zavrel, Berlin 1929, S. 183. An anderer Stelle
geht Großmann nochmals auf das Porträt
Landauers ein: »Sein Antlitz mit Christus-
Bart und Dichter-Haar hatte damals einen
Märtyrerausdruck bekommen. Die Postkarten, die man in München von ihm sah – und
man sah damals überall Postkarten mit sei-

nem Bild –, zeigten den schmerzlichen Ausdruck: ›Herr, warum hast Du mich verlassen!‹
Aber in dies Christus-Gesicht kam zuweilen –
und nicht erst in der Münchener Zeit – ein
finsterer Ausdruck von Oberlehrerstrenge.«
(Stefan Großmann: Gustav Landauer, in: Tage-Buch, 10. Jg., 1. Halbjahr 1929, S. 736).

28 Vgl. die Illustriertenabbildungen: »Die neue
Regierung: Der Rat der Volksbeauftragten.
Barth, Landsberg, Ebert, Haase, Dittmann,
Scheidemann. Spezialaufnahme der Woche«
(Die Woche, Jg. 1918, Nr. 47); »Soldatenrat für
Oldenburg und Ostfriesland mit dem Präsi-
denten Kühn« (Die Woche, Jg. 1918, Nr. 48);
»Das Präsidium der Reichskonferenz der A.-
und S.-Räte ...« (Die Woche, Jg. 1918, Nr. 52).

29 Wann die Aufnahme des Vollzugsausschusses der Arbeiter- und Soldatenräte entstand,
kann nicht mehr ermittelt werden.

30 Die Illustrierten favorisierten die Ende März
gebildete neue bayerische Landesregierung
(Die Woche, Jg. 1919, Nr. 13) oder legten besonderes Gewicht auf den Landtag und bildeten dessen Präsidenten Franz Schmitt ab
(Das Illustrierte Blatt, 7. Jg., 1919, Nr. 14).

31 Die Woche, Jg. 1919, Nr. 16. Ähnlich die falsche und bei ihrem Erscheinen bereits über-
holte Beschriftung im Illustrierten Blatt
(Jg. 1919, Nr. 16, 15.4.1919): »Die kommunistische Bewegung in Bayern ... Münchener
Kommunistenführer ... Erich Müh-
sam, der bekannte Schriftsteller als Kommunistenführer in München.« Aktualisiert wurden die Aufnahmen in der Leipziger Illustrirten Zeitung (152. Bd., 1919, Nr. 3955): »Zur
Ausrufung der nach kurzer Dauer wieder ge-
stürzten Räterepublik in München ... Erich
Mühsam, der bekannte anarchistische
Schriftsteller, Führer der Münchener Kommunisten ...«

32 Münchner Illustrierte, Jg. 1954, Nr. 45, S. 26 f.
Anzumerken bleibt, daß Egelhofer nach seiner Festnahme willkürlich ermordet wurde
(vgl. Hillmayr, 1974, S. 131 f.).

33 Vgl. StAM, Pol. Dir. München, Nr. 10040, Rudolf Egelhofer.

34 Siehe StAM, Pol. Dir. München, Nr. 10040,
Rudolf Egelhofer, Schreiben der Polizeidirek-
tion Abt. VI a vom 7. Dezember 1919 betr.
Egelhofer Rudolf.

35 Ein detaillierter Bericht über die Kundgebung und der vollständige Wortlaut der Ent-
schließung der Kundgebungsteilnehmer findet sich in der Münchener Post (Nr. 261) vom
8.11.1918. Vgl. Bauer, 1987, S. XIII ff.; Mitchell, 1967, S. 65 f.

36 Karl Alexander von Müller: Mars und Venus.
Erinnerungen 1914 - 1919, Stuttgart 1954,
S. 265 f. Vgl. auch Ernst Müller-Meiningen:
Aus Bayerns schwersten Tagen. Erinnerungen und Betrachtungen aus der Revolutionszeit, Berlin / Leipzig 1923, S. 31 f.; Felix Fechenbach: Der Revolutionär Kurt Eisner, Berlin 1929, S. 39 ff.

37 Trotz des Fehlens eindeutiger Beweise, daß
diese Fotografien die Kundgebung des 7. November dokumentieren, müssen sie an diesem Tag entstanden sein, da die Kundgebungen der vorhergehenden Tage von weit weniger Teilnehmern besucht wurden (vgl. Müller-Aenis, 1986, S. 53 f.).

38 Die verwendete, das Bildmotiv betreffen-
de Terminologie schwankt zwischen den Begriffen Masse und Menge. Die bewußt belas-
sene terminologische Uneinheitlichkeit ist
darin begründet, daß einerseits ein formaler,
andererseits ein historisch-politischer Sachverhalt vorliegt. Da für letzteren vornehmlich
der Terminus Masse gebraucht wird, wurde er
hier trotz seiner ideologischen Befrachtung
beibehalten. Vgl. Wolfgang Kemp: Das Bild
der Menge, in: Städel-Jahrbuch, N. F., Bd. 4,
1973, S. 249 - 270.

39 Zum Traditionalismus der mehrheitssozialistischen Kunstpolitik äußerte sich beispielsweise 1919 Hermann Obrist anläßlich einer
Rundfrage des Arbeitsrates für Kunst in Berlin über das Verhältnis des Künstlers zum sozialistischen Staat: »Was die meisten Sozialdemokraten unter Förderung der Kunst für
das Volk unbewußt verstehen, ist die Popularisierung der immer schon bestehenden
Kunst. Die illustrierte Postkarte ist der Typus,
könnte man fast sagen ... Das geistige Ni-
veau des durchschnittlichen Sozialdemokraten, speziell des proletarischen Abgeordneten oder Rats der Kunst und der Architektur steht
noch tief unter dem eines bürgerlichen Kanz-
leibeamten aus dem Jahre 1914 ...« Abgedruckt in: Ja! Stimmen des Arbeitsrates für
Kunst in Berlin, Charlottenburg 1919, S. 63
(Brief vom 15.3.1919).

40 Eine weniger bedeutungsträchtige, doch in-
formativere Ansicht hätte der erhöhte Blick
von der Ruhmeshalle auf die Theresienwiese
ergeben, wie ihn etwa der Pressezeichner Albin Tippmann für seine Darstellung des An-
marsches der Demonstrationsteilnehmer
wählte. Repr. in: Die Zwanziger Jahre, 1979,
S. 226.

41 Vgl. Ranke, in: Keller / Molderings / Ranke,
1977, S. 11 ff. Ranke exemplifiziert dies an der
sozialdokumentarischen Fotografie.

42 Vgl. Richard Hiepe: Die Arbeiterklasse in der
Fotografie, in: Arbeiterfotografie, Berlin
1978, S. 14. Literatur zur fotografischen Darstellung von Massen ist spärlich. Für das
19. Jahrhundert vgl. Peters, 1979, S. 179 f.
Kursorische Hinweise auch bei Richard Hiepe: Riese Proletariat und große Maschinerie.
Zur Darstellung der Arbeiterklasse in der Fotografie von den Anfängen bis zur Gegenwart, Erlangen, 1983, 62 ff. Abbildungen auch
in: Als die Deutschen demonstrieren lernten.
Das Kulturmuster »friedliche Demonstration« im preußischen Wahlrechtskampf 1908 -
1910, Tübingen 1986.

43 Die gedruckte »Erinnerungspostkarte« erschien im Verlag B. Neumeyer, München.

44 Vgl. zum Beispiel die Allegorien auf die No-
vemberrevolution in: Süddeutsche Freiheit,
1. Jg., 1918, Nr. 7, Titelseite (Zeichnung von
H. Mauermayr); Kain. Zeitschrift für
Menschlichkeit, 5. Jg., 1919, Nr. 1, Titelseite
(Zeichnung von Hermann Pessati).

45 Vgl. die Allegorie auf die Novemberrevolution von Willibald Krain in: Deutscher Revolutionsalmanach für das Jahr 1919 über die
Ereignisse des Jahres 1918, Hamburg / Berlin
1919.

46 Vgl. HStAM, Abt. IV, »Kriegsministerium,
Bilder- und Postkartensammlung«, 2 Bildbände.

47 Vgl. die Zeichnung von Wilhelm Schulz in:
Simplicissimus, 23. Jg., 1918, Nr. 36, Titelseite.

48 Für ihre Geschichtsklitterungen nutzte die
NS-Publizistik mehrfach Fotografien der
Kundgebung vom 7. November 1919. Eine
dieser Aufnahmen wurde beispielsweise als
Titelbild für die erste größere propagandistische Reportage des Illustrierten Beobachters
über die Novemberrevolution verwendet und
als beweiskräftiges Dokument für den »Ausgangspunkt der Judenrevolution« ausgewiesen. Für einen Parteigänger der NSDAP – gewöhnt an Bilder von formierten, dem Führerprinzip verpflichteten Massen in dieser Zeitschrift – war die Fotografie sicherlich beweis-
kräftig: sinnvoller Ausdruck einer alle Ordnung sprengenden Bemächtigung eines nationalen Ruhmestempels durch den verbrecherischen Revolutionsmob (Illustrierter Beobachter, Jg. 1927, Folge 20). Vgl. auch die Abbildung der Fotografie bei Schricker (1934,
Abb. Nr. 2) mit der Betextung: »Der Auftakt

zum Volksverrat«. Paradigmatisch für die faschistische Darstellung der Vorgänge auf der Theresienwiese ist der vorhergehende Text Schrickers: »Auf der Theresienwiese erregte Menschenmassen ... Gewitterschwüle Atmosphäre. Volksfremde Agitatoren auf den Tribünen. Schlagworte, Phrasen und Lügen verpesten die Luft. Die Schwabinger Boheme fühlt sich in ihrem Element. Gestern noch weinfrohe Allerweltskinder, heute Arbeiterführer... Verhetzt und verführt, hat das Volk den Glauben an einen Sieg der deutschen Waffen verloren. Betäubt lauscht es den funkelnden Verheißungen ... Der galizische Schriftsteller Kosmanowski alias Kurt Eisner macht ›Weltgeschichte‹ Die Schwabinger Boheme löst das tausendjährige Haus Wittelsbach ab ... D i e s e Masse ist nicht mehr zu zügeln.« (S. 11 ff.)

49 Vgl. vor allem: Rote Hand, Jg. 1919, Nr. 23 / 24, Titelseite. Die Doppelnummer erschien als Sonderausgabe zum 1. Jahrestag der Novemberrevolution. Weitaus schärfer als in Hoffmanns Bildatlas wurde in ihr die Zeit von der Novemberrevolution bis zur Räterepublik als eine Epoche des politischen Chaos gekennzeichnet.

50 Boedecker, 1926, S. 6 / 7.

51 Vgl. vor allem die Berichterstattung der Münchener Post, der Münchner Zeitung, der Münchner Neuesten Nachrichten und des Bayerischen Kurier vom 9. bis 11. November 1918. Auch in der Erinnerungsliteratur der Zeitgenossen hat das Straßengeschehen während der ersten Revolutionstage einen intensiven Niederschlag gefunden. Vgl. vor allem von Müller, 1954, S. 273 f.

52 Zum Bild des Soldaten als Repräsentant der Novemberrevolution vgl. die Postkarte mit der Darstellung zweier Revolutionssoldaten (Repr. in: Revolution und Räteherrschaft in München, 1968, S. 26) und die Zeichnung von Paul Neu in: Süddeutsche Freiheit, 1. Jg., 1918, Nr. 5, Titelseite.

53 Vgl. Münchener Post, Nr. 261, 8.11.1918. Münchener Postkartenkünstler und Pressezeichner haben sich mit diesem Thema ausgiebig beschäftigt. Vgl. z. B. die Titelzeichnung der ersten Ausgabe der Süddeutschen Freiheit vom 18.11.1918.

54 Zur Republikanischen Schutztruppe vgl. Hillmayr, 1974, S. 23 ff.

55 Müller-Meiningen, 1923, S. 121.

56 Zu den Übergriffen der Republikanischen Schutztruppe gegen Räteanhänger vgl.: Stenographischer Bericht über die Verhandlungen des Kongresses der Arbeiter-, Bauernund Soldatenräte vom 25. Februar bis 8. März 1919 in München, München 1919 (fotomechanischer Nachdruck, Berlin o. J.), S. 18, S. 82 ff. u. S. 136 ff.

57 Der Film der Messter-Wochenschau (Nr. 47 / 1918) lief vermutlich schon Ende 1918 im Beiprogramm der Münchener Lichtspieltheater. Fragmente des Films befinden sich im Filmmuseum des Münchener Stadtmuseums. Kopp und Hoffmann waren seit längerer Zeit miteinander bekannt.

58 Eine Reproduktion der Fotografie in: Das Illustrierte Blatt, 6. Jg., 1918, Nr. 48. Die dortige Betitelung: »Die Volkserhebung in München. Republikanische Soldaten begrüßen ins übergetretene Kameraden«, scheint das abgebildete Ereignis genauer zu kennzeichnen als die sonstigen Beschriftungen der Fotografie.

59 Die Woche, Jg. 1918, Nr. 47, S. 1159. Vor allem in der faschistischen Bildpresse lieferten diese Fotografien einen weiteren Beleg für die »Verkommenheit der Revolutionszeit«. Als Soldateska der jüdischen Revolutionäre wurden sie zumeist als Abhub des Weltkriegsheeres oder als Deserteure ausgegeben. Siehe vor allem die entsprechende Zurichtung in: Illu-

strierter Beobachter, 2. Jg., 1927, S. 274, 278, 279.

60 Repr. in: Daheim, 55. Jg., 1919, Nr. 20; Leipziger Illustrirte Zeitung, 152. Bd., 1919, Nr. 3945.

61 Siehe die Reproduktion einer Aufnahme Willy Römers in: Willy Römer: Kinder auf der Straße. Berlin 1904 - 1932 (=Edition Photothek II. Hrsg. von Diethart Kerbs), Berlin 1983, S. 22.

62 Vgl. Wolfgang Zorn: Bayerns Geschichte im 20. Jahrhundert. Von der Monarchie zum Bundesland, München 1986, S. 154 ff.

63 Vor allem die Mehrheitssozialisten beugten sich dem Druck konservativer Kreise und ihren Bemühungen, den Mythos vom unbesiegten, durch die Revolution zum Rückzug gezwungenen Weltkriegsheer zu etablieren. »Kein Feind hat Euch überwunden«, hieß es beispielsweise in der Ansprache von Friedrich Ebert anläßlich des Truppeneinzuges in Berlin im Dezember 1918. Bezeichnend für die Rücksichtnahme der Regierung Eisner auf bürgerliche Kreise ist ihr Verhalten bei der am 4.12.1918 vom Empfangsausschuß der Bürgerschaft Münchens veranstalteten Begrüßungsfeier für die ehemaligen kgl. Leibregimenter, die im Zeichen »militärisch-patriotischer Ansprachen alten Stils« (Landauer) stand. Auf Wunsch der Veranstalter sicherte sie zu, sich in die Feierlichkeiten nicht einzumischen. Zum Verlauf der Begrüßungsfeier im Nationaltheater vgl. Isolde Kurz: Die Pilgerfahrt nach dem Unerreichlichen. Lebensrückschau, Tübingen 1938, S. 605 f.

64 Münchener Zeitung, Nr. 322, 23.11.1918.

65 Vgl. den Bericht: »Sammlung für die Heimkehrenden« des Hilfsbundes der Münchner Einwohnerschaft in: Zehn Jahre Münchner Hilfstätigkeit 1914 - 1924. Ein Kapitel vaterländischen Opfersinns in Kriegs- und Nachkriegszeit, aufgezeichnet für den Hilfsbund der Münchner Einwohnerschaft von Georg August Baumgärtner, München 1924, S. 145 - 149. Die Mitarbeit bürgerlicher Kräfte war für die Regierung Eisner nun zu einer wichtigen Frage geworden. Bereits Ende November begrüßte der monarchistisch orientierte Oscar von Miller anstelle von Regierungsvertretern die ersten bedeutenden bayerischen Truppenteile. Vgl. von Müller, 1954, S. 284 f.

66 Münchener Zeitung, Nr. 329, 30.11.1918. Vgl. auch Hofmiller, 1938, S. 78.

67 Ein anschaulicher Bericht über das Begrüßungsritual im Münchener Hauptbahnhof in: Münchener Zeitung, Nr. 326, 27.11.1918. Vgl. auch Siegert, 1928, S. 24 ff.

68 Vgl. Walter Frank: Franz Ritter von Epp. Der Weg eines deutschen Soldaten, Hamburg 1934, S. 67; Kluge, 1973, S. 26 f.

69 Boedecker, 1926, S. 18.

70 Dem Einzug des 7. Bayr. Feld-Artillerie-Regiments am 22.12.1918 wurde besondere Bedeutung beigemessen. Bereits an der Stadtgrenze wurde es vom Stadtkommandanten Dürr, Vertretern des Kasernenrates und zahlreichen hohen Offizieren begrüßt. Vgl. den Bericht der Münchener Zeitung (Nr. 352) vom 23.12.1918.

71 Hofmiller, 1938, S. 78 f.

72 Reproduktionen seiner zum Teil verschollenen Originalaufnahmen finden sich beispielsweise in: Die Woche, Jg. 1919, Nr. 2, S. 38; Das Bayerland, 30. Jg., 1919, Nr. 9, S. 157 / 158. Auch in den Münchener illustrierten Magazinen wurde die Heimkehr der Frontsoldaten mit teilweise nationalistischen Untertönen dargestellt. Vgl. die Zeichnungen von Paul Rieth in: Jugend, Jg. 1918, Nr. 48, Rückseite und Nr. 49, Rückseite.

73 Ulrich Linse: Das wahre Zeugnis. Eine psychohistorische Deutung des Ersten Weltkrieges, in: Klaus Vondung (Hrsg.): Kriegserleb-

nis. Der Erste Weltkrieg in der literarischen Gestaltung und symbolischen Deutung der Nationen, Göttingen 1980, S. 102.

74 Vgl. Freie Welt, Jg. 1919, H. 5; Jg. 1920, H. 29 (Antikriegsnummer) und H. 38.

75 So erschien beispielsweise die »Illustrierte Weltkriegschronik« der Leipziger Illustrirten Zeitung bis Mitte 1919.

76 Erst in den späten Sechziger Jahren tauchten die Fotografien wieder aus ihrer archivalischen Versenkung auf. In mehreren Publikationen (nachweislich zuerst in: Revolution und Räteherrschaft in München, 1968, S. 78) sollten sie nun jedoch eine »Truppenschau der Roten Armee« belegen.

77 Zur sozialen und ökonomischen Problematik im Nachkriegs-München vgl.: Klaus Schumann: Kommunalpolitik in München zwischen 1918 und 1933, in: Die Zwanziger Jahre, 1979, S. 1 - 17.

78 Vgl. vor allem den Bericht der Münchener Post (Nr. 4) vom 7.1.1919.

79 Eine weitere, verschollene Aufnahme Hoffmanns vom Demonstrationszug repr. in: Das Bayerland, 30. Jg., 1919, Nr. 9, S. 158.

80 Siehe die Fotografie einer Kriegsbeschädigten-Demonstration in Berlin von R. Sennecke in: Daheim, 55. Jg., 1919, Nr. 15, S. 4.

81 Eine ausführliche Darstellung der Ereignisse findet sich in der Münchener Post (Nr. 5) vom 8.1.1919. Die Arbeitslosenzahl war nach einem Bericht des Münchener Arbeitsamtes am 9. Januar 1919 auf 21 449 - 18 587 männliche und 2 862 weibliche - gestiegen (vgl. Münchener Post vom 10.1.1919). Die Demonstranten forderten eine Erhöhung der täglichen Erwerbslosenunterstützung von 5 auf 10 Mark für männliche und 5 Mark für weibliche Erwerbslose (zum Vergleich: der Tageslohn eines ungelernten Arbeiters lag bei ca. 9 Mark, wozu 1.50 bis 2.50 Mark Zulagen kamen; über die Löhne von Facharbeitern vgl. Winckler, 1984, S. 157 f.). Die Forderungen der Erwerbslosen wurden nicht erfüllt, die Regierung unterbreitete jedoch einen Kompromißvorschlag. Am 10.1.1919 berichtete die Münchener Post: »Die zukünftige Erwerbslosenunterstützung in einem Monat (30 Tage) beträgt für Männer über 21 Jahre: Mann alleinstehend 240 Mark, Mann und Frau 300 Mark, bei einem 330 M., bei vier Kindern 420 M., bei sechs Kindern 480 M. Dazu kommen billiger Lebensmittelbezug im Wert von 8 - 32 M., unentgeltliche ärztliche Behandlung und Heilmittel...«

82 Zu den Wahlen vgl. Beyer, 1957, S. 27 ff., Mitchell, 1967, S. 184 ff.; Eisner, 1979, S. 160 ff.

83 Hierfür wurden gleichermaßen Bild- und Textplakate, Flugblätter, Bildpostkarten, Werbemarken und Broschüren eingesetzt. Vgl. die »Sammlung von Drucksachen der Bayerischen Volkspartei 1918 / 19« in der Bayerischen Staatsbibliothek München. Reproduktionen von Plakaten der BVP in: München 1919, 1979, S. 97 ff.

84 Mühsam, 1929, S. 19. Die Propaganda der Anarchisten und der revolutionären Sozialisten konzentrierte sich auf Boykottaufrufe zu den Landtags- und Nationalversammlungswahlen. Siehe die Titelzeichnung der von Mühsam herausgegebenen Zeitschrift Kain (5. Jg., Nr. 3) von H. Pessati. Sie stellt in allegorischer Form den Tod der Revolution durch die Nationalversammlung dar.

85 Eingehende Berichte zu den Wahlereignissen finden sich vor allem in der parteipolitisch orientierten Tagespresse Münchens, wie Münchener Post (Mehrheitssozialisten), Neue Zeitung (Unabhängige Sozialisten), Münchner Neueste Nachrichten (Deutsche Demokratische Partei) und Bayerischer Kurier (Bayerische Volkspartei).

86 Münchner Neueste Nachrichten, Nr. 31,

20.1.1919.

87 Vgl. Politische Plakate der Weimarer Republik, 1980, S. 6.

88 Für die Vereinigung zur Bekämpfung des Bolschewismus hatten so renommierte Münchener Plakatkünstler wie Walter Schnackenburg, Julius Ussy Engelhard und Otto von Kursell gearbeitet. Vgl. Diederich / Grübling / Bartholl, 1976, S. 17 ff.; Politische Plakate der Weimarer Republik, 1980, S. 26 / 27, S. 49 / 50. Die Antibolschewistische Liga, eine der zahlreichen mit Industriegeldern finanzierten antisozialistischen Propagandaorganisationen, nutzte bereits den Film als Propagandamedium. 1919 wurden vier Filme mit je zwanzig Kopien im gesamten Reichsgebiet gezeigt. Vgl. dazu: Die Tätigkeit der Liga zum Schutz der deutschen Kultur, Berlin 1919. Auch wenn diese auf angsterregende Feindbilder abgestellte Bildpropaganda von Vertretern des Industriekapitals und des bürgerlichen Mittelstandes zur Erhaltung ihrer Machtansprüche in Szene gesetzt worden war, befand sie sich grundsätzlich nicht im Gegensatz zu den Interessen der an der Regierung beteiligten Mehrheitssozialisten. Deshalb konnte die antibolschewistische Propagandaaktion zum Auftakt der gegenrevolutionären Kampagne als unverdächtige Unterstützung der Ordnungspolitik der Reichsregierung der Volksbeauftragten erscheinen. Die wiederum wickelte mit dem Werbedienst der Deutschen Republik eine umfangreiche Anti-Streik-Propaganda seit Ende 1918 ab (vgl. Wippermann, 1976, S. 49 ff.) Auch während des Wahlkampfes hingen die Plakate des amtlichen Werbedienstes vermutlich an den Münchener Plakatsäulen und Häusermauern und erklärten Ruhe und Ordnung zur ersten Proletarierpflicht. Abb. in: Politische Plakate der Weimarer Republik, 1980, S. 41 ff.

89 Münchner Neueste Nachrichten, Nr. 31, 20.1.1919.

90 Die ästhetischen Veränderungen der politischen Öffentlichkeit nach dem Weltkrieg wurden von den schreibenden Zeitgenossen aufmerksam registriert. Siehe vor allem: Ernst Carl Bauer: Das politische Gesicht der Straße, in: Das Plakat, 10. Jg., 1919, H. 2, S. 164 ff.; Lisbeth Stern: Politische Plakate, in: Sozialistische Monatshefte, 25. Jg., 52. Bd., 1919, S. 294 ff.

91 Hofmiller, 1938, S. 134 ff. (zum Wahlsonntag am 12.1.1919). Ähnlich auch seine Bemerkungen zur Nationalversammlungswahl (S. 138 ff.)

92 Neben den ausführlichen Bildberichten der Berliner Blätter (Der Weltspiegel, Die Woche, Zeitbilder, Berliner Illustrirte Zeitung) finden sich Fotografien zum Berliner Wahlkampf vor allem in: Daheim, 55. Jg., 1919, Nr. 17 und 18; Das Illustrierte Blatt, 7. Jg., 1919, Nr. 3 und 4.

93 Die Visualisierung des Münchner Wahlkampfes blieb dem Pressezeichner Albin Tippmann überlassen. Reproduktionen seiner Zeichnungen in: Leipziger Illustrirte Zeitung, 152. Bd., 1919, Nr. 3944, S. 115.

94 Münchener Post, Nr. 15, 20.1.1919.

95 Repr. seiner Fotografien in: Die Woche, Jg. 1919, Nr. 5, S. 94; Das Illustrierte Blatt, 7. Jg., 1919, Nr. 4; Der Weltspiegel, Jg. 1919, Nr. 4.

96 Zur Demonstration am 16.2.1919 vgl. Mühsam, 1929, S. 21 f.; Beyer, 1957, S. 31 ff.; Mitchell, 1967, S. 228 ff.; Eisner, 1979, S. 180 ff. Die Intentionen, der Ablauf und die Teilnehmerzahl der Demonstration sind in der historischen Literatur äußerst widersprüchlich dargestellt worden. In der sozialistischen Literatur wurde sie als eine machtvolle, geschlossene Demonstration der Räteanhänger beschrieben; Mitchell (1967, S. 229) spricht dagegen von einer Demonstration der Verwir-

rungen. Die Zahlenangaben über die Demonstrationsteilnehmer schwanken in der historischen Literatur erheblich. Die zuverlässigste Quelle dürfte Mühsam (1929, S. 23) sein, der ihre Zahl mit 15 000 beziffert.

97 Der vollständige Wortlaut des Aufrufes ist in der Neuen Zeitung (Nr. 46) vom 15.2.1919 abgedruckt und enthielt weitere Forderungen. So unter anderem: ». . . Freiheit der politischen Meinungsäußerung . . . wahre Preßfreiheit . . . Aufhebung des kapitalistischen Pressemonopols . . . Trennung von Kirche und Staat . . . Abschaffung jeglichen Militarismus . . . Beseitigung aller leitenden Beamten, die dem alten System anhängen . . . Herstellung der wahren politischen Freiheit durch wirtschaftliche und soziale Gleichheit und Brüderlichkeit . . . , die nur durch die Verwirklichung des Sozialismus kommen kann.« Vgl. dazu den Aufruf der Ortsgruppe der KPD München, die weitaus radikalere Forderungen aufstellte. Abgedruckt in: Beyer, 1957, S. 146 ff.

98 Neue Zeitung, Nr. 47, 17.2.1919.

99 »Die Vorbeifahrt Kurt Eisners an den sich nach vorwärts bewegenden Massen glich einem Triumphzuge. Hier konnten die verrotteten Schreiberseelen des Kapitals sehen, ob die Massen des Proletariats Eisner als den Führer ihrer Revolution anerkennen oder nicht.« (Neue Zeitung, Nr. 47, 17.2.1919).

100 Mühsam, 1929, S. 22 f.

101 Müller-Meiningen, 1923, S. 114.

102 Hartl zeigte sich ausschießlich auf die Person Eisners und seine Begleiter fixiert. Davon zeugen drei verschiedene Aufnahmen, die alle als Postkarten veröffentlicht wurden. Vgl. auch die Aufnahme eines unbekannten Fotografen, die durch die Münchener »Photozentrale für Amateure Zieger« an die Illustriertenpresse vermittelt wurde. Reproduktionen in: Daheim, 55. Jg., 1919, Nr. 23; Die Woche, Jg. 1919, Nr. 9; Reclams Universum, Jg. 1919, Nr. 7.

103 Schueler, 1980, S. 90, der sich dabei auf Mitchell (1967, S. 229, Anm. 28) beruft.

104 So nahm der Mörder Eisners Graf Arco die Demonstration als »Triumphzug des Bolschewismus« wahr. Siehe: Hans von Pranckh: Der Prozeß gegen den Grafen Anton Arco-Valley, München 1920, S. 46.

105 Hofmiller, 1938, S. 132.

106 Siehe beispielsweise die Sondernummer »Berliner Sturmtage« der Berliner Illustrirten Zeitung und die Fotografien in: Daheim, 55. Jg., 1919, Nr. 14 und 16.

107 Mühsam, 1929, S. 22 f. Weitere Parolen in der Neuen Zeitung (Nr. 47) vom 17.2.1919.

108 Mühsam hegte eine deutliche Vorliebe für traditionelle, allegorische Pathosformeln. Bezeichnend ist dafür sein Brief vom 1.12.1918 an den Maler Rudolf Großmann, den er um ein Titelbild für seine wiedergegründete, im Weltkrieg eingestellte Zeitschrift Kain. Zeitschrift für Menschlichkeit bat: »Als Thema denke ich mir für die erste Nummer eine Art Apotheose auf die Revolution, etwa eine stürmende Volksmenge oder eine Allegorie auf den Arbeiter-, Soldaten- und Bauernrat: ich überlasse das ganz Ihnen.« (Zit. nach: Erich Mühsam. Briefe an Zeitgenossen eingeleitet und herausgegeben von Gerd Jungblut, Bd. 1, Berlin 1978, S. 108).

109 Landauer nutzte die Karte für eine Mitteilung an Fritz Mauthner am 11.3.1919. Abdruck des Textes in: Gustav Landauer. Sein Lebensgang in Briefen, 1929, S. 390, Nr. 563.

110 Abb. in: Dieter Fricke: Kleine Geschichte des 1. Mai, Berlin 1980.

111 Hoffmann, 1919, S. 5.

112 StAM, StA Mü 1, Nr. 3122, Polizeilicher Sammelakt. Führer, Personalien und Bilder der Revolution.

113 Augenzeugenberichte über die Ermordung Eisners, abgedruckt in: Pranckh, 1920, S. 13 ff.; Fechenbach, 1929, S. 62 f.

114 Zit. nach: Pranckh, 1920, S. 13.

115 Zum Attentat im Landtag vgl.: Die Attentate im bayerischen Landtag. Der Prozeß gegen Alois Lindner und Genossen vor dem Volksgericht München, München 1919; Müller-Meiningen, 1923, S. 122 ff.; Alois Lindner: Abenteuerfahrten eines revolutionären Arbeiters, Berlin 1924.

116 Vgl.: Eisner, 1979, S. 187 ff.; Beyer, 1957, S. 44 ff.

117 Eberhard Kolb in: Revolution und Räterepublik in München, 1978, S. 11.

118 Mühsam, 1929, S. 26. Vgl. auch den Bericht der Münchner Roten Fahne vom 23.2.1919, in dem es heißt: »Was bisher nicht möglich war: . . . die Einigung des Proletariats, ist geschehen, über Nacht, durch den Mord an Kurt Eisner. Die Grundlage der Einigung ist das Rätesystem, die Revolution und der Kampf.«

119 Von den namentlich bekannten Fotografen dokumentierten neben Hoffmann Franz Xaver Hartl, Michael Greßberger und Steininger (vorm. Atelier Düll) die Ereignisse.

120 Eine Ausnahme macht hiervon die Bildbeilage Zeitbilder (Jg. 1919, Nr. 8) der Vossischen Zeitung. Ihre Titelseite war der Ermordung Eisners gewidmet; ein längerer Bildbericht wurde mit mehreren Fotografien Hoffmanns illustriert.

121 Vgl. den Bericht der Münchner Neuesten Nachrichten (Nr. 94) vom 27.2.1919, Abendausgabe.

122 Vgl. dagegen die anklägerische Instrumentalisierung der Porträts und Leichenfotografien Rosa Luxemburgs und Karl Liebknechts in den illustrierten Massenmedien der KPD: Der Rote Stern, 2. Jg., 1925, Nr. 9; 3. Jg., 1926, Nr. 1; Arbeiter-Illustrierte-Zeitung, Jg. 10, Nr. 11, S. 253.

123 Darin zeigt sich ein deutlicher Bruch mit einem traditionellen Bildgebrauch. Verkauf und Ausstellung eines fotografischen Leichenporträts herausragender Persönlichkeiten gehörten zum ikonischen Ritual bürgerlich-monarchistischer Öffentlichkeit. Die Aufnahme von Germaine Krull wurde erstmalig bei Schade, 1961, S. 184 reproduziert. Daneben hat sich eine grafische Bildpostkarte mit der Darstellung des aufgebahrten Toten im Stadtarchiv München erhalten. Zum Leichenporträt in der bildenden Kunst vgl.: A. Pigler: Portraying the Dead, in: Acta Historiae Artium, Academiae Scientiarum Hungaricae, Bd. IV, 1957, S. 1 - 75; Wolfgang Brückner: Bildnis und Brauch. Studien zur Bildfunktion der Effigies, Berlin 1966.

124 Reproduktionen von manuell hergestellten Porträts in Münchener Zeitungen und Zeitschriften: Süddeutsche Freiheit, 1. Jg., Nr. 17 (Holzschnitt von Fritz Schaefler), Titelseite; Neue freie Volkszeitung, Nr. 44, 22.2.1919, Titelseite; Der Weg, Jg. 1919, Nr. 3, S. 3 (Holzschnitt von Fritz Schaefler); Neue Zeitung, Nr. 52, 22.2.1919. Nachbildungen der fotografischen Porträts Eisners finden sich anläßlich seines Todestages periodisch in der sozialistischen Publizistik während der Weimarer Republik. Vgl. zum Beispiel den Holzschnitt von Hans Gerner in: Heimstunden. Proletarische Tribüne für Kunst, Literatur und Dichtung, Jg. 1926, S. 205.

125 Als Spiegel für die hohe Nachfrage nach einem Bildnis des ermordeten Ministerpräsidenten sind auch die Anzeigenseiten der Münchener Tageszeitungen zu werten, auf denen von der kommunistischen Münchner Rote Fahne bis zu den bürgerlichen Münchner Neuesten Nachrichten zahlreiche Inserate für die Porträts Eisners warben.

126 Leviné, 1925, S. 8.

127 Müller-Meiningen, 1923, S. 127. Auch Liesl Karlstadt hatte ein Bildnis Kurt Eisners auf ihrem »Nachtkastl« stehen. Vgl. H. R.: Wie die Liesl Karlstadt beinah erschossen worden wär, in: Das Stachelschwein, Jg. 1925, H. 22, S. 33 ff.

128 Literatur zu den Ereignissen um die Ermordungsstelle aus »rechter« Sicht: Frank, 1934, S. 78; Schricker, 1934, S. 56; Rudolf von Sebottendorff: Bevor Hitler kam. Urkundliches aus der Frühzeit der nationalsozialistischen Bewegung, München 1934 (2. Auflage), S. 83 f.; Wilhelm Weigand: Die rote Flut, München 1935, S. 256 f.; Hans Zöberlein: Befehl des Gewissens, München 1937, S. 68; Hofmiller, 1938, S. 152 f. Aus »linker« Perspektive: Martens, 1924, S. 182; Oskar Maria Graf: Wir sind Gefangene (Erstausgabe 1927), München 1981, S. 444 f.

129 Vgl. Gustav Regler: Das Ohr des Malchus, Frankfurt / M. 1975, S. 94.

130 Noch am 14. April 1919 existierte das Erinnerungsmal. Vgl. Hofmiller, 1938, S. 172.

131 Auch nach dem Ende der nationalsozialistischen Herrschaft blieben sie unter dem Druck politischer Rechtskreise auf eine kurze, symbolische Malsetzung beschränkt. Vgl. den Bildbericht der Süddeutschen Zeitung (Nr. 46) vom 23. / 24.2.1969.

132 Die 1919 / 1920 von dem Bildhauer Hans Roth entworfene und von »Genossen des Metallarbeiterverbandes ausgearbeitete« Gedenktafel mit dem Bildnis Kurt Eisners im Hof des Gewerkschaftshauses (Pestalozzistraße) wurde nach dem Sturm der SA auf das Gewerkschaftshaus (Mai 1933) entfernt und wahrscheinlich demoliert. Die Zerstörung des Grabdenkmals Kurt Eisners auf dem Ostfriedhof (wie auch das Gustav Landauers im Waldfriedhof) wurde am 22. Juni 1933 auf einer Sitzung des Hauptausschusses des Münchener Stadtrates beschlossen und noch am gleichen Tage begonnen. Vgl. Münchener Zeitung, Nr. 171, 23.6.1933: »Es verdient vermerkt zu werden, daß wohl noch zu keiner Zeit ein Stadtratsbeschluß so schnell durchgeführt wurde ..., der auch dem Willen des allergrößten Teiles der Münchener Bevölkerung vollauf entspricht ...« Am Beschluß wirkten vor allem die nationalsozialistischen Stadträte Christian Weber und Hans Zöberlein (Autor des Romans: »Befehl des Gewissens«, 1937) und Dr. Georg Stang (Bayerische Volkspartei) mit. Die Begründungen für die sofortige Zerstörung der Denkmäler lauteten: »StR Weber: Von einem Großteil der christlichen Bevölkerung Münchens wird es als eine Schande empfunden, daß das Grab dieses Revolutionärs, der über die Bevölkerung so viel Unglück und Unheil gebracht hat, sich immer noch an einem der schönsten Punkte des Ostfriedhofs befindet. Mit dem Sieg der nationalen Revolution wird von uns erwartet, daß dieser Schandfleck aus dem Ostfriedhof verschwindet ... StR Dr. Stang: ... Wir haben gar keinen Anlaß dafür zu sorgen, daß das Andenken an Kurt Eisner im Volk erhalten bleibt, möchten aber wünschen, daß dieser Name im Volke immer fortlebt als abschreckendes Beispiel für solche, die gesonnen sind, dem Staat zu schaden und ihn zu unterwühlen ... StR Zöberlein: Kommt man in den Ostfriedhof, so ist es seit Jahren ein Ärgernis für jeden guten Deutschen und alten bayerischen Soldaten, wenn er das Schandmal für Eisner, diesen Kubuswürfel sieht und einige Schritte davon entfernt das Leibergedächtnismal. Ich denke es ist eine selbstverständliche Anstandspflicht in der heutigen Zeit, daß man ohne jede weitere Debatte die Entfernung des Denkmals beschließt. Ich glaube auch nicht, daß irgendwelche rechtliche Bedenken der Angehörigen der beiden Juden

Eisner und Landauer in die Waagschale fallen. Wenn dazu ein Gesetz ... erforderlich ist, so kann das auch nachgeholt werden ... Ferner wünscht die christliche Bevölkerung nicht ..., daß die Asche der Juden Eisner und Landauer mit der Asche ihrer Angehörigen zusammen beigesetzt wird ..., um deutlich zu bekunden, daß wir als Christen, Bayern und Deutsche auch in dieser Weise keine Gemeinschaft mit Juden haben wollen.« (Protokolle der Sitzung des Hauptausschusses des Stadtrates vom 22. Juni 1933, Stadtarchiv München, S. 263 / 264). Die »Relieftafel« mit dem Bildnis Kurt Eisners wurde am 22.2.1920 bei einer Erinnerungsfeier der USPD für Kurt Eisner in der Tonhalle feierlich enthüllt (vgl. Münchner Neueste Nachrichten, Nr. 79, 23.2.1920). Die Einweihung fand am 7.11.1920 anläßlich einer Gedenkfeier für Kurt Eisner im Hof des Gewerkschaftshauses statt (vgl. Der Kampf. Südbairische Tageszeitung der Unabhängigen Sozialdemokratie, Nr. 234, 8.11.1920). Das Grabdenkmal Eisners, das gleichzeitig an die »gefallenen Revolutionäre der Münchener Maitage vom Jahre 1919« (Text der Grundsteinurkunde / Stadtarchiv München) erinnern sollte, wurde von der USPD München errichtet. Die Grundsteinlegung fand am 1. Mai 1920 statt, die feierliche Enthüllung jedoch erst am 1. Mai 1922 (vgl. Münchener Post, Nr. 102, 2.5.1922). Auf der Frontseite trug das Denkmal die Inschrift: »Den Toten der Revolution«, und auf der Rückseite: »Wer die Pfade bereitet, stirbt an der Schwelle, doch es neigt sich vor ihm in Ehrfurcht der Tod« (Ernst Toller). Zusätzlich war am Sockel, in dem die Graburne Eisners eingelassen war, eine kleine Bronzeplakette angebracht. Sie trug die Inschrift: »Kurt Eisner geb. 14. Mai 1867, gest. 21. Februar 1919«. Nach 1945 wurde das Denkmal ohne Hinweis auf seine frühere Bestimmung in ähnlicher Form mit der allgemeinen Beschriftung »Den Toten der Revolution«, auf dem Ostfriedhof wieder aufgerichtet. Zur Entstehung und Zerstörung des 1925 errichteten Grabdenkmals von Gustav Landauer vgl. Rudolf Rocker: Das Ende Landauers, in: Gustav Landauer. Worte der Würdigung, Darmstadt o. J. (1951), S. 47 f.; dort auch eine Abbildung des Grabdenkmals nach S. 24.

133 Graf, 1981, S. 444.

134 Reproduktion dieser Fotografien in: Revolution und Räteherrschaft in München, 1968, S. 55.

135 Ricarda Huch: Kurt Eisners Todestag, in: Ricarda Huch: Gesammelte Schriften. Essays, Reden, autobiographische Aufzeichnungen, Freiburg i. B., 1964, S. 135 f.

136 Huch, 1964, S. 133 f. Weitere Beschreibungen des Rituals in der unter Anm. 128 angegebenen rechtsorientierten Literatur.

137 Hoffmann, 1919, S. 8.

138 Vgl. Roter Stern, 3. Jg., 1926, Nr. 4.

139 Illustrierter Beobachter, Jg. 1929, Folge 10, S. 110. Vgl. auch Soldan, 1931, S. 97 und Wehlau, 1939, S. 34.

140 Neue Zeitung, Nr. 56, 27.2.1919. Berichte über den Trauerzug durch die Münchener Innenstadt bei: Huch, 1964, S. 136 f.; Hofmiller, 1938, S. 165 f.; Graf, 1981, S. 455 f.

141 Münchner Neueste Nachrichten, Nr. 94, 27.2.1919, Abendausgabe. In einem Punkt irrte der Schreiber. Der Sarg Eisners wurde im Trauerumzug nicht mitgeführt.

142 Reproduktion dieser Plakate in: Revolution und Räteherrschaft in München, 1968, S. 56 / 57.

143 Münchner Neueste Nachrichten, Nr. 94, 27.2.1919, Abendausgabe.

144 Anzeige der Regina Lichtspiele in den Münchner Neuesten Nachrichten vom 27.2.1919. Noch am 23.3. läuft der Film in den

Schwabinger Lichtspielen. Eine Kopie des Films befindet sich im Filmmuseum des Münchener Stadtmuseums.

145 Zum Ritus der Trauer im 20. Jahrhundert vgl.: Werner Fuchs: Todesbilder in der modernen Gesellschaft, Frankfurt / M. 1973, S. 136 ff.

146 Paradigmatisch ist dafür auch die umfangreiche Postkartenproduktion anläßlich der Überführungsfeierlichkeiten des bayerischen Königspaares am 5.11.1921 in München. Eine Abb. des Trauerzugs in: Revolution und Räteherrschaft in München, 1968, S. 120.

147 R. Dührkoop: Über Aufnahmen von öffentlichen Aufzügen etc., in Deutsche Photographen-Zeitung, 1898. Zit. nach: Maas, 1977, S. 107.

148 Ein stark beschädigtes Exemplar hat sich in Hoffmanns Geschäftsalbum erhalten.

149 In der sehr detaillierten Berichterstattung der zeitgenössischen Presse wird Niekisch als Redner nicht erwähnt. Vgl. vor allem die Berichte der Münchener Post (Nr. 47 / 48) und der Münchner Neuesten Nachrichten (Nr. 94) vom 27.2.1919.

150 Münchner Neueste Nachrichten, Nr. 94, 27.2.1919, Abendausgabe.

151 Abdruck der Gedächtnisrede Landauers in: Münchner Neueste Nachrichten, Nr. 94, 27.2.1919, Abendausgabe.

152 Allein die Woche (Jg. 1919, Nr. 10) druckte eine offensichtlich von Hoffmann vermittelte Fotografie Greßbergers als Dokument der massenhaften Teilnahme an den Bestattungsfeierlichkeiten ab.

153 Hoffmann, 1919, S. 7.

154 Im heute wieder aufblühenden Handel mit historischen Fotopostkarten gehören sie zu den am häufigsten anzutreffenden Bildkarten aus der Münchener Nachkriegszeit. Zu welchem Zeitpunkt die Porträts Arcos auf den Markt kamen, wissen wir heute nicht mehr mit Sicherheit. Das belegt ums andere die Datierungsprobleme historischer Fotopostkarten wie auch die schwierige Bestimmung ihrer Laufzeit. Auszuschließen ist jedoch ein Vertrieb der Karten vor dem Mai 1919.

155 Zum Arco-Prozeß am 15. / 16.1.1920 vgl. Pranckh, 1920. Arco wurde zum Tode verurteilt. Der bayerische Ministerrat begnadigte ihn jedoch zu lebenslänglicher Festungshaft, aus der er nach vier Jahren entlassen wurde. Zur wohlwollenden Reaktion der bürgerlichen Presse vgl. den Bildbericht der Leipziger Illustrirten Zeitung (154. Bd., 1920, Nr. 3996, S. 125) mit Zeichnungen von H. Landrebe. Die Bildunterschriften feierten Arco, »dessen Tat rein idealistischen Beweggründen entsprungen ist«, fast als Volkshelden.

156 Vgl. Rote Hand, 2. Jg., 1920, Nr. 31; Nr. 59 / 60, Titelseite. Nachzeichnung einer Porträt-Fotografie mit der Bildunterschrift: »Graf Anton Arco-Valley, der den Grundstein für die Wiederaufrichtung Bayerns legte«; Phosphor, Jg. 1920, H. 6 vom 9.2.1920, Rückseite (Nachzeichnung des bekannten Elvira-Porträts von O. von Kursell mit der Bildüberschrift: »Graf Arco, der Töter des landfremden Zeitungsschreibers Eisner...«).

157 Rote Hand, 2. Jg., 1920, Nr. 31.

158 Vgl. Mitchell, 1967, S. 267 ff.; Beyer, 1982, S. 67 ff.

159 Zum Politikverständnis der räterepublikanischen Intellektuellen vgl. Frühwald, 1971, S. 361 ff. (Frühwalds Aufsatz enthält zahlreiche Materialien zu diesem Komplex und eine reichhaltige Bibliografie); Kreuzer, 1968, S. 297 ff.

160 Viesel, 1980, S. 18.

161 Niekisch, 1958, S. 70.

162 Eine in der Publikation Revolution und Räteherrschaft in München (1968, S. 66) als »Men-

schenansammlung auf dem Karlsplatz nach Ausrufung der Räterepublik am 7. April 1919« publizierte Aufnahme ist Hoffmann nicht sicher zuzuschreiben und nicht genau datierbar.

163 Zahlreiche Reproduktionen dieser Schriftplakate in: Ay, 1968, Anlage Nr. 63 ff.

164 Hofmiller, 1938, S. 195.

165 Ein ausführlicher Bericht über die Massenversammlung findet sich in der Münchner Roten Fahne (Nr. 21) vom 9.4.1919.

166 Werner, 1920, S. 53.

167 Münchner Rote Fahne, Nr. 21, 9.4.1919. Vgl. auch den Aufruf: »Arbeiter! Folgt nur den Parolen der Kommunistischen Partei!« in der Münchner Roten Fahne (Nr. 20) vom 7.4.1919, der zum Boykott von »Demonstrationen und Feiern zu Ehren der Scheinräterepublik« aufforderte.

168 Darstellungen sozialistischer Künstler von Straßenrednern finden sich vor allem in Mühsams Zeitschrift Kain und in der Süddeutschen Freiheit. Zum Motiv des revolutionären Agitators vgl.: Diether Schmidt: Die Gestalt des Agitators in der proletarisch-revolutionären Kunst, in: Bildende Kunst, Jg. 1964, H. 11, S. 576 ff. Karikaturen des »spartakistischen Volksverhetzers«, der zumeist »jüdische« Züge trägt, wurden vor allem in der Jugend, Phosphor und im Simplicissimus abgedruckt. Reproduktionen einiger Simplicissimus-Karikaturen bei: Ann Robertson: Karikaturen im Dienste der Gegenrevolution, in: Wem gehört die Welt – Kunst und Gesellschaft in der Weimarer Republik, Berlin 1977, S. 398 ff.

169 Vgl. den Aufruf zur Wahl von Fachräten durch die Betriebsräte in: Mitteilungen des Vollzugsrates der Betriebs- und Soldatenräte, Nr. 4, 17.4.1919.

170 Bayerischer Kurier, Nr. 97 / 98, 8.4.1919 (Holzschnitt von Aloys Wach); Münchner Neueste Nachrichten, Nr. 160, 161, 162, 8. / 9. / 10.4.1919 (Holzschnitte von A. Wach).

171 Schriftliche Mitteilung an Justin Hoffmann vom 10.12.1978.

172 Dazu vgl. Justin Hoffmann: Der Aktionsausschuß revolutionärer Künstler Münchens, in: München 1919, S. 21 ff.

173 W. Ludwig Coellen: Die neue Kunst, in: Münchner Neueste Nachrichten, Nr. 161, 9.4.1919.

174 Brief Gustav Klingelhöfers an einen Freund vom 16.1.1919 (StAM, Sta Mü 1, Nr. 2077, Gustav Klingelhöfer).

175 Vgl. dazu die Rezension der Dissertation von Bischoff (1970) durch Ulrich Linse in: Zeitschrift für bayerische Landesgeschichte, Bd. 34, 1971, S. 961 ff.

176 Zum Triumph der restaurativen Kunstkritiker, Künstler und Künstlerverbände im gegenrevolutionären München vgl. Hermann Esswein: Von der Kunststadt zur Kaffernsiedlung, in: Der neue Merkur, 3. Jg., 1919 / 20, H. 8, S. 572 f. Nach dem 1. Mai setzte in den Münchener Kunst- und Kulturzeitschriften eine umfassende Kritik der mit dem Rätegedanken sympathisierenden Künstler ein. Vgl.: Fritz Behn: An die Intellektuellen, in: Süddeutsche Monatshefte, Jg. 16, H. 9, S. 237 ff.; ders.: München als Kunststadt, in: Katalog der Ausstellung Fritz Behn, München 1919, S. 3 ff.; Wilhelm Hausenstein: Kunst und Revolution, in: Der Neue Merkur, 3. Jg., 1919 / 20, Sonderheft: Der Vorläufer, S. 77 ff.; August L. Mayer: Über das Auseinandergehen von Volk und Künstler, in: Der Wagenlenker. Organ des Reichsbundes geistiger Arbeiter, 1. Jg., 1919, S. 90; Erich Mosse: Märtyrer – Literaten, in: Der Wagenlenker, 1. Jg., 1919, S. 105 f.

177 Vgl. Berthold Hinz: Die Malerei im deutschen Faschismus. Kunst und Konterrevolu-

tion, München 1974, S. 20 ff.

178 Hitler, 1938, S. 283.

179 Vgl. Mitchell, 1967, S. 278 ff.; Beyer, 1982, S. 98 ff.

180 Leviné, 1925, S. 32.

181 Zur Roten Armee vgl.: Wollenberg, 1929; Beyer, 1957, S. 98 ff.; Hillmayr, 1974, S. 50 ff. Über die Mitgliederstärke der Roten Armee schwanken die Zahlenangaben in der historischen Literatur. Am zuverlässigsten dürften die Angaben bei Hillmayr (1974, S. 51) sein, der von ungefähr 10 000 Mitgliedern der Roten Armee spricht.

182 Wollenberg, 1929, S. 27 f.

183 Zu den Kämpfen um Dachau vgl. Wollenberg, 1929, S. 30 ff. Fragmente eines Dokumentarfilms über die Operationen der Roten Armee haben sich erhalten und befinden sich im Filmmuseum des Münchener Stadtmuseums.

184 Werner, 1920, S. 44 f. Reproduktionen der von Frölich erwähnten Flugblätter bei: Ay, 1968, Anlage Nr. 94 f.; zur Greuelpropaganda der Regierung Hoffmann und der deutschen Presse vgl. Hillmayr, 1974, S. 78 ff.

185 Von den bürgerlichen Illustrierten druckte allein Die Woche (Jg. 1919, Nr. 20, S. 500) eine Aufnahme ab. In der Illustrierten Freie Welt der USPD wurden in einem Insektbericht über die Zerschlagung der Räterepublik (1. Jg., 1919, H. 7) hingegen zwei Aufnahmen des Demonstrationstages reproduziert.

186 Zum Bild des Arbeiters in der Fotografie vgl. Hiepe, 1983.

187 Richard Hiepe: Die Arbeiterklasse in der Fotografie, in: Arbeiterfotografie, Berlin 1978, S. 7.

188 Mitteilungen des Vollzugsrates der Betriebs- und Soldatenräte, Nr. 10, 23.4.1919.

189 Zu den Ereignissen am 22. April vgl. Werner, 1920, S. 46 ff.; Beyer, 1957, S. 99 f. Durch Flugblätter und Plakate wurde das Veranstaltungsprogramm zum Ende des Generalstreikes einen Tag vorher bekanntgegeben. Reproduktionen bei: Viesel, 1980, S. 39 / 40, S. 59.

190 Zur Programmatik der Veranstaltung vgl. besonders Werner, 1920, S. 47.

191 Mitteilungen des Vollzugsrates der Betriebs- und Soldatenräte, Nr. 10, 23.4.1919.

192 Mitteilungen des Vollzugsrates der Betriebs- und Soldatenräte, Nr. 10, 23.4.1919.

193 Vgl. den Bericht der Münchner Roten Fahne (Nr. 19) vom 5.4.1919 über eine »kommunistische Soldatenversammlung« im Löwenbräusaal am 3.4.1919, während der die Forderung auf den Verzicht aller »reaktionären Abzeichen der Uniformen ... sowie ... Rangabzeichen« erhoben wurde.

194 Vgl. besonders die Heroisierung Egelhofers bei Wollenberg, 1929, S. 24 f. Als Beleg für Egelhofers Auftreten gilt in der kommunistischen Publizistik nach dem Zweiten Weltkrieg zumeist eine Überblicksaufnahme der Truppenschau von Hoffmann, auf der eine im Bildvordergrund abgebildete markante, mit einem Umhang bekleidete Gestalt den Oberkommandierenden der Roten Armee darstellen soll. Um ihn kann es sich jedoch nicht handeln, wie ein Vergleich mit anderen Aufnahmen der Truppenparade ergibt. Die Zuschreibung geht wahrscheinlich auf Soldan (1931, S. 103) zurück; zumindest ist sie dort erstmals nachweisbar.

195 Karl, 1919, S. 52 f.

196 Zu den Kämpfen am Hauptbahnhof vgl.: Wollenberg, 1929, S. 21 f.; Siegert, 1928, S. 59 ff.

197 Die Bahnhofswache bestand als selbständige Formation neben der Roten Armee. Vgl. Hillmayr, 1974, S. 52.

198 Siegert, 1928, S. 69.

199 Karikaturen clownesker Rotarmisten wurden außer in den satirischen Magazinen Jugend,

Phosphor und Simplicissimus vor allem in der Propagandazeitschrift Feurjo veröffentlicht. Auch in diesem Fall knüpften die Karikaturisten an Feindbilder aus der Weltkriegszeit an; in ähnlicher Weise wurden seit dem Ausbruch der Oktoberrevolution die Mitglieder der sowjetischen Roten Armee gekennzeichnet. Vgl. auch die Beschreibungen von Rotarmisten in der regierungsamtlichen Zeitschrift Offene Worte (Jg. 1919, Nr. 50) und Hofmiller, 1938, S. 192, S. 196 f.

200 Werner, 1922, S. 43.

201 Heinrich Hoffmann: Hitler was my Friend, translated by Lt. Col. R. H. Stevens, London 1955, S. 36. In seiner Verteidigungsschrift: »Heinrich Hoffmann (1897 - 1947). Mein Beruf. Meine Arbeit für die Kunst. Mein Verhältnis zu Adolf Hitler« (1947, S. 5) wiederholt Hoffmann diese Darstellung: »Auch ich wurde am Tag des Generalstreiks verhaftet und in das Luitpoldgymnasium gebracht. Der Zufall wollte es, daß ein ehemaliger Lehrling von mir und ein Soldatenratsmitglied namens Dufter anwesend waren, die mich kannten und meine Freilassung ermöglichten.« Der Soldatenrat Dufter wurde von Hitler Ende Mai 1919 denunziert.

202 Zur Spitzeltätigkeit der Thule-Gesellschaft vgl. Hillmayr, 1974, S. 87 f. Über die wichtige Funktion der Thule-Gesellschaft für die gegenrevolutionären Gruppierungen berichtet Sebottendorf (1934, S. 62): »In der Thule-Gesellschaft ging es zu wie in einem Taubenschlag: hier konstituierte sich von neuem die Nationalliberale Partei ..., hier tagten die Alldeutschen unter dem Verlagshändler Lehmann, der deutsche Schulverein, ... die Fahrenden Gesellen, der Hammerbund ..., kurz es gab keinen Verein in München, der irgendwelche nationalen Belange vertrat, die nicht in der Thule Unterkunft fanden.«

203 Der Fotografiegebrauch der Gegenrevolutionäre konzentrierte sich offenbar auf die Irreführung der Kommission zur Bekämpfung der Gegenrevolution durch Porträtaufnahmen. So berichtet Sebottendorf, daß es ihm gelang, die dummen Räterepublikaner bei der Fahndung nach gegenrevolutionären Spitzeln anhand von Fotografien integrer Personen auf die falsche Fährte zu locken (Sebottendorff, 1934, S. 101 f.).

204 So wurden nach dem 1. Mai umfangreiche Mitgliederlisten der Roten Armee angefertigt und es wurde versucht, die zahlenmäßig schwache Kommunistische Partei bis zur »letzten Heftklammer unter Kontrolle zu bringen« (Hillmayr, 1974, S. 172).

205 In mehreren Akten verurteilter Räterepublikaner finden sich beschlagnahmte Privataufnahmen aus Familienalben, Ausweisen usw., die teilweise für Steckbriefe Verwendung fanden. Vgl. StAM, StA Mü 1; Nr. 2072, Josef Kerler; Nr. 2240, Tiefenböck; Nr. 2296, Anton Aschauer; Nr. 2500, Glaser, Kommandant in Dachau. Nach der Notiz eines Beamten der Münchener Polizeidirektion (Herbst 1919) wurde bei einer Hausdurchsuchung beim Beauftragten des Vollzugsrates der Zweiten Räterepublik Anton Aschauer, der in der Maschinenfabrik Maffei als Fräser arbeitete, ein »großes Paket unbeschriebener Postkarten (Photographien revolutionärer Arbeiter)« gefunden. Die Aufnahmen liegen heute dem entsprechenden Prozeßakt (StAM, StA Mü 1, Nr. 2296) nicht mehr bei.

206 Die Aufnahmen sind heute nur mehr in den archivierten Akten von Staatsanwaltschaft und Polizeidirektion sowie in der Sammlung des Kriminaloberinspektors Georg Reingruber (heute im Besitz des Polizeibeamten a. D. und Geschichtsschreibers der Münchener Polizeidirektion Josef Falter) nachweisbar.

207 Wehlau, 1939, S. 35.

TEIL III

1 Die Truppen waren in vier Gruppen unterteilt: »1. Gruppe Oberst Deetjen mit der von ihm befehligten Gardekavallerie-Schützendivision, dem Freikorps Lützow und der Marinebrigade des Korvettenkapitäns Erhardt; 2. Gruppe Generalleutnant von Friedeburg mit seiner zweiten Gardedivision, dem Hessisch-Thüringisch-Waldeckschen Freikorps unter Oberst von Konatzky und dem Freikorps Görlitz des Oberstleutnant Faupel; 3. Gruppe Generalmajor Haas mit dem Württembergischen Freiwilligenkorps, dem Detachement Bogendörfer, dem Freikorps Epp und dem Freikorps Schwaben; 4. Gruppe Siebert mit kleineren bayerischen Einheiten.« (Revolution und Räterepublik in München, 1978, S. 326). Die bayerische Regierung bestimmte am 24. April Generalmajor von Möhl in Ingolstadt zum Befehlshaber der bayerischen Truppen, die gegen München eingesetzt wurden. Exakte Angaben zu den Truppenstärken fehlen. Sie schwanken zwischen 15 000 (Daniel Ritter von Pitrof: Gegen Spartakus in München und im Allgäu. Erinnerungsblätter des Freikorps Schwaben, München 1937, S. 89) und 35 000 (Schreiben des bayerischen Ministerpräsidenten Gustav Ritter von Kahr an die Reichsregierung vom 2.12.1920, vgl. Maser, 1981, S. 37). Die ausführlichste, aber von nationalsozialistischen Vorurteilen bestimmte Darstellung zu den militärischen Aktionen im Frühjahr 1919 lieferte Deuringer (1939). Aus der neueren militärhistorischen Forschung über die Freikorps sei genannt: Hagen Schulze: Freikorps und Republik, Boppard 1969, S. 90 ff. Ausführungen zu den militärischen Ereignissen finden sich auch in den historischen Darstellungen parteikommunistischer Autoren: Werner, 1920, S. 54 ff.; Wollenberg, 1929, bes. S. 145 ff.; Beyer, 1956; Beyer, 1957, S. 115 - 142.

2 Vgl. die Reproduktion des handschriftlichen Befehls in: Das Bayerland, 44. Jg., 1933, H. 19, Beilage.

3 Vgl. Hillmayr, 1974, S. 51.

4 Hillmayr, 1974, S. 117.

5 Vgl. Hillmayr, 1974, S. 119.

6 Vgl. besonders: Karl, 1919, S. 98 ff. und die folgenden Berichte von Freikorps- und Reichswehroffizieren in: Der Sturz der Räterepublik, in: Das Bayerland, 30. Jg., 1919, Nr. 19, S. 307 ff. Vgl. auch die Darstellungen in der späteren Freikorpsliteratur: Manfred von Killinger: Ernstes und Heiteres aus dem Putschleben, München 1931 (4. Auflage), S. 11 ff.; Heinz Schauwecker: Freikorps Epp, in: Hotzel, 1934, S. 160 ff.; Frank, 1934, S. 87 f.; Pitrof, 1937, S. 93 ff.; Salomon, 1938, S. 105 ff.; Oertzen, 1939, S. 327 ff.

7 Vgl. Werner, 1920, S. 56; Beyer, 1957, S. 131 f.; eine realistische Einschätzung gab Rosa Leviné (1925, S. 60): »Die Weißen Garden nahmen die Stadt fast ohne Widerstand. Nur ganz wenige Arbeiter fanden sich ein, die den aussichtslosen Kampf aufnahmen in der Absicht, ihr Leben teuer zu verkaufen.«

8 Vgl. Willy Römer. Januarkämpfe Berlin 1919 (= Edition Photothek V. Hrsg. von Diethart Kerbs), Berlin 1984.

9 Vgl. Karl Allmendinger: Mit dem 1. Württ. Freiwilligen-Regiment gegen München, in: Das Bayerland, 30. Jg., 1919, Nr. 19, S. 322 - 324. Die Originalaufnahmen befinden sich im Besitz von Frau v. Collas, der Tochter Karl Allmendingers, München. Karl Allmendinger wurde am 3.2. 1891 in Abtsgmünd gebo-

ren. Zu den namentlich bekannten Offiziersfotografen gehört Hans Streck (geb. 13.10.1889 in Würzburg). Streck dokumentierte den Feldzug gegen München als Hauptmann des Bayerischen Schützenkorps, dem er sich im März 1919 angeschlossen hatte. Veröffentlicht sind seine Aufnahmen in: Das Bayerland, 44. Jg., 1933, Nr. 19, S. 594 ff. Reproduzierte Aufnahmen unbekannter Offiziersfotografen finden sich in: Freikorps Lützow 1813 - 1919, Berlin o. J. (1919); Das Freikorps »Landsberg«. Gruppe »Liftl-Heller«. Eine Erinnerung an den Befreiungskampf von München in den ersten Maitagen, München 1919, S. 11 ff.; Pitrof, 1937, S. 32 ff.

10 Zur Amateurfotografie der Weltkriegssoldaten, zumeist höherer Dienstgrade, vgl. Ein Krieg wird ausgestellt, 1976, S. 385 ff.; Bodo von Dewitz: »So wird bei uns Krieg geführt!« Amateurfotografie im ersten Weltkrieg, München 1988.

11 Auskunft von Frau von Collas.

12 Es handelt sich vermutlich um Regensburger Freikorpssoldaten der Kompagnie Sengmüller aus der Abteilung Schaaf, die bereits an diesem Tag auf eigene Faust in die Innenstadt vorrückten (vgl. Deuringer, 1939, S. 130). Hoffmanns Beschriftungen auf den Fotopostkarten werden im einen Fall neben dem »Regensburger Freikorps« auch »Grafinger Bauern« angeführt.

13 Vgl. Münchner Neueste Nachrichten, Nr. 169, 3.5.1919.

14 Vgl. Karl, 1919, S. 104: »Die Stadt München wurde so zum Schauplatz schlachtartiger Straßenkämpfe«; Frank, 1934, S. 88 f.

15 Karl, 1919, S. 101 f.

16 Vgl. Karl, 1919, S. 106.

17 Soweit zu sehen, wurden Frankls Aufnahmen aus dem gegenrevolutionären München in der zeitgenössischen Illustriertenpresse nicht publiziert. Alfred Frankl genoß in München allem Anschein nach verschiedene Hilfestellungen durch die Militärs. Nachweislich mit offiziellem Auftrag arbeitete er im Juli 1919, als er in München als Fotograf für die Bildbeilage der Offenen Worte, einer vom Gruppenkommando 1 in Berlin herausgegebenen und mit privaten Geldmitteln finanzierten Soldatenzeitung, tätig war (vgl. HSTAM, Abt. IV, Gruko 4, Bund 47, Akt 5. Schreiben der Presseabteilung des Reichswehrgruppenkommando 1 vom 22. Juli 1919).

18 Vgl. den Bericht des Berliner Pressefotografen Willy Römer über seine Tätigkeit während der Berliner Januarkämpfe in: Herbert Hoffmann: Willy Römer 80 Jahre, in: Der Bildjournalist, 13. Jg., 1968, H. 1 / 2, S. 30. Zum schonungslosen Vorgehen der Regierungssoldaten gegenüber Zivilisten vgl. Graf, 1981, S. 499 f.

19 Vgl. Boedecker, 1926, S. 6.

20 Hoffmann, 1919, S. 22.

21 Der Kiosk war nach dem Beschuß gegen 16 Uhr in Brand geraten und wurde, da die Feuerwehr nicht eingreifen konnte, erst nach 22 Uhr gelöscht (vgl. Karl, 1919, S. 144 / 145).

22 Feurjo! Heimatdienst Bayern für Ordnung, Recht und Aufbau, Jg. 1919, Nr. 1. Auf den Titelseiten dieser Zeitschrift wurde das Feuermotiv häufig variiert. Die Gleichsetzung von Revolution und Brandstiftung, mit der schon die bürgerliche Revolution von 1848 diffamiert wurde, liegt auch dem Plakat »Bayern, der Bolschewist geht um!« der Bayerischen Volkspartei zu den Landtagswahlen im Januar 1919 zugrunde. Siehe Politische Plakate der Weimarer Republik, 1980, S. 27.

23 Die retuschierte Aufnahme gehört zu den am häufigsten abgedruckten Bilddokumenten aus den »Münchener Sturmtagen«. Beispiele für die publizistische Zurichtung der Aufnahme, die zur weiteren Dramatisierung im For-

mat zumeist stark beschnitten wurde: Salomon, 1938, S. 117: »Straßenkämpfe in München«; Illustrierter Beobachter, Jg. 1928, Folge 15: »Drei Tage gefährlicher Kämpfe bedurfte es, um München wieder vom Roten Terror zu befreien: Flakgeschütz des Freikorps Epp beim Säubern der Münchner Altstadt«; Münchner Illustrierte Presse, Jg. 1932, Folge 26: »Straße frei, es wird geschossen!« Ein Panzerwagen der Regierungstruppen im Kampf gegen ein auf einem Hausgiebel verstecktes Maschinengewehrnest der Kommunisten. Nur nach erbitterten Kämpfen wurde München von den Roten Truppen befreit«.

24 In Böhms Bildangebot finden sich zudem noch Fotografien gestellter Gefechtssituationen mit Mitgliedern des Freikorps Werdenfels. Im Vergleich zu Berlin scheint der Bedarf nach derartigen Kampfbilder-Surrogaten in München jedoch gering gewesen zu sein. Neben den erwähnten Aufnahmen finden sich nur noch wenige, offensichtlich als Erinnerungsbilder für eine soldatische Kundschaft gefertigte Fotopostkarten unbekannter Fotografen.

25 Erich Wollenberg berichtet über die Kampfweise der Räterepublikaner: ». . .leider haben die bewaffneten Arbeiter es noch nicht verstanden, eine neue revolutionäre Form des Straßenkampfes anzuwenden . . ., sondern sie verteidigten sich nach den Gesichtspunkten des Feldkrieges . . . Mehrere Versuche, das Versäumte nachzuholen und Schutzbarrikaden zu errichten, schlugen im Feuer der gegnerischen Panzerwagen fehl.« (Wollenberg, 1929, S. 155 - 156). Siehe dazu den Augenzeugenbericht von Franz Berchtold in: Sechzig Jahre Münchner Räterepublik, 1979, S. 37: »Ich kann mich noch gut erinnern, wie dann Barrikaden gebaut wurden . . . Wir nahmen Bierfaß, Aschentonnen und was wir halt so erwischt haben.«

26 Deuringer erwähnt zwei größere Straßenverbauungen der Rotarmisten, die eine in der Bahnunterführung am Nockherberg in Giesing (Deuringer, 1939, S. 151), die andere in der Schwanthalerstraße an der Ecke Goethestraße (S. 157). Karl spricht zusätzlich noch von einer Barrikade aus Möbelwägen an der Landsbergerstraße (Karl, 1919, S. 127).

27 Auch diese Sperre soll von Bürgertrupps am 1. Mai errichtet worden sein, als diese Jagd nach versprengten Räterepublikanern machte und die Gaststätten der dortigen Gegend durchkämmten (Deuringer, 1939, S. 128). Nach der Art der Beschriftung gehen die beiden Postkartenansichten »Barrikade am Gärtnerplatz« und »Barrikaden im Tal« auf den gleichen, unbekannten Postkartenverleger zurück.

28 Hoffmann selbst beschriftete die Aufnahme in seiner Broschüre und auf der Postkarte mit: »Barrikade in der Karlstraße.« Wann Hoffmann die Aufnahme gefertigt hat, ist nicht genau zu ermitteln. Anhaltspunkte gibt der Anschlag eines Freikorpswerbeplakats an der Hauswand im Hintergrund. Morenz (Revolution und Räteherrschaft in München, 1968, S. 110) datiert die Errichtung von Straßensperren im besagten Stadtviertel auf den 6.5.1919. Vgl. einen Brief Oswald Spenglers vom 9. Juni 1919: »Die Sicherheit in München wird durch die Tatsache illustriert, daß die Militärverwaltung augenblicklich dabei ist, die innere Stadt durch Aufreißen des Straßenpflasters, Barrikaden und Stacheldrahtverhaue in einzelne Defensivabschnitte zu zerlegen - am Hofgarten, in der Maximilianstraße, am Maximiliansplatz usw.-, die nur durch Seitenpforten passiert werden können und mit Eintritt der Polizeistunde ganz geschlossen werden.« (Zit. nach: Revolution und Räterepublik in München, 1978, S. 389).

29 Schricker, 1934 (Abb.Nr. 68) spricht von »Vorbereitungen zum Straßenkampf«; Der Rote Stern (Jg. 6, 1929, Nr. 8) schreibt unter der Aufnahme: »Geräumte Barrikade«. In der Publikation: Vorwärts und nicht vergessen. Erlebnisberichte aktiver Teilnehmer der Novemberrevolution 1918/19 (Berlin 1958), wurde unter der Aufnahme (zw. S. 524 u. 525) vermerkt: »Steinbarrikade, die während der Kämpfe zur Verteidigung der Räterepublik von der Roten Armee in der Karlstraße in München erbaut wurde«. Heartfield nutzte gleichfalls Hoffmanns gestaltprägnante Aufnahme – freilich ohne dokumentarisch-historische Belegabsicht. Für den Umschlagentwurf von Larissa Reissners Roman: Oktober (Berlin 1926) isolierte er die Barrikade vollkommen vom Umfeld und versah sie mit einer roten Fahne.

30 Beyer, 1956, S. 40.

31 Die Angaben über die Anzahl der Toten schwanken erheblich in der historischen Literatur. Am zuverlässigsten dürften die Zahlenangaben bei Hillmayr (1974, S. 149 ff.) sein, der dank eingehender archivalischer Recherchen die Menschenverluste auf über 600 beziffert und davon spricht, daß 400 Unschuldige hingerichtet wurden. Dort findet sich auch eine eingehende Diskussion über andere Zahlenangaben. Die weitaus meisten Opfer der »Säuberung« wurden aufgrund von Denunziation, bei willkürlichen Verhaftungsaktionen oder durch Urteile ungesetzlicher Feldgerichte ermordet.

32 Vgl. Hillmayr, 1974, S. 136 ff., 139 ff. und S. 143 ff.

33 Zum »Weißen Terror« vgl. vor allem Hillmayr (1974, S. 120 ff.), der das umfangreichste Material zu diesem Komplex zusammengetragen hat. Siehe auch Beyer, 1957, S. 133 ff.

34 Auch in der bildenden Kunst gibt es nur wenige Versuche, die soldatische Gewalt darzustellen. Eine Ausnahme macht der Maler Heinrich Ehmsen, dessen Grafiken und Tafelbilder vor allem die Erschießungen von Rotarmisten thematisieren. Vgl. Horst Moser: Die Erschießungsbilder Heinrich Ehmsens, in: München 1919, 1979, S. 77 ff.

35 Ihrer Beliebtheit bei der Münchener Bevölkerung verdankte es die von dem Bildhauer Mathias Gasteiger geschaffene, am 22.9.1895 enthüllte Bronzeplastik, daß sie nicht noch kurz vor Kriegsende für die Waffenproduktion eingeschmolzen wurde. Siehe den Bericht der Kriegsrohstoffstelle München an das K. Kriegsministerium, Kriegsamt, Sektion 1 vom 12.9.1918, HStAM, Abt. IV, MKr 13334. Beim Stachusumbau 1964 wurde die Plastik demontiert und am 28.9.1971 an ihrem heutigen Standort in der Neuhauserstraße vor dem Karlstor wieder eingeweiht.

36 Noch im November 1919 wurde eine Sondernummer der Süddeutschen Illustrierten Kriminal-Zeitung, auf deren Titelblatt sich eine Darstellung der Ermordung der katholischen Gesellen durch Freikorpssoldaten befand, durch die Zensurbehörden verboten. Eine Abb. des Titelblattes in: Revolution und Räteherrschaft in München, 1968, S. 109. Eine ausführliche Darstellung der Zensurmaßnahmen und Pressekontrolle nach dem 1. Mai in: Hillmayr, 1974, S. 159 ff.

37 Das besondere Interesse der zivilen Amateurfotografen an der Dokumentation des Zerstörten, Toten und Unterworfenen ist selten. Ihre eigentliche Domäne war (und ist) die Feier des Lebendigen und der festlichen Höhepunkte des Lebens. Zum privaten Charakter dieser Fotografien vgl. Starl, 1983, S. 295 - 310.

38 Vgl. Ein Krieg wird aufgestellt, 1976, S. 387. Vgl. auch: Dieter Reifarth / Victoria Schmidt-Linsenhoff: Die Kamera als Henker. Fotogra-

fische Selbstzeugnisse des Naziterrors in Osteuropa, in: Fotogeschichte, Jg. 3, 1983, H. 7, S. 57 ff.

39 Lt. Beschriftung der Originalfotografie in der Bildersammlung »Revolution 1918/19« des Stadtarchivs München.

40 Zu diesem Komplex vgl. besonders Hillmayr, 1974, S. 152 f. Dort finden sich detaillierte Angaben über die Aufbahrung der Toten und Massenbeerdigungen. Weitere Fotografien von Massenbeerdigungen und exhumierten »Revolutionsopfern«, die im Stadtarchiv München und im Bundesarchiv in Koblenz aufbewahrt werden, sind nachweislich nicht in München entstanden. Sie stammen aus den Baltikumkämpfen oder aus der Zeit des Ersten Weltkrieges. Die in Revolution und Räteherrschaft in München (1968, S. 102) abgebildete Fotografie der »toten Spartakisten auf dem Ostfriedhof« stellt eine Beerdigung deutscher Soldaten in Tromelles (Frankreich) am 19.7.1916 dar.

41 Graf, 1981, S. 505 f. Eine ähnliche Beschreibung in: Die Münchener Tragödie. Entstehung, Verlauf und Zusammenbruch der Räte-Republik München, Berlin 1919, S. 36 ff. und Regler, 1978, S. 106 f.

42 Die erhaltenen Fotografien befinden sich sämtlich im Stadtarchiv München. Zur polizeilichen und gerichtsmedizinischen Leichenfotografie dieser Zeit vgl. Wilhelm Urban: Kompendium der gerichtlichen Photographie, Leipzig 1910, S. 6 ff.; Karl Reuter: Die Photographie im Dienste der gerichtlichen Medizin, in: Gerichtsärztliche und polizeiärztliche Technik. Ein Handbuch für Studierende, Ärzte, Medizinalbeamte und Juristen, Hrsg. von Th. Lochte, Wiesbaden 1914, S. 1 ff.; Hans Groß: Handbuch des Untersuchungsrichters als System der Kriminalistik, Bd. 1, München / Berlin / Leipzig 1922 (7. Auflage), S. 309 f.

43 Bayerischer Kurier, Nr. 163, 11.6.1919.

44 Dazu vgl. vor allem Hillmayr, 1974, S. 123 ff. Die Angaben über die Anzahl der Gefangenen differieren erheblich in der historischen Literatur. Hillmayr (S. 124) zitiert einen amtlichen Bericht, nach dem die Zahl der Verhafteten, die noch bis Mitte Mai zu den Gefangenensammelstellen gebracht wurden, »auf erheblich mehr als hunderttausend geschätzt« wurde. Eine anschauliche Beschreibung seiner Gefangennahme gibt Ret Marut in dem Artikel »Im freiesten Staat der Welt.« in: Der Ziegelbrenner, Jg. 1919, H. 18/19, S. 15 ff.

45 Zum Terror gegen die gefangenen Räterepublikaner vgl. Hillmayr, 1974, S. 126 ff. Siehe auch den Bericht »Zelle 26«, in dem der Schriftsteller Max Krell seinen Gefängnisaufenthalt schildert, in: Der Wagenlenker, Jg. 1919, S. 116 ff.

46 Graf, 1981, S. 500 f.

47 Hoffmanns Produktion ist zeitlich nicht eindeutig einzuordnen. Datierbar ist einzig eine Aufnahme. Sie dokumentiert den »Einbringung gefangener Spartakisten durch die Garmischer Volkswehr«, die am 9. Mai verschiedene Kocheler und Garmischer Räteanhänger nach München transportierten. Eine Reproduktion und eine ausführliche Bildlegende in: Kriegschronik von Kochel. Zusammengestellt von Otto Frhr. von und zu Aufseß, Dießen vor München 1920, S. 160.

48 Eine dieser Fotopostkarten beschriftete Hoffmann: »Bewaffnete Bürger und Arbeiter führen gefangene Rotgardisten ab«.

49 Siehe z.B. die Reproduktion und Beschriftung in: Viesel, 1980, S. 753; Die Zeit, Nr. 47, 13.11.1981.

50 Die Sequenz besteht aus sechs Aufnahmen, die aus einer Wohnung in der Rumfordstraße aufgenommen worden sind und in die

Sammlung Rehse gelangten.

51 Mehrere der soldatischen Fotoamateure sind uns bekannt. Fritz Kautz, geb. 4.6.1898 in Augsburg, gest. im Dez. 1979 (Abb. seiner Fotografien in: Das Bayerland, 44. Jg., 1933, H. 19, S. 600 f.); Herrmann Pfeiffer, geb. 8.10.1891 in Ebingen, gest. 16.4.1959 in Ebingen. Pfeiffer war Hauptmann des Bataillons Ulm.

52 Offiziersfotografien gefangener Räterepublikaner abgebildet in: Das Freikorps Landsberg, 1919, S. 12; Pitrof, 1937, S. 104; Das Bayerland, 44. Jg., 1933, H. 19, S. 600.

53 Das Bayerland, 30. Jg., 1919, S. 322. Die Originalaufnahme ist verschollen. Zu Landauers Ermordung vgl.: Emil Julius Gumbel: Gustav Landauers Ende, in: Die Weltbühne, 20. Jg., 1924, Nr. 7, S. 191 ff.; Hillmayr, 1974, S. 132 ff.

54 Zur Person Johann Lehners vgl. die detaillierten Angaben in: Hillmayr, 1974, S. 135 ff.

55 Zitiert wird diese Äußerung des Unteroffiziers Mayer vom 2. Württembergischen Freiwilligenregiment in einem Brief des Batteriefführers F. Schulz des gleichen Regiments vom 27.5.1919. »Die beiliegenden Postkarten stellen folgendes dar: No 1 Rotgardist Seidel, der aktiv an dem Geiselmord beteiligt war, wird von Soldaten des 1. Württb. Freiw. Regt. gefangen. No 2 und von diesen mit Fahrerpeitschen und Seitengewehren totgeschlagen.« (Stadtarchiv München, Familien 647).

56 Die Rezeption der Fotografie blieb bis in die Sechziger Jahre auf die kommunistische Publizistik beschränkt, die allerdings Lehners Identität auch nicht wiederherstellte. Vgl. Leviné, 1925, vor S. 33 (»Seidel vor der standrechtlichen Erschießung«); Roter Stern, Jg. 4, 1927, Nr. 9 (»Der blutige Mai in München. Blutig geschlagener Münchener Arbeiter kurz vor der standrechtlichen Ermordung durch die Weißen Garden Möhls und Epps, die Anfang Mai 1919 auf Betreiben der sozialdemokratischen Regierung Hoffmann in München ›Ruhe und Ordnung‹ wiederherstellten.«). Die Fotografie diente auch mehreren kommunistisch orientierten Künstlern und Plakatentwerfern als Vorlage. Siehe das 1932 entstandene Plakat von Sandor Ek (Abb. in: Bildende Kunst, Jg. 1978, H. 1, S. 41, Abb. 14) und das Tafelbild »Arbeiter mit erhobenen Händen« von Franz Frank (Abb. in: Tendenzen, 16. Jg., 1975, 100. H., S. 44).

57 Zu den polizeilichen Ermittlungen vgl. StAM, StA Mü 1, Nr. 2894.

58 Bayerischer Kurier, Nr. 145/146, 24./25.5.1919.

59 Neue Zeitung, Nr. 110, 19.5.1919: »Im Hof des Männer-Turnvereins … wurden am 16.5. … photographische Aufnahmen von Regierungstruppen gemacht, die Einzelkämpfe mit Spartakisten darstellen sollen. Rote und weiße Binden sowie hoher breitkrämpiger Hut, Revolver und weiß nicht was sonst noch alles war da. Ich selbst konnte noch die Aufnahme eines Überfalls auf einen Radfahrer mit ansehen als Schluß. Wie ein Rotgardist mit dem Gewehrkolben erschlagen wird, fehlt auch nicht.«

60 Vgl. Theweleit, 1978, S. 493, Anm. 33.

61 Erst in der jüngeren historischen Forschung ist diese Legende auf wissenschaftlicher Ebene korrigiert worden. Besonders durch Hillmayrs intensive archivalische Forschungen (1974, S. 96 ff.) haben sich die Formen und das Ausmaß revolutionärer Gewaltanwendung – abgesehen von den Ereignissen des »Geiselmordes« – erheblich reduziert.

62 Die ausschließlich polemische Spezialliteratur zu diesem Komplex umfaßt zahlreiche Titel: Der Geiselmord in München. Ausführliche Darstellung der Schreckenstage im Luitpold-Gymnasium nach amtlichen Quellen,

München 1919; Der Münchener Geiselmord. Wer trägt die Schuld?, Berlin o. J. (1919); Paul Schweder: Der Münchener Geiselmord vor Gericht, München 1920; Karl Glock: Die Prozesse des Geiselmordes im Luitpold-Gymnasium in München vor dem Volksgericht, München 1920; Leo Hofbauer: Der Geiselmord, München 1934.

63 Revolution und Räterepublik in München, 1978, S. 349.

64 Zur Thulegesellschaft siehe Teil I, Anm. 93. Zur Rechtfertigung der Erschießungen in der kommunistischen Literatur während der Weimarer Republik vgl. Werner (1920, S. 56 f.): »Es waren Angehörige jener konterrevolutionären Verbrecherbande, der Thulegesellschaft, die einen Anschlag auf die Räteregierung vorbereitet hatte... Ihre Erschießung erfolgte nach denselben Formen des Standrechts, nach denen in hundert und aberhundert Fällen Revolutionäre getötet worden sind.«

65 Dazu vgl. besonders Hillmayr, 1974, S. 104 ff. Erschossen wurden die Thulemitglieder bzw. Anwärter auf die Thulemitgliedschaft Anton Daumenlang, Walter Deicke, Walter Neuhaus, Wilhelm von Seydlitz, Gustav Franz Maria Prinz von Thurn und Taxis, Franz Carl von Teuchert, Haila von Westarp; schließlich der Kunstmaler Prof. Ernst Berger und die Soldaten des 8. Husarenregiments Walter Hindorf und Fritz Linnenbrügger.

66 Vgl. Hillmayr, 1974, S. 107 ff.

67 Zur propagandistischen Verwertung des »Geiselmordes« nach dem Sieg der Gegenrevolution vgl. Hillmayr, 1974, S. 161 ff. Neben den Militärs maß die bayerische Landesregierung dem »Geiselmord« einen hohen propagandistischen Stellenwert zu. Nachdem bereits zahlreiche tendenziöse Schriften durch die Regierung Hoffmann finanziert worden waren, genehmigte der Ministerrat noch im September 1919 30 000 Mark »zur Verwertung des Geiselmordes zu Aufklärungszwecken« (Hillmayr, 1974, S. 161).

68 Bayerischer Kurier, Nr. 124 / 125, 3. / 4.5.1919.

69 Hillmayr, 1974, S. 114. Vgl. vor allem die Berichterstattung des Bayerischen Kurier und der Münchner Neuesten Nachrichten. In der Bayerischen Staatszeitung war zu lesen, daß die Erschießungen von betrunkenen Russen durchgeführt worden seien, die »in einer Scheußlichkeit über die bedauernswerten Opfer herfielen, die zu beschreiben, sich die Feder sträubt.« (Nr. 112 / 114, 4.5.1919).

70 Hillmayr, 1974, S. 113.

71 Vgl. den Obduktionsbericht der »gerichtlichen Leichenschau« (StAM, StA Mü 1, Nr. 2894 b).

72 Vor allem die Plakate der Vereinigung zur Bekämpfung des Bolschewismus wurden nun vermehrt an den Münchener Häuserwänden und Litfaßsäulen plaziert. Abb. in: Diederich / Grübling / Bartholl, 1976, S. 17 ff.

73 Reproduktion einer weiteren Fotografie des Geiselkellers in: Glock, 1920, S. 16.

74 Vgl. z. B. die Beschreibung in: Der Münchener Geiselmord, 1919, S. 10 ff.

75 Vorbild für Hoffmanns Ansicht des »Geiselmordkellers« könnte eine ähnliche, in den Illustrierten häufig reproduzierte Aufnahme gewesen sein, die nur wenige Monate zuvor der Mord an estländischen Bürgern durch Rotarmisten während der Baltikumkämpfe angeprangert wurde. Vgl. Die Woche, Jg. 1919, Nr. 8.

76 Erstmalig nachweisbar in: Münchener Neue Illustrierte, Special-Geisel-Nummer vom 29.9.1919: »Der Unrathaufen, auf welchem die Geiseln erschossen wurden.«

77 Abb. in: Das Bayerland, 30. Jg., 1919, Nr. 19.

78 Vgl. Hillmayr, 1974, S. 162.

79 Der Münchener Geiselmord, 1919, S. 12 f.

80 Der Hauptprozeß fand vom 1. - 18.9.1919 statt, weitere am 14.10.1919 und am 12.6.1920. Die Mehrheit der Angeklagten wurde zum Tode oder zu langjährigen Haftstrafen verurteilt.

81 Hervorzuheben ist die Schrift von Glock (1920). Sie ist reich illustriert und enthält neben verschollenen Aufnahmen zahlreiche Porträts der zum Tode verurteilten Rotarmisten aus dem Luitpoldgymnasium. Vgl. ebenfalls: Rote Hand, Jg. 1919, Nr. 19. Auch in der Illustriertenpresse wurden anläßlich der Prozesse die Geiselmordereignisse ausführlich thematisiert. Vgl. den Bericht in: Die Woche (Jg. 1919, Nr. 38), für den Hoffmann das Illustrationsmaterial lieferte.

82 Vgl. z. B. die Bildbeilage des Fridericus, 3. Jg., 1924, Nr. 18, S. 7 / 8.

83 Vgl. vor allem die Bildberichterstattung im Illustrierten Beobachter (Jg. 1928, Folge 9, S. 114 /115; Jg. 1929, Folge 15, S. 170 ff.; Jg. 1932, Folge 30, S. 690 / 691) und im Flammenwerfer (Jg. 1932, Folge 10, S. 2 / 3). Die bürgerlich-liberale Illustriertenpresse zeigte sich in dieser Hinsicht äußerst zurückhaltend. Vgl. den vierseitigen Bericht der Münchner Illustrierten Presse (Jg. 1932, Nr. 26) unter dem Titel: »Der Spuk der bayerischen Räterepublik«. Dort ist das Tatortfoto von Rehse abgedruckt und mit einem Text versehen, der zumindest auf die Ursachen der Erschießungen eingeht. Ein darüber reproduziertes Foto der Ermordungsstelle Eisners relativiert deren Bedeutung und erinnert an die Morde der politischen Rechten.

84 Nach ihrer Obduktion im Pathologischen Institut wurden die Leichen am 3. Mai im gerichtsmedizinischen Institut fotografiert. Es wurde jeweils eine Fotografie der bekleideten und unbekleideten Toten angefertigt. Nach dem »Protokoll über eine gerichtliche Leichenschau, aufgenommen am 3. Mai 1919 im gerichtlich medizinischen Institut« (StAM, StA Mü 1, Nr. 2894 b), waren die Aufnahmen für einen kleinen Kreis von polizeilichen und medizinischen Sachverständigen bestimmt. Alle Fotografien sind in den umfangreichen Prozeßakten überliefert (StAM, StA Mü 1, Nr. 2894 t).

85 StAM, StA Mü 1, Nr. 2894 t.

86 Vgl. besonders den illustrierten Katalog der Ausstellung: Der Bolschewismus. Große antibolschewistische Schau im Bibliotheksbau des Deutschen Museums, München 1936 und: Terror. Die Blutchronik des Marxismus in Deutschland. Auf Grund amtlichen Materials bearbeitet von Adolf Ehrdt und Hans Roden, Berlin / Leipzig 1934. S. 30 ff. Nach 1933 wurden jährlich aufwendige Gedenkfeiern für die »Opfer des Geiselmordes« veranstaltet und fanden ein großes Echo in der Münchener Presse. Vgl. z. B. den Bericht: »In der Todesecke des Luitpold-Gymnasiums«, in: Völkischer Beobachter, Münchener Ausgabe, 123. / 124. Ausgabe, 2. / 3.5.1936.

87 Völkischer Beobachter, Münchener Ausgabe, 345. Ausgabe, 11.12.1935. Eine ähnliche antisemitische Version bei Sebottendorff (1934, S. 141): »... aber am Abend vorher fand im Luitpoldgymnasium noch eine Zusammenkunft der drei Juden statt, der eine nächtliche Opferschau folgte. Man stieg in den Keller hinab und besah sich dort bei Kerzenlicht die Thuleleute.« Vgl. auch den illustrierten Bericht: »Die Sammlung Rehse IX. Der rote Saal.«, in: Völkischer Beobachter, Münchener Ausgabe, 172. Ausgabe, 20.6.1936.

88 Vgl. Hillmayr, 1974, S. 96 / 97; Karl, 1919, S. 261 ff. Die Plünderungen gingen nicht alle auf Räterepublikaner zurück, da vielfach auch Diebstähle von Angehörigen der Reichswehr und der Freikorps verübt wurden (vgl. Hillmayr, 1974, S. 120 f.).

89 Münchner Post, Nr. 102, 3.5.1919.

90 Werner, 1920, S. 55.

91 Karl Retzlaw: Spartakus. Aufstieg und Niedergang. Erinnerungen eines Parteiarbeiters, Frankfurt / M. 1972 (2. Auflage), S. 166.

92 Abb. in: Hoffmann, 1919, S. 29.

93 Eine Reihe von Aufnahmen Hoffmanns und der Kopp-Filmwerke fand Eingang in die Strafprozeßakten von Münchener Kommunisten, die am Sturm auf die Polizeidirektion beteiligt waren. Vgl. StAM, StA Mü, Nr. 3079 / 1, Paul Kraus und Genossen. Soweit ersichtlich hatten die Fotografien aber keine Bedeutung für das Strafverfahren. Hoffmanns Aufnahmen wurden von der Polizei pro Stück mit einer Mark verrechnet.

94 Über Land und Meer, 61. Jg., 122. Bd., 1919, Nr. 44, S. 617.

95 Das Bayerland, 30. Jg., 1919, S. 318 / 319. Analog zur Bildkoppelung verfahren zahlreiche schriftliche Berichte. Vgl. Müller-Meiningen, 1923, S. 194 / 195. Der kommunistische Rote Stern schrieb 1929 dagegen mit sichtlicher Schadenfreude über die Destruktion des Polizeiapparates unter eine Aufnahme Hoffmanns: »Genosse Eglhofer ließ u. a. alle Akten der Klassenjustiz verbrennen. Unser Bild zeigt den vergeblichen Versuch eines Polizeisekretärs aus dem Scheiterhaufen noch etwas Lesbares herauszusortieren.« (6. Jg., 1929, Nr. 8).

96 Versteckte oder offene Angaben über den Waffeneinsatz gegen Gebäude finden sich in folgender Literatur: Matthäuskirche (Deuringer, 1939, S. 130 / 131); Mathäserbräu (Karl, 1919, S. 106); Stachus-Kiosk (Karl, 1919, S. 101); Justizpalast (Karl, 1919, S. 101); Löwenbräu und Löwenbräukeller (Karl, 1919, S. 117 / 118; Deuringer, 1939, S. 162); Gewehrfabrik Sedlbauer (Deuringer, 1939, S. 149; Oertzen, 1939, S. 345); Heilig-Kreuz-Kirche in Giesing (Karl, 1919, S. 108). Auf Artilleriebeschuß der Regierungstruppen gehen folgende Häuserschäden zurück: Cafe Prinzess, Sonnenstraße; Privatwohnung Heßstraße 51 (Hillmayr, 1974, S. 119); Walther-, Dreimühlen- und Thalkirchnerstraße (Bayerland, Jg. 1919, S. 310 und S. 324); Umgebung der Nymphenburgerstraße (Deuringer, 1939, S. 162). Artilleriestellungen der Roten Armee gab es am Hauptbahnhof und an der Hackerbrücke (Deuringer, 1939, S. 127). Sie attackierten die Panzerzüge der Regierungstruppen. Es fällt auf, daß die Literatur keine von Rotarmisten verursachten Artillerieschäden vermerkt. Karl (1919, S. 122) weicht davon ab.

97 Vgl. Deuringer, 1939, S. 130 / 131. Dort findet sich der Hinweis auf eine entsprechende Mitteilung der Kirchenverwaltung.

98 Karl Allmendinger, in: Das Bayerland, 30. Jg., 1919, Nr. 19, S. 324. In den Darstellungen der Kämpfe von Reichswehr- und Freikorpsoffizieren findet sich ungewöhnlich viele Hinweise auf den Waffeneinsatz der Regierungstruppen: Bayerland, Jg. 1919, S. 307 - 321; Salomon, 1938, S. 105 ff. und S. 110 ff.

99 Vgl. Deuringer, 1939, S. 135 u. S. 165.

100 Karl, 1919, S. 140.

101 Hersteller von Fotopostkarten, die Zerstörungsaufnahmen auf den Markt brachten: Photo-Unternehmen Aquila, Atelier Prinzess, Benetreu Photo-Atelier, Carl Bodensteiner, Maria Gruber, Heinrich Hoffmann, Photo Ilse (Hans Sippel), Hans Möller, Eugen Schneider und mehrere namentlich unbekannte, aber an ihren Beschriftungsarten unterscheidbare Fotografen.

102 Siehe dazu: Ein Krieg wird ausgestellt, 1976, S. 461 ff.

103 Estée, 1919, S. 15.

104 Karl, 1919, S. 73.

105 Vgl. Deuringer, 1939, S. 149 und Oertzen, 1939, S. 345.

106 Schricker, 1934, Abb. Nr. 61 und 62.

107 Am 8. Mai faßte der Magistrat der Stadt München den Beschluß, amtliche Kommissionen zu bilden, die beschleunigt Art und Umfang der Schäden ermitteln sollten, um eine baldige Wiederinstandsetzung der Gebäude zu ermöglichen. Unabhängig von der offenen Frage der gesetzlichen Regelung sollten diese Erhebungen eine Beweissicherung der »Revolutionsschäden« leisten. Vgl. Bericht der Plenarsitzung des Magistrats am 8.5.1919 in: Münchener Gemeindezeitung, 48. Jg., 1919, S. 462 / 463. Unter der irreführenden Bezeichnung »Revolutionsschäden« wurde nach dem Mai 1919 allerlei Widersprüchliches zusammengefaßt – Plünderungen, Personen- und Gebäudeschäden, aus der Zeit der Novemberrevolution bis zum Sieg der Gegenrevolution, ob nun verursacht bei Massendemonstrationen oder im Straßenkampf, von Rotarmisten oder Freikorpssoldaten und Reichswehrangehörigen. Die Forderungen nach Schadensersatz beliefen sich auf rund 1 625 000 Mark. Vgl. Ausführungen des Rechtsrates Wölzl am 12.8.1919 vor dem Münchener Stadtrat, in: Münchener Gemeindezeitung, 48. Jg., 1919, S. 760. Hillmayr bemerkt zu der Angabe: »Auch wenn in der letzten Summe Gebäudeschäden durch Beschießung mit enthalten sein sollten, so geht doch aus diesen Angaben der Stadtverwaltung eindeutig hervor, daß der Münchener Bevölkerung durch die Regierungstruppen mehr Schaden entsteht, als durch die Räterepublik.« (1974, S. 122). In München bildete sich der Schutzverband der Tumultgeschädigten. Er wurde wiederholt bei öffentlichen Stellen vorstellig. Vgl. Schreiben des Verbandes an den Münchener Stadtrat vom Frühjahr 1920 in: Münchener Gemeindezeitung, 49. Jg., 1920, S. 1287. Der Verband war möglicherweise mit der Einwohnerwehr verbunden. Da Rehse schon früh Kontakte zur Einwohnerwehr und zu nationalistischen Verbänden besaß, wäre eine Zusammenarbeit denkbar.

108 »Im Giebel des Hauses war von den Spartakisten ein Maschinengewehr eingebaut« (Hoffmann, 1919, S. 23). Damit vergleichbar ist noch der versteckte Hinweis auf den Waffeneinsatz der Regierungstruppen in der Beschriftung einer Dachstuhlaufnahme des Mathäsers: »Der Mathäserbräu wurde von den Spartakisten zäh verteidigt« (Hoffmann, 1919, S. 24).

109 Vgl. Deuringer, 1939, S. 162: »... ließen sich die roten Schützen nur selten blicken, so daß sich die mühsame Durchsuchung einzelner Häuserblocks nicht umgehen ließ. Um dieses zeitraubende und unerquickliche Verfahren zu verkürzen, blieb schließlich nichts weiter übrig, als die verdächtigen Dächer und Fenster mit Maschinengewehrfeuer abzustreuen. Auch Geschütze wurden in Stellung gebracht.«

110 Die in der Zeitschrift Das Bayerland (30. Jg., 1919, Nr. 19) veröffentlichten Offiziersberichte stellen zwar den Waffeneinsatz der Regierungstruppen noch relativ offenherzig dar, vermeiden aber, die mitabgebildeten Zerstörungsaufnahmen entsprechend zu beschriften.

111 Abgebildet in: Hoffmann, 1919, S. 25.

112 Die Innenraumzerstörungen wurden auch von dem Fotografen Friedrich Müller, Inhaber des Ateliers Hilsdorf, dokumentiert.

113 Hoffmann, 1919, S. 27. Die von der Firma Rehse & Co hergestellten Innenansichten der Pförtner-Wohnung wurden auch als Postkarten vertrieben. Der Verleger ist nicht bekannt.

114 Maschinenstürmerische Akzente wurden bisweilen mit Innenansichten der Fertigungsräume der Sedlbauer-Fabrik verbunden. Vgl. Hoffmann, 1919, S. 24: »Auch Arbeitsstätten blieben nicht verschont: abgeschnitt. Treib-riemen«.

115 Hoffmann, 1919, S. 31.

116 Vgl. Hillmayr, 1974, S. 120 ff.

117 Zur organisatorischen Struktur und Funktion der militärischen Nachrichtendienste vgl. Horst Nusser: Militärischer Druck auf die Landesregierung Johannes Hoffmann vom Mai 1919 bis zum Kapp-Putsch, in: Zeitschrift für bayerische Landesgeschichte, Bd. 33, 1970, S. 822 ff.; Bernd Steger: Berufssoldaten oder Prätorianer. Die Einflußnahme des bayerischen Offizierskorps auf die Innenpolitik in Bayern und im Reich 1918 - 1924, Frankfurt / M. 1980, S. 117 ff.

118 Zur Militärherrschaft in München und ihren Folgen für die bayerische Landespolitik vgl. Nusser, 1970, S. 818 ff.; Hillmayr, 1974, S. 158 ff.; Steger, 1980, S. 108 ff.

119 Sehr produktiv war auch sein Berufskollege Hans Möller, von dem circa 50 Fotopostkarten der Weißen Soldaten überliefert sind.

120 Reproduktionen in: Das Bayerland, 30. Jg., 1919, Nr. 19, S. 321; Die Woche, Jg. 1919, Nr. 20, S. 500.

121 Ludwig Rudolf Georg Maercker: Vom Kaiserheer zur Reichswehr. Ein Beitrag zur Geschichte der deutschen Revolution, Leipzig 1921, S. 62. »In der Tat spielten im Bürgerkrieg die ›Demonstrationsmärsche‹ eine wesentliche Rolle, wie zum Beispiel der Marsch Noskes am 13. Januar 1919 an der Spitze von 3 000 Mann durch Berlin, der aus rein optischen Gründen veranstaltet wurde.« (Schulze, 1969, S. 44). Vgl. auch Deuringer, 1939, S. 170.

122 Bevorzugter Schauplatz dieser Paraden waren die Ludwigstraße und der Odeonsplatz. Besonders die Paraden des Bayerischen Schützenkorps und des Freikorps Lützow am 5. Mai und der Aufmarsch des Freikorps Faupel-Görlitz (6. Mai) fanden unter großem Publikumsandrang statt. Zur Parade des Freikorps Faupel-Görlitz siehe: Bayerische Staatszeitung und Bayerischer Staatsanzeiger, Nr. 117, 7.5.1919. Große Beachtung wurde auch der Besichtigung sämtlicher bayerischer Truppenteile durch Generalmajor von Möhl am 8. Mai und den anschließenden Umzügen der Soldaten durch die Stadt geschenkt.

123 Vgl. Hofmiller, 1938, S. 220.

124 Schreiben des Generalmajor von Möhl an alle bayerischen Truppenverbände vom 6.5.1919 (HStAM, Abt. IV, Bestand II, H. 843 / 2, Bundesarchiv).

125 Zit. nach: Nusser, 1970, S. 839.

126 Vgl. Bayerische Staatszeitung und Bayerischer Staatsanzeiger, Nr. 120, 10.5.1919. Zur militärischen Funktion des Freikorps Faupel-Görlitz vgl. Deuringer, 1939, S. 197.

127 Vgl. vor allem Reich, 1933, S. 13 ff.

128 Der größte Teil dieser Fotografien ist nicht datierbar und vielfach sind die abgebildeten Truppenkontingente nicht zu identifizieren, zumal die Beschriftungen der Fotopostkarten oder archivalische Zuschreibungen nichtveröffentlichter Fotografien oftmals unpräzise oder allgemein gehalten sind. Auch die historische Literatur hilft hier wenig weiter, die nur spärlich über den Verlauf, Zeitpunkt und die Beteiligung der einzelnen Truppen an den Märschen und Paraden unterrichtet. Selbst der zeitgenössischen Presse sind nur wenige Informationen zu entnehmen.

129 Vgl. Hillmayr, 1974, S. 90 und Fenske, 1969, S. 52.

130 Deuringer (1939, S. 202) zufolge wurde das Freikorps Werdenfels vom 21.4.1919 an in Garmisch aufgestellt. Es traf aber erst am 2. Mai in München ein, wurde dem Bayerischen Schützenkorps unter der Leitung Epps angegliedert und trat später dem Freikorps Oberland bei. Die Beteiligung der Werdenfelser an den Kämpfen in Giesing, wie von meh-reren Autoren (siehe vor allem Karl, 1919, S. 127 ff.) behauptet, ist höchst unwahrscheinlich. Nach Deuringer (1939, S. 154), dessen Angaben trotz aller ideologischen Implikationen noch am zuverlässigsten sind, beteiligte sich nur ein kleiner Teil des Freikorps an der »Säuberung« Untergiesings, das heißt an der Durchsuchung einzelner Häuserblocks nach bewaffneten Rotarmisten.

131 Die Serie von Böhm enthält neben mehreren Fotografien der Umzüge Gruppenaufnahmen, gestellte Kampfszenen und einige Aufnahmen des Abtransportes der Werdenfelser aus München.

132 Andere bayerische Freikorpseinheiten wurden weniger glorreich dokumentiert und publizistisch aufgewertet. Zwar gibt es neben den Fotografien des Freikorps Oberland noch einige Aufnahmen des Bayerischen Schützenkorps aus den späten Maitagen. Öffentlichkeit fanden sie 1919 nur auf dem Münchener Postkartenmarkt. Erst in späteren Publikationen wurde die Bedeutung des Schützenkorps Epp herausgestrichen. Zum Freikorps Oberland vgl. Hans Jürgen Kuron: Freikorps und Bund Oberland, Phil.Diss. Erlangen 1960. Bildchronik zur Geschichte des Freikorps und Bundes Oberland, München 1974.

133 Siehe zum Beispiel die Reproduktionen der Fotografien Hoffmanns in: Das Illustrierte Blatt, 7. Jg., 1919, Nr. 21; Zeitbilder, Jg. 1919, Nr. 18. Reproduktion einer Aufnahme Böhms in: Berliner Illustrirte Zeitung, Jg. 1919, Nr. 23.

134 Schauwecker, 1919, S. 316 f. Vgl. auch die Beschreibung der Werdenfelser bei Karl, 1919, S. 127 ff.

135 Vgl. die Bildtafel in: Frank, 1934, vor S. 81.

136 Manfred von Killinger in: Schricker, 1934, S. 9.

137 Diese Überwachungs- und Ordnungsfunktionen wurden vielen Freikorpssoldaten bald zu langweilig. Sie suchten nach neuen kriegerischen Aufgabenbereichen, wie Korvettenkapitän Erhardt – Führer der Marinebrigade Wilhelmshaven und Hauptbeteiligter am Kapp-Putsch 1920 – berichtet: »Als richtiger Landsknechtführer spähte ich darum aus, wo es etwas zu tun gebe im Reiche, das ehrenvoll wäre.« (Kapitän Erhardt. Abenteuer und Schicksale. Nacherzählt von . . . Herausgegeben von Friedrich Freksa, Berlin 1924, S. 104).

138 Vgl. insbesondere die Sondernummer Berliner Sturmtage der Berliner Illustrierten Zeitung.

139 Als einziges derartiges Dokument des befriedeten Münchens fand die Momentaufnahme eines an der Reichenbachbrücke postierten Wachtrupps Eingang in die Illustriertenpresse. Mit ihr wurden die gegenrevolutionären Soldaten – oftmals im Verbund mit den Fotografien gefangener Rotarmisten – als eine harmlose Sicherungs- und Ordnungstruppe vorgestellt. Vgl. Die Woche, Jg. 1919, Nr. 20.

140 Überregionale Publizität hatten diese Fotografien nur im Illustrierten Blatt (Jg. 1919, Nr. 25). Auf seinen Fotopostkarten deklarierte Hoffmann die Straßensperren, die nur zu viele Assoziationen an die Stacheldrahtverhaue zwischen den Schützengräben des Weltkrieges wecken mochten, selten als Maßnahme des Militärs und beschriftete sie äußerst unpräzise.

141 Hoffmanns Fotografie taugte ebensosehr als Feindbild der revolutionären Linken. In der von Grosz und Heartfield herausgegebenen satirischen Zeitschrift Die Pleite (1. Jg., 1919, Nr. 5) illustrierte sie ein Gedicht Walter Mehrings, in dem unter dem Titel »Automobiljustiz« der Terror der gegenrevolutionären Soldaten glossiert wurde.

142 Zur Funktion dieser Panzerautos in den Kämpfen vgl. Karl, 1919, S. 133 f. Mit seinen

Fotografien griff Hoffmann auch in diesem Fall auf ein Bildmotiv aus der Weltkriegszeit zurück. Darstellungen besonders vernichtungseffektiver Waffen – wie zum Beispiel die von Krupp hergestellte Kanone »Dicke Berta« – waren als Zeugnisse der erfolgreichen deutschen Waffentechnik weit verbreitet und als Bildpostkarten bei Soldaten äußerst beliebt.

143 Diese am Marienplatz aufgestellten Artillerie-Posten haben das Interesse mehrerer Fotografen erregt. Überliefert sind die Fotografien von Möller, dem Atelier Prinzess und dem Berliner Pressefotografen Frankl.

144 Ein Teil dieser Fotografien gehört zu einer Dokumentation der militärischen Aktivitäten und des Alltags einer in der Giesinger Martinsschule einquartierten Einheit und ist vermutlich eine Auftragsarbeit.

145 Die Aufnahme kann frühestens am 4. Mai gefertigt worden sein, da ein auf der Fotografie zu sehendes überklebtes Plakat die Unterschrift des vom 4. bis 8. Mai amtierenden Stadtkommandanten Herrgott trägt.

146 Zum soldatischen Gruppenporträt während des Weltkrieges vgl. Ein Krieg wird ausgestellt, 1976, S. 131 ff.; Karl Riha: Den Krieg fotografieren, in: Vondung (Hrsg.): Kriegserlebnis, 1981, S. 146 - 161. Abbildungen von Gruppenporträts aus dem 19. und 20. Jahrhundert in: Rainer Fabian: Wir, damals . . . Gruppenaufnahmen in der frühen Fotografie, Dortmund 1982.

147 Vgl. Hillmayr, 1974, S. 158.

148 Auszunehmen sind davon die von Hoffmann und Böhm erstellten Gruppenporträts Werdenfelser Freikorpssoldaten.

149 Abbildung der Aufnahme in: Salomon, 1938, S. 115.

150 Die Wohnungsnot der Münchener Bevölkerung war so eklatant, daß sich die Militärs zum Leidwesen der Hausbesitzer zu Maßnahmen gezwungen sahen, die teilweise den Forderungen der Räterepublikaner entsprachen. Vgl. Hillmayr, 1974, S. 163.

151 Schricker, 1934, Abb. Nr. 48.

152 Hillmayr, 1974, S. 119 / 120. Vor allem in der Erinnerungsliteratur der Freikorpssoldaten wird über die Zurückhaltung des Münchener Bürgertums geklagt. So wollte der spätere Führer des Reichsarbeitsdienstes Hierl, damals Major im Gruppenkommando 4, dem Bürgertum nur »Mutlosigkeit, stumpfe Teilnahmslosigkeit, engherzige Selbstsucht und politische Charakterlosigkeit« zubilligen (zit. nach: Hillmayr, 1974, S. 120).

153 Graf, 1981, S. 498.

154 Vgl. die Karikaturen von Fritz Heubner in: Jugend, Jg. 1919, Nr. 22, Eduard Thöny in: Simplicissimus, 24. Jg., Nr. 9, 27.5.1919 und Olaf Gulbransson in: Simplicissimus, 24. Jg., Nr. 35, 26.11.1919.

155 Vgl. die Betextung in: Revolution und Räteherrschaft in München, 1968, S. 93. In der Münchener Illustrierten Presse (Jg. 1932, Nr. 26) heißt es unter der Aufnahme: »Bürgerwehr in der Münchener Residenz. Zur Abwehr der kommunistischen Bewegung hatten sich schließlich auch die Bürger Münchens zur Selbsthilfe zusammengeschlossen.« Bei Schricker (1934, Abb. Nr. 64): »Das Bürgertum ruft zur Selbsthilfe auf . . .«

156 Vgl. Jakob Wimmer: Meine Erlebnisse in der Residenz während der Revolution und Räteregierung 1918 - 19 und später noch, geschildert von Jakob Wimmer, Schloßverwalter a. D. (Hand- und maschinenschriftliches Manuskript in der Stadtbibliothek München / Handschriftensammlung).

157 Frühestens können die Aufnahmen am 3. Mai 1919 gefertigt worden sein, da in der Büroaufnahme im Hintergrund ein Plakataufruf von Oberst Epp an die Münchener Be-

völkerung zu sehen ist, der auf den 3. Mai 1919 datiert wird (Karl, 1919, S. 112).

158 Vgl. Georg Käsbohrer: Kurzer Rückblick über meine Erlebnisse bei der Besetzung der Residenz durch Münchener Bürger am 1. Mai 1919, München o. J.

159 Ludwig Thoma: Die große Münchner Revolution anno 1919, in: So ein Saustall! Altbairisches aus den finstersten Zeiten des Systems. Von Ludwig Thoma / Dietrich Eckart / Klaus Eck, München 1938, S. 21. Zerstörungen in der Residenz gingen jedoch mehr auf das Konto der Regierungssoldaten, wie der Schloßverwalter Wimmer in seinen Erinnerungen berichtet: »Als die Weißen die Residenz besetzten, mußten wir leider alle Räume öffnen und freigeben, die wir vorher für die Roten verbarrikadierten . . . Was wir bei den Roten noch schonen und schützen konnten, das wurde von den Weißen nicht besonders beachtet, sondern sie stahlen, was ihnen nur gerade in die Hände kam und wir konnten da weiter nichts machen.« (Zit. nach: Hillmayr, 1974, S. 122).

160 Auf die bürgerlichen Bedürfnisse nach Selbstbehauptung spekulierte auch Herolds Text in Hoffmanns Revolutionsbroschüre. Unter der Kapitelüberschrift »Die Münchner helfen sich selber!« werden die Aktivitäten bewaffneter Zivilisten maßlos übertrieben und zum Volksaufstand stilisiert (Hoffmann, 1919, S. 22 f.).

161 Zum Komplex Einwohnerwehren vgl.: Fenske, 1969, S. 76 ff.; Nusser, 1973; Hillmayr, 1974, S. 172 f.; Steger, 1980, S. 124 ff.

162 Repr. in: Das Bayerland, 30. Jg., 1919, Nr. 19, S. 325 (von Möhl); Leipziger Illustrirte Zeitung, 152. Bd., 1919, Nr. 3959, S. 509 (von Oven).

163 Vgl. die Reproduktion einer Fotografie Hoffmanns in: Das Bayerland, 30. Jg., 1919, Nr. 19, S. 310. Die demonstrative Zurschaustellung monarchistischer Militärsymbole durch die weißgardistischen Truppen spielte eine erhebliche Rolle nach dem 1. Mai und wurde vielfach zum Anlaß politisch-ideologisch motivierter Auseinandersetzungen in der Münchener Presse. Vgl. Hillmayr, 1974, S. 93.

164 Zur Epp-Legende vgl.: Nusser, 1970, S. 844 ff.; Thoss, 1977, S. 87 ff.

165 Bayerischer Kurier, Nr. 143, 22.5.1919.

166 Vgl. Hillmayr, 1974, S. 78 ff.

167 Vgl. Schulze, 1969, S. 94 f. Anfänglich war tatsächlich der bayerische Generalmajor von Möhl dazu bestimmt, als Vertreter Noskes den Oberbefehl über sämtliche Regierungs- und Freikorpstruppen zu führen, »um das empfindliche Selbstwertgefühl der bayerischen Regierung zu besänftigen« (Schulze, 1969, S. 94). Bis zum Abzug der preußischen Truppenkontingente am 2. Juni 1919 lag die entscheidende Befehlsgewalt bei dem preußischen Generalleutnant von Oven. Danach wuchs die Macht Möhls allerdings beträchtlich. Zu Möhls Befehlsgewalt vor und nach dem 1. Mai vgl. Nusser, 1970, S. 819 ff.

168 Auf die Gefährlichkeit reaktionärer Heerführer wie Oberst von Epp für die Regierung Hoffmann und den republikanischen Staat wies eine geheime Denkschrift zweier mehrheitssozialistischer Politiker vom 8.6.1919 hin: »Im Befreiungsheer hat sich leider der Militarismus ohne jede Scheu schrankenlos ausgewirkt. Wie faszinierend diese Wiederbelebung des militaristischen Betriebes auf die Anhänger der Reaktion wirkt, beweist die Huldigung für Epp nach der Parade auf dem Maximiliansplatz. Diese Leute sind bewußte Anhänger der Reaktion und sie stützen sich auf ein Offizierskorps, dessen Glieder sich zum größten Teil in keiner Weise innerlich von den alten Gedankengängen befreit haben . . . Und daß sie . . . den ganzen Heeres-

organismus den Zwecken der politischen Reaktion dienstbar machen werden, ist selbstverständlich.« (Zit. nach: Nusser, 1970, S. 827).

169 Vgl. Die Woche, Jg. 1919, Nr. 16. Weitere Bildnisse Epps in: Das Illustrierte Blatt, 7. Jg., Nr. 19; Das Bayerland, 30. Jg., 1919, Nr. 19; Über Land und Meer, 61. Jg., 122. Bd., 1919, Nr. 36.

170 Ranke, 1979, S. 67. Dort auch Bildnachweise und weiterführende Literatur zu diesem Komplex. Die Fotografie gab Anlaß zu zahlreichen Karikaturen und Verunglimpfungen des Reichspräsidenten. Im Oktober 1919 überreichte eine Deputation Göttinger Studenten Ebert als Präsent eine Badehose, und noch 1922 schwenkten Demonstranten anläßlich eines Besuches des Reichspräsidenten in München Badehosen.

171 Kapitän Erhardt, 1924, S. 129 f.

172 Hierzu gehört auch eine Fotografie, die Noske im Kreise seiner Mitarbeiter vor einem Münchener Hotel zeigt. Hinter Noske ist der Hauptmann Karl Mayr abgebildet, damaliger Leiter der Presse- und Propagandaabteilung des Bayerischen Reichswehrgruppenkommando 4, der den Gefreiten Adolf Hitler in jenen Tagen zum politischen Propagandisten für Soldaten und Offiziere eingesetzt hatte. Für Hitlers politische Karriere war dies eine wichtige Zäsur. Vgl. Maser, 1981, S. 137 ff. Die Fotografie wurde in den späten Zwanziger Jahren gleichermaßen von der kommunistischen wie nationalsozialistischen Illustriertenpresse in denunziatorischer Absicht gegen Mayr, der eine hohe Funktionärsstelle im sozialdemokratischen Reichsbanner innehatte, genutzt. Vgl. Die Rote Fahne (Nr. 81) vom 7.4.1929 mit der Bildbeschriftung: »Damals Henker von München. Heute: Vater des SPD-Wehrprogrammes!« und den Illustrierten Beobachter, Jg. 1928, Folge 24.

173 Zur Übernahme der bayerischen Einheiten in die Reichswehr vgl. Steger, 1980, S. 91 ff.

174 Beispielsweise weigerte sich der Münchener Regimentskommandeur Herrgott, mit seiner Einheit an dem Übergabeakt teilzunehmen. Zur Opposition der bayerischen Militärs gegen die Regierung Hoffmann und die Reichsregierung vgl. Thoss, 1977, S. 93 ff.

175 Bayerischer Kurier, Nr. 238, 25.8.1919.

176 Hoffmann, 1919, S. 31. Zu diesem Zeitpunkt war die faktische Macht Epps schon relativ groß. Als Kommandeur der Schützenbrigade 21 unterstanden ihm »nicht nur die Reichswehr im Bereich München Oberbayern, sondern auch die Stadtpolizei, die Einwohnerwehr und die technische Nothilfe.« (Nusser, 1970, S. 847).

177 Reproduktionen einiger Porträts in: Die Zwanziger Jahre, 1979, S. 68 / 69.

178 Vgl. die Titelseiten des Illustrierten Beobachters, Jg. 1928, Folge 9 und Jg. 1933, Folge 39.

179 Zur nationalsozialistischen Epp-Legende vgl. die zumeist reich illustrierten Publikationen: General Franz Ritter von Epp, München 1933 (Sonderdruck aus: Das Bayerland, 44. Jg., 1933, H. 19, S. 577 ff.); Frank, 1934; Franz Ritter von Epp. Ein Leben für Deutschland. Herausgegeben von Josef H. Krumbach, München 1939.

180 Vgl. die Feier des Nationalsozialisten, Weltkriegssoldaten und Freikorpsführers Epp durch Ernst Röhm im Illustrierten Beobachter (Jg. 1928, Folge 22), illustriert mit mehreren Fotografien Hoffmanns: »Und ist es doch kein Zufall, daß gerade dieser Mann heute in der nationalsozialistischen Kampfbewegung steht. Denn jene Bewegung ist gerade die Fortsetzung, die unerbittliche Folgerung des Geistes der Front, der Kameradschaft und Treue von Mann zu Mann, in Not und Tod, die das Geheimnis der unvergleichlichen Er-

folge des deutschen Soldaten im Felde in sich begreift.«

181 Seit der Reichstagswahl 1928 trat Epp mit großem Erfolg als Redner der NSDAP in den Wahlkämpfen auf und trug zu den hohen Wahlerfolgen der NSDAP im süddeutschen Raum mit bei.

182 Theweleit, 1978, Bd. 2, S. 185.

183 Oertzen, 1939, Vorwort.

184 Frank, 1934, S. 26. Viele der physiognomischen Beschreibungen Epps sind offensichtlich durch diese Fotografie inspiriert. Vgl. Schauwecker, in: Hotzel, 1934, S. 163.

185 In Paragraph 24 des Reichsgesetzes »betr. das Urheberrecht an Werken der bildenden Kunst und der Photographie« vom 9.1.1907 war auch die besondere staatliche Verfügungsgewalt über Aufnahmen mit privaten Rechtstiteln geregelt worden: »Für Zwecke der Rechtspflege und der öffentlichen Sicherheit dürfen von den Behörden Bildnisse ohne Einwilligung des Berechtigten sowie des Abgebildeten oder seiner Angehörigen vervielfältigt, verbreitet und öffentlich zur Schau gestellt werden.« Zit. nach: Neue Gesetz- und Verordnungen-Sammlung für das Königreich Bayern mit Einschluß der Reichsgesetzgebung, 35. Bd. (1. Januar 1907 bis März 1908), München 1910, S. 20.

186 Daher geht die Karikatur von O. Estée mit dem Titel: »Unschlüssig« (Abb. in: Rote Hand, 1. Jg., 1919, Nr. 11), die den politischen Machtwechsel u. a. anhand eines »Repräsentationsbildes« Levinés darstellt, an der historischen Wirklichkeit vorbei, denn Levinés Porträtzeichnung liegt eine Polizeiaufnahme zugrunde.

187 Ernst Toller: Eine Jugend in Deutschland, in: Gesammelte Werke, Bd. IV, München 1978, S. 167 f. Die Erstausgabe erschien 1933 in Amsterdam. Da ansonsten keine beschlagnahmte Aufnahme Tollers bekannt ist, dürfte sein Steckbrieffoto identisch mit der Aufnahme sein, die Rilke Schwierigkeiten machte. Von dem beschlagnahmten Porträt Tollers ließ die Stadtkommandantur am 12. Mai bei dem Fotografen Oskar Laifle 300 Abzüge herstellen. Eine Abschrift des Auftrags liegt in der Polizeiakte Ernst Tollers in der Library of Congress, Washington D. C., Manuscript Division, Folder 420.

188 Toller, 1978, S. 168.

189 HStAM, Abt. IV, Gruko 4, Bund 45, Akt 5, Bericht des Freikorps Oberland III. / Nr. 753 vom 30.5.1919.

190 HStAM, Abt. IV, Gruko 4, Bund 45, Akt 5, Bericht des Freikorps Oberland III. / Nr. 1360 vom 22.6.1919.

191 Max Levien wurde im Herbst 1919 in Wien festgenommen.

192 StAM, StA Mü 1, Nr. 2106 / 2, Albert Daudistel, Aussagen vor der Polizei.

193 Vgl. Jahresbericht 1919, Erkennungsdienst bei der Polizeidirektion München, Typoskript, aufbewahrt im Polizeipräsidium München. Siehe auch: 70 Jahre Münchener Erkennungsdienst, in: Münchner Polizei, 17. Jg., 1970, S. 23 ff.

194 Münchener Post, Nr. 102, 3.5.1919. Die Münchner Neuesten Nachrichten (Nr. 31, Generalanzeiger) berichteten am 23.1.1920 über die Folgen der Zerstörungen: »Der Erfolg, den die Zerstörer der amtlichen Lichtbildsammlung, des sogenannten ›Verbrecheralbums‹ am 30. April erzielt haben, drückt sich in folgenden Zahlen aus: Die Lichtbildsammlung wurde bis Ende April in 34 (während des Jahres 1918: 203) Fällen zur Ermittlung unbekannter Täter in Anspruch genommen. Während im Jahre 1918 44 Täter ermittelt werden konnten, betrug ihre Zahl im abgelaufenen Jahr nur 9.«

195 Zit. nach Gebhardt, 1978, S. 301.

196 Vgl. Heinrich Tetzner: Die Photographie in der Kriminalistik, Berlin 1949, S. 19 f.; Wolfgang Beese: Zur Geschichte der Polizeiphotographie, in: Kriminalistik, Jg. 1964, H. 18, S. 539-550.

197 Siehe Alphonse Bertillon: Die gerichtliche Photographie. Mit einem Anhang über die anthropologische Classification und Identifizierung (=Encyklopädie der Photographie, H. 14), Halle a. S. 1895. Frühe Werke zur erkennungsdienstlichen Fotografie: Friedrich Paul: Handbuch der kriminalistischen Photographie, Berlin 1900; Otto Klatt: Die Körpermessung der Verbrecher nach Bertillon und die Photographie als die wichtigsten Hilfsmittel der gerichtlichen Polizei sowie Anleitung zur Aufnahme von Fußspuren jeder Art, Berlin 1902; Urban, 1910; R. A. Reiss: Kriminalistik, in: K. W. Wolf-Czapek (Hrsg.): Angewandte Photographie in Wissenschaft und Technik, Berlin 1911, Teil IV, S. 35 ff.

198 Zur Ausstattung des Erkennungsdienstes der Polizeidirektion München vgl. Theodor Harster: Der Erkennungsdienst der Kgl. Polizeidirektion München, in: Archiv für Kriminal-Anthropologie und Kriminalistik, 40. Bd., 1910 / 1911, 1. / 2. H., S. 116-137.

199 Bertillon, 1895, S. 9.

200 Vgl. Bertillon, 1895, S. 6 f.

201 Der Jahresbericht verzeichnet für das Jahr 1919 2881 Aufnahmen lebender Personen. In den vorausgegangenen Kriegsjahren waren es im Schnitt etwa 1700, in den Vorkriegsjahren etwa 2000. Im Jahre 1920 wurde die Vorjahresumme um etwa 400 überschritten und fiel in den folgenden Jahren wieder ab.

202 Die schlechte Quellenlage rührt daher, daß während des Zweiten Weltkrieges sämtliche in der Münchener Polizeidirektion aufbewahrten Fotografien zerstört wurden. Erhalten sind nur die anderweitig archivierten Aufnahmen. Sie finden sich vereinzelt in den Prozeß- und Polizeiakten, in einer kleineren polizeilichen Sammlung mit Personalbögen »der Rädelsführer zur Zeit der Räteregierung in München« (StAM, StA Mü 1, Nr. 3122), in einem Album mit Aufnahmen der Häftlinge der Festungshaftanstalt Niederschönenfeld, das heute in der dortigen Jugendstrafanstalt aufbewahrt wird, in verschiedenen Bildarchiven, wie der Sammlung Rehse und Hoffmanns Archiv, und in zeitgenössischen Veröffentlichungen.

203 Ernst Toller: Verhaftung. Aufzeichnungen aus dem Jahre 1919, in: Tage-Buch, 7. Jg., 1. Halbjahr 1926, S. 131.

204 Auch Friedrich Rehse erhielt für sein Archiv von der Münchener Polizeidirektion Bildmaterial, das Hoffmann zum Teil wiederum für sich reproduzierte. Hoffmann gliederte seinem Archiv auch Aufnahmen inhaftierter Räterepublikaner aus der Würzburger Polizeidirektion ein.

205 Vgl. Hillmayr, 1974, S. 168 ff. Zur völkischen Ideologie in der Münchener Polizeidirektion vgl. den offiziellen Polizeibericht: »Die Münchner Räterepublik im April 1919 und ihre Gewalttaten. Aufgrund amtlicher Erhebungen zusammenfassend dargestellt von der Polizeidirektion München.« Das Typoskript liegt in: StAM, StA Mü 1, Nr. 3124.

206 Vgl. Thomas Neumann: Fotografie zur Zeit der Pariser Kommune, in: Schrenk, 1978, S. 86.

207 Abbildungen in: Harrison E. Salisbury: Russia in Revolution, 1900-1930, New York 1978, Vorspann.

208 Bekannt sind Polizeiaufnahmen von Rosa Luxemburg, die 1906 in Warschau aufgenommen wurden. Abb. in: Helmut Hirsch: Rosa Luxemburg in Selbstzeugnissen und Bilddokumenten, Reinbek bei Hamburg 1969, S. 54.

TEIL IV

1 Beispielhaft dafür ist folgende Passage aus der in München verlegten Zeitschrift Die Freie Bahn der Zentrale für Aufklärung und Volksbildung, die der bayerischen Landesregierung unterstand: »Die Hochverratsprozesse gegen die ... führenden Köpfe der Räterepublik haben bewiesen, daß völlige Fremdlinge auf dem Gebiet der Politik, daß Ethiker, die unter den Stürmen der Zeit mit sich selbst zerfielen, daß phantastische Wirrköpfe, die sich mit dem Verbrecher-, Zuhälter- und Dirnentum verbanden, daß posierende Hysteriker, fanatische Terroristen, rohe Blutmenschen und gewissenlose Streber auf verantwortungsvolle Posten gestellt wurden und auf diesen ungeheure Stürme von Blut und Tränen entfesselten.« (1. Jg., 1919, Nr. 12, S. 190). Mit geringen Änderungen übernahm die Passage etwa der Illustrierte Beobachter, Jg. 1929, Folge 15, S. 171/172. In ähnlicher Weise wurde die Schrift: Der Münchener Geiselmord. Wer trägt die Schuld?, Berlin o. J. (1919) genutzt.

2 Zit. nach: Hillmayr, 1974, S. 162. Mit dieser Anpreisung wandte sich der Verleger der 1919 erschienen Broschüre von Josef Karl an die bayerische Regierung und bat um finanzielle Unterstützung. Hillmayr bemerkt: »Wie dick in diesem, nach amtlichen Quellen aufgezeichneten Machwerk aufgetragen wird, verdeutlicht eine Notiz der bestimmt nicht rätefreundlichen Münchner Neuesten Nachrichten, in der moniert wird, daß der Verfasser doch wohl besser daran getan hätte, ›auf das, was nach Tratsch riecht, zu verzichten und die Tatsachen allein sprechen zu lassen‹ Das hindert das Reichswehr-Gruppenkommando 4 nicht, einen großen Posten dieser Schrift zu kaufen und kostenlos an die Mannschaften zu verteilen. Noch im April 1920 sind tausend Exemplare davon beim Gruppenkommando 4 vorrätig.« (Hillmayr, 1974, S. 162).

3 Vgl. Maser, 1981, S. 132-140, bes. S. 136.

4 Zu den gegenrevolutionären Propagandamaßnahmen und -organisationen siehe: Hillmayr, 1974, S. 158-163; Thoss, 1978, S. 86 ff. und die dort angegebene Literatur.

5 Vgl. HStAM, Abt. IV, Gruko 4, Bund 29, Akt 5, Tätigkeitsbericht des Heimatdienst Bayern.

6 Vgl. Koszyk, 1972, S. 35.

7 Vgl. Hillmayr, 1974, S. 161 ff.

8 Der Münchener Geiselmord, 1919, S. 9 und S. 23.

9 Thoma, 1938, S. 14 f.

10 Vgl. Hillmayr, 1974, S. 78.

11 Hermann Sinsheimer: Totentanz!, in: Der Wagenlenker, 1. Jg., 1919, Nr. 3, S. 33.

12 Anlaß für die Beobachtungen war die strafprozessuale Vorschrift, festzustellen, ob der Beschuldigte verantwortlich für sein Tun war, oder ob ihm nicht Paragraph 51 zuzubilligen sei. Offenbar kam dieser Paragraph – abgesehen von Lipp – aber nicht zur Anwendung, vgl. Hans-Dieter Heilmann: Revolutionäre und Irre – die wahnsinnige Revolution und das normale Auschwitz, in: Schwarze Protokolle, Jg. 1976, Nr. 14, S. 2-36.

13 Das Referat ist abgedruckt in: Zeitschrift für die gesamte Neurologie und Psychiatrie, 52. Bd., 1919, S. 90-106. Vgl. auch: Helenefriderike Stelzner: Psychopathologisches in der Revolution, in: Zeitschrift für die gesamte Neurologie und Psychiatrie, 49. Bd., 1919, S. 393-408. Psychologische und psychiatrische Betrachtungen der Entwicklung Nachkriegsdeutschlands finden sich häufiger in der zeitgenössischen Fachliteratur. Hans Frei-

mark: Die Revolution als psychische Massenerscheinung, München 1920. Zur linken Kritik der Psychiatriepraxis vgl. Fidelis (Pseudonym): Deutschlands Psychiater in ihrer Stellung zu den Revolutionären, in: Das Forum, 4. Jg., 1920, H. 5, S. 397 - 400.

14 Emil Kraepelin: Psychiatrische Randbemerkungen zur Zeitgeschichte, in: Süddeutsche Monatshefte, Jg. 16, 1919, H. 9, S. 171 - 183. Gegenüber Kraepelins Ausführungen ist das gesellschaftspolitische Philosophieren seines Assistenzarztes Kahn eindeutiger: »Stellen wir die psychischen Qualitäten der Masse denen der echten Führer gegenüber, so haben wir zwei Extreme vor uns: hier hohe Intelligenz, beherrschteste Affektivität, stärkster Wille; dort intellektueller Tiefstand, primitive, ungehemmte Affektivität, blinde Triebhaftigkeit. Dieser Gegensatz muß es sein, der die Masse zum Führer aufsehen, der sie ihm als einem ihr Wesensfremden, Höheren in Ehrfurcht und Liebe oder in Furcht und Haß folgen läßt. Wie fügt sich hier das Bild unserer Psychopathen ein? Wir haben sie als kritiklos, als affektiv insuffizient und als defekt in ihrer Willenstätigkeit kennengelernt. Sie stehen danach psychisch der Masse nahe und weitab vom echten Führer.« (Kahn, 1919, S. 103 / 104). Zu Ordnungsfunktionen wurde die Psychiatrie im Ersten Weltkrieg herangezogen, als es galt, die am Frontgeschehen psychisch erkrankten und als »Kriegsneurotiker« bezeichneten Soldaten wieder möglichst schnell einsatzfähig zu machen oder Pazifisten und Kriegsgegner zu asozialen Psychopathen zu deklarieren und zu internieren. Vgl. Hans-Georg Güse / Norbert Schmacke: Psychiatrie zwischen bürgerlicher Revolution und Faschismus, Bd. 2, Kronberg 1976.

15 Heilmann, 1976, S. 17.

16 Vgl. Hillmayr, 1974, S. 49 f.: »In der Gesamtheit der in den einzelnen Organen tätigen Mitglieder der Räteregierung sind die Juden keineswegs ein dominierendes Element. Es müssen ja neben Vollzugsrat und Vollzugsausschuß auch die Rote Armee und die einzelnen Kommissionen, wie das Revolutionstribunal und die Verhaftungs- und Gerichtskommission berücksichtigt werden. Und wenn auch Vollzugsausschuß und Vollzugsrat als Spitze der Räteregierung gedacht sind, so handeln doch die einzelnen Untergruppen in vielen Dingen völlig selbständig, die Einflußnahme der stärker mit Juden besetzten Gremien ist also beschränkt ... Ebenso unhaltbar ist die These von den Ausländern und landfremden Elementen ... Man kann also ohne Übertreibung sagen, daß der Umsturz vom November 1918 und die Rätezeit ohne maßgebliche und tatkräftige Mitwirkung der Bayern nicht möglich gewesen wäre.«

17 Vgl. Hillmayr, 1974, S. 48 f.

18 Vgl. Uwe Lohalm: Völkischer Radikalismus. Die Geschichte des Deutsch-Völkischen Schutz- und Trutzbundes 1919-1923, Hamburg 1970, S. 176 ff.; Thoss, 1978, S. 37 f., Paul W. Massing: Vorgeschichte des politischen Antisemitismus (=Frankfurter Beiträge zur Soziologie, Bd. 8), Frankfurt / M. 1959; Reiner Diederich / Richard Grübling: Die Darstellung des Feindes, in: Kunst im 3. Reich. Dokumente der Unterwerfung, Frankfurt / M. 1974, S. 200 ff.

19 Völkische Publikationen, die in dieser Zeit in München verlegt wurden: Münchener Beobachter. (Seit 1918 befand sich der Münchener Beobachter (1887 ff.) im Besitz des Thule-Mitglieds Sebottendorff. Im Dezember 1920 kauften die Nationalsozialisten das Blatt, u. a. mit Geldern aus einem Fond der Reichswehr. Vgl. Maser, 1981, S. 257 ff. Auf gut deutsch. Wochenschrift für Ordnung und Recht, 1919 ff.; Rote Hand, 1918 ff.; Die Republik. Bayerisches Volksblatt für Heimat und Aufbau, 1919 ff.; Deutschlands Erneuerung. Monatszeitschrift für das deutsche Volk, München 1917 ff.). Die Zeitschrift erschien im Verlag des alldeutschen Verlegers Lehmann. Lehmann, Thule-Mitglied, verlegte zahllose rassistische Publikationen.

20 Auf gut deutsch, 1. Jg., 1919, H. 44/45, S. 697 f.

21 Siehe beispielsweise: Das Illustrierte Blatt, 7. Jg., 1919, Nr. 26 (Axelrod, Leviné, Toller); Berliner Illustrirte Zeitung, Jg. 1919, Nr. 25 (Toller), Nr. 27 (Axelrod); Reclams Universum, Jg. 1919, H. 39 (Axelrod, Leviné, Toller).

22 Das Bayerland, 30. Jg., 1919, Nr. 19, S. 326 (Leviné), S. 329 (Toller, Axelrod).

23 Münchener Beobachter, Nr. 32, 2.8.1919.

24 Leipziger Illustrirte Zeitung, 152. Bd., 1919, Nr. 3962, S. 593.

25 Vgl. Hoffmann, 1919, S. 17, 18; Illustrierter Beobachter, 3. Jg., 1928, Folge 9, S. 114 f. In ähnlicher Weise wurden oft auch die räterepublikanischen Polizeipräsidenten mit en face-Aufnahmen präsentiert.

26 Rote Hand, 1. Jg., 1919, Nr. 8, Titelseite.

27 Auf gut deutsch, 1. Jg., 1919, H. 32/33, S. 509 f.

28 Auf gut deutsch, 2. Jg., 1920, H. 2, 3, 4 und 5. Während der Revolutionszeit hatte Kursell schon den Bildband Revolutionäre Zeitgenossen, 40 Karikaturen in Originallithographie, München 1919, herausgegeben. Vgl. auch seine Zeichnungen in: Otto v. Kursell: Totengräber Rußlands. Zeichnungen. Verse von Dietrich Eckart, München 1921. Unter den Karikaturen finden sich auch Porträts der Münchener Räterepublikaner Axelrod, Levien und Leviné.

29 Vgl. z. B. Erich Wilkes Karikatur: »Spartakisten-Häuptlinge. Der schönste Tod ist der Tod auf der Barrikade – wir aber müssen uns dem Proletariat erhalten.« Abb. weiterer Karikaturen in: Robertson, 1977, S. 398 ff.

30 Eine unbewußte Blutschande der Untergang Deutschlands. Naturgesetze über die Rassenlehre, zusammengestellt und herausgegeben vom Deutschvölkischen Schutz- und Trutz-Bund, Ortsgruppe Meißen, Großenhain o. J. (1921), S. 2.

31 Im Jahr 1934 gab Hoffmann in einem Interview an: »Nach dem Zusammenbruch der Rätediktatur veröffentlichte ich ein Buch ›Ein Jahr bayerische Revolution‹, das in kurzer Zeit eine Auflage von 120 000 Exemplaren erreichte, ein Erfolg, der um so höher einzuschätzen war, als diese Veröffentlichung wegen ihrer republikgegnerischen und antisemitischen Einstellung von den damals maßgebenden und herrschenden Kreisen stark angefeindet wurde.« (Fritz Hansen: Neuzeitliche Photographie im Dienste der nationalsozialistischen Idee. Heinrich Hoffmann in seinem Wirken und Schaffen, in: Die Linse. Monatszeitschrift für Photographie und Kinematographie, 30. Jg., 1934, Nr. 4, S. 70). Diese oftmals wiederholte Angabe zur Auflagenhöhe ist falsch. Im Impressum der Ausgabe von 1920 ist die Auflagenhöhe auf »10. - 20. Tausend« festgelegt. Die enorme Verkaufszahl ermöglichte erst der nationalsozialistische Medienverbund. Aber auch die beiden ersten Auflagen waren keinesfalls ein Verlustgeschäft. Hoffmann betonte dies mehrfach nach 1945 (z. B. Hoffmann, 1955, S. 63).

32 Im Geleitwort zu dieser Ausgabe von Emil Herold wurde die Bildbroschüre, erschienen in der Zeit »Deutschlands tiefster Erniedrigung«, zur publizistischen Heldentat hochstilisiert: »Wie ein Pflug waren diese ›Münchener Bilderbogen‹ durch den ausgebrannten, hartgestampften Boden des nationalen Lebens in München gefahren.« (Hoffmann, 1937, S. 5).

33 Siehe die Annonce in: Münchener Neue Illustrierte, 1. Jg., Nr. 2, 11.10.1919.

34 Herold, in: Hoffmann, 1937, S. 4.

35 Hoffmann, 1919, S. 6 ff.

36 Hoffmann, 1920, Vorwort.

37 Hoffmann, 1919, Vorwort.

38 Berliner Illustrirte Zeitung, Jg. 1919, Nr. 50.

39 Hoffmann, 1919, S. 13 u. S. 26.

40 Hoffmann, 1919, Vorwort.

41 Die charakterologischen Studien der spekulativen Physiognomik, die in den Salons des 18. Jahrhunderts zur Mode geworden waren, erfreuten sich trotz nachhaltiger Kritik großer Beliebtheit. Vor allem Lavaters Physiognomische Fragmente, zwischen 1775 und 1778 erstmals veröffentlicht, waren in zahlreichen Nachdrucken, die mit Stichen von Charakterköpfen eine schlüssige Anschaulichkeit vermitteln sollten, weit verbreitet. Lavater hatte sich nicht damit zufrieden gegeben, den mimischen Gesichtsausdruck zu deuten, sondern wollte aus dem unbewegten Gesicht den Charakter der Person in einer Art »Wesensschau« anhand allgemein menschlicher Konstanten bestimmen. In dieser Tradition publizierten die deutschen Illustrierten auch nach dem Ersten Weltkrieg oftmals physiognomische Abhandlungen. Vgl. Hans Horff: Vom Körperausdruck des Menschen, in: Über Land und Meer, 62. Jg., 122. Bd., Nr. 6, S. 116 ff.; Karl Tscheuschner: Was man aus einer Silhouette ersehen kann, in: Daheim, 55. Jg., 1919, Nr. 18, S. 10 f. Zur Kritik der Physiognomik vgl. Walter Grasskamp: Augenschein. Über die Lesbarkeit des Portraits und die Handschrift des Fotografen, in: Kunstforum International, Bd. 52, 1982, S. 14 ff.

42 Hoffmann, 1919, S. 14.

43 Hoffmann, 1919, Vorwort.

44 Bildberichte in nationalsozialistischen Illustrierten: »Die Börsenrevolution des Jahres 1918«, in: Illustrierter Beobachter, Jg. 1927, Folge 20, S. 274 ff.; »Der Rote Terror«, in: Illustrierter Beobachter, Jg. 1928, Folge 9, S. 114 / 115; »Karakterköpfe der Judenrevolution«, in: Illustrierter Beobachter, Jg. 1928, Folge 24, S. 294 f.; »Vor 10 Jahren. Erinnerungen an die Zeit des Wahnsinns und des Verbrechens«, in: Illustrierter Beobachter, Jg. 1929, Folge 10, S. 110 - 114; »Vor 10 Jahren. Der Rote Terror in München und sein Ende«, in: Illustrierter Beobachter, Jg. 1929, Folge 15, S. 170 - 172; »Rotmord über Deutschland! Schluß mit dem roten Terror!«, in: Illustrierter Beobachter, Jg. 1932, Folge 30, S. 690 / 691; »Eine ›führende nationale Illustrierte‹ stellt die bayerische Räterepublik so dar«, in: Illustrierter Beobachter, Jg. 1932, Folge 31, S. 716 / 717; »Mit Mord und Terror kam das System zur Macht!«, in: Der Flammenwerfer, 2. Jg., 1932, Folge 10, S. 2 / 3; »»Sofort 40 Geiseln erschießen! Drei Wochen Sowjetrepublik München.«, in: Süddeutsche Sonntagspost, 10. Jg., 1936, Nr. 46, S. 3 - 5.
Bildberichte in sozialistisch-kommunistischen Illustrierten: »Vor zehn Jahren - Räterepublik in Bayern.«, in: Der Rote Stern, Jg. 6, 1929, Nr. 8; »München unter den roten Fahne 1919«, in: Arbeiter-Illustrierte-Zeitung, Jg. 8, 1929, Nr. 15.
Bildberichte in bürgerlich-liberalen Illustrierten: »Der 7. November in München«, in: Münchner Illustrierte Presse, Jg. 1927, Nr. 45, S. 1429; »Wie war es wirklich? Der Spuk der Bayerischen Räterepublik.«, in: Münchner Illustrierte Presse, Jg. 1932, Nr. 26, S. 676 - 679.
Buchpublikationen von nationalistischer und rechtskonservativer Seite: Franz Schauwecker: So ist der Friede. Die Revolution der Zeit in 300 Bildern, Berlin 1928; Edmund Schultz: Das Gesicht der Demokratie. Ein Bilderwerk zur Geschichte der deutschen Nachkriegszeit, Leipzig 1931; Soldan, 1931; Friedrich Heiss (Hrsg.): Deutsche Revolu-

tion. Die Wende eines Volkes, Berlin 1933; Reich, 1933; Frank, 1934; Schricker, 1934; Hans Roden (Hrsg.): Deutsche Soldaten. Vom Frontheer und Freikorps über die Reichswehr zur neuen Wehrmacht, Leipzig 1935; Georg Usadel: Zeitgeschichte in Wort und Bild. Vom alten zum neuen Reich, Bd. 1, 1918-1920, Oldenburg i. O. 1937; Salomon, 1938.
Kommunistische Buchpublikationen: Illustrierte Geschichte der deutschen Revolution, Berlin 1928/29; Leviné, 1925; Wollenberg, 1929.

45 Auch kamen Aufnahmen unbekannter Herkunft zum Abdruck, darunter zum Beispiel eine Leichenaufnahme mit der Bildunterschrift: »Opfer der weißen Ordnungsbestie. Willkürlich festgenommene Münchener Arbeiterinnen und Arbeiter werden auf dem Münchener Schlachthof viehisch ermordet.« Anhaltspunkte dafür, daß die Aufnahme aus München stammt, gibt es nicht.

46 Der Rote Stern, Jg. 6, 1929, Nr. 8.

47 Vgl. Reich, 1933, S. 3 ff.: »Der Spätherbst des Unglücksjahres 1918 ist heraufgezogen, man schreibt Oktober. Viereinhalb Jahre hat das Heer dem Ansturm einer ganzen Welt getrotzt. Und dennoch pocht der Totenwurm im Gebälke. Verrat geht um! Judas steht im Begriffe, seinen Herrn und Meister – zum wievielten Male schon? – zu verraten! Fest steht die Front, und überall im Feindesland! ... Überzeugungstreue marxistische Jämmerlinge, im Solde des ewigen Juden stehend, haben die Not und das Elend der schwergeprüften Heimat geschickt zu nutzen gewußt, und mit Phrasen von Weltverbrüderung und der Fata Morgana eines herrlichen Friedens ... weiß man ... den Kampfeswillen jener Braven, der nie nötiger war, als zu jener Schicksalswende, zu brechen ... Verklungen ist das Heldenschicksal eines Volkes ... Und dann folgte für Bayern das traurigste und bitterste Kapitel, die Herrschaft des Untermenschentums! ... Typen tauchen auf im Straßenbild ..., die man vorher nie gesehen hat. Sie erscheinen und verschwinden geheimnisvoll, Sendeboten des Judas Ischariot, die in der Verborgenheit schüren und wühlen, bis der trübe Unrat und die Hefe der Unterwelt an die Oberfläche geschwemmt werden! ... Roter Mob, von dem man nicht weiß, von wannen er plötzlich gekommen ist, beherrscht die Straßen! Auf Panzerwagen und ›requirierten‹ Lastwagen rasen verdächtige Gestalten einher, die Mützen ohne Kokarde oder mit roten Schleifen besteckt, schief auf dem Kopf, Gewehr, Patronenstreifen und Handgranaten umgehängt, die Zigarette frech im Mundwinkel! ... Für Bayern und zwar speziell für München beginnt ein Schreckensregiment, als der Jude Kurt Eisner (Kosmanovsky) die Republik ausruft.«

48 Alfons Rosenberg: Der Bolschewismus als Aktion einer fremden Rasse, München 1935, S. 8.

49 Illustrierter Beobachter, Jg. 1928, Folge 9, S. 114/115.

50 Der Bolschewismus, 1936, S. 3.

51 Georg Lukàcs: Von Nietzsche bis Hitler oder der Irrationalismus in der deutschen Politik, Frankfurt/M. 1966, S. 241. Zur Kritik faschistischer Rhetorik und Propaganda vgl. Gerhard Voigt: Goebbels als Markentechniker, in: Warenästhetik. Beiträge zur Diskussion, Weiterentwicklung und Vermittlung ihrer Kritik, Frankfurt/M. 1975, S. 231-260; Lutz Winckler: Studie zur gesellschaftlichen Funktion faschistischer Sprache, Frankfurt/M. 1970.

52 Illustrierter Beobachter, Jg. 1927, Folge 20, S. 275.

53 Illustrierter Beobachter, Jg. 1927, Folge 20, S. 274.

54 Illustrierter Beobachter, Jg. 1927, Folge 20, S. 275.

55 Illustrierter Beobachter, Jg. 1929, Folge 10, S. 110 f.

56 Illustrierter Beobachter, Jg. 1927, Folge 20, S. 279.

57 Illustrierter Beobachter, Jg. 1927, Folge 20, S. 274.

58 Illustrierter Beobachter, Jg. 1926, Folge 1, S. 2/3.

59 Illustrierter Beobachter, Jg. 1928, Folge 9, S. 114/115.

60 Illustrierter Beobachter, Jg. 1928, Folge 9, S. 114/115.

61 Illustrierter Beobachter, Jg. 1928, Folge 24, S. 294.

62 Süddeutsche Sonntagspost, 10. Jg., 1936, Nr. 46. Die Montage stammte aus der »Antibolschewistischen Schau«.

63 Schricker, 1934, Abb. Nr. 26.

64 Illustrierter Beobachter, Jg. 1932, Folge 31, S. 716/717; Münchner Illustrierte Presse, Jg. 1932, Nr. 26, S. 676-679.

65 Schauwecker, 1928, S. 17.

66 Von nationalsozialistischen Politikern waren 1919 in München u. a.: Dietrich Eckart, Franz Ritter von Epp, Hermann Esser, Rudolf Hess, Heinrich Himmler, Adolf Hitler, Manfred von Killinger, Ernst Röhm, Alfons Rosenberg.

67 Falsch beschriftet sind folgende Bildnummern: 28, 30, 38, 41, 46, 47, 48, 51, 53, 54, 61, 68, 69, 71, 76, 77, 78, 98, 99, 100, 112, 118, 119, 121.

68 Vgl. Keller, 1977, S. 41 ff.

69 Antisemitismus der Welt in Wort und Bild. Hrsg. von Robert Körber und Theodor Pugel, Dresden 1935, S. 231.

70 Frank, 1934, vor S. 81.

71 Frank, 1934, S. 80 f.

72 Völkischer Beobachter, 123./124. Ausgabe, 2./3. Mai 1936.

Teil V

1 Vgl. Gidal, 1972, S. 14.

2 Die Ausführungen zur Biografie und Berufspraxis Heinrich Hoffmanns stützen sich im wesentlichen auf Daten der polizeilichen Meldeunterlagen und der Münchener Adreßbücher sowie auf Angaben, die sich in den Protokollen verschiedener Befragungen und Verhöre Hoffmanns durch amerikanische und deutsche Stellen nach 1945 finden (Unterlagen dazu liegen im Amtsgericht München, Spruchkammerverfahren Heinrich Hoffmann und in den National Archives, Washington D. C., Audiovisual Archives, Division Reference File, Hoffmann File und National Archives, Washington D. C., National Archives Collection of World War II, Interrogation Series, Record Group 238). Des weiteren basieren sie auf Hoffmanns eigenen Darstellungen: Heinrich Hoffmann (1897-1947). Mein Beruf. Meine Arbeit für die Kunst. Mein Verhältnis zu Adolf Hitler. (Das unveröffentlichte Manuskript, entstanden zur Rechtfertigung vor dem Spruchkammerverfahren 1947 in München, befindet sich im Besitz von Frau Henriette Hoffmann-Schirach, München). Die ausführlichste Selbstdarstellung bietet: »Heinrich Hoffmann: Hitler was my Friend, translated by Lt. Col. R. H. Stevens«, London 1955. Die daraus zitierten Passagen wurden ins Deutsche übersetzt. Eine nach der englischen Ausgabe erstellte deutsche Buchfassung: Heinrich Hoff-

mann. Hitler, wie ich ihn sah, München/Berlin 1974, ist in wesentlichen Teilen gekürzt und unbrauchbar. Zu diesen Buchausgaben kommt noch die Fortsetzungsserie: »Heinrich Hoffmanns Erzählungen«, in: Münchner Illustrierte, Jg. 1954, Nr. 43 bis Jg. 1955, Nr. 3. Von den Aufsätzen über Hoffmann aus der nationalsozialistischen Ära seien genannt: Franz Grainer: Heinrich Hoffmanns Weg und Schaffen, in: Das Atelier des Photographen, 44. Jg., 1937, H. 10, S. 176-179; Fritz Hansen: Neuzeitliche Photographie im Dienste der nationalsozialistischen Idee. Heinrich Hoffmann in seinem Wirken und Schaffen, in: Die Linse. Monatzeitschrift für Photographie und Kinematographie, 30. Jg., 1934, Nr. 4, S. 63-71 (darin Interview mit Hoffmann); Ulmer, 1939, S. 154-162. Darstellungen aus der Nachkriegszeit: Rainer Fabian: Die Fotografie als Dokument und Fälschung, München 1976, darin: Das Ende der Verkleinerungen. Das Verhältnis Adolf Hitlers zur Fotografie, S. 97-113; Ranke, 1979, S. 53-73. Winfried Rankes Aufsatz bietet die ersten weitergehenden Überlegungen zu Hoffmanns Tätigkeit im Rahmen einer Reflexion über die Funktion von Bildberichterstattern im Kontext der damaligen Massenmedien; Herz, 1979, S. 123-196; Brigitte Bruns: Neuzeitliche Fotografie im Dienste der nationalsozialistischen Ideologie. Der Fotograf Heinrich Hoffmann und sein Unternehmen, in: Die Gleichschaltung der Bilder, 1983, S. 172-182.

3 Vgl. Jahrbuch der Lehr- und Versuchanstalt für Chemigraphie und Photographie, 1906-1907, München 1907, S. 292.

4 Siehe die Aufnahme von Franz von Stuck in seinem Atelier in der Münchner Illustrirten Zeitung, 4. Jg., 1911, Nr. 13, S. 195.

5 Apollinaire hatte Duchamp um ein Porträt für sein Buch: »Les Peintres Cubistes«, gebeten. Das Originalporträt liegt in der Francis Bacon Library in Claremont, Kalifornien. Es ist abgebildet in: Jennifer Gough-Cooper/Jacques Caumont: Plan pour écrire une vie de Marcel Duchamp. 1. Bd.: Chronologie générale, Paris 1977. Allem Anschein nach geht das 1922 von Man Ray gemalte Bildnis Duchamps, betitelt mit: Rose Sélavy – ein Pseudonym Duchamps –, auf Hoffmanns Porträt von 1922 zurück. Es ist abgebildet in: Arturo Schwarz: Man Ray – The Rigour of Imagination, London 1977, S. 82.

6 Vgl. Münchner Illustrirte Zeitung, 4. Jg., 1911, Nr. 34, S. 533.

7 Vgl. Münchner Illustrirte Zeitung, 6. Jg., 1913, Nr. 43, S. 679.

8 Hoffmann, 1947, S. 3.

9 Vgl. Ranke, 1979, S. 58.

10 Auskunft Heinrich Hoffmann jun.

11 Vgl. Der Photograph des Führers. Zum 50. Geburtstag Heinrich Hoffmanns, in: Deutsche Illustrierte, 11. Jg., 1935, Nr. 38; Ulmer, 1939, S. 156.

12 Hoffmanns erste Aufnahme vom westlichen Kriegsschauplatz erschien in der 15. Kriegsnummer der Münchner Illustrirten Zeitung (7. Jg., 1914, Nr. 46, S. 618). Die erste wieder in München aufgenommene Fotografie ist in der 55. Kriegsnummer der Illustrierten (8. Jg., 1915, Nr. 34, S. 398) abgebildet. Weitere Aufnahmen folgten.

13 Vgl. zum Beispiel die Aufnahme der »Münchner städtischen Kriegswurstfabrik« in: Münchner Illustrirte Zeitung, 9. Jg., 1916, 97. Kriegsnummer, Nr. 24, S. 286. Eine Serie der Aufnahmen aus Puchheim liegt im HStAM, Abt. IV, Bildersammlung.

14 HStAM, Abt. IV, Kriegsstammrolle Heinrich Hoffmann, Bayerische Fliegerabteilung A 298. Als Kriegsauszeichnung erhielt Hoffmann das obligate König-Ludwig-Kreuz.

15 Vgl. Grainer, 1937, S. 177; Hansen, 1934, S. 65; Ulmer, 1939, S. 154. Nach Auskunft von Dr. Heyl (Hauptstaatsarchiv) wurden als Fliegerfotografen nur Offiziere herangezogen.
16 Münchner Illustrierte, Jg. 1954, Nr. 45, S. 17.
17 Deutschlands Erwachen in Bild und Wort. Photographische Zeitdokumente von H. Hoffmann. Text von M. Sesselmann, Verlag Photobericht Hoffmann, Schellingstraße 50, München o. J. (1924). Zum Erscheinungsdatum vgl. ein Inserat im Völkischen Kurier vom 27.2.1924.
18 Wen soll ich wählen. Ein Ratgeber für Unbelehrbare. Verlag Hoffmann, Schellingstr., München o. J. (1924).
19 Vgl. Amtsgericht München, Spruchkammerverfahren Heinrich Hoffmann, Vernehmungsprotokoll Heinrich Hoffmann vom 23. Dezember 1946, S. 1.
20 Hoffmann (1955, S. 41) gibt an, die Parteimitgliedsnummer 427 gehabt zu haben. Im Widerspruch dazu steht ein Mitgliederverzeichnis der DAP/NSDAP vom 2.2.1920 bis zum August 1921. Die dortigen Mitgliedsnummern beginnen erst bei 501. Hoffmann, dessen Parteieintritt mit dem 6.4.1920 angegeben wird, besaß die Mitgliedsnummer 925 (Bundesarchiv Koblenz, NS 26-230). In einer Auswahl abgedruckt in: Albrecht Tyrell: Führer befiehl ... Selbstzeugnisse aus der »Kampfzeit« der NSDAP. Dokumentation und Analyse, Düsseldorf 1969, Dokument Nr. 3, S. 22. In der nationalsozialistischen Publizistik wird Hoffmanns Parteieintritt zumeist auf den 20.4.1920, dem Geburtstag Hitlers, datiert und bedeutungsschwanger als »Sinnbild der Treue« interpretiert (vgl. Völkischer Beobachter (Münchener Ausgabe), 255. Ausgabe, 12.9.1935).
21 Vgl. Rundschreiben an sämtliche Ortsgruppen der Großdeutschen Volksgemeinschaft e.V. Sitz München vom 29.7.1924, in: Tyrell, 1969, Dokument Nr. 31, S. 81-83.
22 Auskunft des Berlin Document Center.
23 Vgl. Stadtarchiv München, Stadtratskartei; Münchener Gemeindezeitung, 62. Jg., 1933, Beilage Nr. 79.
24 Vgl. Amtsgericht München, Spruchkammerverfahren Heinrich Hoffmann, Vernehmungsprotokoll Heinrich Hoffmann vom 23. Dezember 1946, S. 2.
25 Zu Dietrich Eckart vgl. Magarethe Plewnia: Auf dem Weg zu Hitler. Der »völkische« Publizist Dietrich Eckart, Bremen 1970.
26 Vgl. die Werbeanzeige auf der Rückseite der zweiten Ausgabe von Hoffmanns Revolutionsbroschüre von 1920: »Nichts kennzeichnet den gegenwärtigen Zustand unseres Volkes besser, als diese Bilder und Verse. Wer noch deutsch fühlt, helfe sie mit vertreiben! Um dies zu erleichtern, hat der Verlag den Preis so niedrig wie möglich bemessen. Bestellungen sind zu richten nur an Photobericht Hoffmann, München, Schellingstraße 50.«
27 Adolf Müller holte zusammen mit Hoffmann Ende Dezember 1924 Hitler aus der Festungshaftanstalt Landsberg ab (vgl. Hoffmann, 1955, S. 59 ff.). Zu Hoffmanns Freundeskreis gehörte auch Hermann Esser (Hoffmann, 1955, S. 46).
28 Hoffmann, 1955, S. 41.
29 Hoffmann, 1947, S. 5.
30 Amtsgericht München, Spruchkammerverfahren Heinrich Hoffmann, Vernehmungsprotokoll Heinrich Hoffmann vom 23. Dezember 1946, S. 2.
31 Hoffmann, 1947, S. 7; Hoffmann, 1955, S. 41 ff.
32 Vgl. die Darstellung des Vorganges in dem zweiseitigen Manuskript von Georg Pahl »Die Jagd nach dem ersten Hitlerbild«, das im Bildarchiv des Bundesarchivs liegt.
33 Vgl. das geschäftsinterne Album der Firma

34 Deutschlands Erwachen in Bild und Wort. Zweiter Teil. Text bearbeitet von Dr. Hans Buchner. Herausgeber: Photobericht Heinr. Hoffmann, München o. J. (1926).
35 Vgl. die Annonce in: Berliner Illustrirte Zeitung, Jg. 1919, Nr. 30, S. 288.
36 Hoffmann in: Münchner Illustrierte, Jg. 1954, Nr. 45, S. 27.
37 Hoffmann bezifferte die Erbschaft auf circa 150 000 Goldmark nebst weiteren Vermögenswerten (vgl. Hoffmann, 1947, S. 13; dort auch die Angabe über eine Erbschaft von 1913 in Höhe von 37 000 Mark).
38 Vgl. den Artikel: »Ein modernes Photohaus. Pg. Heinrich Hoffmanns neue Werkstätten« im Völkischen Beobachter (Münchener Ausgabe) vom 8.11.1929.
39 Vgl. Hoffmann, 1955, S. 61 f.
40 Hitler, wie ihn keiner kennt. 100 Bilddokumente aus dem Leben des Führers. Herausgegeben von Heinrich Hoffmann, Photoberichterstatter der Reichsleitung der NSDAP. Geleitwort und Unterschriften: Baldur von Schirach, Reichs-Jugendführer der NSDAP, Berlin (Zeitgeschichte-Verlag) 1932; Das braune Heer. 100 Bilddokumente: Leben, Kampf und Sieg der SA und SS. Mit einem Geleitwort von Adolf Hitler. Bildzusammenstellung: Heinrich Hoffmann, Photoberichterstatter der Reichsleitung der NSDAP, Berlin (Zeitgeschichte-Verlag) 1932; Mit Hitler über Deutschland. Herausgegeben von Heinrich Hoffmann. Text von Josef Berchtold, München (Frz. Eher Verlag) 1932.
41 Diese und die folgenden Angaben in: Amtsgericht München, Spruchkammerverfahren Heinrich Hoffmann, Begründung des Spruchs der Hauptkammer München gegen Heinrich Hoffmann vom 31. Mai 1950, S. 3.
42 Vgl. Amtsgericht München, Spruchkammerverfahren Heinrich Hoffmann, Ausführungen von Michael Bauer am 1. April 1950, S. 3. Hoffmann selbst gab an, daß sein Einkommen in der Zeit nach 1933 nur zu einem Viertel aus dem Verkauf der Aufnahmen von Hitler und der Partei stammten (Hoffmann, 1947, S. 53).
43 Die Bezeichnung erschien in zahlreichen Publikationen aus dem Verlag Hoffmann.
44 Auskunft Heinrich Hoffmann jun.
45 Vgl. das Angebot im Firmenprospekt: Heinrich Hoffmann, Verlag nationalsozialistischer Bilder, München, Berlin, Düsseldorf, Wien, o. J. (1938).
46 Vgl. Amtsgericht München, Spruchkammerverfahren Heinrich Hoffmann, Begründung zum Antrag auf Wiederaufnahme des Verfahrens durch Hoffmanns Rechtsanwalt Seidl vom 21. März 1955, S. 9 ff.
47 Vgl. Völkischer Beobachter (Münchener Ausgabe), 192. Ausgabe, 11.7.1938.
48 Vgl. Salomon, 1951, S. 372 ff.
49 Herold, in: Hoffmann, 1937, S. 5.
50 Hoffmann, in: Hansen, 1934, S. 70.
51 Herold, in: Hoffmann, 1937, S. 5.
52 Vgl.: »Einer der ältesten Mitkämpfer des Führers. Pg. Heinrich Hoffmann wird 50 Jahre alt«, in: Völkischer Beobachter (Münchener Ausgabe), 255. Ausgabe, 12.9.1935; »Der Photograph des Führers«, in: Deutsche Illustrierte, 11. Jg., 1935, Nr. 38; Ulmer, 1939, S. 156 f. Dem »Führerfotografen« wurden auch von Seiten seiner Berufskollegen große Huldigungen entgegengebracht. Franz Grainer (1937, S. 179) schrieb: »Hoffmanns größtes Verdienst aber ist für den Beruf, daß er durch seine hervorragende Stellung im Reich ein gewaltiges Teil dazu beigetragen hat, demselben wieder ein Prestige zu geben, das

zum größten Teil vor Hitlers Machtergreifung verschwunden war. Der Wert der Bildberichterstattung für Führer und Reich wurde durch ihn vorangetragen. Seinem Vorbild und Einfluß ist es zu danken, daß die einschlägigen Stellen des Reiches usw. im weitesten Maße des Bildberichtes sich bedienen für die ihnen erstehenden Aufgaben und deren Lösung ... So verdient das unermüdliche Schaffen eines treuen Mitkämpfers unseres Führers Dank und Anerkennung durch die Berufswelt.«
53 Vgl. Amtsgericht München, Spruchkammerverfahren Heinrich Hoffmann.
54 Amtsgericht München, Spruchkammerverfahren Heinrich Hoffmann, Vernehmungsprotokoll Heinrich Hoffmann vom 23. Dezember 1946, S. 3. Diese und ähnliche Formulierungen finden sich vielfach in Hoffmanns autobiografischen Darstellungen.
55 Münchner Illustrierte, Jg. 1954, Nr. 43, S. 34.
56 Hoffmann, 1947, S. 6
57 Münchner Illustrierte, Jg. 1954, Nr. 45, S. 16.

Literaturverzeichnis

Albrecht, Willy: Landtag und Regierung in Bayern am Vorabend der Revolution von 1918, Berlin 1968.

Albrecht, Willy: Das Ende des monarchisch-konstitutionellen Regierungssystems in Bayern. König, Regierung und Landtag im Ersten Weltkrieg, in: Bosl, 1969, S. 263-299.

Amtliches Handbuch der Kammer der Abgeordneten des Bayerischen Landtags, herausgegeben vom Bureau der Kammer der Abgeordneten, München 1912.

Angress, Werner T.: Juden im politischen Leben der Revolutionszeit, in: Werner E. Mosse (Hrsg.): Deutsches Judentum in Krieg und Revolution 1916-1923, Tübingen 1971, S. 137-315.

Antisemitismus der Welt in Wort und Bild. Hrsg. von Robert Körber und Theodor Pugel, Dresden 1935.

Die Attentate im bayerischen Landtag. Der Prozeß gegen Alois Lindner und Genossen vor dem Volksgericht München, München 1919.

Ay, Karl Ludwig: Die Entstehung einer Revolution. Die Volksstimmung in Bayern während des Ersten Weltkrieges, Berlin 1968.

Ay, Karl Ludwig: Appelle einer Revolution. Dokumente aus Bayern zum Jahr 1918/19, München 1968.

Ay, Karl Ludwig: Volksstimmung und Volksmeinung als Voraussetzung der Münchner Revolution von 1918, in: Bosl, 1969, S. 345-386.

Barkhausen, Hans: Filmpropaganda für Deutschland im Ersten und Zweiten Weltkrieg, Hildesheim / Zürich / New York 1982.

Bauer, Franz J. / Eduard Schmidt: Die bayerischen Volksgerichte 1918-1924. Das Problem ihrer Vereinbarkeit mit der Weimarer Reichsverfassung, in: Zeitschrift für bayerische Landesgeschichte, Bd. 48, 1985, S. 449-478.

Beese, Wolfgang: Zur Geschichte der Polizeiphotographie, in: Kriminalistik, Jg. 1964, H. 18, S. 539-550.

Bertillon, Alphonse: Die gerichtliche Photographie. Mit einem Anhange über die anthropologische Classifikation und Identifizierung (=Encyklopädie der Photographie, H. 14), Halle a. S. 1895.

Beyer, Hans: München 1919. Der Kampf der Roten Armee in Bayern 1919, Berlin 1956.

Beyer, Hans: Von der Novemberrevolution zur Räterepublik in München. Mit einem Vorwort von Ernst Engelberg (=Schriftenreihe des Instituts für deutsche Geschichte an der Karl-Marx-Universität Leipzig, Bd. 2), Berlin 1957.

Beyer, Hans: Die Revolution in Bayern 1918-19, Berlin 1982.

Bildchronik zur Geschichte des Freikorps und Bundes Oberland, München 1974.

Bischoff, William Ludwig: Artists, Intellectuals and Revolution: Munich 1918-1919, Cambridge / Mass., Diss. Harvard University 1970.

Bock, Manfred: Syndikalismus und Linkskommunismus 1918-1923 (=Marburger Abhandlungen zur Politischen Wissenschaft. Hrsg. von Wolfgang Abendroth), Meisenheim am Glan 1969.

Boedecker, Ludwig: Pressephotographie und Bildberichterstattung. Ein Handbuch für Pressephotographen, Bunzlau 1926.

Der Bolschewismus. Große antibolschewistische Schau im Bibliotheksbau des Deutschen Museums, München 1936.

Boom, Hans: Die ›Sammlung Rehse‹, in: Der Archivar, Jg. 1969, Nr. 22, Sp. 57-60.

Bosl, Karl: Gesellschaft und Politik in Bayern vor dem Ende der Monarchie. Beiträge zu einer sozialen und politischen Strukturanalyse, in: Zeitschrift für bayerische Landesgeschichte, Bd. 28, 1965, S. 1-31.

Bosl, Karl (Hrsg.): Bayern im Umbruch. Die Revolution von 1918, ihre Voraussetzungen, ihr Verlauf und ihre Folgen, München / Wien 1969.

Bourdieu, Pierre: Kult der Einheit und kultivierte Unterschiede, in: Bourdieu / Boltanski / Castel / Chamboredon / Lagneau / Schnapper: Eine illegitime Kunst. Die sozialen Gebrauchsweisen der Photographie, Frankfurt / M., 1981, S. 1-84.

Das braune Heer. 100 Bilddokumente: Leben, Kampf und Sieg der SA und SS. Mit einem Geleitwort von Adolf Hitler. Bildzusammenstellung: Heinrich Hoffmann, Photoberichterstatter der Reichsleitung der NSDAP, Berlin 1932.

Brentano, Lujo: Mein Leben im Kampf um die soziale Entwicklung Deutschlands, Jena 1931.

Breuer, Hugo Hubert: Das blutige Fiasko der Räterepublik, München o. J. (1919).

Briefe an Auguste Hauschner. Herausgegeben von Martin Beradt und Lotte Bloch-Zavrel, Berlin 1929.

Brückner, Wolfgang: Bildnis und Brauch. Studien zur Bildfunktion der Effigies, Berlin 1966.

Brückner, Wolfgang: Fotodokumentation als kultur- und sozialgeschichtliche Quelle, in: Das Photoalbum 1858-1918. Eine Dokumentation zur Kultur- und Sozialgeschichte, Ausstellungskatalog, München 1975, S. 11-31.

Büthe, Joachim / Thomas Kuchenbuch / Günther Liehr u. a.: Der Arbeiter-Fotograf. Dokumente und Beiträge zur Arbeiterfotografie 1926-1932, Köln 1977.

Dähn, Horst: Rätedemokratische Modelle. Studien zur Rätediskussion in Deutschland 1918-1919, Meisenheim am Glan 1975.

Deuerlein, Ernst: Hitlers Eintritt in die Politik und die Reichswehr, in: Vierteljahrshefte für Zeitgeschichte, 7. Jg., 1959, H. 7, S. 177-227.

Deuerlein, Ernst: Der Freistaat Bayern zwischen Räteherrschaft und Hitler-Putsch, in: Aus Politik und Zeitgeschichte, Jg. 1964, H. 44, S. 3-24.

Deuringer, Karl: Die Niederwerfung der Räteherrschaft in Bayern 1919 (=Darstellungen aus den Nachkriegskämpfen deutscher Truppen und Freikorps. Hrsg. von der Forschungsanstalt für Kriegs- und Heeresgeschichte, Bd. IV), Berlin 1939.

Als die Deutschen demonstrieren lernten. Das Kulturmuster »friedliche Straßendemonstration« im preußischen Wahlrechtskampf 1908-1910, Tübingen 1986.

Deutscher Geschichtskalender. Hrsg. Friedrich Purlitz. Der Europäische Krieg in aktenmäßiger Darstellung. Ergänzungsband: Die deutsche Revolution. Erster Band, Leipzig o. J. (1919).

Deutscher Revolutionsalmanach für das Jahr 1919 über die Ereignisse des Jahres 1918, Hamburg / Berlin 1919.

Deutschlands Erwachen in Bild und Wort. Photographische Zeitdokumente von H. Hoffmann. Text von M. Sesselmann, Verlag Photobericht Hoffmann, Schellingstraße 50, München o. J. (1924).

Deutschlands Erwachen in Bild und Wort. Zweiter Teil. Text bearbeitet von Dr. Hans Buchner. Herausgeber: Photobericht Heinr. Hoffmann, München o. J. (1926).

Dewitz, Bodo von: »So wird bei uns Krieg geführt!« Amateurfotografie im ersten Weltkrieg, München 1988.

Diederich, Reiner / Richard Grübling: Die Darstellung des Feindes, in: Kunst im 3. Reich, Dokumente der Unterwerfung, Frankfurt / M. 1974, S. 200-217.

Diederich, Reiner / Richard Grübling / Max Bartholl: Die rote Gefahr. Antisozialistische Bildagitation, Berlin 1976.

Dietze, Carl: Presse-Illustrations-Photographie, Leipzig 1933 (8. Auflage).

Doeberl, Michael: Sozialismus, Soziale Revolution, Sozialer Volksstaat, München 1920.

Drabkin, J. S.: Die Entstehung der Weimarer Republik, Köln 1983.

Eine unbewußte Blutschande der Untergang Deutschlands. Naturgesetze über die Rassenlehre, zusammengestellt und herausgegeben vom Deutschvölkischen Schutz- und Trutz-Bund, Ortsgruppe Meißen, Großenhain o. J. (1921).

Eisner, Freya: Kurt Eisner. Die Politik des libertären Sozialismus, Frankfurt / M. 1979.

Eisner, Kurt: Gesammelte Schriften, 2 Bde., Berlin 1919.

Eisner, Kurt: Sozialismus als Aktion. Ausgewählte Aufsätze und Reden, hrsg. von Freya Eisner, Frankfurt / M. 1975.

Emmerich, H. G.: Lexikon für Photographie und Reproduktionstechnik, Wien / Leipzig 1910.

Epp, Franz Ritter von. Ein Leben für Deutschland. Herausgegeben von Josef H. Krumbach, München 1939.

Erdmann, Karl Dietrich: Die Geschichte der Weimarer Republik als Problem der Wissenschaft, in: Vierteljahrshefte für Zeitgeschichte, 3. Jg., 1955, 1. H., S. 1-19.

Estée, O.: München auf dem Kopf. Die Geschichte einer Räterepublik in 40 Bildern, München 1919.

Fabian, Rainer: Die Fotografie als Dokument und Fälschung, München 1976.

Fabian, Rainer: Wir, damals ... Gruppenaufnahmen in der frühen Fotografie, Dortmund 1982.

Facsimile-Querschnitt durch die Berliner Illustrirte, hrsg. von Friedrich Luft, München / Bern / Wien 1965.

Der Fall Toller. Kommentar und Materialien. Hrsg. von Wolfgang Frühwald und John M. Spalek, München 1979.

Fechenbach, Felix: Der Revolutionär Kurt Eisner, Berlin 1929.

Feldman, Gerald D. / Eberhard Kolb / Reinhard Rürup: Die Massenbewegungen der Arbeiterschaft in Deutschland am Ende des Ersten Weltkrieges (1917-1920), in: Politische Vierteljahresschrift, Jg. 13, 1972, S. 84-105.

Fenske, Hans: Konservativismus und Rechtsradikalismus in Bayern nach 1918, Bad Homburg v. d. H. / Berlin / Zürich 1969.

Ferber, Christian (Hrsg.): Berliner Illustrirte Zeitung. Zeitbild, Chronik, Morität für Jedermann 1892-1945, Frankfurt / M. / Berlin 1982.

Fidelis: Deutschlands Psychiater in ihrer Stellung zu den Revolutionären, in: Das Forum, 4. Jg., 1920, H. 5, S. 397-400.

Fischer, Heinz-Dietrich (Hrsg.): Pressekonzentration und Zensurpraxis im Ersten Weltkrieg, Berlin 1973.

Fotografien auf Postkarten. Aus der Sammlung Robert Lebeck, Essen 1977.

Fotografien in Deutschen Zeitschriften 1924-1933, Ausstellungskatalog, zusammengestellt von Ute Eskildsen, Stuttgart 1982.

Frank, Walter: Franz Ritter von Epp. Der Weg eines deutschen Soldaten, Hamburg 1934.

Franz-Willing, Georg: Die Hitlerbewegung. Der Ursprung 1919-22, Hamburg und Berlin 1962.

Das Freikorps »Landsberg«. Gruppe »Liftl-Heller«. Eine Erinnerung an den Befreiungskampf von München in den ersten Maitagen 1919, München 1919.

Freikorps Lützow 1813-1919, Berlin o. J. (1919).

Freimark, Hans: Die Revolution als psychische Massenerscheinung, München 1920.

Freund, Gisèle: Photographie und Gesellschaft, Reinbek bei Hamburg 1979.

Fricke, Dieter: Kleine Geschichte des 1. Mai, Berlin 1980.

Frühwald, Wolfgang: Kunst als Tat und Leben. Über den Anteil deutscher Schriftsteller an der Revolution in München 1918/19, in: Sprache und Bekenntnis, Sonderband des Literaturwissenschaftlichen Jahrbuches, Berlin 1971, S. 361-389.

Fuchs, Werner: Todesbilder in der modernen Gesellschaft, Frankfurt / M. 1973.

Garai, Bert: The Man from Keystone, London 1965.

Gassner, Hubertus: Rodčenko Fotografien. Mit einem Vorwort von Aleksandr Lavrentjev, München 1982.

Gebhardt, Hartwig: Illustrierte Zeitschriften am Ende des 19. Jahrhunderts, in: Buchhandelsgeschichte. Aufsätze, Rezensionen und Berichte zur Geschichte des Buchwesens, Jg. 1983, S. 41-65.

Gebhardt, Heinz: Königlich bayerische Photographie 1838-1918, München 1978.

Der Geiselmord in München. Ausführliche Darstellung der Schreckenstage im Luitpold-Gymnasium nach amtlichen Quellen, München 1919.

Gerstl, Max: Die Münchener Räterepublik, München 1919.

Gidal, Tim Nahum: Bildbericht und Presse. Ein Beitrag zur Geschichte und Organisation der illustrierten Zeitungen, Tübingen 1956.

Gidal, Tim Nahum: Deutschland - Beginn des modernen Photojournalismus, Luzern/Frankfurt/M. 1972.

Glaser, Herrmann / Walter Pützstück: Ein deutsches Bilderbuch 1870-1918. Die Gesellschaft einer Epoche in alten Photographien, München 1982.

Die Gleichschaltung der Bilder. Zur Geschichte der Pressefotografie 1930-36. Herausgegeben von Diethart Kerbs, Walter Uka und Brigitte Walz-Ritter, Berlin 1983.

Glock, Karl: Die Prozesse des Geiselmordes im Luitpold-Gymnasium in München vor dem Volksgericht, München 1920.

Graf, Oskar Maria: Gelächter von außen, 1918-1933, München 1966.

Graf, Oskar Maria: Wir sind Gefangene, München 1981 (Erstausgabe 1927).

Grasskamp, Walter: Augenschein. Über die Lesbarkeit des Portraits und die Handschrift des Fotografen, in: Kunstforum International, Bd. 52, 1982, S. 14-37.

Greiner, Klaus: Die Münchner Neuesten Nachrichten 1918-1933, in: Die Zwanziger Jahre, 1979, S. 29-35.

Groß, Hans: Handbuch des Untersuchungsrichters als System der Kriminalistik, 2 Bde., München / Berlin / Leipzig 1922 (7. Auflage).

Großmann, Stefan: Gustav Landauer, in: Tage-Buch, 10. Jg., 1. Halbjahr, 1929, S. 732-739.

Groth, Otto: Die Zeitung. Ein System der Zeitungskunde, Bd. 1, Mannheim 1928.

Güse, Hans-Georg / Norbert Schmacke: Psychiatrie zwischen bürgerlicher Revolution und Faschismus, Bd. 2, Kronberg 1976.

Gumbel, Emil Julius: Vier Jahre Lüge, Berlin 1919.

Gumbel, Emil Julius: Zwei Jahre Mord, Berlin 1921.

Gumbel, Emil Julius: Gustav Landauers Ende, in: Die Weltbühne, 20. Jg., 1924, Nr. 7, S. 191-193.

Habermas, Jürgen: Strukturwandel der Öffentlichkeit. Untersuchungen zu einer Kategorie der bürgerlichen Gesellschaft, Neuwied und Berlin 1962.

Haffner, Sebastian: 1918/19. Eine deutsche Revolution, Reinbek bei Hamburg 1981.

Hagemann, Walter: Publizistik im Dritten Reich, Hamburg 1948.

Halfbrodt, Dirk: Materialien zur Rezeptionsgeschichte der Münchener Revolution und Räterepublik, in: München 1919, 1979, S. 197-262.

Hamann Richard / Jost Hermand: Expressionismus (=Epochen deutscher Kultur von 1870 bis zur Gegenwart, Bd. 5), Frankfurt / M. 1977.

Hanneke, Paul: Die Herstellung von photographischen Postkartenbildern nebst Anleitung zur Präparation lichtempfindlicher Postkarten nach einfachen Verfahren, Berlin 1905.

Hanneke, Paul: Das Arbeiten mit Gaslicht- und Bromsilberpapieren, einschließlich des Postkartendrucks, sowie einer kurzen Anleitung zur Herstellung vergrösserter Bilder (=Enzyklopädie der Photographie, H. 89), Halle (Saale) 1918.

Hannover, Heinrich und Elisabeth: Politische Justiz 1918-1933, Frankfurt / M. 1966.

Hansen, Fritz: Neuzeitliche Photographie im Dienste der nationalsozialistischen Idee. Heinrich Hoffmann in seinem Wirken und Schaffen, in: Die Linse. Monatszeitschrift für Photographie und Kinematographie, 30. Jg., 1934, Nr. 4, S. 63-71.

Haus, Andreas: Fotografie und Wirklichkeit, in: Fotogeschichte, Jg. 2, 1982, H. 5, S. 5-11.

Hausenstein, Wilhelm: Kunst und Revolution, in: Der Neue Merkur, 3. Jg., 1919/20, Sonderheft: Der Vorläufer, S. 77-86.

Heidtmann, Frank: Fotografien und Bibliotheken, in: Ins Innere des Bilderbergs. Fotografien aus den Bibliotheken der Hochschule der Künste und der Technischen Universität Berlin, Göttingen 1988.

Heilmann, Hans-Dieter: Revolutionäre und Irre - die wahnsinnige Revolution und das normale Auschwitz, in: Schwarze Protokolle, Jg. 1976, Nr. 14, S. 2-36.

Heimann, Paul: Zur Dynamik der Bild-Wort-Beziehungen in den optisch-akustischen Massenmedien, in: Bild und Begriff, hrsg. von Robert Heiß u. a., München 1963, S. 71 ff.

Heinz, Friedrich Wilhelm: Politische Attentate in Deutschland, in: Hotzel, 1934, S. 190-210.

Heiss, Friedrich (Hrsg.): Deutsche Revolution. Die Wende eines Volkes, Berlin 1933.

Hennig, Eike: Faschistische Ästhetik und faschistische Öffentlichkeit, in: Die Dekoration der Gewalt. Kunst und Medien im Faschismus. Hrsg. Berthold Hinz / Hans-Ernst Mittig / Wolfgang Schäche / Angela Schönberger, Gießen 1979, S. 9-15.

Herz, Rudolf: Heinrich Hoffmann und die Revolution - zur Genese faschistischer Fotografie, in: München 1919, 1979, S. 123-196.

Herz, Rudolf: Ökonomische Krise und ästhetische Reform der Atelierfotografie, in: Hof-Atelier Elvira 1887-1928. Ästheten, Emanzen, Aristokraten, Ausstellungskatalog, München 1985, S. 145-152.

Hiepe, Richard: Die Arbeiterklasse in der Fotografie, in: Arbeiterfotografie, Berlin 1978, S. 6-24.

Hiepe, Richard: Riese Proletariat und große Maschinerie. Zur Darstellung der Arbeiterklasse in der Fotografie von den Anfängen bis zur Gegenwart, Erlangen 1983.

Hillmayr, Heinrich: München und die Revolution von 1918/19. Ein Beitrag zur Strukturanalyse von München am Ende des Ersten Weltkrieges und seiner Funktion bei Entstehung und Ablauf der Revolution, in: Bosl, 1969, S. 453-504.

Hillmayr, Heinrich: Roter und Weißer Terror in Bayern nach 1918. Ursachen, Erscheinungsformen und Folgen der Gewalttätigkeiten im Verlauf der revolutionären Ereignisse nach dem Ende des Ersten Weltkrieges, München 1974.

Hinz, Berthold: Die Malerei im deutschen Faschismus. Kunst und Konterrevolution, München 1974.

Hirsch, Helmut: Rosa Luxemburg in Selbstzeugnissen und Bilddokumenten, Reinbek bei Hamburg 1969.

Hitler, Adolf: Mein Kampf, München 1938 (330.-334. Aufl.).

Hitler, wie ihn keiner kennt. 100 Bilddokumente aus dem Leben des Führers. Herausgegeben von Heinrich Hoffmann, Photoberichterstatter der Reichsleitung der NSDAP. Geleitwort und Unterschriften: Baldur von Schirach, Reichs-Jugendführer der NSDAP, Berlin 1932.

Hitzer, Friedrich: Der Mord im Hofbräuhaus. Unbekanntes und Vergessenes aus der baierischen Räterepublik, Frankfurt / M. 1981.

Hoegner, Wilhelm: Die verratene Republik. Geschichte der deutschen Gegenrevolution, München 1958.

Hoerner, Ludwig: Zur Geschichte der fotografischen Ansichtspostkarte, in: Fotogeschichte, Jg. 7, 1987, H. 26, S. 29-44.

Hoffmann, Detlef: Die Weltkriegssammlung des Historischen Museums Frankfurt, in: Ein Krieg wird ausgestellt, 1976, S. 63-74.

Hoffmann, Detlef: Fotografie als historisches Dokument, in: Fotogeschichte, Jg. 5, 1985, H. 15, S. 3-14.

Hoffmann, Heinrich: Ein Jahr bayrische Revolution im Bilde, München 1919 (2. Aufl. 1920, 3. Aufl. 1937).

Hoffmann, Heinrich: Heinrich Hoffmann (1897-1947). Mein Beruf. Meine Arbeit für die Kunst. Mein Verhältnis zu Adolf Hitler, 1947 (unveröffentlichtes Manuskript).

Hoffmann, Heinrich: Hitler was my Friend, translated by Lt.-Col. R. H. Stevens, London 1955.

Hoffmann, Heinrich: Hitler, wie ich ihn sah, München / Berlin 1974.

Hoffmann, Herbert: Willy Römer 80 Jahre, in: Der Bildjournalist, 13. Jg., 1968, H. 1 / 2, S. 28 - 30.

Hoffmann, Justin: Der Aktionsausschuß revolutionärer Künstler Münchens, in: München 1919, 1979, S. 21 - 75.

Hofmiller, Josef: Revolutionstagebuch (=Josef Hofmiller Schriften. Hrsg. von Hulda Hofmiller, Bd. 2), Leipzig 1938.

Honnef, Klaus: Porträts im Zeichen des Bürgertums. Etappen einer Entwicklung – betrachtet in einem bestimmten Licht, in: Lichtbildnisse, 1982, S. 62 - 93.

Hotzel, Curt (Hrsg.): Deutscher Aufstand, Stuttgart 1934.

Huch, Ricarda: Kurt Eisners Todestag, in: Ricarda Huch: Gesammelte Schriften. Essays, Reden, autobiographische Aufzeichnungen, Freiburg i. B. 1964, S. 131 - 137.

Hundert Jahre Ullstein 1877 - 1977. Ein Bilderbuch mit Randbemerkungen von Christian Ferber, Frankfurt / M. / Berlin 1977.

Hundhammer, Alois: Geschichte des Bayerischen Bauernbundes, München 1924.

Hürten, Heinz: Soldatenräte in der deutschen Novemberrevolution 1918, in: Historisches Jahrbuch, 90. Jg., 1970, S. 299 - 328.

Hürten, Heinz: Die Novemberrevolution – Fragen an die Forschung, in: Geschichte in Wissenschaft und Unterricht, 30. Jg., 1979, S. 158 - 174.

Hüttl, Ludwig: Die Stellungnahme der katholischen Kirche und Publizistik zur Revolution in Bayern 1918 / 19, in: Zeitschrift für bayerische Landesgeschichte, Bd. 34, 1971, S. 652 - 695.

Illustrierte Geschichte der Deutschen Revolution, Berlin 1928 / 29.

Illustrierte Geschichte der deutschen Novemberrevolution 1918 / 19, Berlin 1978.

Ja! Stimmen des Arbeitsrates für Kunst in Berlin, Charlottenburg 1919.

Jahrbuch der Lehr- und Versuchsanstalt für Photographie, Chemigraphie, Lichtdruck und Gravüre zu München, München 1906 - 1918.

Jay, Martin: Dialektische Phantasie. Die Geschichte der Frankfurter Schule und des Instituts für Sozialforschung 1923 - 1950, Frankfurt / M. 1976.

Jesse, Eckhard / Henning Köhler: Die deutsche Revolution 1918 / 19 im Wandel der historischen Forschung. Forschungsüberblick und Kritik an der herrschenden Lehre, in: Aus Politik und Zeitgeschichte, Jg. 1978, H. 45, S. 3 - 23.

Kahn, Eugen: Psychopathen als revolutionäre Führer, in: Zeitschrift für die gesamte Neurologie und Psychiatrie, 52. Bd., 1919, S. 90 - 106.

Kalmer, Georg: Beamtenschaft und Revolution. Eine sozialgeschichtliche Studie über Voraussetzungen und Wirklichkeit des Problems, in: Bosl, 1969, S. 201 - 261.

Kalmer, Georg: Die »Massen« in der Revolution 1918 / 19. Die Unterschichten als Problem der bayerischen Revolutionsforschung, in: Zeitschrift für bayerische Landesgeschichte, Bd. 34, 1971, S. 316 - 357.

Kanzler, Rudolf: Bayerns Kampf gegen den Bolschewismus. Geschichte der bayerischen Einwohnerwehren, München 1931.

Kapitän Ehrhardt. Abenteuer und Schicksale. Nacherzählt von ... Herausgegeben von Friedrich Freksa, Berlin 1924.

Karl, Josef: Die Schreckensherrschaft in München

und Spartakus im bayerischen Oberland, München 1919.

Kasper, Josef: Belichtung und Wahrheit. Bildreportage von der Gartenlaube bis zum Stern, Frankfurt / New York 1979.

Kaufhold, Enno: Bilder des Übergangs. Zur Mediengeschichte von Fotografie und Malerei in Deutschland um 1900, Marburg 1986.

Kaufmann, Gerhard: Die Bildpostkarte in Deutschland. Auch ein Spiegel ... der Kulturgeschichte, Ausstellungskatalog, Hamburg-Altona 1965.

Keller, Ulrich: Die deutsche Porträtfotografie von 1918 - 1933, in: Ulrich Keller / Herbert Molderings / Winfried Ranke: Beiträge zur Geschichte und Ästhetik der Fotografie, Gießen / Lahn 1977, S. 37 - 66.

Kemp, Wolfgang: Das Bild der Menge, in: Städel-Jahrbuch, N. F., Bd. 4, 1973, S. 249 - 270.

Kempe, Fritz: Photographie zwischen Daguerreotypie und Kunstphotographie, Hamburg 1977.

Kerbs, Diethart: Die Epoche der Bildagenturen. Zur Geschichte der Pressefotografie in Berlin von 1900 bis 1933, in: Die Gleichschaltung der Bilder, 1983, S. 32 - 73.

Keyser, Erich: Das Bild als Geschichtsquelle (=Historische Bildkunde, Bd. 2), Hamburg 1935.

Killinger, Manfred von: Ernstes und Heiteres aus dem Putschleben, München 1931 (4. Auflage).

Klatt, Otto: Die Körpermessung der Verbrecher nach Bertillon und die Photographie als die wichtigsten Hilfsmittel der gerichtlichen Polizei sowie Anleitung zur Aufnahme von Fußspuren jeder Art, Berlin 1902.

Kluge, Ulrich: Die Militär- und Rätepolitik der bayerischen Regierungen Eisner und Hoffmann 1918 / 19, in: Militärgeschichtliche Mitteilungen, 13. Jg., 1973, H. 1, S. 7 - 58.

Kluge, Ulrich: Soldatenräte und Revolution. Studien zur Militärpolitik in Deutschland 1918 / 19, Göttingen 1975.

Kluge, Ulrich: Krisen des politischen und sozialen Wandels in Deutschland zwischen Kaiserreich und Republik. Bemerkungen zu jüngsten Beiträgen der neueren westdeutschen Revolutions- und Räteforschung, in: Archiv für Sozialgeschichte, 18. Bd., 1978, S. 610 - 632.

Kluge, Ulrich: Die deutsche Revolution 1918 / 1919. Staat, Politik und Gesellschaft zwischen Weltkrieg und Kapp-Putsch, Frankfurt / M. 1985.

Knoll, Paul: Die Photographie im Dienste der Presse (=Encyklopädie der Photographie, H. 82), Halle a. S. 1913.

Kolb, Eberhard: Die Arbeiterräte in der deutschen Innenpolitik 1918 - 1919, Düsseldorf 1962.

Kolb, Eberhard: Rätewirklichkeit und Räteideologie in der deutschen Revolution von 1918 / 19, in: Eberhard Kolb (Hrsg.): Vom Kaiserreich zur Weimarer Republik, Köln 1972, S. 165 - 184.

Kolb, Eberhard: Die Weimarer Republik, München / Wien 1984.

Kolb, Eberhard: Arbeiter- und Soldatenräte in der deutschen Revolution 1918 / 19, in: Die Deutschen und die Revolution. Hrsg. von Michael Salewski, Göttingen / Zürich 1984, S. 301 - 319.

Der Kommunismus in München, Escherich-Hefte Nr. 1 - 8, München 1921.

Kopp, Günther: Alle Macht den Räten? Die Lehren von München 1918 / 19. Eine gesellschaftsgeschichtliche Deutung, Bamberg 1973.

Koszyk, Kurt: Zwischen Kaiserreich und Diktatur. Die sozialdemokratische Presse von 1914 bis 1933,

Heidelberg 1958.

Koszyk, Kurt: Die Presse der deutschen Sozialdemokratie. Eine Bibliographie, Hannover 1966.

Koszyk, Kurt: Deutsche Presse 1914 - 1945. Geschichte der deutschen Presse, Teil III (=Abhandlungen und Materialien zur Publizistik, Bd. 7), Berlin 1972.

Kracauer, Siegfried: Die Photographie, in: ders.: Das Ornament der Masse, Frankfurt / M. 1977, S. 21 - 39.

Kraepelin, Emil: Psychiatrische Randbemerkungen zur Zeitgeschichte, in: Süddeutsche Monatshefte, Jg. 16, 1919, H. 9, S. 171 - 183.

Kreiler, Kurt: Die Schriftstellerrepublik. Zum Verhältnis von Literatur und Politik in der Münchener Räterepublik, Berlin 1978.

Krell, Max: Zelle 26, in: Der Wagenlenker. Organ des Reichsbundes geistiger Arbeiter, 1. Jg., 1919, S. 116 - 119.

Kreuzer, Helmut: Die Boheme. Beiträge zu ihrer Beschreibung, Stuttgart 1968.

Ein Krieg wird ausgestellt. Die Weltkriegssammlung des Historischen Museums (1914 - 1918), Ausstellungskatalog, Frankfurt / M. 1976.

Kritzer, Peter: Die bayerische Sozialdemokratie und die bayerische Politik in den Jahren 1918 bis 1923, München 1969.

Kritzer, Peter: Die SPD in der bayerischen Revolution von 1918, in: Bosl, 1968, S. 427 - 448.

Krull, Germaine. Fotografie 1922 - 1966. Hrsg. Rheinisches Landesmuseum Bonn, Köln 1977.

Kühnl, Reinhard: Die Regierung Eisner in Bayern 1918 / 19, in: Geschichte in Wissenschaft und Unterricht, 15. Jg., 1964, H. 15, S. 398 - 410.

Kursell, Otto von: Revolutionäre Zeitgenossen. 40 Karikaturen in Originallithographie, München 1919.

Kursell, Otto von: Totengräber Rußlands. Zeichnungen. Verse von Dietrich Eckart, München 1921.

Kurz, Isolde: Die Pilgerfahrt nach dem Unerreichlichen. Lebensrückschau, Tübingen 1938.

Landauer, Gustav. Sein Lebensgang in Briefen. Unter Mitwirkung von Ina Britschgi-Schimmer herausgegeben von Martin Buber, 2 Bde., Frankfurt / M. 1929.

Lassaly, Arthur: Bild und Film im Dienste der Technik. Erster Teil: Betriebsphotographie (=Enzyklopädie der Photographie, H. 90), Halle (Saale) 1919.

Lebeck, Robert: Chronik des 20. Jahrhunderts. Eine Darstellung in Postkarten. Mit einem Vorwort von Jürgen Kesting, Dortmund 1983.

Lehnert, Detlef: Sozialdemokratie und Novemberrevolution. Die Neuordnungsdebatte 1918 / 19 in der politischen Publizistik von SPD und USPD, Frankfurt / New York 1983.

Lenin, Wladimir Iljitsch: Die Kinderkrankheit des »Radikalismus« im Kommunismus, 2. berichtigte Auflage, Berlin 1926.

Lenin in München. Dokumentation und Bericht von Friedrich Hitzer, München 1977.

Leviné, Eugen: Ahasver, Skizzen, Rede vor Gericht und anderes, Berlin 1925 (2. Auflage).

Leviné, Rosa: Aus der Münchener Rätezeit, Berlin 1925.

Lichtbildnisse. Das Porträt in der Fotografie. Hrsg. von Klaus Honnef in Zusammenarbeit mit Jan Thorn Prikker, Köln 1982.

Lindner, Alois: Abenteuerfahrten eines revolutionären Arbeiters, Berlin 1924.

Linse, Ulrich: Die Anarchisten und die Münchner Novemberrevolution, in: Bosl, 1969, S. 37 - 73.

Linse, Ulrich: Gustav Landauer und die Revolutionszeit 1918 / 19. Die politischen Reden, Schriften, Erlasse und Briefe Landauers aus der November-Revolution 1918 / 19, Berlin 1974.

Linse, Ulrich: Das wahre Zeugnis. Eine psychohistorische Deutung des Ersten Weltkrieges, in: Vondung, Klaus (Hrsg.): Kriegserlebnis. Der Erste Weltkrieg in der literarischen Gestaltung und symbolischen Deutung der Nationen, Göttingen 1980, S. 90 - 114.

Literaten an der Wand. Die Münchener Räterepublik und die Schriftsteller, Ausstellungskatalog, Berlin 1976.

Lohalm, Uwe: Völkischer Radikalismus. Die Geschichte des Deutsch-Völkischen Schutz- und Trutzbundes 1919 - 1923, Hamburg 1970.

Lohse, Bernd: Live-Photographie eine neumodische Erfindung? (=13. Veröffentlichung der Deutschen Gesellschaft für Photographie e. V.), Leverkusen 1969.

Lukacs, Georg: Von Nietzsche bis Hitler oder der Irrationalismus in der deutschen Politik, Frankfurt / M. 1966.

Maas, Ellen: Die goldenen Jahre der Photoalben. Fundgrube und Spiegel von gestern, Köln 1977.

Maercker, Ludwig Rudolf Georg: Vom Kaiserheer zur Reichswehr. Ein Beitrag zur Geschichte der deutschen Revolution, Leipzig 1921.

Mancha, Philip E.: Heinrich Hoffmann: Photographer of the Third Reich, in: Prologue. The Journal of the National Archives, Jg. 1973, S. 31 - 40.

Marckwardt, Wilhelm: Die Illustrierten der Weimarer Zeit. Publizistische Funktion, ökonomische Entwicklung und inhaltliche Tendenzen (unter Einschluß einer Bibliographie dieses Pressetypus 1918 - 1933), München 1982.

Martens, Kurt: Schonungslose Lebenschronik. Zweiter Teil, 1901 - 1923, Wien 1924.

Marut, Ret: Im freiesten Staat der Welt, in: Der Ziegelbrenner, Jg. 1919, H. 18 / 19, S. 9 - 23.

Maser, Werner: Die Frühgeschichte der NSDAP, Frankfurt / M. 1965.

Maser, Werner: Der Sturm auf die Republik. Frühgeschichte der NSDAP, Frankfurt / M. / Berlin / Wien 1981.

Massing, Paul W.: Vorgeschichte des politischen Antisemitismus (=Frankfurter Beiträge zur Soziologie, Bd. 8), Frankfurt / M. 1959.

Matz, Reinhard / Joachim Weiner: Fotografie und Politik, in: European Photography, Jg. 1983, H. 15, S. 4 - 21.

Mendelsohn, Peter de: Zeitungsstadt Berlin. Menschen und Mächte in der Geschichte der deutschen Presse, Berlin 1959.

Meyer, Georg: Bibliographie zur deutschen Revolution 1918 / 19 (=Arbeitsbücher zur modernen Geschichte, Nr. 5), Göttingen 1977.

Meyer-Levinè, Rosa: Leben und Tod eines Revolutionärs. Erinnerungen, München 1972.

Miller, Susanne: Burgfrieden und Klassenkampf. Die deutsche Sozialdemokratie im Ersten Weltkrieg, Düsseldorf 1974.

Miller, Susanne: Die Bürde der Macht. Die deutsche Sozialdemokratie 1918 - 1920, Düsseldorf 1978.

Mitchell, Allan: Revolution in Bayern 1918 / 19. Die Eisner-Regierung und die Räterepublik, München 1967.

Mit Hitler über Deutschland. Herausgegeben von Heinrich Hoffmann. Text von Josef Berchtold, München 1932.

Moltmann, Günter: Film- und Tondokumente als Quellen zeitgeschichtlicher Forschung, in: Zeitgeschichte im Film- und Tondokument. 17 historische, pädagogische und sozialwissenschaftliche Beiträge. Herausgegeben von Günter Moltmann und Karl Friedrich Reimers, Göttingen / Zürich / Frankfurt 1970, S. 17 - 23.

Mommsen, Wolfgang J.: Die deutsche Revolution 1918-1920. Politische Revolution und soziale Protestbewegung, in: Geschichte und Gesellschaft, 4. Jg., 1978, H. 3, S. 362 - 391.

Moser, Horst: Die Erschießungsbilder Heinrich Ehmsens in: München 1919, 1979, S. 77 - 96.

Mühsam, Erich: Das Standrecht in Bayern, Berlin 1923.

Mühsam, Erich: Von Eisner bis Leviné. Die Entstehung der bayerischen Räterepublik. Persönlicher Rechenschaftsbericht über die Revolutionsereignisse in München vom 7. November 1918 bis zum 13. April 1919, Berlin-Britz 1929 (fotomechanischer Nachdruck, Berlin o. J.).

Mühsam, Erich. Briefe an Zeitgenossen eingeleitet und herausgegeben von Gerd Jungblut, Bd. 1, Berlin 1978.

Mühsam, Kurt: Wie wir belogen wurden! Die amtliche Irreführung des deutschen Volkes, München 1918.

Müller, Karl Alexander von: Mars und Venus. Erinnerungen 1914 - 1919, Stuttgart 1954.

Müller-Aenis, Martin: Sozialdemokratie und Rätebewegung in der Provinz. Schwaben und Mittelfranken in der bayerischen Revolution 1918 - 1919, München 1986.

Müller-Hartmann, Fritz: Die Sammlung Rehse. Dokumente der Zeitgeschichte. Hrsg. von Adolf Dresler, Bd. 1, München 1938.

Müller-Meiningen, Ernst: Aus Bayerns schwersten Tagen. Erinnerungen und Betrachtungen aus der Revolutionszeit, Berlin / Leipzig 1923.

München 1919. Bildende Kunst / Fotografie der Revolutions- und Rätezeit. Hrsg. von Dirk Halfbrodt und Wolfgang Kehr, München 1979.

Der Münchener Bluttag 1919, Berlin 1919.

Der Münchener Geiselmord. Wer trägt die Schuld?, Berlin o. J. (1919).

Die Münchener Räterepublik und ihre Führer. Hrsg. von der Reichszentrale für Heimatdienst – Landesstelle Bayern, München o. J. (1919).

Die Münchner Räterepublik. Zeugnisse und Kommentar. Hrsg. von Tankred Dorst. Mit einem Kommentar versehen von Helmut Neubauer, Frankfurt / M. 1966.

Die Münchener Tragödie. Entstehung, Verlauf und Zusammenbruch der Räte-Republik München, Berlin 1919.

Münzenberg, Willi: Propaganda als Waffe. Ausgewählte Schriften 1910 - 1940. Hrsg. von Til Schulz, Frankfurt / M. 1977.

Neubauer, Helmut: München und Moskau 1918 / 1919. Zur Geschichte der Rätebewegung in Bayern (=Jahrbücher für die Geschichte Osteuropas, Beiheft 4), München 1958.

Neumann, Thomas: Fotografie zur Zeit der Pariser Kommune, in: Klaus Schrenk (Hrsg.): Auf den Barrikaden von Paris. Alltag der Pariser Kommune, Berlin und Hamburg 1978, S. 82 - 86.

Niekisch, Ernst: Gewagtes Leben. Begegnungen und Begebnisse, Köln / Berlin 1958.

Die Novemberrevolution Berlin 1918 / 19 in zeitgenössischen Foto-Postkarten (= Edition Photothek IV. Hrsg. von Diethart Kerbs), Berlin 1983.

Nusser, Horst: Militärischer Druck auf die Landesregierung Johannes Hoffmann vom Mai 1919 bis zum Kapp-Putsch, in: Zeitschrift für bayerische Landesgeschichte, Bd. 33, 1970, S. 818 - 850.

Nusser, Horst: Konservative Wehrverbände in Bayern, Preußen und Österreich 1918 - 1933, München 1973.

Oertzen, Friedrich W.: Die deutschen Freikorps 1918 -1923, München 1939.

Oertzen, Peter von: Betriebsräte in der Novemberrevolution. Eine politikwissenschaftliche Untersuchung über Ideengehalt und Struktur der betrieblichen und wirtschaftlichen Arbeiterräte in der deutschen Revolution 1918 / 19, Düsseldorf 1963.

Pätzke, H. / K. Werner: Postkarten und Künstlerkarten. Eine kulturgeschichtliche Dokumentation, Berlin o. J.

Panitz, Ulrich: Das Pressefoto als historisches Dokument, dargestellt am Beispiel der fotografischen Berichterstattung über die Berliner Revolutionsereignisse (November 1918 bis April 1919) in der zeitgenössischen illustrierten Presse. Wissenschaftliche Hausarbeit am Fachbereich 11 der Hochschule der Künste Berlin, Sommersemester 1983.

Paul, Friedrich: Handbuch der kriminalistischen Photographie, Berlin 1900.

Peters, Ursula: Stilgeschichte der Fotografie in Deutschland 1839 - 1900, Köln 1979.

Peters, Ursula: Aufklärung, Volksbildung oder Herrschaftsstrategie? Die Prominenz im Sammelfoto, in: Fotogeschichte, Jg. 3, 1983, H. 9, S. 21 - 40.

Phelps, Reginald H.: »Before Hitler came«: Thule-Society and Germanen Orden, in: Journal of Modern History, Bd. 35, 1963, S. 245 - 261.

Das Photoalbum 1858 - 1918. Eine Dokumentation zur Kultur- und Sozialgeschichte, Ausstellungskatalog, München 1975.

Piepenstock, Klaus: Die Münchener Tagespresse 1918 - 1933. Ein Beitrag zur Physiognomie einer Stadt und zur Presse und öffentlichen Meinung der Weimarer Republik, München 1955.

Pigler, A.: Portraying the Dead, in: Acta Historiae Artium, Academiae Scientiarium Hungaricae, Bd. IV, 1957, S. 1 - 75.

Pitrof, Daniel Ritter von: Gegen Spartakus in München und im Allgäu. Erinnerungsblätter des Freikorps Schwaben, München 1937.

Plewnia, Margarethe: Auf dem Wege zu Hitler. Der »völkische« Publizist Dietrich Eckart, Bremen 1970.

Pöschl, Victor: Einführung in die Lichtbildkunst, Stuttgart 1922.

Das politische Plakat, Berlin 1919.

Politische Plakate der Weimarer Republik 1918 - 1933, Ausstellungskatalog, Darmstadt 1980.

Pranckh, Hans von: Der Prozeß gegen den Grafen Anton Arco-Valley, München 1920.

Preisendanz, Wolfgang: Verordnete Wahrnehmung. Zum Verhältnis von Photo und Begleittext, in: Sprache im technischen Zeitalter, Jg. 1971, H. 37, S. 1 - 8.

Die Quellen des Münchener Wirtschaftslebens. Im Auftrage des Stadtrates herausgegeben vom Statistischen Amt der Stadt München, München 1930.

Raatjes, John: The Role of Communism during the Munich Revolutionary Period, November 1918 - May 1919, Diss. University of Illinois 1958.

Ranke, Winfried: Joseph Albert – Hofphotograph der Bayerischen Könige, München 1977.

Ranke, Winfried: Zur sozialdokumentarischen Fotografie um 1900, in: Ulrich Keller/Herbert Molderings/Winfried Ranke: Beiträge zur Geschichte und Ästhetik der Fotografie, Gießen/Lahn 1977, S. 5-36.

Ranke, Winfried: Bildberichterstattung in den Zwanziger Jahren – Heinrich Hoffmann und die Chronistenpflicht, in: Die Zwanziger Jahre, 1979, S. 53-73.

Regel, Helmut: Die Authentizität dokumentarischer Filmaufnahmen. Methoden einer kritischen Prüfung, in: Möglichkeiten des Dokumentarfilms, Oberhausen 1979, S. 165-176.

Die Regierung Eisner 1918/19. Ministerratsprotokolle und Dokumente. Eingeleitet und bearbeitet von Franz J. Bauer, unter Verwendung der Vorarbeiten von Dieter Albrecht (=Quellen zur Geschichte des Parlamentarismus und der politischen Parteien: Reihe 1, Bd. 10), Düsseldorf 1987.

Regler, Gustav: Das Ohr des Malchus, Frankfurt/M. 1975.

Reich, Albert: Vom 9. November 1918 bis zum 9. November 1923. Die Entstehung der deutschen Freiheitsbewegung. Text von Oskar Robert Achenbach, München 1933.

Reifarth, Dieter/Victoria Schmidt-Linsenhoff: Die Kamera als Henker. Fotografische Selbstzeugnisse des Naziterrors in Osteuropa, in: Fotogeschichte, Jg. 3, 1983, H. 7, S. 57-71.

Reiss, R. A.: Kriminalistik, in: K. W. Wolf-Czapek (Hrsg.): Angewandte Photographie in Wissenschaft und Technik, Teil IV, Berlin 1911, S. 35-55.

Retzlaw, Karl: Spartakus. Aufstieg und Niedergang. Erinnerungen eines Parteiarbeiters, Frankfurt/M. 1972 (2. Auflage).

Reuter, Karl: Die Photographie im Dienste der gerichtlichen Medizin, in: Gerichtsärztliche und polizeiärztliche Technik. Ein Handbuch für Studierende, Ärzte, Medizinalbeamte und Juristen. Hrsg. von Th. Lochte, Wiesbaden 1914, S. 1-34.

Revolution und Räteherrschaft in München. Aus der Stadtchronik 1918/19. Zusammengestellt und bearbeitet von Ludwig Morenz (=Neue Schriftenreihe des Stadtarchivs München, Band Nr. 29), München/Wien 1968.

Revolution und Räterepublik in München 1918/19 in Augenzeugenberichten. Herausgegeben von Gerhard Schmolze. Mit einem Vorwort von Eberhard Kolb, München 1978 (Erstausgabe: Düsseldorf 1969).

Richter, Armin: Ret Marut und die Sozialisierung der Presse. Neue Daten und Materialien zum revolutionären Pressekampf vor und während der Münchener Räterepublik, in: Publizistik. Vierteljahreshefte für Kommunikationsforschung, Jg. 1971, H. 3, S. 279-293.

Richter, Armin: Der Ziegelbrenner. Das individualanarchistische Kampforgan des frühen B. Traven, Bonn 1977.

Ricke, Gabriele: Die Arbeiter-Illustrierte-Zeitung. Gegenmodell zur bürgerlichen Illustrierten, Hannover 1974.

Riha, Karl: Den Krieg fotografieren, in: Vondung, Klaus (Hrsg.): Kriegserlebnis. Der Erste Weltkrieg in der literarischen Gestaltung und symbolischen Deutung der Nationen, Göttingen 1981, S. 146-161.

Robertson, Ann: Karikaturen im Dienste der Gegenrevolution, in: Wem gehört die Welt – Kunst und Gesellschaft in der Weimarer Republik, Berlin 1977, S. 398-411.

Rocker, Rudolf: Das Ende Gustav Landauers, in: Gustav Landauer. Worte der Würdigung, Darmstadt o. J. (1951), S. 38-48.

Römer, Willy. Bürgerkrieg in Berlin. März 1919 (=Edition Photothek IX. Hrsg. von Diethart

Kerbs), Berlin 1984.

Römer, Willy. Kinder auf der Straße. Berlin 1904-1932 (=Edition Photothek II. Hrsg. von Diethart Kerbs), Berlin 1983.

Römer, Willy. Januarkämpfe Berlin 1919 (=Edition Photothek V. Hrsg. von Diethart Kerbs), Berlin 1984.

Romeyk, Horst: Bildliche Darstellungen. Archivarische Erschließung und quellenkritische Bewertung (=Veröffentlichungen der staatlichen Archive des Landes Nordrhein-Westfalen, Reihe E: Beiträge zur Archivpraxis, H. 1), Düsseldorf 1975.

Rosenberg, Alfred: Der Bolschewismus als Aktion einer fremden Rasse, München 1935.

Rosenberg, Arthur: Entstehung der Weimarer Republik. Herausgegeben und eingeleitet von Kurt Kesten, Frankfurt/M. 1979 (18. Auflage).

Rosenberg, Arthur: Geschichte der Weimarer Republik. Herausgegeben von Kurt Kesten, Frankfurt/M. 1980 (20. Auflage).

Rothe, Wolfgang: Ernst Toller in Selbstzeugnissen und Bilddokumenten, Reinbek bei Hamburg 1983.

Rürup, Reinhard: Probleme der Revolution in Deutschland 1918/19, Wiesbaden 1968.

Rürup, Reinhard: Demokratische Revolution und »dritter Weg«. Die deutsche Revolution von 1918/19 in der neueren wissenschaftlichen Diskussion, in: Geschichte und Gesellschaft, 9. Jg., 1983, S. 278-301.

Ruppert, Wolfgang: Fotogeschichte der deutschen Sozialdemokratie. Hrsg. von Willy Brandt, Berlin 1988.

Sachsse, Rolf: Die Arbeit des Fotografen. Marginalien zum beruflichen Selbstverständnis deutscher Fotografen 1920-1950, in: Fotogeschichte, Jg. 2, 1982, H. 4, S. 55-63.

Salomon, Ernst von (Hrsg.): Das Buch vom deutschen Freikorpskämpfer, Berlin 1938.

Salomon, Ernst von: Der Fragebogen, Hamburg 1951.

Sartorti, Rosalinde/Henning Rogge: Sowjetische Fotografie 1928-1932, München 1975.

Sartorti, Rosalinde: Pressefotografie und Industrialisierung in der Sowjetunion. Die Pravda 1925-1933, Wiesbaden 1981.

Schade, Franz: Kurt Eisner und die bayerische Sozialdemokratie, Hannover 1961.

Schauwecker, Franz: So ist der Friede. Die Revolution der Zeit in 300 Bildern, Berlin 1928.

Schauwecker, Heinz: Freikorps Epp, in: Hotzel, 1934, S. 160-189.

Schleier, Erich: Herrscherbild und Staatsporträt, in: Bilder vom Menschen in der Kunst des Abendlandes, Berlin 1980, S. 197-237.

Schmidt, Fritz: Kompendium der praktischen Photographie, Leipzig 1916 (13. Auflage).

Schmidt-Pauli, Edgar von: Geschichte der Freikorps, 1918-1924, Stuttgart 1936.

Schoch, Rainer: Das Herrscherbild in der Malerei des 19. Jahrhunderts, München 1975.

Schrenk, Klaus (Hrsg.): Auf den Barrikaden von Paris. Alltag der Pariser Kommune, Berlin und Hamburg 1978.

Schricker, Rudolf: Rotmord über München, Berlin 1934.

Schueler, Hermann: Auf der Flucht erschossen. Felix Fechenbach 1894-1933, Köln 1981.

Schütz, Rüdiger: Proletarischer Klassenkampf und bürgerliche Revolution. Zur Beurteilung der deutschen Novemberrevolution in der marxistisch-leni-

nistischen Geschichtswissenschaft, in: Saeculum, Bd. 30, 1979, S. 22-44.

Schultz, Edmund: Das Gesicht der Demokratie. Ein Bilderwerk zur Geschichte der deutschen Nachkriegszeit, Leipzig 1931.

Schulze, Hagen: Freikorps und Republik, Boppard 1969.

Schumann, Klaus: Kommunalpolitik in München zwischen 1918 und 1933, in: Die Zwanziger Jahre, 1979, S. 1-17.

Schweder, Paul: Der Münchener Geiselmord vor Gericht, München 1920.

Sebottendorff, Rudolf von: Bevor Hitler kam. Urkundliches aus der Frühzeit der nationalsozialistischen Bewegung, München 1934 (2. Auflage).

Sechzig Jahre Münchner Räterepublik. Illustrierte Geschichte. Augenzeugenberichte. Dokumente. Hrsg. DKP Bezirksvorstand Südbayern, München 1979.

Siegert, Max: Aus Münchens schwerster Zeit. Erinnerungen aus dem Münchener Hauptbahnhof während der Revolution und Rätezeit, München 1928.

Siepmann, Eckhard: Montage: John Heartfield. Vom Club Dada zur Arbeiter-Illustrierten-Zeitung, Berlin 1977.

Soldan, George: Zeitgeschichte in Wort und Bild, Bd. 1, München 1931.

Speckner, Karl Herbert: Die Ordnungszelle Bayern. Studien zur Politik des bayerischen Bürgertums, insbesondere der Bayerischen Volkspartei, von der Revolution bis zum Ende des Kabinetts Dr. von Kahr, Phil. Diss. Erlangen 1956.

Spiker, Jürgen: Film und Kapital, Berlin 1975.

Stahlberg, Inge: Die Deutsche Illustrierte Presse im Weltkrieg 1914-1918. Untersuchungen über ihre Mittel, Methoden und Wirkungen, Phil. Diss. Heidelberg 1945.

Starl, Timm: Das Bildmedium der privaten Welt. Zur Entstehung und Funktion der Knipserfotografie, in: Geschichte der Fotografie in Österreich, Bd. 1, Bad Ischl 1983, S. 295-310.

Starl, Timm: Die Physiognomie des Bürgers. Zur Ästhetik des Atelierporträts 1860-1890, in: Camera Austria, Nr. 21, 1986, S. 50-55.

Starl, Timm: Geschoß und Unfall. Bewegung und Moment in der Fotografie um 1900, in: Ins Innere des Bilderbergs. Fotografien aus den Bibliotheken der Künste und der Technischen Universität Berlin, Göttingen 1988, S. 9-22.

Statistisches Jahrbuch für das Königreich Bayern. Herausgegeben vom K. Statistischen Landesamt, 11./14. Jg., München 1911/1919.

Steen, Jürgen: Fotografiegeschichte als Kunstgeschichte, Fotografie als »optische Sozialgeschichte« und die Industrielle Revolution, in: Fotogeschichte, Jg. 2, 1982, H. 5, S. 13-17.

Steen, Jürgen: Fotoalbum und Lebensgeschichte, in: Fotogeschichte, Jg. 3, 1983, H. 10, S. 55-71.

Steger, Bernd: Berufssoldaten oder Prätorianer. Die Einflußnahme des bayerischen Offizierskorps auf die Innenpolitik in Bayern und im Reich 1918-1924, Frankfurt/M. 1980.

Steiner, Edi: Friedrich Josef Maria Rehse. Ein Leben im Dienste der Zeitgeschichte, München 1940.

Stelzner, Helenefriderike: Psychopathologisches in der Revolution, in: Zeitschrift für die gesamte Neurologie und Psychiatrie, 49. Bd., 1919, S. 393-408.

Stenographischer Bericht über die Verhandlungen des Kongresses der Arbeiter-, Bauern- und Soldatenräte vom 25. Februar bis 8. März 1919 in München, München 1919 (fotomechanischer Nachdruck, Berlin o. J.).

Stiewe, Willy: Der Krieg nach dem Kriege. Eine Bilderchronik aus Revolution und Inflation, Berlin 1932.

Stiewe, Willy: Das Bild als Nachricht. Nachrichtenwert und Technik des Bildes. Ein Beitrag zur Zeitungskunde (=Zeitung und Zeit, Bd. V), Berlin 1933.

Stiewe, Willy: Das Pressephoto als publizistisches Mittel (=Wesen und Wirken der Publizistik, Bd. 2), Leipzig 1936.

Strelow, Liselotte: Das manipulierte Menschenbild oder die Kunst, fotogen zu sein, Düsseldorf 1961.

Der Sturz der Räterepublik, in: Das Bayerland, München, 30. Jg., 1919, Nr. 19, S. 307 - 330.

Die Tätigkeit der Liga zum Schutz der deutschen Kultur, Berlin 1919.

Terror. Die Blutchronik des Marxismus in Deutschland. Auf Grund amtlichen Materials bearbeitet von Adolf Ehrdt und Hans Roden, Berlin / Leipzig 1934.

Terveen, Fritz: Der Film als historisches Dokument. Grenzen und Möglichkeiten, in: Vierteljahreshefte für Zeitgeschichte, 3. Jg., 1955, S. 57 - 66.

Tetzner, Heinrich: Die Photographie in der Kriminalistik, Berlin 1949.

Theweleit, Klaus: Männerphantasien, 2 Bde., Frankfurt / M. 1977 / 78.

Thoma, Ludwig: Die große Münchner Revolution anno 1919, in: So ein Saustall! Altbairisches aus den finstersten Zeiten des Systems. Von Ludwig Thoma, Dietrich Eckart, Klaus Eck. München 1938, S. 13 - 23.

Thoss, Bruno: Der Ludendorff-Kreis 1919 - 1923. München als Zentrum der mitteleuropäischen Gegenrevolution zwischen Revolution und Hitler-Putsch (=Neue Schriftenreihe des Stadtarchivs München, H. 78), München 1978.

Toller, Ernst: Verhaftung. Aufzeichnungen aus dem Jahre 1919, in: Tage-Buch, 7. Jg., 1. Halbjahr, 1926, S. 130 - 132.

Toller, Ernst: Eine Jugend in Deutschland, in: Gesammelte Werke, Bd. IV, München 1978.

Tormin, Walter: Zwischen Rätediktatur und sozialer Demokratie. Die Geschichte der Rätebewegung in der deutschen Revolution 1918 / 19, Düsseldorf 1954.

Treue, Wilhelm: Das Filmdokument als Geschichtsquelle, in: Historische Zeitschrift, Bd. 186, 1958, S. 308 - 327.

Tschudi, Lorenz: Rätedemokratie und Marxismus. Kritische Grundlagen der Idee der direkten Demokratie im Marxismus, Basel 1973.

Tyrell, Albrecht: Führer befiehl . . . Selbstzeugnisse aus der »Kampfzeit« der NSDAP. Dokumentation und Analyse, Düsseldorf 1969.

Uka, Walter: Pressefotografie – Medium zwischen Aufklärung und Verdummung, in: Die Gleichschaltung der Bilder, 1983, S. 11 - 17.

Ulmer, Gertrud: Das Lichtbild in der Münchner Presse, Würzburg-Aumühle 1939.

Urban, Wilhelm: Kompendium der gerichtlichen Photographie, Leipzig 1910.

Ursachen, Verlauf und Lehren der Münchener Revolutionen November 1918 bis Mai 1919. Von einem Münchener, München 1919.

Usadel, Georg: Zeitgeschichte in Wort und Bild. Vom alten zum neuen Reich, Bd. 1, 1918 - 1920, Oldenburg i. O. 1937.

Verhandlungen des Provisorischen Nationalrates des Volksstaates Bayern im Jahre 1918 / 19, Beilagen-Band (Beilagen 1 - 100), München o. J.

Viesel, Hans-Jörg (Hrsg.): Literaten an der Wand. Die Münchner Räterepublik und die Schriftsteller, Frankfurt / M. 1980.

Voigt, Gerhard: Goebbels als Markentechniker, in: Warenästhetik. Beiträge zur Diskussion, Weiterentwicklung und Vermittlung ihrer Kritik, Frankfurt / Main 1975, S. 231 - 260.

Vorwärts und nicht vergessen. Erlebnisberichte aktiver Teilnehmer der Novemberrevolution 1918 / 19, Berlin 1958.

Waibl, Gunter: Fotografie und Geschichte (I - III), in: Fotogeschichte, Jg. 6, 1986, H. 21, S. 3 - 12; H. 22, S. 3 - 10; Jg. 7, 1987, H. 23, 3 - 12.

Wanderscheck, Hermann: Weltkrieg und Propaganda, Berlin 1936.

Wehlau, Kurt: Das Lichtbild in der Werbung für Politik, Kultur und Wirtschaft, Würzburg-Aumühle 1939.

Weigand, Wilhelm: Die rote Flut, München 1935.

Weise, Bernd: Pressefotografie als Medium der Propaganda im Presselenkungssystem des Dritten Reiches, in: Die Gleichschaltung der Bilder, 1983, S. 141 - 155.

Weisz, Christoph: Die Revolution von 1918 im historischen und politischen Denken Münchener Historiker der Weimarer Zeit (Konrad Beyerle, Max Buchner, Michael Doeberl, Erich Marcks, Karl Alexander von Müller, Hermann Oncken), in: Bosl, 1969, S. 535 - 578.

Werneburg, Brigitte: Foto-Journalismus in der Weimarer Republik, in: Fotogeschichte, Jg. 4, 1984, H. 13, S. 27 - 40.

Werner, Paul (=Frölich, Paul): Die Bayrische Räterepublik. Tatsachen und Kritik, Leipzig 1920 (fotomechanischer Nachdruck der 2. Auflage, Frankfurt / M. 1971).

Werner, Paul (=Frölich, Paul): Eugen Leviné, Berlin 1922.

Wiesemann, Falk: Kurt Eisner. Studie zu einer politischen Biographie, in: Bosl, 1969, S. 387 - 426.

Willmann, Heinz: Geschichte der Arbeiter-Illustrierten-Zeitung 1921 - 1938, Berlin 1974.

Wimmer, Jakob: Meine Erlebnisse in der Residenz während der Revolution und Räteregierung 1918-19 und später noch, geschildert von Jakob Wimmer, Schloßverwalter a. D. (Hand- und maschinenschriftliches Manuskript in der Stadtbibliothek München / Handschriftensammlung).

Winckler, Lutz: Studie zur gesellschaftlichen Funktion faschistischer Sprache, Frankfurt / M. 1970.

Winckler, Lutz: Die Novemberrevolution in der Geschichtsschreibung der DDR, in: Geschichte in Wissenschaft und Unterricht, 21. Jg., 1970, S. 216 - 234.

Winkler, Heinrich August: Von der Revolution zur Stabilisierung. Arbeiter und Arbeiterbewegung in der Weimarer Republik 1918 bis 1924, Berlin / Bonn 1984.

Wippermann, Klaus W.: Politische Propaganda und staatsbürgerliche Bildung. Die Reichszentrale für Heimatdienst in der Weimarer Republik, Köln 1976.

Wollenberg, Erich: Als Rotarmist vor München. Reportage aus der Münchener Räterepublik, Berlin 1929 (fotomechanischer Nachdruck, Frankfurt / M. 1972).

Wulf, Joseph: Presse und Funk im Dritten Reich. Eine Dokumentation, Berlin / Frankfurt / M. / Wien 1983.

Zehn Jahre Münchner Hilfstätigkeit 1914 - 1924.

Ein Kapitel vaterländischen Opfersinns in Kriegs- und Nachkriegszeit, aufgezeichnet für den Hilfsbund der Münchner Einwohnerschaft von Georg August Baumgärtner, München 1924.

Zehn Jahre deutscher Geschichte in Schriften und Bildern 1914 - 1924. Gesammelt und katalogisiert von J. M. Rehse. Einleitung von Oskar Doering, München o. J. (1925).

Zeitgeschichte im Film- und Tondokument. 17 historische, pädagogische und sozialwissenschaftliche Beiträge. Herausgegeben von Günter Moltmann und Karl Friedrich Reimers, Göttingen / Zürich / Frankfurt 1970.

Zöberlein, Hans: Befehl des Gewissens, München 1937.

Zorn, Wolfgang: Bayerns Geschichte im 20. Jahrhundert. Von der Monarchie zum Bundesland, München 1986.

Die Zwanziger Jahre in München, Ausstellungskatalog, München 1979.

ZEITTAFEL

1918

31.1. Streik der Münchener Krupp-Arbeiter »zur Erzwingung des Weltfriedens«.

3.3. Unterzeichnung des Friedensvertrages von Brest-Litowsk zwischen der Sowjet-Regierung und den Mittelmächten.

17.6. Scheitern der letzten deutschen Offensive an der Marne und in der Champagne.

4.10. Bildung einer parlamentarischen Reichsregierung unter Reichskanzler Prinz Max von Baden.

4.10. Waffenstillstandsersuchen der Reichsregierung.

28.10. Matrosenaufstand in Wilhelmshaven.

2.11. Erlaß des bayerischen Königs Ludwig III. über die Einführung der parlamentarischen Verantwortlichkeit der Minister.

3.11. Friedenskundgebung der USPD auf der Theresienwiese. Matrosenaufstand in Kiel.

7.11. Nach Friedenskundgebung von SPD, USPD und Gewerkschaften auf der Theresienwiese Wahl eines provisorischen Arbeiter- und Soldatenrates. Erster Vorsitzender wird Kurt Eisner. Proklamation des Freien Volksstaates Bayern. Flucht des Königs.

8.11. Erste Sitzung des Provisorischen Nationalrates. Bildung der Revolutionsregierung aus USPD und SPD unter Ministerpräsident Eisner.

9.11. Thronverzicht Wilhelms II. Friedrich Ebert (SPD) zum Reichskanzler ernannt. Ausrufung der Republik in Berlin.

10.11. Bildung des Rats der Volksbeauftragten aus SPD und USPD.

11.11. Unterzeichnung des Waffenstillstands von Compiègne.

13.11. Ludwig III. entbindet Beamte, Offiziere und Soldaten von ihrem Treueeid. Bekanntgabe der vollen Pressefreiheit.

15.11. Bayerische Volkspartei (BVP) verkündet ihr Gründungsprogramm.

22.11.-26.11. Eisner auf der Konferenz der Ministerpräsidenten in Berlin.

23.11. Akten-Veröffentlichung zur Kriegsschuldfrage durch Eisner.

26.11. Protest des Auswärtigen Amtes gegen die Aktenveröffentlichung. Eisner bricht die Beziehung Bayerns zum Auswärtigen Amt ab. Erlaß der Richtlinien für die Arbeiter-, Bauern- und Soldatenräte. Rückkehr erster Einheiten des bayerischen Heeres.

30.11.-3.12. Erste Sitzung des Landessoldatenrates.

30.11. Die von Erich Mühsam gegründete Vereinigung revolutionärer Internationalisten Bayerns tritt an die Öffentlichkeit.

5.12. Landtagswahlen werden auf den 12.1.1919 festgesetzt.

6.12. Kundgebung gegen die Pressehetze. Besetzung von bürgerlichen Zeitungen. Intervention Eisners.

9.12.-10.12. Erste Sitzung des Landesarbeiterrates.

11.12. Gründung der Münchener Ortsgruppe des Spartakusbundes unter Führung von Hans Kain und Max Levien.

13.12. Erste Sitzung des Nationalrates im Landtagsgebäude.

16.12. Aufhebung der geistlichen Schulaufsicht.

16.12.-21.12. Erster Allgemeiner Kongreß der Arbeiter- und Soldatenräte Deutschlands in Berlin. Die Mehrheit votiert für Nationalversammlungswahlen am 19.1.1919 und bestätigt den Rat der Volksbeauftragten.

20.12. Erstmaliges Erscheinen der Neuen Zeitung, Organ der USPD in Bayern.

27.12. Bürgerwehraffäre.

29.12. Austritt der USPD-Mitglieder aus dem Rat der Volksbeauftragten. Eintritt von Gustav Noske und Rudolf Wissell (SPD).

30.12.-1.1.1919 Gründungsparteitag der Kommunistischen Partei Deutschlands (Spartakusbund) in Berlin.

1919

4.1.-13.1. Januarunruhen in Berlin. Niederschlagung durch Reichswehreinheiten und neu gebildete Freikorps.

4.1. Erlaß des vorläufigen Staatsgrundgesetzes des Volksstaates Bayern. Gründung der Deutschen Arbeiter Partei (DAP), ab 1920 Nationalsozialistische Deutsche Arbeiterpartei (NSDAP).

7.1. Arbeitslosendemonstration. Gewalttätige Auseinandersetzungen mit der Republikanischen Schutztruppe.

10.1. Verhaftung von Mitgliedern des Revolutionären Arbeiterrates. Demonstration erreicht ihre Freilassung. Bremen wird zur Räterepublik erklärt.

12.1. Landtagswahlen in Bayern. Das gesamtbayerische Wahlergebnis: Bayerische Volkspartei 35 %, SPD 33 %, Deutsche Demokratische Partei 15 %, Bauernbund 9,1 %, Bayerische Mittelpartei 5,8 %, USPD 2,5 %.

14.1. Außerordentliche Tagung der Arbeiter- und Soldatenräte Bayerns. Plädoyer des Unabhängigen für die »Einheitsfront des Sozialismus«.

15.1. Ermordung Rosa Luxemburgs und Karl Liebknechts durch Freikorpssoldaten in Berlin. Die erste Nummer der Münchner Roten Fahne erscheint.

19.1. Wahlen zur Verfassungsgebenden Deutschen Nationalversammlung (Reichstag). Gesamtergebnis: SPD 37 %, Christliche Volkspartei (Zentrum) 18 %, Deutsche Demokratische Partei (DDP) 18 %, Deutschnationale Volkspartei (DNVP) 8 %, Unabhängige Sozialisten (USPD) 7 %, Deutsche Volkspartei (DVP) 4 %.

22.1. Zusammentritt des bayerischen Sozialisierungs-Ausschusses.

25.1. Beratungen über den Entwurf der Reichsverfassung in Berlin.

3.2.-10.2. Internationaler Arbeiter- und Sozialistenkongreß in Bern. Eisner bekennt sich zur deutschen Kriegsschuld.

6.2. Zusammentritt der Nationalversammlung in Weimar.

7.2. Verhaftung Max Leviens wegen umstürzlerischer Umtriebe. 40 000 Erwerbslose in München.

10.2. Reichsgesetz über die vorläufige Reichswehr tritt in Kraft. Oberst Epp erhält von Noske Auftrag zur Bildung eines bayerischen Freikorps.

11.2. Friedrich Ebert wird von der Weimarer Nationalversammlung zum provisorischen Reichspräsidenten gewählt.

12.2. Aufruf zum Eintritt in den Volksheimatschutz.

16.2. Demonstration für das Rätesystem, initiiert vom Revolutionären Arbeiterrat und der Kommunistischen Partei.

19.2. Matrosenputsch. Versuch, Eisner ins Ausland abzuschieben.

13.2.-20.2. Tagung des Rätekongresses.

21.2. Ermordung Kurt Eisners durch Graf Arco. Attentat auf Erhard Auer. Flucht des Landtags. Bildung des Zentralrates. Verhängung des Belagerungszustands und Ausrufung des Generalstreiks.

25.2.-8.3. Dritter Zusammentritt des Kongresses der Arbeiter-, Bauern- und Soldatenräte.

26.2. Trauerfeierlichkeiten für Kurt Eisner.

1.3. Der Rätekongreß bestimmt die provisorische Regierung Segitz aus SPD, USPD und Bauernbund.

3.3. »Nürnberger Kompromiß« zwischen SPD, USPD und Bauernbund sieht Bildung einer sozialistischen Minderheitsregierung unter Johannes Hoffmann aus SPD und USPD vor.

3.3.-8.3. Generalstreik und bewaffnete Kämpfe in Berlin. Verhängung des Belagerungszustandes und des Standrechts durch Noske. Ca. 1000 Tote.

5.3. Eugen Leviné kommt im Auftrag der KPD-Zentrale nach München und übernimmt die Redaktion der Münchner Roten Fahne.

8.3. Der Rätekongreß nimmt revidierte Fassung des »Nürnberger Kompromisses« an. Ernst Toller Vorsitzender der Münchener USPD.

17.3.-18.3. Der Landtag bestätigt die Regierung Hoffmann. Annahme des Staatsgrundgesetzes. Danach Vertagung des Landtags.

21.3. Proklamation der ungarischen Räterepublik.

25.3. Errichtung eines Zentralwirtschaftsamtes für Bayern.

4.4. Im Kriegsministerium Nachtsitzung über die Ausrufung der Räterepublik mit den Führern der sozialistischen Parteien, des Bauernbundes, Mitgliedern des Zentralrates und den Anarchisten.

7.4. Proklamation der Räterepublik. Ernennung von Volksbeauftragten. Die bürgerliche Presse wird unter Zensur gestellt. Die Regierung Hoffmann besteht auf ihren Rechten und verlegt ihren Sitz nach Nürnberg, später nach Bamberg. USPD-Minister scheiden aus der Regierung aus.

8.4. Nach dem Rücktritt von Ernst Niekisch (SPD) übernimmt Ernst Toller (USPD) den Vorsitz im Revolutionären Zentralrat.

9.4. Ankündigungen einer Lebensmittelsperre gegen München. Ausrufung der Räterepublik in Braunschweig.

10.4. Einsetzung von Revolutionstribunalen. Freilassung aller Kriegsgefangenen. Beginn der Werbung für die Rote Armee. Ret Marut veröffentlicht Sozialisierungsplan für die Presse.

13.4. Putschversuch der Republikanischen Schutztruppe. Bildung der Zweiten Räterepublik. Nach Absetzung des Zentralrates durch die Betriebs- und Soldatenräte übernimmt Aktionsausschuß die Macht, Wahl eines Vollzugsrates unter dem Vorsitz von Eugen Leviné (KPD). Einsetzung verschiedener Kommissionen. Rudolf Egelhofer (KPD) wird Stadtkommandant.

14.4. Erster Tag des Generalstreiks. Auflösung der Polizei, Entwaffnung des Bürgertums und Bewaffnung der Arbeiter. Aufstellung der Roten Armee. Erscheinungsverbot für alle Zeitungen. Als Ersatz erscheinen ab dem 15.4. die regierungsamtlichen Mitteilungen des Vollzugsrates der Betriebs- und Soldatenräte. Verhängung einer Nachrichtensperre. Die Regierung Hoffmann ersucht Berlin um Reichshilfe und ruft zur Bildung einer Volkswehr auf.

16.4. Erfolgreiche Kämpfe der Roten Armee bei Dachau gegen Regierungstruppen. Toller und Klingelhöfer Abschnittskommandanten bei Dachau. Rudolf Egelhofer übernimmt das Oberkommando der Roten Armee.

17.4. Öffnung der Safes der Münchener Banken auf Anordnung des Revolutionären Bankrates. Der Gold- und Papiergeldvorrat wird beschlagnahmt. Unter dem Vorsitz des Reichswehrministers Noske Besprechung im Preußischen Kriegsministerium über das militärische Vorgehen gegen München. Den Oberbefehl hat General von Oven.

22.4. Letzter Tag des Generalstreiks. Truppenschau der Roten Armee.

23.4. Neben der Münchner Roten Fahne erscheinen unter Vorzensur wieder die Neue Zeitung und die Münchener Post.

25.4. Verhängung des Standrechts über das rechtsrheinische Bayern.

26.4. Rücktritt von Toller, Klingelhöfer und Maenner. Verhaftung von Mitgliedern der Thule-Gesellschaft.

27.4. Rücktritt des Aktionsausschusses unter Leviné. Bildung eines provisorischen Aktionsausschusses u. a. mit Toller und Klingelhöfer. Ergebnislose Verhandlungsversuche Tollers mit der Regierung Hoffmann.

28.4. Zusammentritt der Betriebs- und Soldatenräte zur Wahl des neuen Aktionsausschusses. Ausrufung der Diktatur der Roten Armee.

29.4. Aufruf Egelhofers zum Generalstreik und zum bewaffneten Kampf. Sturm auf das Polizeipräsidium und Vernichtung von Polizeiakten.

30.4. Generalstreik. Im Luitpoldgymnasium Hinrichtung von inhaftierten Regierungssoldaten und Mitgliedern der Thule-Gesellschaft durch Rotarmisten.

1.5.Betriebs- und Soldatenräte und Egelhofer fordern auf, die Waffen niederzulegen. Umschließung Münchens durch Regierungstruppen. Eigenmächtiger Vormarsch einzelner Verbände der Regierungstruppen bis in die Stadtmitte.

2.5. Militärische Besetzung der Stadt durch Reichswehr- und Freikorpsverbände. Bei Kämpfen und Übergriffen von Regierungssoldaten gibt es über 600 Tote. Ermordung Gustav Landauers.

3.5. Wiedererscheinen der bürgerlichen Tageszeitungen. Ankunft weiterer Truppenverbände. Ermordung Rudolf Egelhofers.

4.5. Militärs übernehmen die Stadtkommandantur. Verbot kommunistischer Publikationen. Verfolgung kommunistischer und räterepublikanischer Organisationen.

6.5. Ermordung von 21 katholischen Gesellen im Kolpinghaus durch Regierungssoldaten.

8.5. Danksagung der Regierung Hoffmann an General Oven für die umsichtige Leitung und Durchführung der militärischen Aktionen.

12.5. Beginn der Einschreibung für die Münchener Einwohnerwehr.

13.5. Verhaftung Eugen Levinés.

17.5. Beginn der Standgerichtsprozesse.

31.5. Umbildung des Kabinetts Hoffmann durch Aufnahme bürgerlicher Minister.

3.6. Leviné wird vom Standgericht wegen Hochverrats zum Tode durch Erschießen verurteilt und am 5.6. hingerichtet.

4.6. Verhaftung Tollers.

15.6. Bei den Münchener Gemeinderatswahlen wird die USPD stärkste Stadtratsfraktion.

12.7. Mühsam zu 15 Jahren Festungshaft verurteilt.

16.7. Toller zu fünf Jahren Festungshaft verurteilt.

1.8. Aufhebung des Standrechts.

11.8. Unterzeichnung der Reichsverfassung in Weimar.

17.8. Rückkehr der bayerischen Landesregierung und des Landtags nach München.

25.8. Besuch von Reichspräsident Ebert und Reichswehrminister Noske in München anläßlich der Übernahme des bayerischen Heeres in die Reichswehr.

12.9. Adolf Hitler nimmt als Beobachter der Reichswehr an Versammlung der DAP teil.

1.10. Aufhebung des Kriegszustandes.

ABBILDUNGSNACHWEIS

(o.: oben; u.: unten; l.: links; r.: rechts;
1. R.: 1. Reihe; 2. R.: 2.Reihe)

Archiv für soziale Demokratie, Bonn S. 288

Bayerisches Hauptstaatsarchiv (Abt.III), München
S. 21, S. 23, S. 43

Bayerisches Hauptstaatsarchiv (Abt.IV), München
S. 88 r., S. 165 u., S. 212 o.

Bayerisches Hauptstaatsarchiv (Abt.V), München
S. 28 u. r., S. 34, S. 36, S. 39 u. r., S. 57 u., S. 111 o.,
S. 122 o., S. 125 o., S. 150 o., S. 150 u., S. 160 o.,
S. 163 u., S. 172 o., S. 178 o., S. 178 u., S. 179,
S. 188 u., S. 189 r., S. 194 r., S. 196 3. R. l., S. 198,
S. 201, S. 204 o., S. 204 u., S. 205, S. 206, S. 207,
S. 214 u., S. 216, S. 218 u., S. 221 o., S. 221 u.,
S. 225 o., S. 246 u., S. 281, S. 286 o.

Bayerische Staatsbibliothek, München S. 24, S. 25,
S. 45 l, S. 45 r., S. 50, S. 92 l., S. 116 o., S. 116 u.,
S. 132 o., S. 133, S. 134, S. 147 u., S. 189 l., S. 236 l.,
S. 237, S. 238 l., S. 252 o., S. 254, S. 255, S. 256,
S. 257, S. 258, S. 259, S. 261, S. 263, S. 264, S. 265,
S. 269, S. 272, S. 278, S. 285, S. 287

Bayerische Verwaltung der staatlichen Schlösser,
Gärten und Seen, München S. 75

Bildarchiv Heinrich Hoffmann, München S. 32,
S. 33, S. 63, S. 83 o. l., S. 83 o. r., S. 83 u. l., S. 85,
S. 86, S. 87 o. l., S. 87 o. r., S. 112, S. 113 u., S. 124,
S. 139 u., S. 141, S. 143 o., S. 143 u., S. 146, S. 148,
S. 149 o., S. 160 u., S. 167 o., S. 169, S. 177 o., S. 193,
S. 208, S. 209 u., S. 210 u., S. 217 u., S. 227, S. 236 l.,
S. 277, S. 284 u., S. 286 u.

Bundesarchiv, Koblenz S. 28 o., S. 84, S. 147 o.,
S. 157 o., S. 173, S. 222 3. R. r., S. 247 l., S. 247 r.

Helga von Collas, München S. 157 u., S. 158, S. 159

Dorothea Detzer, München S. 57, S. 171, S. 177 u.,
S. 211

Charlotte Dürr, München S. 67

Hubert Deutschmann, München S. 56 u., S. 195 u.,
S. 222 3. R. l.,

Freya Eisner, München S. 10, S. 11, S. 30 u., S. 107,
S. 109 u., S. 123, S. 126, S.142 u. r.,S. 163 o.

Josef Falter, München S. 115, S. 151 o., S. 151 u.

Günter Feldkirchner, München S. 89, S. 92 u.,
S. 104 u., S. 121

Martha Graßmann, Miesbach S. 35 l., S. 78 l.,
S. 80 l., S. 80 r., S. 81 o. l., S. 81 o. r., S. 81 u. l.,
S. 81 u. r., S. 94, S. 95 o., S. 96, S. 99 u., S. 101 o.,
S. 110 o., S. 120 l., S. 127 r., S. 144, S. 166 o. l.,
S. 166 o. r., S. 166 u., S. 167 u., S. 190, S. 196 4. R. r.,
S. 200 l., S. 217 o., S. 222 1.R. l., S. 232 l.

Rudolf Herz, München S. 79 l., S. 79 r., S. 82 o. l.,
S. 95 u., S. 120 r., S. 125 u., S. 142 u. l., S. 168 o.,
S. 168 u., S. 170 u., S. 185 o., S. 191 o., S. 200 r.,
S. 214 o., S. 218 o., S. 280 o., S. 282.

Jewish Library, Jerusalem S. 180 o.

Michael Jungblut, Marburg S. 37 o.

Justizvollzugsanstalt, Niederschönenfeld S. 42,
S. 241 1.,2.,3. R., S. 242 1. R, 3. R., S. 243 1.R.,
S. 243 2. R.

A.Kaesbohrer-Pichlmair, München S. 229, S. 230

Diethart Kerbs, Berlin S. 44, S. 46, S. 47, S. 161 u.,
S. 219 o.

Kester-Archiv, Heribert Sturm, München S. 64,
S. 215

Walter Kröpelin, München S. 70 o., S. 117

Ingrid Lauck, München S. 55, S. 56 o., S. 128

Library of Congress, Washington D. C. S. 30 o.,
S. 66 u., S. 238 r., S. 246 o. l.

Ernst Mages, München S. 58, S. 195 o.,S. 199 u.

National Archives, Washington D. C. S. 54, S. 87 u.,
S. 105, S. 135, S. 137 o., S. 137 u., S. 138 u., S. 140 u.,
S. 145 u., S. 149 u., S. 170, S. 175 o., S. 183, S. 188 o.,
S. 210 o., S. 219 u., S. 220, S. 224 u., S. 246 o. r.,
S. 282 u.

Josef Ostler, München S. 224 o.

Polizeipräsidium (Kriminalmuseum), München
S. 239 o., S. 240

Rupert Rieber, München S. 35 r., S. 111 u., S. 140 o.,
S. 145 o., S. 161 o., S. 175 u., S. 191 u, S. 209 o.

Rütten, München S. 156 o.

Anneliese Schmitt, München S. 222 4. R. l.

Staatliche Graphische Sammlung, München
S. 65 u.

Staatsarchiv, München S. 39 l., S. 41, S. 72, S. 88 l.,
S. 114, S. 155 u. r., S. 180 u., S. 186 o., S. 186 u., S. 187
u. l., S. 187 u. r., S. 192, S. 242 2. R., S. 243 3. R.,
S. 244, S. 245 l., S. 245 r., S. 248 l., S. 248 r.

Stadtarchiv, München S. 26 u., S. 29 r., S. 31,
S. 38 o., S. 66 o., S. 93, S. 99 o., S. 104 o., S. 110 u.,
S. 118 o., S. 118 u., S. 119, S. 131, S. 152, S. 162 o.,
S. 162 u., S. 164, S. 174 o., S. 174 u., S. 176, S. 181,
S. 182, S. 185 u., S. 194 l., S. 196 2. R. l., S. 196
4. R. l., S. 202, S. 203, S. 222 1. R. r., S. 222 2.R. l.,
S. 223, S. 228, S. 231, S. 232 r., S. 233, S. 234, S. 235

Stadtbibliothek (Monacensia), München S. 26 o.,
S. 29 l., S. 37 l., S. 38 u., S. 70 u. r., S. 78 u., S. 92 r.,
S. 100 u., S. 103 l., S. 122, S. 132 u., S. 136 u.,
S. 138 u., S. 139 o., S. 155 u. l., S. 172 u. r., S. 184 o.,
S. 184 u., S. 251, S. 253, S. 266, S. 267, S. 268, S. 270,
S. 271, S. 279 o., S. 284

Stadtmuseum (Fotomuseum), München S.53 o.,
S. 53 u., S. 65 o., S. 68, S. 90, S. 101 u., S. 102, S. 108,
S. 109 o., S. 127 u., S. 130, S. 196 1. R. l., 196 3. R r.

Stadtmuseum (Grafische Sammlung), München
S. 77, S. 82 o. r., S. 83 u. r., S. 197, S. 199 o., S. 213,
S. 279 u.

Stadt- und Universitätsbibliothek, Frankfurt S. 48,
S. 49, S. 103 r., S. 106

Stadt- und Universitätsbibliothek (Horkheimer-
Archiv), Frankfurt / M. S. 71

Karl Stehle, München S. 22, S. 52, S. 76 l., S. 76 r.,
S. 91, S. 136 o., S. 156 u., S. 187 o., S. 196 1. R. r.,
S. 196 2. R. r, S. 222 2. R. r., S. 222 4. R. r, S. 225 u.,
S. 226, S. 280 u., S. 283 l., S. 283 r.

Süddeutscher Verlag, Bilderdienst, München S. 40

Ullstein Bilderdienst, Berlin S. 27, S. 165 o.

Universitätsbibliothek, München S. 51, S. 100 o.

Jürgen Wilde, Zülpich S. 69

LEIHGEBER

Bayerisches Hauptstaatsarchiv (Abt.III), München; Bayerisches Hauptstaatsarchiv (Abt.IV), München; Bayerisches Hauptstaatsarchiv (Abt.V), München; Bayerische Staatsbibliothek, München; Carl Becker, München; Bildarchiv Heinrich Hoffmann, München; Bundesarchiv, Koblenz; Elisabeth Busch, Stuttgart; Helga von Collas, München; Dorothea Detzer, München; Charlotte Dürr, München; Hubert Deutschmann, München; Deutsches Historisches Museum, Berlin; Charlotte Dürr, München; Max Eder, München; Freya Eisner, München; Josef Falter, München; Ludwig Fellermeier, München; Martha Graßmann, Miesbach; Rudolf Herz, München; Dega Hofmeister, München; Bertold Janker, Schöffelding; Tilde Janker, Lochham; Jewish Library, Jerusalem; Justizvollzugsanstalt Niederschönenfeld; A.Kaesbohrer-Pichlmair, München; Diethart Kerbs, Berlin; Renate Kramer, München; Walter Kröpelin, München, Ingrid Lauck, München; Ernst Mages, München; Robert Mundigl, München; Josef Ostler, München; Günther R. Pollak, München; Polizeipräsidium (Kriminalmuseum), München; Eva-Maria Pongratz, München; Anneliese Schmitt, München; Margarethe Schneidt, Haag; Staatliche Graphische Sammlung, München; Staatsarchiv, München; Stadtarchiv, München; Stadtbibliothek (Monacensia), München; Stadtmuseum (Fotomuseum), München; Stadtmuseum (Grafische Sammlung), München; Timm Starl, Frankfurt/Main; Karl Stehle, München; Heribert Sturm, München; Universitätsbibliothek, München; Jürgen Wilde, Zülpich.

PERSONENREGISTER

glied des Revolutionären Arbeiterrats, 15.4.-22.4.1919 Polizeipräsident, 1919 zu 2 Jahren Festungshaft verurteilt *240, 245*

Kopp, Martin (geb. 1876), Kameramann, Inhaber der Kopp-Filmwerke **94, 190, 284, 299**

Kracauer, Siegfried (1889-1966), Schriftsteller und Redakteur, 1933 Emigration in die USA **273**

Kraepelin, Emil (1856-1926), Psychiater, 1904 Ordinarius an der Universität München, 1917 Gründer der Deutschen Forschungsanstalt für Psychiatrie in München **253, 309**

Krain, Willibald (geb. 1886), Illustrator und Maler, Mitarbeiter der Jugend und der Berliner Illustrirten Zeitung **298**

Krell, Max (1887-1962), Dramaturg und Schriftsteller **304**

Kröpelin, Carl (1893-1977), Schlosser, Mitglied der USPD, 1921 Eintritt in die SPD, 1919 Mitglied des Vollzugsausschusses der Arbeiter- und Soldatenräte und des Zentralrats, bis 1933 Geschäftsführer des Deutschen Metallarbeiterverbandes, 1946 Mitglied der Verfassungsgebenden Landesversammlung *34, 35, 86*

Krull, Germaine Luise (1897-1985), Kunstfotografin *12, 68, 69, 71, 88, 117, 296, 297, 300*

Kübler, Konrad (1884-1974), Journalist und Mitglied des Bayerischen Bauernbundes, in der Ersten Räterepublik Volksbeauftragter für Justiz, nach 1945 Mitglied der CSU und 1946 Vizepräsident des bayerischen Landtags **294**

Kursell, Otto Gottlieb Konstantin von (1884-1967), Karikaturist, Plakatgrafiker und Maler, seit 1918 Mitarbeiter völkischer Publikationen, ab 1936 Lehrer an der Hochschule für bildende Künste in Berlin **28, 254 f., 300, 301**

Laifle, Oskar (1868-1933), Fotograf **63, 296, 308**

Landauer, Gustav (1870-1919), Schriftsteller und Privatgelehrter, folgt nach dem Kriegsende 1918 Eisners Ruf nach München, Mitglied des Revolutionären Arbeiterrates und des Provisorischen Nationalrates, in der Ersten Räterepublik Volksbeauftragter für Volksaufklärung, 2.5.1919 von Regierungssoldaten ermordet *31, 36 f., 41, 53, 82, 84, 85, 86 f., 112, 113, 126, 127, 129, 180, 251, 253, 262, 272, 294, 298, 300, 301, 304*

Landsberg, Otto (1969-1957), Rechtsanwalt, 1912-1920, 1924-1933 MdR (SPD), November 1918 Mitglied des Rats der Volksbeauftragten, 1919 Reichsjustizminister im Kabinett Scheidemann, 1933 Emigration **24**

Lavater, Johann Kaspar (1741-1801), schweizerischer Schriftsteller **264, 309**

Lehner, Johann (1901-1919), Eisendreher, von Freikorpssoldaten erschossen **180 f.,** *180,* **304**

Lenin, Wladimir Iljitsch (1870-1924), kommunistischer Theoretiker und sowjetrussischer Politiker, Führer der Bolschewiki, 1917-1924 Vorsitzender des Rats der Volkskommissare **24, 50, 111, 248, 264**

Levi, Paul (1883-1930), Rechtsanwalt und Politiker, SPD-Mitglied, während des Krieges Eintritt in den Spartakusbund, 1919 nach der Ermordung von Luxemburg und Liebknecht Führer der KPD, 1921 Parteiausschluß, 1924 MdR (SPD) **264, 295**

Levien, Max (geb. 1885), Naturwissenschaftler und sozialistischer Politiker, an der russischen Revolution von 1905 beteiligt, 1914 Freiwilliger im Bayerischen Infanterie-Leibregiment, November 1918 Soldatenrat, Gründer und Führer des Spartakusbundes in München, Gründungsmitglied der KPD, Mitglied des Revolutionären Arbeiterrates, Mitglied des Zentralrats, in der Zweiten Räterepublik Mitglied des Vollzugsrats, ab 1922 Tätigkeit bei der Komintern, vermutlich 1937 im Zuge der stalinistischen Säuberungen erschossen **32, 35,** *36,* **86, 127,** *130,* **130 f., 135, 187,** *237,* **251, 254, 256, 260, 266, 268, 272, 308, 309**

Leviné, Eugen (1883-1919), Nationalökonom und sozialistischer Politiker, 1905 Teilnahme an der russischen Revolution, ab 1908 in der deutschen Arbeiterbewegung tätig, Kriegsteilnahme, 1917 Anschluß an den Spartakusbund, Gründungsmitglied der KPD, seit März 1919 Führer der Münchener Kommunisten, in der Zweiten Räterepublik Vorsitzender des Vollzugsrats, vom Standgericht zum Tod verurteilt und am 5.6.1919 hingerichtet **12, 36,** *38,* **39 f., 52, 71, 87 f., 118, 130, 135,** *143,* **144,** *145,* **187, 237, 238,** *244, 245, 246,* **246 f., 251, 254,** *255, 256,* **260, 262, 264, 266, 272, 294, 295, 308, 309**

Leviné, Rosa (1890-1979), Schauspielerin und Schriftstellerin, Gattin von Eugen Leviné, 1918 Teilnahme am Gründungsparteitag der KPD, Mitglied der KPD-Zentrale, 1933 Emigration **303**

Levit, Samuel (geb. 1898), Student der Nationalökonomie, seit Sommer 1919 in München, Vertreter des linken Parteiflügels der KPD **72, 297**

Liebknecht, Karl (1871-1919), Rechtsanwalt und sozialistischer Politiker, 1912-1917 MdR (SPD), 1916-1918 in Haft, zusammen mit Rosa Luxemburg Begründer und Führer des Spartakusbundes und der KPD, am 15.1.1919 von Freikorpssoldaten in Berlin ermordet **22 ff., 36, 48, 107, 111, 114, 118, 268, 300**

Lindner, Alois (geb. 1887), Schankkellner und Metzger, Mitglied der USPD, Januar 1919 Übertritt zur KPD, Mitglied des Revolutionären Arbeiterrates, verübte am 21.2.1919 im bayerischen Landtag ein Attentat auf Erhard Auer, zu 14 Jahren Zuchthaus verurteilt, 1928 entlassen **87 f., 115 f.**

Linnenbrügger, Fritz (1878-1919), Soldat des 8. Husarenregiments, am 30.4.1919 von Rotarmisten im Luitpoldgymnasium erschossen **305**

Lipp, Franz (geb. 1859), Jurist und Redakteur, 1918 USPD-Mitglied, in der Ersten Räterepublik Volksbeauftragter des Auswärtigen, 13.4.1919 von der Republikanischen Schutztruppe verhaftet **253, 294, 308**

Ludendorff, Erich (1865-1937), 1914 Generalstabschef der 8. Armee, 1916 als Erster Generalquartiermeister neben Hindenburg Chef der Obersten Heeresleitung, 26.10.1918 entlassen, 1923 am Hitler-Putsch beteiligt, 1924-1928 MdR (NSDAP) **23,** *281*

Ludwig III., König von Bayern (1845-1921), 1912 Prinzregent, 1913-1918 König von Bayern, 7.11.1918 Flucht aus München *21, 23, 75, 297*

Luxemburg, Rosa (1870-1919), sozialistische Politikerin und Theoretikerin, 1897 Mitglied der SPD, während des Weltkrieges mehrfach in Haft, Mitbegründerin und Führerin des Spartakusbundes und der KPD, 15.1.1919 von Freikorpssoldaten in Berlin ermordet **22, 24 f., 36, 48, 50, 107, 111, 114, 295, 300, 308**

Maercker, Ludwig Georg Rudolf (1865-1924), preußischer General **306**

Maenner, Emil (geb. 1893), Bankangestellter, Mitglied der USPD, in der Zweiten Räterepublik Mitglied des Vollzugsrates und Volksbeauftragter für Finanzen **39, 295**

Mairgünther, Ferdinand (geb. 1895), Installateur, Mitglied der KPD, Redakteur der Münchner Roten Fahne, in der Zweiten Räterepublik 23.4.-1.5.1919 Volkskommissar für das Polizeiwesen, 1919 wegen Beihilfe zum Hochverrat zu 3 Jahren Festungshaft verurteilt *240,* **295**

Marut, Ret, späteres Pseudonym B. Traven (1882-1969), Schriftsteller, in der Ersten Räterepublik Oberzensor und Leiter der Presseabteilung des Revolutionären Zentralrats, Mitglied der Pressesozialisierungskommission, Mai 1919 Flucht, 1923 Emigration nach Mexiko **12, 238, 292, 304**

Marcks, Erich (1861-1938), Historiker, 1913-1922 Lehrtätigkeit an der Universität München **291**

Mayr, Karl (1883-1945), Offizier, 1919/20 Leiter der Nachrichtenabteilung im Gruppenkommando 4, später führende Stellung im sozialdemokratischen Reichsbanner, 1933 Emigration, 1940 von der Gestapo inhaftiert, Tod im KZ Buchenwald **234, 307**

Max, Prinz von Baden (1867-1929), 1907 badischer Thronfolger, 3.10.1918-9.11.1918 letzter Reichskanzler des Deutschen Kaiserreichs **23**

Meisenbach, Georg (1841-1912), Grafiker und Kupferstecher, 1881 Erfinder der Autotypie **59**

Merl, Josef (geb. 1897), Liftjunge und Kellner, November 1918 Gründungsmitglied der Vereinigung Revolutionärer Internationalisten, Vorstandsmitglied der Münchener KPD, Mitglied des Revolutionären Arbeiterrates *248*

Miller, Oskar von (1855-1934), Ingenieur, 1903 Gründer des Deutschen Museums in München **299**

Möhl, Arnold Ritter von (1867-1944), General, seit 22.4.1919 Oberbefehlshaber der gegen die Räterepublik eingesetzten Truppen, 1919 als bayerischer Landeskommandeur Befehlshaber der 7. Reichswehrdivision **211, 231 f., 303, 306, 307**

Möller, Hans (geb. 1876), Fotograf, seit 1896 in München ansässig **55 f., 61, 65 f., 213, 233, 295, 296, 305, 306, 307**

Mühsam, Erich (1878-1934), anarchistischer Schriftsteller und Publizist, November 1918 Mitglied des Revolutionären Arbeiterrats, Gründer der Vereinigung Revolutionärer Internationalisten Bayerns, in der Ersten Räterepublik Referent für Ungarn und Rußland, am 13.4.1919 verhaftet, 1919 Verurteilung wegen Hochverrats zu 15 Jahren Festungshaft, im KZ Sachsenhausen am 10.7.1934 ermordet **31 f., 35 f.,** *37,* **41 f.,** *42,* **53, 70,** *82,* **84, 86 f., 104, 108, 111,** *113,* **116, 127, 129, 251 f.,** *254,* **271 f., 297, 298, 300**

Müller, Adolf (geb. 1884), Miteigentümer des Münchener Buchgewerbehauses M. Müller & Sohn **282, 311**

Müller, Karl Alexander von (1882-1964), Historiker, 1917-1928 Lehrtätigkeit an der Universität München **80, 89, 291**

Müller-Meiningen, Ernst (1866-1944), Jurist, 1898-1918 MdR (Freisinnige Volkspartei), 1905-1924 MdL (Demokratische Partei), 31.5.1919-15.7.1920 bayerischer Justizminister **94, 118**

Münzenberg, Willi (1889-1940), kommunistischer Publizist und Politiker, 1918 Mitglied des Spartakusbundes, 1921-1933 Generalsekretär der Internationalen Arbeiterhilfe, 1924-1933 MdR (KPD), Leiter des Münzenberg-Konzerns, 1933 Emigration **273**

Neuhaus, Walter (1892-1919), Kunstgewerbler, Mitglied der Thule-Gesellschaft und des Germanenordens, am 30.4.1919 von Rotarmisten im Luitpoldgymnasium erschossen **305**

Neurath, Otto (1882-1945), Geschichts- und Wirtschaftswissenschaftler, seit 25.3.1919 Leiter des Zentral-Wirtschaftsamtes, in der Ersten Räterepublik Sozialisierungsbeauftragter, 1919 zu 1 Jahr und 6 Monaten verurteilt, 1925 Gründer des Gesellschafts- und Wirtschaftsmuseums in Wien, 1934 Emigration *82,* **84,** *86,* **295**

Niekisch, Ernst (1889-1967), Volksschullehrer, sozialistischer Publizist und Politiker, seit 1917 Mitglied der SPD, Vorsitzender des Zentralrats, Kultusminister im Kabinett Segitz, Mai 1919 Übertritt zur USPD, 1919 Verurteilung zu zwei Jahren Festungshaft, in den Zwanziger Jahren Vertreter des Nationalbolschewismus, nach 1945 an der Humboldt-Universität in Berlin *32, 34,* **84,** *86, 125,* **127, 129, 301**

Aus dem Verlagsprogramm

Berlin 1918 / 19
DIE REVOLUTION
IM SPIEGEL DER FOTOGRAFIE
Herausgegeben von der Neuen Gesellschaft für Bildende Kunst, Berlin
Ca. 320 Seiten · ca. 400 Abbildungen · gebunden · Fadenheftung
Format 22 x 29,5 cm · ca. DM 58 (erscheint im Januar 1989)

Willy Römer
DIE NOVEMBERREVOLUTION
Berlin 1918 / 19
Herausgegeben von Diethart Kerbs
Edition Photothek IV · 32 Seiten · 28 ganzseitige Fotografien · geheftet
Format 16,5 x 24,5 cm · DM 9

Willy Römer
JANUARKÄMPFE
Berlin 1919
Herausgegeben von Diethart Kerbs
Edition Photothek V · 32 Seiten · 28 ganzseitige Fotografien · geheftet
Format 16,5 x 24,5 cm · DM 9

Willy Römer
BÜRGERKRIEG IN BERLIN
März 1919
Herausgegeben von Diethart Kerbs
Edition Photothek IX · 32 Seiten · 28 ganzseitige Fotografien · geheftet
Format 16,5 x 24,5 cm · DM 9

DIE ROTE RUHRARMEE
März 1920
Herausgegeben von Diethart Kerbs
Edition Photothek XI · 32 Seiten · 28 ganzseitige Fotografien · geheftet
Format 16,5 x 24,5 cm · DM 9

Gerne schicken wir Ihnen
weitere Informationen über
diese sowie die anderen im
Verlagsprogramm erschienenen Titel. Bitte schreiben Sie
eine Postkarte an:

VERLAG DIRK NiSHEN

Am Tempelhofer Berg 6
1000 Berlin 61

Gebrüder Haeckel
DIE REVOLUTION IN BERLIN
November – Dezember 1918
Herausgegeben von Diethart Kerbs
Edition Photothek XXIV · 32 Seiten · 28 ganzseitige Fotografien · geheftet
Format 16,5 x 24,5 cm · DM 9